하게
독파 간들자

눈으로 보고! 입으로 말하며 익힌다!

상공회의소 한자시험

김봉환

고급 기본서 1·2급

지은이 | 김봉환
약 력 | 구례 초동서사에서 사서삼경 수학
고려대학교 동양사 전공
청학동 예절학당 강사
한자급수 시험 출제
한자능력검정시험 1급 자격증 취득
상공회의소 한자 1급 자격증 취득

인쇄일 2018년 2월 20일 3판 1쇄 인쇄
발행일 2018년 2월 25일 3판 1쇄 발행
등 록 제17-269호
판 권 시스컴2018

발행처 시스컴 출판사
발행인 송인식
지은이 김봉환

ISBN 979-11-6215-109-9 13710
정 가 20,000원

주소 서울시 양천구 목동동로 233-1, 1007호(목동, 드림타워) | 홈페이지 www.siscom.co.kr
E-mail master@siscom.co.kr | 전화 02)866-9311 | Fax 02)866-9312

발간 이후 발견된 정오사항은 시스컴 홈페이지 도서정오표에서 알려드립니다(시스컴 홈페이지→학습 자료실→도서정오표).

이 책의 무단 복제, 복사, 전재 행위는 저작권법에 저촉됩니다. 파본은 구입처에서 교환하실 수 있습니다.

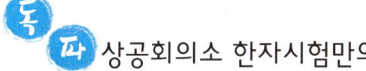 상공회의소 한자시험만의

우월한 한자 학습법

1단계

다양한 용례와 자세한 관련 풀이를 익히다 보면 어느새 한자가 눈에 쏙쏙 들어와 1·2급 배정한자를 쉬이~ 익힐 수 있지요.

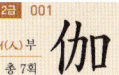

2단계

한자별곡으로 재미있게 한자의 유래를 알아가다 보면 자연스럽게 급수공부도 따라옵니다. 놀랍죠?
게다가 앞서 배운 한자를 기억하고 있는지 쪽지시험으로 간단하게 체크하며 넘어가면 그 한자 쉽게 잊기 어렵지~

3단계

1단계와 2단계에서 배정한자를 익혔다면, 실제시험과 유사한 방식의 모의고사로 최종 실력점검!

상공회의소 한자 자격시험 안내

1 자격종목 안내

① **시행기관** : 대한상공회의소(www.korcham.net)
② **시험의 성격 및 목적** : "상공회의소 한자"시험은 국어의 상당 부분을 차지하는 한자 및 한자어의 이해와 활용능력을 평가하는 자격검정으로, 학생들은 물론 취업을 준비하는 일반인들에게 한자 및 한자어의 학습방향을 제시하고 한자 및 한자어의 이해와 활용능력을 제고하며 아울러 그 결과를 진학, 취업 등에 활용할 수 있도록 하는 데 그 목적이 있다.
③ **응시자격** : 제한 없음
④ **종류** : 1급 · 2급(고급), 3급 · 4급 · 5급(중급), 6급 · 7급 · 8급 · 9급(초급)
⑤ **합격 결정기준**
 - 1급 : 전과목 60% 이상 득점하고 만점의 90% 이상 득점해야 함
 - 2~3급 : 전과목 60% 이상 득점하고 만점의 80% 이상 득점해야 함
 - 4~5급 : 70% 이상 득점해야 함
 - 6~9급 : 60% 이상 득점해야 함

2 인터넷 원서접수 및 교부

① **종목 및 등급 선택** : 응시하고자 하는 시험종목과 급수 선택
② **인적사항 입력** : 성명, 주민등록번호, 주소, 전화번호 등 입력
③ **사진 올리기** : 본인의 이미지 사진(디지털 사진 또는 스캐닝 사진)을 올림(사진크기 3cm×4cm, 파일형태 : JPG, GIF)
④ **원하는 지역 선택** : 서울, 부산, 인천 등 본인이 응시하고자 하는 지역 선택
⑤ **원하는 시험장 선택** : 선택한 지역 내 개설된 시험장 중 본인이 원하는 시험장 선택
⑥ **선택내역 확인** : 본인이 입력한 사항 확인

⑦ 전자결제 : 검정수수료와 인터넷 원서접수 수수료를 합친 금액을 결제
⑧ 수험표 출력 : 수험번호, 시험일자, 시험 시작시간, 시험장 확인

3 시험시간

① 필기시험 입실시간
- 1~2급 : 09:00
- 3~5급 : 11:00
- 6~7급 : 09:00
- 8~9급 : 09:00

② 필기시험시간
- 1~2급 : 09:15 ~ 10:35 (80분)
- 3~5급 : 11:15 ~ 12:15 (60분)
- 6~7급 : 09:15 ~ 09:55 (40분)
- 8~9급 : 09:15 ~ 09:45 (30분)

※ 반드시 입실시간(시험 시작시간)을 준수하여야 하며, 입실시간(시험 시작시간) 이후에는 입실이 불가능합니다.

4 성적증명서 및 자격증

상공회의소 한자시험은 자격증 및 성적증명서가 발부됩니다.
① **자격증** : 인터넷 및 방문으로 유료 발급함
② **성적증명서** : 마이페이지 취득내역에서 무료 출력 가능
③ **성적조회** : 수험자 본인의 성적을 단순히 알고자 하는 경우 인터넷 웹페이지상으로 출력, 조회가 가능하며 합격자 발표일로부터 2개월간 조회가능(단, 성적증명서로써 사용이 불가능함)

※ 위 내용은 변경될 수 있으므로 원서 접수 전 반드시 시험 공고를 확인하시기 바랍니다.

5 주요 변경사항(2013년 시험부터 반영)

구분	급수	기존	변경
1. 배정한자 조정	1급	배정한자 : 3,108자 누적한자 : 4,908자	1,607자 4,908자
	2급	배정한자 : 3,108자 누적한자 : 4,908자	1,501자 3,301자
2. 문항 수 축소	1급	300문항	150문항
	2급	270문항	130문항
	3급	210문항	120문항
	4급	150문항	110문항
	5급	120문항	100문항
	6급	100문항	90문항
	7급	80문항	70문항
	8급	60문항	50문항
	9급	40문항	30문항
3. 시험시간 조정	1~2급	120분	80분
	3~5급	90분	60분
	6~7급	60분	40분
	8~9급	60분	30분
4. 문제유형 변경		4지선다	5지선다
5. 초급의 합격기준 상향 조정		총점의 60% 이상	총점의 70% 이상
6. 과목별 배점 조정		한자 3점	4점
		어휘 3점	6점
		독해 4점	8점
7. 접수방식 변경		고급/중급으로 응시	급수별(1~5급) 응시

6 시험의 검정 기준

급수	검정기준	
	한자 능력 수준에 따른 검정기준	급수별 배정한자에 따른 검정기준
1급	전문적 한자어가 사용된 국한혼용의 신문이나 잡지, 서류, 서적 등을 능숙하게 읽고 이해할 수 있는 최상급의 한자 능력 수준	교육부가 제정한 중·고등학교 한문교육용 기초한자 1,800자와 국가 표준의 KS X 1001 한자 4,888자 및 대법원이 제정한 인명용 한자 3,153자(중복한자를 제외하면 3,108자) 중 4,908자를 이해하고 국어생활에서 활용할 수 있다.
2급	전문적 한자어가 사용된 국한혼용의 신문이나 잡지, 서류, 서적 등을 별 무리 없이 읽고 이해할 수 있는 상급의 한자 능력 수준	교육부가 제정한 중·고등학교 한문교육용 기초한자 1,800자와 국가 표준의 KS X 1001 한자 4,888자 및 대법원이 제정한 인명용 한자 3,153자(중복한자 제외하면 1,501자) 중 3,301자를 이해하고 국어생활에서 활용할 수 있다.
3급	고등학교 수준의 일상적인 한자어가 사용된 국한혼용의 신문이나 잡지, 서류, 서적 등을 어느 정도 읽고 이해할 수 있는 한자 능력 수준	교육부가 제정한 중·고등학교 한문교육용 기초한자 1,800자를 이해하고 국어 생활에서 활용할 수 있다.
4급	중학교 수준의 일상적인 한자어가 사용된 국한혼용의 글이나 책을 어느 정도 읽고 이해할 수 있는 중하급의 능력 수준	교육부가 제정한 중학교 한문교육용 기초한자 900자를 이해하고 국어 생활에서 활용할 수 있다.
5급	초등학교 수준의 일상적인 한자어가 사용된 국한혼용의 글이나 책을 어느 정도 읽고 이해할 수 있는 한자 능력 수준	고려대학교 한자한문연구소가 선정한 초등학교 교육용 기초한자 600자를 이해하고 국어 생활에서 활용할 수 있다.
6급	초등학교 5~6학년 수준의 일상적인 한자어가 사용된 국한혼용의 문장이나 책을 어느 정도 읽고 이해할 수 있는 한자 능력 수준	고려대학교 한자한문연구소가 선정한 초등학교 교육용 기초한자 600자 중에서 초등학교 5~6학년용 기초한자 450자를 이해하고 국어 생활에서 활용할 수 있다.
7급	초등학교 3~4학년 수준의 일상적인 한자어가 사용된 국한혼용의 문장을 어느 정도 읽고 이해할 수 있는 한자 능력 수준	고려대학교 한자한문연구소가 선정한 초등학교 교육용 기초한자 600자 중에서 초등학교 3~4학년용 기초한자 300자를 이해하고 국어 생활에서 활용할 수 있다.
8급	초등학교 2학년 수준의 일상적인 한자어가 사용된 국한혼용의 문장을 어느 정도 읽고 이해할 수 있는 한자 능력 수준	고려대학교 한자한문연구소가 선정한 초등학교 교육용 기초한자 600자 중에서 초등학교 2학년용 기초한자 150자를 이해하고 국어 생활에서 활용할 수 있다.
9급	초등학교 1학년 수준의 일상적인 한자어가 사용된 국한혼용의 문장을 어느 정도 읽고 이해할 수 있는 한자 능력 수준	고려대학교 한자한문연구소가 선정한 초등학교 교육용 기초한자 600자 중에서 초등학교 1학년용 기초한자 50자를 이해하고 국어 생활에서 활용할 수 있다.

7 검정과목 및 검정방법

구분	급수	검정과목별 문항 수			전체 문항 수	시험시간	비고
		한자	어휘	독해			
고급	1급	50	50	50	150	80분	국가공인
	2급	50	40	40	130		
중급	3급	40	40	40	120	60분	국가공인
	4급	40	35	35	110		민간 자격
	5급	40	30	30	100		
초급	6급	45	30	15	90	40분	
	7급	40	20	10	70		
	8급	30	15	5	50	30분	
	9급	20	10	-	30		

※ 전 급수 객관식 5지선다형임
※ 2008년부터 1·2·3급에 한해 국가공인 자격이며, 그 외 4급 이하의 급수 자격과 2007년 이전에 취득한 자격은 민간자격증으로 인정함

8 합격기준

급수	과목	문항 수	과목별 총점	과목별 합격점수	전체 총점	합격 점수
1급	한자 어휘 독해	50 50 50	200 300 400	120 180 240	900	810
2급	한자 어휘 독해	50 40 40	200 240 320	120 144 192	760	608
3급	한자 어휘 독해	40 40 40	160 240 320	96 144 192	720	576
4급	한자 어휘 독해	40 35 35	160 210 280	96 126 168	650	520

급수	과목					
5급	한자 어휘 독해	40 30 30	160 180 240	96 108 144	580	464
6급	한자 어휘 독해	45 30 15	180 180 120	108 108 72	480	336
7급	한자 어휘 독해	40 20 10	160 120 80	96 72 48	360	252
8급	한자 어휘 독해	30 15 5	120 90 40	72 54 24	250	175
9급	한자 어휘 독해	20 10 0	80 60 0	48 36 0	140	98

※ 합격점수 : 1급(만점의 90%), 2~3급(80%), 4~5급(70%), 6~9급(60%)
※ 과목별 최소 합격점수(1~3급) : 전 과목 60% 이상 득점해야 함
※ 과목별 1문항 당 배점 : 한자(4점), 어휘(6점), 독해(8점)

9 출제기준

과목	분류	
	중분류	소분류
1. 한자 (漢字)	1. 漢字의 部首, 劃數, 筆順	1. 漢字의 部首
		2. 漢字의 劃數
		3. 漢字의 筆順
	2. 漢字의 짜임	1. 漢字의 짜임
	3. 漢字의 음과 뜻	1. 漢字의 音
		2. 音에 맞는 漢字
		3. 音이 같은 漢字
		4. 漢字의 뜻
		5. 뜻에 맞는 漢字
		6. 뜻이 비슷한 漢字
2. 어휘 (語彙)	1. 漢字語의 짜임	1. 漢字語의 짜임
	2. 漢字語의 음과 뜻	1. 漢字語의 音
		2. 音에 맞는 漢字語
		3. 音이 같은 漢字語
		4. 여러 개의 音을 가진 漢字
		5. 漢字語의 뜻
		6. 뜻에 맞는 漢字語
		7. 3개 어휘에 공통되는 漢字
		8. 反義語·相對語
	3. 成語	1. 成語의 빠진 글자 채워 넣기
		2. 成語의 뜻
		3. 뜻에 맞는 成語
3. 독해 (讀解)	1. 文章에 使用된 漢字語의 음과 뜻	1. 文章 속 漢字語의 音
	2. 綜合問題	2. 文章 속 漢字語의 뜻
		3. 文章 속 漢字語의 채워 넣기
		4. 文章 속 틀린 漢字語 고르기
		5. 文章 속 單語의 漢字 表記
		6. 文章 속 語句의 漢字 表記
	2. 綜合問題	1. 綜合問題

10 출제기준별 문항 수

급수	9급	8급	7급	6급	초급 누계	5급	4급	3급	중급 누계	2급	1급	고급 누계
대상한자 수	50	100	150	150	450	150	300	900	1,350	1,501	1,607	3,108
누적한자 수	50	150	300	450	450	600	900	1,800	1,800	1,800	4,908	4,908
한자의 필순						2			2			
한자의 획수	1	1			2	2			2			
한자의 부수	1	1	1		3	2			2			
한자의 짜임			1	1	2	2			2			
한자의 음	5	2	2	1	10	6			6	11		11
음에 맞는 한자	5	2	2	1	10	5			5	7		7
음이 같은 한자						5			5	7		7
한자의 뜻	4	2	2	1	9	6			6	11		11
뜻에 맞는 한자	4	2	2	1	9	5			5	7		7
뜻이 비슷한 한자						5			5	7		7
한자 계	20	10	10	5	45	40	0	0	40	50	0	50
한자어의 짜임									0	2	1	3
한자어의 음	4	2	2	2	10				0	2	1	3
음에 맞는 한자어	2	1	1	6	10				0	2	1	3
음이 같은 한자어						3	1	1	5	3	2	5
여러 개의 음을 가진 한자							1	1	2	1	1	2
한자어의 뜻	2	1	1	1	5				0	2	1	3
뜻에 맞는 한자어	2	1	1	1	5				0	2	1	3
3개 어휘에 공통되는 한자						8	1	1	10	6	2	8
반의어·상대어						4	2	2	8	5		5
성어의 빠진 글자 채워 넣기						5			5	5		5
성어의 뜻						5			5	5		5
뜻에 맞는 성어						5			5	5		5
어휘 계	10	5	5	10	30	30	5	5	40	40	10	50
문장 속 한자어의 음		3			3	6			6	7	3	10
문장 속 한자어의 뜻		2	3		5	6			6	5		5
문장 속 한자어 채워 넣기			2	3	5	3			3	5		5
문장 속 틀린 한자어 고르기						3			3	5		5
문장 속 단어의 한자표기						3			3	8	2	10
문장 속 어구의 한자표기						3			3	5		5
종합문제				2	2	6	5	5	16	5	5	10
독해 계	0	5	5	5	15	30	5	5	40	40	10	50
누계	30	20	20	20	90	100	10	10	120	130	20	150

구성과 특징

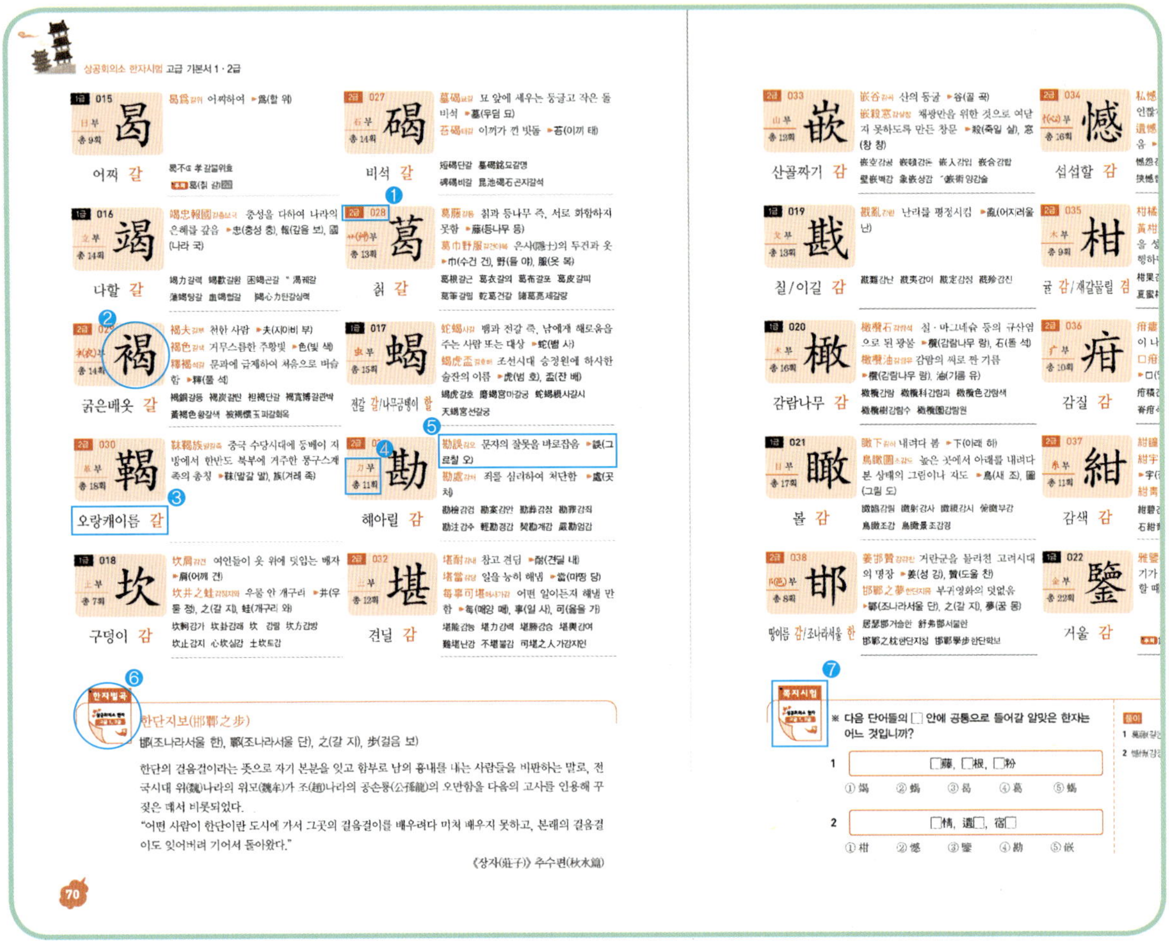

❶ **일련번호** : 1·2급 한자별로 일련번호를 부여하여 배정한자 수를 파악하고 번호순서대로 찾아볼 수 있도록 하였습니다.

❷ **표제어** : 한자를 한눈에 파악할 수 있도록 큰 글자로 편집 수록하였습니다.

❸ **독음** : 한자의 훈과 음을 표제어 바로 밑에 표기하여 해당한자를 눈으로 보며 훈과 음을 입으로 읽고 말할 수 있도록 하였습니다.

❹ **한자풀이** : 부수와 총획수를 표시하여 해당 표제어의 한자풀이에 대한 이해를 돕도록 하였습니다.

❺ **용례** : 표제어가 사용된 일상 용례로 적절히 구성하여 한자의 쓰임새를 올바르게 파악하고, 단어활용이 용이하도록 하였습니다.

❻ **한자별곡** : 배정한자와 연관된 용례를 자세히 풀이하여 한자학습에 재미와 유익함을 더하였습니다.

❼ **쪽지시험** : 배정한자의 일부를 문제 형식으로 출제하여 한자시험에 대비할 수 있도록 하였습니다.

상공회의소 한자시험 고급 기본서 1·2급

1 반대자 · 상대자
2 반대어 · 상대어

3-1 유의자
3-2 유의어

4 동음이의어

❽ 한자 깊이 익히기

반대자 · 상대자, 반대어 · 상대어, 유의자 · 유의어, 동음이의어, 혼동하기 쉬운 한자, 사자성어 등에 대한 장을 따로 마련하여 앞서 공부한 배정한자들을 활용하여 우리가 익히 알고 있었던 한자를 좀 더 깊이 이해하고 학습할 수 있도록 하였습니다.

5 혼동하기 쉬운 한자

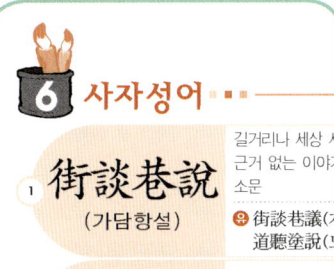

6 사자성어

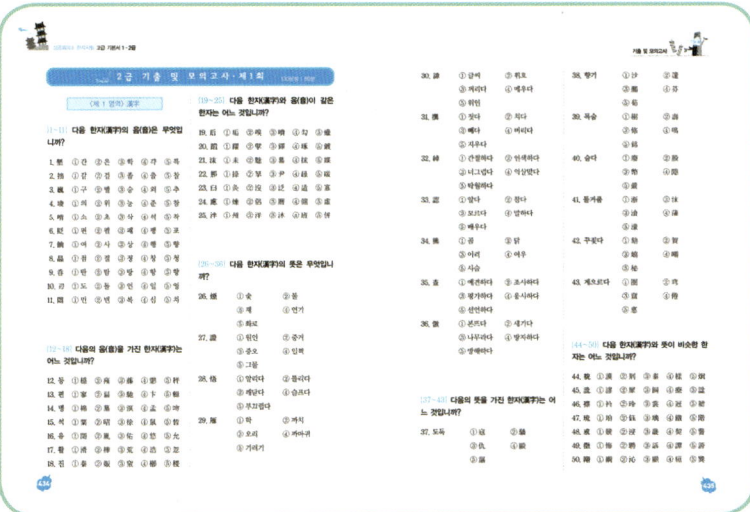

❾ 기출문제 및 모의고사

대한상공회의소에서 주관하는 시험에 대비할 수 있도록 시험에 꼭 나올만한 기출문제 및 유사문제

03 이 책의 **목차**

한자의 기초

1. 한자의 이해 ·· 20
2. 육서(六書) ·· 24
3. 부수(部首) ·· 28
4. 고급 한자(總錄) ································ 36

한자 익히기

1. 고급 배정한자 ··································· 66
   - 1급 배정한자
   - 2급 배정한자
2. 1급(2급) 인명용 한자(284자) ············ 350

한자 활용하기

1. 반대자 · 상대자 362
2. 반대어 · 상대어 366
3. 유의자 · 유의어 370
4. 동음이의어 376
5. 혼동하기 쉬운 한자 390
6. 사자성어 396

기출 및 모의고사

2급 기출 및 모의고사 제1회 434

2급 기출 및 모의고사 제2회 444

1급 기출 및 모의고사 454

한눈에 보는 정답표 466

상공회의소 한자시험, 이것이 궁금하다!
상공회의소 한자시험 問묻고 答답하기

問 상공회의소 한자시험이란 무엇인가요?

答 대한상공회의소에서 주관하는 한자검정시험입니다. 중국, 대만, 일본 등 한자문화권 국가와의 교류가 증가함에 따라 이에 필요한 기업업무 및 일상생활에서 사용 가능한 한자의 이해 및 구사능력을 평가하는 시험입니다.

問 상공회의소 한자시험은 국가 공인 자격시험인가요?

答 상공회의소 한자시험은 2007년 11월 1·2·3급이 국가 공인 자격으로 인정되었습니다. 2008년 시행 시험부터 국가 공인 자격으로 인정받고 있습니다.

問 상공회의소 한자시험과 다른 한자검정시험은 어떻게 다른가요?

答 다른 기관에서 주관하는 한자검정시험과는 다르게 상공회의소 한자시험은 기업 위주의 실무 능력을 위해 읽기 능력을 중심적으로 평가하는 시험입니다.

問 시험 문제는 공개되나요?

答 2013년부터 급수별 문제은행 시스템으로 출제관리가 이루어지게 되어 시험문제를 공개하지 않고 있습니다.

www.siscom.co.kr

Special Information Service Company
SISCOM

상공회의소 한자시험 고급 기본서 1·2급

한자의 기초

1. 한자의 이해
2. 육서(六書)
3. 부수(部首)
4. 고급 한자(總錄)

1. 한자의 이해

(1) 한자의 표현

한자는 사물의 모양을 본떠서 만든 글자이기 때문에 각 글자마다 어떤 뜻을 내포하고 있는 표의문자(表意文字)이다. '目'은 사람의 눈을 보고 만들어졌는데, 이 글자는 '눈(보다)'이라는 뜻을 가지며 '목'이라고 읽는다.

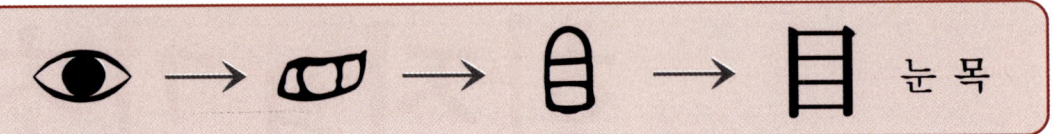

(2) 한자의 3요소

한자는 형(形;모양), 음(音;소리), 의(義;뜻)의 3가지 요소로 만들어져 있다. 즉, 뜻이 있어 말로 표현하고 이를 형태로 나타내게 된 것인데, 한자는 이 3가지가 삼위일체(三位一體)로 구성된 문자이다.

1) 모양(形) : 한자와 한자가 각각 시각적으로 구분되는 요소로, 한자가 지니고 있는 자체의 글자 형태이다.
2) 소리(音) : 한자를 읽는 음을 말하며 한자도 1자 1음이 원칙이기는 하나, 우리의 한글과 달리 1자 2음 또는 1자 3음의 예도 있다.
3) 뜻(義) : 한자가 지니고 있는 의미를 말하는데, 한자의 뜻을 우리말로 새긴 것을 훈(勳)이라고 한다.

모양	月	木	人	水	土
소리	월	목	인	수	토
뜻	달	나무	사람	물	흙

(3) 한자의 필순

필순(筆順)이란 한자를 쓰는 순서를 말하는데, 한자를 짜임새 있고 편리하게 쓰기 위해 합리적인 순서를 정한 것이다.

☞ 한자의 필순은 개인이나 국가 또는 그 서체에 따라 달라지는 경우가 있으나, 일반적이고 보편적으로 통용되는 것을 그 기준으로 삼는다.

한자의 기초

1) 위에서 아래로 쓴다 : 三, 工, 言, 客

   예 三(석 삼) : 一 ⇨ 二 ⇨ 三

2) 왼쪽에서 오른쪽으로 쓴다 : 川, 州, 外, 側

   예 川(내 천) : 丿 ⇨ 刂 ⇨ 川

3) 가로와 세로가 겹칠 때는 가로획을 먼저 쓴다 : 十, 支, 春, 寸, 古

   예 十(열 십) : 一 ⇨ 十

   예외 田, 角, 推 : 세로획부터 쓴다.

4) 좌우 모양이 같을 때는 가운데를 먼저 쓰고 좌, 우 순으로 쓴다 : 小, 水, 光, 永, 樂

   예 小(작을 소) : 亅 ⇨ 小 ⇨ 小

   예외 火 : 가운데를 나중에 쓴다.

5) 상하로 꿰뚫는 세로획은 맨 나중에 쓴다 : 中, 手, 車, 牛

   예 中(가운데 중) : 丨 ⇨ 冂 ⇨ 口 ⇨ 中

6) 좌우로 꿰뚫는 가로획은 맨 나중에 쓴다 : 女, 母

   예 女(계집 녀) : ㇚ ⇨ 女 ⇨ 女

   예외 世 : 가로획부터 쓴다.

7) 몸과 안으로 된 글자는 몸을 먼저 쓴다 : 同, 內, 因, 司

   예 同(한가지 동) : 丨 ⇨ 冂 ⇨ 冂 ⇨ 冋 ⇨ 同 ⇨ 同

   예외 匹, 臣, 區 : 우측이 터진 경우는 안을 먼저 쓴다.

8) 삐침과 파임이 교차할 때는 삐침부터 쓴다 : 人, 父, 合, 今, 分, 命

   예 人(사람 인) : 丿 ⇨ 人

9) 가로획이 길고 왼쪽 삐침이 짧으면 왼쪽 삐침부터 쓴다 : 九, 右, 布, 有, 希

　　예 九(아홉 구) : 丿 ⇨ 九

10) 가로획이 짧고 왼쪽 삐침이 길면 가로획부터 쓴다 : 力, 左, 友, 在

　　예 力(힘 력) : 丁 ⇨ 力

11) 오른쪽 위의 점은 맨 나중에 쓴다 : 犬, 代, 成

　　예 犬(개 견) : 一 ⇨ ナ ⇨ 大 ⇨ 犬

12) 책받침류 중 '走'나 '是'는 먼저 쓴다.

　　예 起(일어날 기) : 十 ⇨ 土 ⇨ 丰 ⇨ 走 ⇨ 起

　　예 題(표제 제) : 日 ⇨ 早 ⇨ 是 ⇨ 題 ⇨ 題

13) 책받침류 중 '辶'나 '廴'은 나중에 쓴다.

　　예 道(길 도) : 丷 ⇨ 丷 ⇨ 丷 ⇨ 首 ⇨ 道

　　예 建(세울 건) : 丁 ⇨ ヨ ⇨ ヨ ⇨ ヨ ⇨ 聿 ⇨ 建

(4) 한자어의 구조

1) 竝列關係(병렬관계)

　① 유사관계 : 뜻이 같거나 비슷한 글자들이 결합하여 본래의 뜻을 더욱 확대시키거나 분명하게 한다.

　　예 土地, 家屋, 海洋, 敎育, 英雄, 販賣, 繁盛, 明朗

　② 대립관계 : 뜻이 서로 반대되는 글자끼리 결합하여 복합어를 만든다.

　　예 天地, 男女, 左右, 黑白, 開閉, 問答, 往來, 晝夜

　③ 대등관계 : 대등한 뜻의 글자들이 서로 맞서 독립된 뜻을 나타내며 나열된 구조를 갖는다.

　　예 仁義, 忠孝, 言行, 草木

④ 첩어관계 : 같은 뜻을 가진 글자들을 결합시켜서 뜻을 강조한다.

   예) 時時, 年年, 家家, 方方, 堂堂, 處處, 汲汲, 翩翩

⑤ 융합관계 : 서로 전혀 다르거나 관계가 없는 두 개의 글자가 결합하여 새로운 뜻을 가진다.

   예) 春秋, 光陰, 矛盾

2) 修飾關係(수식관계)

   '수식어 + 피수식어'의 관계로 짝지어진 한자어

   ① 형용사 + 명사 : A한 B

   예) 美人, 白雪, 靑山, 高山, 大門, 明月, 野獸, 韓屋

   ② 부사 + 동사 : A하게 B하다.

   예) 必勝, 晩成, 徐行, 疾走

   ③ 부사 + 형용사 : A하게 B한

   예) 至當, 至高, 極大, 最長

3) 主述關係(주술관계)

   '주어 + 서술어'의 관계로 짝지어진 한자어

   예) 月明, 春來, 日出, 日沒, 年少, 雪白, 水明

4) 述目關係(술목관계)

   '서술어 + 목적어'의 관계로 짝지어진 한자어

   예) 讀書, 愛國, 治國, 修身, 乘車, 脫衣, 植木, 成功, 敬老, 犯法

5) 述補關係(술보관계)

   '서술어 + 보어'의 관계로 짝지어진 한자어

   예) 入學, 入室, 歸家, 下車, 非常, 未知, 無識, 出戰, 有名, 登山

2. 육서(六書)

(1) 의의

한자가 만들어진 원리나 짜임새에 대한 이론을 육서라고 하며, 상형(象形), 지사(指事), 회의(會意), 형성(形聲), 전주(轉注), 가차(假借)의 6가지로 분류된다.

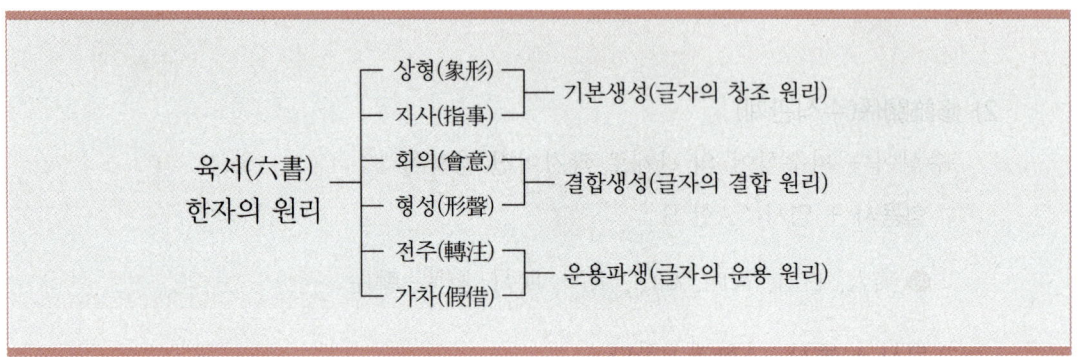

☞ 육서(六書)는 후한(後漢)의 허신(許愼)이라는 사람이 그 당시 사용하던 9,353자의 구성원칙을 밝히고 한 글자 한 글자의 풀이를 해 놓은 『설문해자(說文解字)』란 저서에서 비롯되었다.

(2) 분류

1) 상형문자(象形文字) : 구체적인 사물의 모양을 본떠서 만든 문자

한자가 만들어지는 가장 기본적인 원리로, 눈에 보이는 구체적인 사물의 모양을 있는 그대로 본떠 형상화하여 만든 문자이다.

예) 日, 月, 山, 人, 川, 木, 水, 雨, 手, 足, 目, 首, 魚, 馬, 鳥

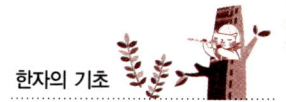

2) 지사문자(指事文字) : 추상적인 뜻을 점이나 선으로 표시한 문자

마음속의 생각이나 뜻 또는 위치나 동작 등 눈에 보이지 않는 추상적인 개념을 구체적인 부호나 도형으로 표시한 문자이다.

예) 一, 二, 三, 四, 七, 八, 久, 上, 中, 下, 本, 末, 寸, 丹

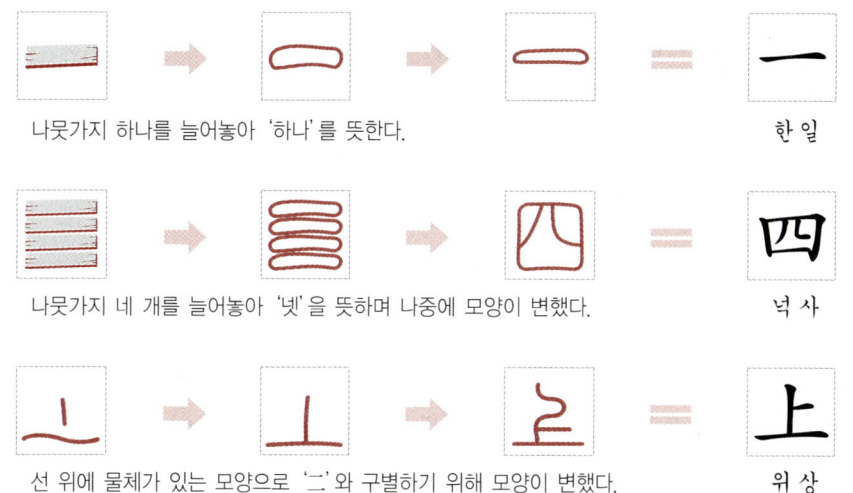

3) 회의문자(會意文字) : 두 개 이상의 글자를 그 뜻으로 합쳐 새로운 뜻으로 만든 글자

이미 만들어진 상형문자나 지사문자를 둘 이상 그 뜻으로 모아 처음의 두 글자와는 다른 새로운 뜻을 나타내는 문자이다.

예) 明, 信, 男, 好, 林, 休, 孝, 孫, 軍, 伐, 位, 安, 守

▶ 日(일) + 月(월) = 明(명) : 해와 달이 합쳐 밝다는 뜻
▶ 木(목) + 木(목) = 林(림) : 나무와 나무가 합쳐 수풀을 이룬다는 뜻
▶ 女(녀) + 子(자) = 好(호) : 여자와 남자가 만나니 좋다는 뜻
▶ 人(인) + 木(목) = 休(휴) : 나무 옆에 사람이 쉬고 있으니 휴식한다는 뜻

4) 형성문자(形聲文字) : 뜻 부분과 음 부분의 결합으로 만든 문자

이미 만들어진 상형문자나 지사문자를 둘 이상 결합하되, 한 자는 그 뜻을, 그리고 다른 한 자는 그 음을 모아 처음의 두 글자와는 다른 새로운 뜻을 나타내는 문자이다.

예) 記, 期, 問, 聞, 洋, 忠, 江, 村, 和, 談, 論, 漁, 味, 固, 城, 誠

> ▶ 門(문 문 : 음) + 口(입 구 : 뜻) = 問(물을 문)
> ▶ 中(가운데 중 → 충 : 음) + 心(마음 심 : 뜻) = 忠(충성 충)
> ▶ 工(장인 공 → 강 : 음) + 水(물 수 : 뜻) = 江(강 강)
> ▶ 口(입 구 : 뜻) + 未(아닐 미 : 음) = 味(맛 미)

5) 전주문자(轉注文字) : 이미 만들어진 문자를 가지고 유추하여 다른 뜻으로 쓰는 문자

이미 만들어진 문자의 뜻을 이용하여 다른 뜻으로 굴리고[轉] 끌어대어[注] 쓰게 된 문자로, 기존 글자의 원 뜻이 유추·확대·변화되어 새로운 뜻으로 바뀌어 쓰는 문자이다.

예) 長, 老, 度, 更, 惡, 說, 降, 樂

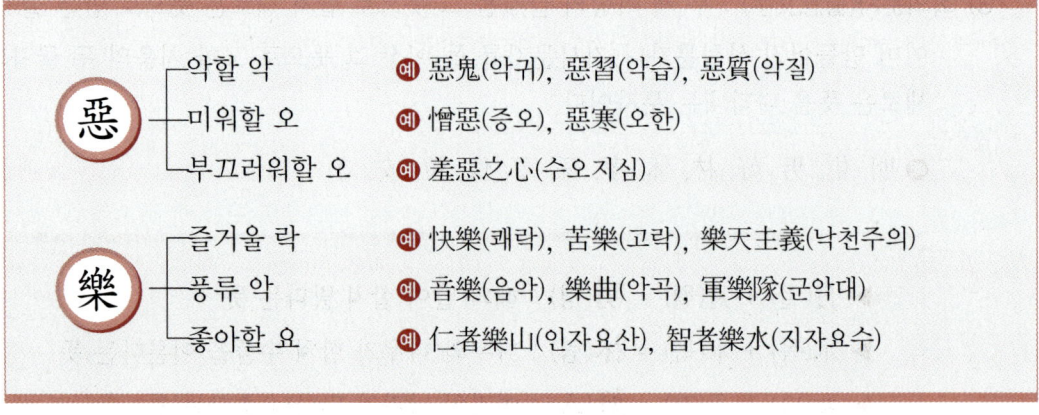

☞ 전주문자는 이미 만들어진 문자를 가지고 유추하며 다른 뜻으로 쓰는 문자로, 위의 예에서 제시된 글자는 본래의 육서 분류에 따른다. 예를 들어 '長'은 본디 상형문자이며 유추하여 다른 뜻으로 사용될 때 전주문자가 되는 것이다.

6) **가차문자(假借文字)** : 이미 있는 글자의 뜻에 관계없이 음이나 형태를 빌려다 쓰는 문자

본래 글자는 없이 소리만 존재하는 것을 소리가 같거나 비슷한 글자를 대신 쓰는 것으로, 의성어·의태어 특히 외래어의 쓰임에 사용되는 문자이다.

- ▶ 당당하다 ⇨ 堂堂하다
- ▶ Coca Cola ⇨ 可口可樂[커코커러]
- ▶ Coffee ⇨ 咖啡[카훼이]
- ▶ 부다(Buddha) ⇨ 불타(佛陀)
- ▶ 예수(Jesus) ⇨ 야소(耶蘇)
- ▶ 크라이스트(Christ) ⇨ 그리스도 ⇨ 기독(基督)
- ▶ 달러(Dollar) ⇨ 불(弗)
- ▶ 아시아(Asia) ⇨ 아세아(亞細亞)
- ▶ 인디아(India) ⇨ 인도(印度)
- ▶ 프랑스(France) ⇨ 법랑서(法朗西) ⇨ 법국(法國) ⇨ 불란서(佛蘭西)
- ▶ 잉글랜드(England) ⇨ 영격란국(英格蘭國) ⇨ 영길리(英吉利) ⇨ 영국(英國)

3. 부수(部首)

(1) 부수의 위치와 명칭

☞ 부수란 옥편이나 자전에서 한자를 찾는데 필요한 길잡이가 되는 글자로써, 소리글자인 한글의 자모나 영어의 알파벳에 해당된다.

1)  **변(邊)**
부수가 글자의 왼쪽에 있는 경우

人(亻)	사람 인(사람인변)	仁(어질 인), 仙(신선 선), 休(쉴 휴), 作(지을 작)
水(氵)	물 수(삼수변)	江(강 강), 波(물결 파), 海(바다 해), 淸(맑을 청)
手(扌)	손 수(재방변)	招(부를 초), 持(가질 지), 指(가리킬 지), 授(줄 수)
言	말씀 언	記(기록할 기), 訓(가르칠 훈), 詐(속일 사), 訴(하소연할 소)

2)  **방(傍)**
부수가 글자의 오른쪽에 있는 경우

刀(刂)	칼 도(선칼도방)	列(벌일 렬), 刑(형벌 형), 判(판단할 판), 到(이를 도)
卩	병부 절	卯(토끼 묘), 印(도장 인), 卵(알 란), 卽(곧 즉)
欠	하품 흠	次(버금 차), 欲(하고자할 욕), 欺(속일 기), 歎(읊을 탄)
頁	머리 혈	須(모름지기 수), 順(순할 순), 項(항목 항), 頭(머리 두)

3)  **머리(冠;관)**
부수가 글자의 위에 있는 경우

宀	집 면(갓머리)	守(지킬 수), 安(편안할 안), 家(집 가), 實(열매 실)
艸(艹)	풀 초(초두머리)	花(꽃 화), 英(꽃부리 영), 菊(국화 국), 落(떨어질 락)
竹	대 죽	第(차례 제), 答(대답할 답), 筆(붓 필), 算(셀 산)
雨	비 우	雪(눈 설), 雲(구름 운), 霜(서리 상), 露(이슬 로)

4) 발(脚;각)

부수가 글자의 아래에 있는 경우

几	어진사람 인	元(으뜸 원), 兄(맏 형), 先(먼저 선), 兒(아이 아)
火(灬)	불 화(연화발)	無(없을 무), 然(그러할 연), 照(비출 조), 熱(더울 열)
心	마음 심	忠(충성 충), 思(생각할 사), 恩(은혜 은), 意(뜻 의)
皿	그릇 명	益(더할 익), 盛(성할 성), 監(볼 감), 盡(다할 진)

☞ 心은 性(성품 성), 恨(원통할 한), 悟(깨달을 오), 情(뜻 정) 등에서는 忄(심방변)으로도 사용되므로, 부수자는 경우에 따라서는 다른 종류의 위치에서 사용될 수 있다.

5) 엄(广)

부수가 글자의 위와 왼쪽에 걸쳐 있는 경우

厂	굴바위 엄(민엄호)	厄(액 액), 厚(두터울 후), 原(근원 원), 厭(싫을 염)
广	집 엄(엄호)	床(상 상), 店(가게 점), 度(법도 도), 廣(넓을 광)
尸	주검 시	尺(자 척), 尾(꼬리 미), 居(살 거), 展(펼 전)
虍	범 호	虎(범 호), 虐(사나울 학), 處(곳 처), 虛(빌 허)

6) 받침(繞;요)

부수가 글자의 왼쪽과 아래에 걸쳐있는 경우

廴	길게걸을 인(민책받침)	延(늘일 연), 廷(조정 정), 建(세울 건), 廻(돌 회)
辵(辶)	쉬엄쉬엄갈 착(책받침)	近(가까울 근), 迎(맞이할 영), 送(보낼 송), 追(쫓을 추)
走	달릴 주	起(일어날 기), 越(넘을 월), 超(뛰어넘을 초), 趣(뜻 취)

7) 몸(構;구)
부수가 글자를 둘러싸고 있는 경우

ㄷ	감출 혜(터진에운담)	匹(짝 필), 區(구역 구), 匿(숨을 닉)
口	에울 위(큰입구몸)	四(넉 사), 囚(가둘 수), 國(나라 국), 圖(그림 도)
行	다닐 행	衍(넘칠 연), 術(재주 술), 街(거리 가), 衛(지킬 위)
門	문 문	閉(닫을 폐), 間(사이 간), 開(열 개), 閑(한가할 한)

8) 제부수(獨;독)
부수 자체가 글자인 경우

一(일)	二(이)	人(인)	入(입)	八(팔)	刀(도)	力(력)	又(우)
口(구)	土(토)	士(사)	夕(석)	大(대)	女(녀)	子(자)	寸(촌)
小(소)	山(산)	工(공)	己(기)	巾(건)	干(간)	弓(궁)	心(심)
文(문)	斗(두)	日(일)	曰(왈)	月(월)	木(목)	止(지)	水(수)
火(화)	父(부)	瓦(와)	甘(감)	用(용)	皮(피)	石(석)	穴(혈)
立(립)	老(로)	耳(이)	肉(육)	臣(신)	至(지)	虫(충)	血(혈)
行(행)	見(견)	角(각)	言(언)	谷(곡)	貝(패)	赤(적)	走(주)
足(족)	身(신)	車(거)	辰(진)	邑(읍)	金(금)	長(장)	門(문)
雨(우)	青(청)	面(면)	革(혁)	音(음)	風(풍)	飛(비)	食(식)
首(수)	香(향)	馬(마)	骨(골)	高(고)	鬼(귀)	魚(어)	鳥(조)
鹿(록)	麥(맥)	麻(마)	黃(황)	黑(흑)	鼎(정)	鼓(고)	鼠(서)
鼻(비)	齊(제)	齒(치)	龍(룡)	龜(귀)			

(2) 214자 부수 익히기

1획 (6자)

1	一	한 일	4	ノ	삐침 별
2	丨	뚫을 곤	5	乙	새 을
3	丶	점 주	6	亅	갈고리 궐

2획 (23자)

7	二	두 이	19	力	힘 력
8	亠	돼지해머리 두	20	勹	쌀 포
9	人(亻)	사람 인(사람인변)	21	匕	비수 비
10	儿	어진사람 인	22	匚	상자 방(튼입구몸)
11	入	들 입	23	匸	감출 혜(터진에운담)
12	八	여덟 팔	24	十	열 십
13	冂	멀 경	25	卜	점 복
14	冖	덮을 멱(민갓머리)	26	卩·㔾	병부 절
15	冫	얼음 빙(이수변)	27	厂	굴바위 엄(민엄호)
16	几	안석 궤	28	厶	사사로울 사(마늘모)
17	凵	입벌릴 감(위터진입 구)	29	又	또 우
18	刀(刂)	칼 도(선칼도방)			

3획 (31자)

30	口	입 구	39	子	아들 자
31	囗	에울 위(큰입구몸)	40	宀	집 면(갓머리)
32	土	흙 토	41	寸	마디 촌
33	士	선비 사	42	小	작을 소
34	夂	뒤져올 치	43	尢·尣·兀	절름발이 왕
35	夊	천천히걸을 쇠	44	尸	주검 시
36	夕	저녁 석	45	屮(艸)	왼손 좌(싹날 철)
37	大	큰 대	46	山	뫼 산
38	女	계집 녀	47	巛(川)	개미허리 천(내 천)

㊽	工	장인 공		㊽	廾	두손으로받들 공(스물입발)
㊾	己	몸 기		56	弋	주살 익
50	巾	수건 건		57	弓	활 궁
51	干	방패 간		58	彐·彑·크	돼지머리 계(튼가로왈)
52	幺	작을 요		59	彡	터럭 삼
53	广	집 엄(엄호)		60	彳	조금걸을 척(두인변)
54	廴	길게걸을 인(민책받침)				

4획(34자)

61	心(忄,㣺)	마음 심(심방변, 밑마음 심)		78	歹(歺)	앙상한뼈 알(죽을사변)
62	戈	창 과		79	殳	칠 수(갖은등글월문)
63	戶	지게 호		80	毋	말 무
64	手(扌)	손 수(재방변)		81	比	견줄 비
65	支	지탱할 지		82	毛	털 모
66	攴(攵)	칠 복(등글월문)		83	氏	성씨 씨
67	文	글월 문		84	气	기운 기
68	斗	말 두		85	水(氵)	물 수(삼수변)
69	斤	도끼 근		86	火(灬)	불 화(연화발)
70	方	모 방		87	爪(爫)	손톱 조(손톱조머리)
71	无	없을 무(이미기방)		88	父	아비 부
72	日	날 일		89	爻	본받을 효, 점괘 효
73	曰	가로 왈		90	爿	나무조각 장(장수장변)
74	月	달 월		91	片	조각 편
75	木	나무 목		92	牙	어금니 아
76	欠	하품 흠		93	牛	소 우
77	止	그칠 지		94	犬(犭)	개 견(개사슴록변)

5획(23자)

95	玄	검을 현		97	瓜	오이 과
96	玉(王)	구슬 옥(임금 왕, 구슬옥변)		98	瓦	기와 와

⑨⑨	甘	달 감	⑩⑨	目	눈 목
⑩⑩	生	날 생	⑪⑩	矛	창 모
⑩①	用	쓸 용	⑪①	矢	화살 시
⑩②	田	밭 전	⑪②	石	돌 석
⑩③	疋	짝 필	⑪③	示(礻)	보일 시(보일시변)
⑩④	疒	병들어기댈 녁(병질엄)	⑪④	内	짐승발자국 유
⑩⑤	癶	등질 발(필발머리)	⑪⑤	禾	벼 화
⑩⑥	白	흰 백	⑪⑥	穴	구멍 혈
⑩⑦	皮	가죽 피	⑪⑦	立	설 립
⑩⑧	皿	그릇 명			

6획 (29자)

⑪⑧	竹	대 죽	⑬③	至	이를 지
⑪⑨	米	쌀 미	⑬④	臼	절구 구
⑫⓪	糸	실 사	⑬⑤	舌	혀 설
⑫①	缶	장군 부	⑬⑥	舛	어그러질 천
⑫②	网·罒·四	그물 망	⑬⑦	舟	배 주
⑫③	羊	양 양	⑬⑧	艮	그칠 간, 괘이름 간
⑫④	羽	깃 우	⑬⑨	色	빛 색
⑫⑤	老(耂)	늙을 로(늙을로엄)	⑭⓪	艸(艹)	풀 초(초두머리)
⑫⑥	而	말이을 이	⑭①	虍	범 호
⑫⑦	耒	쟁기 뢰	⑭②	虫	벌레 충, 벌레 훼
⑫⑧	耳	귀 이	⑭③	血	피 혈
⑫⑨	聿	붓 율, 오직 율	⑭④	行	다닐 행
⑬⓪	肉(月)	고기 육(육달 월)	⑭⑤	衣(衤)	옷 의(옷의변)
⑬①	臣	신하 신	⑭⑥	襾	덮을 아
⑬②	自	스스로 자			

7획 (20자)

⑭⑦	見	볼 견	⑭⑧	角	뿔 각

7획 (20자)

번호	한자	훈음
149	言	말씀 언
150	谷	골 곡
151	豆	콩 두
152	豕	돼지 시
153	豸	발없는벌레 치(갖은돼지시변)
154	貝	조개 패
155	赤	붉을 적
156	走	달릴 주
157	足	발 족
158	身	몸 신
159	車	수레 거, 수레 차
160	辛	매울 신
161	辰	별 진
162	辵(辶)	쉬엄쉬엄갈 착(책받침)
163	邑(阝)	고을 읍(우부방)
164	酉	닭 유
165	釆	분별할 변
166	里	마을 리

8획 (9자)

번호	한자	훈음
167	金	쇠 금
168	長·镸	길 장
169	門	문 문
170	阜(阝)	언덕 부(좌부변)
171	隶	미칠 이
172	隹	새 추
173	雨	비 우
174	靑	푸를 청
175	非	아닐 비

9획 (11자)

번호	한자	훈음
176	面	낯 면
177	革	가죽 혁
178	韋	다름가죽 위
179	韭	부추 구
180	音	소리 음
181	頁	머리 혈
182	風	바람 풍
183	飛	날 비
184	食	밥 식
185	首	머리 수
186	香	향기 향

10획 (8자)

번호	한자	훈음
187	馬	말 마
188	骨	뼈 골
189	高	높을 고
190	髟	머리털드리울 표(터럭발)
191	鬥	싸울 투
192	鬯	울창주 창
193	鬲	다리굽은솥 력
194	鬼	귀신 귀

11획 (6자)

195	魚	물고기 어	198	鹿	사슴 록
196	鳥	새 조	199	麥	보리 맥
197	鹵	소금밭 로	200	麻	삼 마

12획 (4자)

201	黃	누를 황	203	黑	검을 흑
202	黍	기장 서	204	黹	바느질할 치

13획 (4자)

205	黽	맹꽁이 맹	207	鼓	북 고
206	鼎	솥 정	208	鼠	쥐 서

14획 (2자)

209	鼻	코 비	210	齊	가지런할 제

15획 (1자)

211	齒	이 치

16획 (2자)

212	龍	용 룡	213	龜	거북 귀

17획 (1자)

214	龠	피리 약

4. 고급 한자(總錄)

(1) 1급 배정한자(1,607자)

218자

가	呵	枷	珂	痂	茄	軻	각	慤	珏	간	侃	揀
갈	柬	碣	稈	菜	玕	갈	朅	曷	竭	蝎	감	坎
	戡	橄	瞰	鑒	갑	胛	鉀	閘	강	堈	彊	慷
	畺	糠	絳	舡	襁	鱇	杠	橿	嫌	踡
개	价	塏	愷	慨	疥	盖	鎧	玠	객	喀	갱	粳
각	醵	거	倨	据	炬	祛	踞	遽	鉅	鋸	건	愆
	楗	蹇	騫	걸	桀	검	劍	瞼	鈐	겁	迲	게	憩	격	膈
견	譴	결	抉	겸	慊	箝	鉗	경	儆	勁	俓	倞	勍
	坰	擎	涇	炅	烱	璥	絅	耿	逕	囧
	綮	橄	頃	鶊	囝	계	堺	屆	棨	磎	娃
고	呱	尻	敲	暠	槁	沽	痼	睾	羔	苽
	菰	蠱	辜	呆	곡	斛	梏	鵠	곤	梱	滾	琨
	鯤	錕	골	汨	공	珙	蚣	鞏	과	跨	鍋	관	琯	瓘
	菅	錧	괄	刮	恝	광	侊	洸	炚	筐	胱	桄
괘	罫	괴	拐	굉	紘	肱	轟	교	嶠	狡	皎	翹	蕎
	蛟	餃	鮫	姣	구	咎	嘔	垢	嶇	廐	枸
	樞	殿	玖	瞿	絿	衢	謳	銶	군	窘	궁	芎
권	港	궐	獗	蕨	蹶	궤	机	詭	饋	귀	鮭	규	槻	窺

한자의 기초

	赳	逵	糺	균匀	昀	근憖	芹	菫	饉	墐
	漌	嫤	금妗	擒	吟	檎	급伋	궁亙	기圻	埼
	夔	淇	玘	琪	磯	祁	機	肌	譏	錡
	錤	騏	曘	稘	길佶	拮	桔	姞		
ㄴ 23자	나娜	懦	喇	胯	拏	挐	난煖	날捏	남枏	楠
	湳	납衲	내奈	년秊	념恬	捻	녕宁	노瑙	駑	눈嫩
	뉴杻	鈕	니柅							
ㄷ 60자	다爹	단亶	彖	簞	鄲	달撻	澾	獺	疸	담啖
	坍	憺	聃	蕁	覃	錟	답沓	遝	당戇	螳
	鐺	대坮	岱	擡	黛	昊	도堵	嶋	掉	搗
	棹	櫂	淘	滔	睹	覩	韜	독犢	纛	돈惇
	暾	焞	燉	돌乭	동仝	垌	蝀	朣	瞳	彤
	烔	두枓	寶	荳	逗	阧	둔臀	芚	등嶝	橙
ㄹ 99자	라邏	剌	란欒	瓓	랄剌	辣	람嵐	擥	檻	攬
	欖	籃	纜	娳	랑琅	瑯	螂	래崍	徠	량倆
	粮	梁	輛	涼	려戾	欄	蠣	력礫	靂	轢	련璉
	變	렬冽	洌	령伶	岺	笭	逞	怜	囹	羚
	聆	姈	昤	泠	례澧	로擄	潞	瀘	輅	壚
	록菉	碌	彔	롱朧	瀧	瓏	壟	뢰賚	賂	磊
	료蓼	廖	瞭	聊	鬧	燎	루縷	瘻	蔞	褸

	류	鏤	旒	瀏	瑠	륜	淪	侖	輪	름	凜	리	俚	厘
		唎	悧	浬	犁	狸	贏	莉	俐	离	湦			
		戾	린	藺	吝	潾	躪	撛	鄰	麟	립	砬			
ㅁ 90자	마	碼	막	邈	만	万	彎	瞞	饅	鰻	鏋	말	秣	茉
	襪	망	莽	輞	매	寐	煤	맥	陌	驀	맹	氓	역	冪
	覓	면	眄	緬	명	暝	榠	瞑	茗	蓂	螟	酩		
	愲	洺	예	袂	모	姆	摸	摹	眸	芼	목	鶩	몰	歿
	몽	朦	묘	昴	杳	渺	竗	錨	무	憮	拇	无	楙	
	毋	珷	繆	鵡	문	們	刎	紊	蚊	雯	炆			
	물	汶	미	媚	嵋	楣	榠	渼	湄	謎	麋	黴		
	媄	嵄	躾	媺	민	旻	泯	玟	珉	緡				
	忞	暋	愍	敃	潣	砇	頣	碈	頣	밀	謐			
ㅂ 104자	박	撲	樸	璞	粕	膊	雹	鉑	반	拌	瘢	盼		
	磐	絆	蟠	발	魃	방	尨	旁	昉	滂	磅	膀		
	舫	蒡	蚌	謗	龐	배	徘	湃	焙	裵	褙			
	백	佰	벌	筏	범	氾	杋	법	琺	벽	劈	擘	檗	蘗	霹
	별	瞥	鷩	鼈	撇	斃	병	昞	昺	棅	絣	鉼		
	보	洑	潽	珤	복	匐	宓	蔔	輹	鰒	鍑	볼	乶	
	봉	熢	부	咐	埠	孵	缶	孚	莩	賻	駙	鳧		
	분	吩	扮	盼	賁	雰	불	佛	붕	硼	繃	비	匕	僃

한자의 기초

	斐	枇	榧	毖	秕	粃	菲	蜚	誹	譬
	毗	棐	빈嚬	檳	浜	瀕	牝	玭	儐	殯
	穦	邠	繽	빙騁						
人 160자	사乍	些	伺	俟	柶	梭	渣	簁	蓑	駟
	糸	산汕	疝	蒜	霰	살乷	芟	삽鈒	颯	상孀
	峠	廂	橡	爽	牀	觴	塞	새賽	색嗇	생甥
	서墅	捿	栖	絮	諝	愲	嶼	奭	석淅	蓆
	鉐	秱	선僊	嬋	敾	渲	煽	琔	瑄	璇
	蘚	跣	鐥	饍	墡	嫙	愃	珗	설渫	渫
	藝	齧	謺	卤	섬銛	殲	성宬	猩	珹	筬
	腥	瑆	娍	貹	세笹	忕	소嘯	搔	遡	炤
	甦	瘙	篠	銷	玿	劭	愫	穌	邵	霄
	속涑	謖	손蓀	송悚	淞	쇄灑	쇠釗	수嗽	峀	叟
	琇	璲	修	茱	蓚	邃	銹	隧	濉	鷫
	晬	숙夙	潚	琡	璹	菽	橚	순徇	恂	栒
	橓	珣	蕣	蕣	諄	錞	술鉥	송崧	슬瑟	璱
	승蠅	滕	氶	塍	시嘶	屍	恃	猜	蒔	蓍
	豕	豺	偲	식埴	寔	拭	熄	簽	栻	신伈
	呻	宸	燼	莘	藎	蜃	璶	심沁	芯	諶
ㅇ 294자	아莪	訝	阿	鴉	婀	婀	악幄	愕	渥	鄂

39

	鍔	鰐	齷	안鮟	알斡	軋	암岩	唵	闇	압狎
앙	怏	鴦	昂	애曖	隘	靄	액扼	縊	앵罌	鸚
야	惹	揶	椰	爺	약葯	蒻	양佯	恙	攘	暘
	瀁	煬	痒	禳	穰	漾	易	어圄	瘀	馭
	齬	啽	억檍	臆	언偃	嫣	얼蘖	엄俺	奄	淹
업	業	엔円	여歟	璵	礖	艅	茹	轝	好	역晹
연	嚥	堧	姸	娟	挻	沇	涎	涓	繽	蜒
	瑌	瞞	燃	醼	兗	염琰	苒	艶	엽曅	熀
영	塋	嶸	楹	渶	穎	濚	瀯	煐	獰	瑛
	鍈	霙	咏	嬰	예乂	倪	刈	汭	猊	蘂
	詣	霓	埦	執	縈	珊	오俉	塢	墺	寤
	懊	敖	晤	澳	熬	獒	筽	蜈	鰲	珸
	浯	온瑥	縕	媼	옹甕	瓮	癰	邕	와窊	蝸
완	宛	梡	椀	琓	琬	碗	翫	脘	豌	垸
	婠	妧	岏	왕枉	왜娃	외嵬	猥	요僥	寥	嶢
	拗	撓	橈	燿	窈	繇	繞	蟯	邀	瑤
	욕縟	용俑	冗	埇	墉	慂	榕	涌	瑢	甬
	聳	俗	우吁	玗	紆	芋	藕	釪	雩	堣
	霸	扞	욱勖	彧	栯	煜	稢	項	운橒	殞
	澐	熉	蕓	沄	会	暈	울亐	원嫄	愿	沅

한자의 기초

	洹	溪	爰	瑗	轅	鴛	褑	월 鉞	위 暐	瑋
	蔚	蝟	禕	유 侑	孺	揄	攸	柚	楢	洧
	猷	臾	萸	諛	蹂	逾	琟	釉	孺	媃
	윤 贇	玧	贇	銳	阭	閏	昀	율 聿	燏	융 瀜
	은 垠	慇	誾	溵	珢	濦	億	听	檃	蘟
	檼	隱	訢	응 膺	의 艤	薏	이 姨	痍	肄	苡
	羡	貽	邇	飴	嬰	袘	익 翊	謚	熤	인 禋
	絪	茵	蚓	靷	槾	芢	일 佚	임 妊	恁	稔
	註	입 廿	잉 孕	芿						
ㅈ 191자	자 仔	疵	孜	茨	蔗	작 勺	嚼	斫	炸	잔 孱
	潺	장 暲	樟	檣	牆	臧	奘	漳	재 溨	縡
	齎	쟁 箏	錚	저 佇	姐	樗	狙	紵	菹	詛
	躇	這	雎	齟	적 勣	吊	荻	鏑	전 佺	悛
	琠	畑	癲	筌	輾	鐫	顚	餞	荃	절 癤
	晢	점 霑	鮎	접 摺	정 婥	諹	柾	檉	淀	渟
	湞	瀞	炡	玎	珽	睛	碇	穽	綎	諪
	酊	鉦	鋌	霆	婷	桯	珵	鋥	靚	涏
	埩	侹	姃	頲	彭	제 啼	薺	醍	堤	조 凋
	晁	璪	眺	窕	糟	繰	蚤	졸 猝	종 悰	慫
	棕	淙	琮	踪	踵	璁	樅	柊	주 侏	姝

	嗾	湊	澍	炷	綢	躊	輳	酎	週	姝
	燽	鉒	拄	倜	준 儁	寯	晙	樽	焌	畯
	竣	蠢	迿	雋	埻	隼	葰	蹲	줄 茁	즙 楫
	葺	증 烝	繒	지 咫	摯	枳	沚	漬	芷	蜘
	贄	鋕	洔	坻	진 晋	唇	嗔	搢	桭	榛
	殄	溱	瑨	璡	畛	瞋	縉	縝	臻	蔯
	袗	軫	鎮	抮	禛	鉁	阤	蓁	眹	질 侄
	嫉	桎	瓆	蛭	跌	迭	짐 斟	朕	집 濈	緝
	鏶									
ㅊ 111자	차 佽	嗟	嵯	磋	蹉	釵	瑳	硨	鑹	姹
	착 齪	찬 澯	璨	篡	粲	鑽	攢	巑	찰 紮	참 塹
	창 愴	漲	猖	艙	채 埰	寀	寨	砦	瘁	棌
	婇	처 凄	悽	척 倜	剔	慽	瘠	蹐	坧	천 仟
	擅	韆	玔	舛	釧	阡	茜	철 輟	첨 沾	甜
	諂	첩 堞	睫	輒	청 鯖	체 剃	涕	초 剿	憔	梢
	稍	艸	苕	貂	酢	岩	촉 矗	촌 忖	邨	총 悤
	憁	蔥	総	추 墜	湫	皺	萩	諏	鎚	雛
	驟	鰍	축 筑	蹙	춘 瑃	賰	충 珫	췌 悴	膵	萃
	贅	취 嘴	炊	脆	驟	측 厠	惻	치 嗤	幟	梔
	淄	熾	痔	緇	蚩	輜	칙 飭	칠 柒	침 琛	砧

한자의 기초

^칩蟄

ㅋ (1자)　^쾌夬

ㅌ (29자)
^타咤　拖　朶　楕　駄　垞　^탁倬　啄　坼　晫
柝　琸　^탄綻　憚　^탐眈　^탑搭　榻　^탕宕　帑　^태跆
邰　颱　^터攄　^통慟　^퇴槌　褪　^투偸　^특慝　^틈闖

ㅍ (39자)
^파擺　杷　爬　跛　^판鈑　^팔叭　捌　^패沛　狽　^팽澎
烹　^팍愎　扁　騙　^평枰　萍　泙　^폐吠　嬖　斃
陛　^포佈　匍　匏　咆　^표俵　剽　彪　慓　飇
飄　驃　^피陂　^필珌　疋　苾　馝　佖　鉍

ㅎ (188자)
^하廈　昰　遐　鰕　呀　煆　碬　^학壑　嗃　^한悍
澖　瀚　罕　澗　嚳　^함啣　喊　檻　緘　^합閤
^항伉　姮　嫦　桁　缸　^해偕　垓　孩　懈　瀣
邂　駭　咍　^행倖　荇　^향嚮　^허噓　^헌櫶　軒　^혁奕
焱　血　^현睍　泫　睨　絢　衒　眩　呟　儇
譞　怰　^혈孑　^협浹　鋏　頰　^형泂　熒　瀅　熒
珩　迥　邢　鎣　^혜嘒　蕙　蹊　醯　憓　譓
憓　^호岵　晧　淏　滸　澔　濩　灝　瓠　皓
祜　縞　芦　葫　蒿　蝴　護　顥　皞　^홀惚
^홍哄　汞　泓　烘　訌　鉷　^화嬅　譁　^확攫　礭
^환奐　晥　渙　紈　驩　鰥　鐶　^활猾　豁　^황幌

徨 恍 惶 慌 晃 榥 湟 潢 璜 篁
簧 蝗 遑 媓 堭 회 匯 徊 恢 獪 茴
蚘 賄 횡 宏 鐄 효 哮 嚆 斅 洨 淆 肴
驍 皛 歆 후 吼 帿 煦 珝 逅 훈 塤 塤
壎 燽 鑂 蘍 원 喧 暄 煊 훼 喙 휘 輝 麾
휴 烋 畦 虧 흡 譆 䲰 흥 兇 洶 흔 昕 炘 忻
흘 吃 紇 訖 흠 歆 흡 恰 翕 희 熙 噫 囍 憘
晞 曦 熺 橲 犧 凞 俙 烯

(2) 2급 배정한자(1,501자)

228자

가 伽 哥 嘉 嫁 柯 稼 苛 袈 訶 賈
跏 迦 駕 각 恪 殼 간 墾 奸 杆 桿 澗
癇 竿 艮 艱 諫 갈 喝 碣 葛 褐 鞨
감 勘 堪 嵌 憾 柑 疳 紺 邯 龕 갑 匣
岬 강 姜 岡 崗 疆 羌 腔 薑 개 凱 漑
箇 芥 갱 坑 羹 거 渠 건 巾 腱 虔 鍵 걸 杰
黔 겁 劫 怯 게 偈 揭 격 檄 覡 견 甄 繭 鵑
결 訣 겸 鎌 경 憬 暻 梗 璟 瓊 痙 磬 脛
莖 頸 鯨 계 悸 稽 誡 谿 고 叩 拷 攷

한자의 기초

皐	股	膏	藁	袴	誥	錮	雇	곤崑	昆
棍	袞	공控	拱	곶串	과戈	瓜	菓	顆	곽槨
藿	廓	관棺	款	灌	罐	괄括	适	광匡	壙
曠	珖	괘卦	괴乖	傀	槐	魁	굉宏	교僑	咬
喬	嬌	攪	絞	膠	轎	驕	구仇	勾	垢
寇	歐	毬	溝	灸	矩	臼	舅	購	軀
逑	邱	鉤	駒	鳩	鷗	耉	국鞠	鞫	麴
군裙	굴堀	掘	窟	궁穹	躬	권倦	圈	捲	眷
궐闕	궤櫃	潰	귀晷	규圭	奎	揆	珪	硅	窺
葵	閨	균筠	鈞	귤橘	극剋	戟	棘	隙	근勤
槿	瑾	筋	覲	금芩	衾	衿	襟	급扱	汲
긍兢	矜	기伎	冀	嗜	妓	岐	崎	朞	杞
棋	汽	沂	琦	琪	璣	畸	碁	祇	祺
箕	綺	羈	耆	饑	驥	麒	끽喫		

ㄴ 16자

나儺	拿	拏	날捺	낭囊	년撚	념拈	노弩	농濃	膿
뇨尿	눌訥	뉴紐	니尼	닉溺	匿				

ㄷ 53자

단湍	緞	蛋	袒	鍛	담曇	湛	潭	澹	痰
膽	譚	당塘	幢	撞	대棠	垈	戴	玳	袋
덕悳	도屠	悼	濤	燾	禱	萄	賭	蹈	鍍
독瀆	牘	禿	돈墩	旽	沌	頓	동憧	桐	棟

潼 疼 瞳 胴 董 두兜 杜 痘 둔遁 등遴
藤 謄 鄧

ㄹ 103자
라螺 裸 蘿 懶 癩 락洛 珞 酪 烙 駱
란爛 瀾 鸞 람藍 랍拉 蠟 臘 랑朗 狼 래萊
량亮 樑 려侶 儷 藜 驢 呂 閭 驪 黎
蘆 礪 濾 瀝 礫 련煉 漣 輦 攣 렴斂
濂 簾 殮 령翎 齡 玲 鈴 례醴 로魯 盧
鷺 櫓 蘆 虜 撈 鹵 록麓 롱籠 聾 뢰儡
瀨 牢 료療 遼 寮 루陋 壘 婁 류琉 劉
硫 溜 榴 瘤 謬 륙戮 륜綸 崙 률慄 륵勒
肋 름廩 릉凌 綾 菱 稜 楞 리璃 籬 鰲
鯉 痢 罹 裡 린麟 鱗 璘 燐 림琳 霖
淋 립笠 粒

ㅁ 61자
마摩 瑪 麻 魔 막寞 膜 만卍 娩 彎 挽
曼 灣 蔓 蠻 鞔 말抹 沫 靺 망網 芒
매昧 枚 罵 邁 魅 맥貊 맹萌 면冕 棉 沔
麵 멸蔑 명溟 皿 모帽 牟 牡 瑁 矛 耗
茅 謨 목沐 穆 묘描 猫 무巫 懋 撫 畝
蕪 誣 문吻 汶 紋 미彌 薇 민悶 愍 旼
閔

ㅂ 132자

박剝	搏	珀	箔	縛	舶	駁	반搬	攀	斑
槃	泮	潘	畔	礬	頒	磻	발勃	撥	渤
潑	跋	醱	鉢	방坊	幇	彷	枋	榜	紡
肪	배俳	盃	胚	褒	賠	陪	백帛	柏	栢
魄	번幡	樊	燔	蕃	藩	벌閥	범帆	梵	汎
泛	范	벽僻	壁	癖	闢	변卞	弁	병併	幷
柄	炳	瓶	秉	餠	騈	보堡	洑	甫	菩
褓	輔	복輻	僕	茯	馥	봉峰	俸	捧	棒
烽	琫	縫	蓬	鋒	부俯	傅	剖	孚	敷
斧	溥	腑	膚	芙	訃	趺	釜	阜	분噴
忿	汾	焚	盆	糞	芬	불弗	붕棚	鵬	비不
匪	庇	扉	泌	沸	琵	痺	砒	秘	緋
翡	脾	臂	裨	鄙	毘	빈嬪	彬	斌	殯
濱	빙憑

ㅅ 170자

사傞	唆	嗣	奢	娑	徙	泗	瀉	獅	砂
祠	紗	肆	莎	裟	赦	飼	麝	산傘	刪
珊	酸	살撒	煞	薩	삼杉	森	蔘	衫	滲
삽揷	澁	상庠	湘	箱	翔	새璽	색穡	생牲	笙
서壻	嶼	抒	曙	棲	犀	瑞	筮	胥	舒
薯	鋤	黍	鼠	석奭	晳	汐	潟	碩	錫

선扇	璿	癬	繕	羨	腺	膳	蟬	詵	銑
설卨	屑	楔	泄	薛	섬暹	纖	蟾	贍	閃
陝	섭燮	성惺	晟	醒	세貰	소塑	宵	巢	梳
沼	瀟	疎	簫	紹	蕭	逍	遡	邵	韶
속贖	손巽	遜	飡	송宋	쇄碎	수嫂	戍	洙	漱
燧	狩	瘦	穗	竪	粹	綏	綬	繡	羞
蒐	藪	袖	讐	酬	銖	隋	髓	鬚	숙塾
순楯	洵	淳	盾	筍	舜	荀	詢	醇	馴
숭嵩	슬瑟	膝	습褶	승丞	升	繩	陞	시匙	媤
尸	屍	弑	柴	翅	諡	柿	식殖	湜	蝕
軾	신娠	紳	腎	薪	訊	迅	실悉	심瀋	십什
아俄	啞	娥	峨	蛾	衙	鵝	악嶽	堊	握
顎	안按	晏	鞍	알閼	암庵	癌	菴	압鴨	앙昂
秧	애厓	埃	崖	碍	艾	액掖	液	腋	앵櫻
鶯	야倻	冶	양孃	攘	瘍	襄	釀	어禦	언堰
彦	諺	얼孼	엄儼	掩	역繹	연捐	椽	淵	烟
硯	筵	衍	鳶	열涅	염厭	焰	艶	閻	髥
엽燁	영暎	瑩	瀛	瓔	盈	穎	纓	예叡	曳
濊	睿	穢	芮	裔	預	오伍	吳	奧	旿
梧	鰲	옥沃	鈺	온瘟	穩	蘊	올兀	옹甕	雍

한자의 기초

	饔	와 過	窩	蛙	訛	완 婉	浣	玩	阮	腕
	莞	頑	왕 旺	汪	왜 倭	歪	矮	외 巍	요 凹	堯
	夭	妖	姚	擾	曜	瑤	窯	耀	饒	욕 褥
	용 傭	湧	溶	熔	茸	蓉	踊	鎔	鏞	우 佑
	寓	瑀	盂	祐	禑	禹	虞	迂	隅	욱 旭
	昱	郁	운 耘	芸	隕	울 蔚	鬱	웅 熊	원 垣	媛
	冤	猿	苑	袁	위 尉	渭	萎	葦	韋	魏
	유 俞	喩	宥	庚	愉	榆	游	濡	瑜	癒
	諭	踰	釉	鍮	육 堉	毓	윤 允	尹	胤	융 戎
	絨	融	은 殷	음 蔭	읍 揖	응 膺	鷹	의 倚	懿	擬
	椅	毅	蟻	誼	이 伊	弛	彝	怡	爾	珥
	貳	餌	頤	익 瀷	翊	인 咽	刃	靭	일 佾	壹
	溢	鎰	馹	임 姙	荏	잉 仍	剩			
ㅈ 180자	자 炙	咨	姉	滋	煮	瓷	磁	藉	諮	雌
	작 灼	綽	芍	雀	鵲	잔 棧	盞	잠 岑	箴	簪
	蠶	장 仗	匠	庄	杖	欌	漿	獐	璋	蔣
	薔	贓	醬	재 梓	滓	齋	쟁 諍	저 儲	咀	杵
	楮	沮	渚	猪	疽	箸	苧	藷	邸	적 嫡
	狄	笛	翟	謫	蹟	迪	迹	전 佃	剪	塡
	塼	奠	廛	栓	氈	澱	煎	甸	箋	箭

篆	纏	詮	鈿	銓	顚	절截	浙	점岾	点
粘	정偵	呈	幀	挺	旌	晶	楨	汀	町
禎	艇	鄭	釘	錠	靖	鼎	제劑	悌	梯
臍	蹄	霽	조俎	嘲	彫	措	曺	曹	棗
槽	漕	爪	祚	稠	粗	肇	藻	詔	趙
躁	遭	釣	阻	雕	족簇	鏃	종倧	綜	腫
鍾	좌挫	주做	呪	廚	疇	籌	紂	紬	蛛
註	誅	週	駐	胄	죽粥	준准	埈	峻	浚
濬	駿	즐櫛	즙汁	증拯	甑	지址	旨	砥	祉
祗	肢	脂	芝	趾	직稙	稷	진晉	塵	津
疹	秦	診	賑	질叱	帙	窒	膣	집輯	징澄
차叉	箚	遮	착搾	窄	鑿	찬撰	燦	瓚	竄
簒	纘	餐	饌	찰刹	擦	札	참僭	懺	斬
站	讒	讖	창倡	娼	廠	彰	敞	昶	槍
滄	瘡	脹	菖	채綵	蔡	采	책柵	擲	滌
脊	陟	隻	천喘	穿	闡	철凸	喆	撤	澈
綴	轍	첨僉	瞻	簽	籤	詹	첩帖	捷	牒
疊	諜	貼	청菁	체締	諦	초哨	椒	楚	樵
炒	焦	硝	礁	蕉	醋	醮	鈔	촉囑	蜀
총叢	塚	寵	摠	촬撮	최崔	추椎	楸	樞	芻

50

		趨	鄒	酋	錐	錘	축竺	蹴	軸	춘椿	출朮
		黜	충沖	衷	취娶	翠	聚	鷲	측仄	치侈	峙
		痴	癡	稚	穉	緻	雉	馳	칙勅	침鍼	칭秤
ㅌ	30자	타唾	惰	舵	陀	駝	탁擢	琢	託	鐸	탄吞
		嘆	坦	灘	탐耽	탕蕩	태兌	台	汰	笞	胎
		苔	탱撐	토兎	통桶	筒	퇴堆	腿	頹	투套	妬
ㅍ	52자	파坡	婆	巴	琶	芭	판坂	瓣	辦	阪	패佩
		唄	悖	浿	牌	稗	覇	팽彭	膨	편扁	鞭
		폄貶	평坪	포哺	圃	怖	拋	泡	疱	砲	脯
		苞	葡	蒲	袍	褒	逋	鋪	鮑	폭曝	瀑
		표杓	瓢	豹	품稟	풍楓	諷	豊	馮	피披	필弼
		핍乏	逼								
ㅎ	139자	하廈	瑕	蝦	霞	학虐	謔	한翰	閑	할轄	함函
		涵	艦	銜	鹹	합哈	盒	蛤	閤	陝	항亢
		杭	沆	肛	해咳	楷	蟹	諧	骸	핵劾	행杏
		향珦	餉	饗	허墟	헐歇	혁爀	赫	烋	현倪	峴
		弦	炫	玹	眩	舷	鉉	혈頁	협俠	夾	峽
		挾	狹	脇	莢	형型	瀅	炯	荊	馨	혜彗
		鞋	호壕	壺	弧	扈	昊	濠	狐	琥	瑚
		糊	鎬	혹酷	혼渾	琿	홀笏	홍虹	화樺	畫	靴

환喚	宦	幻	桓	煥	활滑	闊	황凰	慌	晃
滉	煌	隍	회廻	晦	檜	淮	澮	灰	繪
膾	誨	효梟	爻	酵	후后	喉	嗅	朽	훈暈
勛	勳	熏	燻	薰	원萱	훼卉	휘彙	徽	暉
諱	휼恤	흉匈	흔欣	痕	흘屹	흠欠	欽	흡洽	희僖
姬	嬉	憙	熙	熹	犧	禧	羲	힐詰	

(3) 3급 배정한자(900자)

149자

가架	暇	각却	閣	覺	刻	간刊	肝	幹	簡
姦	懇	감監	鑑	강康	剛	鋼	綱	개介	慨
概	蓋	거距	拒	據	건健	件	걸傑	乞	검儉
劍	檢	격格	擊	激	隔	견絹	肩	遣	牽
결缺	겸兼	謙	경竟	境	鏡	頃	傾	硬	警
徑	卿	계系	係	戒	械	繼	契	桂	啓
階	繫	고枯	姑	庫	孤	鼓	稿	顧	곡哭
공孔	供	恭	攻	恐	貢	과寡	誇	곽郭	관館
管	貫	慣	冠	寬	광鑛	狂	괘掛	괴塊	愧
怪	壞	교郊	較	巧	矯	구丘	俱	懼	狗
龜	驅	構	具	區	拘	球	苟	국菊	局

叫 糾 ㉮菌 ㉸克 劇 ㉭斤 僅 謹 ㉮琴 禽
㉶群 屈 窮 宮 ㉵券 拳 ㉺厥 軌 ㉯鬼 規
錦 ㉰級 ㉯肯 ㉭忌 棄 祈 豈 機 騎 紀
飢 旗 欺 企 奇 寄 器 幾 ㉯緊

ㄴ 10자
㉯那 ㉷納 ㉸奈 耐 ㉮寧 ㉭努 奴 ㉰腦 惱 ㉯泥

ㄷ 41자
㉯茶 ㉯旦 團 壇 斷 段 檀 ㉰淡 擔 ㉰畓
踏 ㉯唐 糖 黨 ㉰貸 臺 隊 帶 ㉭桃 稻
跳 途 陶 逃 倒 導 挑 盜 渡 塗
㉭毒 篤 督 ㉭豚 敦 ㉭突 凍 銅 ㉭鈍 屯
㉱騰

ㄹ 60자
㉯羅 ㉯諾 絡 ㉯亂 欄 蘭 ㉯濫 覽 ㉯娘 廊
㉯略 掠 ㉯梁 糧 諒 ㉯麗 慮 勵 ㉯曆 鍊
憐 聯 戀 蓮 ㉯劣 裂 ㉯廉 獵 ㉯零 靈
嶺 ㉯隸 ㉯爐 ㉯祿 錄 鹿 ㉯弄 賴 雷 ㉯了
僚 ㉯龍 ㉯屢 樓 累 淚 漏 ㉯類 ㉯輪 栗
率 ㉯隆 ㉯陵 ㉯吏 離 裏 履 梨 ㉯隣 ㉯臨

ㅁ 46자
㉯磨 麻 ㉯幕 漠 ㉯漫 慢 ㉯茫 妄 罔 ㉯媒
梅 埋 ㉯脈 ㉯孟 盲 盟 猛 ㉯綿 ㉯滅 ㉯銘
冥 ㉯募 某 謀 貌 慕 模 侮 冒 ㉯牧
睦 ㉯沒 ㉯夢 蒙 ㉯墓 廟 苗 ㉯貿 霧 ㉯默

미	微	眉	迷	민	敏	憫	밀	蜜		

ㅂ 79자

박	泊	博	拍	薄	迫	반	叛	班	返	盤	般
伴	발	髮	拔	방	倣	芳	邦	妨	傍	배	培	輩
倍	排	配	背	백	伯	번	煩	飜	繁	벌	罰	범	範
犯	벽	壁	碧	변	辨	辯	邊	병	竝	屛	보	補	寶
譜	普	복	卜	複	腹	覆	봉	蜂	鳳	封	峯
부	符	簿	賦	赴	附	付	腐	府	副	負
분	紛	奮	墳	奔	粉	憤	불	拂	붕	崩	비	卑	妃
批	肥	碑	祕	婢	費	빈	賓	頻	빙	聘

ㅅ 100자

사	似	捨	斯	沙	蛇	詐	詞	賜	寫	辭
邪	査	斜	司	社	祀	삭	削	朔	상	嘗	裳
詳	祥	床	象	像	桑	狀	償	쌍	雙	새	塞
색	索	서	敍	徐	庶	恕	署	緖	誓	逝	석	析
釋	선	宣	禪	旋	섭	涉	攝	소	召	昭	蘇	騷
燒	訴	掃	疏	蔬	속	束	粟	屬	손	損	송	訟
誦	頌	쇄	刷	鎖	쇠	衰	수	囚	睡	輸	遂	隨
帥	獸	殊	需	垂	搜	숙	孰	肅	熟	순	循
旬	殉	瞬	脣	巡	술	術	述	습	濕	襲	승	僧
昇	시	侍	矢	식	息	飾	신	伸	愼	晨	심	審	尋

ㅇ 110자

| 아 | 牙 | 亞 | 芽 | 雅 | 餓 | 악 | 岳 | 안 | 雁 | 岸 | 알 | 謁 | 압 | 壓 |

한자의 기초

	押	앙 央	殃	애 涯	액 厄	額	야 耶	약 躍	양 樣	壤
	楊	어 御	억 抑	언 焉	여 予	輿	역 域	役	驛	疫
	譯	연 宴	燕	沿	燃	演	鉛	延	軟	緣
	閱	염 染	鹽	영 泳	詠	映	營	影	예 豫	譽
	銳	오 傲	嗚	娛	汚	옥 獄	옹 翁	擁	완 緩	외 畏
	요 腰	遙	謠	搖	욕 慾	辱	용 庸	우 偶	愚	郵
	羽	優	운 韻	원 援	院	源	員	월 越	위 緯	胃
	謂	違	圍	慰	僞	衛	委	유 幽	惟	維
	乳	儒	裕	誘	愈	悠	윤 閏	潤	은 隱	음 淫
	응 凝	의 儀	疑	宜	이 夷	익 翼	인 姻	일 逸	임 任	賃
ㅈ 108자	자 刺	姿	紫	資	茲	恣	작 爵	酌	잔 殘	잠 潛
	暫	잡 雜	장 張	粧	腸	莊	裝	墻	障	藏
	丈	掌	葬	獎	帳	臟	재 載	災	裁	宰
	저 抵	底	적 寂	摘	滴	績	跡	賊	積	籍
	전 專	轉	殿	절 折	切	竊	점 點	漸	占	접 蝶
	정 廷	訂	程	亭	征	整	제 際	堤	濟	制
	齊	提	조 弔	照	租	燥	組	條	操	潮
	졸 拙	종 縱	좌 佐	座	주 周	舟	州	柱	株	洲
	奏	珠	鑄	준 準	俊	遵	중 仲	증 憎	症	蒸
	贈	지 遲	智	誌	池	직 職	織	진 珍	鎭	振

	陳	陣	震	질姪	疾	秩	징徵	懲
ㅊ 67자	차差	착捉	錯	찬贊	讚	참慙	慘	창創	暢	蒼
	倉	채債	彩	책策	척斥	戚	拓	천薦	賤	遷
	踐	철哲	徹	첨尖	添	첩妾	청廳	체替	滯	逮
	遞	초抄	肖	礎	超	秒	촉促	觸	燭	총總
	聰	銃	최催	추抽	醜	축逐	縮	畜	築	蓄
	충衝	취臭	趣	醉	측側	測	층層	치恥	値	置
	칠漆	침沈	侵	寢	枕	浸	칭稱			
ㅌ 24자	타墮	妥	탁托	濁	濯	卓	탄歎	彈	炭	誕
	탈奪	탐貪	탑塔	탕湯	태怠	殆	態	택澤	擇	토討
	吐	통痛	투鬪	透						
ㅍ 31자	파播	罷	派	頗	把	판販	版	板	편編	遍
	偏	평評	폐幣	廢	弊	肺	蔽	胞	包	浦
	飽	捕	폭幅	爆	표標	票	漂	피被	避	疲
	필畢									
ㅎ 75자	하荷	학鶴	한旱	汗	할割	함含	咸	陷	항巷	港
	航	抗	項	해奚	該	핵核	향響	享	헌軒	憲
	獻	험險	驗	현顯	懸	玄	縣	絃	혈穴	혐嫌
	脅	형亨	螢	衡	혜慧	兮	호毫	互	浩	胡
	豪	護	혹惑	혼昏	魂	홀忽	홍洪	弘	鴻	화禾

禍 ㉰擴 確 穫 ㉱還 環 丸 換 ㉲荒 況
㉳悔 懷 ㉴獲 劃 ㉵橫 ㉶曉 ㉷侯 候 ㉸毀 輝
揮 ㉹携 ㉺吸 ㉻稀 戲

(4) 4급 배정한자(300자)

ㄱ 42자
가佳 假 각脚 간看 갈渴 감敢 감減 甘 갑甲 강講
降 개皆 갱更 거居 巨 건乾 견堅 결潔 경庚 耕
輕 驚 계溪 癸 鷄 고苦 곡穀 곤困 坤 관關
교橋 구舊 권勸 卷 귀歸 균均 극極 급及 急 給
기幾 既

ㄴ 3자
난暖 내乃 노怒

ㄷ 6자
단但 端 당當 대待 도徒 등燈

ㄹ 11자
랑浪 郞 량涼 련練 렬烈 령領 로露 록綠 류柳 륜倫
리李

ㅁ 18자
막莫 만晩 망忘 忙 매妹 買 맥麥 면免 眠 명鳴
모暮 묘卯 묘妙 무戊 茂 묵墨 물勿 미尾

ㅂ 18자
박朴 반飯 방房 배杯 벌伐 범凡 병丙 복伏 봉逢 부否
扶 浮 部 불佛 붕朋 비悲 鼻 빈貧

ㅅ 43자
사巳 私 絲 舍 謝 산散 상傷 喪 常 霜

	서 暑	석 惜	昔	설 舌	성 盛	聖	세 稅	細	소 笑	속 續
	송 松	수 修	壽	愁	樹	秀	誰	雖	須	숙 叔
	宿	淑	순 純	술 戌	숭 崇	습 拾	승 乘	承	시 試	신 申
	辛	심 深	甚							
ㅇ 64자	아 我	악 惡	안 眼	顔	암 巖	暗	앙 仰	애 哀	야 也	양 揚
	讓	어 於	억 億	憶	엄 嚴	여 余	如	汝	與	餘
	역 亦	연 煙	열 悅	염 炎	엽 葉	영 迎	오 吾	悟	誤	와 瓦
	臥	왈 曰	욕 欲	우 于	又	尤	憂	遇	운 云	원 圓
	怨	위 偉	危	威	유 唯	幼	柔	猶	遊	酉
	을 乙	음 吟	음 陰	읍 泣	의 依	矣	이 已	異	而	인 印
	寅	忍	認	임 壬						
ㅈ 39자	자 姉	慈	작 昨	장 壯	재 哉	栽	저 低	著	적 敵	赤
	適	전 錢	정 丁	井	停	淨	貞	靜	頂	제 祭
	諸	除	존 尊	종 從	終	鐘	좌 坐	주 朱	酒	즉 卽
	증 曾	證	지 之	只	持	枝	진 盡	辰	집 執	
ㅊ 20자	차 且	借	此	창 昌	채 採	菜	처 妻	척 尺	천 泉	淺
	철 鐵	청 晴	聽	請	초 招	추 推	축 丑	취 吹	就	침 針
ㅌ 5자	타 他	탈 脫	탐 探	태 泰	투 投					
ㅍ 8자	파 破	편 篇	폐 閉	포 布	抱	폭 暴	피 彼	필 匹		
ㅎ 23자	하 何	賀	한 寒	恨	閑	항 恒	해 亥	허 虛	許	현 賢

형刑 호乎 호呼 호戶 혹或 혼混 홍紅 화華 환歡 후厚
흉胸 흑黑 희喜

(5) 5급 배정한자(600자, 하위급수 포함)

ㄱ 88자
가家 가街 가可 가歌 가加 가價 각角 각各 간干 간間
감感 강江 강强 개改 개個 개開 객客 거去 거車 거擧
건建 견見 견犬 결決 결結 경京 경景 경經 경敬 경慶
경競 계季 계界 계計 고古 고故 고固 고考 고高 고告
곡曲 곡谷 골骨 공工 공功 공空 공共 공公 과果 과課
과科 과過 관官 관觀 광光 광廣 교交 교校 교敎 구九
구口 구救 구究 구久 구句 구求 국國 군君 군軍 군郡
궁弓 권權 귀貴 근近 근勤 근根 금金 금今 금禁 기記
기期 기基 기氣 기技 기己 기其 기起 길吉

ㄴ 10자
난難 남南 남男 내內 녀女 년年 념念 노勞 농農 능能

ㄷ 33자
다多 단單 단丹 단短 달達 담談 답答 당堂 대大 대對
대代 덕德 도到 도度 도道 도島 도都 도圖 도刀 독獨
독讀 동同 동洞 동童 동冬 동東 동動 두斗 두豆 두頭
득得 등等 등登

ㄹ 28자
락落 락樂 란卵 래來 랭冷 량良 량量 려旅 력力 력歷

| 련連 | 렬列 | 령令 | 례例 | 禮 | 로路 | 老 | 론論 | 료料 | 류流 |
| 留 | 륙陸 | 률律 | 리里 | 理 | 利 | 림林 | 립立 | | |

ㅁ (32자)

마馬	만萬	滿	말末	망望	亡	매每	賣	면勉	面
명名	命	明	모母	毛	목木	目	무武	務	舞
無	문門	問	聞	文	물物	미美	未	味	米
민民	밀密								

ㅂ (36자)

반反	半	발發	방方	放	訪	防	배拜	백白	百
번番	법法	변變	별別	병病	兵	보保	步	報	복福
服	復	본本	봉奉	부夫	父	富	婦	북北	분分
불不	비比	非	備	飛	빙氷				

ㅅ (95자)

사四	士	史	師	死	思	事	仕	使	寺
射	산山	産	算	살殺	삼三	상上	賞	商	相
想	尙	색色	생生	서西	序	書	석夕	石	席
선先	線	善	選	鮮	船	仙	설雪	說	設
성姓	性	成	城	省	星	誠	聲	세世	洗
勢	歲	소小	少	所	消	素	속俗	速	손孫
송送	수水	手	受	授	守	收	數	首	순順
습習	승勝	시市	示	是	時	詩	施	視	始
식食	植	識	式	신身	神	臣	信	新	실失
室	實	심心	십十	씨氏					

한자의 기초

ㅇ (90자)

아兒	안安	案	애愛	야夜	野	약約	藥	弱	若
양羊	兩	洋	養	陽	어魚	語	漁	언言	업業
역易	逆	연然	研	열熱	영永	英	榮	예藝	오五
午	烏	옥玉	屋	온溫	완完	왕王	往	외外	요要
욕浴	용用	勇	容	우右	牛	友	雨	宇	운雲
運	웅雄	원元	原	遠	園	願	월月	위位	爲
유由	油	有	遺	육六	肉	育	은恩	銀	음音
飮	읍邑	응應	의衣	義	議	醫	意	이二	耳
移	以	익益	인人	因	引	仁	일一	日	입入

ㅈ (80자)

자子	字	自	者	작作	장長	場	將	章	재材
財	在	再	才	쟁爭	저貯	적的	전田	全	前
展	電	傳	典	戰	절節	絶	점店	접接	정正
政	定	情	庭	精	제弟	帝	題	製	第
조兆	早	造	鳥	調	朝	助	祖	足	族
존存	졸卒	종種	宗	좌左	죄罪	주主	注	住	宙
晝	走	죽竹	중中	衆	重	증增	지止	知	地
指	志	至	紙	支	직直	진眞	進	질質	집集

ㅊ (35자)

차次	착着	찰察	참參	창唱	窓	책冊	責	처處	천千
天	川	청靑	淸	체體	초初	草	촌村	寸	최最
추秋	追	축祝	춘春	출出	충充	忠	蟲	취取	치治

　　　致　齒 _칙則 _친親 _칠七

ㅋ 1자　_쾌快

ㅌ 8자　_타打 _태太 _택宅 _토土 _통通　統 _퇴退 _특特

ㅍ 15자　_파波 _판判 _팔八 _패敗　貝 _편便　片 _평平 _표表 _품品
　　　_풍風　豐 _피皮 _필必　筆

ㅎ 49자　_하下　夏　河 _학學 _한韓　漢　限 _합合 _해海　解
　　　害 _행行 _행幸 _향香　鄉　向 _혁革 _현現 _혈血 _협協
　　　_형兄　形 _혜惠 _호好　號　湖　虎 _혼婚 _화火　化
　　　花　和　話　貨　畫 _환患 _활活　黃　皇 _회回
　　　會 _효孝　效 _후後 _훈訓 _휴休　凶 _흥興 _희希

焚書坑儒

분 서 갱 유

불사를 분 / **책 서** / **묻을 갱** / **선비 유**

책을 불사르고 선비를 구덩이에 묻는다는 뜻의 '焚書坑儒(분서갱유)'는 진나라 시황제의 가혹한 법과 혹독한 정치 탄압을 가리키는 말이다.

＊고사 진나라 시황제는 주나라 봉건제를 폐지하고 중앙 집권의 군현제도를 채택했다. 8년이 지난 후 함양궁의 잔치에서 순우월이 군현제를 봉건제로 바꿀 것을 건의하자, 군현제의 초안자인 승상 이사는 "봉건제도는 임금의 권위를 떨어뜨리고 당파를 조성하게 하므로 이를 일체 금해야 하며, 유생이라는 자들이 정부가 세운 법령을 비판하고 다른 의견을 내세우니 의약·복서·농경 등에 관한 서적을 제외한 유교 경전과 정치적 색채가 있는 서적을 모두 불태워 정치에 관한 논의를 금지시켜야 합니다."라고 말했다. 그러자 시황제는 이사의 건의를 받아들여 유가를 비롯한 제자백가의 서적을 모두 불살라 버렸다.

그 이듬해 아방궁이 완성되자 시황제는 불로장생을 꿈꾸며 신선술을 가진 방사들을 불러모았다. 그 중에서도 후한 대접을 받던 후생과 노생은 시황제에게 아첨하여 재물을 잔뜩 얻은 뒤 시황제의 부도덕함을 비난하며 자취를 감추었다. 이때 마침 시황제를 비방하는 학자들이 있다는 보고가 들어오자 비난 혐의가 있는 학자 460명을 잡아다 산 채로 구덩이를 파고 매장해 버렸다.

상공회의소 한자시험 고급 기본서 1·2급

한자 익히기

- 고급 배정한자
  - 1급 배정한자
  - 2급 배정한자
- 1급(2급) 인명용 한자(284字)

2급 001 亻(人)부 총 7획 **伽** 절 **가**	伽藍가람 승려들이 불도를 닦으면서 머무는 절 ▶藍(쪽 람) 閼伽알가 부처나 보살에게 공양하는 물 ▶閼(막을 알) 伽羅가라 僧伽승가 迦陵頻伽가릉빈가 金官伽倻금관가야
1급 001 口부 총 8획 **呵** 꾸짖을 **가**	呵責가책 꾸짖어 책망함 ▶責(꾸짖을 책) 呵護가호 지키고 보호함 ▶護(보호할 호) 呵呵大笑가가대소 너무 우스워서 한바탕 껄껄 웃음 ▶大(큰 대), 笑(웃음 소) 呵怒가노 呵導가도 呵噓가허 譴呵견가 受呵수가 呵禁法가금법
2급 002 口부 총 10획 **哥** 형 **가**	哥哥가가 형을 부르는 말 鶯哥앵가 앵무새 ▶鶯(꾀꼬리 앵) 哥老會가로회 청나라 건륭 때의 비밀결사 ▶老(늙을 로), 會(모일 회) 哥禁가금 哥器가기 八哥팔가 哥舒棒가서봉 哥窯紋가요문 墨西哥묵서가
2급 003 口부 총 14획 **嘉** 아름다울 **가**	嘉客가객 반갑고 귀한 손님 ▶客(손 객) 嘉卉가훼 아름다운 초목 ▶卉(풀 훼) 嘉俳日가배일 음력 팔월 보름날, 추석날, 한가윗날 ▶俳(배우 배), 日(날 일) 嘉事가사 嘉祥가상 嘉愛가애 嘉魚가어 嘉儀가의 嘉肴가효 嘉德大夫가덕대부
2급 004 女부 총 13획 **嫁** 시집갈 **가**	嫁娶가취 시집가고 장가드는 일 ▶娶(장가들 취) 出嫁外人출가외인 출가한 딸은 남으로 봄 ▶出(날 출), 外(바깥 외), 人(사람 인) 嫁禍가화 轉嫁전가 嫁反者가반자 嫁娶之禮가취지례 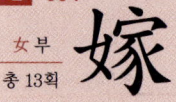 稼(심을 가) 1·2급
1급 002 木부 총 9획 **枷** 칼 **가**	枷鎖가쇄 죄인의 목에 칼을 씌우고, 발에 쇠사슬을 채움 ▶鎖(쇠사슬 쇄) 枷囚가수 죄인의 목에 칼을 씌워 가둠 ▶囚(가둘 수) 連枷연가 足枷족가 行枷행가 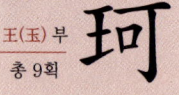 伽(절 가) 1·2급
2급 005 木부 총 9획 **柯** 가지 **가**	柯葉가엽 가지와 잎 ▶葉(잎 엽) 斧柯부가 도끼의 자루 ▶斧(도끼 부) 南柯一夢남가일몽 덧없는 꿈과 부귀영화 ▶南(남녘 남), 一(한 일), 夢(꿈 몽) 柯亭가정 交柯교가 繁柯번가 伐柯벌가 庭柯정가 橫柯횡가 欄柯仙客난가선객
1급 003 王(玉)부 총 9획 **珂** 마노 **가**	珂馬가마 굴레를 화려하게 꾸민 말 ▶馬(말 마) 珂鄕가향 남의 고향에 대한 미칭 ▶鄕(시골 향) 珂里가리 玉珂옥가 佩珂패가
1급 004 疒부 총 10획 **痂** 딱지 **가**	痂皮가피 피부병으로 생긴 부스럼 딱지, 장액이나 고름이 굳어진 것 ▶皮(가죽 피) 痘痂두가 마마딱지의 조각 ▶痘(마마 두) 落痂낙가 蛇痂사가 石痂석가 乳痂유가 痂皮病가피병 瘡痂病창가병
2급 006 禾부 총 15획 **稼** 심을 **가**	稼穡가색 곡식 농사 ▶穡(거둘 색) 稼動率가동률 가동할 수 있는 시간과 실제로 가동한 시간의 비율 ▶動(움직일 동), 率(비율 률) 躬稼궁가 木稼목가 桑稼상가 樹稼수가 出稼출가 務茲稼穡무자가색

한자별곡

가야금(伽倻琴)

伽(절 가), 倻(가야 야), 琴(거문고 금)

가야금은 우리나라 고유의 현악기로 가얏고라고도 한다. 《삼국사기》에 따르면 가야금은 가야의 가실왕의 명령을 받아 우륵이 만들었으며, 가야가 망한 후엔 신라로 망명하여 가야금을 전파했다. 오동나무로 길게 만든 공명관(共鳴管) 위에 열두 줄을 세로로 매어, 각 줄마다 안족(雁足 ; 기러기발)을 받쳐 놓고 손가락으로 뜯어서 소리를 낸다. 청아하고 부드러운 음색으로 가곡반주, 가야금산조, 가야금병창 등 한국음악 전반에 걸쳐 사용되고 있는 오늘날 가장 대중적인 국악기이다.

한자 익히기

2급 007 苛
艹(艸)부 / 총 9획 / **매울 가**

- 苛酷가혹 매우 혹독함 ▶酷(심할 혹)
- 細苛세가 자질구레함 ▶細(가늘 세)
- 苛斂誅求가렴주구 가혹하게 세금을 거둠 ▶斂(거둘 렴), 誅(벨 주), 求(구할 구)

苛性가성 苛役가역 苛烈가열 苛政가정
苛疾가질 苛評가평 苛虐가학 嚴苛엄가

1급 005 茄
艹(艸)부 / 총 9획 / **연줄기 가**

- 茄房가방 연밥 ▶房(방 방)
- 茄子가자 가지 ▶子(아들 자)
- 茄葉包가엽포 가짓잎쌈 ▶葉(잎 엽), 包(쌀 포)

茄科가과 茄性가성 茄蒩가저 茄荷가하

2급 008 袈
衣부 / 총 11획 / **가사 가**

- 袈裟가사 중이 입는 법의 ▶裟(가사 사)
- 滿繡袈裟만수가사 산천, 초목, 인물, 글자 같은 것을 가득 수놓은 가사 ▶滿(찰 만), 繡(수놓을 수), 裟(가사 사)

錦袈금가 赤袈裟적가사 袈裟佛事가사불사
九條袈裟구조가사 주의 架(시렁 가) 3급

2급 009 訶
言부 / 총 12획 / **꾸짖을 가/하**

- 訶子가자 가리륵의 열매로 설사·기침의 약재로 사용됨 ▶子(아들 자)
- 摩訶마하 불교에서의 불가사의한 일 ▶摩(문지를 마)

訶陵가릉 禁訶금가 訶梨勒가리륵
摩訶止觀마하지관 주의 詞(말씀 사) 3급

2급 010 賈
貝부 / 총 13획 / **값 가/장사 고**

- 賈誼島가의도 충남 서해에 있는 섬 ▶誼(옳을 의), 島(섬 도)
- 商賈扇상고선 질이 낮은 부채 ▶商(장사 상), 扇(부채 선)

賈島가도 賈傅가부 商賈船상고선
賈誼新書가의신서 주의 買(살 매) 4급

2급 011 跏
足부 / 총 12획 / **책상다리할 가**

- 跏趺坐가부좌 책상다리를 하고 앉음 ▶趺(책상다리 할 부), 坐(앉을 좌)
- 半跏像반가상 반가부좌로 앉은 부처의 상 ▶半(반 반), 像(형상 상)

結跏趺坐결가부좌 半跏趺坐반가부좌
金銅彌勒菩薩半跏像금동미륵보살반가상

1급 006 軻
車부 / 총 12획 / **수레/사람이름 가**

- 軻丘가구 공자와 맹자 ▶丘(언덕 구)
- 坎軻감가 때를 잘못 만나 뜻을 이루지 못해 괴로움이 큼 ▶坎(구덩이 감)
- 孟軻맹가 맹자의 이름 ▶孟(맏 맹)

軻峨가아 丘軻구가 走軻주가
孟軻敦素맹가돈소

2급 012 迦
辶(辵)부 / 총 9획 / **부처이름 가**

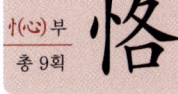

- 迦樓羅가루라 불경에 나오는 상상의 큰 새 ▶樓(다락 루), 羅(벌일 라)
- 釋迦牟尼석가모니 불교의 개조 ▶釋(풀 석), 牟(보리 모), 尼(여승 니)

迦羅가라 迦葉가엽 那落迦나락가
釋迦塔석가탑 尸毗迦시비가 婆羅迦파라가

2급 013 駕
馬부 / 총 15획 / **가마/멍에 가**

- 車駕거가 임금이 타는 수레 ▶車(수레 거)
- 凌駕능가 훨씬 뛰어남 ▶凌(능가할 릉)
- 尊駕존가 높고 귀한 사람의 탈 것 ▶尊(높을 존)

駕御가어 從駕종가 駕洛國가락국
駕前別抄가전별초 駑馬十駕노마십가

2급 014 恪
忄(心)부 / 총 9획 / **삼갈 각**

- 恪虔각건 삼가고 조심함 ▶虔(정성 건)
- 恪勤勉勵각근면려 삼가 게을리 하지 않고 일에 힘씀 ▶勤(부지런할 근), 勉(힘쓸 면), 勵(힘쓸 려)

恪固각고 恪別각별 恪肅각숙 恪循각순
恪慎각신 勤恪근각 不恪불각 儼恪엄각

쪽지시험

※ 다음의 뜻을 가진 한자(漢字)는 어느 것입니까?

1 아름답다
① 嘉 ② 柯 ③ 稼 ④ 哥 ⑤ 茄

2 꾸짖다
① 苛 ② 枷 ③ 訶 ④ 迦 ⑤ 嫁

풀이

1 ① 嘉(아름다울 가) ② 柯(가지 가)
③ 稼(심을 가) ④ 哥(형 가)
⑤ 茄(연줄기 가)

2 ① 苛(매울 가) ② 枷(칼 가)
③ 訶(꾸짖을 가) ④ 迦(부처이름 가)
⑤ 嫁(시집갈 가)

답 1. ① | 2. ③

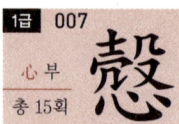

상공회의소 한자시험 고급 기본서 1·2급

1급 007
慤 心부 총 15획
성실할 각

慤士각사 성실한 선비 ▶士(선비 사)
謹慤근각 깊이 삼가고 성실함 ▶謹(삼갈 근)

慤實각실 誠慤성각

2급 015
殼 殳부 총 12획
껍질 각

殼皮각피 겉껍데기 ▶皮(가죽 피)
龜殼귀각 거북의 등딱지 ▶龜(거북 귀)
蟬殼선각 매미의 허물 ▶蟬(매미 선)
耳殼이각 귓바퀴 ▶耳(귀 이)

地殼지각 貝殼패각 蠔殼호각 甲殼類갑각류
주의 穀(곡식 곡) 4급

1급 008
珏 玉(玉)부 총 9획
쌍옥 각

崔珏圭최각규 행정관료, 정치가 ▶崔(높을 최), 圭(홀 규)

1급 009
侃 亻(人)부 총 8획
강직할 간

侃侃간간 성품이나 행실 따위가 꼿꼿하고 굳셈

成侃성간

2급 016
墾 土부 총 16획
개간할 간

墾鑿간착 황무지를 개간하여 도랑을 팜 ▶鑿(뚫을 착)
開墾개간 버려져 있던 땅을 처음으로 일구어 논밭으로 만듦 ▶開(열 개)

墾田간전 耕墾경간 開墾地개간지
公墾田공간전 未開墾미개간 新開墾신개간

2급 017
奸 女부 총 6획
간사할 간

弄奸농간 남을 속이거나 남의 일을 그르치게 함 ▶弄(희롱할 롱)
奸臣賊子간신적자 간사한 신하와 불효한 자식 ▶臣(신하 신), 賊(도둑 적), 子(아들 자)

奸計간계 奸巧간교 奸俊간녕 奸盜간도
奸邪간사 奸臣간신 奸惡간악 奸黠간힐

1급 010
揀 扌(手)부 총 12획
가릴 간

揀擇간택 분간하여 고름 또는 왕이나 왕자, 왕녀의 배우자를 고름 ▶擇(가릴 택)
分揀분간 서로 같지 아니함을 가려서 앎 ▶分(나눌 분)

揀選간선 料揀요간 三揀擇삼간택
勿揀赦前물간사전

2급 018
杆 木부 총 7획
몽둥이 간

欄杆난간 층계나 다리 ▶欄(난간 란)
杆狀細胞간상세포 눈의 망막에 있는 막대 모양의 세포 ▶狀(형상 상), 細(가늘 세), 胞(세포 포)

杆棒간봉 杆太간태 槓杆공간 椅杆의간
連接杆연접간 電杆木전간목

1급 011
柬 木부 총 9획
가릴 간

發柬발간 손을 청하는 글월을 보냄, 초대장을 보냄 ▶發(필 발)
書柬서간 편지 또는 외교문서의 하나 ▶書(쓸 서)

柬理간리 柬書간서 柬帖간첩 書柬體서간체
주의 東(동녘 동) 8급

1급 019
桿 木부 총 11획
난간 간 / 몽둥이 한

小麥桿소맥간 밀짚, 밀알을 떨고 난 밀의 줄기 ▶小(작을 소), 麥(보리 맥)
電桿木전간목 전봇대 ▶電(번개 전), 木(나무 목)

桿菌간균 繫桿계간 測桿측간 無桿錨무간묘
平衡桿평형간 주의 杆의 俗子

백척간두(百尺竿頭)

百(일백 백), 尺(자 척), 竿(장대 간), 頭(머리 두)

백 자나 되는 장대 위에 올라섰다는 뜻으로 매우 위태롭고 어려운 지경을 이르는 말이다.

※ 몹시 위태로운 지경을 이르는 말
- 풍전등화(風前燈火) : 바람 앞의 등불, 존망이 달린 매우 위급한 처지를 비유
- 누란지위(累卵之危) : 포개놓은 알처럼 무너지기 쉽고 위태로운 상태
- 여리박빙(如履薄氷) : 살얼음을 밟는 것처럼 아슬아슬한 형세

한자 익히기

2급 020 澗
氵(水)부 / 총 15획 / 산골물 **간**

澗聲간성 골짜기에서 흐르는 물소리 ▶聲(소리 성)
碧澗벽간 푸른 물이 흐르는 골짜기 ▶碧(푸를 벽)

澗谿간계 澗谷간곡 溪澗계간 谷澗곡간
石澗석간 淸澗청간 山澗水산간수

2급 021 癎
疒부 / 총 17획 / 간질 **간**

癎癖간벽 버럭 신경질을 잘 내는 버릇 ▶癖(버릇 벽)
癎疾간질 경련을 일으키는 발작 질환 ▶疾(병 질)

癎氣간기 癎病간병 癎中간중 癎症간증
癎風간풍 驚癎경간 子癎자간 癲癎전간

1급 012 磵
石부 / 총 17획 / 산골물 **간**

磵道간도 산골짜기에 난 길 ▶道(길 도)
谷磵곡간 산골짜기에 흐르는 시내 ▶谷(골 곡)

磵水간수

1급 013 稈
禾부 / 총 12획 / 짚 **간**

麥稈맥간 밀짚이나 보릿짚의 줄기 ▶麥(보리 맥)

禾稈화간
주의 桿(난간 간) 1·2급

2급 022 竿
竹부 / 총 9획 / 장대 **간**

竿竹간죽 담배설대 ▶竹(대나무 죽)
釣竿조간 낚싯대 ▶釣(낚시 조)
釘竿子정간자 물레의 가락 ▶釘(못 정), 子(아들 자)

竿石간석 掛竿괘간 燈竿등간 望竿망간
幢竿支柱당간지주

2급 023 艮
艮부 / 총 6획 / 괘이름 **간**

艮卦간괘 팔괘(八卦)의 하나 ▶卦(점괘 괘)
艮坐坤向간좌곤향 묏자리·집터가 간방(艮方)을 등지고 곤방(坤方)을 바라보는 방향 ▶坐(앉을 좌), 坤(땅 곤), 向(향할 향)

艮方간방 艮時간시 艮坐간좌
艮上連간상련 **주의** 良(어질 량) 5급

2급 024 艱
艮부 / 총 17획 / 어려울 **간**

外艱외간 아버지 또는 할아버지의 상사(喪事) ▶外(바깥 외)
艱難辛苦간난신고 몹시 힘든 고생 ▶難(어려울 난), 辛(매울 신), 苦(쓸 고)

艱苦간고 艱困간곤 艱苟간구 艱難간난
艱辛간신 艱乏간핍 極艱극간 內艱내간

2급 025 諫
言부 / 총 16획 / 간할 **간**

諫言간언 임금이나 윗사람에게 간하는 말 ▶言(말씀 언)
司諫院사간원 조선시대 삼사(三司)의 하나 ▶司(맡을 사), 院(집 원)

諫官간관 勸諫권간 臺諫대간 箴諫잠간
忠諫충간 諷諫풍간 伏請蒲諫복청포간

1급 014 乫
乙부 / 총 6획 / 땅이름 **갈**

新乫坡鎭신갈파진 함경남도 삼수군의 면 소재지로 장진강 상류에서 오는 뗏목의 집산지 ▶新(새 신), 坡(언덕 파), 鎭(진압할 진)

乫波知갈파지
※ 우리나라에서만 쓰이는 음역자

2급 026 喝
口부 / 총 12획 / 꾸짖을 **갈**/목이멜 **애**

恐喝공갈 공포심을 유발하기 위해 을러서 무섭게 함 ▶恐(두려울 공)
喝取갈취 으름장을 놓아 억지로 빼앗음 ▶取(가질 취)

喝道갈도 喝破갈파 大喝대갈 一喝일갈
虛喝허갈 揮喝휘갈 拍手喝采박수갈채

쪽지시험

상공회의소 한자
고급 1, 2급

※ 다음 음(音)을 가진 한자는 어느 것입니까?

1 각
① 乫 ② 艱 ③ 勘 ④ 喝 ⑤ 殼

2 간
① 乫 ② 稈 ③ 珏 ④ 伽 ⑤ 竭

풀이
1 ①간 ②간 ③감 ④갈 ⑤각
2 ①갈 ②간 ③각 ④가 ⑤갈

답 1. ⑤ | 2. ②

1급 015 曷
日부 / 총 9획
어찌 **갈**

曷爲갈위 어찌하여 ▶ 爲(할 위)

曷不爲孝 갈불위효
주의 葛(칡 갈)2급

1급 016 竭
立부 / 총 14획
다할 **갈**

竭忠報國갈충보국 충성을 다하여 나라의 은혜를 갚음 ▶ 忠(충성 충), 報(갚을 보), 國(나라 국)

竭力갈력 竭歡갈환 困竭곤갈 匱竭궤갈
蕩竭탕갈 血竭혈갈 殫竭心力탄갈심력

2급 029 褐
衤(衣)부 / 총 14획
굵은베옷 **갈**

褐夫갈부 천한 사람 ▶ 夫(지아비 부)
褐色갈색 거무스름한 주황빛 ▶ 色(빛 색)
釋褐석갈 문과에 급제하여 처음으로 벼슬함 ▶ 釋(풀 석)

褐銅갈동 褐炭갈탄 袒褐단갈 褐寬博갈관박
黃褐色황갈색 被褐懷玉피갈회옥

2급 030 鞨
革부 / 총 18획
오랑캐이름 **갈**

靺鞨族말갈족 중국 수당시대에 동베이 지방에서 한반도 북부에 거주한 퉁구스계 족의 총칭 ▶ 靺(말갈 말), 族(겨레 족)

1급 018 坎
土부 / 총 7획
구덩이 **감**

坎肩감견 여인들이 옷 위에 덧입는 배자 ▶ 肩(어깨 견)
坎井之蛙감정지와 우물 안 개구리 ▶ 井(우물 정), 之(갈 지), 蛙(개구리 와)

坎軻감가 坎卦감괘 坎壈감람 坎方감방
坎止감지 心坎심감 土坎토감

2급 027 碣
石부 / 총 14획
비석 **갈**

墓碣묘갈 묘 앞에 세우는 둥글고 작은 돌비석 ▶ 墓(무덤 묘)
苔碣태갈 이끼가 낀 빗돌 ▶ 苔(이끼 태)

短碣단갈 墓碣銘묘갈명
碑碣비갈 昆池碣石곤지갈석

2급 028 葛
艹(艸)부 / 총 13획
칡 **갈**

葛藤갈등 칡과 등나무 즉, 서로 화합하지 못함 ▶ 藤(등나무 등)
葛巾野服갈건야복 은사(隱士)의 두건과 옷 ▶ 巾(수건 건), 野(들 야), 服(옷 복)

葛根갈근 葛衣갈의 葛布갈포 葛皮갈피
葛筆갈필 乾葛건갈 諸葛亮제갈량

1급 017 蝎
虫부 / 총 15획
전갈 **갈**/나무굼벵이 **할**

蛇蝎사갈 뱀과 전갈 즉, 남에게 해로움을 주는 사람 또는 대상 ▶ 蛇(뱀 사)
蝎虎盃갈호배 조선시대 승정원에 하사한 술잔의 이름 ▶ 虎(범 호), 盃(잔 배)

蝎虎갈호 磨蝎宮마갈궁 蛇蝎視사갈시
天蝎宮천갈궁

2급 031 勘
力부 / 총 11획
헤아릴 **감**

勘誤감오 문자의 잘못을 바로잡음 ▶ 誤(그르칠 오)
勘處감처 죄를 심리하여 처단함 ▶ 處(곳 처)

勘檢감검 勘案감안 勘葬감장 勘罪감죄
勘注감주 輕勘경감 契勘계감 嚴勘엄감

2급 032 堪
土부 / 총 12획
견딜 **감**

堪耐감내 참고 견딤 ▶ 耐(견딜 내)
堪當감당 일을 능히 해냄 ▶ 當(마땅 당)
每事可堪매사가감 어떤 일이든지 해낼 만함 ▶ 每(매양 매), 事(일 사), 可(옳을 가)

堪能감능 堪力감력 堪勝감승 堪輿감여
難堪난감 不堪불감 可堪之人가감지인

한자별곡

한단지보(邯鄲之步)

邯(조나라서울 한), 鄲(조나라서울 단), 之(갈 지), 步(걸음 보)

한단의 걸음걸이라는 뜻으로 자기 본분을 잊고 함부로 남의 흉내를 내는 사람들을 비판하는 말로, 전국시대 위(魏)나라의 위모(魏牟)가 조(趙)나라의 공손룡(公孫龍)의 오만함을 다음의 고사를 인용해 꾸짖은 데서 비롯되었다.

"어떤 사람이 한단이란 도시에 가서 그곳의 걸음걸이를 배우려다 미처 배우지 못하고, 본래의 걸음걸이도 잊어버려 기어서 돌아왔다."

《장자(莊子)》 추수편(秋水篇)

한자 익히기

2급 033 嵌 山부 총 12획 — 산골짜기 **감**
- 嵌谷감곡 산의 동굴 ▶谷(골 곡)
- 嵌殺窓감살창 채광만을 위한 것으로 여닫지 못하도록 만든 창문 ▶殺(죽일 살), 窓(창 창)
- 嵌空감공 嵌頓감돈 嵌入감입 嵌合감합
- 壁嵌벽감 象嵌상감 鑲嵌術 양감술

2급 034 憾 忄(心)부 총 16획 — 섭섭할 **감**
- 私憾사감 개인끼리 사사로운 이해관계로 언짢게 여기는 마음 ▶私(사사로울 사)
- 遺憾유감 마음에 남는 섭섭함 또는 아쉬움 ▶遺(남길 유)
- 憾怨감원 憾情감정 宿憾숙감 含憾함감
- 挾憾협감 遺憾千萬 유감천만

1급 019 戡 戈부 총 13획 — 칠/이길 **감**
- 戡亂감란 난리를 평정시킴 ▶亂(어지러울 난)
- 戡難감난 戡夷감이 戡定감정 戡珍감진

2급 035 柑 木부 총 9획 — 귤 **감**/재갈물릴 **겸**
- 柑橘감귤 귤과 밀감의 총칭 ▶橘(귤나무 귤)
- 黃柑製황감제 제주도에서 진상하던 황감을 성균관과 사학 유생들에게 내리고 거행하던 과거 ▶黃(누를 황), 製(지을 제)
- 柑果감과 柑皮감피 金柑금감 蜜柑밀감
- 夏蜜柑하밀감 柑子正果감자정과

1급 020 橄 木부 총 16획 — 감람나무 **감**
- 橄欖石감람석 철·마그네슘 등의 규산염으로 된 광물 ▶欖(감람나무 람), 石(돌 석)
- 橄欖油감람유 감람의 씨로 짠 기름 ▶欖(감람나무 람), 油(기름 유)
- 橄欖감람 橄欖科감람과 橄欖色감람색
- 橄欖樹감람수 橄欖園감람원

2급 036 疳 疒부 총 10획 — 감질 **감**
- 疳瘻감루 피부에 잔 구멍이 생기고 고름이 나는 부스럼 ▶瘻(부스럼 루)
- 口疳瘡구감창 입 안이 헐고 터지는 병 ▶口(입 구), 瘡(부스럼 창)
- 疳積감적 疳疾감질 痺疳비감 心疳심감
- 脊疳척감 齒疳치감 風疳풍감 下疳하감

1급 021 瞰 目부 총 17획 — 볼 **감**
- 瞰下감하 내려다 봄 ▶下(아래 하)
- 鳥瞰圖조감도 높은 곳에서 아래를 내려다 본 상태의 그림이나 지도 ▶鳥(새 조), 圖(그림 도)
- 瞰臨감림 瞰射감사 瞰視감시 俯瞰부감
- 鳥瞰조감 鳥瞰景조감경

2급 037 紺 糸부 총 11획 — 감색 **감**
- 紺瞳감동 검푸른 눈자위 ▶瞳(눈동자 동)
- 紺宇감우 불사(佛寺) 또는 귀인의 집 ▶宇(집 우)
- 紺靑감청 산뜻한 짙은 남빛 ▶靑(푸를 청)
- 紺碧감벽 紺色감색 紺園감원 紺紙감지
- 石紺靑석감청 花紺靑화감청

2급 038 邯 阝(邑)부 총 8획 — 땅이름 **감**/조나라서울 **한**
- 姜邯贊강감찬 거란군을 물리친 고려시대의 명장 ▶姜(성 강), 贊(도울 찬)
- 邯鄲之夢한단지몽 부귀영화의 덧없음 ▶鄲(조나라서울 단), 之(갈 지), 夢(꿈 몽)
- 居瑟邯거슬한 舒弗邯서불한
- 邯鄲之枕한단지침 邯鄲學步한단학보

1급 022 鑒 金부 총 22획 — 거울 **감**
- 雅鑒아감 '보아주십시오'라는 뜻으로, 자기가 쓰거나 그린 서화 등을 남에게 증정할 때 쓰는 말 ▶雅(맑을 아)

주의 鑑과 同字

쪽지시험
상공회의소 한자 고급 1, 2급

※ 다음 단어들의 □ 안에 공통으로 들어갈 알맞은 한자는 어느 것입니까?

1 □藤, □根, □粉
① 竭 ② 蝎 ③ 曷 ④ 葛 ⑤ 蠍

2 □情, 遺□, 宿□
① 柑 ② 憾 ③ 鑒 ④ 勘 ⑤ 嵌

풀이
1 葛藤(갈등), 葛根(갈근), 葛粉(갈분)
2 憾情(감정), 遺憾(유감), 宿憾(숙감)

답 1. ④ | 2. ②

급	번호	한자	부수/획수	훈음	예시
2급	039	龕	龍부 총 22획	감실 감	龕室감실 사당 안에 신주를 모셔 두는 장 ▶室(집 실) 佛龕불감 부처와 보살 등을 안치하는 방이나 집 ▶佛(부처 불) 龕像감상 壁龕벽감 石龕석감 安龕안감 龕室褓감실보 龍龕手鏡용감수경
2급	040	匣	匚부 총 7획	갑 갑	手匣수갑 죄인의 두 손목에 걸쳐 채우는 형구 ▶手(손 수) 文匣문갑 문서나 문구를 넣어두는 궤 ▶文(글월 문) 匣作갑작 鏡匣경갑 寶匣보갑 掌匣장갑 紙匣지갑 香匣향갑 紗籠匣사롱갑
2급	041	岬	山부 총 8획	곶 갑	岬角갑각 바다 쪽으로, 부리 모양으로 뾰족하게 뻗은 육지 ▶角(뿔 각) 岬寺갑사 충남 공주에 있는 사찰 ▶寺(절 사) 沙岬사갑 砂岬사갑 長鬐岬장기갑 長山岬장산갑
1급	023	胛	月(肉)부 총 9획	어깨 갑	肩胛骨견갑골 어깨뼈 ▶肩(어깨 견), 骨(뼈 골) 胛骨갑골 肩胛견갑 肩胛筋견갑근 肩胛部견갑부 肩胛關節견갑관절
1급	024	鉀	金부 총 13획	갑옷 갑	破鉀榴彈파갑유탄 요새 따위의 견고한 시설을 공격하는 데 쓰는 파괴력이 강한 유탄 ▶破(깨트릴 파), 榴(석류나무 류), 彈(탄알 탄) 貫鉀관갑
1급	025	閘	門부 총 13획	수문 갑	閘門港갑문항 물문 시설이 되어 있는 항구 ▶門(문 문), 港(항구 항) 水閘稅수갑세 물문을 통과할 때 내는 세금 ▶水(물 수), 稅(세금 세) 閘頭갑두 閘門갑문 閘夫갑부 水閘수갑 閘船渠갑선거 排水閘門배수갑문
1급	026	塏	土부 총 11획	언덕 강	塏碓강대 진흙으로 빚어서 구워 만든 절구 ▶碓(방아 대)
2급	042	姜	女부 총 9획	성 강	姜太公강태공 중국 주(周)나라 초기의 정치가 ▶太(클 태), 公(공평할 공) 姜希顏강희안 조선 후기의 화가 ▶希(바랄 희), 顏(얼굴 안) 姜邯贊강감찬 姜太公傳강태공전 주의 羌(오랑캐 강) 1·2급
2급	043	岡	山부 총 8획	산등성이 강	岡陵강릉 언덕이나 작은 산 따위 ▶陵(언덕 릉) 岡阜강부 언덕 ▶阜(언덕 부) 丘岡구강 黃岡황강 玉出崑岡옥출곤강 주의 罔(없을 망) 3급
2급	044	崗	山부 총 11획	산등성이 강	花崗巖화강암 석영·운모·사장석 등으로 이루어진 심성암 ▶花(꽃 화), 巖(바위 암) 花崗石화강석 井崗山정강산 花崗巖層화강암층

비분강개(悲憤慷慨)

悲(슬플 비), 憤(분할 분), 慷(강개할 강), 慨(슬퍼할 개)

슬프고 분함을 뜻하는 '비분(悲憤)'과 불의나 불법을 보고 의기가 북받치어 원통하고 슬픈 마음을 일컫는 '강개(慷慨)'가 합쳐진 말로 슬프고 분하여 의분이 북받친다는 뜻이다. 우국지사(憂國之士)나 난세(亂世)의 충신들이 세상이 돌아가는 형세를 보고 자신도 모르게 울분이 터져 밖으로 표출되는 모양을 나타내며, 개인적인 원한이나 슬픔으로 인해 생기는 원통한 마음을 표현할 때보다는 국가의 운명이 풍전등화(風前燈火)에 처하거나 세상의 풍속이 몹시 어지러워 개탄하는 경우에 많이 쓴다.

한자 익히기

1급 027 彊 (굳셀 강) 弓부 총 16획
- 彊求강구 구하기 힘든 것을 억지로 구함 ▶求(구할 구)
- 自彊不息자강불식 스스로 힘써 쉬지 아니함 ▶自(스스로 자), 不(아닐 불), 息(쉴 식)
- 彊記강기 彊禦강어 邦彊방강 盛彊성강 寓彊우강
- 주의 疆(지경 강) 1·2급

1급 028 慷 (강개할 강) 忄(心)부 총 14획
- 慷慨無量강개무량 의기에 북받쳐 원통하고 슬픔이 한이 없음 ▶慨(슬퍼할 개), 無(없을 무), 量(헤아릴 량)
- 慷慨之士강개지사 悲歌慷慨비가강개
- 주의 悽(슬퍼할 처) 1·2급

1급 029 畺 (지경 강) 田부 총 13획
- 畺土강토 나라의 경계 안에 있는 땅 ▶土(흙 토)
- 畺域강역 영토의 구역 ▶域(지경 역)
- 주의 疆과 同字

2급 045 疆 (지경 강) 田부 총 19획
- 疆土강토 한 나라의 땅 ▶土(흙 토)
- 變法自疆변법자강 법령을 개혁하여 국력을 튼튼하게 함 ▶變(변할 변), 法(법 법), 自(스스로 자)
- 疆境강경 疆界강계 疆域강역 疆宇강우 邊疆변강 封疆봉강 萬壽無疆만수무강

1급 030 糠 (겨 강) 米부 총 17획
- 糠蝦강하 젓새우 ▶蝦(새우 하)
- 米糠미강 쌀겨 ▶米(쌀 미)
- 粃糠비강 쭉정이와 겨, 즉 변변치 못한 음식을 일컬음 ▶粃(쭉정이 비)
- 糠類강류 糠粥강죽 麥糠맥강 糠粕類강박류 糟糠之妻조강지처

1급 031 絳 (진홍 강) 糸부 총 12획
- 絳縐강추 고추잠자리 ▶縐(주름 추)
- 絳紗袍강사포 임금이 하례받을 때에 입던 붉은 빛깔의 예복 ▶紗(깁 사), 袍(두루마기 포)
- 絳帳강장 絳旨강지 絳袍강포 絳紅강홍
- 주의 降(내릴 강) 4급

2급 046 羌 (오랑캐 강) 羊부 총 8획
- 羌桃강도 호두나무 열매 ▶桃(복숭아 도)
- 羌活강활 미나리과에 딸린 두 해·세 해살이 풀 ▶活(살 활)
- 羌鹽강염 羌活菜강활채
- 주의 姜(성 강) 2급

2급 047 腔 (빈속 강) 月(肉)부 총 12획
- 口腔구강 입안, 입속 ▶口(입 구)
- 腹腔복강 척추동물의 몸에서 위·간·장·지라 등이 들어 있는 부분 ▶腹(배 복)
- 鼻腔비강 콧속 ▶鼻(코 비)
- 腔血강혈 滿腔만강 胃腔위강 體腔체강 砲腔포강 胸腔흉강 口腔炎구강염

1급 032 舡 (배 강) 舟부 총 9획
- 舡魚강어 낙지의 일종 ▶魚(고기 어)
- 舡軒강헌 배 모양으로 지은 정자 ▶軒(마루 헌)
- 주의 船의 俗字

2급 048 薑 (생강 강) ++(艸)부 총 17획
- 薑汁강즙 생강즙 ▶汁(즙 즙)
- 菜重芥薑채중개강 나물은 겨자와 생강이 중함 ▶菜(나물 채), 重(무거울 중), 芥(겨자 개)
- 薑酒강주 生薑생강 片薑편강 薑粉丸강분환 乾薑末건강말 桂薑丸계강환

쪽지시험

※ 다음 한자(漢字)와 뜻이 비슷한 한자는 어느 것입니까?

1. 肩
① 肺 ② 胛 ③ 胸 ④ 腔 ⑤ 腰

2. 疆
① 界 ② 建 ③ 各 ④ 輕 ⑤ 凱

풀이

1 肩(어깨 견)
① 肺(허파 폐) ② 胛(어깨 갑) ③ 胸(가슴 흉)
④ 腔(빈속 강) ⑤ 腰(허리 요)

2 疆(지경 강)
① 界(지경 계) ② 建(세울 건) ③ 各(각각 각)
④ 輕(가벼울 경) ⑤ 凱(개선할 개)

답 1. ② | 2. ①

1급 033
衤(衣)부 / 총 16획
襁
포대기 강

襁褓강보 포대기 ▶褓(포대기 보)
襁抱강포 어린아이를 업거나 안음 ▶抱(안을 포)

1급 034
魚부 / 총 22획
鱇
아귀 강

鮟鱇안강 아귀 ▶鮟(아귀 안)
鮟鱇網안강망 아귀를 잡는 눈이 굵은 그물 ▶鮟(아귀 안), 網(그물 망)

鮟鱇科안강과 鮟鱇魚안강어
鮟鱇魚目안강어목

1급 035
亻(人)부 / 총 6획
价
클 개

价川蓋地개천개지 하늘과 땅을 덮어 가린다는 뜻으로, 중생이 본래 갖추고 있는 마음의 빛이 하늘과 땅에 가득참을 이름 ▶川(내 천), 蓋(덮을 개), 地(땅 지)

价人개인 价川郡개천군

2급 049
几부 / 총 12획
凱
즐길 개

凱切개절 알맞고 적절함 ▶切(끊을 절)
凱旋將軍개선장군 싸움에서 이기고 돌아온 장군 ▶旋(돌 선), 將(장수 장), 軍(군사 군)

凱歌개가 凱歸개귀 凱樂개악 凱覦개유
凱風개풍 凱旋歌개선가 凱旋門개선문

1급 036
土부 / 총 13획
塏
높은땅 개

勝塏승개 경치가 좋은 높고 밝은 곳 ▶勝(이길 승)
李塏이개 조선시대 단종 때 사육신의 한 사람 ▶李(오얏 리)

墤塏상개

1급 037
忄(心)부 / 총 13획
愷
즐거울 개

愷悌개제 용모와 기상이 화평하고 단아함 ▶悌(공손할 제)

愷樂개악 八愷팔개

1급 038
忄(心)부 / 총 13획
愾
성낼 개/한숨쉴 희

敵愾心적개심 적을 미워하여 분개하는 심정 ▶敵(대적할 적), 心(마음 심)

愾憤개분 敵愾적개

2급 050
氵(水)부 / 총 14획
漑
물댈 개

漑糞개분 농작물에 물이나 비료를 줌 ▶糞(똥 분)
灌漑관개 농사를 짓는 데 필요한 물을 논밭에 대는 것 ▶灌(물댈 관)

灌漑網관개망 灌漑地관개지
灌漑用水관개용수 撒布灌漑살포관개

1급 039
疒부 / 총 9획
疥
옴 개/해

疥癩개라 나병 ▶癩(악물중독 라)
膿疥농개 고름이 생기는 옴 ▶膿(고름 농)
疥癬蟲개선충 옴진드기과에 딸린 동물 ▶癬(옴 선), 蟲(벌레 충)

疥癬개선 疥瘡개창 乾疥건개 砂疥사개
濕疥습개

1급 040
皿부 / 총 11획
盖
덮을/대개 개 / 어찌아니할 합

大盖대개 일의 큰 원칙으로 말하건대 ▶大(큰 대)

腦盖뇌개 腦盖骨뇌개골
주의 蓋와 同字

분서갱유(焚書坑儒)

焚(불사를 분), 書(글 서), 坑(구덩이 갱), 儒(선비 유)

서적을 불태우고 학자들을 땅에 묻어 죽인다는 뜻이다. BC 221년 천하를 통일한 시황제는 사상통제 정책의 일환으로 농서(農書) 등을 제외한 각종 서적들을 불태우고 다른 학문을 바탕으로 정치에 대해 비판하는 것을 금하게 하였는데 이것이 '분서(焚書)' 사건이다. 또, 불로장생(不老長生)의 약과 관련해 시황제의 부덕(不德)을 비난하며 도망친 방사들로 인해 시황제는 함양(咸陽)에 있는 유생들을 체포하여 구덩이에 매장했는데 이것이 '갱유(坑儒)' 사건이다.

한자 익히기

2급 051 | 箇 | 竹부 | 총 14획 | 낱 **개**
- 箇體개체 독립하여 존재하는 낱낱의 물체 ▶體(몸 체)
- 箇箇承服개개승복 지은 죄를 낱낱이 인정하고 자백함 ▶承(이을 승), 服(옷 복)
- 箇箇개개 箇數개수 箇中개중 每箇매개
- 箇箇人개개인 箇箇考察개개고찰

2급 052 | 芥 | ++(艸)부 | 총 8획 | 겨자 **개**
- 草芥초개 풀과 티끌이라는 뜻으로, 하찮은 사물을 이르는 말 ▶草(풀 초)
- 廚芥物주개물 부엌에서 나오는 여러 가지 음식물 찌꺼기 ▶廚(부엌 주), 物(물건 물)
- 芥子개자 芥舟개주 芥塵개진 纖芥섬개
- 芥頭菜개두채 草芥視초개시

1급 041 | 鎧 | 金부 | 총 18획 | 갑옷 **개**
- 鎧胄개주 갑옷과 투구 ▶胄(투구 주)
- 鎧板개판 탄알의 관통을 막기 위해 물건의 겉에 댄 철판 ▶板(널 판)
- 鐵鎧철개 쇠로 만든 갑옷 ▶鐵(쇠 철)
- 鎧甲개갑 鎧袖개수 鎧馬塚개마총
- 明光鎧명광개 鎧胄之士개주지사

1급 042 | 喀 | 口부 | 총 12획 | 토할 **객**
- 喀痰객담 가래를 뱉음 또는 그 가래 ▶痰(가래 담)
- 喀血객혈 폐병으로 기관지, 점막 등에서 피를 토함 ▶血(피 혈)
- 喀出객출

2급 053 | 坑 | 土부 | 총 7획 | 구덩이 **갱**
- 坑道갱도 광산이나 탄광의 갱 안에 뚫어 놓은 길 ▶道(길 도)
- 給氣坑급기갱 갱 안으로 공기를 공급하는 갱도 ▶給(줄 급), 氣(기운 기)
- 坑口갱구 坑夫갱부 鑛坑광갱 竪坑수갱
- 炭坑탄갱 廢坑폐갱

1급 043 | 粳 | 米부 | 총 13획 | 메벼 **갱**
- 粳稻갱도 메벼 ▶稻(벼 도)
- 粳白米갱백미 멥쌀 ▶白(흰 백), 米(쌀 미)
- 粳糧갱량 粳米갱미 粳粟갱속
- 주의 粳대개 경 1·2급

2급 054 | 羹 | 羊부 | 총 19획 | 국 **갱**
- 簞食豆羹단사두갱 대나무 그릇에 담긴 밥과 제기에 담긴 국이라는 뜻으로, 변변치 못한 음식을 말함 ▶簞(대광주리 단), 食(밥 사), 豆(콩 두)
- 羹器갱기 羹汁갱즙 羹湯갱탕 羹獻갱헌
- 鹿羹녹갱 羹墻錄갱장록 羊羹餅양갱병

1급 044 | 醵 | 酉부 | 총 20획 | 추렴할 **갹/거**
- 醵出갹출 한 목적에 대하여 여러 사람이 각기 금품을 냄 ▶出(날 출)
- 醵金갹금 醵飮갹음

1급 045 | 倨 | 亻(人)부 | 총 10획 | 거만할 **거**
- 倨慢거만 잘난 체하는 건방진 태도 ▶慢(거만할 만)
- 倨傲거오 거만스럽고 남을 낮추어 보는 교만한 태도 ▶傲(거만할 오)
- 簡倨간거 倨氣거기 倨侮거모 驕倨교거
- 前倨後恭전거후공

1급 046 | 据 | 扌(手)부 | 총 11획 | 일할 **거**
- 据銃거총 사격할 때 목표를 겨누기 위하여 총대를 어깨에 댐 ▶銃(총 총)
- 据置臺거치대 총 따위의 물건을 받쳐 놓는 대 ▶置(둘 치), 臺(대 대)
- 据接거접 据置거치 拮据길거
- 拮据電勉길거면면 주의 據와 通用

쪽지시험 상공회의소 한자 고급 1, 2급

※ 다음 한자어(漢字語)와 발음(發音)이 같은 한자어는 어느 것입니까?

1 坑道
① 粳稻 ② 港都 ③ 啓導 ④ 講道 ⑤ 京都

2 疥癬
① 概念 ② 開刊 ③ 凱旋 ④ 改憲 ⑤ 開展

풀이

1 갱도
① 갱도 ② 항도 ③ 계도 ④ 강도 ⑤ 경도

2 개선
① 개념 ② 개간 ③ 개선 ④ 개헌 ⑤ 개전

답 1. ① | 2. ③

2급 055	渠	도랑 거
氵(水)부 총 12획		

街渠가거 물이 잘 빠지도록 인도와 차도의 길 양쪽에 경계선을 따라 만든 얕은 도랑 ▶街(거리 가)
溝渠구거 개골창 ▶溝(도랑 구)
渠輩거배 船渠선거 水渠수거 甕渠옹거
漕渠조거 興渠흥거 導水渠도수거

1급 047	炬	횃불 거
火부 총 9획		

炬眼거안 사물을 잘 분별하는 안식(眼識) ▶眼(눈 안)
炬燭거촉 횃불과 촛불 ▶燭(촛불 촉)
炬火거화 횃불 ▶火(불 화)
望炬망거 植炬식거 燎炬요거 一炬일거
炬火戲거화희

1급 048	祛	떨어없앨 거
示부 총 10획		

革祛혁거 묵은 법의 폐해를 없애 버림 ▶革(고칠 혁)
祛痰藥거담약 가래를 삭게 하는 약 ▶痰(가래 담), 藥(약 약)
祛痰거담 祛痰劑거담제

1급 049	踞	웅크릴 거
足부 총 15획		

箕踞기거 두 다리를 뻗고 앉음 ▶箕(키 기)
虎踞호거 지세가 웅장함을 이르는 말 ▶虎(범 호)
踞床거상 踞坐거좌 盤踞반거
龍蟠虎踞용반호거

1급 050	遽	갑자기 거
辶(辵)부 총 17획		

急遽급거 갑자기, 썩 급하게 ▶急(급할 급)
惶遽황거 너무 황공하여 허둥지둥함 ▶惶(두려워할 황)
遽然거연 輕遽경거 薄遽박거 悤遽총거
疾言遽色질언거색

1급 051	鉅	클 거
金부 총 13획		

帶鉅대거 띠톱 ▶帶(띠 대)
鈍鉅齒둔거치 식물 잎의 가장자리가 무딘 톱니처럼 생긴 모양 ▶鈍(둔할 둔), 齒(이 치)
鉅公거공 鉅狡거교 鉅鹿거록 鉅萬거만
鉅漁거어 刀鉅도거 細鉅세거

1급 052	鋸	톱 거
金부 총 16획		

鋸屑거설 톱밥 ▶屑(가루 설)
鋸齒거치 톱니 ▶齒(이 치)
鋸齒緣거치연 톱니 모양으로 된 잎의 가장자리 ▶齒(이 치), 緣(인연 연)
鋸刀거도 鋸山거산 引鋸인거 反鋸齒반거치
引鋸匠인거장 引鋸材인거재

2급 056	巾	수건 건
巾부 총 3획		

屈巾굴건 상주(喪主)가 두건 위에 덧쓰는 건 ▶屈(굽힐 굴)
宕巾탕건 옛날에 벼슬아치가 갓 아래에 받쳐 쓰던 관(冠) ▶宕(탕건 탕)
頭巾두건 網巾망건 床巾상건 手巾수건
黃巾賊황건적 주의 市(저자 시) 6급

1급 053	愆	허물 건
心부 총 13획		

愆過건과 허물, 잘못 ▶過(허물 과)
愆納건납 조세를 기한 안에 바치지 못함 ▶納(바칠 납)
愆義건의 도리를 어김 ▶義(옳을 의)
愆期건기 愆戾건려 愆尤건우 愆滯건체
愆悔건회

1급 054	楗	문빗장 건
木부 총 13획		

關楗관건 문빗장 ▶關(빗장 관)
鉗楗겸건 樞楗추건

구밀복검(口蜜腹劍)

口(입 구), 蜜(꿀 밀), 腹(배 복), 劍(칼 검)

입에는 꿀이 있고 뱃속에는 칼이 있다는 뜻으로, 겉으로는 친절하나 마음속은 음흉함을 나타내는 말이다. 당(唐) 현종(玄宗) 때 이임보(李林甫)라는 간신은, 황제의 비위만을 맞추면서 신하의 충언이나 백성들의 간언은 황제의 귀에 들어가지 못하게 하였다. "임보는 자기보다 나은 사람을 배척하고 억누르는, 성격이 음험한 사람이다. 사람들이 그를 보고 입에는 꿀이 있고 배에는 칼이 있다고 말했다."

《십팔사략(十八史略)》

한자 익히기

ㄱ

2급 057 月(肉)부 총 13획 **腱** 힘줄 건
- 腱膜건막 막처럼 얇고 넓은 힘줄 ▶膜(막 막)
- 腱索건삭 심실의 안벽 유두근(乳頭筋)의 끝에 있는 건 ▶索(동아줄 삭)
- 腱反射건반사 膝蓋腱슬개건

2급 058 虍부 총 10획 **虔** 정성 건
- 虔恭건공 삼가서 경솔하게 행동하지 않는 모양 ▶恭(공손할 공)
- 敬虔경건 공경하는 마음으로 받들어 삼가고 조심함 ▶敬(공경 경)
- 恪虔각건 虔恪건각 虔誠건성 恭虔공건
- 不虔불건 주의 處(곳 처) 4급

1급 055 足부 총 17획 **蹇** 절뚝발 건
- 蹇跛건파 절름발이 ▶跛(절름발이 파)
- 蹇蹇匪躬건건비궁 임금에게 충성하여 자신의 이익을 돌보지 않음 ▶匪(비적 비), 躬(몸 궁)
- 剛蹇강건 蹇脚건각 蹇卦건괘 蹇屯건둔
- 蹇劣건렬 驕蹇교건 優蹇언건 運蹇운건

2급 059 金부 총 17획 **鍵** 열쇠/자물쇠 건
- 關鍵관건 빗장과 자물쇠 ▶關(빗장 관)
- 鍵盤樂器건반악기 건반을 가진 악기를 통틀어 이르는 말 ▶盤(소반 반), 樂(풍류 악), 器(그릇 기)
- 鍵盤건반 鍵層건층 白鍵백건 電鍵전건
- 黑鍵흑건 有鍵樂器유건악기

1급 056 馬부 총 20획 **騫** 이지러질 건
- 騫馬건마 둔한 말 ▶馬(말 마)
- 騫汚건오 흠이 생겨 더러워짐 ▶汚(더러울 오)
- 騫騰건등 騫崩건붕

2급 060 木부 총 8획 **杰** 뛰어날 걸
- 주의 傑의 俗字

1급 057 木부 총 10획 **桀** 홰/하왕이름 걸
- 姦桀간걸 간교하고 사나운 사람 ▶姦(간음할 간)
- 桔桀길걸 높고 험준함 ▶桔(높고 험준할 길)
- 桀桀걸걸 桀步걸보 桀紂걸주
- 以桀攻桀이걸공걸

1급 058 刀부 총 16획 **劍** 칼 검
- 木劍목검 검술을 익힐 때 쓰는 나무로 된 칼 ▶木(나무 목)
- 雲劍운검 임금을 호위할 때 별운검이 차던 칼 ▶雲(구름 운)
- 주의 劍의 本字

1급 059 目부 총 18획 **瞼** 눈꺼풀 검
- 眼瞼炎안검염 눈 다래끼 ▶眼(눈 안), 炎(불꽃 염)
- 二重瞼이중검 쌍꺼풀 ▶二(두 이), 重(무거울 중)
- 眼瞼안검 瞼硬睛疼검경정동
- 瞼球癒着검구유착 眼瞼緣炎안검연염

1급 060 金부 총 12획 **鈐** 비녀장 검/창자루 근
- 鈐璽검새 옥새를 찍음 ▶璽(도장 새)
- 鈐印검인 관인을 찍음 ▶印(도장 인)
- 銅鈐口동검구

쪽지시험

※ 다음 한자(漢字)와 음(音)이 같은 한자는 어느 것입니까?

1. 巾
   ①炬 ②襁 ②醵 ④姜 ⑤虔

2. 杰
   ①祛 ②瞼 ③騫 ④桀 ⑤崗

풀이
1 巾(수건 건)
  ①거 ②강 ③각 ④강 ⑤건
2 杰(뛰어날 걸)
  ①거 ②검 ③건 ④걸 ⑤강

답 1. ⑤ | 2. ④

2급 061 黔
黑부 / 총 16획
검을 검/귀신이름 금

- 黔驢之技검려지기 검단 노새의 재주라는 뜻으로, 겉치레뿐이고 실속이 보잘것없는 솜씨를 이르는 말 ▶驢(나귀 려), 之(갈 지), 技(재주 기)
- 黔突검돌 黔黎검려 黔首검수 黔中검중 黔炭검탄

2급 062 劫
力부 / 총 7획
위협할 겁

- 劫奪겁탈 폭력으로 빼앗음 ▶奪(빼앗을 탈)
- 永劫영겁 영원한 세월 ▶永(길 영)
- 壅劫옹겁 막아서 누름 ▶壅(막을 옹)
- 劫盜겁도 劫盟겁맹 劫迫겁박 劫火겁화 曠劫광겁 億劫억겁 住劫주겁 塵劫진겁

2급 063 怯
忄(心)부 / 총 8획
겁낼 겁

- 卑怯비겁 비열하고 겁이 많음 ▶卑(낮을 비)
- 食怯식겁 뜻밖에 놀라 겁을 먹음 ▶食(먹을 식)
- 怯懦겁나 怯劣겁렬 怯弱겁약 怯怖겁포 驚怯경겁 恐怯공겁 喫怯끽겁 破怯파겁

1급 061 迲
辶(辵)부 / 총 9획
갈 겁

- 億迲억겁 셀 수 없는 긴 세월 ▶億(억 억)

주의 劫과 通用

2급 064 偈
亻(人)부 / 총 11획
쉴 게/힘쓸 걸

- 偈頌게송 부처의 공덕을 찬미하는 노래 ▶頌(기릴 송)
- 梵偈범게 불법의 시 ▶梵(범어 범)
- 偈句게구 寶偈보게 佛偈불게 法性偈법성게 禮讚偈예찬게 慈救偈자구게 偈偈걸걸

1급 062 憩
心부 / 총 16획
쉴 게

- 憩泊게박 쉬려고 머무름 ▶泊(배댈 박)
- 憩止게지 일을 하다 쉼 ▶止(그칠 지)
- 休憩所휴게소 사람들이 잠깐 머물러 쉬도록 베풀어 놓은 곳 ▶休(쉴 휴), 所(바 소)
- 憩息게식 憩潮게조 憩休게휴 小憩소게 流憩유게 休憩휴게 休憩室휴게실

2급 065 揭
扌(手)부 / 총 12획
높이들/걸 게

- 揭揚게양 높이 거는 일 ▶揚(날릴 양)
- 揭斧入淵게부입연 도끼를 들고 못에 들어감, 즉 물건이 전혀 쓸모없음 ▶斧(도끼 부), 入(들 입), 淵(못 연)
- 揭榜게방 揭載게재 揭帖게첩 奉揭봉게 上揭상게 揭示板게시판 揭揚臺게양대

2급 066 檄
木부 / 총 17획
격문 격

- 飛檄비격 급히 격문을 돌림 ▶飛(날 비)
- 奉檄之喜봉격지희 부모를 모시고 있는 사람이 고을의 원(員)이 되는 기쁨 ▶奉(받들 봉), 之(갈 지), 喜(기쁠 희)
- 檄文격문 檄書격서 檄召격소 露檄노격 羽檄우격 移檄이격 毛義奉檄모의봉격

1급 063 膈
月(肉)부 / 총 14획
흉격 격

- 胸膈흉격 심장과 비장 사이의 가슴 부분 ▶胸(가슴 흉)
- 橫膈膜횡격막 복강과 흉강의 경계에 있는 근육성 막 ▶橫(가로 횡), 膜(막 막)
- 膈痰격담 膈膜격막

주의 隔(사이뜰 격) 3급

2급 067 覡
見부 / 총 14획
박수 격

- 巫覡무격 무당과 박수 즉, 여자 무당과 남자 무당 ▶巫(무당 무)

주의 巫 → 여자 무당, 覡 → 남자 무당

토정비결(土亭秘訣)

土(흙 토), 亭(정자 정), 秘(숨길 비), 訣(비결 결)

토정비결은 조선 중기의 학자 토정 이지함(李之菡)이 지은 1년 열두 달의 신수를 판단하는 술서(術書)이다. 조선 후기부터 수백 년간 정월 초승이면 으레 토정비결로 그 해 신수를 알아보는 것이 조선 민간의 세시풍경이었다. 그 내용은 기본적으로 세 단위의 괘가 합해서 하나의 완성된 괘가 이루어지며 이를 풀어 그 해 전체의 운수와 월별 운수를 볼 수 있다.

한자 익히기

2급 068 甄 (瓦부, 총 14획) 질그릇 견
- 甄拔견발 재능이 있고 없음을 잘 밝혀 등용함 ▶拔(뺄 발)
- 甄萱견훤 후백제의 시조(始祖) ▶萱(원추리 훤)
- 甄別견별 甄復견복 甄差견차 甄擢견탁 甄表견표

2급 069 繭 (糸부, 총 19획) 고치 견
- 繭絲견사 고치에서 뽑은 실 ▶絲(실 사)
- 繭蠶견잠 고치를 지은 누에 ▶蠶(누에 잠)
- 煮繭자견 실을 켜기 위해 고치를 삶는 기계 ▶煮(삶을 자)
- 乾繭건견 繭脣견순 繭足견족 繭形견형
- 結繭결견 生繭생견 臥繭와견 黃繭황견

1급 064 譴 (言부, 총 21획) 꾸짖을 견
- 譴責견책 잘못을 꾸짖고 나무람 ▶責(꾸짖을 책)
- 譴罷견파 관원의 실수를 탓하여 파면함 ▶罷(파할 파)
- 譴呵견가 譴告견고 譴怒견노 譴罰견벌
- 怒譴노견 朝譴조견 重譴責중견책

2급 070 鵑 (鳥부, 총 18획) 두견 견
- 杜鵑두견 두견이, 진달래 ▶杜(막을 두)
- 杜鵑花煎두견화전 찹쌀가루를 진달래꽃에 묻혀서 끓는 기름에 띄워 지진 떡 ▶杜(막을 두), 花(꽃 화), 煎(달일 전)
- 杜鵑聲두견성 杜鵑酒두견주
- 杜鵑煎餠두견전병 杜鵑花菜두견화채

1급 065 抉 (扌(手)부, 총 7획) 도려낼 결
- 抉摘결적 숨겨진 것을 찾아냄 ▶摘(딸 적)
- 爬羅剔抉파라척결 긁어모아 발라낸다는 뜻으로, 숨겨진 비밀이나 결점을 파헤침 ▶爬(긁을 파), 羅(벌일 라), 剔(바를 척)
- 腐敗剔抉부패척결
- 주의 快(쾌할 쾌) 6급

2급 071 訣 (言부, 총 11획) 이별할/비결 결
- 秘訣비결 숨겨 두고 혼자만 쓰는 썩 좋은 방법 ▶秘(숨길 비)
- 永訣영결 죽은 사람과 산 사람이 영원히 이별함 ▶永(길 영)
- 訣別결별 訣宴결연 訣飮결음 口訣구결
- 擊蒙要訣격몽요결

1급 066 慊 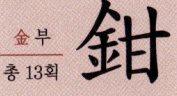(心)부, 총 13획) 찐덥지않을 겸 / 혐의 혐
- 慊然겸연 미안하여 볼 낯이 없음, 쑥스럽고 어색함 ▶然(그러할 연)
- 慊吝겸린 慊如겸여

1급 067 箝 (竹부, 총 14획) 재갈먹일 겸
- 箝口겸구 입을 다물고 말을 하지 않음 ▶口(입 구)
- 箝馬겸마 말의 입에 재갈을 물림 ▶馬(말 마)
- 箝語겸어 箝制겸제 箝口令겸구령

1급 068 鉗 (金부, 총 13획) 칼 겸
- 鉗徒겸도 목에 칼을 쓴 죄인 ▶徒(무리 도)
- 鉗制겸제 남을 억눌러 구속함 ▶制(마를 제)
- 鉗脚겸각 鉗忌겸기 鉗奴겸노
- 髡鉗곤겸 鉗知王겸지왕 産科鉗子산과겸자

2급 072 鎌 (金부, 총 18획) 낫 겸
- 鉤鎌구겸 낫 ▶鉤(갈고리 구)
- 全不掛鎌전불괘겸 자연재해 등으로 거두어들일 곡식이 전혀 없음 ▶全(완전할 전), 不(아닐 불), 掛(걸 괘)
- 鎌利겸리 鎌刃겸인 鎌子軍겸자군
- 鉤鎌刀구겸도

쪽지시험

※ 다음의 뜻을 가진 한자(漢字)는 어느 것입니까?

1 격문
① 檄 ② 楗 ③ 柑 ④ 橄 ⑤ 杆

2 이별하다
① 訶 ② 譴 ③ 諫 ④ 訣 ⑤ 偈

풀이
1 ① 檄(격문 격) ② 楗(문빗장 건)
   ③ 柑(감자 감) ④ 橄(감람나무 감)
   ⑤ 杆(몽둥이 간)
2 ① 訶(꾸짖을 가) ② 譴(꾸짖을 견)
   ③ 諫(간할 간)   ④ 訣(이별할 결)
   ⑤ 偈(쉴 게)

답 1. ① | 2. ④

1급 069 亻(人)부 총 15획 **儆** 경계할 경	趙儆조경 조선 중기의 문신 ▶趙(조나라 조) 儆戒경계 儆備경비 주의 警과 同字	1급 070 力부 총 9획 **勁** 굳셀 경	勁健경건 군세고 튼튼함 ▶健(굳셀 건) 疾風勁草질풍경초 모진 바람에도 꺾이지 않는 강한 풀 즉, 절개 있는 사람을 비유함 ▶疾(병 질), 風(바람 풍), 草(풀 초) 強勁강경 勁弩경노 勁兵경병 勁箭경전 勁悍경한 廉勁염경 強勁症 강경증
1급 071 亻(人)부 총 9획 **俓** 지름길 경	佛名俓불명경 불경의 하나 ▶佛(부처 불), 名(이름 명) 催俓禮최경례 허리를 공손히 굽혀 하는 경례 ▶催(재촉할 최), 禮(예도 례) 明俓명경 行俓행경 佛本行集俓불본행집경 주의 徑과 同字	1급 072 亻(人)부 총 10획 **倞** 굳셀 경	秉心無倞병심무경 시경 대아편 ▶秉(잡을 병), 心(마음 심), 無(없을 무) 주의 競의 通用
1급 073 力부 총 10획 **勍** 셀 경	勍敵경적 억센 대적, 강적 ▶敵(대적할 적) 주의 就(나아갈 취) 4급	1급 074 土부 총 8획 **坰** 들 경	坰畓경답 바닷가에 둑을 쌓고 만든 논 ▶畓(논 답) 坰場경장 야외의 장소, 활짝 트인 먼 곳 ▶場(마당 장) 野坰야경 林坰임경 주의 珦(옥이름 향) 1·2급
2급 073 忄(心)부 총 15획 **憬** 깨달을 경	憧憬동경 무엇이 그리워서 간절히 그것만을 생각함 ▶憧(그리워할 동) 憬悟경오 憧憬心동경심 憧憬者동경자	1급 075 手부 총 17획 **擎** 들 경	擎手경수 공경하는 마음에서 두 손으로 떠받듦 ▶手(손 수) 擎壺경호 예전에 시각을 알리는 데 쓰던 병 모양의 도기 ▶壺(병 호) 擎劍경검 提擎제경 주의 警(경계할 경) 3급
2급 074 日부 총 16획 **暻** 밝을 경	暻光경광 상서로운 빛 ▶光(빛 광) 주의 景의 俗字	2급 075 木부 총 11획 **梗** 대개 / 막힐 경	梗槪경개 소설·희곡 등의 전체 내용을 간추린 대강의 줄거리 ▶槪(대개 개) 梗塞경색 사물의 흐름이 막히거나 굳어져 순조롭지 못한 상태 ▶塞(막힐 색) 梗梗경경 梗弓경궁 梗澁경삽 生梗생경 作梗작경 花梗화경 梗塞政局경색정국

경단(瓊團)

瓊(구슬 경), 團(둥글 단)

찹쌀이나 수수의 가루를 따뜻한 물로 반죽하여 밤톨만큼씩 동글동글하게 빚어, 끓는 물에 삶아내어 고물을 묻혀 만드는 한국 고유의 떡이다. 고물의 종류에 따라 콩가루경단, 감자경단, 계피경단, 깨경단, 실백경단, 밤경단, 쑥경단, 팥경단, 삼색채경단 등이 있다. 수수가루로 빚어 삶아 붉은 팥고물을 묻힌 수수경단을 속칭 '수수팥떡'이라고 하는데, 붉은 팥고물을 묻히는 것은 아기로 하여금 액을 면하게 한다는 의미가 있어 아기의 백일이나 돌날에 만들어 여러 이웃에게 나누어 주었다.

한자 익히기

1급 076 涇
氵(水)부 / 총 10획
통할 경

涇渭경위 사리의 옳고 그름과 시비의 분간을 이르는 말 ▶渭(물이름 위)
咬涇교경 입을 벌리려고 하면 할수록 입이 다물어지는 증상 ▶咬(새소리 교)
短涇단경 無涇渭무경위 浮涇據涇부위거경
總永代涇총영대경

1급 077 炅
火부 / 총 8획
빛날 경

趙炅조경 중국 송나라 2대 황제 ▶趙(조나라 조)

주의 耿과 同字

1급 078 烱
火부 / 총 11획
빛날 경/형

주의 炯의 俗字

2급 076 璟
王(玉)부 / 총 16획
옥빛 경

宋璟송경 중국 당나라의 재상 ▶宋(송나라 송)
沈璟심경 중국 명나라의 극작가 ▶沈(성 심)

1급 079 璥
王(玉)부 / 총 17획
경옥 경

璥玉경옥 아름다운 구슬 ▶玉(구슬 옥)
趙璥조경 조선후기 문신 ▶趙(조나라 조)

2급 077 瓊
王(玉)부 / 총 19획
구슬 경

瓊杯경배 옥으로 만든 잔 ▶杯(잔 배)
瓊枝玉葉경지옥엽 옥으로 된 가지와 잎이라는 뜻으로, 귀한 자손을 이르는 말 ▶枝(가지 지), 玉(구슬 옥), 葉(잎 엽)
瓊樓경루 瓊玉경옥 瓊韻경운 瓊音경음
瓊姿경자 瓊枝旃檀경지전단

2급 078 痙
疒부 / 총 12획
심줄땅길 경

痙攣경련 근육이 병적으로 수축하는 현상 ▶攣(걸릴 련)
鎭痙진경 경련을 진정시킴 ▶鎭(진압할 진)
書痙서경 痙痙치경 胃痙攣위경련
鎭痙劑진경제 聲門痙攣성문경련

2급 079 磬
石부 / 총 16획
경쇠 경

風磬풍경 처마 끝에 다는 작은 경쇠 ▶風(바람 풍)
懸磬현경 식량이 없어서 집안이 텅 빈 상태 ▶懸(매달 현)
磬石경석 鐘磬종경 特磬특경 編磬편경
磬懸絲경현사 주의 聲(소리 성) 5급

1급 080 絅
糸부 / 총 11획
끌어죌/홑옷 경

衣錦絅衣의금경의 비단옷을 입고 그 위에 홑옷을 또 입는다는 뜻으로, 군자가 미덕을 갖추고 있으나 이를 자랑하지 않음을 말함 ▶衣(옷 의), 錦(비단 금)
衣錦尙絅의금상경

1급 081 耿
耳부 / 총 10획
빛날 경

耿暉경휘 밝은 햇빛이라는 뜻으로, 덕이 높음을 이르는 말 ▶暉(빛 휘)
耿耿不寐경경불매 염려되어 잠을 이루지 못함 ▶不(아닐 불), 寐(잠잘 매)
耿潔경결 耿耿경경 耿光경광
耿耿孤枕경경고침 耿光大烈경광대열

쪽지시험

상공회의소 한자 고급 1, 2급

※ 다음 단어들의 □ 안에 공통으로 들어갈 알맞은 한자는 어느 것입니까?

1 □玉, □團, □音

① 鋼　② 集　③ 瓊　④ 雜　⑤ 邯

2 □塞, □槪, □正

① 雍　② 節　③ 梗　④ 嚴　⑤ 端

풀이
1 瓊玉(경옥), 瓊團(경단), 瓊音(경음)
2 梗塞(경색), 梗槪(경개), 梗正(경정)

답 1. ③ | 2. ③

2급 080 月(肉)부 총 11획 **脛** 정강이 **경**	脛骨경골 정강이뼈 ▶骨(뼈 골) 交脛國교경국 정강이뼈가 굽고 엇걸린 사람이 산다는 나라 이름 ▶交(사귈 교), 國(나라 국) 脛衣경의 脛節경절 虎脛骨호경골	2급 081 艹(艸)부 총 11획 **莖** 줄기 **경**	毛莖모경 피부 밖으로 나 있는 털의 밑줄기 ▶毛(털 모) 靑莖청경 시래기, 무청이나 배추의 잎을 말린 것 ▶靑(푸를 청) 莖葉경엽 塊莖괴경 根莖근경 蔓莖만경 玉莖옥경 幼莖유경 地莖지경 花莖화경
1급 082 辶(辵)부 총 11획 **逕** 좁은길 **경**	逕庭경정 정도의 매우 심한 차이 ▶庭(뜰 정) 鳥逕조경 겨우 새나 통할 정도의 산속의 좁은 길 ▶鳥(새 조) 石逕석경 小逕소경 正逕정경 樵逕초경 주의 涇(통할 경) 1·2급	2급 082 頁부 총 16획 **頸** 목 **경**	頸椎경추 목등뼈 ▶椎(등뼈 추) 頸動脈경동맥 대동맥에서 직접 시작되어 머리나 얼굴로 피를 보내는 동맥 ▶動(움직일 동), 脈(줄기 맥) 頸骨경골 頸筋경근 頸領경령 頸血경혈 莊頸壺장경호 猫頸懸鈴묘경현령
2급 083 魚부 총 19획 **鯨** 고래 **경**	捕鯨포경 고래잡이 ▶捕(잡을 포) 鯨腦油경뇌유 고래의 머릿골 기름을 압축·냉각시켜 짜낸 기름 ▶腦(골 뇌), 油(기름 유) 鯨浪경랑 鯨獵경렵 鯨鯢경예 鯨油경유 鯨飮경음 倒戟鯨도극경	1급 083 土부 총 12획 **堺** 지경 **계**	堺約계약 국경을 정하여 이를 준수하는 조약 ▶約(맺을 약) 주의 界와 同字
1급 084 尸부 총 8획 **屆** 이를 **계**	屆出계출 어떤 사실을 상사나 해당기관에 문서로 보냄 ▶出(날 출) 宿泊屆숙박계 숙박인의 주소 ▶宿(잘 숙), 泊(배댈 박) 屆期계기 死亡屆사망계 出生屆출생계 休業屆휴업계 주의 屈(굽힐 굴) 3급	2급 084 忄(心)부 총 11획 **悸** 두근거릴 **계**	驚悸경계 놀란 것처럼 가슴이 두근거리는 증세 ▶驚(놀랄 경) 動悸동계 심장의 고동이 보통 때보다 심하여 가슴이 울렁거림 ▶動(움직일 동) 悸病계병 悸慄계율 恐悸공계 心悸심계 憂悸우계 怖悸포계 惶悸황계 胸悸흉계
1급 085 木부 총 12획 **棨** 창 **계**	棨戟계극 적흑색의 비단으로 싼 나무창 ▶戟(창 극) 棨信계신	1급 086 石부 총 15획 **磎** 시내 **계**	雙磎寺쌍계사 신라 성덕왕 때 혜소(慧招)가 지은 경남 하동군에 있는 절 ▶雙(쌍 쌍), 寺(절 사) 주의 谿와 同字

문경지교(刎頸之交)

刎(목자를 문), 頸(목 경), 之(갈 지), 交(사귈 교)

전국시대 조(趙)나라의 명신 인상여(藺相如)와 염파(廉頗)장군은 모두 큰 공을 세웠는데 인상여를 경대부에 임명하자 염파는 불만을 갖게 되었다. 그러나 인상여는 자신과 염파의 존재로 인해 조나라가 강국들 사이에 건재한 것이며, 만약 둘이 싸운다면 나라가 위태로워질 것이라고 말하였다. 인상여의 넓은 도량에 감격한 염파가 사죄함으로써 둘은 죽음을 함께 해도 변하지 않는 친교를 맺게 되었다.

《사기(史記)》염파인상여전(廉頗藺相如傳)

한자 익히기

| 2급 085 禾부 총 16획 **稽** 머무를 계 | 稽留계류 머무름 ▶留(머무를 류)
荒唐無稽황당무계 말이나 행동이 터무니없고 근거가 없음 ▶荒(거칠 황), 唐(황당할 당), 無(없을 무)
稽考계고 稽査계사 稽知계지 稽滯계체
滑稽골계 句稽구계 會稽之恥회계지치 | 2급 086 言부 총 14획 **誡** 경계할 계 | 誡勉계면 훈계하고 격려함 ▶勉(힘쓸 면)
十誡命십계명 기독교에서 하느님이 시내산에서 모세에게 내렸다고 하는 십개조의 계시 ▶十(열 십), 命(명령할 명)
誡命계명 敎誡교계 勸誡권계 守誡수계
敎誡輪교계륜 後車誡후거계 |

| 2급 087 谷부 총 17획 **谿** 시내 계 | 澗谿간계 골짜기 물 ▶澗(산골물 간)
谿壑之慾계학지욕 시냇물이 흐르는 산골짜기의 욕심, 즉 한없는 욕심을 말함 ▶壑(골 학), 之(갈 지), 慾(욕심 욕)
谿路계로 谿流계류 木谿목계
尼谿相이계상 谿澤象月계택상월 | 2급 088 口부 총 5획 **叩** 두드릴/조아릴 고 | 叩扉고비 문을 두드림, 방문(訪問)함 ▶扉(문짝 비)
叩頭謝罪고두사죄 머리를 조아려 사죄함 ▶頭(머리 두), 謝(사례할 사), 罪(허물 죄)
叩門고문 叩拜고배 叩盆고분 叩氷고빙
叩首고수 叩齒고치 叩頭蟲고두충 |

| 1급 087 口부 총 8획 **呱** 울 고 | 呱呱고고 아이가 세상에 나오면서 처음 우는 울음
崔呱雲傳최고운전 최치원의 도술소설 ▶崔(높을 최), 雲(구름 운), 傳(전할 전)
呱呱之聲고고지성 | 1급 088 尸부 총 5획 **尻** 꽁무니 고 | 尻驛典고역전 신라 때 우역(郵驛)에 관한 일을 맡아보던 관청 ▶驛(역 역), 典(법 전)

주의 尼(여승 니)1·2급 |

| 2급 089 扌(手)부 총 9획 **拷** 칠 고 | 拷訊고신 고문함 ▶訊(물을 신)
拷打고타 피의자를 고문하여 때림 ▶打(칠 타)
拷器고기 拷掠고략 拷問고문
拷槃餘事고반여사 | 2급 090 攵(攴)부 총 6획 **攷** 상고할 고 | 物名攷물명고 곤충·나무 등 사물을 한글로 설명한 책 ▶物(물건 물), 名(이름 명)
梵宇攷범우고 절들의 연혁, 소재 등을 기록한 책 ▶梵(범어 범), 宇(집 우)
論攷논고 雜攷잡고 四聲通攷사성통고
주의 考와 同字 |

| 1급 089 攴부 총 14획 **敲** 두드릴 고 | 敲氷求火고빙구화 얼음을 두드려 불을 구한다는 뜻으로, 어떤 일의 불가능함을 비유해 이르는 말 ▶氷(얼음 빙), 求(구할 구), 火(불 화)
敲擊고격 敲擊樂器고격악기 推敲퇴고 | 1급 090 日부 총 14획 **暠** 힐 고/호 | 靑暠酒청고주 제비쑥의 즙으로 담근 술 ▶靑(푸를 청), 酒(술 주)

주의 考와 同字 |

쪽지시험

※ 다음 성어에서 □ 안에 들어갈 알맞은 한자는 어느 것입니까?

1 ☐戰蝦死

① 痙 ② 炅 ③ 曔 ④ 鯨 ⑤ 泥

2 荒唐無☐

① 屆 ② 悸 ③ 稽 ④ 谿 ⑤ 契

풀이

1 鯨戰蝦死(경전하사) : 고래 싸움에 새우 등 터진다는 뜻으로, 강한 자끼리 서로 싸우는 통에 아무 상관도 없는 약한 자가 해를 입음을 비유적으로 이르는 말

2 荒唐無稽(황당무계) : 말이나 행동 따위가 참되지 않고 터무니없음을 이르는 말

답 1. ④ | 2. ③

1급 091 槁 木부 총 14획 — 마를 고

- 槁壤고양 마른 흙 ▶壤(흙덩이 양)
- 折槁振落절고진락 고목을 자르고 낙엽을 움직임, 즉 매우 쉬운 일을 의미함 ▶折(꺾을 절), 振(떨칠 진), 落(떨어질 락)
- 枯槁고고 槁木고목 靑史槁청사고
- 주의 枯와 通用

1급 092 沽 氵(水)부 총 8획 — 팔 고

- 沽名고명 명예를 구함 ▶名(이름 명)
- 沽聖罪고성죄 성물(聖物)·성사(聖事)의 대가로 돈이나 물건을 받은 죄 ▶聖(성인 성), 罪(허물 죄)
- 沽券고권 沽酒고주 沽販고판
- 省沽油科성고유과 주의 活(살 활) 5급

1급 093 痼 疒부 총 13획 — 고질 고

- 痼疾고질 오래도록 낫지 않아 고치기 어려운 병 ▶疾(병 질)
- 痼弊고폐 뿌리가 깊어 고치기 어려운 폐단 ▶弊(해질 폐)
- 痼癖고벽 根痼근고 深痼심고 沈痼침고
- 痼疾病고질병 煙霞痼疾연하고질

2급 091 皐 白부 총 11획 — 언덕 고

- 皐月고월 음력 오월을 달리 이르는 말 ▶月(달 월)
- 張保皐장보고 청해진을 근거로 활약한 신라의 해상왕 ▶張(베풀 장), 保(지킬 보)
- 皐復고복 皐蘭草고란초 雲皐集운고집
- 林皐幸卽임고행즉

1급 094 睾 目부 총 14획 — 못 고/넓을 호

- 睾負고부 직·간접으로 도와도 달갑게 여기지 않고 기대에 어긋남 ▶負(질 부)
- 死有餘睾사유여고 죽어도 물을 죄가 남음 ▶死(죽을 사), 有(있을 유), 餘(남을 여)
- 睾丸고환 睾丸炎고환염
- 주의 辜(허물 고) 1·2급

1급 095 羔 羊부 총 10획 — 새끼양 고

- 羔羊고양 어린 양 ▶羊(양 양)
- 烹羊炮羔팽양포고 설 같은 때에 양이나 염소 등을 잡아 잔치를 차려 베풂 ▶烹(삶을 팽), 羊(양 양), 炮(구울 포)
- 羔雁고안 羊羔酒양고주 詩讚羔羊시찬고양
- 주의 恙(근심 양) 2급

2급 092 股 月(肉)부 총 8획 — 넓적다리 고

- 股慄고율 두려워서 다리가 떨림 ▶慄(두려워할 률)
- 股關節고관절 비구와 넓적다리뼈를 연결하는 관절 ▶關(빗장 관), 節(마디 절)
- 股間고간 股本고본 股肉고육 股戰고전
- 枯股臣고굉신 股掌之臣고장지신

2급 093 膏 月(肉)부 총 14획 — 살찔 고

- 軟膏연고 외상·피부질환 약 ▶軟(연할 연)
- 膏粱珍味고량진미 살진 고기와 좋은 곡식으로 만든 맛있는 음식 ▶粱(기장 량), 珍(보배 진), 味(맛 미)
- 膏藥고약 膏油고유 膏土고토 膏血고혈
- 蘭膏난고

1급 096 苫 ⺿(艸)부 총 9획 — 줄 고

- 沈苫침고 볏과의 여러해살이풀 ▶沈(잠길 침)
- 주의 菰와 同字

1급 097 菰 ⺿(艸)부 총 12획 — 줄 고

- 菰繩고승 골풀을 비비어 꼰 줄 ▶繩(노끈 승)
- 菰菜고채 연한 줄기로 만든 나물 ▶菜(나물 채)
- 菰根고근 眞菰진고 山茨菰산자고
- 野茨菰야자고

고굉지신(股肱之臣)

股(넓적다리 고), 肱(팔뚝 굉), 之(갈 지), 臣(신하 신)

다리와 팔에 비길 만한 신하라는 뜻으로, 임금이 가장 믿고 중하게 여기는 신하라는 말이다. 어진 황제로 잘 알려진 순(舜) 임금이 어느 날 그의 신하들에게 다음과 같이 말한대서 유래했다.

"그대들과 같은 신하들은 짐의 팔과 다리요 눈과 귀로 내가 백성들을 위해 돕고자 하니 그대들이 대신해 달라(臣作朕股肱耳目 子欲左右有民汝翼 子欲宣力四方汝爲)."

《서경(書經)》 익직편(益稷篇)

한자 익히기

2급 094 艹(艸)부 총 18획 **藁**
볏짚/마를 고
- 稻藁도고 볏짚 ▶稻(벼 도)
- 麥藁맥고 보리의 짚 ▶麥(보리 맥)
- 飼藁사고 마소 등의 사료로 쓰는 짚 ▶飼(먹일 사)

藁本고본　文藁문고　草藁초고　禾藁화고
藁網捉虎고망착호　席藁待罪석고대죄

1급 098 虫부 총 23획 **蠱**
뱃속벌레 고
- 蠱脹고창 창만(脹滿)을 일으키는 중세의 하나 ▶脹(배부를 창)
- 蠱惑고혹 남을 꾀어 속임 ▶惑(미혹할 혹)
- 巫蠱무고 혹독하게 저주함 ▶巫(무당 무)

蠱卦고괘　蠱毒고독　蠱石고석
蠱惑的美고혹적미

2급 095 衤(衣)부 총 11획 **袴**
바지 고/사타구니 과
- 袴衣고의 여름에 입는 남자의 바지와 저고리 ▶衣(옷 의)
- 油袴유고 비 올 때에 마부들이 입는 바지 ▶油(기름 유)

單袴단고　短袴단고　唐袴衣당고의

2급 096 言부 총 14획 **誥**
고할 고
- 誓誥서고 윗사람이 아랫사람에게 맹세하여 말함 ▶誓(맹세할 서)
- 庭誥정고 가정의 교훈 ▶庭(뜰 정)

誥文고문　官誥관고　制誥제고
知制誥지제고　三日新誥삼일신고

1급 099 辛부 총 12획 **辜**
허물 고
- 無辜무고 잘못이나 허물이 없음 ▶無(없을 무)
- 保辜보고 상처가 나을 때까지 상해한 사람의 처벌을 보류하던 일 ▶保(지킬 보)

辜內고내　辜限고한　不辜불고　罪辜죄고
無辜疳무고감　保辜期限보고기한

2급 097 金부 총 16획 **錮**
땜질할 고
- 禁錮금고 교도소에 구치될 뿐 강제로 정역(定役)이 부과되지 않음 ▶禁(금할 금)
- 黨錮당고 중국 후한시대에 종신금고에 처하여 벼슬길을 막아버린 일 ▶黨(무리 당)

禁錮刑금고형　禁錮終身금고종신

2급 098 隹부 총 12획 **雇**
품팔 고/새이름 호
- 雇傭고용 한쪽은 노무를 제공하고, 상대방은 그에 대한 보수를 지불하는 노동계약 ▶傭(품팔 용)
- 常雇상고 머슴 ▶常(항상 상)

雇金고금　雇聘고빙　雇用고용　解雇해고
雇傭保險고용보험　整理解雇정리해고

1급 100 斗부 총 11획 **斛**
휘 곡
- 大斛대곡 곡식이나 액체 스무 말을 되는데 쓰던 그릇 ▶大(큰 대)
- 斗斛두곡 곡식을 되는 말과 휘 또는 되질하는 일 ▶斗(말 두)

斛上곡상　大斛대곡　萬斛만곡　石斛석곡
小斛소곡　一斛涼州일곡양주

1급 101 木부 총 11획 **梏**
수갑 곡
- 桎梏질곡 차꼬와 수갑이란 뜻으로, 속박을 의미함 ▶桎(차꼬 질)

 枯(마를 고) **3급**

1급 102 鳥부 총 18획 **鵠**
고니 곡
- 正鵠정곡 과녁의 한가운데 되는 점, 즉 목표나 핵심을 뜻함 ▶正(바를 정)
- 鴻鵠홍곡 큰 기러기와 고니라는 뜻으로 큰 인물을 비유함 ▶鴻(기러기 홍)

鵠髮곡발　鵠瀉곡사　鵠的곡적　鵠志곡지
刻鵠類鶩각곡유목　孤雌寡鵠고자과곡

쪽지시험

※ 다음 한자(漢字)와 뜻이 비슷한 한자는 어느 것입니까?

1 膏
① 脈　② 肥　③ 背　④ 腰　⑤ 頸

2 藁
① 敲　② 槁　③ 嵩　④ 嵩　⑤ 袴

풀이

1 膏(살찔 고)
① 脈(줄기 맥)　② 肥(살찔 비)　③ 背(등 배)
④ 腰(허리 요)　⑤ 頸(목 경)

2 藁(마를 고)
① 敲(두드릴 고)　② 槁(마를 고)　③ 髙(흴 고)
④ 嵩(높을 숭)　⑤ 袴(바지 고)

답 1. ② | 2. ②

2급 099 山부 총 11획 **崑** 산이름 곤	崑崙山곤륜산 중국 서쪽에 있다는 전설상의 산 ▶崙(산이름 륜), 山(뫼 산) 崑蒻版곤약판 복사법의 한 가지 ▶蒻(구약나물 약), 版(널 판) 崑腔곤강 崑曲곤곡 崑崙곤륜 崑玉곤옥 崑山腔곤산강 玉出崑岡옥출곤강	2급 100 日부 총 8획 **昆** 맏 곤/뒤섞일 혼	昆蟲곤충 벌레를 통틀어 이르는 말 ▶蟲(벌레 충) 昆雉곤치 학공치 ▶雉(꿩 치) 昆布곤포 다시마 ▶布(베 포) 昆季곤계 昆弟곤제 昆蟲記곤충기 昆布湯곤포탕 주의 皆(다 개) 4급
1급 103 木부 총 11획 **梱** 문지방 곤	梱帥곤수 병사나 수사를 예스럽게 부르는 말 ▶帥(장수 수) 梱包곤포 거적이나 새끼로 짐을 꾸려 포장함 ▶包(쌀 포) 懇梱간곤 梱包業곤포업	2급 101 木부 총 12획 **棍** 몽둥이 곤	棍杖곤장 조선시대 죄인을 때리던 형구 ▶杖(지팡이 장) 治盜棍치도곤 죄인의 볼기를 치던 곤장의 하나 ▶治(다스릴 치), 盜(도둑 도) 決棍결곤 棍棒곤봉 棍刑곤형 攪棍교곤 嚴棍엄곤 治棍치곤 鞭棍편곤 火棍화곤
1급 104 氵(水)부 총 14획 **滾** 흐를 곤	滾滾곤곤 펑펑 솟아 나오는 물이 세참 滾汨곤골 몹시 바쁨 ▶汨(빠질 골)	1급 105 王(玉)부 총 12획 **琨** 옥돌 곤	琨玉秋霜곤옥추상 아름다운 옥과 가을 서리라는 뜻으로 고상한 인품을 이르는 말 ▶玉(구슬 옥), 秋(가을 추), 霜(서리 상) 琨珸곤오 琨瑜곤유
2급 102 衣부 총 11획 **袞** 곤룡포 곤	袞馬곤마 임금이 타는 말 ▶馬(말 마) 袞冕곤면 임금의 정복인 곤룡포와 면류관 ▶冕(면류관 면) 袞職곤직 주의 哀(슬플 애) 4급	1급 106 魚부 총 19획 **鯤** 곤이 곤	鯤鮞곤이 물고기 뱃속의 알 ▶鮞(곤이 이) 鯤鵬곤붕 중국의 장자(莊子)가 비유해서 말한 큰 물고기와 큰 새라는 뜻으로, 더할 수 없이 큰 것을 말함 ▶鵬(새 붕) 鯤漁곤어 遊鯤獨運유곤독운
1급 107 氵(水)부 총 7획 **汨** 빠질 골/물이름 멱	滾汨곤골 몹시 바쁨 ▶滾(흐를 곤) 汨沒無暇골몰무가 어떤 일에 오로지 파묻혀 조금도 틈이 없음 ▶沒(빠질 몰), 無(없을 무), 暇(겨를 가) 渴汨갈골 汨汨골골 汨沒골몰 汨活골활 주의 汨(배댈 박) 3급	1급 108 王(玉)부 총 10획 **珙** 큰구슬 공	珙玉공옥 옥으로 만든 큰 구슬 ▶玉(구슬 옥) 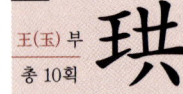玞과 同字

한자별곡

곤룡포(袞龍袍)

袞(곤룡포 곤), 龍(용 룡), 袍(두루마기 포)

조선시대 임금이나 왕세자가 평상시 입었던 정복(正服)으로 두루마기와 비슷하게 생긴 옷으로, 곤복(袞服) 또는 용포(龍袍)라고도 한다. 붉은색은 강한 생명력을 뜻하는 의미로 용이 들어가 있었는데, 국왕의 옷에는 5개의 발가락을 지닌 오조룡(五爪龍)이 세자의 옷에는 4개의 발가락을 지닌 사조룡(四爪龍)이, 세손의 옷에는 3개의 발가락을 지닌 삼조룡(三爪龍)이 있었다. 곤룡포를 입을 때는 익선관(翼善冠)을 쓰고 옥대(玉帶)를 매며, 목화(木靴)를 신었다.

한자 익히기

1급 109 虫부 총 10획 **蚣** 지네 공/베짱이 송
- 蜈蚣오공 지네 ▶蜈(지네 오)
- 蜈蚣鷄오공계 닭의 내장을 빼 버리고 말린 지네를 넣어 곤 국 ▶蜈(지네 오), 鷄(닭 계)
- 大蜈蚣대오공 石蜈蚣석오공 蜈蚣鐵오공철

1급 110 革부 총 15획 **鞏** 굳을 공
- 鞏膜공막 눈알의 바깥벽을 둘러싼 희고 튼튼한 섬유성 막 ▶膜(막 막)
- 鞏皮症공피증 피부가 굳어져 탄력이 없어지는 피부병 ▶皮(가죽 피), 症(증세 증)
- 鞏固공고 曾鞏증공 鞏固性공고성
- 鞏膜炎공막염 鞏皮病공피병

2급 103 扌(手)부 총 11획 **控** 당길 공/칠 강
- 控除공제 금액·수량을 빼냄 ▶除(덜 제)
- 所得控除소득공제 과세 소득액을 결정하기 위해 총소득액에서 법정 금액을 빼는 일 ▶所(바 소), 得(얻을 득), 除(덜 제)
- 控球공구 控訴공소 控帳공장 控柱공주
- 提控제공 稅額控除세액공제

2급 104 扌(手)부 총 9획 **拱** 두손맞잡을 공
- 拱手공수 왼손을 오른손 위에 놓고 서로 마주잡아 공경을 표시하는 예 ▶手(손 수)
- 垂拱수공 옷소매를 늘어뜨리고 팔짱을 낌 즉, 아무 일도 하지 않음 ▶垂(드리울 수)
- 高拱고공 拱架공가 拱木공목 拱門공문
- 拱揖공읍 拱陣공진 拱把공파 拱包공포

2급 105 ㅣ부 총 7획 **串** 땅이름 곶/꿸 관 꿰미 천/꼬챙이 찬
- 冬外串동외곶 경상북도 동해안 끝에 영일만을 이루면서 바다에 뻗쳐 있는 갑(岬) ▶冬(겨울 동), 外(밖 외)
- 串柿관시 곶감 ▶柿(감 시)
- 長山串장산곶

2급 106 戈부 총 4획 **戈** 창 과
- 干戈간과 창과 방패 ▶干(방패 간)
- 戈鋒과봉 창의 끝 ▶鋒(칼날 봉)
- 投兵息戈투병식과 병기를 던지고 창을 멈춤 ▶投(던질 투), 兵(병사 병), 息(쉴 식)
- 戈甲과갑 戈劍과검 戈矛과모 戈船과선
- 戈盾과순 倒戈도과 兵戈병과 止戈지과

2급 107 瓜부 총 5획 **瓜** 오이 과
- 甘瓜감과 참외 ▶甘(달 감)
- 及瓜급과 임기가 다 참 ▶及(미칠 급)
- 種瓜得瓜종과득과 오이를 심으면 오이가 난다는 뜻 ▶種(씨 종), 得(얻을 득)
- 瓜葛과갈 瓜年과년 木瓜목과(모과) 烏瓜오과
- 臥瓜와과 주의 爪(손톱 조) 2급

2급 108 ++(艸)부 총 12획 **菓** 과자/실과 과
- 茶菓다과 차와 과자 ▶茶(차 다)
- 製菓제과 과자나 빵을 만듦 ▶製(지을 제)
- 他來菓타래과 밀가루를 반죽하여 기름에 지진 유밀과 ▶他(다를 타), 來(올 래)
- 菓子과자 氷菓빙과 造菓조과 漢菓한과
- 茶食菓다식과 梅雜菓매잡과

1급 111 足부 총 13획 **跨** 넘을 과/걸터앉을 고
- 跨線橋과선교 철도를 건너기 위해 가로로 질러 놓은 다리 ▶線(줄 선), 橋(다리 교)

주의 誇(자랑할 과) 3급

1급 112 金부 총 17획 **鍋** 노구솥 과
- 慈善鍋자선솥 자선냄비, 구세군 등의 단체에서 연말에 불쌍한 사람들을 돕기 위하여 길가에 걸어놓고 성금을 걷는 그릇 ▶慈(사랑할 자), 善(착할 선)

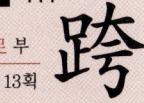

※ 다음 음(音)을 가진 한자는 어느 것입니까?

1 ┌─────── 곤 ───────┐
①昆 ②皆 ③批 ④鹿 ⑤串

2 ┌─────── 공 ───────┐
①洪 ②拱 ③巷 ④騫 ⑤鑛

풀이
1 ①곤 ②개 ③비 ④록 ⑤곶
2 ①홍 ②공 ③항 ④건 ⑤광

답 1.① | 2.②

2급 109 顆 (頁부, 총 17획) 낱알 과

- **顆粒**과립 둥글고 자질구레한 물품을 통틀어 일컬음 ▶粒(알 립)
- **飯顆**반과 밥알 ▶飯(밥 반)

橘顆귤과　一顆일과　顆粒機과립기
顆粒說과립설　靑顆麥청과맥

2급 110 槨 (木부, 총 15획) 덧널 곽

- **棺槨**관곽 시체를 넣는 관(속널)과 곽(겉널) ▶棺(관 관)
- **石槨墳**석곽분 돌로 곽실을 만든 석실묘 ▶石(돌 석), 墳(무덤 분)

木槨목곽　石槨석곽　外槨외곽　塼槨전곽
棺槨色관곽색　積石木槨墳적석목곽분

2급 111 藿 (艹(艸)부, 총 20획) 콩잎 곽

- **藿湯**곽탕 미역국 ▶湯(끓을 탕)
- **葵藿**규곽 해바라기 ▶葵(해바라기 규)
- **藿食者**곽식자 '콩잎을 먹는 자'라는 뜻으로 백성을 가리킴 ▶食(밥 식), 者(놈 자)

甘藿감곽　藿稅곽세　藿巖곽암　藿耳곽이
藿田곽전　藿香곽향　鹿藿녹곽　早藿조곽

2급 112 廓 (广부, 총 14획) 둘레 곽

- **輪廓**윤곽 사물의 대강의 테두리, 겉모양 ▶輪(바퀴 륜)
- **胸廓**흉곽 바구니 모양으로 이루어진 흉부의 골격 ▶胸(가슴 흉)

街廓가곽　內廓내곽　筵廓연곽　外廓외곽
遊廓유곽　地廓지곽　天廓천곽　風廓풍곽

2급 113 棺 (木부, 총 12획) 관 관

- **蓋棺事定**개관사정 관 뚜껑을 덮고 일을 정한다는 뜻으로, 사람은 죽고 난 뒤에야 올바르고 정당한 평가를 할 수 있다는 말 ▶蓋(덮을 개), 事(일 사), 定(정할 정)

擧棺거관　木棺목관　甕棺옹관　瓦棺와관
出棺출관　下棺하관　剖棺斬屍부관참시

2급 114 款 (欠부, 총 12획) 항목 관

- **約款**약관 조약이나 계약 등에서 정한 하나하나의 조항 ▶約(맺을 약)
- **借款**차관 국가 간에 자금을 빌려 쓰고 빌려 줌 ▶借(빌릴 차)

巨款거관　款洽관흡　交款교관　落款낙관
附款부관　定款정관　衷款충관　通款통관

2급 115 灌 (氵(水)부, 총 21획) 물댈 관

- **灌漑**관개 농사를 짓는 데 필요한 물을 논밭에 대는 것 ▶漑(물댈 개)
- **灌腸**관장 약물을 항문을 통하여 직장 또는 대장에 주입하는 일 ▶腸(창자 장)

灌流관류　灌木관목　灌浴관욕　灌注관주
浸灌침관　湯灌탕관　灌漑用水관개용수

1급 113 琯 (王(玉)부, 총 12획) 옥피리 관

- **玉琯**옥관 옥피리 ▶玉(구슬 옥)

瓊琯경관

1급 114 瓘 (王(玉)부, 총 22획) 옥이름 관

- **瓘靖二妙**관정이묘 중국 한무제 시절에 초서를 신묘할 정도로 잘 썼던 위관(衛瓘)과 색정(索靖)을 일컬음 ▶靖(편안할 정), 二(두 이), 妙(묘할 묘)

2급 116 罐 (缶부, 총 24획) 두레박 관

- **茶罐**다관 찻물을 끓이는 그릇 ▶茶(차 다)
- **湯罐**탕관 국을 끓이거나 약을 달이는 그릇 ▶湯(끓을 탕)

空罐공관　罐石관석　汽罐기관
水罐수관　扁罐편관　汽罐室기관실

한자별곡

괄목상대(刮目相對)

刮(비빌 괄), 目(눈 목), 相(서로 상), 對(대할 대)

눈을 비비고 다시 본다는 뜻으로, 남의 학식이나 재주가 생각보다 부쩍 진보한 것을 이르는 말이다. 오(吳)의 손권(孫權)이 그의 장수 여몽(呂蒙)이 무술에는 능하나 학문을 소홀히 하는 것을 나무라자 여몽은 이로부터 학문을 열심히 닦았다. 후에 노숙(魯肅)이 찾아가 전과 달라진 그의 높은 식견에 놀라워하자 여몽은 "선비가 사흘을 떨어져 있다 다시 대할 때는 눈을 비비고 대해야 합니다."라고 하였다.

《삼국지(三國志)》오지(吳志)

한자 익히기

1급 115 菅
++(艸)부
총 12획
골풀 **관**

華菅茅束화관모속 솔새를 물에 적셔 거적을 짤 때는 띠로 묶어야 한다는 뜻으로, 부부는 서로 떨어져서는 안 됨을 비유함
▶華(빛날 화), 茅(띠 모), 束(묶을 속)
菅履관리 菅仲관중 蘆菅노관 力菅역관
주의 管(대롱 관) 3급

1급 116 刮
刂(刀)부
총 8획
깎을/비빌 **괄**

刮目괄목 발전 속도가 놀라울 만큼 빨라서 눈을 비비고 다시 봄 ▶目(눈 목)
龜背刮毛귀배괄모 없는 것을 애써 구함
▶龜(거북 귀), 背(등 배), 毛(털 모)
刮垢磨光괄구마광 刮腸洗胃괄장세위
呑刀刮腸탄도괄장

1급 117 恝
心부
총 10획
걱정없을 **괄/개**

恝待괄대 소홀히 대접함, 푸대접 ▶待(대접할 대)
恝視괄시 사람을 업신여겨 하찮게 대함
▶視(볼 시)
難恝난괄 難恝處난괄처
주의 契(맺을 계) 3급

2급 117 括
扌(手)부
총 9획
묶을 **괄**

槪括개괄 대충 추려 한데 뭉뚱그림
▶槪(대개 개)
括弧괄호 글 또는 숫자 등을 한데 묶기 위해 사용하는 부호 ▶弧(활 호)
一括일괄 總括총괄 包括포괄 括約筋괄약근
頭括式두괄식 尾括式미괄식

2급 118 适
辶(辵)부
총 10획
빠를 **괄**

南宮适남궁괄 중국 노나라 대부
▶南(남녘 남), 宮(집 궁)

1급 118 侊
亻(人)부
총 8획
성한모양 **광**

侊飯광반 잘 차린 음식
▶飯(밥 반)

주의 洸(성낼 광) 1·2급

2급 119 匡
匚부
총 6획
바로잡을 **광**

匡諫광간 올바르게 간함 ▶諫(간할 간)
匡正광정 바로잡아 고침 ▶正(바를 정)
匡弼광필 잘못을 바로잡으며 도움 ▶弼(도울 필)
匡困광곤 匡救광구 匡勵광려 匡益광익
匡護광호 一匡일광 改善匡正개선광정

2급 120 壙
土부
총 18획
광 **광**

壙穴광혈 시체를 묻는 구덩이 ▶穴(구멍 혈)
仰天壙앙천광 선사시대의 사람들이 살던 움 ▶仰(우러를 앙), 天(하늘 천)
壙內광내 壙中광중 壙誌광지 作壙작광
破壙파광 土壙墓토광묘 掩壙窓엄광창

2급 121 曠
日부
총 19획
빌 **광**

曠劫광겁 지극히 오랜 세월 ▶劫(위협할 겁)
曠世광세 세상에 보기 드뭄 ▶世(인간 세)
怨曠원광 홀어미와 홀아비 ▶怨(원망할 원)
高曠고광 空曠공광 曠達광달 曠朗광랑
曠夫광부 放曠방광 無邊曠野무변광야

1급 119 洸
氵(水)부
총 9획
성낼 **광**/깊을 **황**

洸洸광광 굳센 것

주의 況(하물며 황) 3급

쪽지시험

※ 다음 한자어(漢字語)와 발음(發音)이 같은 한자어는 어느 것입니까?

1 棺柩
① 管球 ② 官需 ③ 灌漑 ④ 款待 ⑤ 寬待

2 曠世
① 恝視 ② 權勢 ③ 關稅 ④ 降世 ⑤ 鑛稅

풀이

1 관구
① 관구 ② 관수 ③ 관개 ④ 관대 ⑤ 관대

2 광세
① 괄시 ② 권세 ③ 관세 ④ 강세 ⑤ 광세

답 1. ① | 2. ⑤

1급 120 — 炛
火부 총 8획
빛 광
주의 光의 俗字

2급 122 — 琯
王(玉)부 총 10획
옥피리 광
珖琯광관 옥피리 ▶琯(옥피리 관)
주의 洸(성낼 광) 1·2급

1급 121 — 筐
竹부 총 12획
광주리 광
筐球광구 농구 ▶球(공 구)
筐籠광롱 대바구니 ▶籠(대그릇 롱)
筐底광저 바구니의 밑 ▶底(밑 저)
頃筐경광　粉筐분광

1급 122 — 胱
月(肉)부 총 10획
방광 광
膀胱방광 신장에서 흘러나오는 오줌을 저장했다가 일정량이 되면 요도를 통해 배출시키는 주머니 모양의 기관, 오줌통 ▶膀(오줌통 방)
膀胱鏡방광경　膀胱狀방광상
膀胱癌방광암　膀胱炎방광염

2급 123 — 卦
卜부 총 8획
점괘 괘
卦鐘괘종 벽이나 기둥에 거는 자명종 ▶鐘(쇠북 종) 주의 掛와 通用
占卦점괘 길흉을 판단하기 위해 점을 쳐서 나오는 괘 ▶占(점칠 점)
卦變괘변　卦辭괘사　卦象괘상　卦爻괘효
無卦무괘　陽卦양괘　八卦팔괘　凶卦흉괘

1급 123 — 罫
罒(网)부 총 13획
줄 괘
罫中괘중 바둑판의 한복판 ▶中(가운데 중)
罫線紙괘선지 괘선이 그어져 있는 종이 ▶線(줄 선), 紙(종이 지)
罫線괘선　罫紙괘지　罫版괘판　樂譜罫악보괘
五線罫오선괘　輪廓罫윤곽괘

2급 124 — 乖
丿부 총 8획
어그러질 괴
乖離괴리 서로 조화나 일치를 이루지 못하고 어긋나 동떨어짐 ▶離(떠날 리)
乖愎괴팍 성미가 까다롭고 별나서 붙임성이 없음 ▶愎(괴팍할 팍)
乖當괴당　乖濫괴람　乖戾괴려　乖叛괴반
乖悖괴패　乖僻괴벽　乖忤괴오　乖背괴배

2급 125 — 傀
亻(人)부 총 12획
허수아비 괴
傀懼괴구 수치 또는 무안하여 두려워함 ▶懼(두려워할 구)
傀儡괴뢰 꼭두각시 또는 남의 앞잡이가 되어 이용당하는 사람 ▶儡(꼭두각시 뢰)
傀奇괴기　傀儡軍괴뢰군　傀儡師괴뢰사
傀儡政府괴뢰정부　俯仰無傀부앙무괴

1급 124 — 拐
扌(手)부 총 8획
속일 괴
拐帶괴대 위탁받은 물건을 가지고 도망함 ▶帶(띠 대)
誘拐유괴 사람을 속여 꾀어내는 일 ▶誘(꾈 유)
拐引괴인　掉拐도괴　物拐物괴물　誘拐犯유괴범
주의 招(부를 초) 4급

2급 126 — 槐
木부 총 14획
회화나무 괴
槐宸괴신 임금의 궁전 ▶宸(대궐 신)
槐鼎괴정 세 발 달린 솥, 즉 삼공(三公)을 뜻함 ▶鼎(솥 정)
槐枝괴지 회화나무의 가지 ▶枝(가지 지)
槐夢괴몽　槐門괴문　槐位괴위　三槐삼괴
槐山郡괴산군　路夾槐卿노협괴경

한자별곡

곡굉이침지(曲肱而枕之)

曲(굽을 곡), 肱(팔뚝 굉), 而(말이을 이), 枕(베개 침), 之(갈 지)

'팔을 베개 삼아 잠을 자는 속에 있는 즐거움'이라는 뜻의 곡굉지락(曲肱之樂)을 의미하며, 가난에 만족하여 그 속에서 즐거움을 찾는 간소한 생활을 비유하여 이르는 말이다.

공자는 "나물 밥 먹고 물 마시고 팔을 굽혀 베개 삼아도 즐거움이 그 속에 있나니 옳지 못한 부귀는 나에게 한낱 뜬구름과 같다."고 했다.

《논어(論語)》 술이편(述而篇)

한자 익히기

2급 127 魁 (鬼부, 총 14획) 우두머리 괴
- 魁首괴수 무리의 우두머리 ▶ 首(머리 수)
- 魁奇괴기 남보다 뛰어나고 기이함 ▶ 奇(기이할 기)
- 巨魁거괴　魁傑괴걸　魁陸괴륙　魁選괴선
- 魁殊괴수　亂魁난괴　匪魁비괴　敵魁적괴

2급 128 宏 (宀부, 총 7획) 클 굉
- 宏謀굉모 굉장히 큰 계획 ▶ 謀(꾀할 모)
- 宏儒굉유 뛰어난 학자 ▶ 儒(선비 유)
- 宏壯굉장 퍽 크고 훌륭함 ▶ 壯(장할 장)
- 宏敞굉창 너르고 시원함 ▶ 敞(시원할 창)
- 宏構굉구　宏大굉대　宏圖굉도　宏博굉박
- 宏富굉부　宏弘굉홍　宏闊굉활　恢宏회굉

1급 125 紘 (糸부, 총 10획) 갓끈 굉
- 帝紘제굉 제왕의 도리 ▶ 帝(임금 제)
- 八紘一宇팔굉일우 팔방(八方)의 멀고 넓은 범위, 곧 세계를 하나의 집으로 봄 ▶ 八(여덟 팔), 一(한 일), 宇(집 우)
- 網紘망굉　朱紘주굉　八紘팔굉

1급 126 肱 (月(肉)부, 총 8획) 팔뚝 굉
- 枕肱침굉 팔을 베개 삼음 ▶ 枕(베개 침)
- 股肱之臣고굉지신 다리와 팔뚝에 비길 만한 신하 즉, 임금이 가장 신임하는 중신 ▶ 股(넓적다리 고), 之(갈 지), 臣(신하 신)
- 曲肱곡굉　股肱之力고굉지력

1급 127 轟 (車부, 총 21획) 울릴 굉
- 轟烈굉렬 몹시 사납고 세참 ▶ 烈(매울 렬)
- 轟笑굉소 크게 웃음 ▶ 笑(웃음 소)
- 轟音굉음 몹시 요란하게 울리는 소리 ▶ 音(소리 음)
- 轟轟굉굉　轟裂굉렬　轟發굉발　轟然굉연
- 轟醉굉취　轟沈굉침　轟破굉파

2급 129 僑 (亻(人)부, 총 14획) 더부살이 교
- 僑胞교포 외국에 살고 있는 동포 ▶ 胞(세포 포)
- 華僑화교 해외에 정주하는 중국 사람 ▶ 華(빛날 화)
- 僑居교거　僑民교민　僑寓교우　僑接교접
- 在美僑胞재미교포　在日僑胞재일교포

2급 130 咬 (口부, 총 9획) 새소리 교
- 咬筋교근 저작근의 하나 ▶ 筋(힘줄 근)
- 咬傷교상 짐승이나 독충·독사 등에 물린 상처 ▶ 傷(다칠 상)
- 咬齒교치 소리 내며 이를 갊 ▶ 齒(이 치)
- 咬涇교경　咬頭교두　咬裂교열　咬創교창
- 鼠咬症서교증　咬牙切齒교아절치

2급 131 喬 (口부, 총 12획) 높을 교
- 喬松교송 키가 큰 소나무 ▶ 松(소나무 송)
- 喬嶽교악 높은 산 ▶ 嶽(큰산 악)
- 喬遷교천 낮은 지위에서 높은 지위로 옮아감, 승진 ▶ 遷(옮길 천)
- 喬林교림　喬木교목　喬陟교척　凌喬능교
- 亞喬木아교목　喬松之壽교송지수

2급 132 嬌 (女부, 총 15획) 아리따울 교
- 嬌態교태 아름다운 태도 또는 아양을 부리는 태도 ▶ 態(모양 태)
- 阿嬌아교 맵시 있는 여자, 즉 미인 ▶ 阿(언덕 아)
- 嬌客교객　嬌媚교미　嬌羞교수　嬌顔교안
- 嬌言교언　嬌艶교염　愛嬌애교　令嬌영교

1급 128 嶠 (山부, 총 15획) 뾰족하게높을 교
- 嶠南교남 영남(嶺南), 조령의 남쪽이라는 뜻에서 경상남도와 경상북도를 이르는 말 ▶ 南(남녘 남)

쪽지시험

※ 다음 한자(漢字)와 음(音)이 같은 한자는 어느 것입니까?

1. 乖
① 括　② 拷　③ 偈　④ 拐　⑤ 菓

2. 轟
① 綱　② 絳　③ 紺　④ 紘　⑤ 咬

풀이
1 乖(어그러질 괴)
① 괄　② 고　③ 게　④ 괴　⑤ 과

2 轟(울릴 굉)
① 경　② 강　③ 감　④ 굉　⑤ 교

답 1. ④ | 2. ④

2급 133 — 攪

扌(手)부 / 총 23획

어지러울 교

- 攪亂교란 뒤흔들어서 어지럽게 함 ▶亂(어지러울 란)
- 攪土교토 흙덩이를 부스러뜨리는 일 ▶土(흙 토)
- 攪車교거 攪棍교곤 攪拌機교반기
- 攪腸沙교장사 攪亂作戰교란작전

1급 130 — 皎

白부 / 총 11획

빛날 교

- 皎潔교결 달이 밝고 맑음 또는 마음씨 등이 조촐하고 깨끗함 ▶潔(깨끗할 결)
- 皎鏡교경 밝은 거울이라는 뜻으로 달을 가리킴 ▶鏡(거울 경)
- 皎皎교교 皎朗교랑 皎月교월
- 皎皎月色교교월색

1급 131 — 翹

羽부 / 총 18획

꼬리긴깃털 교

- 翹頭교두 살미나 첨차의 밑은 끝을 활처럼 깎아 낸 모양 ▶頭(머리 두)
- 翹秀교수 재능이 남보다 뛰어나고 우수함 ▶秀(빼어날 수)
- 翹望교망 翹思교사 翹首교수 翹楚교초
- 連翹연교 巖連翹암연교 連翹花연교화

1급 132 — 蕎

艹(艸)부 / 총 16획

메밀 교

- 蕎麥교맥 메밀 ▶麥(보리 맥)
- 蕎麥乳湯교맥유탕 메밀묵과 닭고기, 달걀을 넣어 끓인 장국에 온갖 고명을 얹은 국 ▶麥(보리 맥), 乳(젖 유), 湯(끓을 탕)
- 蕎麥麪교맥면 蕎麥粉교맥분
- 蕎麥乳교맥유 蕎麥薏苡교맥의이

2급 136 — 轎

車부 / 총 19획

가마 교

- 轎軍교군 가마 ▶軍(군사 군)
- 轎輿之制교여지제 조선시대 벼슬아치들이 품계에 따라 수레나 가마를 타던 제도 ▶輿(수레 여), 之(갈 지), 制(마를 제)
- 轎馬교마 轎夫교부 步轎보교 素轎소교
- 乘轎승교 草轎초교 駕轎奉導가교봉도

1급 129 — 狡

犭(犬)부 / 총 9획

교활할 교

- 鉅狡교교 세력 있는 악한 ▶鉅(클 거)
- 狡詐교사 간사한 꾀로 남을 속임 ▶詐(속일 사)
- 狡猾교활 약은 꾀에 능함 ▶猾(교활할 활)
- 狂狡광교 狡吏교리 狡惡교악 狡智교지
- 狡獪교홰 剽狡표교

2급 134 — 絞

糸부 / 총 12획

목맬 교

- 絞帶교대 상복에 매는 삼띠 ▶帶(띠 대)
- 絞殺교살 목을 매어 죽임 ▶殺(죽일 살)
- 絞首臺교수대 교수형을 받은 사람의 목을 매어 죽이는 대 ▶首(머리 수), 臺(대 대)
- 絞戮교륙 絞死교사 絞首교수 絞罪교죄
- 絞布교포 絞刑교형 絞首刑교수형

2급 135 — 膠

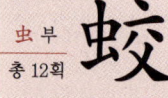

月(肉)부 / 총 15획

아교 교

- 膠着교착 단단히 달라붙음 ▶着(붙을 착)
- 膠柱鼓瑟교주고슬 고지식하여 융통성이 전혀 없음 ▶柱(기둥 주), 鼓(북 고), 瑟(큰거문고 슬)
- 膠泥교니 膠沙교사 膠接교접 膠漆교칠
- 阿膠아교 凝膠응교 膠松脂類교송지류

1급 133 — 蛟

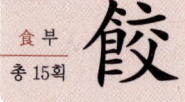

虫부 / 총 12획

교룡 교

- 蛟龍교룡 전설상의 용 ▶龍(용 룡)
- 蛟龍得水교룡득수 교룡이 물을 얻는다는 뜻으로, 좋은 기회가 생김을 뜻함 ▶龍(용 룡), 得(얻을 득), 水(물 수)
- 潛蛟잠교 蛟龍旗교룡기 蛟龍瘕교룡하
- 騰蛟起鳳등교기봉

1급 134 — 餃

食부 / 총 15획

경단 교

- 餃飴교이 엿에 곡식가루를 버무려서 만든 과자의 한 가지 ▶飴(엿 이)
- 餃子교자 찐 고기만두 또는 물만두 ▶子(아들 자)
- 餃餌교이 餃子皮교자피
- 주의 飯(밥 반) 4급

한자별곡 — 교토삼굴(狡兔三窟)

狡(교활할 교), 兔(토끼 토), 三(석 삼), 窟(굴 굴)

꾀 많은 토끼가 굴을 세 개나 가지고 있었기 때문에 죽음을 면할 수 있었다는 뜻으로, 교묘한 지혜로 위기를 피하거나 재난이 발생하기 전에 미리 준비를 해야 한다는 말이다.

※ 토끼(兔)와 관련된 고사성어

- 토사구팽(兔死狗烹) : 토끼를 사냥한 후 쓸모없는 개를 삶아 먹는다는 뜻이다.
- 수주대토(守株待兔) : 그루터기를 지켜 토끼가 잡히기를 기다리는 어리석음을 뜻한다.

한자 익히기

ㄱ

2급 137 驕 | 馬부 | 총 22획
교만할 교
- 驕誇교과 교만하고 뽐냄 ▶誇(자랑할 과)
- 驕慢교만 잘난 체하고 뽐내며 방자함 ▶慢(거만할 만)
- 驕態교태 교만한 태도 ▶態(모양 태)
- 驕居교거 驕蹇교건 驕奢교사 驕傲교오
- 驕易교이 驕惰교타 驕兵必敗교병필패

1급 135 鮫 | 魚부 | 총 17획
상어 교
- 鮫膚교부 소름 돋음 ▶膚(살갗 부)
- 鮫魚교어 상어 ▶魚(고기 어)
- 鮫函교함 상어 가죽으로 만든 갑옷 ▶函(함 함)
- 鮫類교류 鮫人교인 鮫皮교피 無鮫餠무교병
- 銀鮫科은교과 吸着鮫目흡착교목

2급 138 仇 | 亻(人)부 | 총 4획
원수 구
- 仇隙구극 서로 원수처럼 지내는 좋지 않은 사이 ▶隙(틈 극)
- 恩反爲仇은반위구 은혜가 도리어 원수가 됨 ▶恩(은혜 은), 反(돌이킬 반), 爲(할 위)
- 仇邦구방 仇怨구원 仇人구인 仇敵구적
- 仇恨구한 報仇보구 復仇복구 三仇삼구

2급 139 勾 | 勹부 | 총 4획
굽을 구
- 勾服院구복원 고려 때 관아의 하나 ▶服(옷 복), 院(집 원)
- 急勾配급구배 매우 되게 진 경사, 만곡(彎曲) ▶急(급할 급), 配(나눌 배)
- 勾檢구검 勾配구배 免勾면구 勾唐使구당사
- 주의 句(글귀 구) 5급

1급 136 咎 | 口부 | 총 8획
허물 구 / 성 고
- 咎殃구앙 재난 ▶殃(재앙 앙)
- 咎悔구회 잘못과 뉘우침 ▶悔(뉘우칠 회)
- 誰怨誰咎수원수구 누구를 원망하고 누구를 탓하랴 ▶誰(누구 수), 怨(원망할 원)
- 咎徵구징 咎責구책 歸咎귀구 引咎인구
- 天咎천구 休咎휴구 旣往不咎기왕불구

1급 137 嘔 | 口부 | 총 14획
토할 구 / 기뻐할 후
- 嘔逆구역 속이 메스꺼워 토하고 싶은 느낌 ▶逆(거스릴 역)
- 嘔吐구토 위 속의 음식물을 토함 ▶吐(토할 토)
- 嘔氣구기 乾嘔逆건구역 嘔逆症구역증
- 嘔吐症구토증 嘔吐泄瀉구토설사

1급 138 坵 | 土부 | 총 8획
언덕 구
- 天下之坵천하지구 세상에서 가장 더럽고 쓸모없는 것 ▶天(하늘 천), 下(아래 하), 之(갈 지)
- 坵段구단 坵墟구허
- 주의 丘의 俗字

2급 140 垢 | 土부 | 총 9획
때 구
- 頭垢두구 비듬 ▶頭(머리 두)
- 純眞無垢순진무구 마음과 몸이 아주 깨끗하여 조금도 더러운 때가 없음 ▶純(순수할 순), 眞(참 진), 無(없을 무)
- 垢面구면 垢衣구의 垢濁구탁 垢弊구폐
- 三垢삼구 汚垢오구 塵垢진구 含垢함구

2급 141 寇 | 宀부 | 총 11획
도둑 구
- 蟻寇의구 좀도둑 ▶蟻(개미 의)
- 窮寇莫追궁구막추 피할 곳 없는 도적을 쫓다가는 오히려 해를 당할 수 있음 ▶窮(다할 궁), 莫(없을 막), 追(쫓을 추)
- 寇盜구도 寇賊구적 內寇내구 倭寇왜구
- 侵寇침구 海寇해구 주의 冠(갓 관) 3급

1급 139 嶇 | 山부 | 총 14획
험할 구
- 崎嶇罔測기구망측 산길이 험하기 짝이 없음 또는 운수가 사납기 짝이 없음 ▶崎(험할 기), 罔(없을 망), 測(헤아릴 측)
- 崎嶇기구 崎嶇險路기구험로
- 주의 嘔(토할 구) 1·2급

쪽지시험

상공회의소 한자 고급 1, 2급

※ 다음의 뜻을 가진 한자(漢字)는 어느 것입니까?

1. 빛나다
① 珖 ② 炬 ③ 皎 ④ 早 ⑤ 冥

2. 상어
① 鮫 ② 魯 ③ 鮮 ④ 蘇 ⑤ 鮎

풀이
1 ① 珖(옥피리 광) ② 炬(횃불 거) ③ 皎(빛날 교) ④ 早(이를 조) ⑤ 冥(어두울 명)
2 ① 鮫(상어 교) ② 魯(노둔할 로) ③ 鮮(고울 선) ④ 蘇(소생할 소) ⑤ 鮎(메기 점)

답 1. ③ | 2. ①

1급 140	廐	廐舍구사 마구간 ▶舍(집 사)
广 부 총 14획	마구간 구	典廐署전구서 조선시대에 여러 가지 가축을 기르는 일을 맡아보던 관청 ▶典(법 전), 署(관청 서) 廐肥구비 廐肥舍구비사

1급 141	枸	枸杞구기 구기자나무 ▶杞(구기자 기)
木 부 총 9획	구기자 구	枸橘구귤 탱자나무 ▶橘(귤나무 귤) 枸骨구골 枸木구목 枸杞子구기자 枸杞酒구기주

1급 142	柩	返柩반구 객지에서 죽은 사람의 시체를 고향이나 집으로 돌려옴 ▶返(돌아올 반)
木 부 총 9획	관 구	靈柩영구 시체를 넣는 관 ▶靈(신령 령) 運柩운구 관을 운반하는 것 ▶運(옮길 운) 棺柩관구 柩車구거 柩衣구의 屍柩시구 靈柩車영구차 停柩廳정구청

2급 142	歐	西歐서구 영국, 프랑스, 독일 등 유럽의 서부 지역 ▶西(서녘 서)
欠 부 총 15획	구라파/칠 구	歐羅巴구라파 유럽의 음역(音譯) ▶羅(벌일 라), 巴(땅이름 파) 歐美구미 歐亞구아 歐洲구주 東歐동구 北歐북구 印歐인구 歐洲弗구주불

1급 143	毆	毆罵구매 때리고 욕함 ▶罵(욕할 매)
殳 부 총 15획	때릴 구	毆打구타 사람을 때리고 침 ▶打(칠 타) 鬪毆투구 서로 다투거나 싸우며 때림 ▶鬪(싸움 투) 毆縛구박 毆殺구살 毆傷구상 毆槃捫燭구반문촉 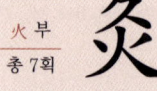

2급 143	毬	擊毬격구 말을 타고 달리며 막대기로 공을 치는 경기 ▶擊(칠 격)
毛 부 총 11획	공 구	毬門구문 격구를 할 때 공을 쳐 넣기 위하여 나무로 만들어 세운 문 ▶門(문 문) 毬工구공 毛毬모구 木毬목구 打毬타구 蹴毬축구 銀毬杖은구장 抛毬樂포구락

2급 144	溝	溝渠구거 개골창 ▶渠(도랑 거)
氵(水) 부 총 13획	도랑 구	溝瀆구독 개천과 수렁 ▶瀆(더럽힐 독) 盲溝맹구 물이 잘 빠지도록 도랑을 파고 조약돌을 묻어 채운 것 ▶盲(눈멀 맹) 溝池구지 溝洫구혁 溝澮구회 御溝어구 海溝해구 地溝帶지구대 下水溝하수구

2급 145	灸	灸治구치 뜸으로 병을 치료함 ▶治(다스릴 치)
火 부 총 7획	뜸 구	鍼灸침구 한방에서 침과 뜸을 아울러 이르는 말 ▶鍼(침 침) 鷄灸계구 灸瘡구창 面灸면구 煨灸외구 肉灸육구 鐵灸철구 蝦灸하구 靑魚灸청어구 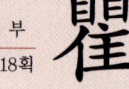

1급 144	玖	李玖이구 고려 후기의 문신 ▶李(오얏 이)
王(玉) 부 총 7획	옥돌 구	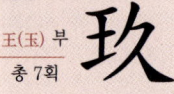 九와 通用

1급 145	瞿	瞿曇之敎구담지교 불교를 달리 이르는 말 또는 석가모니의 가르침 ▶曇(흐릴 담), 之(갈 지), 敎(가르칠 교)
目 부 총 18획	볼 구	瞿曇구담 瞿麥구맥

한자별곡

강구연월(康衢煙月)

康(편안할 강), 衢(네거리 구), 煙(연기 연), 月(달 월)

강구(康衢)는 사람의 왕래가 많은 거리, 연월(煙月)은 번화한 큰 길거리에서 달빛이 연기에 은은하게 비치는 모습을 나타낸 말로, 태평한 세상의 평화로운 풍경을 이른다.

※ 태평성대(太平聖代)를 뜻하는 성어
- 요순지절(堯舜之節) : 요(堯) 임금과 순(舜) 임금이 다스리던 태평한 시대
- 고복격양(鼓腹擊壤) : 배를 두드리고 흙덩이를 친다는 뜻의 매우 살기 좋은 시절

2급 146 矢부 총 10획 **矩** 곱자/법 **구**	矩墨구묵 곱자와 먹물 ▶墨(먹 묵) 矩步구보 올바른 걸음걸이 ▶步(걸음 보) 規矩규구 지름이나 선의 거리를 재는 도구, 그림쇠 ▶規(법 규) 矩鏡구경 矩券구권 矩尺구척 矩鐵구철 繩矩승구 印矩인구 前矩전구 下矩하구	1급 146 糸부 총 13획 **絨** 급박할 **구**	金絨김구 자는 대유(大柔) 호는 자암(自庵) 조선 초기 4대 서예가 중 한 사람 ▶金(성 김)
2급 147 臼부 총 6획 **臼** 절구 **구**	臼磨구마 곡식을 빻거나 찧으며 떡을 치는 기구 ▶磨(갈 마) 科臼中人과구중인 평범한 사람 ▶科(과목 과), 中(가운데 중), 人(사람 인) 臼齒구치 韓臼비구 杵臼저구 小臼齒소구치 烏臼木오구목 下顎脫臼하악탈구	2급 148 臼부 총 13획 **舅** 시아비 **구**	舅姑구고 시아버지와 시어머니 ▶姑(시어미 고) 國舅국구 왕비의 친정아버지, 곧 임금의 장인 ▶國(나라 국) 舅家구가 舅母구모 舅甥구생 舅弟구제 舅祖구조 伯舅백구 叔舅숙구 尊舅존구
1급 147 行부 총 24획 **衢** 네거리 **구**	衢街구가 시가지의 큰 길거리 ▶街(거리 가) 衢國구국 사방으로부터 적의 침공을 받을 지세의 곳 ▶國(나라 국) 街衢가구 廣衢광구 衢路구로 通衢통구 暗衢明燭암구명촉	1급 148 言부 총 18획 **謳** 노래할 **구**	謳歌구가 많은 사람들이 입을 모아 칭송함 ▶歌(노래 가) 謳吟구음 노래를 부름 ▶吟(읊을 음) 東謳동구
2급 149 貝부 총 17획 **購** 살 **구**	購買구매 물건을 삼 ▶買(살 매) 購捕贖良구포속량 조선시대에 범인을 고발한 노비가 양인의 신분을 얻던 일 ▶捕(잡을 포), 贖(속바칠 속), 良(어질 량) 購求구구 購讀구독 購覽구람 購書구서 購入구입 購買處구매처 購販場구판장	2급 150 身부 총 18획 **軀** 몸 **구**	屍軀시구 사람의 죽은 몸뚱이 ▶屍(주검 시) 賤軀천구 천한 몸뚱이라는 뜻으로 자기를 겸손하게 이르는 말 ▶賤(천할 천) 巨軀거구 軀命구명 老軀노구 短軀단구 身軀신구 體軀체구 金石軀금석구
2급 151 辶(辵)부 총 11획 **逑** 짝 **구**	鄭逑정구 조선시대 15대 광해군 때의 학자 ▶鄭(나라 정) 好逑傳호구전 중국 명나라 때의 소설책 ▶好(좋을 호), 傳(전할 전) 民逑민구 君子好逑군자호구 주의 迷(미혹할 미) 3급	2급 152 阝(邑)부 총 8획 **邱** 땅이름 **구**	大邱대구 대구광역시 ▶大(큰 대) 靑邱圖청구도 조선후기 지리학자 김정호가 만든 한반도 지도 ▶靑(푸를 청), 圖(그림 도) 靑邱청구 大邱線대구선 一邱一壑일구일학

쪽지시험

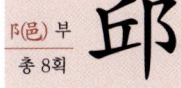

※ 다음 단어들의 □ 안에 공통으로 들어갈 알맞은 한자는 어느 것입니까?

1 面□, □薑, 鍼□
① 講　② 灸　③ 生　④ 術　⑤ 目

2 巨□, □命, 體□
① 星　② 運　③ 軀　④ 制　⑤ 姦

풀이
1 面灸(면구), 灸薑(구강), 鍼灸(침구)
2 巨軀(거구), 軀命(구명), 體軀(체구)

답 1. ② | 2. ③

2급 153 金부 총 13획 **鉤** 갈고리 구	鉤勒구륵 쌍선으로 윤곽을 그리고 그 사이를 채색하는 동양화법 ▶勒(굴레 륵) 鉤蟲구충 기생충의 한 종류 ▶蟲(벌레 충) 垂鉤수구 낚시를 드리움 ▶垂(드리울 수) 鉤曲구곡 鉤足구족 鉤尺구척 鉤針구침 玉鉤옥구 單鉤法단구법 雙鉤法쌍구법	1급 149 金부 총 15획 **鋠** 끌 구	沈鋠심구 조선 후기 영천군수를 지낸 문신 ▶沈(성 심)
2급 154 馬부 총 15획 **駒** 망아지 구	駒馬구마 망아지와 말 ▶馬(말 마) 白駒過隙백구과극 흰 말이 지나가는 것을 문틈으로 보듯이 눈 깜박할 사이라는 뜻 ▶白(흰 백), 過(지날 과), 隙(틈 극) 駒隙구극 駒板구판 白駒백구 隙駒光陰극구광음 千里之駒천리지구	2급 155 鳥부 총 13획 **鳩** 비둘기 구	鳴鳩명구 산비둘기 ▶鳴(울 명) 鳩首會議구수회의 비둘기처럼 사람들이 모여 머리를 맞대고 의논함 ▶首(머리 수), 會(모일 회), 議(의논할 의) 鳩舍구사 鳩聚구취 鳩合구합 鳩胸구흉 傳書鳩전서구
2급 156 鳥부 총 22획 **鷗** 갈매기 구	鷗鷺구로 갈매기와 해오라기 ▶鷺(해오라기 로) 色鷗색구 높은 관리의 하인들 중 우두머리를 말함 ▶色(빛 색) 江鷗강구 白鷗백구 白鷗詞백구사 海鷗해구 海翁好鷗해옹호구	2급 157 老부 총 11획 **耈** 늙을 구	耈老구로 노인 ▶老(늙을 로) 黃耈황구 나이가 썩 많은 늙은이를 말함 ▶黃(누를 황) 壽耈수구 胡耈호구 주의 耆(늙을 기) 2급
2급 158 革부 총 17획 **鞠** 기를/성씨 국	鞠躬국궁 존경하는 마음으로 윗사람이나 영위 앞에서 몸을 굽힘 ▶躬(몸 궁) 鞠問국문 임금이 중대한 죄인을 국청에서 직접 신문함 ▶問(물을 문) 鞠子국자 鞠養국양 鞠治국치 鞠劾국핵 鞠戲국희 拿鞠나국 주의 鞠과 通用	2급 159 革부 총 18획 **鞫** 국문할 국	訊鞫신국 죄상을 물어 조사하는 일 ▶訊(물을 신) 推鞫추국 의금부에서 특지에 의하여 중죄인을 잡아다가 국문함 ▶推(밀 추) 鞫獄국옥 鞫正국정 鞫罪국죄 鞫廳국청 逮鞫체국 親鞫친국
2급 160 麥부 총 19획 **麴** 누룩 국	麴菌국균 누룩곰팡이 ▶菌(버섯 균) 麴先生傳국선생전 고려 고종 때 이규보가 지은 가전체 설화 ▶先(먼저 선), 生(날 생), 傳(전할 전) 麴母국모 麴生국생 麴麵면국 米麴미국 白麴백국 大麥麴대맥국 紅麴酒홍국주	1급 150 穴부 총 12획 **窘** 막힐 군	窘迫군박 어려운 고비에 막혀 일의 형세가 급함 ▶迫(닥칠 박) 窘塞군색 필요한 것이 없거나 모자라 옹색함 ▶塞(막힐 색) 艱窘간군 困窘곤군 窘境군경 窮窘궁군 窘辱군욕 窘拙군졸 窘乏군핍

권토중래(捲土重來)

捲(말 권), 土(흙 토), 重(거듭 중), 來(올 래)

흙먼지를 날리며 다시 온다는 뜻으로, 실패 후 힘을 축적하여 다시 그 일에 착수하는 것을 말한다. 두목(杜牧)은 항우(項羽)가 유방(劉邦)과 패권을 다투다 패하여 자살한 오강(烏江)에서 "승패란 병가에서 기약할 수 없는 일이니, 부끄러움을 안고 참을 줄 아는 것이 사나이라네. 강동의 젊은이 중에는 준재(俊才)가 많으니, 흙먼지 일으키며 다시 쳐들어왔다면 어찌 되었을까"라고 아쉬움을 토로하였다.

《제오강정(題烏江亭)》

한자 익히기

2급 161 裙 (衤(衣)부, 총 12획) 치마 군
- 紅裙홍군 붉은 빛깔의 치마란 뜻으로 미인이나 기생을 말함 ▶紅(붉을 홍)
- 馬尾裙마미군 말총으로 짜서 바지처럼 만든 예전 여자 옷 ▶馬(말 마), 尾(꼬리 미)
- 羅裙나군 襪裙말군 翠裙취군 裙帶麵군대면

2급 162 堀 (土부, 총 11획) 굴 굴
- 削株堀根삭주굴근 줄기를 자르고 뿌리를 파낸다는 뜻으로 미리 화근을 없앰을 뜻함 ▶削(깎을 삭), 株(그루 주), 根(뿌리 근)

2급 163 掘 (扌(手)부, 총 11획) 팔 굴/뚫을 궐
- 掘鑿굴착 땅을 파거나 바위 등을 뚫음 ▶鑿(뚫을 착)
- 臨渴掘井임갈굴정 목마른 자가 우물을 팜 ▶臨(임할 림), 渴(목마를 갈), 井(우물 정)
- 掘穴굴혈 盜掘도굴 發掘발굴 試掘시굴 採掘채굴 露天掘노천굴

2급 164 窟 (穴부, 총 13획) 굴 굴
- 巢窟소굴 좋지 못한 일을 하는 사람들의 활동 근거지 ▶巢(새집 소)
- 石窟庵석굴암 한국의 대표적인 신라의 석굴사찰 ▶石(돌 석), 庵(암자 암)
- 窟穴굴혈 洞窟동굴 石窟석굴 暗窟암굴 窩窟와굴 土窟토굴 兔營三窟토영삼굴

2급 165 穹 (穴부, 총 8획) 하늘 궁
- 穹壤궁양 하늘과 땅 ▶壤(흙덩이 양)
- 穹蒼궁창 높고 푸른 하늘 ▶蒼(푸를 창)
- 高穹고궁 蒼穹창궁 靑穹청궁 皇穹宇황궁우

1급 151 芎 (艹(艸)부, 총 7획) 궁궁이 궁
- 芎蘇散궁소산 천궁을 재료로 한 임신부의 감기약 ▶蘇(소생할 소), 散(흩을 산)
- 川芎菜천궁채 궁궁이·천궁이 싹을 데쳐 무친 나물 ▶川(내 천), 菜(나물 채)
- 芎藭궁궁 川芎천궁 芎歸湯궁귀탕 倭川芎왜천궁

2급 166 躬 (身부, 총 10획) 몸 궁
- 躬行궁행 몸소 행함 ▶行(갈 행)
- 我躬不閱아궁불열 자신도 돌보지 못하는 형편 즉, 남을 걱정할 여력이 없음을 뜻함 ▶我(나 아), 不(아닐 불), 閱(볼 열)
- 躬耕궁경 躬犯궁범 躬進궁진 躬化궁화 聖躬성궁 責躬책궁 寒寒匪躬건건비궁

2급 167 倦 (亻(人)부, 총 10획) 게으를 권
- 倦憩권게 권태를 느끼어 쉼 ▶憩(쉴 게)
- 倦怠권태 시들해져서 생기는 게으름이나 싫증 ▶怠(게으를 태)
- 偃倦언권 물리어 싫증남 ▶偃(쓰러질 언)
- 困倦곤권 倦憊권비 倦游권유 倦惰권타 倦疲권피 勞倦노권 倦怠感권태감

2급 168 圈 (口부, 총 11획) 우리 권
- 野圈야권 야당에 속하는 정치가의 범위 ▶野(들 야)
- 成層圈성층권 대류권 위의 기온이 거의 일정한 대기권 ▶成(이룰 성), 層(층 층)
- 圈牢권뢰 商圈상권 大氣圈대기권 東歐圈동구권 北極圈북극권 首都圈수도권

2급 169 捲 (扌(手)부, 총 11획) 말/걷을 권
- 捲簾권렴 드리운 발을 걷어서 올림 ▶簾(발 렴)
- 席捲석권 거침없는 기세로 우위나 정상을 차지하여 휩쓰는 것 ▶席(자리 석)
- 捲堂권당 捲奉권봉 捲線권선 捲勇권용 捲布권포 捲舌音권설음

쪽지시험

성공회의소 한자 2급 1, 2급

※ 다음 한자(漢字)와 뜻이 비슷한 한자는 어느 것입니까?

1 乾
①窟 ②穹 ③窘 ④窓 ⑤坤

2 怠
①躬 ②捲 ③圈 ④倦 ⑤勤

풀이

1 乾(하늘 건)
① 窟(굴 굴) ② 穹(하늘 궁) ③ 窘(막힐 군)
④ 窓(창 창) ⑤ 坤(땅 곤)

2 怠(게으를 태)
① 躬(몸 궁) ② 捲(말 권) ③ 圈(우리 권)
④ 倦(게으를 권) ⑤ 勤(부지런할 근)

답 1.② | 2.④

1급 152 氵(水)부 총 11획 **港** 물돌아흐를 권	李港이권 조선 중기 덕흥대원군의 증손 ▶李(오얏 이)	2급 170 目부 총 11획 **眷** 돌아볼 권	眷遇권우 임금이 신하를 특별히 사랑하여 후하게 대우함 ▶遇(만날 우) 佇眷저권 머물러 서서 돌아봄 ▶佇(우두커니 저) 家眷가권 眷顧권고 眷口권구 眷屬권속 眷率권솔 眷愛권애 眷眷不忘권권불망
1급 153 犭(犬)부 총 15획 **獗** 날뛸 궐	猖獗창궐 전염병이나 좋지 못한 세력이 자꾸 퍼져서 걷잡을 수 없이 일어남 ▶猖(미쳐날뛸 창)	1급 154 艹(艸)부 총 16획 **蕨** 고사리 궐	蕨菜궐채 고사리 나물 ▶菜(나물 채) 蕨湯궐탕 고사릿국 ▶湯(끓을 탕)
1급 155 足부 총 19획 **蹶** 넘어질 궐	蹶起궐기 어떤 일에 대한 굳은 각오와 결의로 기운차게 일어남 ▶起(일어날 기) 蹶然궐연 갑자기 뛰어 일어남 ▶然(그러할 연) 總蹶起총궐기 蹶起大會궐기대회	2급 171 門부 총 18획 **闕** 대궐/이지러질 궐	闕食궐식 끼니를 거름 ▶食(밥 식) 九重宮闕구중궁궐 문이 겹겹이 달린 깊은 대궐 ▶九(아홉 구), 重(무거울 중), 宮(집 궁) 宮闕궁궐 闕文궐문 闕失궐실 闕如궐여 闕享궐향 大闕대궐 入闕입궐 退闕퇴궐
1급 156 木부 총 6획 **机** 책상 궤	机上궤상 책상 위 ▶上(위 상) 机上肉궤상육 도마 위에 오른 고기 즉, 어찌할 수 없는 막다른 운명을 말함 ▶上(위 상), 肉(고기 육) 机下궤하 唐机당궤 兩袖机양수궤 机上空論궤상공론 明窓淨机명창정궤	2급 172 木부 총 18획 **櫃** 함 궤	櫃封궤봉 물건을 궤에 넣고 봉하여 둠 ▶封(봉할 봉) 書櫃서궤 책을 넣어두는 궤짝 ▶書(쓸 서) 掌櫃장궤 부자, 재산가 ▶掌(손바닥 장) 金櫃금궤 倭櫃왜궤 印櫃인궤 鐵櫃철궤 香櫃향궤 翰林櫃한림궤
2급 173 氵(水)부 총 15획 **潰** 무너질 궤	潰滅궤멸 무너지거나 흩어져 없어지는 것 ▶滅(멸할 멸) 潰瘍궤양 피부나 점막이 짓무르거나 허는 병 ▶瘍(종기 양) 決潰결궤 潰崩궤붕 潰裂궤열 潰走궤주 倒潰도궤 粉潰분궤 胃潰瘍위궤양	1급 157 言부 총 13획 **詭** 속일 궤	詭辯궤변 도리에 맞지 않는 변론 ▶辯(말씀 변) 詭譎궤휼 교묘하고 간사스러운 속임 ▶譎(속일 휼) 詭激궤격 詭計궤계 詭怪궤괴 詭道궤도 詭謀궤모 詭辭궤사 詭言궤언 詭遇궤우

보궐선거(補闕選擧)

補(기울 보), 闕(이지러질 궐), 選(가릴 선), 擧(들 거)

선거에 의하여 선출된 대통령이나 국회의원 또는 기초·광역단체장 등이 임기 중에 사망, 사직, 자격 상실 등의 이유로 인하여 그 자격을 상실한 때 실시하는 선거로 보결선거(補缺選擧)라고도 한다.

한자 익히기

1급 158 食부 총 21획	饋 보낼/먹일 궤	供饋공궤 윗 사람에게 음식을 드림 ▶供(이바지할 공) 饋送궤송 물품을 보냄 ▶送(보낼 송) 饋遺궤유 饋恤궤휼 主饋주궤 中饋중궤 餉饋향궤 一饋十起일궤십기

2급 174 日부 총 12획	晷 그림자 귀/구	繼晷계귀 밤에 낮일을 계속해서 함 ▶繼(이을 계) 晷漏귀루 해시계와 물시계 즉, 시각을 말함 ▶漏(샐 루) 晷刻구각 晷景簡구경 晷儀구의 村晷촌구 簡平日晷간평일구 仰釜日晷앙부일구

2급 175 土부 총 6획	圭 서옥/쌍토 규	圭角규각 물건이 서로 들어맞지 않음 또는 말이나 행동이 서로 다름 ▶角(뿔 각) 刀圭도규 옛날에 가루약을 뜨던 숟가락 ▶刀(칼 도) 圭復규복 奎章규장 圭田규전 圭瓚규찬 圭表규표 玉圭옥규 刀圭界도규계

2급 176 大부 총 9획	奎 별 규/걸을 귀	奎文규문 문학·문물·문교를 이르는 말 ▶文(글월 문) 奎章閣규장각 조선 정조 때 설치된 왕실 도서관 ▶章(글 장), 閣(집 각) 奎璧규벽 奎運규운 奎開日규개일 奎星旗규성기 奎章閣志규장각지

2급 177 扌(手)부 총 12획	揆 헤아릴 규	庶揆서규 모든 관리 ▶庶(여러 서) 百揆백규 一揆일규

1급 159 木부 총 15획	槻 물푸레나무 규	槻木규목 느티나무 ▶木(나무 목)

2급 178 王(玉)부 총 10획	珪 홀 규	珪璽규새 옥에 새긴 인장 ▶璽(옥새 새) 珪石규석 珪璋규장 珪幣규폐 [주의] 硅와 通用

2급 179 石부 총 11획	硅 규소 규	硅素규소 반도체 소자로 사용되는 탄소족 원소의 하나 ▶素(본디 소) 硅化木규화목 지하에 묻혀 규화된 식물화석 상태의 하나 ▶化(될 화), 木(나무 목) 硅砂규사 硅酸규산 硅石규석 硅巖규암 硅藻土규조토 硅長鑛物규장광물

2급 180 穴부 총 16획	窺 엿볼 규	窺間규간 기회를 엿봄 ▶間(사이 간) 管中窺豹관중규표 시야가 매우 좁음을 이르는 말 ▶管(대롱 관), 中(가운데 중), 豹(표범 표) 管窺관규 軍窺군규 窺峰규봉 窺伺규사 窺視규시 窺知규지 螳螂窺蟬당랑규선

1급 160 穴부 총 18획	竅 구멍 규	七竅칠규 눈·코·입·귀의 일곱 구멍을 이르는 말 ▶七(일곱 칠) 毛竅모규 털이 나는 작은 구멍 ▶毛(털 모) 孔竅공규 九竅구규 九竅出血구규출혈 兩行花竅詞양행화규사 穴竅혈규

쪽지시험

상공회의소 한자 고급 1, 2급

※ 다음 음(音)을 가진 한자는 어느 것입니까?

1 궤
① 溝　② 灌　③ 潰　④ 滾　⑤ 闕

2 규
① 掘　② 揆　③ 拐　④ 攪　⑤ 雇

풀이
1 ①구　②관　③궤　④곤　⑤궐
2 ①굴　②규　③괴　④교　⑤고

답 1. ③ | 2. ②

2급 181 ++(艸)부 총 13획 **葵** 해바라기 규	葵藿규곽 해바라기 ▶藿(콩잎 곽) 錦葵금규 당아욱 ▶錦(비단 금) 山葵산규 고추냉이 ▶山(뫼 산) 蜀葵촉규 접시꽃 ▶蜀(나라이름 촉) 露葵노규 冬葵동규 防葵방규 龍葵용규 錢葵전규 菟葵토규 天竺葵천축규	1급 161 走부 총 9획 **赳** 헌걸찰 규	赳赳규규 씩씩하고 헌걸참 주의 赳(나아갈 부) 3급
1급 162 辶(辵)부 총 12획 **逵** 큰길 규	九逵규규 사방 여러 곳으로 통하게 된 도시의 큰 길 ▶九(아홉 구) 逵路규로 아홉 방향으로 통하는 길 ▶路(길 로)	2급 182 門부 총 14획 **閨** 안방 규	閨房규방 안방, 침실, 내방 또는 부녀자가 거처하는 방 ▶房(방 방) 閨秀규수 남의 집 처녀를 점잖게 이르는 말 ▶秀(빼어날 수) 閨閣규각 閨愛규애 閨怨규원 閨中규중 寒閨한규 紅閨홍규 閨房歌詞규방가사
1급 163 勹부 총 4획 **勻** 적을 균/두루미칠 윤	勻旨균지 의정이 내리는 명령이나 지시 ▶旨(뜻 지) 勻體균체 편지에서 정승의 기체를 이르는 말 ▶體(몸 체) 勻敎균교 勻軸균축	1급 164 田부 총 9획 **畇** 밭일굴 균/윤	畇田균전 밭을 개간하다 ▶田(밭 전)
2급 183 竹부 총 13획 **筠** 대나무 균	筠筒균통 대로 만든 통 ▶筒(대통 통) 綠筠녹균 푸른 대나무 ▶綠(푸를 록) 筠籠균롱 筠席균석 筠篁균황	2급 184 金부 총 12획 **鈞** 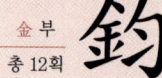 서른근 균	國鈞국균 권력을 지고 나라를 다스림 ▶國(나라 국) 鈞天균천 구천의 하나로 하늘의 중앙 상제의 궁을 말함 ▶天(하늘 천) 鈞窯균요 鈞巧任鈞교임조 주의 釣(낚시 조) 1·2급
2급 185 木부 총 16획 **橘** 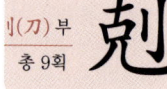 귤나무 귤	柑橘감귤 귤·밀감의 총칭 ▶柑(귤 감) 橘皮紋귤피문 도자기의 잿물이 귤껍질처럼 두툴두툴하게 생긴 무늬 ▶皮(가죽 피), 紋(무늬 문) 橘葉귤엽 橘皮귤피 橘核귤핵 金橘금귤 洞庭橘동정귤 橘化爲枳귤화위지	2급 186 刂(刀)부 총 9획 **剋** 이길 극	剋減극감 깎아 내어 줄임 ▶減(덜 감) 下剋上하극상 계급이나 신분이 낮은 사람이 예의나 규율을 무시하고 윗사람을 꺾고 오름 ▶下(아래 하), 上(위 상) 剋勵극려 剋虞극우 剋定극정 相剋상극

백구과극(白駒過隙)

白(흰 백), 駒(망아지 구), 過(지날 과), 隙(틈 극)

흰 망아지가 문틈으로 지나가는 순간을 언뜻 본다는 뜻으로, 덧없는 인생의 무상을 뜻한다.
"사람이 하늘과 땅 사이에 사는 것은 마치 흰 말이 달려가는 것을 문틈으로 보는 것처럼 순식간이다. 모든 사물은 물이 솟아나듯 문득 생겼다가 물이 흐르듯 사라져 가는 것이다. 즉, 사물은 모두 자연의 변화에 따라 생겨나서 다시 변화에 따라 죽는 것이다."

《장자(莊子)》 지북유(知北遊)

한자 익히기

2급 187 戈부 총 12획 **戟** 창 극	刺戟자극 일정한 현상이 촉진되도록 충동함 ▶刺(찌를 자) 倒戟鯨도극경 범고래 ▶倒(넘어질 도), 鯨(고래 경) 劍戟검극 戟手극수 戟盾극순 幢戟당극 兵戟병극 巴戟파극 刺戟劑자극제	2급 188 木부 총 12획 **棘** 가시 극	棘皮극피 겉몸에 석회질의 가시가 돋친 동물의 껍질 ▶皮(가죽 피) 荊棘형극 나무의 가시, 고난의 길을 비유하여 말함 ▶荊(가시나무 형) 加棘가극 棘毛극모 棘城극성 棘圍극위 棘針극침 蒙棘몽극 棘皮動物극피동물
2급 189 阝(阜)부 총 13획 **隙** 틈 극	間隙간극 사물 사이의 틈 ▶間(사이 간) 隙宇극우 빈 집 ▶宇(집 우) 尤隙우극 틈이 생김 또는 사이가 나빠짐 ▶尤(더욱 우) 仇隙구극 門隙문극 細隙세극 小隙소극 音隙음극 寸隙촌극 隙駒光陰극구광음	2급 190 力부 총 6획 **劤** 힘 근	劤劤근근 기운찬 모습
1급 165 心부 총 17획 **懃** 은근할 근	懃懇근간 은근하고 간절함 ▶懇(간절할 간) 慇懃은근 태도가 겸손하고 정중함 또는 은밀하게 정이 깊음 ▶慇(은근할 은)	2급 191 木부 총 15획 **槿** 무궁화 근	槿域근역 무궁화가 많은 땅이라는 뜻으로 우리나라를 말함 ▶域(지경 역) 槿花근화 무궁화 ▶花(꽃 화) 木槿목근 朝槿조근 黃槿황근 槿友會근우회 槿花鄕근화향 槿域書彙근역서휘
2급 192 王(玉)부 총 15획 **瑾** 아름다운옥 근	細瑾세근 사소한 흠 또는 작은 잘못 ▶細(가늘 세) 瑕瑾하근 단점, 결점 ▶瑕(티 하) 瑾瑜匿瑕근유익하	2급 193 竹부 총 12획 **筋** 힘줄 근	筋肉質근육질 근육처럼 연하면서도 질긴 성질 ▶肉(고기 육), 質(바탕 질) 隨意筋수의근 의지에 따라 움직일 수 있는 근육 ▶隨(따를 수), 意(뜻 의) 筋覺근각 筋肉근육 鐵筋철근 筋電圖근전도 筋持久力근지구력
1급 166 艹(艸)부 총 8획 **芹** 미나리 근	芹誠근성 옛날에 임금에게 미나리를 바쳤다는 데서 생긴 말로, 정성을 다하여 바치는 마음을 뜻함 ▶誠(정성 성) 芹菜근채 미나리 ▶菜(나물 채) 芹宮근궁 芹蔯근저 芹忱근침 水芹수근 獻芹헌근 芹葉包근엽포	1급 167 艹(艸)부 총 12획 **菫** 제비꽃 근	菫菜근채 제비꽃 ▶菜(나물 채) 菫靑石근청석 철·마그네슘·알루미늄 등의 주성분으로 된 규산염(硅酸鹽) 광물 ▶靑(푸를 청), 石(돌 석) 毛菫모근 菫外線근외선 菫菜科근채과 주의 董(감독할 동) 1·2급

쪽지시험

상공회의소 한자
고급 1, 2급

※ 다음 한자어(漢字語)와 발음(發音)이 같은 한자어는 어느 것입니까?

1 錦葵
① 金閨 ② 恩惠 ③ 禽獸 ④ 銀價 ⑤ 金櫃

2 近火
① 謹愼 ② 勤儉 ③ 懃懇 ④ 槿花 ⑤ 根性

풀이

1 금규
① 금규 ② 은혜 ③ 금수 ④ 은가 ⑤ 금궤

2 근화
① 근신 ② 근검 ③ 근간 ④ 근화 ⑤ 근성

답 1. ① | 2. ④

2급 194 / 見부 / 총 18획	觀	觀親근친 시집간 딸이 친정에 가서 어버이를 뵘 ▶親(친할 친) 觀天庭근천정 정재(呈才) 때 추던 춤의 한 가지 ▶天(하늘 천), 庭(뜰 정) 觀謁근알 觀參근참 觀行근행 觀見근현 入觀입근 朝觀조근 觀天庭舞근천정무
	뵐 근	

1급 168 / 食부 / 총 20획	饉	饑饉기근 흉년으로 식량이 모자라 굶주림 ▶饑(주릴 기) 凶饉흉근 흉작으로 인한 기근 ▶凶(흉할 흉) 饑饉者기근자 棉花肌饉면화기근
	흉년들 근	

1급 169 / 女부 / 총 7획	妗	妗妗혐혐 몹시 기뻐하는 모양
	외숙모 금 / 싱글벙글할 첨 방정맞을 함 / 웃는 모양 혐	

1급 170 / 扌(手)부 / 총 16획	擒	擒生금생 새나 짐승 따위를 산 채로 잡음 ▶生(날 생) 縱擒종금 용서하여 놓아 줌과 포로로서 사로잡음 ▶縱(세로 종) 囚擒수금 擒珍금진 擒捉금착 擒斬금참 擒獲금획 生擒者생금자
	사로잡을 금	

1급 171 / 日부 / 총 8획	昑	李昑이금 조선 영조의 휘 ▶李(오얏 이)
	밝을 금	

1급 172 / 木부 / 총 17획	檎	林檎酸임금산 능금산, 포도·자두·살구 등의 덜 익은 과실에 들어 있는 유기산의 하나 ▶林(수풀 림), 酸(실 산) 林檎임금
	능금나무 금	

2급 195 / ⺾(艸)부 / 총 8획	芩	小芩소금 취악기인 삼금(三芩)의 하나 ▶小(작을 소) 條芩조금 황금(黃芩)의 어린뿌리를 한방에서 이르는 말 ▶條(가지 조) 宿芩숙금 子芩자금 片芩편금 黃芩황금 鼠眉芩서미금
	풀이름 금	

2급 196 / 衣부 / 총 10획	衾	孤枕單衾고침단금 외로운 베개와 얇은 이불이란 뜻으로, 홀로 쓸쓸이 자는 여자의 잠자리를 뜻함 ▶孤(외로울 고), 枕(베개 침), 單(홑 단) 客衾객금 衾具금구 衾枕금침 綾衾능금 擁衾옹금 寢衾침금 鴛鴦衾원앙금
	이불 금	

2급 197 / 衤(衣)부 / 총 9획	衿	靑衿錄청금록 성균관·향교·서원 등에 있던 유생의 명부 ▶靑(푸를 청), 錄(기록할 록) 衿陽雜錄금양잡록 衿荷臣금하신 綠衿誓幢녹금서당 靑衿청금 喉衿후금
	옷깃 금	

2급 198 / 衤(衣)부 / 총 18획	襟	襟帶금대 깃과 띠 ▶帶(띠 대) 襟度금도 남을 용납할 만한 도량 ▶度(법도 도) 宸襟신금 임금의 마음 ▶宸(대궐 신) 襟期금기 襟章금장 襟懷금회 心襟심금 衣襟의금 塵襟진금 胸襟흉금
	옷깃 금	

칠종칠금(七縱七擒)

七(일곱 칠), 縱(세로 종), 七(일곱 칠), 擒(사로잡을 금)

일곱 번 잡았다가 일곱 번 풀어준다는 뜻으로, 상대를 마음대로 다룸을 비유하거나 인내를 가지고 상대가 숙여 들어오기를 기다린다는 의미이다.

촉(蜀)의 제갈량(諸葛亮)은 자신의 지략을 이용하여 반란군인 맹획(孟獲)이라는 장수를 사로잡고 풀어주기를 일곱 번 반복하니 마침내 맹획이 제갈량에게 마음속으로 복종하여 부하되기를 자청했다.

《삼국지(三國志)》

한자 익히기

1급 173 — 伋 (생각할/속일 급)
亻(人)부 / 총 6획
- 孔伋공급 공자의 손자 ▶孔(구멍 공)
- 資伋자급 벼슬아치의 품위의 등급 ▶資(재물 자)

2급 199 — 扱 (미칠 급)
扌(手)부 / 총 7획
- 取扱취급 사물을 다룸 또는 다루어 처리함 ▶取(가질 취)
- 稻扱機도급기 벼 이삭을 넣고 벼의 알을 훑는 농기구 ▶稻(벼 도), 機(틀 기)
- 取扱者취급자

2급 200 — 汲 (물길을 급)
氵(水)부 / 총 7획
- 汲汲급급 골똘하게 한 가지 일에만 정신을 쏟음
- 樵汲초급 땔나무하는 일과 물 긷는 일 ▶樵(땔나무 초)
- 汲綆급경 汲路급로 汲索급삭 汲水급수
- 汲引급인 遑汲황급 水汲婢수급비

1급 174 — 亙 (걸칠/뻗칠 긍)
二부 / 총 6획
- 亙古긍고 옛날에까지 걸침 ▶古(예 고)
- 棉亙면긍 끊임없이 이어져 뻗침 ▶棉(목화 면)
- 延亙연긍 聯亙연긍 亙萬古긍만고

2급 201 — 兢 (떨릴 긍)
儿부 / 총 14획
- 兢懼긍구 삼가고 두려워하는 것 ▶懼(두려워할 구)
- 戰戰兢兢전전긍긍 어떤 위기감에 몸을 떠는 심정을 나타냄 ▶戰(싸움 전)
- 兢恪긍각 兢戒긍계 兢兢긍긍 兢惶긍황
- 凌兢능긍 兢兢業業긍긍업업

2급 202 — 矜 (자랑할/불쌍히여길 긍)
矛부 / 총 9획
- 矜持긍지 자신의 능력을 믿음으로써 가지는 자랑 ▶持(가질 지)
- 矜恤긍휼 가엾게 여겨 돕는 것 ▶恤(구휼할 휼)
- 誇矜과긍 驕矜교긍 矜悶긍민 矜肆긍사
- 矜惻긍측 自矜자긍 自矜心자긍심

2급 203 — 伎 (재주 기)
亻(人)부 / 총 6획
- 伎藝天기예천 마혜수라천의 머리에서 화생한 여신 ▶藝(재주 예), 天(하늘 천)
- 獅子伎사자기 대보름날에 사자탈을 쓰고 하는 민속놀이 ▶獅(사자 사), 子(아들 자)
- 伎倆기량 伎癢기양 五伎오기 雜伎잡기
- 주의 枝(가지 지) 4급

2급 204 — 冀 (바랄 기)
八부 / 총 16획
- 冀願기원 희망 ▶願(원할 원)
- 幸冀행기 다행을 바람, 행여나 하여 바람 ▶幸(다행 행)
- 冀望기망 冀北기북 希冀희기
- 주의 祈와 同字

2급 205 — 嗜 (즐길 기)
口부 / 총 13획
- 嗜僻기벽 치우쳐 좋아함 ▶僻(치우칠 벽)
- 嗜好食品기호식품 술·담배·커피 등의 향기나 맛의 자극을 즐기기 위한 식품 ▶好(좋을 호), 食(밥 식), 品(물건 품)
- 嗜客기객 嗜眠기면 嗜好기호 貪嗜탐기
- 惑嗜혹기 嗜酒症기주증 異嗜症이기증

1급 175 — 圻 (서울지경 기/지경 은)
土부 / 총 7획
- 京圻경기 왕도 주위 오백 리 이내의 땅 ▶京(서울 경)
- 주의 畿와 同字, 垠과 通用

쪽지시험
상공회의소 한자 고급 1, 2급

※ 다음 한자(漢字)와 음(音)이 같은 한자는 어느 것입니까?

1.
   ① 裙 ② 袴 ③ 襟 ④ 襁 ⑤ 瞼

2. 亙
   ① 兢 ② 棘 ③ 競 ④ 林 ⑤ 宣

풀이
1 妗(외숙모 금)
 ① 군 ② 고 ③ 금 ④ 강 ⑤ 검
2 亙(걸칠 긍)
 ① 긍 ② 극 ③ 경 ④ 림 ⑤ 선

답 1. ③ | 2. ①

상공회의소 한자시험 고급 기본서 1·2급

| 1급 176 | 埼 | 土부 총 11획 | 갑 기 | 埼嘴기취 물가의 언덕이 뾰족하게 나온 곳 ▶嘴(부리 취) 주의 﨑와 同字 |

| 1급 177 | 夔 | 夂부 총 20획 | 조심할 기 | 夔鳳紋기봉문 중국 고대 청동기 측면에 그려져 있는 새 모양의 무늬 ▶鳳(새 봉), 紋(무늬 문) 夔龍紋기룡문 |

| 2급 206 | 妓 | 女부 총 7획 | 기생 기 | 妓名기명 기생으로서 가지는 딴 이름 ▶名(이름 명) 勝佳妓승가기 잉어·조기로 도미국수처럼 만든 음식 ▶勝(이길 승), 佳(아름다울 가) 官妓관기 妓女기녀 妓樓기루 妓舞기무 妓夫기부 妓生기생 府妓부기 藝妓예기 |

| 2급 207 | 岐 | 山부 총 7획 | 갈림길 기 | 岐路기로 여러 갈래의 길 ▶路(길 로) 多岐亡羊다기망양 달아난 양을 찾다 갈래 길에서 놓침 즉, 학문의 길을 찾기 어려움 ▶多(많을 다), 亡(망할 망), 羊(양 양) 各岐각기 多岐다기 別岐별기 分岐분기 分岐點분기점 燕岐郡연기군 |

| 2급 208 | 崎 | 山부 총 11획 | 험할 기 | 崎嶇기구 산이 가파르고 험함 즉, 삶이 순탄치 않음 ▶嶇(험할 구) 嶢崎요기 사물이 복잡하고 곡절이 많음 ▶嶢(높을 요) 崎崟기음 崎險기험 崎嶇罔測기구망측 崎嶇險路기구험로 |

| 2급 209 | 朞 | 月부 총 12획 | 돌 기 | 不杖朞부장기 예전에 상례(喪禮)에서 한 해 동안 지팡이는 짚지 아니하고 상복만 입던 일 ▶不(아닐 부), 杖(지팡이 장) 朞年기년 朞服기복 大朞대기 一朞일기 杖朞장기 朞年服기년복 |

| 2급 210 | 杞 | 木부 총 7획 | 구기자 기 | 杞憂기우 중국 기(杞)나라 사람이 하늘이 무너질까봐 침식(寢食)을 잊고 근심 걱정하였다는 뜻으로, 쓸데없는 걱정을 뜻함 ▶憂(근심 우) 枸杞구기 杞柳기류 枸杞子구기자 枸杞酒구기주 枸杞菜구기채 |

| 2급 211 | 棋 | 木부 총 12획 | 바둑 기 | 擧棋不定거기부정 바둑을 두는 데 포석할 자리를 결정하지 않고 둔다면 한 집도 이기기 어렵다는 뜻 ▶擧(들 거), 不(아닐 불), 定(정할 정) 棋譜기보 棋士기사 棋聖기성 棋才기재 棋戰기전 將棋장기 琴棋書畫금기서화 |

| 2급 212 | 汽 | 氵(水)부 총 7획 | 김 기/거의 흘 | 汽罐室기관실 배 안에 증기기관을 장치하여 놓은 방 ▶罐(두레박 관), 室(집 실) 汽水魚기수어 강어귀에 사는 물고기, 사수어 등 ▶水(물 수), 魚(고기 어) 汽管기관 汽機기기 汽笛기적 汽艇기정 汽車기차 汽筒기통 汽力發電기력발전 |

| 2급 213 | 沂 | 氵(水)부 총 7획 | 물이름 기/지경 은 | 浴沂之樂욕기지락 제자를 데리고 교외에 나가서 노는 즐거움 ▶浴(목욕할 욕), 之(갈 지), 樂(즐거울 락) 沂水기수 沂州기주 |

선기옥형(璇璣玉衡)

璇(아름다운옥 선), 璣(구슬 기), 玉(옥 옥), 衡(저울대 형)

천체의 운행과 그 위치를 측정하여 천문시계의 구실을 하였던 기구로, 혼천의(渾天儀)라는 이름으로 더 잘 알려져 있다. 고대 중국의 우주관이던 혼천설에 기초를 두어 BC 2세기경 중국에서 처음으로 만들었다. 한국에서는 확실한 자료가 없어 추론에 불과하나, 삼국시대 후기에서 통일신라시대와 고려시대에 만들어 사용된 것으로 보인다. 기록상으로는 세종15년(1433년) 정초(鄭招)·정인지(鄭麟趾) 등이 고전을 조사하고 이천(李蕆)·장영실(蔣英實) 등이 그 제작을 감독하였다.

 한자 익히기

1급 178	淇 氵(水)부 총 11획	물이름 기	淇園長 기원장 대나무를 달리 이르는 말 ▶園(동산 원), 長(길 장) 淇水 기수

| 1급 179 | 玘 王(玉)부 총 7획 | 패옥 기 | 玘玉 기옥 허리띠에 차는 옥 ▶玉(구슬 옥) |

| 2급 214 | 琦 王(玉)부 총 12획 | 옥이름 기 | 田琦 전기 조선시대 말엽의 화가 ▶田(밭 전)
宋相琦 송상기 조선시대 숙종 때의 문신 ▶宋(송나라 송), 相(서로 상)
琦行 기행 |

| 2급 215 | 琪 王(玉)부 총 12획 | 아름다운옥 기 | 琪樹 기수 옥처럼 아름다운 나무 또는 눈이 많이 쌓인 나무의 모양 ▶樹(나무 수)
琪花 기화 아름답고 고운 꽃 ▶花(꽃 화)
琪花瑤草 기화요초 |

| 1급 180 | 璂 王(玉)부 총 15획 | 피변꾸미개 기 | 玉璂 옥기 피변(皮弁)의 솔기를 장식하는 옥 ▶玉(구슬 옥) |

| 2급 216 | 璣 王(玉)부 총 16획 | 구슬 기 | 天璣 천기 북두칠성의 하나, 국자 모양의 뒤쪽 아래의 별 ▶天(하늘 천)
璇璣懸斡 선기현알 |

| 2급 217 | 畸 田부 총 13획 | 떼기밭 기 | 畸人 기인 성질이나 행동이 보통 사람과는 다름 ▶人(사람 인)
畸形 기형 보통과는 다른 모양 ▶形(모양 형)
畸零 기령 畸兒 기아 畸形兒 기형아
畸形的 기형적 先天性畸形 선천성기형 |

| 2급 218 | 碁 石부 총 13획 | 바둑 기 | 累碁 누기 바둑돌을 쌓아 올린 듯한 위태함을 이름 ▶累(여러 누)
復碁 복기 판국을 평하기 위해 처음부터 순서대로 놓아 보는 일 ▶復(돌아올 복)
琴碁 금기 碁局 기국 碁器 기기 碁博 기박
碁師 기사 碁聖 기성 주의 棋와 同字 |

| 1급 181 | 磯 石부 총 17획 | 물가 기 | 漁磯 어기 낚시터 ▶漁(고기잡을 어)
磯松科 기송과 갯질경이과 ▶松(소나무 송), 科(과목 과)
灣磯 만기 石磯 석기 釣磯 조기 荒磯 황기 |

| 1급 182 | 祁 示부 총 8획 | 성할 기 | 祁寒 기한 지독한 추위, 몹시 심한 추위 ▶寒(찰 한)
祁祁 기기 祁山 기산 |

쪽지시험

※ 다음의 뜻을 가진 한자(漢字)는 어느 것입니까?

1 갈림길
① 崎 ② 岐 ③ 嶠 ④ 岬 ⑤ 鞠

2 바둑
① 硅 ② 碁 ③ 碣 ④ 磯 ⑤ 涯

풀이
1 ① 崎(험할 기) ② 岐(갈림길 기)
   ③ 嶠(뾰족하게 높을 교) ④ 岬(곶 갑)
   ⑤ 鞠(공 국)
2 ① 硅(규소 규) ② 碁(바둑 기)
   ③ 碣(비석 갈) ④ 磯(물가 기)
   ⑤ 涯(물가 애)

답 1. ② | 2. ②

2급 219	示부 총 9획	祇 토지신 기/다만 지	山祇산기 산신령 ▶山(뫼 산) 祇陀林기타림 인도 마갈타국 사위성 남쪽의 기타 태자가 있던 숲동산 ▶陀(비탈질 타), 林(수풀 림) 神祇신기 地祇지기 祇園精舍기원정사 주의 祇(공경할 지) 1·2급	2급 220	示부 총 13획	祺 복 기	角星祺각성기 대한제국 때의 의장기 ▶角(뿔 각), 星(별 성) 壽祺節수기절 고려 희종 때 임금의 탄신일을 기념하던 명절 ▶壽(목숨 수), 節(마디 절) 祺晴祭기청제 주의 棋(바둑 기) 1·2급
2급 221	竹부 총 14획	箕 키 기	箕察기찰 평안도 관찰사를 달리 이르는 말 ▶察(살필 찰) 箕山之節기산지절 굳은 절개나 신념이 충실함 ▶山(뫼 산), 之(갈 지), 節(마디 절) 箕姑기고 箕踞기거 箕斂기렴 箕伯기백 箕星기성 箕叟기수 箕坐기좌	2급 222	糸부 총 14획	綺 비단 기	綺麗기려 얼룩무늬가 있어 곱고 아름다움 ▶麗(고울 려) 綺羅星기라성 훌륭한 사람들이 죽 늘어선 것을 비유함 ▶羅(벌일 라), 星(별 성) 錦綺금기 綺羅기라 綺靡기미 綺語기어 綺紈기환 羅綺나기 綾綺능기
2급 223	罒(网)부 총 24획	羈 굴레 기	羈旅기려 객지에 머물러 있는 나그네 ▶旅(나그네 려) 羈束기속 얽어매어 묶음 또는 강제적으로 속박하여 자유를 박탈함 ▶束(묶을 속) 繫羈계기 羈絆기반 羈屬기속 羈寓기우 不羈불기 羈束力기속력	2급 224	老부 총 10획	耆 늙을 기/이룰 지	耆老기로 육십 세 이상의 노인을 일컬음 ▶老(늙을 로) 耆老所기로소 조선시대 때 임금이나 문관을 위한 경로당 ▶老(늙을 로), 所(바 소) 耆年기년 耆堂기당 耆德기덕 耆蒙기몽 勤耆國근기국 耆社堂上기사당상
1급 183	耒부 총 18획	檓 갈 기	無人機무인기 무인 비행기 ▶無(없을 무), 人(사람 인) 台丸檓태환기 주의 機(틀 기) 3급	1급 184	月(肉)부 총 6획	肌 살 기	肌膚기부 사람이나 동물의 몸을 싸고 있는 살 또는 살가죽 ▶膚(살갗 부) 氷肌빙기 얼음처럼 맑고 아름답고 깨끗한 살결 ▶氷(얼음 빙) 肌骨기골 肌理기리 肌痺기비 松肌송기 玉肌옥기 松肌餠송기병
1급 185	言부 총 19획	譏 나무랄 기	譏讒기참 비방하는 일 ▶讒(참소할 참) 譏察軍官기찰군관 조선시대 포도청에 속하여 죄인의 탐정수사를 맡아보던 벼슬 ▶察(살필 찰), 軍(군사 군), 官(벼슬 관) 譏校기교 譏弄기롱 譏謗기방 譏刺기자 譏捕기포 譏察捕校기찰포교	1급 186	金부 총 16획	錡 솥 기	錡釜기부 발이 달린 솥과 발이 달리지 않은 가마 ▶釜(가마 부) 蘭錡난기 木錡목기

한자별곡

부기미(附驥尾)

附(붙을 부), 驥(천리마 기), 尾(꼬리 미)

명마의 꼬리에 붙는다는 뜻으로, 못난 사람이라도 현인의 뒤를 따르면 뭔가 이룰 수 있다는 뜻이다. 전한말(前漢末) 장창(張敞)이란 사람이 편지에 "파리는 열 걸음 정도 밖에 날지 못하나, 기미(驥尾)에 붙으면 천리 길도 쉽게 갈 수 있어 다른 무리에서 뛰어나게 된다. 그러면서도 말에게는 조금도 폐를 끼치지 않는다."라고 썼다.

한자 익히기

1급 187 金부 총 16획
鎡 호미 기
鎡鎡자기 호미 ▶錤(호미 자)

1급 188 馬부 총 18획
騏 준마 기
騏驥기기 몹시 빨리 달리는 말 또는 현인을 비유 ▶驥(천리마 기)
人中騏驥인중기기

2급 227 鹿부 총 19획
麒 기린 기
麒麟기린 성인이 세상에 나면 나타난다는 상상의 상서로운 동물 ▶麟(기린 린)
麒麟兒기린아 슬기와 재주가 남달리 뛰어난 젊은이 ▶麟(기린 린), 兒(아이 아)
麒麟閣기린각 麒麟科기린과 麒麟旗기린기
麒麟草기린초

1급 190 扌(手)부 총 9획
拮 일할 길
拮据길거 애써서 몹시 바삐 일함 또는 넉넉지 못한 어려운 살림 ▶据(일할 거)
拮抗길항 힘이나 세력 등이 서로 버티고 대항함 ▶抗(겨룰 항)
拮抗筋길항근 拮抗作用길항작용

2급 228 口부 총 12획
喫 마실 끽
喫煙끽연 담배를 피움 ▶煙(연기 연)
滿喫만끽 마음껏 먹고 마심 또는 마음껏 즐기거나 누리는 것 ▶滿(찰 만)
喫驚끽경 몹시 놀람 ▶驚(놀랄 경)
喫緊끽긴 喫茶끽다 頓喫돈끽 飽喫포끽
禁喫煙금끽연 喫飯處끽반처

2급 225 食부 총 21획
饑 주릴 기
饑窮기궁 배가 고파 몹시 고생 함 ▶窮(다할 궁)
饑溺기닉 굶주림과 물에 빠져 헤어나지 못함 즉, 절박한 민생고 ▶溺(빠질 닉)
饑饉기근 饑年기년 饑凍기동 饑民기민
饑死기사 饑餓기아 주의 飢와 同字

2급 226 馬부 총 26획
驥 천리마 기
附驥부기 후배가 선배의 뒤에 붙어 명성을 얻음 ▶附(붙을 부)
理驥이기 조선시대 사복시(司僕寺)의 종8품 잡직 벼슬 ▶理(다스릴 리)
老驥노기 白驥백기 保驥보기 安驥안기
調驥조기 駿驥준기

1급 189 亻(人)부 총 8획
佶 건장할 길
佶屈길굴 문장이 읽기 어렵고 이해하기 어려운 글 ▶屈(굽힐 굴)
佶閑길한

1급 191 木부 총 10획
桔 도라지 길
桔桀길걸 높고 험준함 ▶桀(하왕이름 걸)
桔梗菜길경채 도라지나물 ▶梗(도라지 경), 菜(나물 채)
桔梗길경 桔梗醬길경장 桔梗生菜길경생채
桔梗正果길경정과

2급 229 亻(人)부 총 21획
儺 역귀쫓을 나
儺禮나례 음력 섣달그믐날 밤에 악귀를 쫓기 위해 베푸는 의식 ▶禮(예도 례)
驅儺曲구나곡 처용무를 출 때 연주하던 곡 ▶驅(몰 구), 曲(굽을 곡)
驅儺구나 儺藝나예 儺儀나의 儺者나자
儺儺之聲나나지성 儺禮都監나례도감

쪽지시험

※ 다음 단어들의 □ 안에 공통으로 들어갈 알맞은 한자는 어느 것입니까?

1 □老, 宿□, □年
① 敬 ② 願 ③ 昨 ④ 借 ⑤ 耆

2 □煙, □茶, □怯
① 禁 ② 吸 ③ 喫 ④ 食 ⑤ 蹶

풀이
1 耆老(기로), 宿耆(숙기), 耆年(기년)
2 喫煙(끽연), 喫茶(끽다), 喫怯(끽겁)

답 1. ⑤ | 2. ③

1급 192 娜 (女부, 총 10획) — 아리따울 나

婀娜아나 아름답고 요염함 ▶婀(아리따울 아)

娜娜나나 天娜요나

1급 193 懦 (忄(心)부, 총 17획) — 나약할 나/겁쟁이 유

懦弱나약 의지가 굳세지 못함 ▶弱(약할 약)
庸懦용나 재주가 평범하고 기력이 약함 ▶庸(떳떳할 용)

怯懦겁나 懦薄나박 懦夫나부 懦劣나열
柔懦유나 怯懦心겁나심   주의 儒(선비 유) 3급

2급 230 拿 (手부, 총 10획) — 붙잡을 나

拿鞫나국 나라에서 죄인을 잡아다가 국문함 ▶鞫(국문할 국)
拿捕나포 사람이나 비행기, 배 등을 사로잡음 ▶捕(잡을 포)

拘拿구나 拿勘나감 拿來나래 拿處나처
拿致나치 先拿선나 拿捕船나포선

2급 231 拏 (手부, 총 9획) — 붙잡을 나

作拏작나 소란을 일으킴 ▶作(지을 작)
龍拏虎擲용나호척 용과 범이 맞붙어 싸운다는 뜻으로 영웅들이 서로 싸움을 말함 ▶龍(용 룡), 虎(범 호), 擲(던질 척)

拏捕나포 紛拏분나   주의 弩(쇠뇌 노) 1·2급

1급 194 喇 (口부, 총 12획) — 나팔 나

喇叭나팔 금속으로 만든 관악기의 한 가지 ▶叭(입벌릴 팔)
朱喇주라 민속음악에 쓰던 취주(吹奏) 악기의 한 가지 ▶朱(붉을 주)

喇叭管나팔관 喇叭手나팔수 喇叭蟲나팔충
喇叭管炎나팔관염 喇叭水仙花나팔수선화

1급 195 煖 (火부, 총 13획) — 따뜻할 난/훤

煖爐난로 방안을 덥게 하는 난방 기구 ▶爐(화로 로)
煖房난방 방과 같은 공간에 열을 공급하여 따뜻하게 하는 일 ▶房(방 방)

冷煖房냉난방 壁煖爐벽난로 水煖爐수난로
非帛不煖비백불난   주의 暖의 同字

1급 196 捏 (扌(手)부, 총 10획) — 반죽할 날

捏造날조 사실이 아닌 것을 사실인 것처럼 꾸미는 것 ▶造(지을 조)
捏和날화 점도가 큰 물질이나 반고체 재료를 이기고 반죽하는 일 ▶和(화할 화)

構虛捏無구허날무 莫兒比捏막아비날
주의 涅(개흙 열) 2급

2급 232 捺 (扌(手)부, 총 11획) — 누를 날

捺印날인 도장을 찍음 ▶印(도장 인)
署名捺印서명날인 문서에 이름 또는 상호를 표시하고 도장을 찍는 일 ▶署(관청 서), 名(이름 명), 印(도장 인)

捺染날염 捺章날장 捺絃날현인
押捺法압날법 記名捺印기명날인

1급 197 枏 (木부, 총 8획) — 녹나무 남

朴枏박남 조선 세조 때의 문신 ▶朴(성 박)

주의 柵(울타리 책) 1·2급

1급 198 楠 (木부, 총 13획) — 녹나무 남

楠梓남재 대만 남부에 있는 지명 ▶梓(가래나무 재)

주의 枏의 俗字

한자별곡 — 낭중지추(囊中之錐)

囊(주머니 낭), 中(가운데 중), 之(갈 지), 錐(송곳 추)

능력과 재주가 뛰어난 사람은 스스로 두각을 나타내게 된다는 의미이다. 평원군(平原君)이 수행원을 뽑으려 할 때 모수(毛遂)가 자천(自薦)을 하자 평원군은 "재능이 뛰어난 사람은 주머니 속의 송곳 끝이 밖으로 나오듯 드러나는 법인데 그대는 한 번도 드러난 일이 없지 않소?"라고 하였다. 모수는 "나리께서 이제까지 저를 주머니 속에 넣어 주시지 않았기 때문입니다. 하지만 이번에 주머니 속에 넣어 주시면 끝뿐이 아니라 자루(柄)까지 드러내 보이겠습니다."라고 하였다.

한자 익히기

1급 199 氵(水)부 총 12획
湳 강이름 남
湳德남덕 저강(氐羌)의 추장 ▶德(덕 덕)

1급 200 衤(衣)부 총 9획
衲 장삼 납
衲衣납의 중의 어깨에 걸치는 검은색의 법의 ▶衣(옷 의)
梵衲범납 절에 살면서 불도를 닦고 실천하며 포교하는 사람 ▶梵(범어 범)
衲僧납승　衲子납자　名衲명납　緋衲비납
野衲야납　拙衲졸납　靑衲청납　敝衲폐납

2급 233 口부 총 22획
囊 주머니 낭
囊裏낭리 주머니 속 ▶裏(속 리)
膽囊담낭 쓸개 ▶膽(쓸개 담)
聲囊성낭 개구리·맹꽁이의 부풀어 오르는 부분 즉, 소리주머니 ▶聲(소리 성)
囊刀낭도　囊蟲낭충　背囊배낭　寢囊침낭
包囊포낭　被囊피낭　囊中之錐낭중지추

1급 201 木부 총 9획
柰 능금나무 내/어찌 나
柰乙내을 신라의 시조 박혁거세가 태어난 곳 즉, 계림을 말함 ▶乙(새 을)
柰麻내마 신라 17등관의 열한 째 위계 ▶麻(삼 마)
柰率내솔　柰子내자　柰脯내포
果珍李柰과진이내　重大柰麻중대내마

2급 234 扌(手)부 총 15획
撚 비틀 년
檢撚器검년기 섬유 시험기의 하나로, 실이 꼬여 있는 상태를 검사하거나 포목의 짜인 실오리의 수를 헤아리는 기계 ▶檢(검사할 검), 器(그릇 기)

1급 202 禾부 총 8획
秊 해 년
주의 年의 本字
주의 季(계절 계) 3급

1급 203 忄(心)부 총 9획
恬 편안할 념
恬雅염아 욕심이 없이 늘 마음이 화평하고 단아함 ▶雅(맑을 아)
恬熙염희 편안하고 조용함 또는 나라가 무사하고 태평함 ▶熙(빛날 희)
恬淡염담　恬安염안　恬靜염정　恬蕩염탕
恬泰염태　恬退염퇴　文恬武嬉문념무희

2급 235 扌(手)부 총 8획
拈 집을 념/점
拈古염고 옛 사람의 일을 끄집어내어 해석하고 비평하는 일 ▶古(예 고)
拈香文염향문 죽은 사람을 애도하여 낭독하는 글 ▶香(향기 향), 文(글월 문)
拈提염제　拈則염칙　拈香염향
拈華微笑염화미소　拈華示衆염화시중

1급 204 扌(手)부 총 11획
捻 비틀 념/누를 녑
緋捻비념 퉁가리, 퉁가릿과의 민물고기 ▶緋(비단 비)
實捻실념 곡식의 열매가 여묾 ▶實(열매 실)

1급 205 宀부 총 13획
寗 차라리/편안할 녕
주의 寧과 同字

쪽지시험

상공회의소 한자 고급 1, 2급

※ 다음 한자(漢字)와 뜻이 비슷한 한자는 어느 것입니까?

1 | 抑 |
① 拮　② 捼　③ 拈　④ 捻　⑤ 憶

2 | 逸 |
① 懦　② 恬　③ 悸　④ 憬　⑤ 勉

풀이

1 抑(누를 억)
① 拮(일할 길) ② 捼(누를 날) ③ 拈(집을 념)
④ 捻(비틀 념) ⑤ 憶(생각할 억)

2 逸(편안할 일)
① 懦(나약할 나) ② 恬(편안할 념) ③ 悸(두근거릴 계)
④ 憬(깨달을 경) ⑤ 勉(힘쓸 면)

답 1. ② | 2. ②

상공회의소 한자시험 고급 기본서 1·2급

2급 236 弓부 총 8획 **弩** 쇠뇌 노	剛弩강노 고려 별무반에서 센 쇠뇌를 쓰던 군대 ▶剛(굳셀 강) 弓弩手궁노수 활과 쇠뇌를 쏘던 군사 ▶弓(활 궁), 手(손 수) 强弩강노 勁弩경노 弓弩弓弩궁노 弩幢노당 弩臺노대 精弩정노 强弩之末강노지말

| 1급 206 王(玉)부 총 13획 **瑙** 마노 노 | 瑪瑙마노 석영, 단백석, 옥수의 혼합물 ▶瑪(마노 마)
苔瑪瑙태마노 이끼와 같은 무늬가 있는 마노 ▶苔(이끼 태), 瑪(마노 마)
瑪瑙釉마노유 黃瑪瑙황마노
縞瑪瑙호마노 水瑪瑙塔수마노탑 |

| 1급 207 馬부 총 15획 **駑** 둔한말 노 | 駑馬노마 걸음이 느린 말 ▶馬(말 마)
駑馬十駕노마십가 둔한 말도 열흘 동안 수레를 끌 수 있다는 뜻 ▶馬(말 마), 十(열 십), 駕(가마 가)
駑鈍노둔 駑性노성 駑材노재 駑駘노태
주의 驚(놀랄 경)4급 |

| 2급 237 氵(水)부 총 16획 **濃** 짙을 농 | 濃厚농후 빛깔이 짙음 또는 어떤 경향이나 기색 등이 뚜렷함 ▶厚(두터울 후)
濃眉大眼농미대안 눈썹이 짙고 눈이 큼 ▶眉(눈썹 미), 大(큰 대), 眼(눈 안)
濃淡농담 濃度농도 濃霧농무 濃陰농음
濃縮농축 屈濃性굴농성 美濃紙미농지 |

| 2급 238 月(肉)부 총 17획 **膿** 고름 농 | 膿漏농루 고름이 계속적으로 흘러나오는 증상 ▶漏(샐 루)
化膿화농 상처 따위가 곪아서 고름이 생김 ▶化(될 화)
膿潰농궤 膿汁농즙 膿瘡농창 膿疱농포
膿血농혈 膿胸농흉 蓄膿症축농증 |

| 2급 239 尸부 총 7획 **尿** 오줌 뇨 | 夜尿症야뇨증 밤에 자다가 무의식중에 오줌을 싸는 증상 ▶夜(밤 야), 症(증세 증)
凍足放尿동족방뇨 언 발에 오줌누기, 임시방편 ▶凍(얼 동), 足(발 족), 放(놓을 방)
糖尿당뇨 糞尿분뇨 尿屎시뇨 利尿이뇨
蛋白尿단백뇨 泌尿器科비뇨기과 |

| 1급 208 女부 총 14획 **嫩** 어릴 눈 | 嫩綠눈록 새로 돋아나는 어린잎의 빛깔과 같이 연한 녹색 ▶綠(푸를 록)
嫩晴눈청 비가 계속 오다가 개는 일 ▶晴(갤 청)
嫩芽눈아 嫩葉눈엽 嫩草눈초 嫩寒눈한 |

| 2급 240 言부 총 11획 **訥** 말더듬을 눌 | 訥澁눌삽 말이 더듬거려 잘 나오지 않아 듣기에 답답함 ▶澁(떫을 삽)
拙訥졸눌 재주가 둔하고 말을 떠듬거림 ▶拙(졸할 졸)
訥辯눌변 訥言눌언 朴訥박눌 語訥어눌
知訥지눌 訥祗王눌지왕 |

| 2급 241 糸부 총 10획 **紐** 끈 뉴 | 結紐결뉴 끈을 매는 것 또는 얽어 맺는 것 ▶結(맺을 결)
龜紐귀뉴 손잡이 부분에 거북의 모양을 새긴 도장 ▶龜(거북 귀)
朱紐주뉴 革紐혁뉴 多紐細線文鏡다뉴세선문경
주의 細(가늘 세)4급 |

| 1급 209 木부 총 8획 **杻** 감탕나무 뉴/수갑 추/싸리 축 | 鉗杻겸추 칼과 수갑 ▶鉗(칼 겸)1·2급
紙杻지축 경기도 고양시 덕양구 지축동 ▶紙(종이 지)5급 |

눌언민행(訥言敏行)

訥(말더듬을 눌), 言(말씀 언), 敏(민첩할 민), 行(행할 행)

더듬는 말과 민첩(敏捷)한 행동(行動)이라는 뜻으로 언어에는 과묵하지만 자기 개혁이나 선행에는 민첩해야 한다는 것을 의미한다. 즉, 말하기는 쉬워도 행(行)하기는 어려우므로, 군자(君子)는 말은 둔하여도 행동은 민첩해야 함을 이르는 것이다.

君子欲訥於言而敏於行(군자욕눌어언이민어행) : 군자는 언어에는 둔하여도 실천하는 데는 민첩해야 한다.

《논어(論語)》이인(里仁)

2급 242	僧尼승니 중과 여승 ▶僧(중 승)
尸부 총 5획 **尼** 여승 니/말릴 닐	比丘尼비구니 출가하여 불문에 들어 구족계(具足戒)를 받은 여승 ▶比(견줄 비), 丘(언덕 구) 禪尼선니 仲尼중니 摩尼敎마니교 沙彌尼사미니 釋迦牟尼석가모니

2급 243	耽溺탐닉 어떤 일을 몹시 즐겨서 거기에 빠짐 ▶耽(즐길 탐)
氵(水)부 총 13획 **溺** 빠질 닉/오줌 뇨	陷溺함닉 물속으로 빠져 들어감 또는 주색 등의 수렁에 빠짐 ▶陷(빠질 함) 饑溺기닉 沒溺몰닉 沈溺침닉 惑溺혹닉

2급 244	逃匿도닉 몸을 피하기 위하여 도망쳐서 숨음 ▶逃(도망할 도)
匸부 총 11획 **匿** 숨을 닉/사악할 특	轉匿전닉 감추었던 장소를 바꾸어 옮겨서 발견되지 않게 숨김 ▶轉(구를 전) 舍匿사닉 掩匿엄닉 隱匿은닉 潛匿잠닉 隱匿罪은닉죄 藏匿罪장닉죄

1급 210	杏亶행단 공자가 은행나무 단 위에서 강학하였다는 뜻에서 학문을 닦는 곳을 말함 ▶杏(살구 행)
亠부 총 13획 **亶** 믿음 단/머뭇거릴 전	亶亶단단 亶父단부

1급 211	彖角果단각과 열과의 한 가지로 다닥냉이, 말냉이, 속소기풀, 꽃다지 열매 따위 ▶角(뿔 각), 果(과실 과)
彑(크)부 총 9획 **彖** 판단할 단/돌 시	彖辭단사 彖傳단전 주의 象(코끼리 상)3급

2급 245	急湍급단 물결이 빠르게 흐르는 여울, 물살이 센 여울 ▶急(급할 급)
氵(水)부 총 12획 **湍** 여울 단	飛湍비단 날다시피 솟구쳐 흐르는 물살이 센 여울 ▶飛(날 비) 激湍격단 懸湍현단 長湍郡장단군

1급 212	瓢簞표단 표주박 ▶瓢(박 표)
竹부 총 18획 **簞** 대광주리 단	簞食瓢飮단사표음 대그릇의 밥과 표주박의 물이라는 뜻 즉, 좋지 못한 적은 음식 ▶食(밥 사), 瓢(박 표), 飮(마실 음) 簞食단사 簞食豆羹단사두갱 簞食壺漿단사호장 簞瓢陋巷단표누항

2급 246	綾緞능단 무늬가 있는 두꺼운 비단과 얇은 비단을 말함 ▶綾(비단 릉)
糸부 총 15획 **緞** 비단 단	絨緞융단 양털 따위를 표면에 보풀이 인 것같이 짠 두꺼운 직물 ▶絨(융 융) 緋緞비단 繡緞수단 禮緞예단 綢緞주단 疋緞필단 鳳彩緞봉채단 琥珀緞호박단

2급 247	蛋白質단백질 아미노산으로 구성된 고분자 화합물 ▶白(흰 백), 質(바탕 질)
虫부 총 11획 **蛋** 새알 단	蛋皮窯단피요 중국 명나라·청나라 사이에 나온 백자기 ▶皮(가죽 피), 窯(가마 요) 鷄蛋계단 蛋白단백 蛋黃단황 蛋白尿단백뇨 蛋白石단백석 鷄蛋白湯계단백탕

2급 248	袒肩단견 한쪽 어깨를 내어 놓음, 한쪽 소매를 벗음 ▶肩(어깨 견)
衤(衣)부 총 10획 **袒** 웃통벗을 단/터질 탄	肉袒육단 웃통을 벗어 상체를 드러내는 일 ▶肉(고기 육) 袒褐단갈 袒跣단선 右袒우단 左袒좌단 肉袒負荊육단부형

쪽지시험

※ 다음 성어에서 □ 안에 들어갈 알맞은 한자는 어느 것입니까?

1 凍足放□

① 尿　② 水　③ 江　④ 氷　⑤ 謠

2 □食瓢飮

① 食　② 濫　③ 簞　④ 飾　⑤ 團

풀이

1 凍足放尿(동족방뇨) : 언 발에 오줌 누기라는 뜻으로, 잠시 동안만 효력이 있을 뿐 효력이 바로 사라짐을 비유적으로 이르는 말

2 簞食瓢飮(단사표음) : 대나무로 만든 밥그릇에 담은 밥과 표주박에 든 물이라는 뜻으로, 청빈하고 소박한 생활을 이르는 말

답 1. ① | 2. ③

1급 213 鄲
阝(邑) 부
총 15획

邯鄲之步한단지보 한단에서 걸음걸이를 배운다는 뜻으로, 제 분수를 잊지 말아야 함을 비유함 ▶邯(조나라서울 한), 之(갈 지), 步(걸음 보)

邯鄲한단 邯鄲之夢한단지몽
邯鄲之枕한단지침 邯鄲學步한단학보

조나라서울 **단**

2급 249 鍛
金 부
총 17획

鍛冶단야 금속을 단련함, 쇠붙이를 불에 달구어 벼림 ▶冶(불릴 야)
鍛造단조 금속을 불에 달구어 불려서 일정한 형태를 만드는 일 ▶造(지을 조)

鍛鋼단강 鍛鍊단련 鍛壓단압 鍛接단접
可鍛性가단성 鍛鍊之會단련지회

쇠불릴 **단**

1급 214 撻
扌(手) 부
총 16획

撻楚달초 어버이나 스승이 잘못을 경계하느라고 회초리로 종아리를 때림 ▶楚(초나라 초)
鞭撻편달 채찍으로 때림 ▶鞭(채찍 편)

撻罰달벌 撻辱달욕 撻笞달태 楚撻초달
指導鞭撻지도편달

매질할 **달**

1급 215 澾
氵(水) 부
총 16획

三澾里삼달리 경상북도 울진군에 있는 지명 ▶三(석 삼), 里(마을 리)

미끄러울 **달**

1급 216 獺
犭(犬) 부
총 19획

海獺해달 족제비과에 딸린 물짐승 ▶海(바다 해)
山獺皮산달피 검은담비의 털가죽 ▶山(뫼 산), 皮(가죽 피)

獺祭달제 山獺산달 水獺수달
水獺膽수달담 水獺皮수달피

수달 **달/랄**

1급 217 疸
疒 부
총 10획

疸病달병 황달 ▶病(병 병)
黃疸황달 담즙의 색소가 혈액 속으로 이행하여 살갗과 오줌이 누렇게 되는 병 ▶黃(누를 황)

穀疸곡달 疸症달증 色疸색달 酒疸주달
菜疸채달 黑疸흑달 女勞疸여로달

황달 **달**

1급 218 啖
口 부
총 11획

健啖건담 잘 먹음 또는 많이 먹음 ▶健(굳셀 건)
茶啖다담 손님을 대접하기 위해 차리는 다과 따위 ▶茶(차 다)

寢啖침담 健啖家건담가 茶啖床다담상

먹을 **담**

1급 219 坍
土 부
총 7획

松坍里송단리 전라남도 화순군에 있는 지명 ▶松(소나무 송), 里(마을 리)

무너질 **담/단**

1급 220 憺
忄(心) 부
총 16획

憺畏담외 두려워함 ▶畏(두려워할 외)
故心憯憺고심참담 몹시 애를 태우며 근심 걱정을 함 ▶故(연고 고), 心(마음 심), 憯(참혹할 참)

憯憺참담 意匠憯憺의장참담
주의 擔(멜 담) 3급

편안할 **담**

2급 250 曇
日 부
총 16획

晴曇청담 일기(日氣)의 밝음과 흐림 ▶晴(갤 청)
瞿曇之敎구담지교 불교를 달리 이르는 말 ▶瞿(볼 구), 之(갈 지), 敎(가르칠 교)

曇天담천 微曇미담 薄曇박담 夕曇석담
曇硝子담초자 優曇華우담화

흐릴 **담**

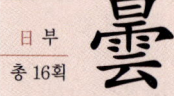

와신상담(臥薪嘗膽)

臥(누울 와), 薪(섶나무 신), 嘗(맛볼 상), 膽(쓸개 담)

불편한 섶에 누워 쓸개를 맛본다는 뜻으로, 원수를 갚으려고 온갖 괴로움을 참고 견딤을 이르는 말이다. 오(吳)나라의 왕 합려는 월(越)왕 구천에게 패하자 아들 부차에게 원수를 갚아달라고 유언을 남긴다. 부차는 가시가 많은 장작 위에 자리를 펴고 자며 아버지의 원한을 되새겼다. 이를 들은 구천은 기선을 제압하기 위해 오나라에 먼저 쳐들어갔으나 대패하고, 잠자리 옆에 항상 쓸개를 매달아 놓고 앉거나 눕거나 늘 이 쓸개를 핥아 쓴맛을 되씹으며 패전의 굴욕을 되새겼다는 데서 유래되었다.

한자 익히기

2급 251 湛 氵(水)부 총 12획
괼 **담**/잠길 **침**

湛水담수 저수지·댐 등에 물을 채우는 일 ▶水(물 수)
湛軒書담헌서 조선 후기의 학자 홍대용이 지은 책 ▶軒(집 헌), 書(글 서)
湛江담강 湛樂담락 湛軒說叢담헌설총

2급 252 潭 氵(水)부 총 15획
못 **담**/물가 **심**

百潭寺백담사 신라 진덕여왕 때 자장(慈藏)이 창건한 절 ▶百(일백 백), 寺(절 사)
白鹿潭백록담 한라산 정상에 있는 화구호(火口湖) ▶白(흰 백), 鹿(사슴 록)
綠潭녹담 潭潭담담 潭思담사 潭上담상
潭水담수 潭深담심 靑潭청담 潭陽담양

2급 253 澹 氵(水)부 총 16획
담박할 **담**/넉넉할 **섬**

澹泊담박 욕심이 없고 마음이 깨끗함 또는 맛이나 빛이 산뜻함 ▶泊(배댈 박)
雅澹아담 고상하고 담박함 또는 조촐하고 산뜻함 ▶雅(맑을 아)
澹艶담염 澹月담월 暗澹암담 恬澹염담
沖澹충담 平澹평담 雅澹性아담성

2급 254 痰 疒부 총 13획
가래 **담**

喀痰객담 가래를 뱉음 ▶喀(토할 객)
消痰소담 가래를 제거함 ▶消(사라질 소)
鬱痰울담 목구멍과 입 안이 마르고 기침이 나는 병 ▶鬱(답답할 울)
冷痰냉담 痰塊담괴 痰壅담옹 痰飮담음
痰滯담체 熱痰열담 治痰치담 寒痰한담

1급 221 聃 耳부 총 11획
귓바퀴없을 **담**

成聃壽성담수 조선시대 세조 때 생육신의 한 사람 ▶成(이룰 성), 壽(목숨 수)

2급 255 膽 月(肉)부 총 17획
쓸개 **담**

膽石담석 쓸개에 생기는 결석 ▶石(돌 석)
肝膽相照간담상조 간과 쓸개를 내보일 정도의 친밀한 사이를 말함 ▶肝(간 간), 相(서로 상), 照(비칠 조)
肝膽간담 落膽낙담 膽管담관 膽囊담낭
膽力담력 膽汁담즙 大膽대담 熊膽웅담

1급 222 蕁 ++(艸)부 총 16획
지모 **담**/쐐기풀 **심**

蕁汁質담즙질 그리스 의학자 히포크라테스가 채액설에서 구분한 네 가지 기질의 하나 ▶汁(즙 즙), 質(바탕 질)
蕁麻담마 蕁麻疹담마진
주의 壽(목숨 수) 4급

1급 223 覃 襾부 총 12획
미칠/깊을 **담**

覃恩담은 은혜를 널리 베풂 ▶恩(은혜 은)
寶覃보담 주로 편지 같은 문체에서 남을 높이어 그의 집안을 이르는 말 ▶寶(보배 보)
覃及담급 覃思담사 覃惠담혜 腸覃장담

2급 256 譚 言부 총 19획
이야기 **담**

聖譚성담 성자의 생애나 기적에 관한 이야기 ▶聖(성인 성)
後日譚후일담 후에 벌어진 경과에 대한 이야기 ▶後(뒤 후), 日(날 일)
奇譚기담 譚歌담가 譚詩담시 民譚민담
英雄譚영웅담 주의 譯(번역할 역) 3급

1급 224 鐔 金부 총 16획
창 **담**/날카로울 **섬**/서슬 **염**

許鐔허담 북한의 정치가 ▶許(성 허)

쪽지시험

상공회의소 한자 고급 1, 2급

※ 다음 음(音)을 가진 한자는 어느 것입니까?

1 [달]
① 獗 ② 獺 ③ 狨 ④ 狂 ⑤ 突

2 [담]
① 瘂 ② 痰 ③ 疥 ④ 瘤 ⑤ 柟

풀이
1 ① 궐 ② 달 ③ 교 ④ 광 ⑤ 돌
2 ① 경 ② 담 ③ 개 ④ 간 ⑤ 남

답 1. ② | 2. ②

1급 225 沓

水부 총 8획

합할/유창할 답

雜沓잡답 정신을 못 차리게 북적북적하고 복잡함 ▶雜(섞일 잡)
沓潮답조 썰물과 밀물이 서로 합침 ▶潮(조수 조)

沓茫답망 沓貪답탐 悶沓민답 紛沓분답

주의 畓(논 답) 3급

1급 226 遝

辶(辵)부 총 14획

뒤섞일 답

遝至답지 한군데로 몰려듦 ▶至(이를 지)

주의 還(돌아올 환) 3급

2급 257 塘

土부 총 13획

못 당

塘馬당마 척후의 임무를 띤 말 탄 군사 ▶馬(말 마)
水塘수당 정해진 급료 이외에 형편에 따라 주는 보수 ▶水(물 수)

高塘고당 塘報당보 蓮塘연당 林塘임당
堤塘제당 池塘板지당판 春塘臺춘당대

2급 258 幢

巾부 총 15획

기 당 / 드리워진모양 동

經幢경당 여러 모가 지게 다듬은 돌 위에 경문을 새겨 세운 돌기둥 ▶經(글 경)
衝幢충당 신라 사설당의 하나로 돌격군대 ▶衝(찌를 충)

幢竿당간 幢戟당극 京五種幢경오종당
綠衿誓幢녹금서당 幢竿支柱당간지주

1급 227 戇

心부 총 28획

어리석을 당

戇朴당박 어리석고 순박함 ▶朴(소박할 박)
戇原당원 동물의 간장이나 근육 등에 있는 동물성 전분, 글리코겐 ▶原(언덕 원)

戇愚당우 戇直당직 戇原質당원질

2급 259 撞

扌(手)부 총 15획

칠 당

撞座당좌 종을 칠 때 망치가 닿는 일정한 자리 ▶座(자리 좌)
撞着당착 앞뒤가 서로 맞지 아니함, 모순됨 ▶着(붙을 착)

撞球당구 撞木당목 撞球場당구장
撞木魚科당목어과 自家撞着자가당착

2급 260 棠

木부 총 12획

팥배나무 당

路棠蔘노당삼 중국으로부터 들어온 인삼 ▶路(길 로), 蔘(삼 삼)
海棠花해당화 장미과에 딸린 갈잎떨기나무 ▶海(바다 해), 花(꽃 화)

甘棠감당 棠梨당리 棠軒당헌 秋海棠추해당

주의 堂(집 당) 5급

1급 228 螳

虫부 총 17획

사마귀 당

螳螂拒轍당랑거철 사마귀가 수레바퀴를 막는다는 뜻으로, 힘은 헤아리지 않고 강자에게 함부로 덤빔 ▶螂(사마귀 랑), 拒(막을 거), 轍(바퀴자국 철)

螳螂力당랑력 螳螂窺蟬당랑규선
螳螂在後당랑재후 螳螂之斧당랑지부

2급 261 垈

土부 총 8획

집터 대

家垈가대 집 터전과 그에 딸린 정원과 논밭을 통틀어 말함 ▶家(집 가)
水苗垈수묘대 물을 대어 모를 키우는 못자리 ▶水(물 수), 苗(싹 묘)

空垈공대 垈田대전 垈地대지 苗垈묘대
落星垈낙성대 田苗垈전묘대

1급 229 坮

土부 총 8획

대 대

墩坮돈대 높게 두드러진 평평한 땅 ▶墩(돈대 돈)

주의 臺의 古字

한자별곡

남부여대(男負女戴)

男(사내 남), 負(질 부), 女(계집 녀), 戴(일 대)

남자는 짐을 등에 지고 여자는 짐을 머리에 인다는 뜻으로, 가난한 사람이나 재난을 당한 사람들이 살 곳을 찾아 이리저리 떠돌아다님을 의미한다. 마땅히 살 만한 곳이 없어 온갖 고생을 무릅쓰고 이리저리 거처할 곳을 찾아 안쓰럽게 돌아다니는 모습을 등에 지고 머리에 인다는 비유를 들어 표현한 말이다.

한자 익히기

1급 230 山부 / 총 8획
岱 대산 대
- 岱山대산 오악(五嶽 – 동태산, 서화산, 남형산, 북항산, 중숭산)의 하나 ▶山(뫼 산)
- 岱宗대종 태산(泰山)의 다른 이름 ▶宗(마루 종)
- 岱駕대가 岱委대위 岱華대화
- 嶽宗恒岱악종항대

2급 262 戈부 / 총 17획
戴 일 대
- 推戴추대 높은 직위로 떠받듦 ▶推(밀 추)
- 不俱戴天불구대천 하늘 아래 같이 살 수 없는 원수 ▶不(아닐 불), 俱(함께 구), 天(하늘 천)
- 感戴감대 戴白대백 戴勝대승 奉戴봉대
- 戴冠式대관식 戴天之讐대천지수

1급 231 扌(手)부 / 총 17획
擡 들 대
- 龍擡頭용대두 용왕이 긴 겨울잠에서 깨어 머리를 든다는 중국 명절의 하나 ▶龍(용 룡), 頭(머리 두)
- 擡頭대두

2급 263 王(玉)부 / 총 9획
玳 대모 대
- 玳瑁대모 바다거북과에 딸린 거북의 하나 ▶瑁(옥홀 모)
- 華玳瑁화대모 누른 바탕에 검은 점이 약간 박힌 대모의 껍질 ▶華(빛날 화), 瑁(옥홀 모)
- 玳瑁甲대모갑 玳皮盞대피잔
- 赤玳瑁적대모 造玳瑁조대모

2급 264 衣부 / 총 11획
袋 자루 대
- 袋鼠대서 포유류 캥거루과 동물을 통틀어 이르는 말 ▶鼠(쥐 서)
- 包袋포대 피륙·가죽·종이 등으로 만든 자루 ▶包(쌀 포)
- 弓袋궁대 麻袋마대 負袋부대 砂袋사대
- 布袋포대 夾袋협대 有袋類유대류

1급 232 黑부 / 총 17획
黛 눈썹먹 대
- 黛黑대흑 눈썹을 그리는 먹 ▶黑(검을 흑)
- 粉白黛黑분백대흑 분을 희게 바르고 먹으로 눈썹을 까맣게 화장함 즉, 미인의 얼굴 ▶粉(가루 분), 白(흰 백), 黑(검을 흑)
- 綠黛녹대 黛眉대미 粉黛분대 靑黛청대
- 翠黛취대 紅黛홍대

2급 265 心부 / 총 12획
悳 큰 덕
- 權秉悳권병덕 독립운동가, 민족대표 33인의 한 사람 ▶權(권세 권), 秉(잡을 병)
- 주의 德의 古字

1급 233 土부 / 총 12획
堵 담 도/강이름 자
- 堵列도열 많은 사람들이 죽 늘어섬 또는 그 늘어선 대열 ▶列(벌일 렬)
- 安堵안도 사는 곳에서 평안히 지냄, 마음을 놓음 ▶安(편안할 안)
- 堵墻도장 田堵전도 率堵婆솔도파
- 安堵感안도감 安堵券안도권

2급 266 尸부 / 총 12획
屠 죽일 도/흉노왕칭호 저
- 屠戮도륙 무참히 마구 죽임 ▶戮(죽일 륙)
- 屠城도성 성이 함락되면 그 안의 사람들이 살육된다는 뜻으로, 성이 함락됨을 비유 ▶城(성 성)
- 狗屠구도 屠殺도살 屠手도수 屠畜도축
- 屠蘇酒도소주 屠龍之技도룡지기

1급 234 山부 / 총 14획
嶋 섬 도
- 嶋嶼도서 크고 작은 온갖 섬 ▶嶼(섬 서)
- 주의 島와 同字

쪽지시험 상공회의소 한자 고급 1, 2급

※ 다음 한자어(漢字語)와 발음(發音)이 같은 한자어는 어느 것입니까?

1. | 甘棠 |
① 感想 ② 壇上 ③ 監幢 ④ 單調 ⑤ 講堂

2.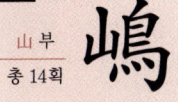
① 舊代 ② 球團 ③ 蒲團 ④ 包袋 ⑤ 葡萄

풀이
1 감당
① 감상 ② 단상 ③ 감당 ④ 단조 ⑤ 강당

2 포대
① 구대 ② 구단 ③ 포단 ④ 포대 ⑤ 포도

답 1. ③ | 2. ④

2급 267 忄(心)부 총 11획	悼 슬퍼할 도	悼懼도구 애통하고 두려워함 ▶懼(두려워할 구) 悼亡도망 죽은 아내를 생각하여 슬퍼함 ▶亡(망할 망) 悼惜도석 悲悼비도 傷悼상도 深悼심도 哀悼애도 憐悼연도 軫悼진도 追悼추도	1급 235 扌(手)부 총 11획	掉 흔들 도	掉頭도두 머리를 흔들어 어떤 일을 부정하는 모양 ▶頭(머리 두) 掉尾도미 꼬리를 흔듦, 끝판에 더욱 세게 활약함 ▶尾(꼬리 미) 掉拐도괴 尾掉미도 尾大難掉미대난도
1급 236 扌(手)부 총 13획	搗 찧을 도	搗固도고 달구로 집터나 땅을 단단히 다지는 일 ▶固(굳을 고) 搗精도정 곡식 등을 찧거나 쓿는 일 ▶精(정할 정) 搗臼도구 搗杵도저 搗砧도침 賃搗임도 七分搗칠분도 搗練紬契도련주계	1급 237 木부 총 12획	棹 노 도/책상 탁	棹歌도가 뱃노래 ▶歌(노래 가) 回棹회도 가던 배가 돛대를 돌리는 것과 같다는 뜻에서 병이 차차 나음을 비유함 ▶回(돌아올 회) 棹唱도창 桂棹蘭槳계도난장 주의 掉(흔들 도) 1·2급
1급 238 木부 총 18획	櫂 노 도	桂櫂계도 계수나무로 만든 배를 젓는 노 ▶桂(계수나무 계) ※짧은 노 - 棹, 긴 노 - 櫂 櫂舟도주	1급 239 氵(水)부 총 11획	淘 일 도	淘金도금 금을 골라서 가림 ▶金(쇠 금) 淘汰도태 물에 일고 씻어서 깨끗하게 함 또는 여럿 가운데 쓸데없거나 적당하지 않은 것을 줄여 없앰 ▶汰(씻을 태) 淘鵝도아 淘淸도청 淘汰機도태기 人爲淘汰인위도태 自然淘汰자연도태
1급 240 氵(水)부 총 13획	滔 물넘칠 도	滔滔도도 물이 그득 퍼져 흘러가는 모양, 말을 거침없이 잘하는 모양 滔天도천 높은 하늘에 널리 퍼짐 또는 세력이 엄청나게 크게 퍼짐 ▶天(하늘 천) 滔蕩도탕 滔乎도호	2급 268 氵(水)부 총 17획	濤 큰물결 도	濤雷도뢰 우레와 같은 파도 ▶雷(우레 뢰) 疾風怒濤질풍노도 몹시 빠르게 부는 바람과 무섭게 소용돌이치는 물결 ▶疾(빠를 질), 風(바람 풍), 怒(성낼 노) 鯨濤경도 狂濤광도 怒濤노도 松濤송도 漲濤창도 波濤파도 風濤풍도 海濤해도
2급 269 灬(火)부 총 18획	燾 비칠 도	燾育도육 잘 보호하여 기름 ▶育(기를 육) 宋相燾송상도 고종 때의 학자이자 애국지사로 기려수필(騎驢隨筆)을 저술함 ▶宋(송나라 송), 相(서로 상)	1급 241 目부 총 14획	睹 볼 도	目睹목도 어떤 모습이나 장면을 눈으로 보는 것 ▶目(눈 목) 逆睹역도 앞일을 미리 내다봄 ▶逆(거스릴 역) 睹聞도문 始睹시도 주의 賭(노름 도) 1·2급

도이장가(悼二將歌)

悼(슬퍼할 도), 二(두 이), 將(장수 장), 歌(노래 가)

고려(高麗) 16대 예종(睿宗)이 지은 이두(吏讀)로 된 향가(鄕歌)형식의 노래이다. 예종 15(1120)년, 서경에 행차하여 팔관회가 열렸을 때 개국 공신(功臣)인 신숭겸(申崇謙)과 김낙(金樂), 두 장수를 추도(追悼)하여 지었다. 이 노래는《정과정곡(鄭瓜亭曲)》과 함께 향가 형식의 노래가 고려 중기까지 남아 있었다는 증거가 되기도 하는데 정과정이 10구체 향가의 전통을 잇는다는 면에서 가치가 있다면, 도이장가는 향찰의 표기라는 점에서 그 가치가 인정된다.

한자 익히기

2급 270 示부 총 19획 禱 빌 도
- 禱堂도당 무당이 신을 모신 곳 ▶堂(집 당)
- 默禱묵도 소리를 내지 않고 마음속으로 기도하는 것 ▶默(잠잠할 묵)
- 祈禱기도 伏禱복도 仰禱앙도 泣禱읍도
- 祝禱축도 三鐘祈禱삼종기도

2급 271 ++(艸)부 총 12획 萄 포도 도
- 葡萄糖포도당 단당류(單糖類)의 하나로 백색 결정(結晶)임 ▶葡(포도 포), 糖(엿 당)
- 葡萄藪포도수 죄를 짓고 도망간 사람들이 숨어 있는 곳 ▶葡(포도 포), 藪(늪 수)
- 葡萄포도 乾葡萄건포도 靑葡萄청포도
- 葡萄酒포도주 葡萄狀球菌포도상구균

1급 242 見부 총 16획 覩 볼 도
- 厭覩염도 이치(理致), 도리에 맞는 취지 ▶厭(싫어할 염)
- 주의 睹(볼 도) 1·2급

2급 272 貝부 총 16획 賭 노름 도
- 賭租도조 농부가 남의 논밭을 빌리고, 그 세로 해마다 내는 벼 ▶租(조세 조)
- 阿賭物아도물 돈을 달리 이르는 말 ▶阿(언덕 아), 物(물건 물)
- 賭技도기 賭物도물 賭博도박 賭酒도주
- 賭博場도박장 看坪賭租간평도조

2급 273 足부 총 17획 蹈 밟을 도/슬퍼할 신
- 高蹈고도 멀리 감 ▶高(높을 고)
- 蹈襲도습 전부터 해 내려온 정책이나 방식 또는 수법 등을 그대로 본받아 따라 함 ▶襲(인습할 습)
- 蹈舞도무 舞蹈무도 足蹈족도 舞蹈會무도회
- 假裝舞蹈가장무도

2급 274 金부 총 17획 鍍 도금할 도
- 鍍金도금 녹을 막거나 장식을 하기 위해 금속표면에 금이나 은·니켈 등의 얇은 막을 입히는 일 ▶金(쇠 금)
- 電鍍전도 전기 도금 ▶電(번개 전)
- 金鍍金금도금 鍍金像도금상 鍍金液도금액
- 銀鍍金은도금

1급 243 韋부 총 19획 韜 활집/감출 도
- 韜光도광 빛을 감춤 즉, 학식이나 재능을 감추고 남에게 알리지 않음 ▶光(빛 광)
- 韜藉도자 신주(神主)를 모시는 주독을 씌우는 집 ▶藉(깔개 자)
- 韜略도략 韜晦도회 龍韜용도 六韜육도
- 韜光養晦도광양회 六韜三略육도삼략

2급 275 氵(水)부 총 18획 瀆 더럽힐 독
- 冒瀆모독 권위나 명예 등을 떨어뜨리거나 깎아내려 욕되게 하는 것 ▶冒(무릅쓸 모)
- 汚瀆오독 명예나 이름 등을 더럽힘 ▶汚(더러울 오)
- 溝瀆구독 南瀆남독 瀆聖독성 瀆職독직
- 東瀆동독 褻瀆설독 嶽瀆악독 自瀆자독

2급 276 片부 총 19획 牘 편지 독
- 簡牘간독 편지, 옛날 종이가 보급되기 전에 글을 쓰기 위해 사용되었던 대쪽과 얇은 나무쪽에서 유래됨 ▶簡(대쪽 간)
- 案牘안독 관청의 문서 ▶案(책상 안)
- 牘尾독미 牘書독서 書牘서독 尺牘척독
- 古簡牘고간독 書牘體서독체

1급 244 牛부 총 19획 犢 송아지 독
- 快犢破車쾌독파거 기세 좋은 송아지는 제가 끄는 수레를 깨뜨림, 장차 큰일을 하려는 젊은이는 스스로를 경계해야 함 ▶快(쾌할 쾌), 破(깨뜨릴 파), 車(수레 거)
- 犢牛독우 犢車독차 牲犢생독 祭犢제독
- 孤犢觸乳고독촉유

쪽지시험

※ 다음 한자(漢字)와 음(音)이 같은 한자는 어느 것입니까?

1. 掉
   ①睹 ②瞼 ③梱 ④橘 ⑤卓

2. 瀆
   ①犢 ②續 ③溘 ④湎 ⑤弩

풀이
1 掉(흔들 도)
 ①도 ②검 ③곤 ④귤 ⑤탁
2 瀆(더럽힐 독)
 ①독 ②속 ③달 ④남 ⑤노

답 1. ① | 2. ①

상공회의소 한자시험 고급 기본서 1·2급

2급 277 禾부 총 7획 **禿** 대머리 독	禿頭독두 머리털이 많이 빠진 머리, 대머리 ▶頭(머리 두) 禿筆독필 끝이 거의 다 닳은 붓, 몽당붓 ▶筆(붓 필) 禿木독목 禿髮독발 禿樹독수 禿頂독정 突禿돌독 白禿頭瘡백독두창	1급 245 糸부 총 25획 **纛** 둑 독/기 도	纛祭독제 임금의 행차나 군대 행렬 앞에 세우는 둑에 지내던 제사 ▶祭(제사 제) 坐纛旗좌독기 행진할 때 쓰는 군기(軍旗)의 하나 ▶坐(앉을 좌), 旗(깃발 기) 纛馬독마 纛手독수 纛神廟독신묘 纛祭床독제상
2급 278 土부 총 15획 **墩** 돈대 돈	墩臺돈대 평지보다 약간 높직하게 두드러진 평평한 땅 ▶臺(대 대) 坐墩좌돈 자기(瓷器)로 만들어 걸터앉게 된 물건 ▶坐(앉을 좌) 齊墩果제돈과	1급 246 忄(心)부 총 11획 **惇** 도타울 돈	惇信돈신 두터운 믿음, 든든한 믿음 ▶信(믿을 신) 惇惠돈혜 두터운 은혜 ▶惠(은혜 혜) 惇大돈대 惇德돈덕 惇惇돈돈 주의 敦과 通用
2급 279 日부 총 8획 **旽** 밝을 돈	旽旽돈돈 정이 도타운 모양	1급 247 日부 총 16획 **暾** 아침해 돈	朝暾조돈 아침에 떠오르는 해 ▶朝(아침 조) 暾暾돈돈 總暾數총돈수
2급 280 氵(水)부 총 7획 **沌** 어두울 돈	混沌혼돈 어떤 대상에 대해 갈피를 잡을 수 없어 뚜렷한 생각이나 인식을 가질 수 없는 상태 ▶混(섞을 혼) 混沌氏혼돈씨 混沌酒혼돈주 混沌湯혼돈탕	1급 248 火부 총 12획 **焞** 어르스름할 돈/밝을 순/성할 퇴	李焞이순 조선 숙종의 휘 ▶李(오얏 이)
1급 249 火부 총 16획 **燉** 불빛 돈	徐燉珏서돈각 한국 상법학의 기초를 마련한 상법학자이자 교육자 ▶徐(천천히 할 서), 珏(쌍옥 각)	2급 281 頁부 총 13획 **頓** 조아릴 돈	斗頓두돈 편들어 감싸줌 ▶斗(말 두) 頓首再拜돈수재배 머리가 땅에 닿도록 두 번 절을 함 ▶首(머리 수), 再(두 재), 拜(절 배) 困頓곤돈 頓悟돈오 頓智돈지 登頓등돈 査頓사돈 整頓정돈 頓呼法돈호법

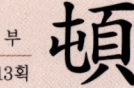

이차돈(異次頓)

異(다를 이), 次(버금 차), 頓(조아릴 돈)

신라의 승려로 한국 불교사상 최초의 순교자이다. 신라 법흥왕 때 불교의 공인(公認)을 주장하고 순교(殉教)를 자청하였다. 그가 죽은 뒤 그의 잘린 목에서 흰 피가 나오고 하늘이 컴컴해지더니 꽃비가 내리는 기적이 일어나 불교의 공인을 반대하던 신하들의 마음을 돌렸고, 마침내 527년 불교를 신라의 국교로 공인하게 되었다. 순교 당시 이차돈의 나이는 약 22~26세로 추정되며, 이 사건으로 신라 최초의 사찰인 흥륜사가 544년에 완공되었다.

한자 익히기

1급 250 乭 (乙부, 총 6획) 이름 돌
- 孫乭風손돌풍 음력 시월(十月) 스무날에 부는 큰 바람 ▶孫(손자 손), 風(바람 풍)
- 申乭石신돌석 조선시대 말기의 의병장 ▶申(납 신), 石(돌 석)
- 甲乭갑돌
- ※우리나라에서만 쓰이는 음역자

1급 251 仝 (人부, 총 5획) 한가지 동
- 주의 同의 古字

2급 282 憧 (忄(心)부, 총 15획) 그리워할 동
- 憧憬동경 무엇이 그리워서 마음이 팔려 그것만을 생각함 또는 마음이 스스로 달떠서 가라앉지 아니함 ▶憬(깨달을 경)
- 憧憧동동 憧憬心동경심 憧憬者동경자
- 주의 憧(두려워할 황) 1·2급

2급 283 桐 (木부, 총 10획) 오동나무 동
- 絲桐사동 거문고의 별칭 ▶絲(실 사)
- 梧桐一葉오동일엽 오동잎 하나가 떨어지는 것을 보고 가을 오는 것을 앎 ▶梧(오동나무 오), 一(한 일), 葉(잎 엽)
- 桐油동유 桐梓동재 梧桐오동 靑桐청동
- 海桐해동 胡桐호동 碧梧桐벽오동

2급 284 棟 (木부, 총 12획) 마룻대 동
- 棟梁동량 마룻대와 들보, 기둥이 될 만한 인물 ▶梁(들보 량)
- 病棟병동 여러 개의 병실로 된 병원 안의 한 채의 건물 ▶病(병 병)
- 棟宇동우 法棟법동 別棟별동 本棟본동
- 分棟분동 檢棟영동 棟梁之材동량지재

2급 285 潼 (氵(水)부, 총 15획) 강이름 동
- 梓潼帝君재동제군 괴성(魁星), 중국에서 사람의 녹적(祿籍)이나 문장(文章)을 맡았다는 신 ▶梓(가래나무 재), 帝(임금 제), 君(임금 군)
- 潼關동관 碧潼벽동

2급 286 疼 (疒부, 총 10획) 아플 동
- 瞼硬睛疼검경정동 눈물이 나오며 눈시울이 부어 단단하고 눈알이 아픈 병 ▶瞼(눈꺼풀 검), 硬(굳을 경), 睛(눈동자 정)
- 骨疼골동 疼痛동통 疼腫동종
- 주의 疾(병 질) 3급

2급 287 瞳 (目부, 총 17획) 눈동자 동
- 瞳孔동공 눈동자 ▶孔(구멍 공)
- 龍瞳鳳頸용동봉경 용의 눈동자와 봉황의 목, 즉 매우 잘 생긴 귀인의 얼굴을 말함 ▶龍(용 룡), 鳳(새 봉), 頸(목 경)
- 紺瞳감동 瞳子동자 散瞳산동 縮瞳축동
- 望瞳魚망동어 瞳孔反射동공반사

2급 288 胴 (月(肉)부, 총 10획) 큰창자 동
- 鏡胴경동 망원경이나 사진기 등의 몸통 ▶鏡(거울 경)
- 胴體동체 물체의 중심 부분, 특히 비행기의 몸체 부분 ▶體(몸 체)
- 胴間동간 胴金동금 胴部동부 胴衣동의
- 響胴향동 胴枯病동고병

2급 289 董 (艹(艸)부, 총 13획) 바를 동/짧을 종
- 骨董麵골동면 비빔국수 ▶骨(뼈 골), 麵(밀가루 면)
- 董狐之筆동호지필 역사를 사실대로 직필함 ▶狐(여우 호), 之(갈 지), 筆(붓 필)
- 監董감동 古董고동 董率동솔 董役동역
- 骨董品골동품 豆腐骨董두부골동

쪽지시험

상공회의소 한자 고급 1, 2급

※ 다음의 뜻을 가진 한자(漢字)는 어느 것입니까?

1 어둡다
① 墩 ② 惇 ③ 燉 ④ 沌 ⑤ 暾

2 오동나무
① 棟 ② 桐 ③ 枝 ④ 棹 ⑤ 瞳

풀이
1 ① 墩(돈대 돈) ② 惇(도타울 돈)
③ 燉(불빛 돈) ④ 沌(어두울 돈)
⑤ 暾(아침 해 돈)

2 ① 棟(마룻대 동) ② 桐(오동나무 동)
③ 枝(가지 지) ④ 棹(노 도)
⑤ 瞳(눈동자 동)

답 1. ④ | 2. ②

상공회의소 한자시험 고급 기본서 1·2급

2급 290
兜
几부 / 총 11획
투구 **두** / 도솔천 **도**

兜率歌두솔가 신라 경덕왕 때 월명사가 지은 향가 ▶率(거느릴 솔), 歌(노래 가)
馬兜鈴마두령 쥐방울 ▶馬(말 마), 鈴(방울 령)
兜率天도솔천

2급 291
杜
木부 / 총 7획
막을 **두**

杜鵑두견 소쩍새, 진달래 ▶鵑(두견 견)
杜甫두보 당(唐)나라 시인 ▶甫(클 보)
杜門不出두문불출 문을 닫고 나가지 않음 ▶門(문 문), 不(아닐 불), 出(날 출)
杜魄두백 杜絶두절 杜沖두충 杜撰두찬
杜詩諺解두시언해 連絡杜絶연락두절

1급 252
枓
木부 / 총 8획
주두 **두** / 구기 **주**

枓工두공 공청(空廳)·불벽(佛壁)에 장화반(長花盤) 대신으로 쓰는 나무 또는 크게 지은 목조건물에서 기둥 위에 지붕을 받치며 차례로 짜 올린 구조 ▶工(장인 공)
柱枓주두

2급 292
痘
疒부 / 총 12획
마마 **두**

痘苗두묘 천연두를 예방하기 위해 우두를 놓는 데 원료가 되는 약 ▶苗(싹 묘)
水痘수두 어린아이의 피부에 발진이 생기는 바이러스성 전염병 ▶水(물 수)
假痘가두 痘疫두역 痘瘡두창 小痘소두
時痘시두 種痘종두 種痘法종두법

1급 253
竇
穴부 / 총 20획
구멍 **두**

閨竇규두 작은 방문, 가난한 사람의 거처, 부인의 침실 ▶閨(안방 규)
利竇이두 잇구멍, 이익이 생길 만한 기회나 일 ▶利(이로울 리)
嵌竇감두 慧竇혜두 上顎竇상악두
圍心竇위심두 篳門閨竇필문규두

1급 254
荳
艹(艸)부 / 총 11획
콩 **두**

荳科두과 콩과 ▶科(과목 과)
紅荳홍두 콩과에 딸린 늘푸른 덩굴나무 ▶紅(붉을 홍)

주의 豆의 俗字

1급 255
逗
辶(辵)부 / 총 11획
머무를 **두**

逗留두류 객지에서 일정 기간 머물러 묵음 ▶留(머무를 류)

1급 256
臀
月(肉)부 / 총 17획
볼기 **둔**

露臀노둔 옷을 벗어 볼기를 드러냄 ▶露(이슬 로)
臀部둔부 엉덩이, 다리 위쪽에 반구형으로 내민 한 쌍의 신체부분 ▶部(떼 부)
臀癰둔옹 臀圍둔위 臀肉둔육 臀腫둔종
牛臀우둔 臀笞法둔태법

1급 257
芚
艹(艸)부 / 총 8획
싹나올 **둔**

油芚유둔 비가 올 때 쓰기 위해 이어 붙인 두꺼운 유지(油紙) ▶油(기름 유)
草芚초둔 짚, 띠, 부들 따위로 자적처럼 엮어 만든 물건 ▶草(풀 초)
大芚島대둔도 油芚契유둔계

2급 293
遁
辶(辵)부 / 총 13획
달아날 **둔** / 뒷걸음질칠 **준**

遁甲둔갑 재주를 부려 변신하는 술법 ▶甲(갑옷 갑)
遁避둔피 세상에 나가 활동하기 싫어 숨어서 피함 ▶避(피할 피)
逃遁도둔 遁俗둔속 遁迹둔적 遁竄둔찬
語遁어둔 隱遁은둔 遁走曲둔주곡

천연두(天然痘)

天(하늘 천), 然(그러할 연), 痘(마마 두)

천연두 바이러스에 의해 일어나는 급성 법정 전염병으로 두창(痘瘡)·포창(疱瘡)·마마(媽媽)라고 한다. 고열이 몹시 나고 온몸에 발진(發疹)이 생겨 딱지가 저절로 떨어지기 전에 긁으면 얽게 된다. 전염력이 매우 강해 많은 사망자를 내기도 했으나 19세기 영국 의사 E.제너가 창시한 종두가 보급되고부터 격감하였다. 한국에는 1879년 지석영(池錫永)이 최초로 종두를 도입하였고 1993년 천연두는 완전히 사라졌다고 발표하였다.

한자 익히기

2급 294 遯 辶(辵)부 총 15획 — 달아날 **둔**
- 遯隱둔은 사회적 활동에서 도피하여 숨음 ▶隱(숨을 은)
- 遯逸둔일 속세를 피하여 편안히 삶 ▶逸(편안할 일)
- 遯竄둔찬 隱遯은둔
- 주의 逐(쫓을 축) 3급

1급 258 嶝 山부 총 15획 — 고개 **등**
- 上旺嶝島상왕등도 전라남도 서해상의 안마군도에 딸린 작은 섬 ▶上(위 상), 旺(왕성할 왕), 島(섬 도)

1급 259 橙 木부 총 16획 — 등자나무 **등**
- 橙色등색 무지개의 둘째 빛과 같은 빛깔, 곧 귤이나 등자(橙子)의 껍질과 같은 붉은 빛을 띤 노란색 ▶色(빛 색)
- 橙子등자 등자나무의 열매 ▶子(아들 자)
- 橙黃등황 橙褐色등갈색 橙皮油등피유
- 橙黃石등황석 黃橙色황등색

2급 295 藤 艹(艸)부 총 19획 — 등나무 **등**
- 葛藤갈등 칡과 등나무라는 뜻으로, 일이나 사정이 서로 복잡하게 뒤얽혀 화합하지 못함을 비유함 ▶葛(칡 갈)
- 藤本등본 덩굴성 식물 ▶本(근본 본)
- 交藤교등 南藤남등 藤架등가 藤梨등리
- 紫藤자등 金藤花금등화 藤家具등가구

2급 296 謄 言부 총 17획 — 베낄 **등**
- 謄本등본 문서의 원본 내용을 그대로 베낌 ▶本(근본 본)
- 謄寫등사 등사기(謄寫機)로 박는 것 ▶寫(베낄 사)
- 謄記등기 謄錄등록 謄書등서 謄出등출
- 謄寫版등사판 주의 騰(오를 등) 3급

2급 297 鄧 阝(邑)부 총 15획 — 나라이름 **등**
- 鄧小平등소평 중국의 정치지도자 ▶小(작을 소), 平(평평할 평)

2급 298 螺 虫부 총 17획 — 소라 **라**
- 鳴螺명라 소라로 만든 악기를 붊 ▶鳴(울 명)
- 朱螺筒주라통 소의 목구멍에서 밥통에 이르는 길 ▶朱(붉을 주), 筒(대통 통)
- 啓螺계라 法螺법라 田螺전라 土螺토라
- 海螺해라 榮螺果영라과 吹螺赤취라적

2급 299 裸 衤(衣)부 총 13획 — 벌거벗을 **라**
- 赤裸裸적나라 몸에 아무것도 걸치지 않은 발가벗은 상태라는 뜻으로, 숨김없이 본디 모습 그대로 드러남을 의미함 ▶赤(붉을 적)
- 半裸반라 全裸전라
- 주의 臝와 同字

2급 300 蘿 艹(艸)부 총 23획 — 무 **라**
- 藤蘿등라 담쟁이·칡 등 덩굴식물을 통틀어 일컬음 ▶藤(등나무 등)
- 松蘿송라 소나무겨우살이로 엮어 만든 여승이 쓰는 모자 ▶松(소나무 송)
- 女蘿여라 蔦蘿조라 靑蘿청라 海蘿해라
- 松蘿科송라과 女蘿衣여라의

2급 301 懶 忄(心)부 총 19획 — 게으를 **라**
- 慵懶용라 버릇이 없고 게으름 ▶慵(게으를 용)
- 주의 瀨(여울 뢰) 1·2급

쪽지시험

상공회의소 한자 고급 1, 2급

※ 다음 단어들의 □ 안에 공통으로 들어갈 알맞은 한자는 어느 것입니까?

1 □甲, □世, □走
 ① 遯   ② 還   ③ 俗   ④ 競   ⑤ 亂

2 □旋, □匠, □鈿
 ① 周   ② 美   ③ 螺   ④ 轉   ⑤ 畫

풀이
1 遯甲(둔갑), 遯世(둔세), 遯走(둔주)
2 螺旋(나선), 螺匠(나장), 螺鈿(나전)

답 1. ① | 2. ③

1급 260 辶(辵)부 총 23획 邏 순행할 라	巡邏순라 술래의 원말 ▶巡(돌 순) 巡邏軍순라군 조선시대 때 도둑·화재 등을 경계하기 위해 밤에 궁중과 서울 둘레를 순시하던 군인 ▶巡(돌 순), 軍(군사 군) 警邏경라 偵邏정라 巡邏曲순라곡 巡邏船순라선	2급 302 疒부 총 21획 癩 약물중독 라	疥癩개라 문둥병 ▶疥(옴 개) 白癩瘡백라창 피부에 내솟은 기름이 말라 붙어 연회색으로 되었다가 마른버짐처럼 떨어지는 병 ▶白(흰 백), 瘡(부스럼 창) 黑癩흑라 結節癩결절라 神經癩신경라 漆身爲癩칠신위라
2급 303 氵(水)부 총 9획 洛 강이름 락	駕洛國가락국 육가야(六伽倻)의 하나로, 옛 변한(弁韓)의 땅에 김수로(金首露)가 세움 ▶駕(가마 가), 國(나라 국) 京洛경락 上洛상락 駕洛國記가락국기 주의 落(떨어질 락) 5급	2급 304 王(玉)부 총 10획 珞 구슬목걸이 락	瓔珞영락 목·팔 등에 두르는 구슬을 꿴 장식품 ▶瓔(옥돌 영)
2급 305 酉부 총 13획 酪 진한유즙 락	乳酪유락 버터·치즈·크림처럼 우유를 가공하여 만든 식품 ▶乳(젖 유) 乾酪蟲건락충 오래된 치즈에 생기는 기생충(寄生蟲) ▶乾(마를 건), 蟲(벌레 충) 乾酪건락 羊酪양락 醴酪예락 牛酪우락 駝酪타락 牛酪乳우락유 駝酪餠타락병	2급 306 火부 총 10획 烙 지질 락	炮烙之刑포락지형 중국 은(殷)나라 주왕(紂王)이 쓰던 매우 심한 형벌로, 달군 쇠로 지지는 극형 ▶炮(구울 포), 之(갈 지), 刑(형벌 형) 炮烙포락
2급 307 馬부 총 16획 駱 낙타 락	單峰駱駝단봉낙타 큰 혹이 하나 있는 낙타로, 아라비아 대상(隊商)이 사람 또는 짐을 나르는 데 사용함 ▶單(홑 단), 峰(봉우리 봉), 駝(낙타 타) 駱駝낙타 駱駝橋낙타교 駱駝地낙타지 雙峰駱駝쌍봉낙타	2급 308 火부 총 21획 爛 문드러질 란	濃爛농란 무르익음 ▶濃(짙을 농) 能爛능란 익숙하고 솜씨 있음 ▶能(능할 능) 濕爛습란 살갗이 서로 접촉하는 부분에 생기는 습진 모양의 피부염 ▶濕(젖을 습) 腐爛부란 純爛순란 燦爛찬란 絢爛현란 輝煌燦爛휘황찬란 能手能爛능수능란
1급 261 木부 총 23획 欒 모감주나무 란	團欒단란 빈 구석이 없이 매우 원만함 또는 친밀한 곳에서 즐김 ▶團(둥글 단) 團欒酒店단란주점 團欒之樂단란지락 주의 變(변할 변) 5급	2급 309 氵(水)부 총 20획 瀾 물결 란	漫瀾만난 아득하여 끝없음 ▶漫(퍼질 만) 波瀾파란 작은 물결과 큰 물결 또는 순조롭지 못한 여러 곤란한 일이나 사건 ▶波(물결 파) 驚瀾경란 狂瀾광란 碧瀾벽란 回瀾회란 波瀾萬丈파란만장 波瀾重疊파란중첩

한자별곡

청출어람(靑出於藍)

靑(푸를 청), 出(날 출), 於(어조사 어), 藍(쪽 람)

'푸른색은 쪽[藍]에서 나왔지만 쪽빛보다 더 푸르다' 라는 뜻으로, 제자가 스승보다 더 나음을 비유하는 말이다. '학문은 그쳐서는 안 된다[學不可以已]. 푸른색은 쪽에서 취했지만 쪽빛보다 더 푸르고(靑取之於藍而靑於藍) 얼음은 물이 이루었지만 물보다도 더 차다(氷水爲之而寒於水).' 학문이란 끊임없이 계속되는 것이므로 중도에 그쳐서는 안 되며, 면학을 계속하면 스승을 능가하는 학문의 깊이를 가진 제자도 나타날 수 있다는 말이다.

한자 익히기

2급 310	鸞	鳳鸞봉란 봉황새와 난새 ▶鳳(새 봉) 靑鸞청란 공작을 닮은 꿩과의 새 ▶靑(푸를 청)
鳥부 총 30획	난새 **란**	赤鸞적란 翔鸞旗상란기

1급 262	剌	潑剌발랄 활발하게 약동하는 모양, 물고기가 뛰는 모양, 활을 당긴 모양 ▶潑(물뿌릴 발)
刂(刀)부 총 9획	어그러질 **랄**	潑剌性발랄성 生氣潑剌생기발랄 주의 剌(찌를 자) 3급

1급 263	辣	老辣餠노랄병 찹쌀가루에 생강가루와 계피가루를 섞어 꿀이나 설탕에 반죽하여 팥으로 소를 넣고 빚어 만든 떡의 한 가지 ▶老(늙을 로), 餠(떡 병)
辛부 총 14획	매울 **랄**	苛辣가랄 揷辣삽랄 辛辣신랄 惡辣악랄 惡辣性악랄성

2급 311	藍	洋藍양람 서양화의 채색에 쓰이는 검푸른 빛깔의 물감 ▶洋(큰바다 양) 伽藍神가람신 절을 지킨다는 신 ▶伽(절 가), 神(귀신 신)
⺾(艸)부 총 18획	쪽 **람**	伽藍가람 濃藍농람 木藍목람 毘藍비람 阿藍아람 吳藍오람 出藍출람

1급 264	嵐	晴嵐청람 화창한 날에 아른거리는 아지랑이 ▶晴(갤 청) 翠嵐취람 푸르게 나무가 무성한 산의 모양 ▶翠(비취색 취)
山부 총 12획	남기 **람**	溪嵐계람 春嵐춘람 磁氣嵐자기람 霞嵐山하람산

1급 265	擥	擥取남취 손에 잡음 또는 손으로 잡아챔 ▶取(가질 취)
手부 총 18획	잡을 **람**	擥要남요

1급 266	襤	襤褸남루 옷 따위가 낡고 해져서 너절함 ▶褸(남루할 루) 襤衣남의 해지고 낡은 너절한 옷 ▶衣(옷 의)
衤(衣)부 총 19획	누더기 **람**	

1급 267	攬	結攬결람 어떤 목적 하에 생기는 동지(同志)를 끌어들이어 모음 ▶結(맺을 결) 延攬연람 사람들의 마음을 끌어당겨 자기 편으로 끌어넣음 ▶延(늘일 연)
扌(手)부 총 24획	잡을 **람**	總攬총람 攬要남요 收攬수람 典攬전람 주의 欖(감람나무 람) 1·2급

1급 268	欖	橄欖감람 감람나무 열매, 맛이 좀 쓰고 떫음 ▶橄(감람나무 감) 橄欖石감람석 철·마그네슘 등의 규산염으로 된 광물 ▶橄(감람나무 감), 石(돌 석)
木부 총 25획	감람나무 **람**	橄欖科감람과 橄欖色감람색 橄欖園감람원 橄欖油감람유

1급 269	籃	魚籃어람 물고기를 담는 바구니 ▶魚(고기 어) 蝸籃와람 황여새, 여샛과의 새 ▶蝸(달팽이 와)
竹부 총 20획	대바구니 **람**	搖籃요람 竹籃죽람 搖籃期요람기 搖籃地요람지 搖籃時代요람시대

쪽지시험

※ 다음 한자(漢字)와 뜻이 비슷한 한자는 어느 것입니까?

1 駝

① 駱 ② 騏 ③ 駒 ④ 驕 ⑤ 象

2 乖

① 懷 ② 剌 ③ 怯 ④ 賴 ⑤ 怪

풀이

1 駝(낙타 타)
① 駱(낙타 낙) ② 騏(준마 기) ③ 駒(망아지 구)
④ 驕(교만할 교) ⑤ 象(코끼리 상)

2 乖(어그러질 괴)
① 懷(품을 회) ② 剌(어그러질 랄) ③ 怯(겁낼 겁)
④ 賴(의뢰할 뢰) ⑤ 怪(기이할 괴)

답 1. ① | 2. ②

1급 270 糸부 총 27획	纜 닻줄 람	電纜전람 절연물로 포장한 전선 또는 그것을 여러 개 한데 묶은 것 ▶電(번개 전) 解纜해람 출범, 배가 돛을 달고 떠남 ▶解(풀 해) 繫纜계람 緊纜긴람 纜漁남어 電纜稅전람세

| 2급 312 扌(手)부 총 8획 | 拉 꺾을 랍 | 拉致납치 강제 수단을 써서 억지로 데리고 감 ▶致(이를 치)
被拉피랍 납치를 당하는 것 ▶被(입을 피)
拉北납북 拉致犯납치범 半拉城반랍성 |

| 2급 313 虫부 총 21획 | 蠟 밀 랍 | 蜜蠟밀랍 꿀을 짜낸 찌꺼기를 끓여 만든 기름 ▶蜜(꿀 밀)
梔蠟치랍 실속이 없이 겉만을 꾸밈을 이르는 말 ▶梔(치자나무 치)
鯨蠟경랍 鑛蠟광랍 木蠟목랍 封蠟봉랍
屍蠟시랍 魚蠟어랍 朱蠟주랍 型蠟형랍 |

| 2급 314 月(肉)부 총 19획 | 臘 납향 랍 | 客臘객랍 지난해의 섣달 ▶客(손 객)
希臘語희랍어 그리스어, 인도·유럽 어족(語族)에 속한 언어의 하나 ▶希(바랄 희), 語(말씀 어)
舊臘구랍 窮臘궁랍 法臘법랍 伏臘복랍
僧臘승랍 六臘육랍 眞臘진랍 夏臘하랍 |

| 2급 315 月부 총 11획 | 朗 밝을 랑 | 開朗개랑 탁 트이어 환함 ▶開(열 개)
朗朗낭랑 소리가 명랑한 모습
融朗융랑 투명하고 맑음 또는 화평하고 밝음 ▶融(녹을 융)
曠朗광랑 皎朗교랑 明朗명랑 晴朗청랑
內潤外朗내윤외랑 주의 郎(사내 랑) 4급 |

| 2급 316 犭(犬)부 총 10획 | 狼 이리 랑 | 豺狼시랑 승냥이와 이리 즉, 탐욕 많고 무자비한 사람을 비유함 ▶豺(승냥이 시)
餓狼아랑 굶주린 이리라는 뜻으로, 위험이나 재난을 이르는 말 ▶餓(주릴 아)
牝狼빈랑 鼠狼서랑 虎狼호랑
天狼星천랑성 佛狼機불랑기 |

| 1급 271 王(玉)부 총 11획 | 琅 옥이름 랑 | 琅琅낭랑 쇠와 옥이 서로 부딪혀 나는 소리 또는 새가 지저귀는 맑은 소리
琅函낭함 서류 상자 또는 남을 높이어 그의 편지를 이르는 말 ▶函(함 함)
琅玕낭간 琅然낭연 琅湯낭탕
주의 珉(옥돌 민) 1·2급 |

| 1급 272 王(玉)부 총 14획 | 瑯 고을이름 랑 | 琺瑯법랑 에나멜, 파란 등 금속기·도자기 등의 표면에 구워 올려 윤이 나게 하는 광물을 원료로 하는 유약(釉藥) ▶琺(법랑 법)
琺瑯質법랑질 琺瑯小滴법랑소적
琺瑯眞珠법랑진주 琺瑯質瘤법랑질류 |

| 1급 273 虫부 총 16획 | 螂 사마귀 랑 | 螳螂당랑 사마귀 ▶螳(사마귀 당)
螳螂之斧당랑지부 자기 힘을 생각지 않고 강적 앞에서 분수없이 날뛰는 것을 말함 ▶螳(사마귀 당), 之(갈 지), 斧(도끼 부)
螂蹴낭축 螳螂科당랑과 螳螂力당랑력
螳螂拒轍당랑거철 螳螂窺蟬당랑규선 |

| 1급 274 山부 총 11획 | 崍 산이름 래 | 邛崍공래 중국 사천성 영경현 서쪽에 있는 산 ▶邛(언덕 공)
주의 峽(골짜기 협) 1·2급 |

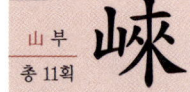

당랑거철(螳螂拒轍)

螳(사마귀 당), 螂(사마귀 랑), 拒(막을 거), 轍(바퀴자국 철)

자기 분수를 모르고 상대가 되지 않는 사람이나 사물과 대적함을 의미한다. 중국 춘추시대 제(齊)나라 장공(莊公)이 수레를 타고 사냥을 가던 중 웬 벌레가 가로막아 그 벌레에 대해 마부에게 묻자, "저것은 사마귀라는 벌레이옵니다. 앞으로 나아갈 줄만 알고 물러설 줄 모르는데, 제 힘은 생각하지도 않고 적을 가볍게 보는 버릇이 있습니다." 그러자 장공은 "이 벌레가 사람이라면 반드시 천하에 용맹한 사나이가 될 것이다."라고 말하며 수레를 돌려 피해 갔다고 한다.

한자 익히기

1급 275 徠 / 彳부 / 총 11획
올 래
招徠초래 불러서 무마함, 불러다가 어루만져 위로함 ▶招(부를 초)
勞徠노래
주의 俠(호협할 협) 1·2급

2급 317 萊 / ++(艸)부 / 총 12획
명아주 래
老萊之戱노래지희 자식이 나이가 들어도 부모의 자식에 대한 마음은 똑같으니 변함없이 효도해야 함을 말함 ▶老(늙을 로), 之(갈 지), 戱(희롱할 희)
萊蕪내무 萊衣내의 蓬萊봉래 草萊초래
蓬萊山봉래산 東萊府使동래부사

2급 318 亮 / 亠부 / 총 9획
밝을 량
失亮실량 도자기가 땅 속에 오래 파묻혀 있어 그 광택을 잃는 현상 ▶失(잃을 실)
翼亮익량 임금을 도와 천하를 다스림 ▶翼(날개 익)
明亮명량 貞亮정량 淸亮청량 忠亮충량
洪亮홍량 諸葛亮제갈량

1급 276 倆 / 亻(人)부 / 총 10획
재주 량
技倆기량 기술적인 재간이나 솜씨 ▶技(재주 기)
伎倆기량

2급 319 樑 / 木부 / 총 15획
들보 량
大樑대량 대들보 ▶大(큰 대)
棟樑之臣동량지신 한 나라의 중요한 책임을 맡아 수행할 만한 신하 ▶棟(마룻대 동), 之(갈 지), 臣(신하 신)
棟樑동량 四樑사량 上樑상량 宗樑종량
衝樑충량 九樑閣구량각 平射樑평사량

1급 277 粮 / 米부 / 총 13획
양식 량
經粮경량 절에서 불경을 공부하는 사람의 양식 ▶經(글 경)
주의 糧과 同字

1급 278 粱 / 米부 / 총 13획
기장 량
鼻粱비량 콧마루 ▶鼻(코 비)
膏粱珍味고량진미 살진 고기와 좋은 곡식으로 만든 맛있는 음식 ▶膏(살찔 고), 珍(보배 진), 味(맛 미)
高粱고량 雕粱조량 河粱하량
高粱酒고량주 주의 梁(들보 량) 3급

1급 279 輛 / 車부 / 총 15획
수레 량
車輛차량 기차의 한 칸 또는 여러 가지 수레의 총칭 ▶車(수레 차)
車輛局차량국 車輛稅차량세

2급 320 侶 / 亻(人)부 / 총 9획
짝 려
伴侶者반려자 짝이 되는 사람 ▶伴(짝 반), 者(놈 자)
鴛侶원려 벼슬아치의 동료 또는 배필(配匹) ▶鴛(원앙 원)
群侶군려 同侶동려 伴侶반려 法侶법려
仙侶선려 僧侶승려 淨侶정려 緇侶치려

2급 321 儷 / 亻(人)부 / 총 21획
나란히할 려
魚儷어려 고기비늘처럼 나란히 줄지어 있음 ▶魚(고기 어)
伉儷항려 남편과 아내로 이루어진 짝 ▶伉(짝 항)
失儷실려 儷文여문 騈儷文변려문
騈儷體변려체 失儷章실려장

쪽지시험

성공회의소 한자 고급 1, 2급

※ 다음 음(音)을 가진 한자는 어느 것입니까?

1 랍
①位 ②泣 ③辣 ④砬 ⑤拉

2 량
①困 ②梁 ③果 ④床 ⑤楊

풀이
1 ①위 ②읍 ③랄 ④립 ⑤랍
2 ①곤 ②량 ③과 ④상 ⑤양

답 1. ⑤ | 2. ②

1급 280 戻
戶부 / 총 8획
어그러질 려/돌릴 렬

愆戾건려 허물, 잘못 ▶愆(허물 건)
割戾金할려금 한번 받았던 금액 가운데서 얼마간 되돌려 주는 돈 ▶割(벨 할), 金(쇠 금)
剛戾강려 乖戾괴려 狼戾낭려 買戾매려
返戾반려 叛戾반려 背戾배려 貪戾탐려

1급 281 櫚
木부 / 총 19획
종려나무 려

棕櫚扇종려선 종려의 잎으로 만든 부채 ▶棕(종려나무 종), 扇(부채 선)
棕櫚繩종려승 종려의 털로 엮은 새끼 ▶棕(종려나무 종), 繩(노끈 승)
棕櫚종려 華櫚화려 唐棕櫚당종려
棕櫚毛종려모 棕櫚油종려유

2급 322 藜
艹(艸)부 / 총 19획
명아주 려

靑藜杖청려장 명아주 줄기로 만든 지팡이 ▶靑(푸를 청), 杖(지팡이 장)
靑藜청려 練藜室記述연려실기술

1급 282 蠣
虫부 / 총 21획
굴 려

蠣殼여각 굴이나 조개 등의 껍데기 ▶殼(껍질 각)
雕蠣조려 금·은·구리 같은 것으로 만든 물건에 용무늬를 새기는 일 ▶雕(새길 조)
牡蠣모려 蠣房여방

2급 323 驢
馬부 / 총 26획
나귀 려

黔驢之技검려지기 검단 노새의 재주라는 뜻으로, 겉치레뿐이고 실속이 보잘 것 없어 보이는 솜씨를 말함 ▶黔(검을 검), 之(갈 지), 技(재주 기)
靑驢청려 海驢해려 騎驢覓驢기려멱려
驢前馬後여전마후 一驢單僕일려단복

2급 324 呂
口부 / 총 7획
음률 려

律呂율려 음악이나 음성의 가락 ▶律(법칙 률)
南呂宮남려궁 문묘악(文廟樂) 15궁의 하나 ▶南(남녘 남), 宮(집 궁)
南呂남려 大呂대려 六呂육려 陰呂음려
伊呂이려 仲呂중려 律呂正義율려정의

2급 325 閭
門부 / 총 15획
이문 려

門閭문려 마을 어귀의 문 ▶門(문 문)
倚閭의려 어머니가 동구 밖에까지 나가 자녀가 돌아오기를 초조하게 기다림 ▶倚(의지할 의)
比閭비려 式閭식려 菴閭암려 旌閭정려
尾閭骨미려골 旌表門閭정표문려

2급 326 驪
馬부 / 총 29획
가라말 려/리

驪歌여가 송별의 노래 ▶歌(노래 가)
驪龍之珠여룡지주 검은 용의 턱 밑에 있는 귀중한 구슬 ▶龍(용 룡), 之(갈 지), 珠(구슬 주)
驪駕여가 驪山여산 驪戎 여융
주의 驪와 同字

2급 327 黎
黍부 / 총 15획
검을 려

烝黎出妻증려출처 옛날에 증자(曾子)가 자기의 처가 어머니에 대한 정성이 부족하다 하여 이혼한 일 ▶烝(김오를 증), 出(날 출), 妻(아내 처)
黔黎검려 群黎군려 閻黎도려
주의 藜(명아주 려) 1·2급

2급 328 廬
广부 / 총 19획
오두막집 려

居廬거려 상제(喪制)된 사람이 무덤 가이 초막에서 거처함 ▶居(살 거)
蝸廬와려 달팽이 껍질처럼 작다는 뜻으로 작고 누추한 집을 말함 ▶蝸(달팽이 와)
蓬廬봉려 先廬선려 僧廬승려 廬幕여막
屋廬옥려 周廬주려 村廬촌려 下廬하려

한자별곡

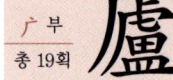

삼고초려(三顧草廬)

三(석 삼), 顧(돌아볼 고), 草(풀 초), 廬(오두막집 려)

초가집을 세 번 찾아간다는 뜻으로, 인재를 맞아들이기 위하여 참을성 있게 노력하는 것을 비유하는 말이다. 중국 삼국시대 촉한의 유비는 전술을 발휘할 지혜로운 참모를 얻기 위해 제갈량(諸葛亮)을 맞으러 남양(南陽)에 은거하던 제갈량의 초가집으로 찾아갔으나 번번이 만나지 못하다가 세 번째 갔을 때 비로소 만날 수 있었다. 어지러운 세상을 피하여 은거하고 있던 제갈량은 세 번이나 찾아온 유비의 정성에 감복하여 그를 돕기로 결심하였다.

한자 익히기

2급 329 礪 (石부 총 20획) 거친숫돌 려
河山帶礪하산대려 황하가 허리띠같이 가늘어지고, 태산이 숫돌만큼 작아진다 할지라도 변하지 않겠다는 굳은 맹세의 말 ▶河(물 하), 山(뫼 산), 帶(띠 대)
磨礪마려 砥礪지려

2급 330 濾 (氵(水)부 총 18획) 거를 려
壓濾器압려기 압력으로 액체를 거르는 기구로 술과 간장을 거르는 기계도 이것의 한 가지임 ▶壓(억누를 압), 器(그릇 기)
주의 濾(강이름 로) 1·2급

2급 331 瀝 (氵(水)부 총 19획) 거를 력
滴瀝적력 물방울이 똑똑 떨어짐 또는 그 소리 ▶滴(물방울 적)
披瀝피력 평소에 숨겨둔 생각을 모조리 털어내어 말함 ▶披(헤칠 피)
淅瀝석력 淋瀝임력 浙瀝절력 竹瀝죽력
瀝青炭역청탄 竹瀝粥죽력죽

2급 332 礫 (石부 총 20획) 조약돌 력/뛰어날 락
砂礫사력 사람이 손으로 쥘 수 있을 만한 정도의 크기를 가진 돌 ▶砂(모래 사)
礫塊역괴 자갈과 흙덩이라는 뜻으로 아무 가치도 없는 물건의 비유 ▶塊(흙덩이 괴)
角礫각력 石礫석력 瓦礫와력 磧礫적력
漂礫표력 含礫性함력성 火山礫화산력

1급 283 靂 (雨부 총 24획) 벼락 력
霹靂車벽력차 옛날 중국에서 사용하던 무기로, 돌을 발사하도록 장치한 전쟁용 차를 말함 ▶霹(벼락 벽), 車(수레 차)
霹靂벽력 霹靂聲벽력성 霹靂火벽력화
雷霆霹靂뇌정벽력 青天霹靂청천벽력

1급 284 轢 (車부 총 22획) 삐걱거릴 력
軋轢알력 수레바퀴의 삐걱거림 또는 의견이 서로 충돌됨 ▶軋(삐걱거릴 알)
轢傷역상 차의 바퀴에 깔려 다침 ▶傷(다칠 상)
轢死역사 轢殺역살

2급 333 煉 (火부 총 13획) 불릴 련
煉獄연옥 죽은 사람이 천국으로 들어가기 전에, 불에 의해 죄를 정화한다고 하는 곳 ▶獄(옥 옥)
煉瓦연와 벽돌 ▶瓦(기와 와)
주의 鍊과 同字

2급 334 漣 (氵(水)부 총 14획) 물놀이 련
清漣청련 물이 맑고 잔잔함 ▶清(맑을 청)
細漣세련 잔잔한 파도 ▶細(가늘 세)

2급 335 輦 (車부 총 15획) 손수레 련
京輦경련 서울 ▶京(서울 경)
副輦부련 거동 때 임금이 탄 거가(車駕)보다 앞장서서 가는 빈 연 ▶副(버금 부)
輿輦여련 임금이 타는 수레 ▶輿(수레 여)
素輦소련 玉輦옥련 正輦정련 駐輦주련
下輦하련 魂輦혼련 副輦陪부련배

1급 285 璉 (王(玉)부 총 15획) 호련 련
瑚璉호련 오곡을 담아 신께 바치던 제기(祭器) 또는 고귀한 인물이나 인재를 비유하는 말 ▶瑚(산호 호)

쪽지시험

※ 다음 성어에서 □ 안에 들어갈 알맞은 한자는 어느 것입니까?

1 夏扇冬□
① 扇 ② 戻 ③ 盾 ④ 暦 ⑤ 選

2 靑天霹□
① 靂 ② 雲 ③ 雪 ④ 漏 ⑤ 轢

풀이

1 夏扇冬曆(하선동력) : 여름의 부채와 겨울의 새해 책력이라는 뜻으로, 선사하는 물건이 철에 맞음을 이르는 말

2 青天霹靂(청천벽력) : 맑게 갠 하늘에서 치는 날벼락이라는 뜻으로, 뜻밖에 일어난 큰 변고나 사건을 비유적으로 이르는 말

답 1. ④ | 2. ①

2급 336 攣
手부 총 23획
걸릴 련

痙攣경련 근육이 자기 의사에 반하여 병적으로 수축하는 현상 ▶痙(심줄땅길 경)
拘攣구련 손발이 굳어져 마음대로 쓰지 못하는 병 ▶拘(잡을 구)

攣擘연벽 攣縮연축 痙攣症경련증
熱痙攣열경련 胃痙攣위경련

1급 286 洌
氵부 총 8획
찰 렬/거셀 례

凜洌늠렬 추위가 살을 엘 듯함 ▶凜(찰 늠)
淸洌청렬 물이 밝고 참 또는 맛이 산뜻하고 시원함 ▶淸(맑을 청)

洌洌열렬

2급 287 洌
氵(水)부 총 9획
맑을 렬

洌上方言열상방언 조선 영·정조 때의 학자 이덕무(李德懋)가 속담을 수집하여 한역(漢譯)한 글 ▶上(위 상), 方(모 방), 言(말씀 언)

洌水열수 洌泉열천 洌風열풍

2급 337 斂
攵(支)부 총 17획
거둘 렴

聚斂취렴 백성의 재물을 탐내어 함부로 거두어들이는 것 ▶聚(모을 취)
後斂후렴 노래 곡조 끝에 붙여 되풀이되는 짧은 몇 마디의 가사 ▶後(뒤 후)

賦斂부렴 收斂수렴 出斂출렴 橫斂횡렴
薄賦斂박부렴 苛斂誅求가렴주구

2급 338 濂
氵(水)부 총 16획
물이름 렴/경박할 섬

宋奎濂송규렴 조선 시대 19대 숙종 때의 문신 ▶宋(송나라 송), 奎(별 규)

周濂溪集주렴계집

2급 339 簾
竹부 총 19획
발 렴

垂簾聽政수렴청정 발을 내리고 정사를 듣는다는 뜻으로, 왕대비나 대왕대비가 나이 어린 임금을 대신해 정사를 돌봄 ▶垂(드리울 수), 聽(들을 청), 政(정사 정)

凍簾동렴 半簾반렴 撥簾발렴 玉簾옥렴
竹簾죽렴 撤簾철렴 翠簾취렴 布簾포렴

2급 340 殮
歹부 총 17획
염할 렴

聘殮빙렴 장례 때 예를 갖추어 염함 ▶聘(부를 빙)
小殮소렴 시체를 새로 지은 옷을 입히고 이불로 쌈 ▶小(작을 소)

改殮개렴 棺殮관렴 襲殮습렴
大殮衾대렴금 大小殮대소렴 小殮衾소렴금

1급 288 伶
亻(人)부 총 7획
영리할 령

伶悧영리 눈치가 빠르고 똑똑함 또는 슬기롭고 민첩함 ▶悧(영리할 리)
伶樂영악 악공이나 광대가 연주하는 음악 ▶樂(풍류 악)

女伶여령 伶倫영륜 伶俐영리 伶人영인
伶牙俐齒영아이치

1급 289 岑
山부 총 8획
재 령

土茯苓토복령 며래의 뿌리로 허리앓이나 팔다리 쑤시는 데 또는 풍습(風濕) 등의 약재로 쓰임 ▶土(흙 토), 茯(복령 복)

주의 嶺의 俗字

1급 290 苓
竹부 총 11획
도꼬마리 령

茯苓복령 불완전 균류(菌類)의 하나로, 땅 속의 솔뿌리에 기생함 ▶茯(복령 복)
茯苓皮복령피 복령의 껍질 ▶茯(복령 복), 皮(가죽 피)

白茯苓백복령 茯苓粥복령죽 楓樹苓풍수령

한자별곡

묘두현령(猫頭懸鈴)

猫(고양이 묘), 頭(머리 두), 懸(매달 현), 鈴(방울 령)

'고양이 목에 방울달기'라는 뜻으로 현실적으로 이루어지기 어렵고 불가능한 일을 공연히 꾸미는 것을 비유하는 말이다. 쥐들이 늘 고양이 때문에 위험을 느끼자, 쥐 한 마리가 고양이의 목에 방울을 매달아 두면 그 방울소리를 듣고 고양이가 오는 것을 미리 알 수 있어서 죽음을 면할 수 있을 것이라는 제안을 하였다. 쥐들은 모두 좋은 의견이라고 기뻐하였으나, 큰 쥐가 "누가 고양이의 목에다 방울을 달아 놓을 수 있겠는가" 하고 물었더니 나서는 자가 아무도 없었다.

한자 익히기

2급 341 | 羽부 | 총 11획 | **翎** 깃 령
飄翎표령 매의 꽁지 위에 표를 하려고 덧꽂아 맨 새의 깃 ▶飄(회오리바람 표)
白翎島백령도 인천광역시 옹진군 백령면에 속하는 섬 ▶白(흰 백), 島(섬 도)
翎毛영모 羽翎우령 花翎화령
白翎雀백령작 白翎鳥백령조

1급 291 | 辶(辵)부 | 총 11획 | **逞** 굳셀 령
不逞불령 현재의 체제에 대하여 불만을 품고 제멋대로 행동하는 일 ▶不(아닐 불)
逞兵영병 뛰어나게 강한 병사 ▶兵(군사 병)
不逞之徒불령지도

2급 342 | 齒부 | 총 20획 | **齡** 나이 령
妙齡묘령 스물 안팎의 꽃다운 여자의 나이를 말함 ▶妙(묘할 묘)
鶴齡학령 두루미의 나이, 곧 오래 산 늙은이의 연령 ▶鶴(학 학)
老齡노령 同齡동령 實齡실령 年齡연령
月齡월령 高齡者고령자 適齡期적령기

2급 343 | 王(玉)부 | 총 9획 | **玲** 옥소리 령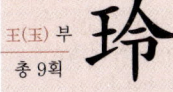
玲瓏영롱 광채가 찬란함 또는 금옥이 울리는 소리가 맑고 산뜻함 ▶瓏(옥소리 롱)
玲瓏墻영롱장 화문장(花紋墻)의 한 가지 ▶瓏(옥소리 롱), 墻(담 장)
玲瓏撥魚영롱발어 五色玲瓏오색영롱
五彩玲瓏오채영롱 八面玲瓏팔면영롱

2급 344 | 金부 | 총 13획 | **鈴** 방울 령
啞鈴아령 양끝이 공처럼 둥근 팔 운동기구의 하나 ▶啞(벙어리 아)
豫鈴예령 정해진 시각이 가까웠음을 미리 알리려고 치는 종 ▶豫(미리 예)
轉鈴전령 檐鈴첨령 馬兜鈴마두령
猫項懸鈴묘항현령 掩耳盜鈴엄이도령

1급 292 | 忄(心)부 | 총 8획 | **怜** 영리할 령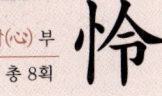
怜悧영리 눈치가 빠르고 똑똑함 또는 슬기롭고 민첩함 ▶悧(영리할 리)

주의 伶과 同字

1급 293 | 口부 | 총 8획 | **囹** 옥 령
囹圄영어 감옥 ▶圄(옥 어)
囹圄영어

1급 294 | 羊부 | 총 11획 | **羚** 영양 령
羚羊영양 솟과의 포유동물로 체형이 사슴과 비슷하고 초식성이며 매우 빨리 달림 ▶羊(양 양)

1급 295 | 耳부 | 총 11획 | **聆** 들을 령
瞻聆첨령 여러 사람이 보고 듣는 일 ▶瞻(볼 첨)
聆音察理영음찰리

2급 345 | 酉부 | 총 20획 | **醴** 단술 례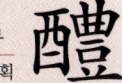
醇醴순례 좋은 술과 감주 ▶醇(진한술 순)
醴泉예천 중국에서 태평한 때에 단물이 솟는다고 하는 샘 ▶泉(샘 천)
甘醴감례 酒醴주례

쪽지시험 (상공회의소 한자 고급 1, 2급)

※ 다음 한자어(漢字語)와 발음(發音)이 같은 한자어는 어느 것입니까?

1 收斂
① 取扱 ② 就任 ③ 垂簾 ④ 郵票 ⑤ 修習

2 營利
① 鄕里 ② 管理 ③ 距離 ④ 鈴履 ⑤ 英華

풀이
1 수렴
① 취급 ② 취임 ③ 수렴 ④ 우표 ⑤ 수습
2 영리
① 향리 ② 관리 ③ 거리 ④ 영리 ⑤ 영화

답 1. ③ | 2. ④

상공회의소 한자시험 고급 기본서 1·2급

1급 296 氵(水)부 총 16획 澧 강이름 례/풍	澧沛예패 비가 세차게 내리는 모양 ▶沛(늪 패) 澧澧예례 澧泉예천 주의 醴와 通用	2급 346 魚부 총 15획 魯 노둔할 로	愚魯우로 우둔 ▶愚(어리석을 우) 鄒魯추로 공자는 노(魯)나라 사람이고, 맹자는 추(鄒)나라 사람이라는 뜻으로 공맹(孔孟)을 가리키는 말 ▶鄒(추나라 추) 奧魯오로 去魯歌거로가 格魯母격로모 鄒魯學추로학
2급 347 皿부 총 16획 盧 밥그릇 로	對盧대로 고구려 왕가의 직속 하에 두었던 제1위의 벼슬 ▶對(대할 대) 狗盧國구로국 삼한시대 마한(馬韓) 54국의 하나 ▶狗(개 구), 國(나라 국) 斯盧사로 新盧신로 毘盧峯비로봉 毘盧龍膽비로용담 주의 廬(농막집 려) 1·2급	2급 348 鳥부 총 23획 鷺 해오라기 로	烏鷺오로 까마귀와 해오라기, 흑과 백, 바둑 ▶烏(까마귀 오) 朱鷺주로 따오기 ▶朱(붉을 주) 蒼鷺창로 해오라기 ▶蒼(푸를 창) 鷗鷺구로 白鷺백로 碧鷺벽로 玉鷺옥로 紫鷺자로 黃鷺황로 振鷺旗진로기
1급 297 扌(手)부 총 16획 擄 사로잡을 로	擄掠노략 떼를 지어 다니며 재물을 빼앗아 감 ▶掠(노략질할 략) 주의 虜와 同字	2급 349 木부 총 19획 櫓 방패/노 로	櫓歌노가 배를 부리는 사람이 노를 저어가며 부르는 노래 ▶歌(노래 가) 樓櫓누로 적을 망보는 지붕이 없는 전망대 ▶樓(다락 루) 干櫓간로 櫓棹노도 執櫓집로
2급 350 艹(艸)부 총 20획 蘆 갈대 로	長蘆장로 심어서 기른 산삼 ▶長(길 장) 壺蘆호로 호리병박 또는 대궐 안 잔치 때 무애무(無㝵無)를 추는 데에 쓰는 제구의 한 가지 ▶壺(병 호) 漏蘆누로 匏蘆포로 葫蘆瓶호로병 葫蘆笙호로생	2급 351 虍부 총 13획 虜 포로 로	首虜수로 싸움터에서 베어 얻은 적의 머리와 포로 ▶首(머리 수) 醜虜추로 더럽고 보기 흉한 이국인 또는 포로를 천하게 이르는 말 ▶醜(추할 추) 劇虜극로 僕虜복로 北虜북로 索虜삭로 囚虜수로 戰虜전로 捕虜포로 胡虜호로
2급 352 扌(手)부 총 15획 撈 잡을 로	漁撈어로 수산물을 잡거나 채취함 ▶漁(고기잡을 어) 漁撈船어로선 어로에 종사하는 배, 어선 ▶漁(고기잡을 어), 船(배 선) 漁撈科어로과 漁撈權어로권 漁撈法어로법 漁撈場어로장	1급 298 氵(水)부 총 15획 潞 강이름 로	李潞이로 조선후기 문신 ▶李(오얏 이) 潞水노수 潞川노천

어로불변(魚魯不辨)

魚(고기 어), 魯(노둔할 로), 不(아닐 불), 辨(분별할 변)

'어(魚)'자와 '노(魯)'자를 구별하지 못한다는 뜻으로, 아주 무식함을 비유적으로 이르는 말이다.

- 숙맥불변(菽麥不辨) : 콩인지 보리인지를 구별하지 못한다는 뜻으로, 사리 분별을 못하는 모자라고 어리석은 사람을 이르는 말
- 목불식정(目不識丁) : 아주 간단한 글자인 '丁'자를 보고도 그것이 '고무래'인 줄을 알지 못한다는 뜻으로, 아주 까막눈임을 이르는 말

한자 익히기

1급 299 氵(水)부 총 19획 **瀘**
강이름 **로**

瀘水노수 티베트에서 발원하여 운남성과 사천성을 거쳐 양자강으로 흘러드는 강 ▶水(물 수)

주의 濾(거를 려) 1·2급

1급 300 車부 총 13획 **輅**
수레 **로**/작은수레 **락**

象輅상로 제왕이 탔던, 상아(象牙)로 꾸민 수레 ▶象(코끼리 상)
翟輅적로 왕후(王后)가 타는 수레 ▶翟(꿩 적)
鷺輅노로 大輅대로 車天輅차천로

2급 353 鹵부 총 11획 **鹵**
소금/노략질할 **로**

鹵掠노략 떼를 지어 돌아다니며 사람과 재물을 약탈함 ▶掠(노략질할 략)
沙鹵사로 소금기가 들어 있는 모래 땅 ▶沙(모래 사)
鹵莽노망 鹵石노석 鹵鹽노염 鹵田노전
鹵獲노획 光鹵石광노석 鹵獲品노획품

2급 354 鹿부 총 19획 **麓**
산기슭 **록**

空麓공록 무덤을 하나도 쓰지 않은 산기슭 ▶空(빌 공)
短麓단록 길지 않은 산기슭 ▶短(짧을 단)
南麓남록 東麓동록 北麓북록 山麓산록
西麓서록 餘麓여록 山麓帶산록대

1급 301 ++(艸)부 총 12획 **菉**
조개풀 **록**

菉竹녹죽 푸른 대나무 ▶竹(대 죽)

주의 錄, 綠과 通用

1급 302 石부 총 13획 **碌**
돌모양 **록**/자갈땅 **락**

勞碌노록 게을리하거나 쉬지 아니하고 꾸준히 힘을 다함 ▶勞(일할 로)
阿碌碌아록록 이것저것 많기는 하나 쓸 만한 것은 없다는 뜻 ▶阿(언덕 아)
碌碌녹록 阿碌碌地아록록지

2급 355 竹부 총 22획 **籠**
대그릇 **롱**

斜籠사롱 대문이나 중문 위에 만들어 다는 창살 ▶斜(비낄 사)
欌籠장롱 옷 따위를 넣어 두는 장과 농의 총칭 ▶欌(장롱 장)
禁籠금롱 牢籠뇌롱 焙籠배롱 藥籠약롱
鳥籠조롱 按籠匠안롱장 靑紗籠청사롱

1급 303 月부 총 20획 **朧**
흐릿할 **롱**

醉眼朦朧취안몽롱 술에 취하여 눈이 흐려 앞이 똑똑히 보이지 않는 상태를 말함 ▶醉(취할 취), 眼(눈 안), 朦(풍부할 몽)
朧光농광 朧月농월 朦朧몽롱 朦朧體몽롱체

1급 304 氵(水)부 총 19획 **瀧**
비올 **롱**/여울 **랑**

瀧瀧농롱 비가 부슬부슬 오는 모양 또는 물이 흐르는 소리

주의 朧(흐릿할 롱) 1·2급

1급 305 王(玉)부 총 20획 **瓏**
옥소리 **롱**

瓏瓏농롱 옥(玉) 등이 서로 부딪치는 소리 또는 광채가 찬란함
玲瓏영롱 광채가 찬란함 또는 금옥이 울리는 소리가 맑고 산뜻함 ▶玲(옥소리 령)
玲瓏墻영롱장 玲瓏撥魚영롱발어
五色玲瓏오색영롱 五彩玲瓏오채영롱

쪽지시험

상공회의소 한자 고급 1, 2급

※ 다음 한자(漢字)와 음(音)이 같은 한자는 어느 것입니까?

1. 櫓
① 虎 ② 虜 ③ 慮 ④ 虛 ⑤ 導

2. 麓
① 碌 ② 碯 ③ 礫 ④ 礦 ⑤ 費

풀이

1 櫓(방패 로)
① 호 ② 로 ③ 려 ④ 허 ⑤ 도

2 麓(산기슭 록)
① 록 ② 갈 ③ 력 ④ 려 ⑤ 비

답 1. ② | 2. ①

급수	한자	뜻/음	용례
2급 356	聾 耳부 총 22획	귀머거리 롱	細聾세롱 가는귀가 먹어서 웬만한 소리는 들리지 않음 ▶細(가늘 세) 耳聾이롱 귀가 먹어 잘 들리지 않음 伴聾반롱 喑聾음롱 全聾전롱 癡聾치롱 癡聾酒치롱주 盲聾敎育맹롱교육
1급 306	壟 土부 총 19획	언덕 롱	土壟토롱 흙을 모아 쌓아서 임시로 간단히 만든 무덤 ▶土(흙 토) 瓦壟子와롱자 꼬막, 돌조갯과의 하나 ▶瓦(기와 와), 子(아들 자) 丘壟구롱 先壟선롱 疇壟주롱
2급 357	傀 亻(人)부 총 17획	꼭두각시 뢰	傀身뇌신 실패하여 영락한 몸 ▶身(몸 신) 傀儡軍괴뢰군 꼭두각시 노릇을 하는 군대 또는 괴뢰정부의 군대 ▶傀(허수아비 괴), 軍(군사 군) 傀儡괴뢰 傀儡劇괴뢰극 傀儡師괴뢰사
2급 358	瀨 氵(水)부 총 19획	여울 뢰	淺瀨천뢰 얕은 여울 ▶淺(얕을 천) 火口瀨화구뢰 화산의 화구에 모인 물이 화구벽(火口壁)의 일부를 침식하고 새어 흐르는 개울 ▶火(불 화), 口(입 구) 打瀨網타뢰망 주의 懶(게으를 라) 1·2급
1급 307	賚 貝부 총 15획	줄 뢰	賚賜뇌사 하사(下賜)함 또는 하사한 물건 ▶賜(줄 사) 錫賚석뢰 위로부터 내려 받은 물건 ▶錫(주석 석) 賚咨官뇌자관 주의 賓(손 빈) 3급
1급 308	賂 貝부 총 13획	뇌물줄 뢰	納賂납뢰 뇌물을 바침 ▶納(들일 납) 背任受賂배임수뢰 부정한 청탁의 대가로 뇌물을 받아 재산상의 이익을 취득한 죄 ▶背(등 배), 任(맡길 임), 受(받을 수) 受賂수뢰 方賂방뢰 贈賂증뢰 行賂행뢰 賄賂회뢰 受賂罪수뢰죄 贈賂罪증뢰죄
2급 359	牢 牛부 총 7획	우리 뢰	周牢주뢰(→주리) 다리 사이에 두 개의 주릿대를 끼워 비트는 형벌 ▶周(두루 주) 亡羊補牢망양보뢰 양을 잃고 우리를 고침 ▶亡(잃을 망), 羊(양 양), 補(기울 보) 堅牢견뢰 圈牢권뢰 大牢대뢰 同牢동뢰 牲牢생뢰 小牢소뢰 豕牢시뢰 獄牢옥뢰
1급 309	磊 石부 총 15획	돌무더기 뢰	落落磊磊낙락뇌뢰 돌이 반듯하게 포개져 쌓여 있는 모양 또는 성품이 너그럽고 신선하여 사소한 일에 거리끼지 않는 공명정대한 모양 ▶落(떨어질 락) 磊落뇌락 磊磊뇌뢰 白磊山백뢰산
1급 310	蓼 ++(艸)부 총 15획	여뀌 료/클 륙	馬蓼마료 마디풀과의 한해살이 풀로 여름·가을에 걸쳐 홍자색 꽃이 핌 ▶馬(말 마) 木蓼목료 개다래나무 ▶木(나무 목) 荒蓼황료 거칠고 쓸쓸함 ▶荒(거칠 황) 水蓼수료 紫蓼자료 赤蓼적료 天蓼천료 靑蓼청료 香蓼향료 紅蓼홍료
2급 360	療 疒부 총 17획	병고칠 료/병 삭	救療구료 가난하여 치료비가 없는 사람을 구원하여 치료해 줌 ▶救(구원할 구) 治療치료 병이나 상처를 잘 다스려 낫게 함 ▶治(다스릴 치) 施療시료 診療진료 外療외료 醫療의료 診療所진료소 醫療保險의료보험

한자별곡

요재지이(聊齋志異)

聊[귀울 료(요)], 齋(재계할 재), 志(뜻 지), 異(다를 이)

포송령(蒲松齡)이 지은 괴이(怪異) 소설집이다. 요재(聊齋)는 저자인 포송령의 서재 이름으로 책 제목은 요재가 기록한 기이한 이야기라는 뜻이다. 모든 작품이 신선·여우·유령·귀신·도깨비나 이상한 인간 등에 관한 이야기이다. 민간 이야기에서 취재한 것들이지만 그대로 수록하지 않고 괴이한 세계와 인간의 세계가 교착한 새로운 세계가 아름답게 전개되어 현실을 그린 소설에서는 맛볼 수 없는 인간의 참다움과 아름다움을 느끼게 한다. 저자가 죽은 지 51년 만인 1766년 간행되었다.

한자 익히기

ㄹ

1급 311 — 廖
广부 총 14획
공허할 료/나라이름 류

寂廖적료 적적하고 쓸쓸함, 적막함 ▶寂(고요할 적)

주의 寥(쓸쓸할 료) 1·2급

1급 312 — 瞭
目부 총 17획
밝을 료

明瞭명료 간단하고 분명함 ▶明(밝을 명)
一目瞭然일목요연 한 번 보고도 분명히 앎 즉, 잠깐 보고도 환하게 알 수 있음
▶一(한 일), 目(눈 목), 然(그러할 연)

瞭然요연 不明瞭불명료 簡單明瞭간단명료

1급 313 — 聊
耳부 총 11획
귀울 료

無聊무료 어울리지 아니하여 탐탁한 맛이 없음 또는 조금 부끄러운 생각이 있음 ▶無(없을 무)
聊爾요이 구차(苟且)한 모양 ▶爾(너 이)

聊賴요뢰

주의 耶(어조사 야) 3급

1급 314 — 鬧
門부 총 15획
시끄러울 료

惹鬧야료 까닭 없이 트집을 잡고 함부로 떠들어 대는 짓 ▶惹(이끌 야)
鬧鐘요종 미리 맞추어 놓은 시간이 되면 요란하게 울리는 시계 ▶鐘(쇠북 종)

起鬧기뇨 粉鬧분뇨 熱鬧열뇨 鬧歌요가
熱鬧열뇨 作鬧작뇨

2급 361 — 遼
辶(辵)부 총 16획
멀 료

廣遼광료 넓고 아주 멂 ▶廣(넓을 광)
興遼흥료 발해의 후손인 거란의 동경장군(東京將軍) 대연림(大延琳)이 지금의 만주 요양(遼陽)에 세운 나라 ▶興(일 흥)

雙遼쌍료 通遼통료 攻遼計공료계

1급 315 — 燎
火부 총 16획
화톳불 료

燭燎촉료 촛불과 횃불 ▶燭(촛불 촉)
望燎位망료위 능에서 임금이 제사를 지내고 축문을 태우던 곳 ▶望(바랄 망), 位(자리 위)

郊燎교료

2급 362 — 寮
宀부 총 15획
벼슬아치 료

內寮내료 궁중에서 전명(傳命) 등의 잡무에 종사하던 벼슬아치를 통틀어 말함 ▶內(안 내)

百寮백료 學寮학료 寄宿寮기숙료

2급 363 — 陋
阝(阜)부 총 9획
좁을 루

淺陋천루 천박하고 비루함 ▶淺(얕을 천)
獨學孤陋독학고루 스승 없이 혼자 배운 사람은 식견이 좁아 몹시 고루함 ▶獨(홀로 독), 學(배울 학), 孤(외로울 고)

固陋고루 僻陋벽루 鄙陋비루 貧陋빈루
頑陋완루 拙陋졸루 頑迷固陋완미고루

2급 364 — 壘
土부 총 18획
진 루/끝맺할 뢰

盜壘도루 야구에서 주자가 틈을 타서 다음 누(壘)로 가는 일 ▶盜(도둑 도)
堡壘보루 적의 접근을 막기 위하여 쌓은 견고한 구축물 ▶堡(작은성 보)

堅壘견루 古壘고루 滿壘만루 防壘방루
本壘본루 柵壘책루 出壘출루 陷壘함루

1급 316 — 縷
糸부 총 17획
실 루

絲縷사루 실의 가닥 ▶絲(실 사)
一縷일루 가능성이 극히 적으나 그나마 간신히 있음을 나타내는 말 ▶一(한 일)

金縷금루 縷言누언 縷陳누진 一縷일루
線縷선루 金縷梅科금루매과

쪽지시험

상공회의소 한자 고급 1, 2급

※ 다음 성어에서 □ 안에 들어갈 알맞은 한자는 어느 것입니까?

1 亡羊補□
① 牢   ② 牛   ③ 牟   ④ 物   ⑤ 修

2 □巷簞瓢
① 陋   ② 樓   ③ 漏   ④ 縷   ⑤ 累

풀이

1 亡羊補牢(망양보뢰) : 양을 잃고 우리를 고친다는 뜻으로, 이미 어떤 일을 실패한 뒤에 뉘우쳐도 아무 소용이 없음을 이르는 말

2 陋巷簞瓢(누항단표) : 누항에서 먹는 한 그릇의 밥과 한 바가지의 물이라는 뜻으로, 선비의 청빈한 생활을 이르는 말

답 1. ① | 2. ①

2급 365	婁	蓋婁王개루왕 백제의 4대 임금, 기루왕(己婁王)의 아들 ▶蓋(덮을 개), 王(임금 왕)	1급 317	瘻	疳瘻감루 피부에 작은 구멍이 생기어 고름이 나는 부스럼 ▶疳(감질 감)
女부 총 11획		桂婁部계루부 고구려 5부의 하나, 졸본(卒本)을 말함 ▶桂(계수나무 계), 部(떼 부)	疒부 총 16획		鼠瘻서루 목에 결핵성 림프선염이 생겨 곪아 고름이 나는 병 ▶鼠(쥐 서)
끌/별이름 루		係婁계루 婁星누성 解夫婁해부루 近蓋婁王근개루왕 文豆婁宗문두루종	부스럼 루		狼瘻낭루 瘻孔누공 瘻管누관 蜂瘻봉루 外腸瘻외장루

1급 318	蔞	括蔞괄루 하눌타리 ▶括(묶을 괄) 瓜蔞粥과루죽 하눌타리의 뿌리로 앙금을 낸 가루를 쌀과 함께 쑨 죽 ▶瓜(오이 과), 粥(죽 죽)	1급 319	褸	襤褸남루 옷 따위가 낡고 해져서 너절함 ▶襤(누더기 람)
++(艸)부 총 15획			衤(衣)부 총 16획		
쑥 루		瓜蔞과루 瓜蔞根과루근 瓜蔞仁과루인 括蔞根괄루근	남루할 루		주의 樓(다락 루) 3급

1급 320	鏤	鏤刻누각 금속이나 나무에 글씨나 그림 등을 아로새김 또는 문장이나 말을 고치고 다듬음 ▶刻(새길 각) 鏤氷누빙 무익한 노력의 비유 ▶氷(얼음 빙)	2급 366	琉	琉璃유리 석영·탄산소다·석회암을 섞어 고온에서 융해시켜 식힌 물질로 투명하고 단단하며 잘 깨짐 ▶璃(유리 리)
金부 총 19획			王(玉)부 총 11획		
새길 루		刻鏤각루 鏤板누판 撥鏤발루 雕鏤조루 刻鏤心骨각루심골 銘肌鏤骨명기누골	유리 류		琉璃宮유리궁 琉璃燈유리등 琉璃瓶유리병 琉璃質유리질 琉璃器皿유리기명

2급 367	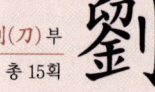劉	劉邦유방 한나라의 고조 ▶邦(나라 방) 劉寄奴草유기노초 엉시과에 딸린 여러해살이풀 ▶寄(기이할 기), 奴(종 노), 草(풀 초)	2급 368	硫	硫黃유황 화약·성냥·의약품 등에 쓰이는 비금속 원소의 하나 ▶黃(누를 황) 脫硫탈류 석유나 금속 제련의 생산 공정에서 황 성분을 제거하는 일 ▶脫(벗을 탈)
刂(刀)부 총 15획			石부 총 12획		
묘금도/죽일 류			유황 류		加硫가류 和硫화류 石硫黃석유황 硫黃泉유황천 硫黃華유황화

2급 369	溜	殘溜잔류 남아서 괸 ▶殘(남을 잔) 山溜穿石산류천석 산에서 흐르는 물이 바위를 뚫음 ▶山(뫼 산), 穿(뚫을 천), 石(돌 석)	1급 321	旒	冕旒冠면류관 제왕의 정복(正服)에 갖추어 쓰는, 직사각형의 판에 많은 주옥(珠玉)을 꿰어 늘어뜨린 관(冠) ▶冕(면류관 면), 冠(갓 관)
氵(水)부 총 13획			方부 총 13획		
방울져떨어질 류		芥溜개류 乾溜건류 分溜분류 精溜정류 蒸溜증류 蒸溜水증류수 蒸溜塔증류탑	깃발 류		旗旒기류 長旒장류 주의 旅(나그네 려) 4급

한자별곡

유리왕(瑠璃王)

瑠[유리 류(유)], 璃(유리 리), 王(임금 왕)

고구려 제2대 왕인 유리왕은 고구려 시조 주몽(朱蒙 ; 동명왕)의 맏아들로, 주몽이 부여를 떠난 후 태어나 장성한 후 아버지를 찾아 고구려로 와서 태자에 책봉되었다.《삼국사기》에는 유리왕이 동명왕을 이어 즉위한 후 계비인 치희(雉姬)를 그리며 지었다는 황조가(黃鳥歌)가 전한다.

翩翩黃鳥 (편편황조) / 雌雄相依 (자웅상의) / 念我之獨 (염아지독) / 誰其與歸 (수기여귀)
펄펄 나는 저 꾀꼬리는 / 암수가 서로 노니는데 / 외로울 사 이내 몸은 / 뉘와 함께 돌아갈꼬.

한자 익히기

2급 370 木부 총 14획 **榴** 석류나무 류	甘榴감류 맛이 덜 시고 단맛이 많은 석류 ▶甘(달 감) 榴彈유탄 탄환 속에 넣은 작약(炸藥)의 터지는 힘을 이용한 포탄 ▶彈(탄알 탄) 石榴석류 樺榴화류 石榴紋석류문 石榴皮석류피 手榴彈수류탄 銃榴彈총류탄	1급 322 氵(水)부 총 18획 **瀏** 맑을 류	瀏亮유량 맑고 밝은 모양, 청명한 모양, 명랑한 모양 ▶亮(밝을 량) 주의 劉(묘금도 류) 1·2급
1급 323 王(玉)부 총 14획 **瑠** 유리 류	瑠璃유리 금빛의 작은 점(點)이 여러 군데 있고 야청빛이 나는 광물 ▶璃(유리 리) 주의 榴(석류나무 류) 1·2급	2급 371 疒부 총 15획 **瘤** 혹 류	骨瘤골류 뼈에 생기는 혹 ▶骨(뼈 골) 膿瘤농류 화농성염으로 생긴 고름이 몰려 막혀서 솟은 혹 ▶膿(고름 농) 根瘤根근류근 혹뿌리 ▶根(뿌리 근) 根瘤근류 木瘤목류 粉瘤분류 石瘤석류 瘤腫유종 脂瘤지류 血瘤혈류
2급 372 言부 총 18획 **謬** 그르칠 류	謬習유습 못된 버릇 또는 그릇된 습관 ▶習(익힐 습) 悖謬패류 사리에 어긋날 일을 그르침 ▶悖(어그러질 패) 過謬과류 無謬무류 誤謬오류 訛謬와류 謬想유상 錯謬착류 歸謬法귀류법	2급 373 戈부 총 15획 **戮** 죽일 륙	屠戮도륙 무참하게 마구 죽임, 죄다 무찔러 죽임 ▶屠(죽일 도) 誅戮주륙 죄에 따르는 형벌로 마구 죽임 즉, 법으로 다스려 죽임 ▶誅(벨 주) 坑戮갱륙 絞戮교륙 大戮대륙 殺戮살육 殃戮앙륙 殄戮진륙 斬戮참륙 刑戮형륙
2급 374 糸부 총 14획 **綸** 낚시줄/다스릴 륜	經綸경륜 어떤 포부를 가지고 일을 조직하고 계획하는 것 ▶經(지날 경) 垂綸수륜 낚싯줄을 드리움, 고기를 낚음 ▶垂(드리울 수) 絲綸사륜 釣綸조륜 天綸천륜 經綸家경륜가 經綸之士경륜지사	2급 375 山부 총 11획 **崙** 산이름 륜	崑崙山곤륜산 중국의 전설 속에 나오는 산으로, 불사(不死)의 물이 흐르는 신선경(神仙境)이라 믿어짐 ▶崑(산이름 곤), 山(뫼 산) 崑崙곤륜 拿破崙나파륜
1급 324 氵(水)부 총 11획 **淪** 물놀이 륜	湮淪인륜 역사적으로 오랜 동안에 자취가 묻혀 없어짐 ▶湮(잠길 인) 沈淪침륜 재산이나 권세 등이 없어져 보잘것없이 됨 ▶沈(잠길 침) 隱淪은륜 漂淪표륜 渾淪혼륜	1급 325 人부 총 8획 **侖** 둥글/생각할 륜	 주의 倫(인륜 륜) 4급

쪽지시험

※ 다음의 뜻을 가진 한자(漢字)는 어느 것입니까?

1 새기다

① 錤 ② 鏤 ③ 錟 ④ 鍛 ⑤ 鏡

2 그르치다

① 譴 ② 訥 ③ 謬 ④ 譏 ⑤ 譚

풀이

1 ① 錤(호미 기) ② 鏤(새길 루)
③ 錟(창 담) ④ 鍛(쇠불릴 단)
⑤ 鏡(거울 경)

2 ① 譴(꾸짖을 견) ② 訥(말더듬을 눌)
③ 謬(그르칠 류) ④ 譏(나무랄 기)
⑤ 譚(이야기 담)

답 1. ② | 2. ③

2급 376	慄	戰慄전율 몹시 두렵거나 큰 감동을 느끼어 몸이 벌벌 떨리는 것 ▶戰(싸움 전) 慘慄참율 몸이 덜덜 떨릴 정도로 끔찍함 ▶慘(참혹할 참)
忄(心)부 총 13획	두려워할 률	恐慄공률 凜慄늠률 震慄진률 縮慄축률

2급 377	勒	彌勒미륵 미륵보살(彌勒菩薩)의 준말, 돌부처 ▶彌(미륵 미) 銜勒함륵 말의 입에 물리는 쇠로 만든 물건, 재갈 ▶銜(재갈 함)
力부 총 11획	굴레 륵	鉤勒구륵 抑勒억륵 邑勒읍륵 債勒채륵 脅勒협륵 豪勒호륵 彌勒佛미륵불

2급 378	肋	肋膜늑막 흉곽의 내면과 폐의 표면 및 횡격막의 윗면을 덮고 있는 얇은 막 ▶膜(막 막) 肋間늑간 沙肋사륵 肋膜腔늑막강 肋膜炎늑막염 中肋脈중륵맥
月(肉)부 총 6획	갈비 륵/힘줄 근	주의 助(도울 조) 5급

1급 326	凜	凜凜늠름 의젓하고 당당함 惶凜황름 지위나 위엄에 눌리어 두렵고 무서움 ▶惶(두려워할 황)
冫부 총 15획	찰 름	官凜관름 凜然늠연 倉凜창름

2급 379	凌	忍凌인릉 맥문동(麥門冬), 겨우살이풀의 뿌리로 기침을 멎게 하거나 염증을 낫게 하는 약재로 사용됨 ▶忍(참을 인)
冫부 총 10획	능가할/업신여길 릉	凌駕능가 脊凌척릉 凌蔑능멸

2급 380	綾	貢綾공릉 바닥이 공단 비슷하고 얇고 보드라운 비단 ▶貢(바칠 공) 帽綾모릉 사모(紗帽)의 겉을 싸는 데 쓰는 얇은 능의 한 가지 ▶帽(모자 모)
糸부 총 14획	비단 릉	羅綾나릉 文綾문릉 繒綾증릉 花綾화릉 木帽綾목모릉 주의 稜(모 릉) 1·2급

2급 381	菱	菱實능실 마름의 열매 ▶實(열매 실) 鐵菱철릉 마름쇠, 끝이 송곳처럼 뾰족한 서너 개의 발을 가진 쇠못 ▶鐵(쇠 철)
++(艸)부 총 12획	마름 릉	菱文능문 菱米능미 菱狀능상 菱實粥능실죽

2급 382	稜	斜稜사릉 모뿔이나 모뿔대의 두 이웃진 사면(斜面)이 만난 모서리 ▶斜(비낄 사) 山稜산릉 골짜기와 골짜기 사이에 있는 산봉우리의 줄기 ▶山(뫼 산)
禾부 총 13획	모 릉	冒稜모릉 三稜삼릉 威稜위릉 側稜측릉 風稜풍릉 眉稜骨미릉골 三稜石삼릉석

2급 383	楞	楞嚴經능엄경 불교 경전의 하나로 선종(禪宗)의 주요 경전이며 인연과 만유(萬有)를 설(說)한 경임 ▶嚴(엄할 엄), 經(글 경)
木부 총 13획	네모질 릉	楞伽經능가경 楞嚴經諺解능엄경언해

1급 327	俚	俚婦이부 천한 여자 ▶婦(며느리 부) 俚諺이언 항간에 퍼져 있는 속담 가운데에서 주로 사물의 형용과 비유에 쓰이는 형상적인 말 ▶諺(상말 언)
亻(人)부 총 9획	속될 리	俚歌이가 俚俗이속 俚語이어 俚言이언 俚謠이요 俚淺이천

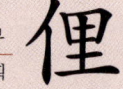

한자별곡

계륵(鷄肋)

鷄(닭 계), 肋(갈비 륵)

'닭의 갈비'라는 뜻으로, 큰 쓸모나 이익은 없으나 버리기는 아까운 것을 비유하는 말이다. 조조(曹操)는 한중 땅의 진퇴를 놓고 고민하던 중 암호를 정하려고 온 부하에게 계륵이라고만 말하였는데 부하 중 양수(楊修)만이 이를 알아차리고 짐을 꾸리기 시작하였다. 사람들이 이유를 묻자 "닭의 갈비는 먹음직한 살은 없지만 그대로 버리기는 아까운 것이다. 결국 이곳을 버리기는 아깝지만 대단한 땅은 아니라는 뜻이니 버리고 돌아갈 것이다."라고 하였고, 그의 말대로 조조는 철수 명령을 내렸다.

한자 익히기

ㄹ

1급 328 厂부 총 9획 **厘**
다스릴 리/가게 전

分厘분리 돈, 저울, 자 등의 단위인 푼과 리를 아울러 이르는 말 ▶分(나눌 분)
五厘오리 일전(一錢)의 절반, 한 푼의 절반이 되는 무게 ▶五(다섯 오)
隻分隻厘척푼척리 2割4分5厘2할4푼5리
주의 釐의 俗字

1급 329 口부 총 10획 **唎**
가는소리 리

怒唎斯致契노리사치계 삼국시대 중엽 일본에 불상과 불경을 전한 백제의 중 ▶怒(성낼 노), 斯(이 사), 致(이를 치), 契(맺을 계)
上唎상리

1급 330 忄(心)부 총 10획 **悧**
영리할 리

怜悧영리 눈치가 빠르고 지능이 뛰어남 ▶怜(영리할 영)
怜(영리할 영)
伶悧영리
주의 俐와 同字

1급 331 氵(水)부 총 10획 **浬**
해리 리

※해리 : 영어 노트(knot)의 역어 – 1해리(海里)는 1,852m
주의 俚(속될 리) 2급

1급 332 牛부 총 11획 **犁**
얼룩소 리

犁牛이우 털빛이 얼룩얼룩한 얼룩소 ▶牛(소 우)
一犁雨일리우 밭을 가는 데 적당하게 한바탕 오는 비 ▶一(한 일), 雨(비 우)
駕犁가리 泥犁이리 犁鼠이서 互用犁호용리
주의 梨(배 리) 3급

1급 333 犭(犬)부 총 10획 **狸**
삵 리

海狸해리 비버과의 포유류를 통틀어 이르는 말 ▶海(바다 해)
狐狸호리 여우와 삵 또는 도량이 좁고 간사한 사람 ▶狐(여우 호)
白狸백리 巖狸암리 狸奴이노 狸子皮이자피

2급 384 王(玉)부 총 15획 **璃**
유리 리

琉璃燈유리등 유리를 낀 등 ▶琉(유리 류), 燈(등잔 등)
板琉璃판유리 판자처럼 넓적하고 반듯하게 만든 유리창 ▶板(널 판), 琉(유리 류)
琉璃유리 鉛琉璃연유리 琉璃窓유리창 琉璃盒유리합 琉璃纖維유리섬유

2급 385 竹부 총 25획 **籬**
울타리 리

缺籬결리 구멍이 뚫린 울타리 ▶缺(이지러질 결)
籬菊이국 울타리 밑에 핀 국화 ▶菊(국화 국)
江籬강리 短籬단리 東籬동리 疏籬소리 牆籬장리 笊籬조리 竹籬죽리 芭籬파리

1급 334 羊부 총 19획 **羸**
파리할 리

老羸노리 늙어서 쇠약해짐 ▶老(늙을 로)
羸兵이병 파리한 병사 ▶兵(병사 병)
羸敗이패 피로(疲勞)하여 패함 ▶敗(패할 패)
羸病이병 羸師이사 羸餓이아 羸弱이약

1급 335 ++(艹)부 총 11획 **莉**
말리 리

茉莉말리 목서과에 딸린 늘푸른떨기나무, 꽃의 향기가 높아 정원에 관상용으로 재배함 ▶茉(말리 말)
紫茉莉科자말리과

쪽지시험

상공회의소 한자 고급 1, 2급

※ 다음 단어들의 □ 안에 공통으로 들어갈 알맞은 한자는 어느 것입니까?

1 □蔑, □駕, □遲
① 侮 ② 凌 ③ 出 ④ 遲 ⑤ 壞

2 東□, 短□, 牆□
① 厘 ② 唎 ③ 犁 ④ 邦 ⑤ 籬

풀이
1 凌蔑(능멸), 凌駕(능가), 凌遲(능지)
2 東籬(동리), 短籬(단리), 牆籬(장리)

답 1. ② | 2. ⑤

급수	한자	부수/획수	훈음	단어/용례
2급 386	釐	里부 총 18획	리 리/보리 래	毫釐호리 자 또는 저울 눈의 호(毫)와 리(釐) 또는 매우 적은 분량 ▶毫(터럭 호) 釐金稅이금세 중국 청나라 말기부터 시행한 물품 통과세 ▶金(쇠 금), 稅(세금 세) 釐金이금 釐捐이연 釐正이정 釐革이혁 주의 厘의 本字
2급 387	鯉	魚부 총 18획	잉어 리	鯉幟이치 사월 초파일에 등대에 매다는 잉어 모양의 등 ▶幟(기 치) 回鯉회리 물음이나 편지 따위에 대답함을 이르는 말 ▶回(돌아올 회) 鰻鯉만리 白鯉백리 鯉魚이어 赤鯉적리 黃鯉황리 黑鯉흑리 鯉魚燈이어등
2급 388	痢	疒부 총 12획	설사 리	暑痢서리 더위를 먹어서 설사가 나는 병 ▶暑(더울 서) 疫痢역리 흔히 여름철에 어린아이에게 많이 생기는 급성 설사병 ▶疫(전염병 역) 疳痢감리 久痢구리 白痢백리 赤痢적리 滯痢체리 虛痢허리 赤痢菌적리균
2급 389	罹	网(罒)부 총 16획	걸릴 리	罹災民이재민 재해를 입은 사람 ▶災(재앙 재), 民(백성 민) 橫罹之厄횡리지액 뜻밖에 걸린 재앙과 액운 ▶橫(가로 횡), 之(갈 지), 厄(액 액) 百罹백리 罹病이병 橫罹횡리 兔罹稚罹토라치리
2급 390	裡	衤(衣)부 총 12획	속 리	盛況裡성황리 성황을 이룬 속 ▶盛(성할 성), 況(하물며 황) 暗暗裡암암리 아무도 모르는 사이 ▶暗(어두울 암) 內裡내리 腦裡뇌리 掌裡장리 帖裡첩리 凶裡흉리 주의 裏와 同字
2급 391	麟	鹿부 총 23획	기린 린	麟櫛린즐 빗비늘 ▶櫛(빗 즐) 玉麟夢옥린몽 조선시대 후기의 문신 이정작(李廷綽)이 지은 장편 장회(章回) 소설 ▶玉(구슬 옥), 夢(꿈 몽) 獲麟획린 麒麟閣기린각 麒麟兒기린아 麒麟草기린초 遊麟旗유린기
2급 392	鱗	魚부 총 23획	비늘 린	魚鱗어린 물고기의 비늘 ▶魚(고기 어) 逆鱗역린 용의 가슴에 거꾸로 난 비늘로, 건드리면 반드시 살해됨 ▶逆(거스를 역) 果鱗과린 솔방울 ▶果(과실 과) 角鱗각린 介鱗개린 骨鱗골린 細鱗세린 片鱗편린 包鱗포린 錦鱗魚금린어
2급 393	璘	王(玉)부 총 16획	옥빛 린	成石璘성석린 고려말기에서 조선전기의 문신으로, 이성계 등과 함께 우왕에 뒤이어 창왕을 폐위시키고 공양왕을 세움 ▶成(이룰 성), 石(돌 석) 陳璘진린
2급 394	燐	火부 총 16획	도깨비불 린	鬼燐귀린 도깨비불 ▶鬼(귀신 귀) 燐酸인산 오산화인(五酸化燐)이 수화(水化)하여 생기는 일련의 산(酸)을 통틀어 말함 ▶酸(실 산) 白燐백린 赤燐적린 黃燐황린 紅燐홍린 燐酸肥料인산비료 過燐酸石灰과인산석회
1급 336	藺	++(艸)부 총 20획	골풀 린	馬藺마린 꽃창포 ▶馬(말 마) 藺草인초 골풀 ▶草(풀 초) 馬藺子마린자

기린(麒麟)

麒(기린 기), 麟(기린 린)

고대 중국의 전설에 나오는 상상의 영수(靈獸)로써, 기(麒)는 수컷, 인(麟)은 암컷이다. 전한(前漢) 말 경방(京房)의 저서 《역전(易傳)》에 따르면 '인'은 몸이 사슴 같고 꼬리는 소와 같으며, 발굽과 갈기는 말과 같으며, 빛깔은 5색이라고 하였다. 봉황과 마찬가지로 이것이 출현하면 세상에 성왕(聖王)이 나올 길조라고 여겼다. 백수(百獸)의 영장(靈長)이라는 점에서 걸출한 인물에 비유되고, 뛰어난 젊은이를 '기린아(麒麟兒)'라고 한다.

한자 익히기

1급 337 口부 총 7획 **吝**
아낄 **린**

鄙吝비린 몹시 다랍게 인색함 ▶鄙(더러울 비)
吝嗇인색 체면을 돌보지 않고 재물을 지나치게 아낌 ▶嗇(인색할 색)

儉吝검린 貪吝탐린 吝嗇漢인색한
改過不吝개과불린

1급 338 氵(水)부 총 15획 **潾**
맑을 **린**

燐燐인린 파문(波紋)의 모양

주의 隣(이웃 린) 2급

1급 339 足부 총 27획 **躪**
짓밟을 **린**

蹂躪유린 함부로 짓밟음, 압제를 가해 자유를 속박함, 폭력을 써서 남의 권리를 침해함 ▶蹂(밟을 유)

征躪정린 人權蹂躪인권유린

2급 395 王(玉)부 총 12획 **琳**
아름다운옥 **림**

球琳구림 아름다운 구슬 또는 빼어난 재능 ▶球(공 구)
琳闕임궐 아름다운 옥으로 장식한 대궐의 문 ▶闕(대궐 궐)

琳宮임궁 琳琅임랑 琳札임찰

2급 396 雨부 총 16획 **霖**
장마 **림**

愁霖수림 근심을 생기게 하는 장마 ▶愁(근심 수)
霖濕임습 장마 때의 습기 ▶濕(젖을 습)
積霖적림 계속되는 장마 ▶積(쌓을 적)

久霖구림 梅霖매림 霖霖임림 淫霖음림
長霖장림 秋霖추림 風霖풍림

2급 397 氵(水)부 총 11획 **淋**
물뿌릴 **림**

味淋미림 소주, 지에밥, 누룩 따위를 섞어 빚어 만든 맛이 단 술 ▶味(맛 미)
石淋석림 콩팥 또는 방광 속에 돌 같은 것이 생기는 병 ▶石(돌 석)

膏淋고림 氣淋기림 冷淋냉림 勞淋노림
膿淋농림 沙淋사림 子淋자림 血淋혈림

2급 398 竹부 총 11획 **笠**
삿갓 **립**

草笠초립 옛날에 주로 어린 나이에 관례(冠禮)를 한 사람이 쓰던 갓 ▶草(풀 초)
平涼笠평량립 패랭이, 댓개비로 엮어 만든 갓 ▶平(평평할 평), 涼(서늘할 량)

代笠대립 毛笠모립 方笠방립 絲笠사립
御笠어립 氈笠전립 弊袍破笠폐포파립

2급 399 米부 총 11획 **粒**
낟알 **립**

麥粒腫맥립종 다래끼 ▶麥(보리 맥), 腫(부스럼 종)
微粒子미립자 맨눈으로 볼 수 없는 아주 작은 알갱이 ▶微(작을 미), 子(아들 자)

乞粒걸립 顆粒과립 米粒미립 飯粒반립
細粒세립 粟粒속립 素粒子소립자

1급 340 石부 총 10획 **砬**
돌소리 **립**

申砬신립 조선 중기의 명장, 임진왜란 때 탄금대 전투에서 전사함 ▶申(납 신)

2급 400 手부 총 15획 **摩**
문지를 **마**

摩旨마지 부처 앞에 떠놓는 밥 ▶旨(뜻 지)
撫摩무마 손으로 어루만진다는 뜻으로 적당한 선에서 문제를 처리하는 것을 말함 ▶撫(어루만질 무)

凌摩능마 摩擦마찰 按摩안마 摩尼敎마니교
摩天樓마천루 摩擦係數마찰계수

쪽지시험

※ 다음 한자(漢字)와 뜻이 비슷한 한자는 어느 것입니까?

1 裏
① 罹 ② 釐 ③ 裡 ④ 鯉 ⑤ 璃

2 擦
① 攣 ② 摩 ③ 摯 ④ 拿 ⑤ 察

풀이

1 裏(속 리)
① 罹(근심 리) ② 釐(리 리) ③ 裡(속 리)
④ 鯉(잉어 리) ⑤ 璃(유리 리)

2 擦(문지를 찰)
① 攣(걸릴 련) ② 摩(문지를 마) ③ 摯(잡을 람)
④ 拿(붙잡을 나) ⑤ 察(살필 찰)

답 1. ③ | 2. ②

상공회의소 한자시험 고급 기본서 1·2급

2급 401 瑪 — 王(玉)부 총 14획 — 마노 **마**
- 瑪瑙釉마노유 마노와 같은 붉은 갈색(빛깔)의 잿물 ▶瑙(마노 노), 釉(윤 유)
- 縞瑪瑙호마노 겹겹이 여러 빛깔의 줄이 져 있는 마노 ▶縞(명주 호), 瑙(마노 노)
- 瑪瑙마노 水瑪瑙수마노 苔瑪瑙태마노
- 黃瑪瑙황마노 石瑪瑙陶器석마도기

2급 402 痲 — 疒부 총 13획 — 저릴 **마**
- 痲疹마진 홍역 ▶疹(홍역 진)
- 局部痲醉국부마취 수술할 자리만 부분적으로 마취하는 일 ▶局(판 국), 部(떼 부), 醉(취할 취)
- 痲木마목 痲痺마비 痲藥마약 痲醉마취
- 小兒痲痺소아마비 心臟痲痺심장마비

1급 341 碼 — 石부 총 15획 — 마노 **마**
- 電碼전마 전신 부호와 그 글자를 대조하여 놓은 표 ▶電(번개 전)
- 碼頭마두 每碼매마
- 주의 瑪와 同字

2급 403 魔 — 鬼부 총 21획 — 마귀 **마**
- 魔接마접 신이 내림 ▶接(이을 접)
- 魔戱마희 귀신의 장난이라는 뜻으로, 일의 진행에서 나타나는 뜻밖의 방해를 말함 ▶戱(희롱할 희)
- 魔鬼마귀 魔女마녀 魔法마법 魔術마술
- 病魔병마 惡魔악마

2급 404 寞 — 宀부 총 14획 — 쓸쓸할 **막**
- 寂寞적막 적적함, 고요함 ▶寂(고요할 적)
- 莫敢開口막감개구 두려워서 해야 할 말을 감히 하지 못함 ▶敢(감히 감), 開(열 개), 口(입 구)
- 落寞낙막 寞寞막막 索寞삭막
- 寂寞感적막감

2급 405 膜 — 月(肉)부 총 15획 — 막/꺼풀 **막**
- 鼓膜고막 귓구멍 안쪽에 있는 갓 모양의 둥글고 얇은 막 ▶鼓(북 고)
- 結膜炎결막염 결막에 생긴 염증 ▶結(맺을 결), 炎(불꽃 염)
- 角膜각막 膈膜격막 肋膜늑막 網膜망막
- 薄膜박막 粘膜점막 腹膜炎복막염

1급 342 邈 — 辶(辵)부 총 18획 — 멀 **막**
- 綿邈면막 매우 멀고 아득함 ▶綿(솜 면)
- 邈邈調막막조 고려 속악(俗樂)의 7조 가운데 우조(羽調)에서 가장 높은 악조(樂調)를 말함 ▶調(고를 조)
- 邈然막연 邈遠막원 孫思邈손사막
- 曠遠綿邈광원면막

1급 343 万 — 一부 총 3획 — 일만 **만**
- 주의 萬의 俗字
- 주의 刀(칼 도) 5급

2급 406 卍 — 十부 총 6획 — 만자 **만**
- 卍字만자 卍자 모양으로 된 물건이나 표지, 선(善)과 행복을 상징함 ▶字(글자 자)
- 卍海만해 한용운(韓龍雲)의 법호(法號) ▶海(바다 해)
- 卍字窓만자창 紅卍敎홍만교
- 紅卍字會홍만자회

2급 407 娩 — 女부 총 10획 — 낳을 **만**
- 分娩분만 산모가 태어날 상태에 이른 뱃속의 아기를 몸 밖으로 나오게 하는 것 ▶分(나눌 분)
- 順娩순만 아이를 순산함 ▶順(순할 순)
- 擬娩의만 解娩해만 分娩室분만실
- 無痛分娩무통분만

한자별곡 — 호사다마(好事多魔)

好(좋을 호), 事(일 사), 多(많을 다), 魔(마귀 마)

좋은 일에는 탈이 많다는 뜻으로, 좋은 일에는 방해가 많이 따르거나 좋은 일이 실현되기 위해서는 많은 풍파를 겪어야 함을 비유하는 말이다. "'미중부족 호사다마(美中不足 好事多魔 ; 옥에도 티가 있고, 좋은 일에는 탈도 많다)'라는 여덟 글자는 긴밀하게 서로 연결되어 있어서 순식간에 또 즐거움이 다하고 슬픈 일이 생기며, 사람은 물정에 따라 바뀌지 않는 법이다."

《홍루몽(紅樓夢)》

한자 익히기

1급 344 巒 山부 총 22획 — 뫼 **만**
- 奇巒기만 이상야릇한 산봉우리 ▶奇(기이할 기)
- 峰巒봉만 꼭대기가 뾰족뾰족하게 솟은 산봉우리 ▶峰(봉우리 봉)
- 强巒강만 重巒중만 衆巒중만 層巒층만
- 주의 蠻(변할 변) 5급

2급 408 彎 弓부 총 22획 — 굽을 **만**
- 彎月만월 구붓하게 이지러진 달, 초승달이나 그믐달을 이르는 말 ▶月(달 월)
- 側彎측만 척추가 옆으로 활처럼 굽은 상태 ▶側(곁 측)
- 彎曲만곡 彎屈만굴 彎弓만궁 彎環만환
- 彎生胚珠만생배주

2급 409 挽 扌(手)부 총 10획 — 당길 **만**
- 挽留만류 어떤 일을 하지 못하게 붙들고 말리는 것 ▶留(머무를 류)
- 挽曳力만예력 사람이나 마소들이 수레를 끄는 힘 ▶曳(끌 예), 力(힘 력)
- 牽挽견만 挽仿만인 挽住만주 挽止만지
- 挽執만집 挽回만회

2급 410 曼 日부 총 11획 — 끌 **만**
- 曼茶羅만다라 법계의 온갖 덕을 갖춘 것이라는 뜻으로, 부처가 증험한 것을 그림으로 나타내어 숭배의 대상으로 삼은 것 ▶茶(차 다), 羅(벌일 라)
- 曼麗만려 曼茶羅供만다라공
- 曼珠沙華만주사화 四種曼茶羅사종만다라

2급 411 灣 氵(水)부 총 25획 — 물굽이 **만**
- 臺灣대만 중화민국의 속칭 ▶臺(대 대)
- 灣岸만안 만의 연안 ▶岸(언덕 안)
- 港灣항만 배가 정박하고, 승객이나 화물 등을 실을 수 있게 한 구역 ▶港(항구 항)
- 灣溪만계 灣賈만고 灣口만구 灣頭만두
- 灣流만류 灣入만입 河灣하만 峽灣협만

1급 345 瞞 目부 총 16획 — 속일 **만**
- 欺瞞기만 남을 그럴 듯하게 속여 넘김 ▶欺(속일 기)
- 瞞報만보 거짓으로 속이어 보고함 ▶報(알릴 보)
- 瞞過만과 瞞官만관 瞞着만착 欺瞞術기만술
- 欺瞞行爲기만행위

2급 412 蔓 艹(艸)부 총 15획 — 덩굴 **만**
- 刪蔓산만 인사는 빼고 바로 할 말로 들어감, 편지 첫머리에 씀 ▶刪(깎을 산)
- 蔓延만연 널리 번지어 퍼짐 ▶延(끌 연)
- 蔓菁만청 순무 ▶菁(우거질 청)
- 蔓莖만경 蔓木만목 蔓生만생 蔓草만초
- 蔓荊만형 滋蔓자만 蔓性植物만성식물

2급 413 蠻 虫부 총 25획 — 오랑캐 **만**
- 蠻勇만용 주책없이 또는 사리분간 없이 날뛰는 용맹 ▶勇(날랠 용)
- 野蠻야만 지능이 미개하고 문화가 극히 뒤떨어진 상태 ▶野(들 야)
- 蠻夷만이 蠻觸만촉 蠻風만풍 蠻行만행
- 野蠻人야만인 南蠻北狄남만북적

2급 414 輓 車부 총 14획 — 끌 **만**
- 輓歌만가 상여(喪輿)를 메고 갈 때 부르는 죽은 이를 애도하는 노래 ▶歌(노래 가)
- 輓章만장 행상(行喪) 때 드는 죽은 사람을 슬퍼하여 글을 적은 기(旗) ▶章(글 장)
- 輓具만구 輓近만근 輓馬만마 輓詞만사
- 輓詩만시 輓把만파

1급 346 饅 食부 총 20획 — 만두 **만**
- 素饅頭소만두 고기 없이 채소로만 소를 넣어 빚은 만두 ▶素(본디 소), 頭(머리 두)
- 土饅頭토만두 무덤을 달리 이르는 말 ▶土(흙 토), 頭(머리 두)
- 饅頭만두 大饅頭대만두 饅頭皮만두피
- 魚饅頭어만두 黃雀饅頭황작만두

쪽지시험

상공회의소 한자 고급 1, 2급

※ 다음 음(音)을 가진 한자는 어느 것입니까?

1. **막**
   ① 膜 ② 模 ③ 謨 ④ 墓 ⑤ 灣

2. **만**
   ① 萊 ② 蔓 ③ 藜 ④ 董 ⑤ 鍛

풀이
1 ①막 ②모 ③모 ④묘 ⑤만
2 ①래 ②만 ③려 ④동 ⑤단

답 1. ① | 2. ②

1급 347 魚부 총 22획 **鰻** 뱀장어 **만**	鰻鯉만리 뱀장어 ▶鯉(잉어 리) 海鰻해만 갯장어, 붕장어 ▶海(바다 해) 養鰻양만 鰻鯉魚만리어 盲鰻類맹만류 田鰻科전만과	1급 348 口부 총 10획 **唜** 끝 말/끗	唜島里말도리 인천광역시 강화군에 있는 지명 ▶島(섬 도), 里(마을 리)
2급 415 扌(手)부 총 8획 **抹** 바를 **말**	抹消말소 기록되어 있는 사실을 지워 없애는 것 ▶消(사라질 소) 朱抹주말 붉은 물을 묻힌 붓으로 글자를 지움 ▶朱(붉을 주) 塗抹도말 抹去말거 抹殺말살 抹擦말찰 抹香말향 抹紅말홍 揷抹삽말 一抹일말	2급 416 氵(水)부 총 8획 **沫** 거품 **말**	泡沫포말 물거품 ▶泡(물거품 포) 唾沫星타말성 갯물에 잔물거품이 있어 구슬이 부서진 것과 같은 무늬가 있는 자기 ▶唾(침 타), 星(별 성) 浮沫부말 噴沫분말 飛沫비말 水沫수말 涎沫연말 涌沫용말 泡沫夢幻포말몽환
1급 349 艹(艸)부 총 9획 **茉** 말리 **말**	茉莉말리 목서과에 딸린 늘푸른떨기나무, 꽃의 향기가 높아 정원에 관상용으로 재배함 ▶莉(말리 리) 紫茉莉科자말리과	1급 350 衤(衣)부 총 20획 **襪** 버선 **말**	襪裙말군 여인들이 입던 폭이 넓은 속바지의 하나 ▶裙(치마 군) 布襪포말 광중(壙中)을 다듬을 때 사토장이가 신는 베로 만든 버선 ▶布(베 포) 綿襪면말 毛襪모말 洋襪양말 皮襪피말 木洋襪목양말
2급 417 革부 총 14획 **靺** 말갈 **말**	靺鞨말갈 중국 수당(隋唐)시대에 한반도 북부에 거주한 퉁구스계 민족의 총칭 ▶鞨(말갈 갈)	2급 418 糸부 총 14획 **網** 그물 **망**	網巾망건 상투를 틀 때 머리카락이 흘러 내리지 않게 머리에 두르는 것 ▶巾(수건 건) 網羅망라 널리 빠짐없이 모음 또는 모두 휘몰아 넣어 포함시킴 ▶羅(벌일 라) 網紗망사 法網법망 漁網어망 鐵網철망 連絡網연락망 一網打盡일망타진 주의 綱(벼리 강) 3급
2급 419 艹(艸)부 총 7획 **芒** 까끄라기 **망**/황홀할 **황**	芒種망종 24절기의 하나로, 보리가 익고 모를 심기 좋은 때 ▶種(씨 종) 茅芒모망 도자기의 입 전두리에 있는 흠 ▶茅(띠 모) 光芒광망 芒履망리 芒洋망양 芒刺망자 芒硝망초 彗芒혜망 竹杖芒鞋죽장망혜	1급 351 艹(艸)부 총 10획 **莽** 우거질 **망/무**	灌莽관망 잡목이 우거진 숲 ▶灌(물댈 관) 草莽之臣초망지신 풀 떨기 같은 신하라는 뜻으로, 벼슬하지 않은 백성을 말함 ▶草(풀 초), 之(갈 지), 臣(신하 신) 魯莽노무 莽草망초 草莽초망 莽操懿卓망조의탁

말갈족(靺鞨族)

靺(말갈 말), 鞨(오랑캐이름 갈), 族(겨레 족)

6~7세기경 중국 수·당 시대에 만주 북동부에서 한반도 북부에 거주한 퉁구스계 민족을 말한다. 본래 쑹화강(松花江) 유역의 물길(勿吉)이 지배하였으나 6세기 중엽 물길의 세력이 약화되자 각 부족들이 자립하였는데, 이들을 총칭하여 말갈이라 부른다. 발해 멸망 이후 거란에 복속되어 여진(女眞)이라 불렸으며, 그 후 생여진(生女眞)과 숙여진(熟女眞)으로 나뉘었다가 생여진은 금(金)나라를 건국하고 만주와 북중국을 지배하였다.

한자 익히기

1급 352 輞 車부 총 15획 — 바퀴테 망
輞川망천 당대(唐代)의 시인 왕유(王維)의 별장이 있던 지명

1급 353 邙 阝(邑)부 총 6획 — 산이름 망
北邙山川북망산천 묘지가 있는 곳이나 사람이 죽어서 가는 곳을 말함 ▶北(북녘 북), 山(뫼 산), 川(내 천)
北邙북망 北邙山북망산
背邙面洛배망면락

1급 354 寐 宀부 총 12획 — 잠잘 매
假寐가매 거짓으로 자는 체함, 잠자리를 제대로 차리지 않고 잠 ▶假(거짓 가)
寤寐不忘오매불망 자나 깨나 잊지 못함 ▶寤(깰 오), 不(아닐 불), 忘(잊을 망)
夢寐몽매 寤寐오매 潛寐잠매
不寐症불매증 耿耿不寐경경불매

2급 420 昧 日부 총 9획 — 어두울 매
昧冥매명 세상일에 어두움 ▶冥(어두울 명)
三昧境삼매경 오직 한 가지 일에만 마음을 집중시키는 경지 ▶三(석 삼), 境(지경 경)
昧爽매상 冒昧모매 蒙昧몽매 晻昧암매
曖昧애매 愚昧우매 無知蒙昧무지몽매

2급 421 枚 木부 총 8획 — 낱 매
枚數매수 종이나 유리 등과 같이 장으로 세는 물건의 수 ▶數(셈 수)
銜枚함매 행진할 때 군사의 입에 떠들지 못하도록 하무를 물리던 일 ▶銜(재갈 함)
枚擧매거 枚移매이 枚陳매진 一枚일매
二枚貝이매패 千枚巖천매암

1급 355 煤 火부 총 13획 — 그을음 매
硬煤경매 무연탄 ▶硬(굳을 경)
煤熔劑매용제 유약(釉藥)을 속히 녹도록 하기 위하여 섞는 재료 ▶熔(쇠녹일 용), 劑(약제 제)
煤鑛매광 煤氣매기 煤病매병 煤煙매연
煤窯매요 煤田매전 煤炭매탄 煉煤연매

2급 422 罵 四(网)부 총 15획 — 욕할 매
毆罵구매 때리고 욕함 ▶毆(때릴 구)
罵倒매도 몹시 꾸짖음 ▶倒(넘어질 도)
唾罵타매 더러운 놈이라며 침을 뱉거나 꾸짖음 ▶唾(침 타)
怒罵노매 大罵대매 侮罵모매 笑罵소매
熱罵열매 叱罵질매 醉罵취매 痛罵통매

2급 423 邁 辶(辵)부 총 17획 — 갈 매
邁進매진 힘써 나아감 또는 씩씩하게 나아감 ▶進(나아갈 진)
英邁영매 재능이나 지식이 매우 뛰어남 ▶英(꽃부리 영)
高邁고매 邁德매덕 雄邁웅매 俊邁준매
超邁초매 邁進一路매진일로

2급 424 魅 鬼부 총 15획 — 매혹할 매
魅力매력 이상하게 사람의 눈이나 마음을 호리어 끄는 힘 ▶力(힘 력)
魅了매료 남의 마음을 홀리어 사로잡음 ▶了(마칠 료)
鬼魅귀매 魅惑매혹 妖魅요매
魅力的매력적 魅惑的매혹적

2급 425 貊 豸부 총 13획 — 맥국 맥
貊弓맥궁 고구려의 소수맥(小水貊)에서 나던 좋은 활 ▶弓(활 궁)
濊貊예맥 한족(韓族)의 조상이 되는 민족 ▶濊(종족이름 예)
九貊구맥 蠻貊만맥 大水貊대수맥
小水貊소수맥

쪽지시험

※ 다음 성어에서 □ 안에 들어갈 알맞은 한자는 어느 것입니까?

1. 一□打盡
① 輞 ② 網 ③ 忘 ④ 亡 ⑤ 莽

2. 寤□不忘
① 寐 ② 寞 ③ 寧 ④ 寇 ⑤ 寢

풀이

1 一網打盡(일망타진) : 한 번 그물을 쳐서 고기를 다 잡는다는 뜻으로, 어떤 무리를 한꺼번에 모조리 다 잡음을 이르는 말

2 寤寐不忘(오매불망) : 자나 깨나 잊지 못함

답 1. ② | 2. ①

1급 356 阝(阜)부 총 9획 **陌** 두렁 맥	紫陌자맥 도성의 길 ▶紫(자줏빛 자) 阡陌천맥 밭 사이의 길, 남북으로 난 것을 천(阡), 동서로 난 것을 맥(陌)이라 함 ▶阡(두렁 천) 巷陌항맥	1급 357 馬부 총 21획 **驀** 말탈 맥	驀進맥진 좌우를 돌볼 겨를이 없이 매우 기운차게 나아감 ▶進(나아갈 진) 驀地맥지
1급 358 氏부 총 8획 **氓** 백성 맹	村氓촌맹 시골에 사는 백성 ▶村(마을 촌) 難化之氓난화지맹 교화(敎化)하기 어려운 어리석은 백성을 이르는 말 ▶難(어려울 난), 化(될 화), 之(갈 지) 愚氓우맹 流氓유맹 殘氓잔맹 蒼氓창맹 逋氓포맹 鄕氓향맹 峽氓협맹	2급 426 艹(艸)부 총 12획 **萌** 싹 맹/활량나물 명	萌芽맹아 식물에 새로 트는 싹 또는 사물의 시초(始初)가 되는 것 ▶芽(싹 아) 未萌미맹 초목의 싹이 트지 않음 또는 어떤 일이 아직 일어나기 전 ▶未(아닐 미) 萌動맹동 杜漸防萌두점방맹
1급 359 冖부 총 16획 **冪** 덮을 멱	降冪강멱 내림차 ▶降(내릴 강) 昇冪승멱 오름차 ▶昇(오를 승) 三升冪삼승멱 같은 수를 세 번 곱하는 것 ▶三(석 삼), 升(되 승) 冪根멱근 冪法멱법 冪數멱수 冪乘멱승 乘冪승멱 冪指數멱지수 冪函數멱함수	1급 360 見부 총 11획 **覓** 찾을 멱	覓去멱거 찾아감, 가져감 ▶去(갈 거) 窮心覓得궁심멱득 온갖 힘을 기울여 겨우 찾아냄 ▶窮(다할 궁), 心(마음 심), 得(얻을 득) 覓來멱래 覓子멱자 尋覓심멱 木覓山목멱산 吹毛覓疵취모멱자
2급 427 冂부 총 11획 **冕** 면류관 면	袞冕곤면 임금의 정복(正服)인 곤룡포와 면류관 ▶袞(곤룡포 곤) 掛冕괘면 대부(大夫) 이상의 높은 벼슬아치가 벼슬을 내어 놓음 ▶掛(걸 괘) 冠冕관면 冕服면복 軒冕헌면	2급 428 木부 총 12획 **棉** 목화 면	棉油면유 목화씨 기름 ▶油(기름 유) 在來棉재래면 옛날부터 우리나라에서 재배하여 오던 면화, 목화 ▶在(있을 재), 來(올 래) 棉實면실 棉作면작 棉蟲면충 棉花면화 木棉목면 棉花地帶면화지대
2급 429 氵(水)부 총 7획 **沔** 물이름 면	沔沔면면 물이 가득 차 넘실거리는 모양 沔川면천 충청남도 당진군 면천면 ▶川(내 천) 沔水면수	1급 361 目부 총 9획 **眄** 곁눈질 면/묜	眄視면시 곁눈질을 함 ▶視(볼 시) 徘徊顧眄배회고면 목적 없이 이리저리 거닐면서 여기저기 기웃거림 ▶徘(노닐 배), 徊(노닐 회), 顧(돌아볼 고) 顧眄고면 仰眄앙면 右眄우면 佇眄저면 轉眄전면 左顧右眄좌고우면

한자별곡

면류관(冕旒冠)

冕(면류관 면), 旒(깃발 류), 冠(갓 관)

면류관은 왕의 정복인 곤룡포에 갖추어 쓰는 예모로, 모자의 기본 틀이라고 할 수 있는 면판(冕版)과 면판에 늘어뜨린 류(旒)를 합쳐서 부르는 말이다. 모자 위에 직사각형의 큰 판을 연(延)이라 하고, 연의 앞뒤에 구슬을 꿰어 매단 것을 류(旒)라고 하는데 신분에 따라 류의 수와 종류가 달랐다. 즉, 황제가 12류, 왕은 9류, 상대부는 7류, 하대부는 5류로 되어 있었다. 우리나라에서는 고종이 대한제국의 황제로 즉위할 때 12류 면류관을 썼다고 한다.

한자 익히기

1급 362 — 緬
糸부 / 총 15획 / 가는실 면

緬禮면례 무덤을 옮기어 장사를 다시 지냄 ▶禮(예도 례)
緬服면복 면례(緬禮)한 뒤에 예제(禮制)에 따라 입는 시마복(總麻服) ▶服(옷 복)
緬奉면봉 緬羊면양 緬憶면억 遐緬하면
緬羊斑면양반

2급 430 — 麵
麥부 / 총 20획 / 밀가루 면

唐麵당면 잡채의 원료가 되는 녹말가루로 만든 마른 국수 ▶唐(당나라 당)
製麵제면 밀가루로 국수 따위를 만듦 ▶製(지을 제)
乾麵건면 冷麵냉면 溫麵온면 炒麵초면
煮醬麵자장면

2급 431 — 蔑
艹(艸)부 / 총 15획 / 업신여길 멸

凌蔑능멸 업신여겨 깔봄 ▶凌(능멸할 릉)
蔑以加矣멸이가의 그 위에 더할 나위가 없음 ▶以(써 이), 加(더할 가), 矣(어조사 의)
輕蔑경멸 蔑法멸법 蔑視멸시 蔑魚멸어
蔑如멸여 蔑稱멸칭 侮蔑모멸 自蔑자멸

1급 363 — 瞑
日부 / 총 14획 / 눈감을/어두울 명

死不瞑目사불명목 마음에 맺히고 근심이 되어 죽어서도 눈을 편히 감지 못함 ▶死(죽을 사), 不(아닐 불), 目(눈 목)
瞑目명목 瞑想명상
주의 瞑(눈감을 명) 1·2급

1급 364 — 梘
木부 / 총 12획 / 홈통 명

梘桶명통 물이 흐르거나 타고 내리도록 만든 물건 ▶桶(통 통)

2급 432 — 溟
氵(水)부 / 총 13획 / 바다 명 / 가랑비오는모양 멱

鴻溟홍명 큰 바다 ▶鴻(기러기 홍)
東溟日記동명일기 조선 순조 때 연안 김씨 의유당이 지은 한글 기행문 ▶東(동녘 동), 日(날 일), 記(기록할 기)
溟洲명주 溟海명해 北溟북명
溟洲歌명주가 四溟大師사명대사

2급 433 — 皿
皿부 / 총 5획 / 그릇 명

器皿기명 살림살이에 쓰이는 그릇붙이 ▶器(그릇 기)
膝皿슬명 종지뼈, 무릎 앞 한가운데 있는 작은 종지모양의 오목한 뼈 ▶膝(무릎 슬)
器皿圖기명도 琉璃器皿유리기명
주의 血(피 혈) 5급

1급 365 — 瞑
目부 / 총 15획 / 눈감을 명/잘 면

瞑想명상 고요히 눈을 감고 깊이 생각함 ▶想(생각할 상)
瞑眩명현 어지럽고 눈앞이 캄캄함 ▶眩(아찔할 현)
瞑色명색 瞑坐명좌 瞑想錄명상록
주의 瞑(어두울 명) 1·2급

1급 366 — 茗
艹(艸)부 / 총 10획 / 차싹 명

茗器명기 차에 관한 여러 가지 기물 ▶器(그릇 기)
茗坊명방
주의 若(같을 약) 4급

1급 367 — 蓂
艹(艸)부 / 총 14획 / 명협 명

蓂莢명협 중국 요(堯) 임금 때 났다는 상서로운 풀의 이름 ▶莢(꼬투리 협)
蓂歷명력 蓂黃德山명이덕산

쪽지시험

※ 다음 한자어(漢字語)와 발음(發音)이 같은 한자어는 어느 것입니까?

1 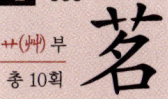 萌動
① 兒童 ② 命中 ③ 愼重 ④ 孟冬 ⑤ 鳴動

2 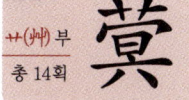 瞑想
① 無想 ② 模像 ③ 名相 ④ 膜狀 ⑤ 望床

풀이
1 맹동
① 아동 ② 명중 ③ 신중 ④ 맹동 ⑤ 명동

2 명상
① 무상 ② 모상 ③ 명상 ④ 막상 ⑤ 망상

답 1. ④ | 2. ③

1급 368 虫부 총 16획 螟 마디충 명	螟蛾명아 명충나방, 명나방과의 곤충을 통틀어 이르는 말 ▶蛾(나방 아) 螟蟲명충 마디충 ▶蟲(벌레 충) 螟嗣명사 螟蛾科명아과 二化螟蛾이화명아 二化螟蟲이화명충	1급 369 酉부 총 13획 酩 술취할 명	酩酊명정 정신을 차리지 못할 정도로 술에 몹시 취함 ▶酊(술취할 정)
1급 370 衤(衣)부 총 9획 袂 소매 메	袂別메별 소매를 잡고 작별을 한다는 뜻으로, 섭섭히 헤어지는 것 ▶別(나눌 별) 衣袂의메 옷소매, 윗옷의 좌우에 있는 두 팔을 꿰는 부분 ▶衣(옷 의) 短袂단메 袂口메구 袂分메분 分袂분메 揚袂양메 連袂연메 濡袂유메	1급 371 女부 총 8획 姆 유모 모/무	保姆보모 일정한 자격을 가지고 유치원·보육원·양호시설 등에서 보육에 종사하는 여자 직원 또는 왕조 때 왕세자를 기르던 여자를 말함 ▶保(지킬 보) 姆教모교 姆姆모모 姆婦모부
2급 434 巾부 총 12획 帽 모자 모	紗帽사모 조선시대 문무관(文武官)이 평상복에 착용하던 모자 ▶紗(깁 사) 防寒帽방한모 추위를 막기 위하여 쓰는 모자 ▶防(막을 방), 寒(찰 한) 冠帽관모 帽子모자 着帽착모 脫帽탈모 中折帽중절모 紗帽冠帶사모관대	1급 372 扌(手)부 총 14획 摸 찾을 모/더듬을 막	摸綾모릉 결정을 짓지 못하여 가부(可否)가 없음 ▶綾(비단 릉) 摸索모색 좋은 방법이나 돌파구를 이리저리 생각하여 찾는 것 ▶索(찾을 색) 摸製모제 移摸이모 暗中摸索암중모색 주의 模(본뜰 모) 3급
1급 373 手부 총 15획 摹 베낄 모	摹印모인 예전 한자 팔체의 하나, 옥새의 글자로 사용됨 ▶印(도장 인) 摹天畫日모천화일 임금의 공덕을 칭송함 ▶天(하늘 천), 畫(그림 화), 日(날 일) 摹出모출 摹瑟峯모슬봉 摹瑟浦모슬포 주의 幕(장막 막) 3급	2급 435 牛부 총 6획 牟 보리 모	頓牟돈모 송진이 땅 속에 묻혀 굳어진 것으로, 호박(琥珀)을 말함 ▶頓(조아릴 돈) 健牟羅건모라 신라인들이 성(城)을 부를 때 쓰던 말 ▶健(굳셀 건), 羅(벌일 라) 釋迦牟尼석가모니 釋迦牟尼如來석가모니여래 주의 年(해 년) 5급
2급 436 牛부 총 7획 牡 수컷 모	牡瓦모와 수키와 ▶瓦(기와 와) 牡畜모축 가축의 수컷 ▶畜(짐승 축) 牝牡빈모 길짐승의 암컷과 수컷 ▶牝(암컷 빈) 牡桂모계 牡馬모마 牡牛모우 牡痔모치 種牡豚종모돈	2급 437 王(玉)부 총 13획 瑁 옥홀 모/매도 매	玳瑁甲대모갑 바다거북의 껍데기로, 담뱃갑이나 안경테 등의 장식품을 만드는 데 사용됨 ▶玳(대모 대), 甲(갑옷 갑) 玳瑁대모 造玳瑁조대모 華玳瑁화대모 黑玳瑁흑대모

모순(矛盾)

矛(창 모), 盾(방패 순)

말이나 행동의 앞뒤가 서로 맞지 않음을 이르는 말이다. 중국 전국시대(戰國時代)의 초(楚)나라에 무기 상인이 창을 들고 외치기를 "이 창은 예리하기로 어떤 방패라도 꿰뚫을 수가 있습니다." 그리고 방패를 들어 올리며 "이 방패의 견고함은 어떤 창이나 칼로도 꿰뚫지 못합니다."라고 자랑하였다. 그러자 구경하고 있던 사람이 "그 창으로 방패를 찌르면 어떻게 되는 거요?"라고 묻자 상인은 대답을 하지 못하였다.

《한비자(韓非子)》

한자 익히기

1급 374 一目부 총 11획 **眸** 눈동자 **모**
- 眸子모자 눈동자 ▶子(아들 자)
- 明眸皓齒명모호치 맑은 눈동자와 흰 치아라는 뜻으로 미인을 말함 ▶明(밝을 명), 皓(흴 호), 齒(이 치)
- 明眸명모 雙眸쌍모 一眸일모 睛眸정모 醉眸취모

2급 438 矛부 총 5획 **矛** 창 **모**
- 酋矛추모 끝이 꼬부라진 긴 창 ▶酋(두목 추)
- 自己矛盾자기모순 자기 스스로에 대한 모순 ▶自(스스로 자), 己(몸 기), 盾(방패 순)
- 戈矛과모 衛矛위모 矛盾語모순어 矛盾的모순적

2급 439 耒부 총 10획 **耗** 줄일 **모**
- 磨耗마모 마찰되는 부분이 닳아서 작아지거나 없어짐 ▶磨(갈 마)
- 耗盡모진 줄거나 또는 해져서 다 없어짐 ▶盡(다할 진)
- 耗穀모곡 耗損모손 消耗소모 息耗식모
- 還耗환모 消耗品소모품 消耗戰소모전

1급 375 ++(艸)부 총 8획 **茪** 풀우거질 **모**
- 茪滑모활 화갱(和羹—여러 가지 양념을 하고 간을 맞춘 국)을 만들 때 맛을 내기 위해 타던 씀바귀, 고비나물, 아욱 등의 나물을 말함 ▶滑(미끄러울 활)
- 茪羹모갱

2급 440 ++(艸)부 총 9획 **茅** 띠 **모**
- 茅舍모사 자기 집을 낮추어 이르는 말 ▶舍(집 사)
- 茅屋모옥 띠나 이엉 등으로 지붕을 인 초가집 ▶屋(집 옥)
- 茅芒모망 茅蔑모멸 茅沙모사 茅塞모색
- 茅蒐모수 茅葺모즙 數間茅屋수간모옥

2급 441 言부 총 18획 **謨** 꾀 **모**
- 廟謨묘모 나라와 백성을 다스리는 방법과 계략 ▶廟(사당 묘)
- 首謨수모 주장(主張)이 되어 어떤 일을 꾀함 ▶首(머리 수)
- 暗謨암모 良謨양모 帝謨제모 皇謨황모
- 鴻謨홍모 官謨畓관모답 護謨靴호모화

2급 442 氵(水)부 총 7획 **沐** 머리감을 **목**
- 湯沐탕목 목욕하고 머리를 감는 일 또는 더운 물로 몸을 씻음 ▶湯(끓을 탕)
- 薰沐훈목 향료를 옷에 뿌리고 머리를 씻어 몸을 깨끗이 하는 일 ▶薰(향풀 훈)
- 冥沐명목 沐浴목욕 櫛沐즐목 沐浴湯목욕탕
- 沐浴齋戒목욕재계

2급 443 禾부 총 16획 **穆** 화목할 **목**
- 怡穆이목 즐겁고 화목함 ▶怡(기쁠 이)
- 淸穆청목 신기(身氣)가 맑고 화평함, 윗사람에게 보내는 편지에서 그의 건강을 말할 때 씀 ▶淸(맑을 청)
- 김穆소목 穆陵목릉 穆宗목종 穆穆章목목장
- 忠穆王충목왕 仁穆大妃인목대비

1급 376 鳥부 총 20획 **鶩** 집오리 **목**
- 刻鵠類鶩각곡유목 고니를 새기려다 실패해도 집오리와 비슷하게 된다는 뜻, 학업에 정진하여 어느 정도의 성과가 있음 ▶刻(새길 각), 鵠(고니 곡), 類(무리 류)
- 夜鶩야목 家鷄夜鶩가계야목
- 鷄鶩爭食계목쟁식 山鷄夜鶩산계야목

1급 377 歹부 총 8획 **歿** 죽을 **몰**
- 歿後몰후 사람이 죽은 뒤, 이승을 떠난 뒤 ▶後(뒤 후)
- 戰歿전몰 싸움을 하다 죽음 ▶戰(싸움 전)
- 盡歿진몰 戰歿日전몰일 戰歿將兵전몰장병
- 全歿知覺전몰지각

쪽지시험

상공회의소 한자 고급 1, 2급

※ 다음 한자(漢字)와 음(音)이 같은 한자는 어느 것입니까?

1. 酩
   ① 螟 ② 蠻 ③ 螳 ④ 蛋 ⑤ 疇

2. 沐
   ① 稼 ② 稈 ③ 稽 ④ 覓 ⑤ 穆

풀이

1 酩(술취할 명)
   ① 명 ② 만 ③ 당 ④ 단 ⑤ 주

2 沐(머리감을 목)
   ① 가 ② 간 ③ 계 ④ 멱 ⑤ 목

답 1. ① | 2. ⑤

1급 378 月부 총 18획 朦 흐릿할/풍부할 몽	朦朧몽롱 뚜렷하지 않고 흐리멍덩함 ▶朧(흐릿할 롱) 局部朦昏국부몽혼 국부마취(局部痲醉) ▶局(판 국), 部(떼 부), 昏(어두울 혼) 朦昏몽혼 朦朧體몽롱체 醉眼朦朧취안몽롱	2급 444 扌(手)부 총 12획 描 그릴 묘	素描소묘 연필, 목탄, 철필 등으로 사물의 형태와 명암을 표현한 그림 ▶素(본디 소) 點描점묘 채색점(彩色點)을 찍어서 그림을 그림 ▶點(점 점) 描寫묘사 描出묘출 描畫묘화 線描선묘 描虎類犬묘호류견 心理描寫심리묘사
1급 379 日부 총 9획 昴 별이름 묘	昴星묘성 二十八宿(이십팔수)의 열여덟째 별 ▶星(별 성) 昴星旗묘성기	1급 380 木부 총 8획 杳 어두울 묘	杳然묘연 그윽하고 멀어서 눈에 아물아물함, 오래 되어 기억이 흐릿함, 소식이 없어 행방을 알 수 없음 ▶然(그러할 연) 杳冥묘명 杳杳묘묘 杳乎묘호 巖出杳冥암수묘명 주의 畓(겹칠 답) 1·2급
1급 381 氵(水)부 총 12획 渺 아득할 묘	渺遠묘원 눈이 미치지 않을 만큼 까마득하게 멂 ▶遠(멀 원) 漂渺표묘 어렴풋하여 뚜렷하지 않은 모양 또는 넓고 끝이 없는 모양 ▶漂(떠다닐 표) 渺漠묘막 渺茫묘망 渺然묘연 浩渺호묘	2급 445 犭(犬)부 총 12획 猫 고양이 묘	猫項懸鈴묘항현령 고양이 목에 방울 달기라는 뜻으로 실행 못할 일을 공연히 의논만 한다는 말 ▶項(목 항), 懸(매달 현), 鈴(방울 령) 家猫가묘 猫頭묘두 夜猫야묘 雄猫웅묘 猫頭瓦묘두와 猫頭懸鈴묘두현령
1급 382 立부 총 9획 竗 묘할 묘	주의 妙와 同字	1급 383 金부 총 17획 錨 닻 묘	錨泊묘박 배가 닻을 내리고 머무름 ▶泊(배댈 박) 錨索묘삭 닻줄 ▶索(동아줄 삭) 拔錨발묘 揚錨양묘 投錨투묘 下錨하묘 單錨泊단묘박 雙錨泊쌍묘박 揚錨機양묘기
2급 446 工부 총 7획 巫 무당 무	巫堂무당 귀신을 섬겨 길흉을 점치고 굿하는 것을 업으로 하는 여자 ▶堂(집 당) 巫蠱무고 남을 혹독하게 저주함 ▶蠱(뱃속벌레 고) 巫覡무격 巫服무복 巫俗무속 巫女島무녀도	1급 384 忄(心)부 총 15획 憮 어루만질 무/ 아리따울 후	憮然무연 크게 낙심하여 허탈해 하거나 멍함 ▶然(그러할 연) 懷憮회무 잘 달래서 안심시킴 ▶懷(품을 회)

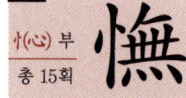

흑묘백묘(黑猫白猫)

黑(검을 흑), 猫(고양이 묘), 白(흰 백), 猫(고양이 묘)

'흑묘백묘 주노서 취시호묘(黑猫白猫 住老鼠 就是好猫)'의 줄임말로, 검은 고양이든 흰 고양이든 쥐만 잘 잡으면 된다는 뜻이다. 자본주의든 공산주의든 상관없이 중국 인민을 잘 살게 하면 그것이 제일이며, 부유해질 수 있는 사람부터 먼저 부유해지라는 뜻의 선부론(先富論)과 함께 1970년대 말부터 덩샤오핑(鄧小平)의 경제정책을 가장 잘 대변하는 용어이다.

한자 익히기

2급 447	懋	懋戒무계 힘써 잘 경계함 ▶戒(경계할 계) 懋懋무무 힘쓰는 모양
心 부 총 17획	힘쓸 무	懋典무전

1급 385	拇	拇印무인 손도장 ▶印(도장 인) 拇指무지 엄지손가락 ▶指(가리킬 지)
扌(手) 부 총 8획	엄지손가락 무	大拇指대무지

2급 448	撫	撫恤무휼 어려운 사람들을 불쌍히 여기어 위로하여 물질로 도와줌 ▶恤(구휼할 휼) 撫御무어 어루만져 통어함 ▶御(거느릴 어)
扌(手) 부 총 15획	어루만질 무	慰撫위무 撫摩무마 群盲撫象군맹무상 撫育之恩무육지은 撫育之道무육지도

1급 386	无	无後무후 계통을 이어갈 대가 끊어짐 ▶後(뒤 후) 无妄卦무망괘 육십사 괘의 하나 ▶妄(망령될 망), 卦(걸 괘)
无 부 총 4획	없을 무	无妄무망 주의 旡(목멜 기)

1급 387	楙	
木 부 총 13획	무성할 무	주의 茂의 古字

1급 388	毋	毋論무론 물론, 말할 것도 없이 ▶論(논할 론) 毋望之福무망지복 뜻하지 않은 우연한 복 ▶望(바랄 망), 之(갈 지), 福(복 복)
毋 부 총 4획	말 무/관직이름 모	毋追무추 毋望之人무망지인 毋望之禍무망지화 주의 母(어머니 모) 5급

1급 389	珷	珷玞무부 붉은 바탕에 흰 무늬가 있는 옥과 비슷한 돌의 한 가지 ▶玞(옥돌 부)
王(玉) 부 총 11획	옥돌 무	

2급 449	畝	畝溝묘구 고랑, 두둑한 땅과 땅 사이에 길고 좁게 들어간 곳 ▶溝(도랑 구) 田畝전묘 이랑, 밭의 고랑사이에 흙을 높게 올려서 만든 두둑한 곳 ▶田(밭 전)
田 부 총 10획	밭이랑 묘/무	農畝농묘 一畝일무 頃畝法경무법

1급 390	繆	繆篆무전 육체서(六體書)의 하나 ▶篆(전자 전) 綢繆주무 미리미리 빈틈없이 자세하게 준비함 ▶綢(얽힐 주)
糸 부 총 17획	얽을 무/사당례 목 목맬 규/두를 료	誤繆오무 未雨綢繆미우주무 桑土綢繆상토주무

2급 450	蕪	蕪辭무사 자기의 말을 겸손하여 이르는 말 ▶辭(말씀 사) 蕪淺무천 학식이 변변치 못함 ▶淺(얕을 천)
⺿(艸) 부 총 16획	거칠 무	蕪繁무번 蕪雜무잡 蕪菁무청 蕪草무초 荒蕪地황무지

쪽지시험

※ 다음의 뜻을 가진 한자(漢字)는 어느 것입니까?

1 　　　　　　고양이　　　　　　
　① 猫　② 狸　③ 狡　④ 狗　⑤ 獺

2 　　　　　　엄지손가락　　　　　　
　① 摸　② 抹　③ 拇　④ 撫　⑤ 季

풀이

1 ① 猫(고양이 묘)　② 狸(삵 리)
　③ 狡(교활할 교)　④ 狗(개 구)
　⑤ 獺(수달 달)

2 ① 摸(찾을 모)　② 抹(바를 말)
　③ 拇(엄지손가락 무)　④ 撫(어루만질 무)
　⑤ 季(끝 계)

답 1. ① | 2. ③

2급 451 言부 총 14획 **誣** 무고할 무	誣告무고 없는 사실을 거짓으로 꾸며 고소하거나 고발하는 것 ▶告(고할 고) 誣陷무함 없는 사실을 그럴듯하게 꾸미어서 남을 곤경에 빠지게 함 ▶陷(빠질 함) 誣罔무망 誣說무설 誣訴무소 讒誣참무 誣告罪무고죄	1급 391 鳥부 총 18획 **鵡** 앵무새 무	鸚鵡앵무 사람의 말을 잘 흉내 내는 열대지방에 사는 새 이름 ▶鸚(앵무새 앵) 鸚鵡杯앵무배 자개로 앵무새의 부리 같이 만든 술잔 ▶鸚(앵무새 앵), 杯(잔 배) 鸚鵡科앵무과 鸚鵡石앵무석 金剛鸚鵡금강앵무 能言鸚鵡능언앵무
1급 392 亻(人)부 총 10획 **們** 들 문	圖們도문 중국 길림성(吉林省)동부, 간도성(間島省)에 딸린 도시 ▶圖(그림 도) 圖們江도문강 두만강(豆滿江)의 중국명 ▶圖(그림 도), 江(강 강) 我們아문 掩們엄문 他們타문	1급 393 刂(刀)부 총 6획 **刎** 목자를 문	刎頸之交문경지교 목을 벨 수 있는 벗이라는 뜻으로, 생사를 같이 할 수 있는 매우 소중한 벗 ▶頸(목 경), 之(갈 지), 交(사귈 교) 刎死문사 自刎자문 刎頸之友문경지우
2급 452 口부 총 7획 **吻** 입술 문	吻脣문순 입술 ▶脣(입술 순) 虎吻호문 호랑이의 입술이라는 뜻으로 위험함을 이르는 말 ▶虎(범 호) 口吻구문 接吻접문 血吻혈문 吻頭采문두채 吻合術문합술	2급 453 氵(水)부 총 7획 **汶** 물이름 문/산이름 민	汶山문산 경기도 파주시의 한 읍 ▶山(뫼 산)
1급 394 糸부 총 10획 **紊** 어지러울 문	紊亂문란 도덕이나 질서, 규칙 등이 어지러움 ▶亂(어지러울 난) 風紀紊亂풍기문란 若網在鋼有條不紊약망재유조불문	2급 454 糸부 총 10획 **紋** 무늬 문	紋章문장 국가 또는 일정한 단체 등을 나타내는 상징적인 표지 ▶章(글 장) 指紋지문 사람, 원숭이의 손가락 끝 안쪽에 이루어진 살갗의 무늬 ▶指(손가락 지) 紋樣문양 波紋파문 橘皮紋귤피문 紋繡之服문수지복 指紋採取지문채취
1급 395 虫부 총 10획 **蚊** 모기 문	蚊陣문진 모기떼 ▶陣(진칠 진) 見蚊拔劍견문발검 모기를 보고 칼을 뺀다는 뜻으로 사소한 일에 크게 성내어 덤빔 ▶見(볼 견), 拔(뺄 발), 劍(칼 검) 蚊不死문불사 殺蚊香살문향 蚊蝄之勞문망지로 朝蠅暮蚊조승모문	1급 396 雨부 총 12획 **雯** 구름무늬 문	月雲素雯월운소문 중국 고대의 삼황(三皇)의 사적(事迹)을 적은 책이라고 하는 삼분서(三墳書) 중에서 황제(黃帝)의 형분(形墳)에 나오는 말 ▶月(달 월), 雲(구름 운), 素(흴 소)

미봉책(彌縫策)

彌(미륵 미), 縫(꿰맬 봉), 策(꾀 책)

실로 꿰매는 방책이란 뜻으로, 빈 곳이나 잘못된 것을 임시 변통으로 보완하는 것을 의미한다.
춘추시대의 주(周) 환왕은 명목뿐인 주 왕실의 권위를 회복하기 위해 정(鄭)의 장공(莊公)을 토벌하기로 하고 연합군을 결성하였다. 환왕의 군사를 맞은 장공은 공자 원(元)의 진언을 받아들여 전차부대를 앞세우고 보병이 전차부대의 틈을 연결시키는 오승미봉(伍承彌縫)의 전법으로 토벌군을 격퇴하였다. 이로써 장공은 이름을 천하에 떨치게 되었으며, 미봉책이란 말이 사서(史書)에 실리게 되었다.

1급 397 氵(水)부 총 7획 **汩** 아득할 물/매	汩穆물목 고요하게 잠긴 모양 ▶穆(화목할 목)	1급 398 女부 총 12획 **媚** 아첨할 미	媚笑미소 아양을 부리며 곱게 웃는 웃음 ▶笑(웃음 소) 阿媚아미 남의 환심을 사기 위하여 알랑거림 ▶阿(아첨할 아) 明媚명미 媚諂미첨 媚態미태 鮮媚선미 柔媚유미 狐媚호미 風光明媚풍광명미
1급 399 山부 총 12획 **嵋** 산이름 미	竹嵋山죽미산 경상북도 봉화군에 있는 산 ▶竹(대나무 죽), 山(뫼 산)	2급 455 弓부 총 17획 **彌** 미륵/오랠 미	彌勒미륵 미륵보살(彌勒菩薩)의 준말 ▶勒(굴레 륵) 曠日彌久광일미구 헛된 세월만 오랫동안 보냄 ▶曠(밝을 광), 日(날 일), 久(오랠 구) 彌勒佛미륵불 彌縫策미봉책 彌鄒忽미추홀 須彌山수미산 阿彌陀아미타
1급 400 木부 총 11획 **梶** 나무끝 미	梶杪미초 나무 끝 ▶杪(나무끝 초)	1급 401 木부 총 13획 **楣** 문미 미	門楣문미 문얼굴 위에 가로 댄 나무 ▶門(문 문) 楣石미석 돌방무덤의 문 위쪽 문설주 사이에 가로로 걸쳐진 돌 ▶石(돌 석)
1급 402 氵(水)부 총 12획 **渼** 물놀이 미	渼金미금 경기도에 소재했던 시(市) ▶金(쇠 금) 渼沙里미사리	1급 403 氵(水)부 총 12획 **湄** 물가 미/더운물 난	湄濱미빈 강의 가장 자리에 잇닿아 있는 땅 ▶濱(물가 빈) 曲湄곡미 水湄수미
2급 456 艹(艸)부 총 17획 **薇** 고비 미	薇湯미탕 고비를 넣고 끓인 국 ▶湯(끓을 탕) 薔薇장미 장미과의 낙엽 관목 ▶薔(장미 장) 薇院미원 薇菜미채 薇草미초 紫薇자미 薇氣象미기상 野薔薇야장미 薔薇酒장미주	1급 404 言부 총 17획 **謎** 수수께끼 미	謎語미어 수수께끼 ▶語(말씀 어) 謎題미제 수수께끼 같아서 풀기 어려운 문제 ▶題(제목 제)

쪽지시험

※ 다음 단어들의 □ 안에 공통으로 들어갈 알맞은 한자는 어느 것입니까?

1. □樣, 指□, 波□
   ① 紋　② 模　③ 揮　④ 長　⑤ 動

2. □笑, 狐□, □態
   ① 微　② 狸　③ 媚　④ 姿　⑤ 狸

풀이

1 紋樣(문양), 指紋(지문), 波紋(파문)
2 媚笑(미소), 狐媚(호미), 媚態(미태)

답 1. ① | 2. ③

1급 405	靡	草靡초미 풀이 바람에 나부껴 한쪽으로 쏠리듯이 순종함 ▶草(풀 초)
非 부 총 19획	쓰러질 미/갈 마	風靡풍미 초목이 바람에 쓸리듯, 어떤 위세가 널리 사회를 휩쑮 ▶風(바람 풍)

靡費미비 靡然미연 浮靡부미 奢靡사미
淫靡음미 從風而靡종풍이미

1급 406	黴	黴菌미균 세균 ▶菌(버섯 균)
黑 부 총 23획	곰팡이 미/매우 매	防黴杜漸방미두점 어떤 일이 번지기 전에 미리 막음 ▶防(막을 방), 杜(막을 두), 漸(점점 점)

黴毒미독 黴雨미우 黴瘠미척 黴黑미흑
주의 徽(아름다울 휘) 1·2급

1급 407	岷	岷山민산 중국 사천성 송번현 북쪽에 있는 산 ▶山(뫼 산)
山 부 총 8획	산이름 민	

岷江 민강

2급 457	悶	苦悶고민 괴로워하고 번민함 ▶苦(괴로울 고)
心 부 총 12획	번민할 민	煩悶번민 마음이 답답하여 괴로워함 ▶煩(번거로울 번)

悶懣민만 悶悶민민 悶死민사

2급 458	愍	惜愍석민 아끼고 슬퍼함 ▶惜(아낄 석)
心 부 총 13획	근심할 민	憐愍연민 불쌍하고 딱하게 여김 ▶憐(불쌍히여길 련)

愍然민연 愍悴민췌 愍凶민흉 哀愍애민
恭愍王공민왕

1급 408	旻	旻天민천 사천(四天)의 하나, 가을 하늘 ▶天(하늘 천)
日 부 총 8획	하늘 민	蒼旻창민 푸른 하늘, 가을 하늘을 달리 이르는 말 ▶蒼(푸를 창)

九旻구민
주의 昊(하늘 호) 2급

2급 459	旼	旼旼민민 온화한 모양
日 부 총 8획	화할 민	

주의 旻(하늘 민) 1·2급

1급 409	泯	泯亂민란 사회의 질서·도덕을 어지럽게 함 ▶亂(어지러울 난)
氵(水) 부 총 8획	망할 민/뒤섞일 면	泯滅민멸 형적이 아주 없어짐 ▶滅(꺼질 멸)

泯絶민절 泯沒민몰 泯默민묵 泯然민연

1급 410	玟	玟坏釉민배유 자기의 겉에 발라서 윤을 내고, 물이 스며들지 않게 하는 유리 성질의 가루 ▶坏(언덕 배), 釉(윤 유)
王(玉) 부 총 8획	아름다운돌 민	

安玟英안민영

1급 411	珉	徐珉濠서민호 우리나라 정치가 ▶徐(천천히 서), 濠(해자 호),
王(玉) 부 총 9획	옥돌 민	

주의 琅(옥돌 랑) 1·2급

용호상박(龍虎相搏)

龍[용 롱(용)], 虎(범 호), 相(서로 상), 搏(칠 박)

용과 범이 서로 싸운다는 뜻으로, 용과 범에 비유한 힘이 강한 사람들이나 국가가 서로 승패를 다투는 일을 말한다.

중국 삼국시대 위(魏)나라의 조조(曹操)와 관중(關中) 패권을 다툰 장수는 '마초(馬超)'인데, 용은 조조에 범은 마초에 비유하기도 한다. 손권(孫權)·유비(劉備)의 연합군과 싸워 적벽대전(赤壁大戰)에서 패한 조조는 동관(潼關)에서 마초 군대와 대치하였으나 결국 싸움에서 이겼다.

한자 익히기

1급 412 緡 (糸부, 총 15획) 낚시줄 민 / 새우는소리 면
- 緡錢민전 꿰미에 꿴 엽전 ▶錢(돈 전)
- 緡綸민륜

1급 413 謐 (言부, 총 17획) 고요할 밀
- 安謐안밀 조용하고 평안함 ▶安(편안할 안)
- 靜謐정밀 고요하고 편안함, 세상이 태평함 ▶靜(고요할 정)
- 四海靜謐사해정밀

2급 462 搏 (扌(手)부, 총 13획) 칠/잡을 박
- 搏擊박격 아주 힘 있게 후려서 냅다 때림 ▶擊(칠 격)
- 搏暑박서 초여름의 대단치 않은 더위 ▶暑(더울 서)
- 搏動박동 搏殺박살 搏戰박전 搏鬪박투

1급 415 樸 (木부, 총 16획) 통나무 박 / 나무빽빽할 복
- 樸厚박후 인품이 후하고 소박함 ▶厚(두터울 후)
- 質樸질박 꾸민 데가 없이 수수하고 사치스럽지 아니함 ▶質(바탕 질)
- 樸頭박두 樸陋박루 樸樕박속 樸直박직
- 樸學박학 實樸실박 愚樸우박

1급 416 璞 (玉(玉)부, 총 16획) 옥돌 박
- 璞玉渾金박옥혼금 다듬지 않은 본디 그대로의 금과 옥이란 뜻으로 성품이 소박하고 꾸밈이 없음을 이르는 말 ▶玉(구슬 옥), 渾(흐릴 혼), 金(쇠 금)
- 璞玉박옥

2급 460 閔 (門부, 총 12획) 성 민
- 閔然민연 불쌍히 여기는 모양 ▶然(그러할 연)
- 閔翁傳민옹전 연암 박지원이 지은 한문으로 된 전기 ▶翁(늙은이 옹), 傳(전할 전)
- 閔妃민비 閔哀王민애왕 閔泳煥민영환
- 주의 憫과 通用

2급 461 剝 (刂(刀)부, 총 10획) 벗길 박
- 剝去박거 가죽을 발라 버림 ▶去(버릴 거)
- 剝奪박탈 지위나 자격 따위를 권력이나 힘으로 빼앗음 ▶奪(빼앗을 탈)
- 剝姓박성 성을 박탈함 ▶姓(성씨 성)
- 剝民박민 剝取박취 剝啄박탁 剝片박편
- 剝皮박피 剝割박할 剝面皮박면피

1급 414 撲 (扌(手)부, 총 15획) 때릴 박 / 종아리채 복
- 撲滅박멸 해로운 벌레 따위를 죽여서 없애는 것 ▶滅(멸할 멸)
- 打撲傷타박상 맞거나 부딪쳐서 난 상처 ▶打(칠 타), 傷(다칠 상)
- 撲滿박만 相撲상박 撲筆박필 打撲타박
- 撲滅策박멸책 주의 樸(순박할 박) 1·2급

2급 463 珀 (玉(玉)부, 총 9획) 호박 박/백
- 琥珀호박 나무의 송진 따위가 땅속에 묻혀서 굳어진 광물 ▶琥(호박 호)
- 琥珀玉호박옥 호박색의 보석(寶石) ▶琥(호박 호), 玉(구슬 옥)
- 琥珀緞호박단 琥珀糖호박당 琥珀酸호박산
- 琥珀色호박색 琥珀屑호박설 琥珀油호박유

2급 464 箔 (竹부, 총 14획) 발 박
- 金箔금박 금을 두드려 종이처럼 아주 얇게 늘인 물건 ▶金(쇠 금)
- 蠶箔잠박 누에를 치는 데 쓰는 채반 ▶蠶(누에 잠)
- 分箔분박 錫箔석박 銀箔은박 珠箔주박
- 金屬箔금속박

쪽지시험

※ 다음 한자(漢字)와 뜻이 비슷한 한자는 어느 것입니까?

1. 亡
   ① 愍   ② 悶   ③ 泯   ④ 旼   ⑤ 閔

2. 靜
   ① 誣   ② 謐   ③ 謬   ④ 譚   ⑤ 譁

풀이

1 亡(망할 망)
   ① 愍(근심할 민) ② 悶(번민할 민) ③ 泯(망할 민)
   ④ 旼(화할 민)   ⑤ 閔(위문할 민)

2 靜(고요할 정)
   ① 誣(무고할 무) ② 謐(고요할 밀) ③ 謬(그르칠 류)
   ④ 譚(이야기 담) ⑤ 譁(시끄러울 화)

답 1.③ | 2.②

1급 417 米부 총 11획 **粕** 지게미 **박**	糟粕조박 술을 걸러 내고 남은 찌꺼기 ▶糟(지게미 조) 窄粕착박 기름을 짜고 남은 찌꺼기 ▶窄(좁을 착) 油粕유박　荏粕임박　酒粕주박　大豆粕대두박 亞麻粕아마박　脫脂粕탈지박	
2급 465 糸부 총 16획 **縛** 묶을 **박**	劫縛겁박 협박하여 포박함 ▶劫(위협할 겁) 束縛속박 몸을 자유롭지 못하게 얽어 맴 ▶束(묶을 속) 結縛결박　毆縛구박　緊縛긴박　面縛면박 囚縛수박　捕縛포박　自繩自縛자승자박	
1급 418 月(肉)부 총 14획 **膊** 어깨 **박**	肩膊견박 어깨의 바깥쪽 상박(上膊)의 윗머리 ▶肩(어깨 견) 上膊筋상박근 위팔에 있는 근육을 통틀어 이르는 말 ▶上(위 상), 筋(힘줄 근) 臂膊비박　上膊상박　前膊전박　下膊하박 上膊骨상박골　前膊骨전박골	
2급 466 舟부 총 11획 **舶** 큰배 **박**	船舶선박 배를 전문용어로 이르는 말, 큰 규모(規模)로 만들어진 배 ▶船(배 선) 市舶시박 장사하는 배 ▶市(저자 시) 大舶대박　舶物박물　舶用박용　舶賈박고 舶載박재　舶來品박래품　船舶登錄선박등록	
1급 419 雨부 총 13획 **雹** 우박 **박**	雹災박재 우박으로 말미암아 농작물이 받는 재해 ▶災(재앙 재) 雨雹우박 비와 눈의 중간 상태의 백색 덩어리 ▶雨(비 우) 雹異박이　霜雹상박　風飛雹散풍비박산	
2급 467 馬부 총 14획 **駁** 얼룩말 **박**	反駁반박 남의 의견에 반대하여 논박함 ▶反(돌이킬 반) 雜駁잡박 여러 가지가 마구 뒤섞여 질서가 없음 ▶雜(섞일 잡) 攻駁공박　論駁논박　駁擊박격　舛駁천박 攻駁戰공박전　甲論乙駁갑론을박	
1급 420 扌(手)부 총 8획 **拌** 버릴 **반**	攪拌機교반기 어떤 물건을 섞거나 부수거나 또는 열을 골고루 전달시키기 위해 휘젓는 기구나 장치 ▶攪(어지러울 교), 機(틀 기) 攪拌교반　攪拌器교반기	
2급 468 扌(手)부 총 13획 **搬** 운반할 **반**	搬送반송 화물 따위를 옮겨 보냄 ▶送(보낼 송) 運搬운반 물건을 탈것 따위에 실어서 옮겨 나르는 것 ▶運(옮길 운) 搬船반선　搬移반이　搬出반출　傳搬전반 密搬出밀반출　搬入品반입품　運搬費운반비	
2급 469 扌(手)부 총 19획 **攀** 더위잡고오를 **반**	登攀등반 매우 높거나 험한 산 따위를 오름 ▶登(오를 등) 攀龍반룡 훌륭한 임금이나 세력이 있는 사람의 도움으로 출세하는 일 ▶龍(용 룡) 攀登반등　攀戀반련　攀緣반연 攀禽類반금류　攀緣植物반연식물	
2급 470 文부 총 12획 **斑** 얼룩 **반**	斑指반지 한 짝으로만 끼게 된 가락지 ▶指(가리킬 지) 病斑병반 병으로 인하여 생기는 반점 ▶病(병 병) 斑鳩반구　斑馬반마　紫斑자반　黃斑황반 緬羊斑면양반　死後斑點사후반점 〔주의〕班(나눌 반) 3급	

열반(涅槃)

涅(개흙 열), 槃(소반 반)

불교에서 수행에 의해 진리를 체득하여 미혹(迷惑)과 집착(執着)을 끊고 일체의 속박에서 해탈(解脫)한 최고의 경지를 뜻한다. 산스크리트의 '니르바나(nirvāna)'의 음역으로, 열반의 본뜻은 '불어서 끄는 것', '불어서 꺼진 상태'를 뜻하며, 마치 타고 있는 불을 바람이 불어와 꺼버리듯이, 타오르는 번뇌의 불꽃을 지혜로 꺼서 일체의 번뇌·고뇌가 소멸된 상태를 가리킨다. 현대적인 의미로는 영원한 평안, 완전한 평화라고 할 수 있다.

| 2급 471 | 槃 | 木부 총 14획 | 열반/소반 반 | 涅槃堂열반당 승려가 죽을 때에 거처하는 곳 ▶涅(개흙 열), 堂(집 당) 涅槃圖열반도 涅槃像열반상 涅槃種열반종 涅槃會열반회 入涅槃입열반 주의 盤과 同字 |

| 2급 472 | 泮 | 氵(水)부 총 8획 | 학교 반 | 泮館반관 성균관(成均館)을 다르게 이르는 말 ▶館(집 관) 泮儒반유 성균관에 유숙하면서 공부하던 유생 ▶儒(선비 유) 近泮근반 泮宮반궁 泮製반제 泮村반촌 泮通반통 泮通반통 泮漢반한 |

| 2급 473 | 潘 | 氵(水)부 총 15획 | 뜨물 반 | 潘楊之好반양지호 반(潘)과 양(楊)의 다정한 사이라는 뜻으로, 혼인으로 인척 관계까지 겹친 오래된 좋은 사이 ▶楊(버들 양), 之(갈 지), 好(좋을 호) 주의 磻(강이름 반) 1·2급 |

| 2급 474 | 畔 | 田부 총 10획 | 두둑 반 | 岸畔안반 바다기슭이나 강기슭의 가 ▶岸(언덕 안) 湖畔호반 호수의 언저리 ▶湖(호수 호) 溪畔계반 橋畔교반 沼畔소반 讓畔양반 澤畔택반 河畔하반 湖畔派호반파 |

| 1급 421 | 瘢 | 疒부 총 15획 | 흉터 반 | 瘢瘡반창 상처의 흔적 ▶瘡(부스럼 창) 紫瘢자반 상처가 나아도 흔적이 남는 일 ▶紫(자줏빛 자) 刀瘢도반 瘢痕반흔 瘡瘢창반 |

| 1급 422 | 盼 | 目부 총 9획 | 눈예쁠 반 | 顧盼고반 눈을 돌려 사방을 둘러보면서 남의 답안을 훔쳐보는 것 ▶顧(돌아볼 고) 美盼미반 流盼유반 恩盼은반 |

| 1급 423 | 磐 | 石부 총 15획 | 너럭바위 반 | 落磐낙반 광산이나 탄광굴 안의 천장에서 암반이 떨어짐 ▶落(떨어질 락) 磐石반석 사물, 사상, 기틀 따위가 아주 견고함을 비유적으로 이르는 말 ▶石(돌 석) 常磐木상반목 安如磐石안여반석 |

| 2급 475 | 礬 | 石부 총 20획 | 명반 반 | 礬土반토 산화알루미늄 ▶土(흙 토) 白礬백반 황산알루미늄 수용액에 황산칼륨 수용액을 넣었을 때 석출되는 정팔면체의 무색 결정 ▶白(흰 백) 綠礬녹반 膽礬담반 礬水반수 礬素반소 礬號반호 枯白礬고백반 鐵磐石철반석 |

| 1급 424 | 絆 | 糸부 총 11획 | 얽을/줄 반 | 籠絆농반 자유를 구속함 ▶籠(대그릇 롱) 絆緣반연 얽혀서 맺어지는 인연 ▶緣(인연 연) 脚絆각반 羈絆기반 籠絆농반 絆瘡膏반창고 |

| 1급 425 | 蟠 | 虫부 총 18획 | 서릴 반 | 蟠踞반거 어떤 무리들이 둥지를 틀고 들어앉음 ▶踞(웅크릴 거) 蟠龍반룡 땅에 서려 있어 아직 승천하지 않은 용 ▶龍(용 룡) 蟠桃반도 蟠蜿반완 蟠挑飯반도반 蟠蜿形반완형 |

쪽지시험

※ 다음 성어에서 □ 안에 들어갈 알맞은 한자는 어느 것입니까?

1. 自繩自□
① 緝　② 網　③ 縛　④ 紋　⑤ 舶

2. 甲論乙□
① 駁　② 粕　③ 雹　④ 朴　⑤ 丁

풀이

1 自繩自縛(자승자박) : 자기의 줄로 자기 몸을 옭아 묶는다는 뜻으로, 자기가 한 말과 행동에 자기 자신이 옭혀 곤란하게 됨을 비유적으로 이르는 말

2 甲論乙駁(갑론을박) : 여러 사람이 서로 자신의 주장을 내세우며 상대편의 주장을 반박함

답 1. ③ | 2. ①

2급 476 頁부 총 13획 頒
나눌 반/머리클 분

頒敎반교 나라에서 경사가 있을 때 그 사실을 백성에게 널리 알림 ▶敎(가르칠 교)
頒行반행 출판물을 세상에 널리 반포 발행함 ▶行(다닐 행)

頒料반료 頒放반방 頒賜반사 頒布반포
頒敎文반교문 頒照文반조문

2급 477 石부 총 17획 磻
강이름 반/번

磻溪隧錄반계수록 실학파의 선구자인 유형원이 지은 책 ▶溪(시내 계), 隧(길 수), 錄(기록할 록)

磻溪반계 磻溪伊尹반계이윤

2급 478 力부 총 9획 勃
발끈할 발

勃發발발 전쟁이나 사건 등이 갑자기 일어나는 것 ▶發(필 발)
蓬勃봉발 구름 따위가 성하게 일어나는 모양 ▶蓬(쑥 봉)

勃磎발계 勃姑발고 勃勃발발 勃壤발양
勃然발연 勃爾발이 鬱勃울발

2급 479 扌(手)부 총 15획 撥
다스릴/퉁길 발

反撥반발 되받아서 퉁김, 반항하여 받아들이지 아니함 ▶反(돌이킬 반)
撥憫발민 근심 걱정을 없애 버림 ▶憫(민망할 민)

撥軍발군 撥亂발란 撥便발편 步撥보발
反撥心반발심 擺撥馬파발마

2급 480 氵(水)부 총 12획 渤
바다이름 발

渤海발해 고구려의 장수였던 대조영이 동모산에 도읍하여 세운 나라 ▶海(바다 해)
繃渤붕발 흐르는 큰 물결이 서로 부딪쳐서 나는 소리 ▶繃(묶을 붕)

渤海考발해고 渤海灣발해만

2급 481 氵(水)부 총 15획 潑
물뿌릴 발

潑剌발랄 활발하게 약동하는 모양, 물고기가 뛰는 모양 ▶剌(어그러질 랄)
活潑활발 생기 있고 힘차며 시원스러움 ▶活(살 활)

潑墨발묵 潑皮발피 潑剌性발랄성
生氣潑剌생기발랄

2급 482 足부 총 12획 跋
밟을 발

跋涉발섭 산을 넘고 물을 건너서 길을 감 ▶涉(건널 섭)
跋扈발호 제 마음대로 날뛰며 행동하는 것 ▶扈(따를 호)

跋文발문 跋尾발미 跋辭발사 跋號발호
序跋서발 題跋제발 跋折羅발절라

2급 483 酉부 총 19획 醱
술익을 발

醱酵발효 미생물에 의해 유기화합물이 분해·산화되는 작용 ▶酵(술밑 효)
醱酵菌발효균 발효 작용하는 미생물 ▶酵(술밑 효), 菌(버섯 균)

醱醅발배 醱酵法발효법 醱酵熱발효열
醱酵乳발효유 醱酵劑발효제

2급 484 金부 총 13획 鉢
바리때 발

銅鉢동발 놋쇠에 금을 입혀 만든 주발 ▶銅(구리 동)
鉢盂발우 스님의 식기 ▶盂(바리 우)
沙鉢사발 사기로 만든 그릇 ▶沙(모래 사)

佛鉢불발 周鉢주발 藥沙鉢약사발
粥沙鉢죽사발 沙鉢通文사발통문

1급 426 鬼부 총 15획 魃
가물귀신 발

炎魃염발 가뭄을 맡은 신(神) ▶炎(불꽃 염)
耐旱魃性내한발성 가뭄을 잘 타지 않는 성질 ▶耐(견딜 내), 旱(가물 한), 性(성품 성)

旱魃한발

발효식품(醱酵食品)

醱(술익을 발), 酵(술밑 효), 食(밥 식), 品(물건 품)

젖산균이나 효모(酵母) 등 미생물의 발효작용을 이용하여 만든 식품을 발효식품이라고 한다. 미생물의 종류나 식품의 재료에 따라 발효식품의 종류는 다양하며, 재료 특유의 성분들이 미생물의 작용으로 분해되고 새로운 성분이 합성되어 영양가가 향상되고 기호성과 저장성이 우수해진다. 주류, 빵류, 식초, 콩발효식품(간장·된장·고추장 등), 발효유제품(치즈·버터·요구르트 등), 소금절임류(김치·젓갈)가 대표적이다.

한자 익히기

2급 485 土부 / 총 7획 **坊** 동네 **방**
- 村坊촌방 사람이 사는 시골 부락(部落) ▶村(마을 촌)
- 洞内坊内동내방내 동네방네의 원말, 온동네 ▶洞(골 동), 内(안 내)
- 各坊각방 坊内방내 坊還방환 僧坊승방
- 冶坊야방 坊坊曲曲방방곡곡

1급 427 尢부 / 총 7획 **尨** 삽살개 **방**/어지러울 **봉**
- 尨大방대 엄청나게 크거나 많음 ▶大(큰 대)
- 靑尨청방 청삽살이, 검고 긴 털이 곱슬곱슬하게 난 개 ▶靑(푸를 청)
- 尨服방복 尨然방연

2급 486 巾부 / 총 12획 **幫** 도울 **방**
- 幫助방조 어떠한 일을 거들어서 도와 줌 ▶助(도울 조)
- 幫助犯방조범 남의 범죄 수행을 방조함으로써 성립되는 범죄 ▶助(도울 조), 犯(범할 범)
- 幫子방자 幫判방판 靑幫청방
- 幫助者방조자 幫助罪방조죄

2급 487 彳부 / 총 7획 **彷** 거닐 **방**
- 彷彿방불 거의 비슷함, 흐릿하거나 어렴풋함 ▶彿(비슷할 불)
- 彷徨방황 방향이나 위치를 잘 몰라 이리저리 헤매는 것 ▶徨(헤맬 황)
- 彷徉방양 夢中彷徨몽중방황
- 彷徨變異방황변이

1급 428 方부 / 총 10획 **旁** 곁 **방**/달릴 **팽**
- 旁系방계 직계에서 갈려 나간 계통 ▶系(이을 계)
- 旁通방통 자세하고 분명하게 앎 ▶通(통할 통)
- 旁觀방관 旁求방구 旁支방지
- 旁岐曲徑방기곡경 上雨旁風상우방풍

1급 429 日부 / 총 8획 **昉** 밝을/마침 **방**
- 神昉신방 신라(新羅) 중엽의 중 ▶神(귀신 신)

주의 彷(비슷할 방) 1·2급

2급 488 木부 / 총 8획 **枋** 다목 **방**/자루 **병**
- 疏枋소방 죄수를 너그럽게 다스려서 놓아 줌 ▶疏(소통할 소)
- 門地枋문지방 드나드는 문에서 두 문설주 밑에 가로 댄 나무 ▶門(문 문), 地(땅 지)
- 枋底방저 散枋산방 蘇枋소방 引枋인방
- 加地枋가지방 門中枋문중방

2급 489 木부 / 총 14획 **榜** 방붙일 **방**/도지개 **병**
- 榜文방문 여러 사람에게 어떤 일을 알리기 위하여 써 붙이는 글 ▶文(글월 문)
- 標榜표방 어떠한 명목을 붙여 주장을 앞에 내세움 ▶標(표할 표)
- 科榜과방 落榜낙방 放榜방방 榜聲방성
- 榜示방시 紙榜지방 六色榜육색방

1급 430 氵(水)부 / 총 13획 **滂** 비퍼부을 **방**
- 滂滂방방 울적한 모양
- 滂洋방양 넉넉하고 넓은 모양 ▶洋(큰바다 양)
- 滂澤방택 장마 ▶澤(못 택)

1급 431 石부 / 총 15획 **磅** 돌떨어지는소리 **방**
- 磅礚방개 천둥 소리의 형용 ▶礚(돌부딪치는 소리 개)
- 磅硠방랑 넉넉하고 넓은 모양 ▶硠(돌부딪치는 소리 랑)
- 磅礴방박 섞어서 하나로 만듦 ▶礴(섞을 박)

쪽지시험

상공회의소 한자 고금 1, 2급

※ 다음 음(音)을 가진 한자는 어느 것입니까?

1 **발**
　①鈴　②鏤　③錤　④鈸　⑤簾

2 **방**
　①希　②棉　③幇　④布　⑤莽

풀이
1 ①령　②루　③기　④발　⑤렴
2 ①희　②면　③방　④포　⑤망

답 1. ④ | 2. ③

2급 490 糸부 총 10획 **紡** 길쌈 **방**	紡績방적 동식물의 섬유를 가공하여 실을 만듦 ▶績(길쌈 적) 紡織방직 기계를 사용하여 실을 날아서 피륙을 짜는 것 ▶織(짤 직) 絹紡견방 綿紡면방 紡車방거 紡毛방모 紡織物방직물 混紡絲혼방사	2급 491 月(肉)부 총 8획 **肪** 기름 **방**	脂肪지방 지방산과 글리세롤의 에스테르 중 상온에서 고체인 것 ▶脂(기름 지) 脂肪分지방분 지방의 성질을 가진 성분 ▶脂(기름 지), 分(나눌 분) 松肪송방 乳脂肪유지방 脂肪肝지방간 脂肪層지방층 體脂肪체지방
1급 432 月(肉)부 총 14획 **膀** 오줌통 **방**	膀胱방광 오줌을 저장했다가 배출시키는 주머니 모양 기관 ▶胱(오줌통 광) 膀胱炎방광염 방광 점막에 생기는 염증 ▶胱(오줌통 광), 炎(불꽃 염) 膀胱鏡방광경 膀胱狀방광상 膀胱癌방광암	1급 433 舟부 총 10획 **舫** 배 **방**	彩舫채방 정재의 선유락에 쓰는 배 ▶彩(채색 채) 畫舫화방 용이나 봉황 따위로 꾸미고 곱게 그림 그린 놀잇배 ▶畫(그림 화) 주의 肪(기름 방) 1·2급
1급 434 ++(艸)부 총 14획 **蒡** 인동덩굴 **방**	蘇蒡소방 다목의 목재(木材)의 붉은 속으로, 깎아서 달인 물을 물감으로 씀 ▶蘇(소생할 소) 牛蒡우방 우엉 ▶牛(소 우) 牛蒡子우방자	1급 435 虫부 총 10획 **蚌** 방합 **방**	蚌蛤방합 말조개과에 딸린 민물조개 ▶蛤(조개 합) 蚌鷸방휼 방합과 도요새 ▶鷸(도요새 휼) 蚌蛤科방합과 蚌鷸之勢방휼지세 明珠出老蚌명주출로방
1급 436 言부 총 17획 **謗** 헐뜯을 **방**	得謗득방 남에게 이러니저러니 비방이나 구설을 들음 ▶得(얻을 득) 誹謗비방 남을 헐뜯어 말함 ▶誹(비방할 비) 謗議방의 訕謗산방 造謗조방 讒謗참방 嫌謗혐방 毀謗훼방 誹謗者비방자	1급 437 龍부 총 19획 **龐** 높은집 **방**/충실할 **롱**	龐統방통 중국 삼국시대 촉한의 책사 ▶統(거느릴 통)
2급 492 亻(人)부 총 10획 **俳** 배우 **배**	俳優배우 연극이나 영화 속의 인물로 연기하는 사람 ▶優(넉넉할 우) 嘉俳節가배절 음력 팔월 보름날 ▶嘉(아름다울 가), 節(마디 절) 俳諧배해 俳詼배회 名俳명배우 映畫俳優영화배우 主演俳優주연배우	1급 438 彳부 총 11획 **徘** 노닐 **배**	徘徊배회 목적 없이 거닒 ▶徊(노닐 회) 徘徊顧眄배회고면 목적 없이 이리저리 거닐면서 여기저기 기웃거림 ▶徊(노닐 회), 顧(돌아볼 고), 眄(곁눈질 면) 徘徊症배회증 徘徊瞻眺배회첨조

한자별곡

방휼지쟁(蚌鷸之爭)

蚌(방합 방), 鷸(도요새 휼), 之(갈 지), 爭(다툴 쟁)

방합(蚌蛤 ; 민물조개)과 도요새의 다툼이라는 뜻으로, 두 사람이 맞붙어 싸우는 바람에 엉뚱한 제3자가 덕을 본다는 뜻이다. 민물조개가 강변에 나와 입을 벌리고 햇볕을 쪼이고 있는데, 황새가 조갯살을 쪼아 먹으려다 깜짝 놀라 입을 오므린 조개에 주둥이를 물리고 말았다. 황새는 비만 오지 않으면 조개가 바짝 말라 죽을 것이라고 생각했고, 조개는 입만 벌려주지 않으면 황새가 지쳐 죽게 될 것이라고 생각했다. 그때 마침 이 광경을 보고 있던 어부가 황새와 조개를 한꺼번에 잡아 망태 속에 넣었다.

한자 익히기

1급 439 氵(水)부 총 12획 **湃**
물결칠 **배**

澎湃팽배 큰 물결이 서로 부딪쳐 솟구침 ▶澎(물결부딪칠 팽)

1급 440 火부 총 12획 **焙**
불에쬘 **배**

焙籠배롱 화로 위에 엎어씌워 놓고 그 위에 젖은 옷 같은 것을 얹어 말리는 제구 ▶籠(대그릇 롱)

焙爐배로 焙燒배소 焙脯배포
焙燒爐배소로

2급 493 皿부 총 9획 **盃**
잔 **배**

毒盃독배 독약이 든 잔이나 그릇 ▶毒(독 독)
巡盃순배 술자리에서 술잔을 차례로 돌림 ▶巡(돌 순)
答盃답배 暴盃폭배 數三盃수삼배
優勝盃우승배 髑髏盃촉루배

2급 494 月(肉)부 총 9획 **胚**
아이밸 **배**

胚胎배태 아이나 새끼를 뱀 ▶胎(아이밸 태)
胚葉배엽 다세포 동물의 배를 만드는 세포층 ▶葉(잎 엽)

胚孔배공 胚囊배낭 胚柄배병 胚芽배아
胚孕배잉 內胚乳내배유 外胚葉외배엽

1급 441 衣부 총 14획 **裴**
옷치렁치렁할 **배**

주의 裵과 同字

2급 495 衣부 총 14획 **裵**
성 **배**

市井裵시정배 시장에서 장사하는 사람들의 무리 ▶市(저자 시), 井(우물 정)

裵神將傳배비장전

1급 442 衤(衣)부 총 14획 **褙**
속적삼 **배**

塗褙도배 종이를 벽·반자·장지 등에 바르는 일 ▶塗(칠할 도)
褙板배판 배접할 때 바닥에 깔고 쓰는 널 ▶板(널 판)
甲褙갑배 初褙초배 正褙정배 褙接배접
褙子배자 塗褙紙도배지

2급 496 貝부 총 15획 **賠**
물어줄 **배**

賠款배관 손해를 배상하겠다고 약속한 조목 ▶款(항목 관)
賠償배상 남에게 입힌 손해를 갚아 줌 ▶償(갚을 상)

賠償國배상국 賠償金배상금 賠償額배상액
損害賠償손해배상

2급 497 阝(阜)부 총 11획 **陪**
모실 **배**

陪席배석 어떤 자리에 윗사람을 모셔 함께 참석하는 것 ▶席(자리 석)
陪隨배수 높은 사람을 모시고 따라다님 ▶隨(따를 수)
陪僚배료 陪賓배빈 陪侍배시 陪遊배유
陪行배행 陪審員배심원

1급 443 亻(人)부 총 8획 **佰**
일백 **백**

주의 伯(맏 백) 3급
주의 百과 同字

쪽지시험

※ 다음 한자어(漢字語)와 발음(發音)이 같은 한자어는 어느 것입니까?

1 房直
① 防蝕 ② 常識 ③ 紡織 ④ 上職 ⑤ 綿織

2 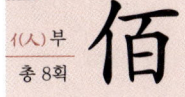 俳優
① 飛宇 ② 悲愁 ③ 配偶 ④ 倍數 ⑤ 背信

풀이

1 방직
① 방식 ② 상식 ③ 방직 ④ 상직 ⑤ 면직

2 배우
① 비우 ② 비수 ③ 배우 ④ 배수 ⑤ 배신

답 1. ③ | 2. ③

2급 498 | 帛 | 巾부 / 총 8획 | 비단 **백**

- 帛絲백사 하얀 윤기가 흐르는 명주실 ▶絲(실 사)
- 布帛尺포백척 피륙을 재는 데 쓰는 자 ▶布(베 포), 尺(자 척)
- 穀帛곡백 金帛금백 財帛재백 幣帛폐백
- 束帛函속백함 幣帛盤폐백반

2급 499 | 柏 | 木부 / 총 9획 | 잣나무 **백**

- 松柏송백 소나무와 잣나무 ▶松(소나무 송)
- 扁柏편백 노송나무, 측백나뭇과의 상록 교목 ▶扁(작을 편)
- 卷柏권백 冬柏동백 柏子백자 黃柏황백
- 冬柏油동백유 柏葉酒백엽주

2급 500 | 栢 | 木부 / 총 10획 | 나무이름 **백**

- 冬栢花동백화 동백꽃 ▶冬(겨울 동), 花(꽃 화)
- 栢谷集백곡집 조선 중기의 시인 김득신의 문집 ▶谷(골 곡), 集(모을 집)
- 栢舟之操백주지조 歲寒松栢세한송백
- 松茂栢悅송무백열 松栢之疾송백지질
- 주의 柏의 俗字

2급 501 | 魄 | 鬼부 / 총 15획 | 넋 **백** / 재강 **박**

- 體魄체백 죽은 지 오래 된 송장 ▶體(몸 체)
- 駭魄해백 혼이 빠지도록 몹시 놀람 ▶駭(놀랄 해)
- 桂魄계백 氣魄기백 杜魄두백 蟾魄섬백
- 靈魄영백 魂魄혼백 哉生魄재생백

2급 502 | 幡 | 巾부 / 총 15획 | 기 **번**

- 降幡항번 항복을 알리는 깃발 ▶降(항복할 항)
- 鏡幡甲경번갑 쇠로 만든 갑옷의 하나 ▶鏡(거울 경), 甲(갑옷 갑)
- 旗幡기번 幢幡당번 幡竿번간 金剛幡금강번
- 幡然開悟번연개오

2급 503 | 樊 | 木부 / 총 15획 | 울 **번**

- 樊籬번리 울타리 ▶籬(울타리 리)
- 樊巖集번암집 조선후기의 문신인 채제공(蔡濟恭)의 시문집 ▶巖(바위 암), 集(모을 집)
- 樊祇번지

2급 504 | 燔 | 火부 / 총 16획 | 구울 **번**

- 燔劫번겁 남의 집을 불태우고 위협함 ▶劫(위협할 겁)
- 例燔예번 일상생활에 쓰는 여러 가지 그릇 ▶例(법식 례)
- 燔作번작 燔造번조 燔鐵번철 再燔재번
- 初燔초번 燔造所번조소

2급 505 | 蕃 | ++(艸)부 / 총 16획 | 우거질 **번**

- 蕃盛번성 자손이 늘어 퍼짐, 나무나 풀이 무성한 상태가 됨 ▶盛(성할 성)
- 蕃殖번식 붇고 늘어서 많이 퍼지는 것 ▶殖(불릴 식)
- 蕃薯번서 蕃地번지 蕃椒번초 生蕃생번
- 熟蕃숙번 外蕃외번 眞蕃진번

2급 506 | 藩 | ++(艸)부 / 총 19획 | 울타리 **번**

- 蘆藩노번 갈대로 엮은 울타리 ▶蘆(갈대 노)
- 大藩대번 영토가 넓은 제후(諸侯) ▶大(큰 대)
- 藩封번봉 藩垣번원 藩主번주 藩鎭번진
- 吐藩토번 三藩亂삼번난

1급 444 | 筏 | 竹부 / 총 12획 | 뗏목 **벌**

- 筏橋벌교 뗏목으로 잇달아 만들어 놓은 다리 ▶橋(다리 교)
- 筏流벌류 뗏목을 물에 떠내려 보냄 ▶流(흐를 류)
- 筏夫벌부 流筏유벌 舟筏주벌
- 迷津寶筏미진보벌

한자별곡

범종(梵鐘)

梵(범어 범), 鐘(쇠북 종)

절에서 사람을 모이게 하거나 시각을 알리기 위하여 치는 종으로, 경종(鯨鐘)·당종(撞鐘) 또는 조종(釣鐘)이라고도 한다. 범종은 불교적인 금속공예품 가운데 으뜸을 차지하는 특수한 종류로, 한국의 범종은 우아하고 안정된 외형을 지니고 있으며 그 소리도 매우 은은하고 맑다. 현재까지 국내에서 가장 오래된 범종은 오대산의 상원사동종(上院寺銅鐘)으로 통일신라 전기에 해당하는 725년(성덕왕 24)에 제작되었으며 한국종의 전형적인 양식을 잘 나타내고 있다.

2급 507	閥	財閥재벌 재계에서 세력 있는 자본가, 기업가의 일단 ▶財(재물 재) 派閥파벌 이해관계에 따라 갈라진 사람들의 집단 ▶派(갈래 파)

門부 총 14획
문벌 벌

閥閱벌열 族閥족벌 學閥학벌 華閥화벌
派閥的파벌적 門閥主義문벌주의

2급 508	帆	輕帆경범 가볍고 썩 빠르게 가는 돛배 ▶輕(가벼울 경) 歸帆귀범 멀리 나갔던 돛단배가 들어옴, 또는 그 배 ▶歸(돌아갈 귀)

巾부 총 6획
돛 범

掛帆괘범 帆船범선 帆影범영 帆布범포
席帆석범 揚帆양범 帆倉庫범창고

2급 509	梵	梵僧범승 불법을 엄수하여 행덕이 단정하고 깨끗한 승려 ▶僧(중 승) 梵鐘범종 절에서 사용하는 큰 종 ▶鐘(쇠북 종)

木부 총 11획
범어 범

梵唄범패 梵語범어 梵衲범납 梵境범경
梵宇범우 梵妻범처

1급 445	氾	氾濫범람 물이 넘쳐흐름 ▶濫(넘칠 람) 氾然범연 차근차근한 맛이 없이 데면데면함, 또는 그 모양 ▶然(그러할 연)

氵(水)부 총 5획
넘칠 범

氾論범론 氾溢범일 氾濫湖범람호
氾濫灣범람만

2급 510	汎	汎稱범칭 넓은 범위로 부르는 이름 ▶稱(일컬을 칭) 汎說범설 종합적인 설명이나 주장 ▶說(말씀 설)

氵(水)부 총 6획
넓을 범/소리가늘 핍

汎發범발 汎愛범애 汎游범유 汎意범의
汎義語범의어 汎國民的범국민적

2급 511	泛	泛過범과 정신을 차리지 않고 데면데면하게 지나감 ▶過(지날 과) 泛忽범홀 데면데면하여 탐탁하지 않음 ▶忽(갑자기 홀)

氵(水)부 총 8획
뜰 범/물소리 핍

大泛대범 泛看범간 泛讀범독
泛齊범제 泛舟범주 泛聽범청

2급 512	范	鎔范용범 활석(滑石)으로 된 청동기 주물(鑄物)기구 ▶鎔(쇠녹일 용) 范浦湖범포호 함경남도 영흥군 동쪽에 있는 호수 ▶浦(개 포), 湖(호수 호)

艹(艸)부 총 9획
성 범

1급 446	琺	琺瑯법랑 에나멜, 파란 등 금속기·도자기 등의 표면에 구워 올려 윤이 나게 하는 광물을 원료로 하는 유약(釉藥) ▶瑯(옥돌 랑)

王(玉)부 총 12획
법랑 법

琺靑법청 琺瑯油법랑유 琺瑯質법랑질
琺瑯眞珠법랑진주

2급 513	僻	乖僻괴벽 성격 따위가 이상야릇하고 까다로움 ▶乖(어그러질 괴) 僻地벽지 도시에서 멀리 떨어진 으슥하고 한적(閑寂)한 곳 ▶地(땅 지)

亻(人)부 총 15획
궁벽할 벽/피할 피

窮僻궁벽 嗜僻기벽 僻見벽견 僻谷벽곡
僻路벽로 僻姓벽성 偏僻편벽

1급 447	劈	劈頭벽두 글의 첫머리 또는 일의 첫머리 ▶頭(머리 두) 劈破벽파 찢어발김 또는 쪼개서 깨뜨림 ▶破(깨뜨릴 파)

刀부 총 15획
쪼갤 벽

劈開벽개 劈鍊벽련 劈理벽리
劈開面벽개면 劈開線벽개선

※ 다음 한자(漢字)와 음(音)이 같은 한자는 어느 것입니까?

1 樊
①栢 ②燔 ③筏 ④琺 ⑤頻

2 氾
①泛 ②潘 ③沐 ④洒 ⑤沒

풀이

1 樊(울타리 번)
①백 ②번 ③벌 ④법 ⑤빈

2 氾(넘칠 범)
①범 ②반 ③목 ④면 ⑤몰

답 1.② | 2.①

1급 448 手부 총 17획 擘 엄지손가락 벽	巨擘거벽 학식이나 어떤 전문 부분에서 남달리 뛰어난 사람 ▶巨(클 거) 擘指벽지 엄지손가락 ▶指(가리킬 지) 주의 劈(쪼갤 벽) 1·2급	1급 449 木부 총 17획 檗 황벽나무 벽/백	黃檗황벽 황벽나무 ▶黃(누를 황) 黃檗宗황벽종 선종(禪宗)의 한 파(派)로 황벽산의 희운선사가 비롯하였음 ▶黃(누를 황), 宗(마루 종) 黃檗山황벽산
2급 514 玉부 총 18획 璧 둥근옥 벽	寶璧보벽 아름답고 귀한 돌 ▶寶(보배 보) 雙璧쌍벽 우열의 차를 가릴 수 없이 두 편이 모두 훌륭함 ▶雙(쌍 쌍) 反璧반벽 璧玉벽옥 璧人벽인 聯璧연벽 舊璧土구벽토 完璧性완벽성	2급 515 疒부 총 18획 癖 버릇 벽	潔癖결벽 유난스럽게 깨끗함을 좋아하는 성벽(性癖) ▶潔(깨끗할 결) 盜癖도벽 남의 것을 훔치는 버릇 ▶盜(도둑 도) 氣癖기벽 癖積벽적 癖好벽호 病癖병벽 習癖습벽 浪費癖낭비벽 蒐輯癖수집벽
1급 450 ++(艸)부 총 21획 蘖 황경나무 벽/승검초 폐	小蘖소벽 매자나무 ▶小(작을 소) 黃蘖色황벽색 황벽나무의 껍질로 물들인 누런 빛깔 ▶黃(누를 황), 色(빛 색) 小蘖科소벽과	2급 516 門부 총 21획 闢 열 벽	開闢개벽 천지가 처음으로 생기는 것 또는 새로운 시대가 열리는 것을 비유적으로 이르는 말 ▶開(열 개) 闔闢합벽 닫고 열고 함 ▶闔(문짝 합) 闢土벽토 闢異端벽이단 闢土拓地벽토척지 社會開闢사회개벽
1급 451 雨부 총 21획 霹 벼락 벽	霹靂벽력 벼락 ▶靂(벼락 력) 霹靂聲벽력성 벼락 치는 소리 ▶聲(소리 성) 霹棗木벽조목 雷霆霹靂뇌정벽력 靑天霹靂청천벽력	2급 517 卜부 총 4획 卞 성 변	卞正변정 옳고 그른 것을 따지고, 변명하여 바로잡음 ▶正(바를 정) 抗卞항변 못마땅한 생각이나 반대의 뜻을 주장함 ▶抗(겨룰 항) 卞急변급 熟卞숙변 卞季良변계량 주의 辨, 辯 등과 通用
2급 518 廾부 총 5획 弁 고깔 변	弁韓변한 삼한(三韓)의 하나로 후에 신라에 병합됨 ▶韓(나라이름 한) 皮弁피변 임금이 평상시 조회 때 쓰는 관 ▶皮(가죽 피) 武弁무변 突而弁돌이변 赤弁丈人적변장인	1급 452 目부 총 17획 瞥 언뜻볼 별	瞥觀별관 잠깐 봄 또는 얼른 봄 ▶觀(볼 관) 瞥眼間별안간 눈 깜짝할 동안, 갑자기 ▶眼(눈 안), 間(사이 간) 瞥見별견 一瞥일별

한자별곡

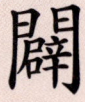

별주부전(鼈主簿傳)

鼈(자라 별), 主(주인 주), 簿(문서 부), 傳(전할 전)

조선시대 작자·연대 미상의 한글 고대소설로 《토끼전》, 《토생원전(兎生員傳)》, 《토(兎)의 간(肝)》이라고도 한다. 다른 판소리 계통의 소설인 《춘향전(春香傳)》, 《심청전(沈淸傳)》 등과 같이 영·정조 시대에 형성된 작품으로, 판소리 《수궁가(水宮歌)》를 소설화한 것이다. 옛날부터 전하는 고구려의 설화(說話)인 《귀토지설(龜兎之說)》에 재미있고 우스운 익살을 가미한 내용으로 한글이 생기자 정착된 의인소설(擬人小說)이다.

한자 익히기

1급 453 魚부 총 23획 **鱉**
자라 **별**
鱉腹별복 복학(腹虐), 어린아이에게 생기는 병의 하나로 배 안에 자라모양의 멍울이 생기며 몸이 점차 쇠약해짐 ▶腹(배 복)
주의 鼈과 同字

1급 454 黽부 총 25획 **鼈**
자라 **별**
龜鼈귀별 거북과 자라 또는 거북의 무리 ▶龜(거북 귀)
魚鼈어별 물고기와 자라 ▶魚(고기 어)
鼈科별과 鼈灸별구 鼈盌별완 鼈盞별잔
鼈湯별탕

2급 519 亻(人)부 총 10획 **倂**
아우를 **병**
倂置병치 두 가지 이상을 함께 나란히 두거나 설치함 ▶置(둘 치)
倂殺병살 야구에서, 두 사람의 주자를 한꺼번에 아웃시키는 일 ▶殺(죽일 살)
倂耕병경 倂發병발 倂用병용 兼倂겸병
倂科병과 合倂症합병증

2급 520 干부 총 8획 **幷**
어우를 **병**
幷作병작 땅임자와 소작인이 소출을 똑같이 갈라 가지는 제도 ▶作(지을 작)
幷州之情병주지정 제 2의 고향이라는 뜻 ▶州(고을 주), 之(갈 지), 情(뜻 정)
幷州故鄕병주고향 四者難幷사자난병
輻輳幷臻폭주병진

1급 455 日부 총 9획 **昞**
밝을 **병**
주의 昺과 同字

1급 456 日부 총 9획 **昺**
밝을 **병**
주의 昞과 同字

2급 521 木부 총 9획 **柄**
자루 **병**
身柄신병 구금 또는 보호의 대상으로서의 본인의 몸 ▶身(몸 신)
執柄집병 기구의 자루를 잡음 ▶執(잡을 집)
菌柄균병 刀柄도병 無柄무병 腹柄복병
舵柄타병 無柄葉무병엽 殺生之柄살생지병

1급 457 木부 총 12획 **棅**
자루 **병**
주의 柄과 同字

2급 522 火부 총 9획 **炳**
불꽃 **병**
炳然병연 빛이 비쳐 밝은 모양 ▶然(그러할 연)
炳彪병표 호랑이를 달리 이르는 말 ▶彪(무늬 표)
炳映병영 炳燿병요 炳煜병욱 罹病이병
時節炳시절병

2급 523 瓦부 총 13획 **瓶**
병 **병**
空瓶공병 속에 아무것도 넣지 않은 빈 병 ▶空(빌 공)
寶瓶보병 꽃병·물병을 아름답게 부르는 말 ▶寶(보배 보)
瓶盆병분 瓶筲병소 醋瓶초병 花瓶화병
給藥瓶급약병 火焰瓶화염병

쪽지시험

상공회의소 한자
고급 1, 2급

※ 다음의 뜻을 가진 한자(漢字)는 어느 것입니까?

1 | 벼락 |
① 電 ② 零 ③ 霹 ④ 霜 ⑤ 雹

2 | 불꽃 |
① 焙 ② 焞 ③ 煖 ④ 炳 ⑤ 滴

풀이

1 ① 電(번개 전) ② 零(떨어질 령)
③ 霹(벼락 벽) ④ 霜(서리 상)
⑤ 雹(우박 박)

2 ① 焙(불에쬘 배) ② 焞(어르스름할 돈)
③ 煖(따뜻할 난) ④ 炳(불꽃 병)
⑤ 滴(물방울 적)

답 1. ③ | 2. ④

2급 524 禾부 총 8획 **秉** 잡을 **병**	秉權병권 권력을 잡는 것 ▶權(권세 권) 秉鉞병월 무장(武將)이 병권(兵權)을 잡음 ▶鉞(도끼 월) 秉法병법 秉彝병이 秉燭병촉 秉燭夜遊병촉야유 秉筆之任병필지임	**1급 458** 車부 총 15획 **輧** 수레 **병/변**	輧軿치병 덮개가 있는 수레 ▶輧(짐수레 치) 주의 骈(나란히 할 병) 1·2급
2급 525 食부 총 17획 **餅** 떡 **병**	月餅월병 달 모양으로 둥글게 만든 흰 떡 ▶月(달 월) 赤豆餅적두병 팥떡 ▶赤(붉을 적), 豆(콩 두) 麥餅맥병 白餅백병 松餅송병 血餅혈병 綠豆煎餅녹두전병 畫中之餅화중지병	**2급 526** 馬부 총 18획 **駢** 땅이름 **병**/나란히할 **변**	駢儷文변려문 중국의 육조와 당나라 때 성행한 문체로 4자로 된 구와 6자로 된 구로 배열됨 ▶儷(나란히 려), 文(글월 문) 駢指병지 駢趾병지 駢儷體변려체
2급 527 土부 총 12획 **堡** 작은성 **보**	堡壘보루 적의 접근을 막기 위한 견고한 건축물 ▶壘(진 루) 哨堡초보 적의 동태를 살피기 위하여 쌓은 보루 ▶哨(망볼 초) 堡砦보채 石堡석보 城堡성보 橋頭堡교두보 堡守兵보수병	**2급 528** 氵(水)부 총 9획 **洑** 보 **보**/스며흐를 **복**	民洑민보 백성들이 자체로 쌓아서 만든 논의 보 ▶民(백성 민) 洑稅보세 봇물을 이용할 때에 그 값으로 내는 돈이나 곡식 ▶稅(세금 세) 洑垌보동 洑主보주 水中洑수중보
1급 459 氵(水)부 총 12획 **溇** 보 **보**	麵溇면보 빵 ▶麵(밀가루 면) 靑溇청보 푸른 빛깔의 보자기 ▶靑(푸를 청) 주의 褓(포대기 보) 1·2급	**1급 460** 氵(水)부 총 15획 **潽** 물이름 **보**	尹潽善윤보선 대한민국 제4대 대통령 ▶尹(성 윤), 善(착할 선)
1급 461 王(玉)부 총 10획 **珤** 보배 **보**	주의 寶의 古字	**2급 529** 用부 총 7획 **甫** 클 **보**/채마밭 **포**	謀甫모보 잔꾀가 많은 사람을 낮잡아 이르는 말 ▶謀(꾀할 모) 完甫완보 완전히 보충함 ▶完(완전할 완) 杜甫두보 甫兒보아 蟲甫슬보 酒甫주보 拙甫졸보 濁甫탁보 甫吉島보길도

두보(杜甫)

杜(막을 두), 甫(클 보)

중국 최고의 시인으로서 시성(詩聖)이라 불렸으며, 또 이백(李白)과 병칭하여 이두(李杜)라고 일컫는다. 널리 인간의 심리, 자연의 사실 가운데 그 때까지 발견하지 못했던 새로운 감동을 찾아내어 시를 지었고, 더욱 성숙된 기교로 표현함으로써 중국 시의 역사에 한 시기를 이루었다. 장편의 고체시(古體詩)는 주로 사회성을 발휘하였으므로 시로 표현된 역사라는 뜻으로 시사(詩史)라 불린다. 주요 작품에는 《북정(北征)》, 《추흥(秋興)》 등이 있다.

한자 익히기

2급 530 ++(艸)부 총 12획 **菩** 보살 보/향초이름 배	菩薩_{보살} 부처의 버금이 되는 성인 ▶薩(보살 살) 菩提樹_{보리수} 뽕나뭇과의 활엽수의 하나 ▶提(음역자 리), 樹(나무 수) 大菩薩대보살 菩薩道보살도 菩薩乘보살승 彌勒菩薩미륵보살

| 2급 531 衤(衣)부 총 14획 **褓** 포대기 보 | 床褓_{상보} 음식을 차려 놓은 상을 덮는 보자기 ▶床(상 상)
褓負商_{보부상} 봇짐장수와 등짐장수를 아울러 이르는 말 ▶負(질 부), 商(장사 상)
襁褓강보 藥褓약보 油褓유보 胎褓태보
鏡臺褓경대보 食卓褓식탁보 |

| 2급 532 車부 총 14획 **輔** 도울 보 | 輔助_{보조} 보태어 도와 줌 ▶助(도울 조)
輔佐_{보좌} 상관을 도와 일을 처리하는 것 ▶佐(도울 좌)
輔弼_{보필} 임금을 도움 ▶弼(도울 필)
光輔광보 輔國보국 輔君보군 輔相보상
輔仁보인 輔國安民보국안민 |

| 2급 533 車부 총 16획 **輻** 바퀴살 복/폭 | 輻射_{복사} 열이나 빛 따위를 한 점으로부터 사방으로 내쏨 ▶射(쏠 사)
輻射線_{복사선} 물체로부터 방출되는 전자기파 ▶射(쏠 사), 線(줄 선)
輻射計복사계 輻射能복사능 輻射熱복사열
輻射束복사속 輻射壓복사압 |

| 2급 534 亻(人)부 총 14획 **僕** 종 복 | 奴僕_{노복} 사내종 ▶奴(종 노)
僕妾_{복첩} 남자종과 여자종을 아울러 이르는 말 ▶妾(첩 첩)
義僕_{의복} 충성스러운 하인 ▶義(옳을 의)
僕僕복복 僕御복어 婢僕비복 隸僕예복
從僕종복 學僕학복 |

| 1급 462 勹부 총 11획 **匍** 길 복 | 韓信匍匐_{한신포복} '한신이 엎드려 기다'라는 뜻으로, 큰 뜻을 가진 자는 눈앞의 부끄러움을 참고 이겨냄을 이르는 말 ▶韓(나라 이름 한), 信(믿을 신), 匐(길 포)
匍步복보 織匍枝섬포지 匍匐莖포복경
匍匐枝포복지 匍匐救之포복구지 |

| 1급 463 宀부 총 8획 **宓** 성 복/잠잠할 밀 | 碧宓_{벽연} 짙푸른 연기 ▶碧(푸를 벽)
주의 蜜(꿀 밀) 3급 |

| 2급 535 ++(艸)부 총 10획 **茯** 복령 복 | 茯苓_{복령} 불완전 균류의 한 가지 ▶苓(도꼬마리 령)
茯神_{복신} 소나무의 뿌리를 싸고 뭉키어서 생긴 복령 ▶神(귀신 신)
茯苓粥복령죽 茯苓皮복령피 赤茯苓적복령
土茯苓토복령 黑茯苓흑복령 |

| 1급 464 ++(艸)부 총 15획 **蔔** 무 복 | 蘿蔔_{나복} 무 ▶蘿(쑥 라)
紅蘿蔔_{홍나복} 당근 ▶紅(붉을 홍), 蘿(쑥 라)
蘿蔔菜나복채 山蘿蔔科산나복과 |

| 1급 465 車부 총 16획 **輹** 복토 복 | ※복토(伏兎): 차여(車輿)와 자축을 연결 고정하는 나무
脫輹탈복
주의 輻의 同字 |

쪽지시험

상공회의소 한자 고급 1, 2급

※ 다음 성어에서 □ 안에 들어갈 알맞은 한자는 어느 것입니까?

1 畫中之□
① 倂 ② 餅 ③ 耕 ④ 騈 ⑤ 瓶

2 □弼之才
① 輞 ② 輔 ③ 鞦 ④ 軻 ⑤ 配

풀이
1 畫中之餅(화중지병): 그림의 떡이란 뜻으로, 바라만 보았지 소용이 닿지 않음을 비유한 말
2 輔弼之才(보필지재): 임금을 보좌할 만한 재능 또는 그런 사람

답 1. ② | 2. ②

2급 536 馥
香부 / 총 18획
향기 **복** / 화살꽂히는소리 **벽**

馥郁복욱 풍기는 향기가 그윽함 ▶郁(성할 욱)
郁馥욱복 향기가 매우 짙음 ▶郁(성할 욱)

馥馥복복

1급 466 鰒
魚부 / 총 20획
전복 **복**

甘鰒감복 마른 전복을 물에 불려서 꿀·기름·간장에 재어 만든 음식 ▶甘(달 감)
全鰒전복 전복과에 딸린 조개의 하나 ▶全(온전 전)

無穴鰒무혈복 生鰒膾생복회 生全鰒생전복
照子鰒조자복 全鰒湯전복탕

1급 467 乶
乙부 / 총 8획
(음역자) 볼/땅이름 **폴**

※우리나라에서만 쓰이는 음역자
※대표적 음역자 : 乫(갈), 乭(돌), 乷(살)

2급 537 峰
山부 / 총 10획
봉우리 **봉**

巨峰거봉 두드러지게 크고 높은 봉우리 또는 뛰어난 인물을 비유하는 말 ▶巨(클 거)
花峰화봉 꽃봉오리 ▶花(꽃 화)

群峰군봉 峰巒봉만 肉峰육봉 險峰험봉
最高峰최고봉 **주의** 峯과 同字

2급 538 俸
亻(人)부 / 총 10획
녹 **봉**

減俸감봉 봉급을 줄임 ▶減(덜 감)
薄俸박봉 많지 않은 봉급 ▶薄(엷을 박)
俸給봉급 계속적 노무에 대한 보수 ▶給(줄 급)

本俸본봉 年俸연봉 職俸직봉 鐵棒철봉
號俸호봉 **주의** 棒(몽둥이 봉) 1·2급

2급 539 捧
扌(手)부 / 총 11획
받들 **봉**

難捧난봉 빚으로 꾸어 준 돈이나 물건을 받지 못하게 됨 ▶難(어려울 난)
勒捧늑봉 빚쟁이에게 돈이나 물건을 억지로 받아 냄 ▶勒(굴레 륵)

加捧가봉 代捧대봉 捧留봉류 捧受봉수
捧場봉장 **주의** 奉과 通用

2급 540 棒
木부 / 총 12획
몽둥이 **봉**

棍棒곤봉 나무를 짤막하고 둥글게 깎아 만든 몽둥이 ▶棍(몽둥이 곤)
綿棒면봉 끝에 솜을 말아 붙인 가느다란 막대 ▶綿(솜 면)

棒利봉리 警察棒경찰봉 指揮棒지휘봉
平行棒평행봉 針小棒大침소봉대

2급 541 烽
火부 / 총 11획
봉화 **봉**

烽火봉화 옛날에 신호용으로 사용했던 횃불 ▶火(불 화)
僞烽위봉 적을 현혹하기 위하여 올리는 봉화 ▶僞(거짓 위)

放烽방봉 烽樓봉루 烽所봉소 烽煙봉연
烽燧臺봉수대

1급 468 熢
火부 / 총 15획
연기자욱할 **봉**

주의 烽과 同字

2급 542 琫
王(玉)부 / 총 12획
칼집장식 **봉**

琫燧峴봉수현 함경남도 성진군에 있는 재 ▶燧(부싯돌 수), 峴(고개 현)
全琫準전봉준 조선시대 말엽 동학혁명의 지도자 ▶全(온전 전), 準(준할 준)

주의 捧(받들 봉) 1·2급

한자별곡

사택망처(徙宅忘妻)

徙(옮길 사), 宅(집 택), 忘(잊을 망), 妻(아내 처)

매우 중요한 일을 놓쳐버리는 것을 이르는 말이다. 노(魯)나라의 왕 애공(哀公)은 '이사를 할 경우 아내를 잊어버리는[徙家忘妻] 사람도 있다고 한 공자(孔子)의 말처럼 그만큼 얼빠진 사람이 있는지 공자에게 물어보았다. 공자는 "하왕조(夏王朝)의 걸왕(桀王)과 은(殷)나라의 주왕(紂王)은 포악한 정치로 백성들을 억압하였으며 현들의 간언(諫言)을 듣지 않고 그들을 추방하였다. 폭군이었던 걸왕과 주왕은 계속 악행을 저질러 나라를 망치고 나라와 백성, 자기 자신도 잊어버렸다"라고 하였다.

한자 익히기

2급 543 縫
- 糸부 / 총 17획
- 꿰맬 **봉**
- 縫合봉합 수술한 자리나 외상으로 갈라진 자리를 꿰매어 붙임 ▶合(합할 합)
- 裁縫재봉 옷감을 마르고 꿰매고 하여 옷을 만드는 일 ▶裁(마를 재)
- 假縫가봉 彌縫미봉 縫製봉제 縫針봉침 織縫직봉 裁縫師재봉사

2급 544 蓬
- ++(艸)부 / 총 15획
- 쑥 **봉**
- 蓬首봉수 머리털이 마구 흐트러져 어지럽게 된 머리 ▶首(머리 수)
- 蓬萊山봉래산 여름철 금강산의 별칭 ▶萊(명아주 래), 山(뫼 산)
- 蓬笠봉립 蓬髮봉발 蓬心봉심 蓬征봉정 飛蓬비봉 船蓬선봉

2급 545 鋒
- 金부 / 총 15획
- 칼날 **봉**
- 舌鋒설봉 날카롭고 매서운 말재주 ▶舌(혀 설)
- 銳鋒예봉 창이나 칼 따위의 날카로운 끝 ▶銳(날카로울 예)
- 劍鋒검봉 談鋒담봉 先鋒선봉 才鋒재봉 爭鋒쟁봉 筆鋒필봉

2급 546 俯
- 亻(人)부 / 총 10획
- 구부릴 **부**
- 俯瞰부감 높은 곳에서 내려다봄 ▶瞰(볼 감)
- 俯察부찰 아랫사람의 형편을 두루 굽어 살핌 ▶察(살필 찰)
- 俯伏부복 俯仰부앙 俯聽부청 俯項부항 感恩俯伏감은부복

2급 547 傅
- 亻(人)부 / 총 12획
- 스승 **부**
- 傅粉부분 분을 바름 ▶粉(가루 분)
- 傅育부육 애지중지하게 기름 ▶育(기를 육)
- 太傅태부 고려 삼사의 하나인 정1품 벼슬 ▶太(클 태)
- 傅彩부채 師傅사부 少傅소부 木石不傅목석불부 **주의** 傳(전할 전)[5급]

2급 548 剖
- 刂(刀)부 / 총 10획
- 쪼갤 **부**
- 剖檢부검 사망원인을 밝히기 위해 시체를 해부하여 검사하는 일 ▶檢(검사할 검)
- 剖破부파 쪼개서 깨뜨림 ▶破(깨뜨릴 파)
- 剖折부절 剖判부판 解剖해부 解剖室해부실 解剖學해부학

1급 469 咐
- 口부 / 총 8획
- 분부할 **부**
- 咐囑부촉 부탁하여 맡김 ▶囑(부탁할 촉)
- 吩咐분부 여러 사람에게 나누어 시키거나 나누어 줌 ▶吩(명령할 분)
- 嚴吩咐엄분부

1급 470 埠
- 土부 / 총 11획
- 선창 **부**
- 埠頭부두 항만 안에 있는 육안(陸岸)의 일부를 바다 가운데로 연장해 방축 같이 만든 선창 ▶頭(머리 두)
- 船埠선부 나루터 ▶船(배 선)

2급 549 孚
- 子부 / 총 7획
- 미쁠 **부**
- 見孚견부 남에게서 신용을 받음 ▶見(볼 견)
- 孚佑부우 믿고 도와 줌 ▶佑(도울 우)
- 兪應孚유응부 中孚卦중부괘

1급 471 孵
- 子부 / 총 14획
- 알깔 **부**
- 孵卵부란 알을 까거나 깨는 일 ▶卵(알 란)
- 孵化부화 동물의 알이 깨는 것 ▶化(될 화)
- **주의** 艀(작은배 부)[1·2급]

쪽지시험

※ 다음 단어들의 □ 안에 공통으로 들어갈 알맞은 한자는 어느 것입니까?

1. 年□, □給, 減□
① 齡　② 需　③ 縮　④ 俸　⑤ 量

2. □檢, 解□, □破
① 剖　② 點　③ 決　④ 突　⑤ 擊

풀이
1 年俸(연봉), 俸給(봉급), 減俸(감봉)
2 剖檢(부검), 解剖(해부), 剖破(부파)

답 1. ④ | 2. ①

급수	번호	한자 정보	용례
2급	550	攵(攴)부 총 15획 **敷** 펼 부	敷衍부연 덧붙여 알기 쉽게 자세히 설명을 늘어놓음 ▶衍(넓을 연) 敷地부지 건축물이나 도로에 쓰이는 땅 ▶地(땅 지) 敷設부설 敷土부토 高水敷地고수부지
2급	551	斤부 총 8획 **斧** 도끼 부	斧木부목 도끼로 베기만 하고 다듬지 아니한 나무 ▶木(나무 목) 斧鉞부월 작은 도끼와 큰 도끼 ▶鉞(도끼 월) 雷斧뇌부 斧柯부가 斧斤부근 斧石부석 斧藻부조 螳螂之斧당랑지부
2급	552	氵(水)부 총 13획 **溥** 펼 부/넓을 보	溥博부박 크고 넓음 ▶博(넓을 박) 溥暢부창 溥被부피 溥洽부흡 주의 傅(스승 부) 1·2급
1급	472	缶부 총 6획 **缶** 장군 부	缶器부기 오지 또는 질로 된 그릇의 한 가지로 배가 넓고 아가리는 좁음 ▶器(그릇 기) 水缶수부 물장구 ▶水(물 수) 缶武砂부무사 水缶戱수부희
2급	553	月(肉)부 총 12획 **腑** 육부 부	腑別부별 나누어 배당함 ▶別(나눌 별) 五臟六腑오장육부 오장과 육부라는 뜻으로, 내장을 통틀어 이르는 말 ▶五(다섯 오), 臟(오장 장), 六(여섯 륙) 胃腑위부 六腑육부 臟腑장부 肺腑폐부 腑型藥부형약
2급	554	月(肉)부 총 15획 **膚** 살갗 부	膚敏부민 인물이 뛰어나고 재주가 있음 ▶敏(민첩할 민) 膚淺부천 지식이나 말이 천박(淺薄)함 ▶淺(얇을 천) 膚見부견 氷膚빙부 粟膚속부 玉膚옥부 完膚완부 皮膚피부 皮膚病피부병
1급	473	舟부 총 13획 **艀** 작은배 부	艀船부선 동력설비가 없어서 짐을 실은 채 다른 배에 끌려 다니는 배 ▶船(배 선) 艀船渠부선거 선박 수선용의 독의 한 가지 ▶船(배 선), 渠(도랑 거) 주의 孵(알깔 부) 1·2급
2급	555	++(艸)부 총 8획 **芙** 부용 부	芙蓉부용 연꽃 ▶蓉(연꽃 용) 玉芙蓉옥부용 아름다운 연꽃 또는 눈(雪)을 멋스럽게 이르는 말 ▶玉(구슬 옥), 蓉(연꽃 용) 金芙花금부화 木芙蓉목부용 芙蓉堂부용당 芙蓉峯부용봉 阿芙蓉아부용
1급	474	++(艸)부 총 11획 **葭** 갈대청 부/굶어죽을 표	葭苡부이 질경이 ▶苡(질경이 이) 葭부 葭之親가부지친
2급	556	言부 총 9획 **訃** 부고 부	訃聞부문 사람이 죽었다는 소식 ▶聞(들을 문) 訃音부음 사람이 죽었다고 알리는 말이나 글 ▶音(소리 음) 訃告부고 承訃승부 通訃통부 告訃書고부서 告訃單使고부단사 주의 計(셀 계) 9급

한자별곡

부마도위(駙馬都尉)

駙(곁마 부), 馬(말 마), 都(도읍 도), 尉(벼슬 위)

부마도위는 보통 줄여서 부마라고 하는데, 왕의 사위 또는 공주의 남편을 이르는 말이다. 원래 한(漢)나라 때 설치된 직책으로, 처음에는 단순히 황제가 타는 부거(副車 ; 예비수레)의 말을 관리하던 직책에 불과했다. 위(魏)·진(晉) 이후에 임금의 딸과 결혼한 사람에 한하여 이 직책을 임명함으로써 임금의 사위를 부마라 부르게 되었다. 우리나라는 고구려 중천왕이 명림홀도(明臨笏覩)를 사위로 삼으면서 이 칭호를 준 것이 기록상 처음이다. 한때는 고려왕이 원(元)나라 황실의 부마가 되기도 하였다.

한자 익히기

475 [1급] 賻 (貝부, 총 17획) 부의 **부**
- 賻儀부의 초상집에 부조로 보내는 돈이나 물품 ▶儀(거동 의)
- 致賻치부 임금이 신하가 죽었을 때에 부의를 내림 ▶致(이를 치)

賜賻사부 弔賻조부 別致賻별치부
賻儀金부의금

557 [2급] 趺 (足부, 총 11획) 책상다리할 **부**
- 龜趺귀부 거북 모양으로 만든 비석의 받침돌 ▶龜(거북 귀)
- 跏趺坐가부좌 책상다리를 하고 앉음 ▶跏(책상다리할 가), 坐(앉을 좌)

趺方부방 趺坐부좌 石趺석부 趺前骨부전골
半跏趺坐반가부좌

558 [2급] 釜 (金부, 총 10획) 가마 **부**
- 釜底부저 가마 밑 ▶底(밑 저)
- 京釜線경부선 서울과 부산사이에 운행되는 복선 철도 ▶京(서울 경), 線(줄 선)

釜中生魚부중생어 釜中之魚부중지어
仰釜日晷앙부일구

559 [2급] 阜 (阜부, 총 8획) 언덕 **부**
- 丘阜구부 언덕 ▶丘(언덕 구)
- 阜螽부종 메뚜기 ▶螽(쇠북 종)
- 大阜島대부도 경기도 서해상에 돌출된 남양반도의 섬 ▶大(큰 대), 島(섬 도)

岡阜강부 高阜고부 右阜傍우부방
左阜傍좌부방

476 [1급] 駙 (馬부, 총 15획) 곁마 **부**
- 駙馬부마 임금의 사위 ▶馬(말 마)

주의 附(분부할 부) 1·2급

477 [1급] 鳬 (鳥부, 총 13획) 오리 **부**
- 鳬樽부준 물오리 모양으로 만든 술잔 ▶樽(술통 준)
- 野鳬야부 물오리 ▶野(들 야)
- 沈鳬침부 물오리 ▶沈(잠길 침)

家鳬가부 黍鳬서부 尾長鳬미장부

478 [1급] 吩 (口부, 총 7획) 명령할 **분**
- 吩咐분부 여러 사람에게 나누어 시키거나 나누어 줌 ▶咐(분부할 부)
- 嚴吩咐엄분부 엄한 분부 ▶嚴(엄할 엄), 咐(분부할 부)

560 [2급] 噴 (口부, 총 15획) 뿜을 **분**
- 噴霧분무 물이나 약품을 안개와 같이 뿜어냄 ▶霧(안개 무)
- 噴泉분천 내뿜는 것처럼 힘 있게 솟아오르는 샘 ▶泉(샘 천)

噴騰분등 噴流분류 噴沫분말 噴射분사
噴出분출 噴火분화 噴水臺분수대

561 [2급] 忿 (心부, 총 8획) 성낼 **분**
- 忿氣분기 분한 생각이나 기운 ▶氣(기운 기)
- 積忿적분 쌓이고 쌓인 분한 마음을 속에 가지고 있음 ▶積(쌓을 적)

激忿격분 忿怒분노 忿然분연 忿恨분한
快忿쾌분 痛忿통분 주의 憤과 通用

479 [1급] 扮 (扌(手)부, 총 7획) 꾸밀 **분**
- 假扮가분 거짓으로 꾸며 분장함 ▶假(거짓 가)
- 扮裝분장 몸을 매만져 꾸밈 ▶裝(꾸밀 장)

扮勿분물 扮飾분식

쪽지시험

상공회의소 한자 고급 1, 2급

※ 다음 한자(漢字)와 뜻이 비슷한 한자는 어느 것입니까?

1 博
① 傅 ② 溥 ③ 賻 ④ 簿 ⑤ 腑

2 飾
① 扮 ② 撲 ③ 摸 ④ 挽 ⑤ 殖

풀이

1 博(넓을 박)
① 傅(스승 부) ② 溥(넓을 부) ③ 賻(부의 부)
④ 簿(문서 부) ⑤ 腑(장부 부)

2 飾(꾸밀 식)
① 扮(꾸밀 분) ② 撲(때릴 박) ③ 摸(찾을 모)
④ 挽(당길 만) ⑤ 殖(번성할 식)

답 1. ② | 2. ①

상공회의소 한자시험 고급 기본서 1·2급

1급 480 盼 (日부, 총 8획) 햇빛 분
- 盼盼분분 매우 밝은 모양
- 주의 盼(눈예쁠 반) 1·2급

2급 562 汾 (氵(水)부, 총 7획) 클 분
- 汾水분수 중국 산서성 북부에서 시작하여 황하에 합류하는 강 ▶水(물 수)
- 汾酒분주 중국의 증류주 ▶酒(술 주)
- 汾陽분양 汾西王분서왕

2급 563 焚 (火부, 총 12획) 불사를 분
- 焚口분구 아궁이 ▶口(입 구)
- 焚滅분멸 불에 타서 없어짐 또는 불에 태워서 없애버림 ▶滅(멸할 멸)
- 焚香분향 향을 피움 ▶香(향기 향)
- 焚殺분살 焚修분수 焚身분신 焚蕩분탕
- 焚書坑儒분서갱유 玉石俱焚옥석구분

2급 564 盆 (皿부, 총 9획) 동이 분
- 盆栽분재 줄기나 가지를 보기 좋게 가꾸어 감상하는 초목 ▶栽(마를 재)
- 退盆퇴분 분에 심었던 화초를 뽑아 땅에 옮겨 심거나 버림 ▶退(물러날 퇴)
- 盆景분경 盆地분지 盆畫분화 分唐분당
- 浴盆욕분 花盆화분 覆盆子복분자

2급 565 糞 (米부, 총 17획) 똥 분
- 糞尿분뇨 똥과 오줌 ▶尿(오줌 뇨)
- 馬糞紙마분지 짚을 원료로 하여 만드는 종이의 한 가지로 빛이 누르고 품질이 낮음 ▶馬(말 마), 紙(종이 지)
- 鷄糞계분 放糞방분 糞門분문 産糞산분
- 人糞인분 家禽糞가금분

2급 566 芬 (艹(艸)부, 총 8획) 향기 분
- 芬蘭분란 핀란드의 음역어 ▶蘭(난초 란)
- 芬芳분방 아름다운 향내 ▶芳(꽃다울 방)
- 芬皇寺분황사 경상북도 경주시 구황동에 있는 절 ▶皇(임금 황), 寺(절 사)
- 芬皇宗분황종 地芬子지분자

1급 481 賁 (貝부, 총 12획) 클 분/꾸밀 비
- 賁飾비식 예쁘게 꾸밈 ▶飾(꾸밀 식)
- 賁然비연 빛나는 모양 ▶然(그러할 연)
- 麻賁마분 助賁王조분왕 虎賁軍호분군
- 주의 憤(성낼 분) 3급

1급 482 雰 (雨부, 총 12획) 안개 분
- 雰圍氣분위기 어떤 환경, 자리 등에서 저절로 만들어져서 감도는 느낌 ▶圍(에워쌀 위), 氣(기운 기)
- 雰虹분홍

2급 567 弗 (弓부, 총 5획) 아닐 불
- 弗弗불불 크게 일어나는 모양 또는 찬성하지 않는 모양 ▶弗(아닐 불)
- 弗素불소 할로겐 원소의 하나로 엷은 황록색의 기체 ▶素(본디 소)
- 弗貨불화 弗化銀불화은 弗素齒藥불소치약

1급 483 彿 (彳부, 총 8획) 비슷할 불
- 彷彿방불 거의 비슷함 또는 무엇과 같다고 느끼게 함 ▶彷(거닐 방)
- 彿燃불연 성이 나서 못마땅한 모양 ▶燃(불사를 연)
- 彿波불파 彿流江불류강
- 주의 佛(부처 불) 4급

한자별곡 — 붕정만리(鵬程萬里)

鵬(새 붕), 程(길 정), 萬(일만 만), 里(마을 리)

붕새가 날아갈 길이 만 리라는 뜻으로, 먼 길 또는 먼 장래를 이르는 말이다. 장자는 전설적인 새 중에서 가장 큰 붕(鵬)을 이렇게 표현하였다. "어둡고 끝이 보이지 않는 북쪽 바다에 곤(鯤)이라는 큰 물고기가 있었는데 이 물고기가 변해서 붕이 되었다. 한번 날면 하늘을 뒤덮은 구름과 같았고, 날개 짓을 3천 리를 하고 9만 리를 올라가서는 여섯 달을 날고 나서야 비로소 한번 쉬었다."

《장자(莊子)》 소요유편(逍遙遊篇)

2급 568	棚	氷棚빙붕 거대한 얼음 덩어리 ▶氷(얼음 빙) 大陸棚대륙붕 바다 밑의 완만한 경사를 이룬 부분 ▶大(큰 대), 陸(뭍 륙)
木 부 총 12획	선반 **붕**	山棚산붕 綵棚채붕 火棚화붕 山棚戲산붕희 海蝕棚해식붕

1급 484	硼	硼素붕소 비금속 원소의 한 가지로 흑갈색의 단단한 반도체의 고체 ▶素(본디 소) 硼隱붕은 북을 치는 소리 ▶隱(숨을 은)
石 부 총 13획	붕산 **붕**/돌소리 **평**	硼酸붕산 硼砂붕사 梨硼膏이붕고

1급 485	繃	繃帶붕대 상처나 헌데 따위에 감는 소독한 얇은 헝겊 띠 ▶帶(띠 대) 繃渤붕발 흐르는 큰 물결이 서로 부딪쳐서 나는 소리 ▶渤(바다이름 발)
糸 부 총 17획	묶을 **붕**	壓迫繃帶압박붕대

2급 569	鵬	大鵬대붕 하루에 9만 리를 날아간다는, 매우 큰 상상의 새 ▶大(큰 대) 鵬飛붕비 붕새가 날아간다는 뜻으로, 사람이 크게 발전함의 비유 ▶飛(날 비)
鳥 부 총 19획	새 **붕**	鵬圖붕도 鵬翼붕익 鵬程붕정 鵬鳥붕조

2급 570	丕	丕績비적 훌륭하게 여길 만한 큰 공적 ▶績(길쌈 적) 丕泰비태 막힌 운수와 터진 운수 ▶泰(클 태)
一 부 총 5획	클 **비**	丕卦비괘 丕基비기 丕變비변 丕業비업 丕運비운 丕子비자

1급 486	匕	棘匕극비 국이나 액체 따위를 뜨는 데 쓰는 기구 ▶棘(가시 극) 匕首비수 날이 썩 날카롭고 짧은 칼 ▶首(머리 수)
匕 부 총 2획	비수 **비**	飯匕반비 匕箸비저

2급 571	匪	匪躬비궁 제 몸을 돌보지 않고 나라에 충성을 다함 ▶躬(몸 궁) 匪賊비적 무장 하고 떼를 지어 다니면서 살인·약탈을 일삼는 도둑 ▶賊(도둑 적)
匸 부 총 10획	비적 **비**/나눌 **분**	匪魁비괴 匪徒비도 匪石비석 匪擾비요 匪流水비류수 匪賊團비적단

2급 572	庇	曲庇곡비 도리를 굽혀 가며 남을 비호하여 줌 ▶曲(굽을 곡) 庇護비호 뒤덮어서 보호함 ▶護(보호할 호)
广 부 총 7획	덮을 **비**	高庇고비 賴庇뇌비 庇匿비닉 庇佑비우 陰庇음비 庇蔭樹비음수

1급 487	憊	憊眩비현 피곤하여 정신이 어지러움 ▶眩(아찔할 현) 疲憊피비 피로하고 쇠약함 또는 몹시 피곤함 ▶疲(피곤할 피)
心 부 총 16획	고달플 **비**	困憊곤비 頓憊돈비 憊色비색 憊衰비쇠 憊臥비와 虛憊허비

2급 573	扉	扉紙비지 책 겉장의 다음 페이지로 흔히 내제(內題)를 붙임 ▶紙(종이 지) 扉窓비창 왼쪽 오른쪽으로 열어 젖혀 여닫게 된 창문 ▶窓(창 창)
戶 부 총 12획	문짝 **비**	扉屨비구 扉鐶비환

쪽지시험

※ 다음 음(音)을 가진 한자는 어느 것입니까?

1 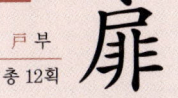 분

①焚 ②梵 ③楚 ④樊 ⑤丕

2 비

①怨 ②愚 ③憊 ④愨 ⑤碎

풀이

1 ①분 ②범 ③초 ④번 ⑤비

2 ①원 ②우 ③비 ④각 ⑤쇄

답 1. ① 2. ③

1급 488 斐
文부 / 총 12획
오락가락할 비

斐斐비비 꾸밈새가 있어 아름다운 모양

주의 裵(성 배) 1·2급

1급 489 枇
木부 / 총 8획
비파나무 비

枇杷비파 비파나무의 열매 ▶杷(비파나무 파)
枇杷葉비파엽 비파나무의 잎을 달인 액체 강장제로 쓰임 ▶杷(비파나무 파), 葉(잎 엽)

枇杷酒비파주 枇杷晚翠비파만취

1급 490 榧
木부 / 총 14획
비자나무 비

糖榧당비 유밀과의 한 가지 ▶糖(엿 당)
榧子비자 비자나무의 열매로 두 끝이 뾰족하고, 기름이 많으며 맛이 떫고 구충제로 주로 쓰임 ▶子(아들 자)

從榧종비 榧子科비자과 榧子板비자판

1급 491 毖
比부 / 총 9획
삼갈 비

懲毖錄징비록 조선 중기 유성룡이 왜란에 대해 기록한 책 ▶懲(징계할 징), 錄(기록할 록)

주의 瑟(비파 슬) 1·2급

2급 574 泌
氵(水)부 / 총 8획
분비할 비 / 스며흐를 필

泌尿器科비뇨기과 비뇨기의 질환을 연구·치료하는 의학의 한 분과 ▶尿(오줌 뇨), 器(그릇 기), 科(과목 과)

內分泌線내분비선

2급 575 沸
氵(水)부 / 총 8획
끓을 비 / 용솟음할 불

沸騰비등 액체가 끓어오름 ▶騰(오를 등)
沸點비점 액체 물질의 증기압이 외부 압력과 같아져 끓기 시작하는 온도 ▶點(점 점)

沸流비류 沸湯비탕 沸騰點비등점 沸點法비점법

주의 彿(비슷할 불) 1·2급

2급 576 琵
王(玉)부 / 총 12획
비파 비

琵琶비파 타원형의 몸통에 곧고 짧은 자루가 달린 현악기의 하나 ▶琶(비파 파)
琵琶聲비파성 비파(琵琶)를 튕기는 소리 ▶琶(비파 파), 聲(소리 성)

琵音비음 唐琵琶당비파 琵瑟山비슬산
琵琶島비파도 琵琶行비파행 鄕琵琶향비파

2급 577 痺
疒부 / 총 13획
저릴 비

冷痺냉비 찬 기운 때문에 손발이 감각을 잃고 저린 병 ▶冷(찰 랭)
痲痺마비 신경, 근육이 그 기능을 잃는 병 ▶痲(저릴 마)

濕痺습비 痛痺통비 全身痲痺전신마비

주의 痹의 本字

2급 578 砒
石부 / 총 9획
비상 비

砒霜비상 비석을 승화시켜서 만든 결정체 ▶霜(서리 상)
砒素비소 비금속 원소의 한 가지로 농약·의약 등에 쓰임 ▶素(본디 소)

砒酸비산 砒黃비황 砒酸鉛비산연
砒霜石비상석

1급 492 秕
禾부 / 총 9획
쭉정이 비

秕政비정 나쁜 정치 ▶政(정사 정)

주의 粃와 通用

배비장전(裵裨將傳)

裵(성 배), 裨(도울 비), 將(장수 장), 傳(전할 전)

판소리 열두 마당의 하나인 《배비장타령》을 한글 소설로 개작한 작자 미상의 작품이다. 당시의 지배층인 양반들의 위선을 폭로함으로써 서민들의 양반에 대한 보복 심리를 잘 묘사하였다. 여색에 결코 유혹당하지 않을 것이라고 본처에게 장담하고 제주도로 떠났던 배비장이 그곳 기생 애랑(愛娘)에게 홀딱 빠져 그녀의 계교인 줄도 모르고 뒤주 속에 갇히어 망신당한다는 이야기로 전편에 흐르는 풍자와 야유가 절로 웃음을 터뜨리게 하는 골계문학(滑稽文學)의 진수를 보여주는 작품이다.

한자 익히기

| 2급 579 禾부 총 10획 **秘** 숨길 비 | 秘密비밀 남에게 알려서는 안 되나 드러내지 않아야 할 일 ▶密(빽빽할 밀)
秘色비색 고려청자에서 볼 수 있는 빛깔과 같은 푸른 빛깔 ▶色(빛 색)
秘宗비종
주의 祕의 俗字 | 1급 493 米부 총 10획 **粃** 쭉정이 비 | 粃糠비강 쭉정이와 겨를 아울러 이르는 말 또는 변변치 못한 음식이나 하찮은 물건을 형용한 말 ▶糠(겨 강)
粃政비정
주의 秕의 俗字 |

| 2급 580 糸부 총 14획 **緋** 비단 비 | 緋衲비납 붉은 비단옷 ▶衲(장삼 납)
緋緞비단 명주실로 두껍고도 윤이 나게 잘 짠 피륙을 통틀어 일컬음 ▶緞(비단 단)
緋甲비갑 緋捻비념 緋玉비옥
緋絨踝科비용접과 | 2급 581 羽부 총 14획 **翡** 물총새 비 | 翡翠비취 짙은 초록색의 경옥(硬玉)으로 보석으로 쓰임 ▶翠(푸를 취)
翡翠衾비취금 비취색의 비단이불 ▶翠(푸를 취), 衾(이불 금)
翡色비색 翡玉비옥 翡鳥비조
翡翠釉비취유 翡翠簪비취잠 |

| 2급 582 月(肉)부 총 12획 **脾** 지라 비 | 脾炎비염 비장에 생기는 염증 ▶炎(불꽃 염)
脾胃비위 지라와 위 또는 어떤 음식물에 대하여 먹고 싶은 기분 ▶胃(밥통 위)
脾析비석 脾泄비설 脾熱비열 脾虛비허 | 2급 583 月(肉)부 총 17획 **臂** 팔 비 | 臂痛비통 팔의 윗마디가 저리고 아픈 증세 ▶痛(아플 통)
臂環비환 여자의 팔목에 끼는 고리모양의 장식품 ▶環(고리 환)
臂力비력 臂膊비박 臂癰비옹
臂不外曲비불외곡 |

| 1급 494 艹(艸)부 총 12획 **菲** 엷을 비 | 菲薄비박 얼마 되지 않아 변변하지 못함 ▶薄(엷을 박)
菲才비재 변변치 못한 재주 또는 자기 재능을 겸손하게 이르는 말 ▶才(재주 재)
菲德비덕 菲禮비례 菲食비식
菲立峯비립봉 | 1급 495 虫부 총 14획 **蜚** 바퀴 비 | 流言蜚語유언비어 아무 근거 없이 널리 퍼진 소문 ▶流(흐를 류), 言(말씀 언), 語(말씀 어)
蜚廉비렴 蜚蠱비망 蜚語비어
三年不蜚삼년불비 주의 飛와 通字 |

| 2급 584 衤(衣)부 총 13획 **裨** 도울 비 | 裨補비보 도와서 보충함 ▶補(기울 보)
裨將비장 조선시대 지방 장관과 견외 사신(遣外使臣)을 수행하던 관원 중 하나 ▶將(장수 장)
裨益비익 裨助비조 裨將廳비장청
寄與補裨기여보비 | 1급 496 言부 총 15획 **誹** 비방할 비 | 誹謗비방 남을 헐뜯어 말함 ▶謗(헐뜯을 방)
誹毁罪비훼죄 남의 명예를 헐뜯어 훼방한 죄 ▶毁(헐 훼), 罪(허물 죄)
誹駁비박 誹笑비소 誹謗者비방자
誹謗之木비방지목 |

쪽지시험

상공회의소 한자
고급 1, 2급

※ 다음 한자어(漢字語)와 발음(發音)이 같은 한자어는 어느 것입니까?

1 備嘗
① 比黨 ② 砒霜 ③ 鼻腔 ④ 肥壯 ⑤ 悲吼

2 秘寶
① 秘密 ② 儱眩 ③ 裨補 ④ 批准 ⑤ 非凡

풀이

1 비상
① 비당 ② 비상 ③ 비강 ④ 비장 ⑤ 비후

2 비보
① 비밀 ② 비현 ③ 비보 ④ 비준 ⑤ 비범

답 1. ② | 2. ③

급	번호	부수/획수	한자	훈음	용례
1급	497	言부 총 20획	譬	비유할 비	譬喩비유 어떠한 현상이나 사물의 설명에 있어 그와 비슷한 다른 성질을 가진 현상이나 사물을 빌어 뜻을 명확히 나타내는 일 ▶喩(깨우칠 유) 譬喩法비유법
2급	585	阝(邑)부 총 14획	鄙	더러울 비	鄙夫비부 마음씨가 더럽고 못된 사내 ▶夫(지아비 부) 鄙悖비패 성질이나 행동이 추저분하고 막됨 ▶悖(어그러질 패) 鄙吝비린 鄙僻비벽 鄙事비사 鄙庄비장 鄙族비족 鄙淺비천 鄙懷비회
2급	586	比부 총 9획	毘	도울 비	毘丘尼비구니 출가하여 구족계를 받은 여자 승려 ▶丘(언덕 구), 尼(여승 니) 毘盧峯비로봉 내금강에 딸린 금강산 중의 최고봉 ▶盧(밥그릇 로), 峯(봉우리 봉) 毘藍風비람풍 毘盧冠비로관 毘盧殿비로전 주의 毗와 同字
1급	498	比부 총 9획	毗	도울 비	茶毗다비 시체를 화장하는 일 ▶茶(차 다) 尸毗迦시비가 석가가 전생에 임금이었을 때의 칭호 ▶尸(주검 시), 迦(부처이름 가) 毗益비익 倚毗의비 茶毗文다비문 주의 毘와 同字
1급	499	口부 총 19획	嚬	찡그릴 빈	嚬笑빈소 얼굴을 찡그림과 웃음, 기쁨과 슬픔 ▶笑(웃음 소) 嚬蹙빈축 눈살을 찌푸리고 얼굴을 찡그림 ▶蹙(닥칠 축) 嚬呻빈신 工嚬妍笑공빈연소 一嚬一笑일빈일소
2급	587	女부 총 17획	嬪	아내 빈	嬪從빈종 궁중에서 일하는 여관(女官)을 중국식으로 이르던 말 ▶從(좇을 종) 嬪妾빈첩 임금의 첩 ▶妾(첩 첩) 妃嬪비빈 嬪氏빈씨 嬪御빈어 世子嬪세자빈 張禧嬪장희빈
2급	588	彡부 총 11획	彬	빛날 빈/밝을 반	彬蔚빈울 문채(文彩)가 찬란함 ▶蔚(고을이름 울) 文質彬彬문질빈빈
2급	589	文부 총 12획	斌	빛날 빈	주의 彬와 通字
1급	500	木부 총 18획	檳	빈랑나무 빈	檳榔빈랑 빈랑나무의 열매 ▶榔(나무이름 랑) 檳榔子빈랑자
2급	590	歹부 총 18획	殯	빈소 빈	殯所빈소 발인 때까지 관을 놓아두는 방 ▶所(바 소) 殯含玉빈함옥 염할 때에 시체의 입 속에 물리는 구슬 ▶含(머금을 함), 玉(구슬 옥) 殯宮빈궁 殯禮빈례 殯殿빈전

빈궁(嬪宮)

嬪(아내 빈), 宮(집 궁)

조선시대 왕의 부인을 중전(中殿)이라고 하는 것처럼 왕세자빈을 지칭하던 말이다. 세자빈과 후궁의 '빈'은 신분적 차이가 컸으며, 보통 빈궁이라 하면 세자빈을 지칭하였다. 후궁의 빈에 대해서는 '~빈 ~씨'의 식으로 이름과 성을 붙여서 불렀다. 《서경(書經)》에 따르면 빈(嬪)이란 용어는 요(堯) 임금이 두 딸을 순(舜)에게 주고 그들을 일컬은 칭호로 사용했는데 그 후 고대 제왕의 딸이 출가하면 궁정의 여관(女官)들이 이를 빈이라고 칭하면서 빈은 여자에 대한 가장 큰 존경의 의미를 나타내게 되었다.

한자 익히기

| 1급 501 氵(水)부 총 10획 | 浜 | ※선거(船渠) : 선박의 건조나 수리 또는 짐을 싣고 부리기 위한 설비 | | 2급 591 氵(水)부 총 17획 | 濱 | 砂濱사빈 모래가 깔린 바닷가의 땅 ▶砂(모래 사)
水濱수빈 바닷물이나 강물 따위의 가 ▶水(물 수)
海濱해빈 率土之濱솔토지빈
주의 瀕과 同字 |

물가 빈/선거 병 　주의 濱과 通用

물가 빈

| 1급 502 氵(水)부 총 19획 | 瀕 | 瀕死빈사 거의 죽을 지경에 이름 ▶死(죽을 사)
瀕海빈해 지형이 바다에 가까이 닿아 있음 ▶海(바다 해) | | 1급 503 牛부 총 6획 | 牝 | 牝牡빈모 길짐승의 암컷과 수컷 ▶牡(수컷 모)
牝畜빈축 가축의 암컷 ▶畜(짐승 축) |

물가/임박할 빈 　주의 濱과 通用

암컷 빈 牝鷄빈계 牝鹿빈록 牝羊빈양 牝鳥빈조 　주의 牡(수컷 모)1·2급

| 1급 504 王(玉)부 총 8획 | 玭 | 吳玭오빈 조선 중기 문신 ▶吳(오나라 오) | | 2급 592 心부 총 16획 | 憑 | 憑藉빙자 남의 힘을 빌려서 의지함 ▶藉(깔개 자)
證憑증빙 신빙성 있는 증거로 삼음 ▶證(증거 증) |

구슬이름 빈 　주의 批(비평할 비)3급

기댈 빙 文憑문빙 憑考빙고 憑信빙신
信憑性신빙성 證憑書類증빙서류

| 1급 505 馬부 총 17획 | 騁 | 馳騁치빙 말을 타고 달리는 것 또는 이곳 저곳 바삐 돌아다니는 것 ▶馳(달릴 치) | | 1급 506 丿부 총 5획 | 乍 | 猝乍間졸사간 미처 어떻게 해 볼 수 없을 만큼 짧은 동안 ▶猝(갑자기 졸), 間(사이 간) |

달릴 빙 　주의 聘(부를 빙)3급

잠깐 사/일어날 작 乍晴사청

| 1급 507 二부 총 7획 | 些 | 些末사말 자질구레하여 중요하지 않은 것 ▶末(끝 말)
些事사사 사소한 일 또는 별로 중요하지 않은 일 ▶事(일 사) | | 1급 508 亻(人)부 총 7획 | 伺 | 伺隙사극 시간이나 기회의 틈을 엿봄 ▶隙(틈 극)
伺察사찰 엿보아 살핌 ▶察(살필 찰) |

적을 사 些技사기 些略사략 些末的사말적
些少之事사소지사

엿볼 사 窺伺규사 偵伺정사 伺候사후 　주의 何(어찌 하)4급

쪽지시험

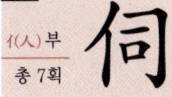

※ 다음 한자(漢字)와 음(音)이 같은 한자는 어느 것입니까?

1 鄙

① 圖　② 毘　③ 會　④ 豪　⑤ 祺

2 伺

① 些　② 柯　③ 瑕　④ 姿　⑤ 墮

풀이

1 鄙(더러울 비)
① 도　② 비　③ 회　④ 호　⑤ 기

2 伺(엿볼 사)
① 사　② 가　③ 하　④ 자　⑤ 타

답 1. ② | 2. ①

상공회의소 한자시험 고급 기본서 1·2급

1급 509	俟	不俟불사 기다리지 아니함 ▶不(아니 불) 俟俟사사 많은 사람이 떼를 지어 천천히 걷는 모양
亻(人)부 총 9획	기다릴 사/성 기	俟命사명 俟河淸사하청 如俟河淸여사하청 靜而俟之정이사지 河淸難俟하청난사

2급 593	僿	星湖僿說성호사설 조선 영조 때에 성호 이익(李瀷)이 평소에 지은 글을 모아 엮은 책 ▶星(별 성), 湖(호수 호), 說(말씀 설)
亻(人)부 총 15획	잘게부술 사/새	

2급 594	唆	敎唆교사 남을 선동하여 못된 일을 하게 함 ▶敎(가르칠 교) 示唆시사 미리 암시하여 일러줌 ▶示(보일 시)
口부 총 10획	부추길 사	唆囑사촉 敎唆犯교사범 敎唆者교사자 敎唆罪교사죄

2급 595	嗣	法嗣법사 법맥(法脈)을 이어받은 사람 ▶法(법 법) 嗣王사왕 선왕(先王)의 대를 물려받은 임금 ▶王(임금 왕)
口부 총 13획	이을 사	求嗣구사 嗣産사산 嗣續사속 嗣孫사손 遺嗣유사 廢嗣폐사 後嗣후사

2급 596	奢	奢侈사치 필요 이상으로 돈이나 물건을 씀 ▶侈(사치할 치) 華奢화사 화려하고 사치스러움 또는 밝고 환함 ▶華(빛날 화)
大부 총 12획	사치할 사	驕奢교사 窮奢궁사 奢僭사참 縱奢종사 豪奢호사 豪奢品호사품

2급 597	娑	娑婆사바 괴로움이 많은 인간 세계 ▶婆(음역자 바) 婆娑파사 춤추는 소매가 가볍게 나부끼는 모양 또는 편안히 앉은 모양 ▶婆(할미 파)
女부 총 10획	춤출 사	娑磨사마 破娑王파사왕 頻婆娑羅빈파사라 娑羅雙樹사라쌍수 娑婆世界사바세계

2급 598	徙	徙居사거 거처를 옮김 ▶居(살 거) 流徙유사 백성이 전란에 쫓겨 이리저리 피해 다니는 일 ▶流(흐를 류) 移徙이사 집을 옮김 ▶移(옮길 이)
彳부 총 11획	옮길 사	徙市사시 徙業사업 徙家忘妻사가망처 주의 徒(무리 도) 4급

1급 510	柶	柶占사점 정초에 윷을 던져 그 해의 길흉을 알아보는 점 ▶占(점 점) 擲柶척사 윷놀이 ▶擲(던질 척)
木부 총 9획	수저 사	擲柶會척사회

1급 511	梭	梭鷄사계 베짱이 ▶鷄(닭 계) 梭田사전 베틀의 북 모양으로, 두 끝이 가늘어져 뾰족하고 길쭉하게 생긴 밭 ▶田(밭 전)
木부 총 11획	북 사/나무이름 준	梭餠사병 梭魚사어 鶯梭앵사

2급 599	泗	泗川사천 경상남도 서남부에 있는 시 ▶川(내 천) 涕泗체사 울어서 흐르는 눈물이나 콧물 따위 ▶涕(눈물 체)
氵(水)부 총 8획	물이름 사	泗泌城사비성(부여의 옛 이름) 泗川海戰사천해전

성호사설(星湖僿說)

星(별 성), 湖(호수 호), 僿(잘게부술 사), 說(말씀 설)

조선 후기의 학자 이익(李瀷)의 대표적 저술로, 성호는 그의 호이며 사설은 '작고 좀스러운 말'이라는 뜻으로 지은이가 겸사(謙辭)로 붙인 서명(署名)이다. 평소에 기록해 둔 글과 제자들의 질문에 답한 내용을 1740년경에 집안 조카들이 정리한 것으로, 주제에 따라 천지문(天地門), 만물문(萬物門), 인사문(人事門), 경사문(經史門), 시문문(詩文門)의 다섯 부분으로 나누어져 있다. 조선의 정치·경제·사회 등 다양한 분야에서 문제점을 지적하여 개혁을 주장하는 내용을 담고 있다.

한자 익히기

1급 512 渣 氵(水)부 총 12획 — 찌끼 사
- 渣滓사재 가라앉은 찌꺼기 ▶滓(찌기 재)
- 殘渣잔사 쓰고 남은 찌꺼기 또는 과거의 낡은 사고방식이나 생활양식의 찌꺼기 ▶殘(남을 잔)

2급 600 瀉 氵(水)부 총 18획 — 쏟을 사
- 傾瀉경사 액체와 침전물을 분리하는 방법 ▶傾(기울 경)
- 止瀉劑지사제 설사를 막는 약 ▶止(그칠 지), 劑(약제 제)
- 及瀉급사 瀉出사출 泄瀉설사 瀉血法사혈법 上吐下瀉상토하사

2급 601 獅 犭(犬)부 총 13획 — 사자 사
- 獅子사자 포유류 고양잇과의 맹수로, 백수(百獸)의 왕으로 불림 ▶子(아들 자)
- 獅子吼사자후 크게 열변을 토함 ▶子(아들 자), 吼(울 후)
- 牝獅子빈사자 獅子伎사자기 獅子舞사자무 人中獅子인중사자

2급 602 砂 石부 총 9획 — 모래 사
- 砂漠사막 아득히 넓고 모래나 자갈 따위로 뒤덮인 불모의 벌판 ▶漠(넓을 막)
- 砂糖사탕 엿이나 설탕을 끓여 만든 달고 단단한 과자 ▶糖(엿 당)
- 金砂금사 砂器사기 砂利사리 砂汰사태 砂布사포 砂金鑛사금광 주의 沙와 同字

2급 603 祠 示부 총 10획 — 사당 사
- 奉祠봉사 조상의 제사를 받들어 모심 ▶奉(받들 봉)
- 祠堂사당 조상의 신주를 모셔 놓은 집 ▶堂(집 당)
- 祠院사원 神祠신사 告祠堂고사당 忠烈祠충렬사 顯忠祠현충사

1급 513 篩 竹부 총 16획 — 체 사
- 篩管사관 식물의 관다발에 있는 관상조직 ▶管(대롱 관)
- 篩別사별 체로 쳐서 골라 가르는 일 ▶別(나눌 별)
- 絹篩견사 篩骨사골 篩部사부 篩別機사별기 篩官部사관부

2급 604 紗 糸부 총 10획 — 깁 사
- 面紗布면사포 결혼식 때에 신부가 머리에 써서 뒤로 늘이는, 흰 사(紗)로 만든 장식품 ▶面(낯 면), 布(베 포)
- 絹紗견사 網紗망사 紗籠사롱 紗窓사창 紗帽冠帶사모관대

2급 605 肆 聿부 총 13획 — 방자할 사
- 放肆방사 거리낌 없이 제멋대로 하여 어려움성이 없음 ▶放(놓을 방)
- 肆惡사악 악한 성정을 함부로 부림 ▶惡(악할 악)
- 驕肆교사 肆氣사기 肆毒사독 肆廛사전 從肆종사 閭肆틈사 疱肆포사

2급 606 莎 艹(艸)부 총 11획 — 향부자 사
- 浮莎부사 흙이 붙은 채 뗏장을 떠냄 ▶浮(뜰 부)
- 莎草사초 무덤에 떼를 입히고 다듬음 ▶草(풀 초)
- 金莎금사 莎鷄사계 莎城사성 莎臺石사대석 牛角莎우각사

1급 514 蓑 艹(艸)부 총 14획 — 도롱이 사/꽃술늘어질 쇠
- 蓑衣사의 도롱이 ▶衣(옷 의)
- 一蓑雨일사우 도롱이를 겨우 적실 정도의 적은 비 또는 한 번 내리는 보슬비 ▶一(한 일), 雨(비 우)
- 蓑笠사립 綠蓑衣녹사의 주의 簑와 同字

쪽지시험

상공회의소 한자 고급 1, 2급

※ 다음의 뜻을 가진 한자(漢字)는 어느 것입니까?

1 춤추다
① 娑 ② 沙 ③ 紗 ④ 砂 ⑤ 寫

2 사자
① 狼 ② 猪 ③ 狸 ④ 獅 ⑤ 豺

풀이

1 ① 娑(춤출 사) ② 沙(모래 사)
　③ 紗(깁 사)   ④ 砂(모래 사)
　⑤ 寫(베낄 사)
2 ① 狼(이리 랑) ② 猪(돼지 저)
　③ 狸(삵 리)   ④ 獅(사자 시)
　⑤ 豺(승냥이 시)

답 1. ① | 2. ④

2급 607 衣부 총 13획 裟 가사 **사**	袈裟가사 중이 입는 법의 ▶袈(가사 가) 滿繡袈裟만수가사 산천, 초목, 인물, 글자 같은 것을 가득 수놓은 가사 ▶滿(찰 만), 繡(수놓을 수), 袈(가사 가) 赤袈裟적가사 袈裟佛事가사불사 九條袈裟구조가사	2급 608 赤부 총 11획 赦 용서할 **사**	赦免사면 죄나 허물을 용서하여 놓아 줌 ▶免(면할 면) 惠赦혜사 임금의 은혜로 죄를 용서하여 줌 ▶惠(은혜 혜) 放赦방사 赦罪사죄 赦免法사면법 赦免復權사면복권 特別赦免특별사면
2급 609 食부 총 14획 飼 기를 **사**	飼育사육 짐승을 먹이어 기름 ▶育(기를 육) 放飼地방사지 가축을 놓아기르는 곳 ▶放(놓을 방), 地(땅 지) 乾飼건사 粉飼분사 飼犬사견 飼料사료 給飼器급사기 飼育場사육장	1급 515 馬부 총 15획 駟 사마 **사**	駟馬사마 한 채의 수레를 메고 끄는 네 필의 하나 ▶馬(말 마) 駟鐵사철
2급 610 鹿부 총 21획 麝 사향노루 **사**	麝鼠사서 사향쥐 ▶鼠(쥐 서) 麝香사향 사향노루의 향낭을 쪼개어 말린 흑갈색의 가루로 약재나 향료 따위로 쓰임 ▶香(향기 향) 蘭麝난사 麝鹿사록 紫麝자사 麝香水사향수	2급 611 人부 총 12획 傘 우산 **산**	傘下산하 보호를 받는 어떤 세력의 그늘 ▶下(아래 하) 陽傘양산 여자들이 볕을 가리기 위하여 쓰는 우산같이 만든 물건 ▶陽(볕 양) 菌傘균산 雨傘우산 落下傘낙하산 傘下團體산하단체
2급 612 刂(刀)부 총 7획 刪 깎을 **산**	改刪개산 잘못된 것을 고침 ▶改(고칠 개) 刪補산보 깎아 내는 일과 보충하는 일 ▶補(기울 보) 刪減산감 刪削산삭 刪修산수 刪定산정 增刪증산	1급 516 氵(水)부 총 6획 汕 오구 **산**	汕汕산산 오구로 물고기를 떠서 잡는 모양 汕頭산두
2급 613 王(玉)부 총 9획 珊 산호 **산**	珊瑚산호 자포동물문 산호충강의 산호류를 통틀어 이르는 말 ▶瑚(산호 호) 假珊瑚가산호 장식품에 쓰기 위해 만든 가짜 산호 ▶假(거짓 가), 瑚(산호 호) 珊瑚枝산호지 珊瑚礁산호초 珊瑚海산호해	1급 517 疒부 총 8획 疝 산증 **산**	疝氣산기 산증의 한 가지로 아랫배가 붓고 아픔 ▶氣(기운 기) 疝痛산통 심하게 갑자기 일어나는 간헐적 복통 ▶痛(아플 통) 疝氣산기 疝症산증 寒疝한산

사불급설(駟不及舌)

駟(사마 사), 不(아닐 불), 及(미칠 급), 舌(혀 설)

네 마리 말이 끄는 수레도 혀에는 미치지 못한다는 뜻으로, 소문은 빨리 퍼지니 말을 삼가야 한다는 의미이다. 극자성(棘子成)이 자공(子貢)에게 "군자는 그 바탕만 세우면 그만이지 무슨 까닭으로 문(文)이 필요한가요?"라고 물었다. 이에 자공이 "당신의 말은 군자답지만 네 마리 말이 끄는 수레도 혀에 미치지 못합니다. 문(文)이 질(質)과 같고 질이 문과 같으면, 그것은 마치 호랑이 가죽과 표범 가죽을 개 가죽이나 양 가죽과 같다고 보는 이치와 같지요."라고 대답하였다.

한자 익히기

1급 518 艹(艸)부 / 총 14획 **蒜** 마늘 **산/선**
- 醬蒜장산 마늘장아찌 ▶醬(장 장)
- 醋蒜초산 초와 설탕에 절인 마늘 ▶醋(식초 초)
- 大蒜대산 野蒜야산 蔥蒜총산

2급 614 酉부 / 총 14획 **酸** 실 **산**
- 酸素산소 공기의 주성분인 원소의 이름 ▶素(본디 소)
- 辛酸신산 맛이 맵고 심 또는 세상살이의 쓰라리고 고된 일 ▶辛(매울 신)
- 鹽酸염산 黃酸황산 酸性化산성화
- 二酸化炭素이산화탄소

1급 519 雨부 / 총 20획 **霰** 싸라기눈 **산/선**
- 急霰급산 갑작스럽게 내리는 싸라기 눈 ▶急(급할 급)
- 霰彈산탄 탄피가 터지면서 속에 든 많은 탄알이 터져 나오게 된 탄환 ▶彈(탄알 탄)
- 霰石산석 霰粒腫선립종

1급 520 乙부 / 총 8획 **乷** (음역자) **살**
- ※음역자. 우리나라에서만 쓰임
- ※대표적 음역자 : 乫(갈), 乭(돌), 乶(볼)

2급 615 扌(手)부 / 총 15획 **撒** 뿌릴 **살**
- 撒水살수 물을 흩어서 뿌림 ▶水(물 수)
- 撒布살포 액체나 기체상태의 물질이나 약품을 공중으로 뿜어서 뿌리는 것 ▶布(베 포)
- 抹撒말살 撒砂살사 撒水車살수차
- 撒布劑살포제

2급 616 灬(火)부 / 총 13획 **煞** 죽일 **살**/매우 **쇄**
- 急煞급살 보게 되면 운수가 아주 나빠진다고 하는 별 ▶急(급할 급)
- 凶煞흉살 불길한 운수나 흉한 귀신 ▶凶(흉할 흉)
- 劫煞겁살 地煞지살 空房煞공방살
- [주의] 殺과 同字

2급 617 艹(艸)부 / 총 18획 **薩** 보살 **살**
- 菩薩보살 부처의 버금이 되는 성인 ▶菩(보살 보)
- 薩水살수 청천강의 옛 이름 ▶水(물 수)
- 薩埵살타 彌勒菩薩미륵보살
- 薩水大捷살수대첩

2급 618 木부 / 총 7획 **杉** 삼나무 **삼**
- 杉木삼목 삼나무, 낙우송과의 상록교목 ▶木(나무 목)
- 杉板삼판 삼목의 널빤지 ▶板(널 판)
- 杉松삼송 春杉춘삼

2급 619 木부 / 총 12획 **森** 수풀 **삼**
- 森林삼림 나무가 많이 우거져 있는 곳 ▶林(수풀 림)
- 森嚴삼엄 무서우리만큼 질서가 바르고 엄숙함 ▶嚴(엄할 엄)
- 森列삼렬 森立삼립 森林浴삼림욕
- 森林地삼림지 森羅萬象삼라만상

1급 521 艹(艸)부 / 총 8획 **芟** 벨 **삼**
- 芟除삼제 풀을 깎듯이 베어버림 또는 무찔러 없앰 ▶除(덜 제)
- 芟荒삼황 거친 풀을 베어 버림 ▶荒(거칠 황)
- [주의] 疫(전염병 역) 3급

쪽지시험

※ 다음 단어들의 □ 안에 공통으로 들어갈 알맞은 한자는 어느 것입니까?

1. □免, 特□, □過
   ① 罷 ② 減 ③ 殊 ④ 看 ⑤ 赦

2. □性, 黃□, 鹽□
   ① 急 ② 砂 ③ 素 ④ 酸 ⑤ 田

풀이
1 赦免(사면), 特赦(특사), 赦過(사과)
2 酸性(산성), 黃酸(황산), 鹽酸(염산)

답 1. ⑤ | 2. ④

2급 620	蔘	乾蔘건삼 잔뿌리와 줄기를 자르고 겉껍질을 벗기어 말린 인삼 ▶乾(마를 건) 紅蔘홍삼 수삼을 쪄서 말린 불그레한 빛깔의 인삼 ▶紅(붉을 홍)	2급 621	衫	步衫보삼 비올 때에 들써 입는 우장(雨裝)의 한 가지 ▶步(걸음 보) 油衫유삼 눈비를 막기 위하여 옷 위에 껴입는 기름에 결은 옷 ▶油(기름 유)
++(艸)부 총 15획			衤(衣)부 총 8획		
	삼 **삼**	山蔘산삼 水蔘수삼 人蔘인삼 蔘鷄湯삼계탕 人蔘茶인삼차		적삼 **삼**	輕衫경삼 羅衫나삼 長衫장삼 偏衫편삼 汗衫한삼 油衫紙유삼지

2급 622	滲	滲漏삼루 물기나 액체가 배거나 새어 나옴 ▶漏(샐 루) 滲透삼투 스미어 들어감 또는 물질이 막을 통과하여 확산하는 현상 ▶透(통할 투)	2급 623	插	插匙삽시 제사 지낼 때에 숟가락을 밥그릇에 꽂는 의식 ▶匙(숟가락 시) 插入삽입 원 줄거리에 끼워 넣음 ▶入(들 입)
氵(水)부 총 14획			扌(手)부 총 12획		
	스밀 **삼**	滲泄삼설 滲入삼입 滲出삼출 滲出物삼출물 滲透壓삼투압		꽂을 **삽**	插抹삽말 插木삽목 插彈삽탄 插畫삽화 插入句삽입구 插入標삽입표

2급 624	澁	難澁난삽 말이나 글 따위가 이해하기 어렵고 까다로움 ▶難(어려울 난) 語澁어삽 말이 술술 잘 나오지 않음 ▶語(말씀 어)	1급 522	鈒	鈒字삽자 옛날 중국에서 얼굴이나 팔뚝에 흠을 내어 죄명을 먹칠하여 넣던 일 ▶字(글자 자)
氵(水)부 총 15획			金부 총 12획		
	떫을 **삽**	乾澁건삽 苦澁고삽 訥澁눌삽 澁味삽미 澁滯삽체 小澁소삽		창 **삽**	**주의** 級(등급 급) 5급

1급 523	颯	颯颯삽삽 불어오는 바람이 쌀쌀하고 쓸쓸함	1급 524	孀	孤孀고상 고아와 과부 ▶孤(외로울 고) 孀婦상부 나이 젊은 과부 ▶婦(며느리 부) 孀娥상아 홀어미 ▶娥(예쁠 아)
風부 총 14획			女부 총 20획		
	바람소리 **삽**/큰바람 **립**	**주의** 颱(태풍 태) 1·2급		과부 **상**	孀老상로 靑孀寡婦청상과부

1급 525	峠	※일본에서 만들어진 한자	2급 625	庠	庠校상교 중국 주나라 때 학교를 이르던 말 ▶校(학교 교) 庠謝禮상사례 자녀의 스승에게 주는 예물 ▶謝(사례할 사), 禮(예도 례)
山부 총 9획			广부 총 9획		
	고개 **상**			학교 **상**	庠序상서

국새(國璽)

國(나라 국), 璽(도장 새)

국가적 문서에 국가의 표상으로 사용되던 인장으로 현재에도 나라를 대표하는 도장으로 쓰이고 있다. 국새는 시대와 용도에 따라 여러 가지 종류가 있었으나, 외교문서(특히 대중국 관계)에 사용되는 국인(國印, 대보로 통칭)과 국내용 어보로 대별된다.

한자 익히기

1급 526 广부 총 12획
廂 행랑 상
- 東廂동상 남의 '새사위'를 높이어 일컫는 말 ▶東(동녘 동)
- 後廂후상 후하게 상을 줌 또는 그러한 상 ▶後(뒤 후)
- 廂軍상군 西廂서상 先廂陣선상진

1급 527 木부 총 16획
橡 상수리나무 상
- 橡子茶食상자다식 상수리나 도토리를 갈아 무리를 내어 말려서 꿀과 반죽해 만든 다식 ▶子(아들 자), 茶(차 다), 食(밥 식)
- 橡實상실 橡實乳상실유 橡子酒상자주
- 橡子粥상자죽 狗飯橡實구반상실

2급 626 氵(水)부 총 12획
湘 강이름 상
- 湘江상강 중국 호남성에 있는 강 ▶江(강 강)
- 湘夫人상부인 중국의 전설에서 상수에 산다는 여신 ▶夫(지아비 부), 人(사람 인)
- 湘君상군 湘勇상용

1급 528 爻부 총 11획
爽 시원할 상
- 爽快상쾌 마음이 아주 시원하고 거뜬함 ▶快(쾌할 쾌)
- 俊爽준상 재주와 슬기가 뛰어나고 명석함 또는 인품이 높음 ▶俊(준걸 준)
- 健爽건상 競爽경상 爽凉상량 爽明상명
- 爽秋상추 豪爽호상

1급 529 爿부 총 8획
牀 평상 상
- 屍牀시상 입관하기 전에 시체를 얹어놓는 긴 널 ▶屍(주검 시)
- 寢牀침상 사람이 누워 잘 수 있게 만든 평상 ▶寢(잘 침)
- 牀第상자 靈牀영상 大方牀대방상
- 牀上安牀상상안상 【주의】床과 同字

2급 627 竹부 총 15획
箱 상자 상
- 箱子상자 나무·대·종이 등으로 만든 손그릇 ▶子(아들 자)
- 風箱풍상 불을 피울 때에 바람을 일으키는 기구 ▶風(바람 풍)
- 箱房상방 巢箱소상 暗箱암상
- 石箱墳석상분 藥箱子약상자

2급 628 羽부 총 12획
翔 높이날 상
- 飛翔비상 공중을 날아다님 ▶飛(날 비)
- 回翔회상 빙빙 돌며 날아다님 또는 날아서 돌아옴 ▶回(돌아올 회)
- 高翔고상 翔空상공 雲翔운상 滑翔활상
- 飛翔力비상력

1급 530 角부 총 18획
觴 술잔 상
- 觴詠상영 술을 마시면서 시가를 읊음 ▶詠(읊을 영)
- 壺觴호상 술이 들어 있는 술병과 술잔 ▶壺(병 호)
- 交觴교상 觴政상정 玉觴옥상 流觴유상
- 【주의】觸(닿을 촉) 3급

2급 629 王(玉)부 총 19획
璽 도장 새
- 封璽봉새 봉한 물건에 도장을 찍음 ▶封(봉할 봉)
- 御璽어새 옥새를 높여 이르는 말 ▶御(임금 어)
- 鈐璽검새 玉璽옥새 印璽인새

1급 531 貝부 총 17획
賽 굿할 새
- 答賽답새 신불에게 참배를 드리는 일 ▶答(대답 답)
- 報賽보새
- 【주의】蹇(절뚝발이 건) 1·2급

쪽지시험

상공회의소 한자
고급 1, 2급

※ 다음 한자(漢字)와 뜻이 비슷한 한자는 어느 것입니까?

1 峠
① 嵋 ② 岷 ③ 嶺 ④ 峽 ⑤ 頂

2 廊
① 床 ② 序 ③ 庠 ④ 廂 ⑤ 庭

풀이

1 峠(고개 상)
① 嵋(산이름 미)   ② 岷(산이름 민)
③ 嶺(고개 령)   ④ 峽(산이름 래)
⑤ 頂(정수리 정)

2 廊(행랑 랑)
① 床(상 상)   ② 序(차례 서)   ③ 庠(학교 상)
④ 廂(행랑 상) ⑤ 庭(뜰 정)

답 1. ③ | 2. ④

1급 532 口부 총 13획 **嗇** 인색할 색	吝嗇인색 체면을 돌아보지 않고 재물을 지나치게 아낌 ▶吝(아낄 린) 吝嗇漢인색한 吝嗇之心인색지심 주의 薔(장미 장) 고급	2급 630 禾부 총 18획 **穡** 거둘 색	稼穡가색 곡식농사 ▶稼(심을 가) 稼穡之艱難가색지간난 농사짓기의 어려움 ▶稼(심을 가), 之(갈 지), 艱(어려울 간), 難(어려울 난) 李穡이색 務玆稼穡무자가색
2급 631 牛부 총 9획 **牲** 희생 생	犧牲희생 어떤 사물, 사람을 위해서 목숨·재산 따위를 바치거나 버림 ▶犧(희생 희) 牲匣생갑 牲犢생독 六牲육생 特牲특생 犧牲者희생자 주의 牡(수컷 모) 1·2급	1급 533 生부 총 12획 **甥** 생질 생	舅甥구생 외삼촌과 누이의 딸 ▶舅(시아비 구) 甥姪생질 누이의 아들 ▶姪(조카 질) 外甥외생 甥姪女생질녀 甥姪壻생질서
2급 632 竹부 총 11획 **笙** 생황 생	笙簧생황 아악에 쓰는 관악기의 하나 ▶簧(생황 황) 笙黃醬생황장 콩과 밀가루로 메주를 만들어 담근 간장 ▶黃(누를 황), 醬(장 장) 琴笙금생 笙歌생가 笙鼓생고 巢笙소생 龍茄鳳笙용가봉생	1급 534 土부 총 14획 **墅** 농막 서	別墅별서 전장(田莊)이 있는 부근에 한적하게 지은 집 ▶別(나눌 별) 村墅촌서 얼마 안 되는 착한 일, 또는 좋은 일 ▶村(마을 촌) 山墅산서 草墅초서
2급 633 土부 총 12획 **壻** 사위 서	佳壻가서 참하고 훌륭한 사위 ▶佳(아름다울 가) 壻郎서랑 남의 사위를 높여 이르는 말 ▶郎(사내 랑) 夫壻부서 新壻신서 女壻여서 姪壻질서 從姪壻종질서	2급 634 山부 총 17획 **嶼** 섬 서	島嶼도서 크고 작은 섬들 ▶島(섬 도) 草嶼초서 강물 속에 모래가 쌓이고 그 위에 풀이 수북하게 난 곳 ▶草(풀 초) 蘭嶼난서 綠嶼녹서 島嶼性도서성
2급 635 扌(手)부 총 7획 **抒** 토로할 서	抒事서사 사실을 있는 그대로 적는 일 ▶事(일 사) 抒情서정 자기의 감정을 펴서 나타냄 ▶情(뜻 정) 抒情文서정문 抒情味서정미 抒情性서정성 抒情詩서정시 抒情的서정적	1급 535 扌(手)부 총 11획 **捿** 살 서	鷄捿계서 닭의 우리 또는 횃대 ▶鷄(닭 계) 주의 棲와 同字

한자별곡

양서류(兩棲類)

兩[두 량(양)], 棲(살 서), 類(무리 류)

척추동물의 한 부류로 어릴 때는 아가미로 수중호흡을 하면서 물에서 살고, 성장하면 허파로 공기호흡을 하면서 육상에서 살아서, 두 곳에서 산다는 의미로 양서류라고 한다. 다리가 네 개인 변온동물이며 일생의 일부분을 육지에서 생활하는 동물이다. 개구리류·두꺼비류·도롱뇽류·사이렌류·무족영원류 등이 있으며 주로 열대지방에 분포하고 있으나 북극과 남극을 제외한 대부분의 지역에서 발견된다.

한자 익히기

2급 636	曙	曙光서광 동틀 때의 빛 또는 어떤 일이 뜻대로 될 가능성의 비유 ▶光(빛 광) 曙鐘서종 동틀 때 울리는 종소리 ▶鐘(쇠북 종) 曙景서경 曙鼓서고 曙色서색 曙烏서오 曙雲서운 曙天서천
日 부 총 18획	새벽 서	

1급 536	栖	隱栖은서 세상을 피하여 숨어서 사는 일 ▶隱(숨을 은) 주의 棲와 同字
木 부 총 10획	깃들일 서	

2급 637	棲	棲屑서설 일정한 거처 없이 떠돌아다님 ▶屑(가루 설) 棲息地서식지 동물이 깃들어 사는 곳 ▶息(쉴 식), 地(땅 지) 鷄棲계서 共棲공서 同棲동서 棲宿서숙 棲息서식 棲穴서혈
木 부 총 12획	살 서	

2급 638	犀	犀角서각 무소의 뿔로 결이 곱고, 누른빛이나 검은빛의 꽃무늬가 있음 ▶角(뿔 각) 犀牛서우 코뿔소 ▶牛(소 우) 犀帶서대 犀利서리 犀皮서피 靈犀영서
牛 부 총 12획	무소 서	

2급 639	瑞	吉瑞길서 경사스러운 조짐 또는 운수가 좋을 조짐 ▶吉(길할 길) 祥瑞상서 경사롭고 길한 징조 ▶祥(상서 상) 慶瑞경서 瑞光서광 瑞氣서기 瑞雪서설 應瑞鳥응서조
王(玉) 부 총 13획	상서 서	

2급 640	筮	卜筮복서 길흉을 알기 위하여 점을 침 ▶卜(점 복) 錢筮法전서법 돈으로 점을 치는 방법 ▶錢(돈 전), 法(법 법) 筮仕서사 筮子서자
竹 부 총 13획	점 서	

1급 537	絮	飛絮비서 바람에 날리어 떠다니는 버들개지 ▶飛(날 비) 絮雪서설 솜이나 눈송이처럼 하얗게 날리어 흩어진다는 뜻 ▶雪(눈 설) 絲絮사서 絮說서설 柳絮유서 敗絮패서 開絮期개서기
糸 부 총 12획	솜 서/간맞출 처	

2급 641	胥	快胥쾌서 마음에 드는 사위 ▶快(쾌할 쾌) 蟹胥해서 게로 담근 젓 또는 게젓을 담은 간장 ▶蟹(게 해) 象胥상서 胥失서실 儒胥必知유서필지 華胥之夢화서지몽 주의 壻와 通用
月(肉) 부 총 9획	서로 서	

2급 642	舒	急舒급서 급함과 완만함 ▶急(급할 급) 舒暢서창 여유 있게 마음을 가짐 또는 한가로이 굶 ▶暢(화창할 창) 振舒진서 떨쳐서 폄 ▶振(떨칠 진) 卷舒권서 舒雁서안 舒遲서지 舒川서천 舒懷서회
舌 부 총 12획	펼 서	

2급 643	薯	甘薯감서 고구마 ▶甘(달 감) 蕃薯번서 감자 ▶蕃(우거질 번) 山薯麵산서면 마의 가루로 누른 국수 ▶山(뫼 산), 麵(밀가루 면) 薯鼓서시 馬鈴薯마령서 薯童謠서동요
++(艸) 부 총 18획	참마 서	

쪽지시험

※ 다음 음(音)을 가진 한자는 어느 것입니까?

1 [생]
① 性 ② 星 ③ 牲 ④ 産 ⑤ 翔

2 [서]
① 珊 ② 玭 ③ 瑞 ④ 琺 ⑤ 詵

풀이
1 ①성 ②성 ③생 ④산 ⑤상
2 ①산 ②빈 ③서 ④법 ⑤선

답 1.③ | 2.③

상공회의소 한자시험 고급 기본서 1·2급

2급 644 金부 총 15획 **鋤** 호미 서	洗鋤宴세서연 농가에서 농사일, 특히 논매기의 만물을 끝낸 음력 7월쯤에 날을 받아 하루를 즐겨 노는 일로 호미씻이라고 함 ▶洗(씻을 세), 宴(잔치 연) 鋤骨서골	2급 645 黍부 총 12획 **黍** 기장 서	鷄黍계서 닭을 잡아서 더운 국물을 만들고 기장밥을 지어 대접한다는 뜻에서, 사람을 대접하는 일 ▶鷄(닭 계) 黍粟서속 기장과 조 ▶粟(조 속) 唐黍당서 黍穀서곡 黍麪서면 禾黍화서 玉蜀黍옥촉서
2급 646 鼠부 총 13획 **鼠** 쥐 서	鼠盜서도 자질구레한 물건을 훔치는 도둑 ▶盜(도둑 도) 鼠生員서생원 쥐를 의인화하여 속되게 이르는 말 ▶生(날 생), 員(인원 원) 殺鼠살서 鼠皮서피 鼠色서색 仙鼠선서 鼠竊狗偸서절구투 首鼠兩端수서양단	2급 647 大부 총 15획 **奭** 클 석/붉을 혁	洪奭周홍석주 조선후기 문신 ▶洪(클 홍), 周(두루 주)
2급 648 日부 총 12획 **晳** 밝을 석	明晳명석 분명하고 똑똑함 ▶明(밝을 명) 白晳백석 얼굴빛이 희고 살이 두둑하게 잘 생김 ▶白(흰 백)	2급 649 氵(水)부 총 6획 **汐** 조수 석/빠를 계	汐水석수 저녁 때에 밀려들어왔다가 나가는 바닷물 ▶水(물 수) 海汐해석 저녁 무렵의 밀물이나 썰물 ▶海(바다 해) 汐曇석담 潮汐조석 潮汐表조석표
1급 538 氵(水)부 총 11획 **淅** 쌀일 석	淅瀝석력 비나 눈이 내리는 소리 ▶瀝(벼락 력) 淅然석연 찬물을 뒤집어쓴 것처럼 오싹오싹 추워서 떠는 증상 ▶然(그러할 연)	2급 650 氵(水)부 총 15획 **潟** 개펄 석	潟湖석호 사구·사주·삼각주 등에 의해 외해와 분리되어 생긴 호수 ▶湖(호수 호) 干潟地간석지 조수가 드나드는 개펄 ▶干(방패 간), 地(땅 지) 干潟간석
2급 651 石부 총 14획 **碩** 클 석	碩士석사 벼슬이 없는 선비를 높이어 이르는 말 ▶士(선비 사) 碩學석학 학문이 아주 깊은 경지에 이른 사람을 이르는 말 ▶學(배울 학) 碩大석대 碩茂석무 碩人석인 碩材석재 碩士課程석사과정 碩座敎授석좌교수	1급 539 ⺿(艸)부 총 14획 **蓆** 자리 석	蓆戶석호 멍석을 드리운 문 ▶戶(집 호) 주의 席과 同字

한자별곡

하로동선(夏爐冬扇)

夏(여름 하), 爐(화로 로), 冬(겨울 동), 扇(부채 선)

여름의 화로와 겨울의 부채라는 뜻으로, 아무 소용없는 말이나 재주를 비유하여 이르는 말 또는 철에 맞지 않거나 쓸모없는 사물을 비유하여 이르는 말이다. "作無益之能 納無補之說 獨如以夏進爐以冬奏扇 亦徒耳(작무익지능 납무보지설 독여이하진로이동주선 역도이) 이로울 것이 없는 재능을 바치고 보탬이 되지 않는 의견을 내는 것은, 여름에는 화로를 바치고 겨울에는 부채를 드리는 것과 같다."

《논형(論衡)》봉우편(逢遇篇)

한자 익히기

2급 652 金부 총 16획 **錫**
주석 석

錫鑛석광 주석을 파내는 광산 또는 주석이 들어 있는 광석 ▶鑛(쇳돌 광)
朱錫주석 은백색 광택이 나고 연성과 전성이 많으며 녹슬지 않음 ▶朱(붉을 주)
掛錫괘석　飛錫비석　錫箔석박　錫石석석
錫杖석장　錫花석화　巡錫순석

1급 540 亻(人)부 총 13획 **僊**
신선 선

上僊상천 하늘로 올라가 선인이 됨 또는 이 세상을 떠남 ▶上(위 상)
僊鳳寺선봉사
주의 仙과 同字

1급 541 女부 총 15획 **嬋**
고울 선

嬋娟선연 아름다운 모양 ▶娟(예쁠 연)
주의 蟬(매미 선) 1·2급

2급 653 戶부 총 10획 **扇**
부채 선

錦扇금선 비단으로 부채 폭을 만든 부채 ▶錦(비단 금)
摺扇접선 접었다 폈다 하게 된 부채 ▶摺(접을 접)
綾扇능선　素扇소선　端午扇단오선
扇狀地선상지　扇風機선풍기　虛風扇허풍선

1급 542 攵(攴)부 총 16획 **敾**
글잘쓸 선

주의 繕과 同字

1급 543 氵(水)부 총 12획 **渲**
바림 선

渲染선염 화법의 한 가지로 화면에 물을 칠하여 마르기 전에 채색을 해서 몽롱한 맛을 나타내는 법 ▶染(물들일 염)
暈渲운선　渲染法선염법
※바림(수묵화의 기법. 그라데이션)

1급 544 火부 총 14획 **煽**
부추길 선

煽動선동 남을 부추기어 일을 일으키게 함 ▶動(움직일 동)
煽亂선란 소란을 선동함 ▶亂(어지러울 란)
煽亂선산　煽揚선양　煽情선정　煽惑선혹
煽動性선동성　煽動者선동자

1급 545 王(玉)부 총 11획 **琁**
옥 선/붉은옥 경

琁玉선옥 아름다운 옥 ▶玉(구슬 옥)
주의 璇과 同字

1급 546 王(玉)부 총 13획 **瑄**
도리옥 선

薛瑄설선 중국 명나라의 철학자 ▶薛(성 설)

1급 547 王(玉)부 총 15획 **璇**
아름다운옥 선

璇碧선벽 옥의 한 가지 ▶碧(푸를 벽)
璇室선실 옥으로 꾸민 방 ▶室(집실)
天璇천선 북두칠성의 두 번째 별 ▶天(하늘 천)
璇機懸斡선기현알
주의 璿과 同字

쪽지시험

상공회의소 한자
고급 1, 2급

※ 다음 한자어(漢字語)와 발음(發音)이 같은 한자어는 어느 것입니까?

1　書籍
① 鼠賊　② 黍酒　③ 株主　④ 紬績　⑤ 書冊

2　仙童
① 船暈　② 船匠　③ 禪宗　④ 煽動　⑤ 神童

풀이
1 서적
① 서적　② 서주　③ 주주　④ 주적　⑤ 서책
2 선동
① 선훈　② 선장　③ 선종　④ 선동　⑤ 신동

답 1. ① | 2. ④

상공회의소 한자시험 고급 기본서 1·2급

2급 654	璿	璿派선파 전주 이씨 가운데 조선시대 왕실에서 갈리어 나온 파 ▶派(갈래 파) 璿板선판 글자나 그림을 새기어서 문 위에 다는 널조각 ▶板(널 판) 璿源殿선원전 璿派人선파인 주의 璇의 古字

王(玉)부 총 18획
구슬 선

2급 655	癬	濕癬습선 얼굴에 생기는 피부병인 진버짐 ▶濕(젖을 습) 風癬풍선 얼굴 같은 데에 흰 버짐이 번지는 피부병인 마른버짐 ▶風(바람 풍) 乾癬건선 馬癬마선 白癬백선 牛癬우선 鵝掌癬아장선 頭部白癬두부백선

疒부 총 22획
옴 선

2급 656	繕	繕補선보 고치고 보충함 또는 기워 보태서 고침 ▶補(기울 보) 修繕수선 낡거나 허름한 것을 손보아 고침 ▶修(닦을 수) 繕寫선사 繕匠선장 營繕영선 弦繕현선 修繕工수선공 修繕費수선비

糸부 총 18획
기울 선

2급 657	羨	健羨건선 매우 부러워함 ▶健(굳셀 건) 羨望선망 부러워함 ▶望(바랄 망) 欽羨흠선 공경하고 부러워함 ▶欽(공경할 흠) 羨慕선모 仰羨앙선 艶羨염선

羊부 총 13획
부러워할 선/무덤길 연

2급 658	腺	汗腺한선 땀샘, 포유류에서 땀을 만들어 몸 밖으로 내보내는 외분비선 ▶汗(땀 한) 唾液腺타액선 침을 내보내는 샘 ▶唾(침 타), 液(진 액) 腺癌선암 脂腺지선 甲狀腺갑상선 前立腺전립선 扁桃腺편도선

月(肉)부 총 13획
샘 선

2급 659	膳	膳物선물 남에게 존경, 친근, 애정의 뜻으로 주는 물품 ▶物(물건 물) 饗膳향선 향연 때 쓰는 음식물 ▶饗(잔치할 향) 膳賜선사 朔膳삭선 御膳어선 主膳주선 饌膳찬선 退膳퇴선 肴膳효선

月(肉)부 총 16획
선물/반찬 선

1급 548	蘚	蘚苔선태 관다발 조직이 발달되지 않은 식물을 통틀어 이르는 말 ▶苔(이끼 태) 水蘚수선 개구리밥 ▶水(물 수) 碧蘚벽선 山蘚산선 蘚類선류 蘚帽선모 蘚苔類선태류 蘚苔植物선태식물

艹(艸)부 총 21획
이끼 선

2급 660	蟬	蟬鳴선명 매미가 욺 ▶鳴(울 명) 蟬吟선음 매미의 울음소리 ▶吟(읊을 음) 蟬退선퇴 매미가 탈바꿈할 때에 벗은 허물 ▶退(물러날 퇴) 蚨蟬부선 蟬殼선각 蟬聲선성 蟬蟲선충 殘蟬잔선 蟬翼紙선익지

虫부 총 18획
매미 선

2급 661	誸	道詵寺도선사 서울특별시 강북구 우이동 삼각산에 있는 절 ▶道(길 도), 寺(절 사) 道詵庵도선암

言부 총 13획
많을 선/신

1급 549	跣	袒跣단선 윗도리를 벗고 신을 벗음 ▶袒(웃통벗을 단) 徒跣도선 아무것도 신지 아니한 맨발 ▶徒(무리 도) 跣足선족 跣行선행

足부 총 13획
맨발 선

설형문자(楔形文字)

楔(문설주 설), 形(모양 형), 文(글월 문), 字(글자 자)

BC 3000년경부터 약 3000년간 메소포타미아를 중심으로 고대 오리엔트에서 광범하게 사용된 문자이다. 한자와 마찬가지로 회화문자에서 생긴 문자로, 점토 위에 갈대나 금속으로 만든 펜으로 새겨 썼기 때문에 문자의 선이 쐐기 모양으로 되어 쐐기문자라고도 한다. 문자의 체계는 BC 3000년경부터 수메르인들이 기록을 위해 젖은 점토 위에 도구를 이용해 흔적을 남기기 시작하면서부터 발달했으며, 초기에는 수를 세기 위해서 사용되었던 것으로 추측된다.

한자 익히기

2급 662 金부 총 14획 銑 무쇠 선	銑鐵선철 무쇠 ▶鐵(쇠 철) 鎔銑爐용선로 주물공장에서 주철을 녹이는 간단한 가마 ▶鎔(쇠녹일 용), 爐(화로) 白銑백선 鼠銑서선 白銑鐵백선철 混銑爐혼선로

| 1급 550 金부 총 20획 鐥 복자 선/낫 삼 | 鐥皮釉선피유 선어록(鱔魚綠)을 이룬 잿물 ▶皮(가죽 피), 釉(윤 유) |

| 1급 551 食부 총 21획 饍 반찬 선 | 肉饍육선 고기반찬 ▶肉(고기 육)
주의 膳과 同字 |

| 2급 663 卜부 총 11획 卨 사람이름 설 | 李相卨이상설 독립운동가 ▶李(오얏 이), 相(서로 상) |

| 2급 664 尸부 총 10획 屑 가루 설 | 棲屑서설 일정한 거처 없이 떠돌아다님 ▶棲(살 서)
屑糖설탕 맛이 달고 물에 잘 녹는 무색의 결정 ▶糖(엿 당)
落屑낙설 不屑불설 屑塵설진 碎屑쇄설
風屑풍설 角屑糖각설탕 |

| 2급 665 木부 총 13획 楔 문설주 설 | 楔齒설치 염습하기 전에 입에 낱알을 물리기 위해 시체의 이를 버티어 입이 다물리지 않게 하는 일 ▶齒(이 치)
楔形설형 쐐기꼴 ▶形(모양 형)
楔狀설상 楔子설자 綽楔작설
楔狀骨설상골 |

| 2급 666 氵(水)부 총 8획 泄 샐 설/흩어질 예 | 漏泄누설 물·공기·냄새·비밀 따위가 밖으로 샘 ▶漏(샐 루)
防泄방설 액체 따위가 새는 것을 막아내거나 멈추게 함 ▶防(막을 방)
排泄배설 泄氣설기 泄露설로 泄散설산
熱泄열설 風泄풍설 泄瀉藥설사약 |

| 1급 552 氵(水)부 총 9획 洩 샐 설/퍼질 예 | 露洩노설 비밀이 새어 드러남, 또는 드러나게 함 ▶露(이슬 로)
漏洩者누설자 누설한 사람 ▶漏(샐 누), 者(놈 자)
天機漏洩천기누설 |

| 1급 553 氵(水)부 총 12획 渫 파낼 설/
물결일렁이는모양 접 | 浚渫준설 물의 깊이를 증가시켜 배가 잘 드나들게 하기 위하여 하천·항만 등의 바다에 쌓인 모래나 암석을 파내는 일 ▶浚(깊게할 준)
浚渫船준설선 浚渫機준설기 |

| 2급 667 ++(艸)부 총 17획 薛 성 설 | 薛羅설라 신라(新羅)를 그 당시에 중국에서 이르던 이름 ▶羅(벌일 라)
薛里설리 어선(御膳)을 맡아보던 내시부의 한 벼슬 ▶里(마을 리)
怯薛겁설 薛聰설총 薛景成설경성 |

쪽지시험

※ 다음 한자(漢字)와 음(音)이 같은 한자는 어느 것입니까?

1 蟬
① 腺 ② 脾 ③ 腑 ④ 胚 ⑤ 蟲

2 楔
① 湃 ② 沙 ③ 泄 ④ 湘 ⑤ 柱

풀이

1 蟬(매미 선)
① 선 ② 비 ③ 부 ④ 배 ⑤ 충

2 楔(문설주 설)
① 배 ② 사 ③ 설 ④ 상 ⑤ 주

답 1. ① I 2. ③

1급 554 褻 (衣부, 총 17획) 더러울 설
- 褻慢설만 행동이 무례하고 방자함 ▶慢(거만할 만)
- 褻服설복 예복이 아닌 언제나 입고 있는 옷 ▶服(옷 복)
- 褻器설기 褻瀆설독 褻語설어 褻衣설의
- 狎褻압설 猥褻외설 猥褻物외설물

1급 555 齧 (齒부, 총 21획) 깨물 설
- 齧鐵설철 불가사리 ▶鐵(쇠 철)
- 蹄齧제설 말이 발로 차는 것과 이로 물어뜯음 ▶蹄(굽 제)
- 犬齧枯骨견설고골 窮鼠齧猫궁서설묘
- 獸窮則齧수궁즉설

1급 556 剡 (刂(刀)부, 총 10획) 땅이름 섬/날카로울 염
- 剡縣섬현 중국 절강성에 있는 지명 ▶縣(고을 현)
- 剡手염수 민첩한 솜씨
- 剡削염삭 刻剡각염

2급 668 暹 (日부, 총 16획) 해돋을 섬
- 暹羅섬라 타이의 예전 이름인 시암의 한자음 표기 ▶羅(벌일 라)

1급 557 殲 (歹부, 총 21획) 다죽일 섬
- 殲滅섬멸 모조리 무찔러 없애는 것 ▶滅(멸할 멸)
- 珍殲진섬 무찔러서 모두 없애 버림 또는 남김 없이 멸망시킴 ▶珍(다할 진)
- 殲撲섬박 殲滅의 섬멸적 殲滅戰섬멸전

2급 669 纖 (糸부, 총 23획) 가늘 섬
- 纖細섬세 가냘프고 가늠 또는 매우 찬찬하고 세밀함 ▶細(가늘 세)
- 纖維섬유 실 모양으로 된 고분자 물질 ▶維(벼리 유)
- 纖毛섬모 纖密섬밀 纖手섬수 纖弱섬약
- 纖纖玉手섬섬옥수 化學纖維화학섬유

2급 670 蟾 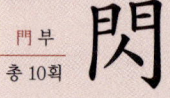 (虫부, 총 19획) 두꺼비 섬
- 蟾注섬주 두꺼비 모양을 본떠서 만든 연적 ▶注(물댈 주)
- 玉蟾옥섬 전설에서, 달 속에 있다는 두꺼비 또는 달을 달리 이르는 말 ▶玉(구슬 옥)
- 蟾光섬광 蟾魄섬백 蟾蛇섬사
- 蟾兔섬토 蟾灰섬회 蟾津江섬진강

2급 671 贍 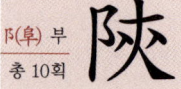 (貝부, 총 20획) 넉넉할 섬
- 富贍부섬 재물이나 지식의 밑천이 아주 넉넉함 ▶富(부자 부)
- 華贍화섬 문장이 아름답고 그 내용이 풍부함 ▶華(빛날 화)
- 不贍불섬 贍足섬족 贍賑섬진
- 力不贍역불섬 [주의] 瞻(볼 첨) 1·2급

2급 672 閃 (門부, 총 10획) 번쩍거릴 섬
- 閃光섬광 번쩍이는 빛 또는 순간적으로 비치는 광선 ▶光(빛 광)
- 閃絡섬락 순간적으로 불꽃을 내며 전류가 흘러버리는 현상 ▶絡(이을 락)
- 閃火섬화 天閃천섬 角閃石각섬석
- 閃光燈섬광등 閃光信號섬광신호

2급 673 陝 (阝(阜)부, 총 10획) 땅이름 섬
- 陝西省섬서성 중국 중북부의 성 ▶西(서녘 서), 省(살필 성)
- [주의] 陜(땅이름 합) 1·2급

한자별곡
설치류(齧齒類)
齧(깨물 설), 齒(이 치), 類(무리 류)

척색동물 포유강의 한 목(目)으로 쥐류라고도 한다. 몸길이 5~7cm의 매우 작은 것부터 남아메리카에 사는 캐피바라와 같이 1~1.3m에 이르는 것까지 있다. 앞, 뒷다리 모두 5개의 발가락이 있고 일생동안 자라는 앞니가 위아래에 한 쌍이 있어 아래턱을 위아래로 움직여 물건을 갉는다. 포유류 중 종수, 개체수가 가장 많으며 다람쥐, 비버, 쥐, 캐피바라, 햄스터, 청서를 비롯하여 1730여 종이 알려져 있다.

한자 익히기

| 2급 674 火부 총 17획 | 燮 불꽃 섭 | 燮理섭리 음양을 고르게 다스림 ▶理(다스릴 리)
燮伐섭벌 협동하여 정벌함 ▶伐(칠 벌)

鄭燮정섭
주의 變(변할 변) 5급 |

| 1급 558 宀부 총 10획 | 宬 서고 성 | 李宬이성 조선 후기 문신 ▶李(오얏 이)
※서고(書庫): 책을 보관하여 두는 곳 |

| 2급 675 忄(心)부 총 12획 | 惺 영리할 성 | 黑猩惺흑성성 침팬지 ▶黑(검을 흑), 猩(성성이 성) |

| 2급 676 日부 총 11획 | 晟 밝을 성 | 大晟樂대성악 중국 송(宋)나라 때의 아악(雅樂) ▶大(큰 대), 樂(풍류 악)

주의 晠과 同字 |

| 1급 559 犭(犬)부 총 12획 | 猩 성성이 성 | 猩紅성홍 성성이의 털빛과 같은 약간 검고 짙은 다홍색 ▶紅(붉을 홍)
大猩猩대성성 유인원과의 하나인 고릴라 ▶大(큰 대)

猩猩성성 猩脣성순 猩猩木성성목
猩猩氈성성전 猩紅熱성홍열 |

| 1급 560 王(玉)부 총 11획 | 珹 옥이름 성 | 李珹이성 조선 선조대왕의 3남 의안군(義安君) ▶李(오얏 이) |

| 1급 561 竹부 총 13획 | 筬 바디 성 | 筬筐성광 베틀에 딸린 날을 고르는 제구 ▶筐(광주리 광) |

| 1급 562 月(肉)부 총 13획 | 腥 비릴 성 | 腥臭성취 날콩이나 물고기, 동물의 피 따위에서 나는 역겹고 매스꺼운 냄새 ▶臭(냄새 취)
血腥혈성 피비린내 ▶血(피 혈)

豚腥돈성 腥風성풍 羊腥양성 |

| 2급 677 酉부 총 16획 | 醒 술깰 성 | 覺醒각성 눈을 떠서 정신을 차림 또는 자기의 잘못을 깨달음 ▶覺(깨달을 각)
警醒경성 정신을 차려서 그릇된 행동을 못하게 타일러 깨우침 ▶警(경계할 경)

獨醒독성 醒醉성취 蘇醒소성 提醒제성
喚醒환성 覺醒劑각성제 |

| 1급 563 竹부 총 11획 | 笹 조릿대 세 | 笹竹세죽 가는 대나무 ▶竹(대나무 죽) |

쪽지시험

상공회의소 한자 고급 1, 2급

※ 다음의 뜻을 가진 한자(漢字)는 어느 것입니까?

1 가늘다
① 線 ② 繕 ③ 紗 ④ 纖 ⑤ 敦

2 영리하다
① 惺 ② 省 ③ 誠 ④ 晟 ⑤ 醒

풀이

1 ① 線(줄 선) ② 繕(기울 선)
③ 紗(깁 사) ④ 纖(가늘 섬)
⑤ 敦(도타울 돈)

2 ① 惺(영리할 성) ② 省(살필 성)
③ 誠(정성 성) ④ 晟(밝을 성)
⑤ 醒(깰 성)

답 1. ④ | 2. ①

2급 678 貝부 총 12획 貰 세놓을 세	月貰월세 다달이 내는 집세 ▶月(달 월) 貰入者세입자 세를 내고 남의 집이나 방을 빌려 쓰는 사람 ▶入(들 입), 者(사람 자) 貰金세금 貰房셋방 先貰선세 專貰전세 專貰金전세금 專貰機전세기	1급 564 口부 총 16획 嘯 휘파람불 소/꾸짖을 질	悲嘯비소 슬피 소리침 또는 슬프게 부르 짖음 ▶悲(슬플 비) 長嘯장소 휘파람을 길게 내뿜 또는 길게 내부는 휘파람 ▶長(길 장) 嘯歌소가 嘯音소음 嘯聚소취 嘯兇소흉 海嘯해소 虎嘯호소
2급 679 土부 총 13획 塑 토우 소	塑造소조 진흙이나 석고·목재 따위의 물 질을 소재로 하여 사람이나 그 밖의 형상 을 조각해 냄 ▶造(지을 조) 塑性소성 彫塑조소 繪塑회소 可塑劑가소제 熱可塑性열가소성	2급 680 宀부 총 10획 宵 밤 소/닮을 초	佳宵가소 아름다운 밤 또는 기분이 상쾌 한 좋은 밤 ▶佳(아름다울 가) 晝宵주소 밤과 낮을 아울러 이르는 말 ▶晝(낮 주) 今宵금소 半宵반소 宵衣소의 中宵중소 秋宵추소 春宵춘소 通宵통소
2급 681 巛부 총 11획 巢 새집 소	卵巢난소 동물의 암컷의 생식기관 ▶卵(알 란) 巢窟소굴 좋지 못한 짓을 하는 사람들이 활동 근거지로 삼고 있는 곳 ▶窟(굴 굴) 空巢공소 舊巢구소 病巢병소 蜂巢봉소 歸巢本能귀소본능 烏鵲通巢오작통소	1급 565 扌(手)부 총 13획 搔 긁을 소	搔首소수 머리를 긁음 또는 걱정이 되어 서 마음이 놓이지 않는 모양 ▶首(머리 수) 搔爬소파 조직을 긁어 이물질을 떼어 내 는 일 ▶爬(긁을 파) 搔卵소란 搔痒感소양감 搔痒症소양증 搔痒疹소양진 隔靴搔癢격화소양
2급 682 木부 총 11획 梳 빗 소	細梳세소 빗살이 아주 가늘고 촘촘한 대 빗 ▶細(가늘 세) 梳櫛소즐 머리카락이나 털 따위를 빗으로 빗는 일 ▶櫛(빗 즐) 面梳면소 木梳목소 梳毛소모 梳髮소발 梳洗소세 陰陽梳음양소	2급 683 氵(水)부 총 8획 沼 못 소	龍沼용소 폭포가 떨어지는 바로 밑에 물 받이로 되어 있는 깊은 웅덩이 ▶龍(용 용) 湖沼호소 호수와 늪 ▶湖(호수 호) 沼畔소반 沼上소상 沼地소지 沼澤소택 苑沼원소 沼澤地소택지
1급 566 氵(水)부 총 13획 溯 거슬러올라갈 소/물 삭	溯源소원 어떤 사물이나 일의 근원을 찾 아 밝히고 상고함 ▶源(근원 원) 溯行소행 물의 흐름에 거슬러 올라감 ▶行(다닐 행) 溯江소강 溯考소고 溯河소하 追溯추소 주의 遡와 同字	2급 684 氵(水)부 총 20획 瀟 강이름 소	瀟湘소상 중국 호남성 동정호 남쪽에 있 는 소수와 상강을 아울러 이르는 말 ▶湘(강이름 상) 瀟灑소쇄 맑고 깨끗함 ▶灑(물뿌릴 쇄) 瀟湖소호 瀟湘八景歌소상팔경가

귀소본능(歸巢本能)

歸(돌아갈 귀), 巢(새집 소), 本(근본 본), 能(능할 능)

동물이 자신의 서식장소나 산란, 육아를 하던 곳에서 멀리 떨어져있는 경우, 다시 그 곳으로 되돌아 오는 성질로 귀소성, 회귀성이라고도 한다. 이는 학습되기도 하며 위치 기억이나 후각 기억으로 행하 여진다. 연어나 송어는 태어난 곳에서 가까운 해변으로 오게 되면 강물에 포함된 물질로 후각이 자극 되고, 그 기억에 의하여 태어난 곳 뿐만 아니라 부화지까지도 찾을 수가 있다. 꿀벌·비둘기·연어· 송어 등의 대이동은 태양컴퍼스라 하여 태양의 위치·이동을 목표로 행하여진다.

한자 익히기

1급 567 — 炤 (火부, 총 9획) 밝을 소/비출 조
- 炤炤소소 밝게 보임
- 炤知王소지왕 신라 21대 임금 ▶知(알 지), 王(임금 왕)

1급 568 — 甦 (生부, 총 12획) 깨어날 소/긁어모을 소
- 甦生소생 다시 살아나는 것 ▶生(날 생)
- 甦息소식 끊어질 듯이 막혔던 숨을 돌려서 쉼 ▶息(쉴 식)

주의 蘇와 通用

2급 685 — 疎 (疋부, 총 12획) 드물 소
- 疎遠소원 지내는 사이가 두텁지 않고 버성김, 서먹서먹함 ▶遠(멀 원)
- 疎忽소홀 탐탁하지 않고 범연함 또는 데면데면하고 허술함 ▶忽(갑자기 홀)

空疎공소 過疎과소 疎明소명 疎疎소소
分疎분소 親疎친소 疎外感소외감

1급 569 — 瘙 (疒부, 총 15획) 종기 소
- 皮膚瘙痒症피부소양증 발진은 없이 몹시 가려운 만성 피부병 ▶皮(가죽 피), 膚(살갗 부), 痒(가려울 양), 症(증세 증)

1급 570 — 篠 (竹부, 총 17획) 조릿대 소
- 篠原소원 조릿대가 많이 난 들 ▶原(언덕 원)

密篠밀소 雪篠설소 細篠세소

2급 686 — 簫 (竹부, 총 19획) 퉁소 소
- 短簫단소 동양 관악기의 한 가지로 퉁소보다 좀 가늘고 길이가 짧음 ▶短(짧을 단)
- 太平簫태평소 나팔모양으로 된 관악기 ▶太(클 태), 平(평평할 평)

鳳簫봉소 教坊簫교방소 玉洞簫옥통소
憶吹簫樂억취소악

2급 687 — 紹 (糸부, 총 11획) 이을 소/느슨할 초
- 紹介소개 모르는 두 사람을 잘 알도록 관계를 맺어 줌 ▶介(낄 개)
- 紹恢소회 앞사람의 사업을 이어받아 더 크게 확대함 ▶恢(넓을 회)

紹述소술 紹絕소절 紹介費소개비
紹介所소개소 自己紹介자기소개

2급 688 — 蕭 (艹(艸)부, 총 17획) 맑은대쑥 소
- 蕭散소산 탐탁지 않게 여기어 헤어짐 ▶散(흩을 산)
- 蕭條소조 분위기가 매우 쓸쓸함 또는 고요하고 조용함 ▶條(가지 조)

蕭冷소랭 蕭林소림 蕭森소삼 蕭寂소적
笙蕭생소 滿目蕭然만목소연

2급 689 — 逍 (辶(辵)부, 총 11획) 거닐 소
- 逍遙소요 슬슬 거닐어 돌아다님 ▶遙(멀 요)
- 逍風소풍 운동이나 자연 관찰, 견학 따위를 위하여 학생들이 단체적으로 교외의 먼 길을 갔다 오는 일 ▶風(바람 풍)

逍遙散소요산 逍遙山소요산
散廬逍遙산려소요

2급 690 — 遡 (辶(辵)부, 총 14획) 거스를 소
- 遡及소급 지나간 일에까지 거슬러 올라가서 미치게 하는 것 ▶及(미칠 급)
- 遡遊소유 물이 흐르는 방향으로 따라 내려감 ▶遊(놀 유)

遡求소구 遡上소상 遡行소행
不遡及불소급 遡求權者소구권자

쪽지시험 — 상공회의소 한자 고급 1, 2급

※ 다음 성어에서 □ 안에 들어갈 알맞은 한자는 어느 것입니까?

1. 隔靴□癢
   ① 搔 ② 抒 ③ 撒 ④ 挿 ⑤ 涉

2. 外親內□
   ① 甦 ② 疎 ③ 瘙 ④ 紹 ⑤ 騷

풀이

1 隔靴搔癢(격화소양) : 신을 신고 발바닥을 긁는다는 뜻으로, 성에 차지 않거나 철저하지 못한 안타까움을 이르는 말

2 外親內疎(외친내소) : 겉으로는 친한 체하면서 속으로는 멀리함

답 1. ① | 2. ②

2급 691	邵	邵齡소령 나이가 많음 ▶齡(나이 령)
阝(邑)부 총 8획		

성/땅이름 **소** 邵康節소강절 永綏吉邵영수길소

1급 571	銷	銷暑소서 더위를 가시게 함 ▶暑(더위 서) 銷殘소잔 쇠가 녹듯이 사그라짐 또는 힘없이 사그라짐 ▶殘(남을 잔)
金부 총 15획		

녹일 **소** 徒銷도소 銷却소각 銷忘소망 銷沈소침
銷夏소하 銷寒소한 魂銷혼소

2급 692	韶	韶顔소안 젊은이처럼 빛나는 늙은이의 얼굴 ▶顔(얼굴 안) 韶華소화 화창한 봄의 경치 또는 청춘시절 ▶華(빛날 화)
音부 총 14획		

풍류이름 **소** 角韶각소 韶光소광 韶容소용 韶和소화
韶陽魚소양어

1급 572	涑	雲涑計운속계 거울을 사용하여 구름의 진행·방향·속도를 재는 기구 ▶雲(구름 운), 計(셀 계)
氵(水)부 총 10획		

헹굴 **속**

1급 573	謖	泣斬馬謖읍참마속 눈물을 머금고 마속의 목을 벤다는 뜻으로 사랑하는 신하를 법대로 처단하고 질서를 바로잡음을 이르는 말 ▶泣(울 읍), 斬(벨 참), 馬(말 마) 馬謖마속
言부 총 17획		

일어날 **속**

2급 693	贖	贖死속사 재물을 바치고 죽을 죄를 면함 ▶死(죽을 사) 贖罪속죄 공을 세워 지은 죄를 비겨 없앰 ▶罪(허물 죄)
貝부 총 22획		

속바칠 **속** 贖良속량 贖物속물 贖還속환 贖刑속형
松贖송속 收贖수속 應贖응속 酒贖주속

2급 694	巽	巽與之言손여지언 남을 거슬리지 않는 온화한 말 ▶與(더불 여), 之(갈 지), 言(말씀 언) 巽羽손우 닭의 깃 ▶羽(깃 우)
巳(己)부 총 12획		

손괘 **손** 巽卦손괘 巽二손이 巽坐손좌
巽巳風손사풍 巽下絶손하절

1급 574	蓀	溪蓀계손 붓꽃 ▶溪(시내 계)
⺾(艸)부 총 14획		

향풀이름 **손**

2급 695	遜	恭遜공손 공경하고 검손함 ▶恭(공경할 경) 不遜불손 거만하여 검손하지 못함 또는 버릇없음 ▶不(아닐 불)
辶(辵)부 총 14획		

겸손할 **손** 遜謝손사 遜色손색 遜讓손양 遜避손피
謙遜法겸손법 傲慢不遜오만불손

2급 696	飡	伊伐飡이벌찬 신라 때에 17관등 가운데 첫째 등급 ▶伊(저 이), 伐(칠 벌) 波珍飡파진찬 고려 태조 때의 다섯째 관계(官階) ▶波(물결 파), 珍(보배 진)
食부 총 11획		

저녁밥 **손**/먹을 **찬** 阿飡아손 級伐飡급벌찬 一吉飡일길찬

송양지인(宋襄之仁)

宋(송나라 송), 襄(도울 양), 之(갈 지), 仁(어질 인)

송(宋)은 초(楚)나라와 싸울 때 먼저 강 저쪽에 진을 치고 있었고, 초나라는 강을 건너는 중이었다. 이때 한 신하가 양공(襄公)에게 적이 강을 반쯤 건넜을 때 공격하자고 권하였으나 이는 정정당당한 싸움이 아니라면서 듣지 않았고, 적이 진용을 갖추기 전에 치면 적을 멸할 수 있다고 건의하였으나, 군자는 남이 어려운 처지에 있을 때 괴롭히지 않는 법이라며 거절하였다. 그 결과 송나라는 크게 패했고, 사람들은 이를 비웃어 송양지인이라고 하였다.

한자 익히기

| 2급 697 宀부 총 7획 **宋** 송나라 송 | 宋板송판 송나라 때에 간행된 책 ▶板(널 판)
宋學송학 송대(宋代)의 유학(儒學)으로 성리학을 이르는 말 ▶學(배울 학)
宋磁송자 宋大立송대립 宋時烈송시열
宋襄之仁송양지인 | 1급 575 忄(心)부 총 10획 **悚** 두려워할 송 | 悚懼송구 두려워서 마음이 몹시 거북함 ▶懼(두려워할 구)
罪悚죄송 죄스럽고 송구스러움 ▶罪(허물 죄)
愧悚괴송 悚然송연 悚汗송한
悚惶송황 惶悚황송 悚懼症송구증 |

| 1급 576 氵(水)부 총 11획 **淞** 강이름 송 | 霧淞무송 나무나 풀에 내려 눈처럼 된 서리 ▶霧(안개 무) | 1급 577 氵(水)부 총 22획 **灑** 물뿌릴 쇄/나눌 시 | 灑掃쇄소 물을 뿌리고 비로 쓰는 일 ▶掃(쓸 소)
灑脫쇄탈 성질이나 용모 따위가 조촐하고 탁 트임 ▶脫(벗을 탈)
灑落쇄락 汛灑신쇄 精灑정쇄 揮灑휘쇄
灑掃巾櫛쇄소건즐 |

| 2급 698 石부 총 13획 **碎** 부술 쇄 | 粉碎분쇄 가루처럼 아주 잘게 부스러뜨림 ▶粉(가루 분)
碎石쇄석 돌을 깨어 잘게 함 또는 쓸모없는 사물을 비유해서 하는 말 ▶石(돌 석)
碎土쇄토 碎破쇄파 碎片쇄편
碎氷船쇄빙선 粉骨碎身분골쇄신 | 1급 578 金부 총 10획 **釗** 쇠 쇠/볼 소/사람이름 교 | 康王釗강왕교 중국 주(周)나라 강왕(康王)의 이름 ▶康(편안할 강), 王(임금 왕) |

| 1급 579 口부 총 14획 **嗽** 기침할 수/빨아들일 삭 | 乾嗽건수 마른 기침 ▶乾(마를 건)
咳嗽해수 기도의 점막이 자극을 받아 갑자기 숨소리를 터트려 내는 일 ▶咳(기침 해)
久嗽구수 氣嗽기수 嗽洗수세 子嗽자수
酒嗽주수 風嗽풍수 血嗽혈수 | 2급 699 女부 총 13획 **嫂** 형수 수 | 嫂叔수숙 형제의 아내와 남편의 형제 ▶叔(아재비 숙)
尊嫂존수 형수를 높여 이르는 말 ▶尊(높을 존)
家嫂가수 丘嫂구수 嫂氏수씨 長嫂장수
弟嫂제수 從嫂종수 兄嫂형수 |

| 1급 580 山부 총 8획 **岫** 산굴 수 | 峰岫봉수 산봉우리 ▶峰(봉우리 봉)
岫雲수운 마치 바위 구멍에서 일어나는 것처럼 보이는 구름 ▶雲(구름 운)
巖岫암수 바위로 된 굴 ▶巖(바위 암) | 1급 581 山부 총 8획 **峀** 산굴 수 | 巖峀杳冥암수묘명 큰 바위와 메 뿌리가 묘연하고 아득함을 말함 ▶巖(바위 암), 杳(어두울 묘), 冥(어두울 명)

주의 岫와 同字 |

쪽지시험

※ 다음 단어들의 □ 안에 공통으로 들어갈 알맞은 한자는 어느 것입니까?

1. 謙□, 恭□, □色
   ① 遜 ② 虛 ③ 敬 ④ 顔 ⑤ 讓

2. □懼, 罪□, 惶□
   ① 疑 ② 質 ③ 恐 ④ 悚 ⑤ 忙

풀이
1 謙遜(겸손), 恭遜(공손), 遜色(손색)
2 悚懼(송구), 罪悚(죄송), 惶悚(황송)

답 1.① | 2.④

2급 700 戈부 총 6획 지킬 **戍**	戍卒수졸 변경을 지키던 군졸 ▶卒(군사 졸) 衛戍위수 육군의 부대가 일정한 지역에 오래 주둔하여 경비하는 일 ▶衛(지킬 위) 屯戍둔수 戍樓수루 戍役수역 戍人수인 征戍정수 衛戍令위수령 주의 戌(개 술) 4급	2급 701 氵(水)부 총 9획 물가 **洙**	曺敏洙조민수 고려 말엽의 무신으로, 공민왕(恭愍王) 때 홍건적을, 우왕(禑王) 때 왜구를 물리쳐 공을 세움 ▶曺(성 조), 敏(민첩할 민) 鄭春洙정춘수
2급 702 氵(水)부 총 14획 양치질할 **漱**	養漱양수 이를 닦고 물로 입안을 가시는 일 ▶養(기를 양) 解慕漱해모수 북부여의 시조 ▶解(풀 해), 慕(그리워할 모) 含漱함수 含漱藥함수약 枕流漱石침류수석	2급 703 火부 총 17획 부싯돌 **燧**	燧金수금 부싯돌을 쳐서 불이 일어나게 하는 쇳조각 ▶金(쇠 금) 烽燧臺봉수대 봉화를 올릴 수 있게 되어 있는 곳 ▶烽(봉화 봉), 臺(대 대) 烽燧봉수 燧石수석 燧煙수연 燧火수화
2급 704 犭(犬)부 총 9획 사냥 **狩**	狩獵수렵 사냥을 문어적으로 이르는 말 ▶獵(사냥 렵) 巡狩순수 임금이 나라 안을 두루 보살피며 돌아다님 ▶巡(돌 순) 狩犬수견 狩人수인 狩場수장 狩獵期수렵기 狩獵場수렵장 巡狩碑순수비	1급 582 王(玉)부 총 11획 옥돌 **琇**	琇瑩수영 광채가 나는 옥돌의 한 종류 ▶瑩(옥돌 영)
1급 583 王(玉)부 총 17획 패옥 **璲**	佩璲패수 허리띠에 차는 옥 ▶佩(찰 패)	2급 705 疒부 총 15획 여윌 **瘦**	瘦馬수마 마른 말, 파리한 말 ▶馬(말 마) 瘦瘠수척 얼굴이나 몸이 야위어 건강하지 않게 보이는 상태에 있음 ▶瘠(파리할 척) 瘦軀수구 瘦硬수경 瘦肥수비 瘦削수삭 瘦損수손 長身瘦軀장신수구
2급 706 禾부 총 17획 이삭 **穗**	拔穗발수 벼나 보리, 밀 등의 좋은 씨앗을 받으려고 그 이삭의 잘된 것을 골라서 뽑음 ▶拔(뺄 발) 穗狀수상 이삭과 같은 모양 ▶狀(형상 상) 密穗밀수 拔穗발수 揷穗삽수 穗波수파 椄穗접수 黑穗흑수 出穗期출수기	2급 707 立부 총 13획 더벅머리 **豎**	童豎동수 남의 집에서 심부름 같은 잡일을 하는 아이 ▶童(아이 동) 豎穴수혈 아래로 파내려간 구멍 ▶穴(구멍 혈) 豎坑수갱 豎琴수금 豎爐수로 豎立수립 豎子수자 豎機關기관

수석침류(漱石枕流)

漱(양치질할 수), 石(돌 석), 枕(베개 침), 流(흐를 류)

진나라 사람 손초(孫楚)가 그의 친구 왕제(王濟)에게 "돌을 베개 삼아 눕고 흐르는 물로 양치질하는 생활을 하고 싶다."라고 말할 것을 "돌로 양치질하고 흐르는 물을 베개 삼겠다."라고 잘못 말했다. 이에 왕제가 실언임을 지적하자 자존심이 강한 손초는 "흐르는 물을 베개 삼겠다는 것은 옛날의 은자인 허유(許由)처럼 쓸데없는 말을 들었을 때 귀를 씻으려는 것이고, 돌로 양치질을 한다는 것은 이를 닦으려는 것이다."라고 억지를 부렸다.

한자 익히기

2급 708 粹 米부 총 14획 순수할 **수**/부술 **쇄**	國粹국수 그 나라 국민이 지닌 고유한 장점 ▶國(나라 국) 純粹순수 다른 것이 조금도 섞이지 않음 ▶純(순수할 순) 粹美수미 粹然수연 國粹主義국수주의
2급 709 綏 糸부 총 13획 편안할 **수**	交綏교수 화해하고 서로 퇴진함 ▶交(사귈 교) 綏安수안 다스리어 평안하게 함 ▶安(편안할 안) 綏邊수변 綏安수안 綏靖수정 綏懷수회 永綏吉邵영수길소
2급 710 綬 糸부 총 14획 끈 **수**	印綬인수 신분·벼슬의 등급을 나타내는 관인을 몸에 차기 위한 끈 ▶印(도장 인) 縮綬축수 장구의 소리를 조절하는 가죽 깔때기 모양의 부분품 ▶縮(줄일 축) 網綬망수 紫綬자수 後綬후수 銀環綬은환수
2급 711 繡 糸부 총 19획 수놓을 **수**	錦繡금수 수를 놓은 비단 또는 화려한 옷이나 직물 ▶錦(비단 금) 刺繡자수 옷감이나 헝겊 등에 색실로 그림·글자·무늬를 수놓는 일 ▶刺(찌를 자) 繡法수법 繡屏수병 繡席수석 繡枕수침 錦繡江山금수강산 繡衣夜行수의야행
2급 712 羞 羊부 총 11획 부끄러울 **수**	羞明수명 안력(眼力)이 부실하여 밝은 빛을 잘 보지 못하는 증세 ▶明(밝을 명) 羞恥수치 당당하거나 떳떳하지 못하여 느끼는 부끄러움 ▶恥(부끄러울 치) 愧羞괴수 羞色수색 羞容수용 寒羞한수 羞惡之心수오지심 珍羞盛饌진수성찬
1급 584 脩 月(肉)부 총 11획 포 **수**/술잔 **유**	脩竹수죽 밋밋하게 자란 가늘고 긴 대 ▶竹(대 죽) 脯脩포수 얇게 잘라서 말린 고기 또는 말린 고기와 과실류 ▶脯(포 포) 脩短수단 棗脩조수 歐陽脩구양수 주의 修와 通用
1급 585 茱 ++(艸)부 총 10획 수유 **수**	茱萸수유 수유나무의 열매로 불그스름한 자줏빛이며 기름을 짜서 머릿기름으로 씀 ▶萸(수유 유) 山茱萸산수유 茱萸油수유유 山茱萸粥산수유죽
2급 713 蒐 ++(艸)부 총 14획 모을 **수**	蒐羅수라 널리 수집함 ▶羅(벌일 라) 蒐輯수집 취미 또는 연구를 위해 어떤 물건이나 재료 같은 것을 여러 가지로 찾아 모음 ▶輯(모을 집) 蒐錄수록 蒐補수보 蒐荷수하 蒐輯家수집가 蒐輯癖수집벽
1급 586 蓨 ++(艸)부 총 14획 수산 **수**/싹 **조**	蓨酸수산 가장 간단한 화학구조의 2염기성 유기산의 한 가지로 환원력이 강하여 표백제와 금속 연마 등에 널리 쓰임 ▶酸(실 산)
2급 714 藪 ++(艸)부 총 19획 늪 **수**	淵藪연수 못에 물고기가 모여들고 숲에 새들이 모여드는 것과 같이, 갖가지 물건들이 많이 모여 있는 곳 ▶淵(못 연) 利藪이수 이익 많은 잇구멍 ▶利(이로울 리) 藪後山수후산 葡萄藪포도수

쪽지시험

※ 다음 한자(漢字)와 뜻이 비슷한 한자는 어느 것입니까?

1. 獵
   ① 狡 ② 狩 ③ 獺 ④ 獗 ⑤ 追

2. 集
   ① 粹 ② 繡 ③ 脩 ④ 蒐 ⑤ 隨

풀이

1 獵(사냥 렵)
① 狡(교활할 교) ② 狩(사냥 수) ③ 獺(수달 달)
④ 獗(날뛸 궐) ⑤ 追(쫓을 추)

2 集(모을 집)
① 粹(순수할 수) ② 繡(수놓을 수) ③ 脩(포 수)
④ 蒐(모을 수) ⑤ 隨(따를 수)

답 1. ② | 2. ④

급수	번호	한자	부수/총획	훈음	용례

2급 715 衤(衣)부 총 10획 **袖** 소매 **수**
- 袖手수수 팔짱을 낌 또는 어떤 일에 직접 나서지 않고 버려둠 ▶手(손 수)
- 領袖영수 여럿 중의 우두머리 ▶領(거느릴 령)
- 袖納수납 袖傳수전

2급 716 言부 총 23획 **讐** 원수 **수**
- 復讐복수 원수를 갚음 ▶復(돌아올 복)
- 怨讐원수 자기 또는 자기나라에 해를 끼친 사람 또는 원한의 대상이 되는 것 ▶怨(원망할 원)
- 國讐국수 血讐혈수 復讐心복수심
- 戴天之讐대천지수

1급 587 辶(辵)부 총 18획 **邃** 깊을 **수**
- 邃古수고 아득한 옛날 ▶古(옛 고)
- 深邃심수 깊숙하고 그윽함 또는 학예 등의 깊이가 있는 모양 ▶深(깊을 심)
- 秘邃비수 淵邃연수 幽邃유수

2급 717 酉부 총 13획 **酬** 갚을 **수**
- 酬恩수은 은혜를 갚음 ▶恩(은혜 은)
- 應酬응수 대립되는 의견을 맞서서 주고받음 또는 상대편의 말을 되받아 반박함 ▶應(응할 응)
- 交酬교수 對酬대수 報酬보수 酬答수답
- 唱酬창수 和酬화수 酬酢수작

2급 718 金부 총 14획 **銖** 저울눈 **수**
- 銖積寸累수적촌루 아주 적은 것이라도 쌓이고 쌓이면 큰 것이 됨 ▶積(쌓을 적), 寸(마디 촌), 累(묶을 루)
- 五銖錢오수전

1급 588 金부 총 15획 **銹** 녹슬 **수**
- 轉銹전수 기와나 그 밖의 검은빛의 토기를 일부러 불에 더 거슬려서 검은 광채가 나게 함 ▶轉(구를 전)
- 鐵銹철수 쇠에 생기는 녹 ▶鐵(쇠 철)
- 銹菌수균 銹病수병 赤銹病적수병

2급 719 阝(阜)부 총 12획 **隋** 수나라 **수**/떨어질 **타**
- 隋煬帝수양제 중국 수나라의 제2대 황제 ▶煬(쬘 양), 帝(임금 제)
- 隋書수서 중국 수(隋)나라의 역사를 기록한 정사 ▶書(글 서)
- 遣隋使견수사 隋和之材수화지
- 주의 惰(게으를 타) 1·2급

1급 589 阝(阜)부 총 16획 **隧** 길 **수**/떨어질 **추**
- 墓隧묘수 무덤으로 가는 길 ▶墓(무덤 묘)
- 隧路수로 산이나 땅 밑을 뚫어 만든 길 ▶路(길 로)
- 隧道수도 隧神수신 隧安수안
- 磻溪隧錄반계수록

2급 720 骨부 총 23획 **髓** 골수 **수**
- 骨髓골수 뼈의 내강에 차 있는 누른빛의 연한 조직 ▶骨(뼈 골)
- 眞髓진수 중심부분에서도 가장 중요한 것만 뽑아낸 부분 ▶眞(참 진)
- 腦髓뇌수 髓腔수강 髓膜수막 精髓정수
- 脊髓척수 骨髓炎골수염

2급 721 髟부 총 22획 **鬚** 수염 **수**
- 鬚貌수모 수염이 많이 난 얼굴 ▶貌(모양 모)
- 龍鬚용수 용의 수염 또는 임금을 높이어 그의 수염을 이르는 말 ▶龍(용 용)
- 鯨鬚경수 白鬚백수 霜鬚상수 鬚根수근
- 鬚眉수미 觸鬚촉수 龍鬚鐵용수철

수수방관(袖手傍觀)

袖(소매 수), 手(손 수), 傍(곁 방), 觀(볼 관)

옛날에는 옷에 주머니가 거의 없었으므로 소매가 의복의 주머니 역할을 해 주머니 대신에 소매에 손을 넣기도 하였는데 이렇게 소매에 손을 넣는다는 뜻의 수수와 곁에서 바라보기만 한다는 방관이라는 말에서 유래하여 일이 일어나도 해결하려고 하지 않고 관심 없이 팔짱을 끼고 바라보기만 한다는 뜻을 나타낸다. 내가 상관할 일이 아니라는 뜻의 오불관언(吾不關焉)과 비슷한 말이며, 우리 속담의 '강 건너 불구경하듯 한다.' 와 같은 뜻으로 사용된다.

한자 익히기

2급 722 土부 총 14획	塾 글방 숙	私塾사숙 예전에 한문을 사사로이 가르치던 곳 ▶私(사사로울 사) 鄕塾향숙 시골에 있는 서당, 고향에 있는 서당 ▶鄕(시골 향) 家塾가숙 門塾문숙 書塾서숙 塾堂숙당 塾師숙사 塾生숙생 塾長숙장 義塾의숙

1급 590 夕부 총 6획	夙 일찍 숙	夙悟숙오 숙성하여 영리함 또는 어릴 때부터 영리함 ▶悟(깨달을 오) 夙怨숙원 오래된 묵은 원한 ▶怨(원망할 원) 夙起숙기 夙昔숙석 夙成숙성 夙夜숙야 夙就숙취 夙興숙흥

1급 591 氵(水)부 총 16획	潚 빠를 숙/축	李潚이숙 조선 인조의 아들 낙선군 ▶李(오얏 이)

1급 592 王(玉)부 총 12획	琡 옥이름 숙	李琡이숙 조선 고종의 아들 의친왕의 서4녀 ▶李(오얏 이)

1급 593 王(玉)부 총 18획	璹 옥그릇 숙/옥이름 도	朴璹박숙 조선 초기 문신 ▶朴(성 박)

1급 594 艹(艸)부 총 12획	菽 콩 숙	菽水숙수 콩과 물이라는 뜻으로 변변하지 못한 검소한 음식을 이름 ▶水(물 수) 菽麥숙맥 豆菽類두숙류 菽芽菜숙아채 菽麥不辨숙맥불변 菽水之供숙수지공

1급 595 彳부 총 9획	徇 돌/경영할 순	貪夫徇財탐부순재 욕심 많은 사람은 재물이라면 목숨도 아랑곳하지 않고 좇음을 이르는 말 ▶貪(탐할 탐), 夫(지아비 부), 財(재물 재) 蘇徇소순 徇軍部순군부 立斬以徇입참이순

1급 596 忄(心)부 총 9획	恂 정성 순/엄할 준	恂然순연 별안간, 갑자기 ▶然(그러할 연) 恂慄순율

1급 597 木부 총 10획	枸 가름대나무 순	橫枸횡순 가로지른 나무 막대기 ▶橫(가로 횡) 주의 恂(정성 순) 1·2급

2급 723 木부 총 13획	楯 난간/방패 순	楯座순좌 독수리자리의 남서쪽에 있는 별자리 ▶座(자리 좌) 楯形순형 방패와 같은 모양 ▶形(모양 형) 劍楯검순 芳楯방순 楯鱗순린 楯狀순상 楯板순판 楯狀地순상지 禦眠楯어면순

쪽지시험

※ 다음 음(音)을 가진 한자는 어느 것입니까?

1 **수**
① 銖 ② 株 ③ 珠 ④ 朱 ⑤ 孰

2 **숙**
① 潚 ② 禧 ③ 粥 ④ 鑄 ⑤ 璹

풀이
1 ①수 ②주 ③주 ④주 ⑤숙
2 ①도 ②도 ③죽 ④주 ⑤숙

답 1.① | 2.⑤

1급 598	木부 총 16획	橓
	무궁화나무 **순**	주의 蕣과 同字

2급 724	氵(水)부 총 9획	洵
	참으로 **순**/멀 **현**	洵涕순체 소리 없이 움 ▶涕(눈물 체) 蘇洵소순

2급 725	氵(水)부 총 11획	淳
	순박할 **순**/폭 **준**	淳良순량 순진하고 선량함 ▶良(어질 량) 淳朴순박 소박하고 순진함 또는 인정이 두텁고 거짓이 없음 ▶朴(성 박) 淳美순미 淳淳순순 淳實순실 淳風순풍

1급 599	王(玉)부 총 10획	珣
	옥이름 **순**	尹珣윤순 조선 중기 문신 ▶尹(성 윤)

2급 726	目부 총 9획	盾
	방패 **순**/사람이름 **돈**	矛盾모순 창과 방패라는 뜻으로, 말이나 행동의 앞뒤가 서로 일치되지 아니함 ▶矛(창 모) 圓盾원순 원형의 방패 ▶圓(둥글 원) 盾戈순과 盾鼻순비 矛盾性모순성 矛盾對當모순대당 自己矛盾자기모순

2급 727	竹부 총 12획	筍
	죽순 **순**	筍菹순저 죽순으로 담근 김치 ▶菹(김치 저) 竹筍죽순 대의 땅속줄기에서 돋아나는 어리고 연한 싹 ▶竹(대 죽) 筍皮순피 稚筍치순 種子筍종자순 竹筍菜죽순채 雨後竹筍우후죽순

2급 728	舛부 총 12획	舜
	순임금 **순**	舜民순민 중국 순(舜)임금 때의 백성 또는 태평성대에 사는 백성 ▶民(백성 민) 舜華순화 무궁화(無窮花) ▶華(빛날 화) 舜花순화 堯舜요순 李舜臣이순신 禹行舜趨우행순추 堯舜時代요순시대 주의 蕣과 通用

2급 729	++(艸)부 총 10획	荀
	풀이름 **순**	孟荀맹순 맹자(孟子)와 순자(荀子)를 아울러 이르는 말 ▶孟(맏 맹) 松荀송순 소나무에 돋아난 새순 ▶松(소나무 송) 荀悅순열 荀子순자 接荀접순 松荀酒송순주

1급 600	++(艸)부 총 15획	蓴
	순채 **순**	石蓴석순 파래 ▶石(돌 석) 蓴菜순채 수련과에 딸린 여러해살이 물풀 ▶菜(나물 채) 蓴菜茶순채차 蓴菜湯순채탕 蓴菜膾순채회

1급 601	++(艸)부 총 16획	蕣
	무궁화 **순**	蕣花순화 무궁화(無窮花) ▶花(꽃 화)

한자별곡

국순전(麴醇傳)

麴(누룩 국), 醇(진한술 순), 傳(전할 전)

고려 고종(高宗) 때 문인 서하(西河) 임춘(林椿)이 지은 가전체 설화(假傳體說話)로《동문선》에 수록되어 있다. 가전(假傳)은 세상을 비판하고 풍자하면서 사람들에게 경계심을 일깨워주고자, 사물을 의인화하여 실전(實傳)과 같은 기술 방법으로 써 나가는 국문학의 한 갈래이다. 국순전은 술을 의인화하여 교훈적으로 풍자한 작품으로 술에 빠져 향락만을 일삼는 문신들과 방탕한 무리들을 풍자하고 요사스런 간신배들을 엄준하게 꾸짖고 있으며 조선 전기의 소설에 큰 영향을 끼쳤다.

한자 익히기

2급 730 詢
言 부 / 총 13획
물을 순

廣詢광순 여러 사람의 의견을 널리 물어봄 ▶廣(넓을 광)
下詢하순 임금이 신하나 백성에게 물음 ▶下(아래 하)
交詢교순 謹詢근순 詢問순문 諮詢자순

1급 602 諄
言 부 / 총 15획
타이를 순

諄諄순순 간곡히 타이르는 모양

2급 731 醇
酉 부 / 총 15획
진한술 순

醇味순미 있는 그대로의 순수하고 진한 맛 ▶味(맛 미)
醇化순화 쓸데없는 것들을 없애고 깨끗하고 바르게 만드는 일 ▶化(될 화)
醇謹순근 醇良순량 醇醴순례 醇美순미
醇白순백 醇熟순숙 醇雅순아 醇正순정

1급 603 錞
金 부 / 총 16획
악기이름 순/창고달 대

金錞금순 고려와 조선 전기 아악(雅樂)의 헌가(軒架)에 사용되던 타악기의 하나 ▶金(쇠 금)

2급 732 馴
馬 부 / 총 13획
길들 순/가르칠 훈

馴鹿순록 사슴과의 짐승 ▶鹿(사슴 록)
馴致순치 길들이는 것 또는 점차 어떠한 목표, 상태에 이르게 하는 것 ▶致(이를 치)
馴良순량 馴服순복 馴行순행 雅馴아순

1급 604 鍼
金 부 / 총 13획
돗바늘 슴

鍼鈙침슴 동양의학의 치료술의 한 가지로 경혈에 침을 찔러 신경을 흥분시키거나 억제하여 자연 치유 작용을 왕성하게 하여 치료하는 방법 ▶鍼(침 침)

1급 605 崧
山 부 / 총 11획
우뚝솟을 숭

崧高숭고 산이 높음 ▶高(높을 고)
崧藍숭람 겨자과에 달린 두해살이풀로 줄기와 잎은 파란 물감의 원료로 씀 ▶藍(쪽 람)
崧尾湯숭미탕 崧心蒸숭심증 崧心湯숭심탕

2급 733 嵩
山 부 / 총 13획
높을 숭

嵩峻숭준 높고 험함 ▶峻(높을 준)

2급 734 瑟
王(玉) 부 / 총 13획
큰거문고 슬

琴瑟금슬 거문고와 비파 또는 부부 사이의 정 ▶琴(거문고 금)
瑟瑟슬슬 바람 부는 소리가 우수수하여 쓸쓸하고 적막함
清瑟청슬 暮瑟峯모슬봉 琵瑟山비슬산
琴瑟之樂금슬지락 如鼓琴瑟여고금슬

2급 735 膝
月(肉) 부 / 총 15획
무릎 슬

屈膝굴슬 무릎을 꿇어 절함 또는 남에게 굽힘 ▶屈(굽힐 굴)
膝退슬퇴 무릎을 꿇은 채 뒤로 물러감 ▶退(물러날 퇴)
膝下슬하 慈膝자슬 接膝접슬 膝蓋骨슬개골
膝關節슬관절 膝寒症슬한증

쪽지시험

※ 다음 성어에서 □ 안에 들어갈 알맞은 한자는 어느 것입니까?

1 雨後竹□
① 珣 ② 洵 ③ 筍 ④ 荀 ⑤ 旬

2 琴□之樂
① 膠 ② 瑟 ③ 琵 ④ 心 ⑤ 膝

풀이

1 雨後竹筍(우후죽순) : 비가 온 뒤에 여기저기 솟는 죽순이라는 뜻으로, 어떤 일이 한때에 많이 생겨남을 비유적으로 이르는 말

2 琴瑟之樂(금슬지락) : 거문고와 비파의 조화로운 소리라는 뜻으로, 부부 사이의 다정하고 화목한 즐거움

답 1. ③ | 2. ②

1급 606 虫부 총 15획	蟲	壁蝨벽슬 진드기 과의 곤충을 통틀어 이르는 말 ▶壁(벽 벽) 床蝨상슬 빈대 과의 곤충 ▶床(상 상)	2급 736 衤(衣)부 총 16획	褶	褶曲습곡 지각에 작용하는 횡압력 때문에 지층이 물결 모양으로 주름이 잡히어 구부러진 상태 ▶曲(굽을 곡)
	이 슬	毛蝨모슬 木蝨목슬 沙蝨사슬 蝨甫슬보 魚蝨어슬 陰蝨음슬 臭蝨취슬		주름 습/덧옷 첩	菌褶균습 褶曲谷습곡곡 正褶曲정습곡 線狀褶曲선상습곡 褶曲山脈습곡산맥

2급 737 一부 총 6획	丞	丞相승상 옛 중국의 벼슬 이름 ▶相(서로 상) 政丞정승 조선시대 때 의정부의 영의정·좌의정·우의정을 일컬었던 말 ▶政(정사 정)	2급 738 十부 총 4획	升	斗升두승 말과 되 또는 어떤 사물을 헤아리는 기준을 일컫는 말 ▶斗(말 두) 每升매승 한 되 한 되 모두 ▶每(매양 매)
	도울 승	大丞대승 渡丞도승 左丞좌승 宮蘭丞궁위승 三政丞삼정승		되/오를 승	家升가승 三升삼승 升揚승양 升引승인 升平승평 浮升力부승력 주의 昇과 通用, 卄(스물 입) 1·2급

2급 739 糸부 총 19획	繩	赤繩적승 인연을 맺는 끈 또는 부부의 인연 ▶赤(붉을 적) 捕繩포승 죄인을 잡아 묶는 노끈 ▶捕(잡을 포)	1급 607 虫부 총 19획	蠅	蚊蠅문승 모기와 파리 ▶蚊(모기 문) 防蠅具방승구 파리가 못 날아들게 하는 파리장 따위의 제구 ▶防(막을 방), 具(갖출 구)
	노끈 승	細繩세승 繩技승기 繩索승삭 繩戲승희 製繩제승 自繩自縛자승자박		파리 승	家蠅가승 金蠅금승 飯蠅반승 怒蠅拔劍노승발검 朝蠅暮蚊조승모문

2급 740 阝(阜)부 총 10획	陞	陞階승계 품계가 오름 ▶階(섬돌 계) 陞等승등 벼슬 등급이 오름 ▶等(무리 등) 陞進승진 직위가 오름 ▶進(나아갈 진)	2급 741 匕부 총 11획	匙	揷匙삽시 제사 지낼 때에 숟가락을 밥그릇에 꽂는 의식 ▶揷(꽂을 삽) 匙箸시저 숟가락과 젓가락을 아울러 이르는 말 ▶箸(젓가락 저)
	오를 승	陞降승강 陞級승급 陞敍승서 陞任승임 陞品승품		숟가락 시	茶匙다시 飯匙반시 沙匙사시 銀匙箸은시저 十匙一飯십시일반

1급 608 口부 총 15획	嘶	嘶徒시도 마소를 먹이는 등 천한 일에 종사하던 하인 ▶徒(무리 도) 聲嘶症성시증 목소리가 쉬는 증세 ▶聲(소리 성), 症(증세 증)	2급 742 女부 총 12획	媤	媤家시가 시부모가 사는 집 또는 남편의 집안 ▶家(집 가) 媤宅시댁 시집을 높여 이르는 말 ▶宅(댁 댁)
	울 시	聲嘶성시		시집 시/여자이름 사	媤叔시숙 媤兄시형 媤家族시가족 媤同生시동생 媤父母시부모

자승자박(自繩自縛)

自(스스로 자), 繩(노끈 승), 自(스스로 자), 縛(묶을 박)

자신이 만든 줄로 제 몸을 스스로 묶는다는 뜻으로, 자기가 한 말과 행동에 자신이 구속되어 어려움을 겪는 것을 이르는 말이다. 시장에서 원섭(原涉)의 노비가 백정(白丁)과 말다툼을 한 뒤 죽이게 되자 무릉(茂陵)의 태수 윤공(尹公)이 원섭을 죽이려고 하여 협객(俠客)들이 다음과 같이 말하였다. "원섭의 종이 법을 어긴 것은 부덕한 탓이니 그에게 웃옷을 벗고 스스로 옭아 묶어 사죄하게 하면 당신의 위엄도 유지될 것이다."

한자 익히기

2급 743 尸부 총 3획 **尸** 주검 시	尸厥시궐 정신이 아찔하여 갑자기 인사불성이 되는 위급한 증상 ▶厥(그 궐) 尸咽시인 목구멍이 가렵고 아픈 병 ▶咽(목구멍 인) 尸童시동 尸祿시록 尸疰시주 尸蟲시충 尸解시해 傳尸전시	1급 609 尸부 총 9획 **屎** 똥 시/끙끙거릴 히	屎尿시뇨 똥과 오줌 ▶尿(오줌 뇨) 鷄屎白계시백 닭 똥의 흰 부분으로 약재으로 씀 ▶鷄(닭 계), 白(흰 백) 胎屎태시 鷹屎白응시백
2급 744 尸부 총 9획 **屍** 주검 시	屍斑시반 사람이 죽은 뒤, 피부 조직에 생기는 자줏빛 얼룩점 ▶斑(얼룩 반) 屍身시신 죽은 사람의 몸을 이르는 말 ▶身(몸 신) 檢屍검시 屍姦시간 屍室시실 屍體시체 檢屍官검시관 變屍體변시체	2급 745 弋부 총 12획 **弑** 죽일 시	毒弑독시 임금·부모·형 등의 윗사람을 독약으로 죽임 ▶毒(독 독) 弑害시해 부모나 임금을 죽이는 일 ▶害(해할 해) 弑君시군 弑殺시살 弑逆시역 簒弑찬시 被弑피시 簒弑之變찬시지변
1급 610 忄(心)부 총 9획 **恃** 믿을 시	矜恃긍시 자기의 행동에 대해 자존심을 가짐 ▶矜(자랑할 긍) 恃惡시악 자기의 악한 성미를 믿음 또는 그런 성미를 부리는 악 ▶惡(악할 악) 負恃부시 憑恃빙시 恃賴시뢰 恃險시험 依恃의시 自恃자시 所恃者소시자	2급 746 木부 총 9획 **柴** 섶 시/울짱 채	柴木시목 땔감이 되는 나무 ▶木(나무 목) 柴炭시탄 땔나무와 숯 또는 석탄 따위의 땔거리 ▶炭(숯 탄) 柴奴시노 柴糧시량 柴扉시비 柴薪시신 柴油시유 柴場시장 柴草시초 貯柴저시
1급 611 犭(犬)부 총 11획 **猜** 시기할 시/채	猜懼시구 의심하고 두려워함 ▶懼(두려워할 구) 猜忌시기 자기보다 뛰어난 사람을 샘하여 미워하는 것 ▶忌(꺼릴 기) 猜謗시방 猜畏시외 猜疑시의 猜憚시탄 猜嫌시혐 猜毁시훼 猜忌心시기심	2급 747 羽부 총 10획 **翅** 날개 시	翅鳥시조 하늘을 날아다니는 새 ▶鳥(새 조) 展翅전시 표본을 만들기 위해 곤충의 날개 따위를 수평으로 펴는 일 ▶展(펼 전) 半翅반시 翅果시과 翅脈시맥 翅翼시익 前翅전시 後翅후시 金翅雀금시작
1급 612 ++(艸)부 총 14획 **蒔** 모종낼 시	蒔蘿시라 한약재로 쓰는 회향의 한 가지 ▶蘿(무 라) 蒔植시식 채소 등을 모종함 ▶植(심을 식)	1급 613 ++(艸)부 총 14획 **蓍** 톱풀 시	蓍龜시귀 점칠 때에 쓰는 가새풀과 거북 ▶龜(거북 귀) 蓍草시초 국화과의 여러해살이풀 ▶草(풀 초) 短蓍占단시점

쪽지시험

※ 다음 한자어(漢字語)와 발음(發音)이 같은 한자어는 어느 것입니까?

1. 承繼
① 僧團 ② 陞階 ③ 昇職 ④ 勝負 ⑤ 陞級

2. 柴扉
① 詩碑 ② 慈悲 ③ 差備 ④ 痲痺 ⑤ 未備

풀이

1 승계
① 승단 ② 승계 ③ 승직 ④ 승부 ⑤ 승급

2 시비
① 시비 ② 자비 ③ 차비 ④ 마비 ⑤ 미비

답 1. ② | 2. ①

급수	한자	부수/획수	훈음	예
2급 748	諡	言부 총16획	시호 시	賜諡사시 임금이 죽은 대신이나 장수에게 시호를 내려 주던 일 ▶賜(줄 사) 贈諡증시 임금이 신하에게 시호를 지어줌 ▶贈(줄 증) 上諡상시 諡望시망 諡法시법 諡寶시보 諡福시복 諡號시호 迎諡영시 淸諡청시
1급 614	豕	豕부 총7획	돼지 시	封豕봉시 큰 돼지 ▶封(봉할 봉) 豕牢시뢰 돼지우리 또는 뒷간 ▶牢(우리 뢰) 豕心시심 욕심이 많고 부끄러움을 모르는 돼지 같은 마음 ▶心(마음 심) 豕突시돌 豕喙시훼 魯魚亥豕노어해시 封豕長蛇봉시장사 魚豕之惑어시지혹
1급 615	豺	豸부 총10획	승냥이 시	豺狼시랑 승냥이와 이리 또는 탐욕이 많고 무자비한 사람의 비유 ▶狼(이리 랑) 豺虎시호 승냥이와 호랑이 또는 난폭한 사람을 비유 ▶虎(범 호) 豺狐시호 豺狐窟시호굴 豺狼當路시랑당로
2급 749	柿	木부 총9획	감나무 시/대패밥 폐	熟柿숙시 나무에 달린 채 무르녹게 잘 익은 감 ▶熟(익을 숙) 紅柿홍시 흠씬 익어 붉고 말랑말랑한 감 ▶紅(붉을 홍) 乾柿건시 盆柿분시 澁柿삽시 水柿수시 柿沙果시사과 熟柿主義숙시주의
1급 616	埴	土부 총11획	찰흙 식/치	埴土식토 진흙이 반 이상 들어 있는 흙으로 점착력이 강하고 공기 유통과 배수가 잘 안되어 경토로는 좋지 않지만 모래를 알맞게 섞어서 양토로 이용함 ▶土(흙 토) 埴壤土식양토
1급 617	寔	宀부 총12획	이 식	寔景식경 매우 좋은 경치 ▶景(경치 경) 多士寔寧다사식녕 준걸(俊傑)과 재사(才士)가 조정에 많으니 국가가 태평함 ▶多(많을 다), 士(선비 사), 寧(편안할 녕) 大南寔錄대남식록
1급 618	拭	扌(手)부 총9획	닦을 식	拭淸식청 말끔하게 씻어서 깨끗하게 함 또는 나쁜 풍습을 제거함 ▶淸(맑을 청) 拂拭불식 말끔하게 치워 없앰 ▶拂(떨칠 불) 掃拭소식 拭目식목 拭拂식불 拭淨식정 膏脣拭舌고순식설
2급 750	殖	歹부 총12획	불릴 식	繁殖번식 붙고 늘어서 많이 퍼지는 것 ▶繁(번성할 번) 增殖증식 더하여 늘림 또는 생물이 생식이나 분열로 그 수가 늘어남 ▶增(더할 증) 生殖생식 殖貨식화 養殖양식 繁殖力번식력 養殖場양식장
2급 751	湜	氵(水)부 총12획	물맑을 식	湜湜식식 물이 맑아 물속이 훤히 보이는 모양
1급 619	熄	火부 총14획	꺼질 식	熄滅식멸 불이 꺼져 없어짐 또는 자취도 없이 없애 버림 ▶滅(멸할 멸) 終熄종식 한 때 매우 성하던 것이 주저앉아서 그침 ▶終(마칠 종) 未熄미식 熄火山식화산

한자별곡

개기월식(皆旣月蝕)

皆(다 개), 旣(이미 기), 月(달 월), 蝕(좀먹을 식)

월식은 월면(月面)의 전부 또는 일부가 지구의 그림자에 가려져 지구에서 본 달의 밝은 부분이 일부 또는 전부가 어둡게 보이는 현상이다. 지구가 달과 태양 사이에 위치할 때에 일어나는 현상으로 만월일 때 일어나는데, 달의 궤도면(백도면)이 지구의 궤도면(황도면)과 약 5° 기울어져 있으므로 태양·지구·달이 일직선에 놓일 기회가 적기 때문에 만월 때도 월식이 일어나지 않는 경우도 있다. 지구의 본그림자에 달의 일부가 들어갈 때 부분월식이, 달의 전부가 들어갈 때 개기월식이 일어난다.

한자 익히기

1급 620 竹부 총 15획 **簹**
대밥통 **식**
簹簹島洞오식도동 전라북도 군산시에 있는 동 ▶簹(버들고리 오), 島(섬 도), 洞(고을 동)

2급 752 虫부 총 15획 **蝕**
좀먹을 **식**
腐蝕부식 썩어서 벌레 먹은 것처럼 삭음 ▶腐(썩을 부)
侵蝕침식 빗물이나 바람 등이 땅이나 암석의 지반을 깎는 작용 ▶侵(침노할 침)
乾蝕건식 磨蝕마식 防蝕방식 月蝕월식
海蝕棚해식붕 皆旣日蝕개기일식

2급 753 車부 총 13획 **軾**
수레앞턱/가로나무 **식**
蘇軾소식 중국 송나라 때의 대문호 ▶蘇(소생할 소)
金富軾김부식 고려 인종 때의 문신 ▶金(성 김), 富(부자 부)
有車必見其軾유거필견기식

1급 621 亻(人)부 총 8획 **伈**
걷는모양 **신**
伈伈신신 왕래가 끊임없는 모양

주의 侊(성한모양 광) 1·2급

1급 622 口부 총 8획 **呻**
끙끙거릴 **신**
嚬呻빈신 얼굴을 찡그리고 끙끙거림 ▶嚬(찡그릴 빈)
呻吟신음 병이나 고통으로 앓는 소리를 냄 ▶吟(읊을 음)
無柄呻吟무병신음
주의 紳(큰띠 신) 1·2급

2급 754 女부 총 10획 **娠**
아이밸 **신**
姙娠임신 아이를 뱀 ▶姙(아이밸 임)
姙娠婦임신부 아이를 밴 부인 ▶姙(아이밸 임), 婦(며느리 부)
有娠유신

1급 623 宀부 총 10획 **宸**
대궐 **신**
宸慮신려 임금의 뜻 ▶慮(생각할 려)
宸宴신연 임금이 베푸는 술잔치 ▶宴(잔치 연)
宸筆신필 임금의 필적 ▶筆(붓 필)
宸居신거 宸闕신궐 宸襟신금 宸掖신액
宸儀신의 宸衷신충 宸炊신취

1급 624 火부 총 18획 **燼**
깜부기불 **신**
餘燼여신 타다 남은 불기운 또는 나중까지 남은 사람 ▶餘(남을 여)
灰燼화신 재와 불탄 끄트러기 또는 흔적 없이 아주 타 없어짐 ▶灰(재 회)
燒燼소신 燼滅신멸 煙燼연신 火燼화신
輝燼휘신 除燼器제신기 灰燼化회신화

2급 755 糸부 총 11획 **紳**
큰띠 **신**
紳士신사 점잖고 예의바르며 교양 있는 남자 또는 일반남자를 대접해 이르는 말 ▶士(선비 사)
搢紳진신 벼슬아치 ▶搢(꽂을 진)
高紳고신 貴紳귀신 紳商신상 紳士道신사도
紳士服신사복

2급 756 月(肉)부 총 12획 **腎**
콩팥 **신**
副腎부신 신장 부근의 내분비기관 ▶副(버금 부)
腎臟신장 오줌 배설 기관, 콩팥 ▶臟(오장 장)
肝腎간신 補腎보신 腎疳신감 腎熱신열
腎盂炎신우염 腎臟炎신장염
주의 賢(어질 현) 4급

쪽지시험

상공회의소 한자 고급 1, 2급

※ 다음 한자(漢字)와 음(音)이 같은 한자는 어느 것입니까?

1 　　　　　　殖　　　　　　
　① 成　② 宥　③ 寒　④ 宸　⑤ 迅

2 　　　　　　娠　　　　　　
　① 仙　② 侍　③ 伈　④ 似　⑤ 珊

풀이
1 殖(불릴 식)
① 성 ② 소 ③ 식 ④ 신 ⑤ 신
2 娠(아이밸 신)
① 선 ② 시 ③ 신 ④ 사 ⑤ 산

답 1. ③ | 2. ③

1급 625 ++(艸)부 총 11획 莘 족두리풀 신	莘童신동 재주와 슬기가 남달리 썩 뛰어난 아이 ▶童(아이 동) 阿莘王아신왕 백제 17대 임금 ▶阿(언덕 아), 王(임금 왕) 獐耳細莘장이세신 주의 華(빛날 화) 4급	2급 757 ++(艸)부 총 17획 薪 섶나무 신	負薪부신 땔나무를 등에 짐 또는 비천한 태생을 비유 ▶負(질 부) 積薪적신 나무를 많이 쌓아올림 또는 많이 쌓인 나무 ▶積(쌓을 적) 薪木신목 薪水신수 薪柴신시 薪樵신초 薪炭신탄 臥薪嘗膽와신상담
1급 626 ++(艸)부 총 18획 蓋 조개풀 신/나머지 탄	蓋臣신신 나라와 임금을 위하여 충절을 다하는 신하 ▶臣(신하 신)	1급 627 虫부 총 13획 蜃 무명조개 신	蜃市신시 신기루, 빛이 굴절하기 때문에 엉뚱한 곳에 물체가 있는 것처럼 보이는 현상 ▶市(저자 시) 蜃氣樓신기루
2급 758 言부 총 10획 訊 물을 신	訊檢신검 물어서 살핌 ▶檢(검사할 검) 訊問신문 따져서 물음 또는 법원이나 국가기관이 피의자에게 어떤 사건에 관해 구두로 물어 조사하는 일 ▶問(물을 문) 訊鞫신국 訊訪신방 訊杖신장 審訊심신 訊問調書신문조서	2급 759 辶(辵)부 총 7획 迅 빠를 신	迅雷신뢰 몹시 맹렬한 우레 ▶雷(우레 뢰) 迅速신속 날쌔고 빠름 ▶速(빠를 속) 迅風신풍 세게 휘몰아치는 바람 ▶風(바람 풍) 奮迅분신 迅急신급 迅雨신우 迅羽신우 迅傳신전 迅疾신질 迅速性신속성
2급 760 心부 총 11획 悉 다 실	備悉비실 어떤 일의 사정을 두루 잘 앎 ▶備(갖출 비) 詳悉상실 모조리 자세하게 아는 것 ▶詳(자세할 상) 熟悉숙실 悉皆실개 悉心실심 悉地실지 委悉위실 주의 番(차례 번) 5급	1급 628 氵(水)부 총 7획 沁 스며들 심	沁留심류 조선시대 때 강화유수를 달리 이르던 말 ▶留(머무를 류) 沁營심영 조선시대 때 강화 진무영을 달리 이르던 말 ▶營(영화 영) 주의 泌(분비할 비) 1·2급
2급 761 氵(水)부 총 18획 瀋 즙 심	瀋陽王심양왕 고려 말엽 원나라에서 고려의 세력을 견제하기 위해 심양에 두었던 왕 ▶陽(볕 양), 王(임금 왕) 瀋脣심순 瀋陽심양 瀋州심주 주의 沈과 通字	1급 629 ++(艸)부 총 8획 芯 골풀/등심초 심	鉛筆芯연필심 연필대의 속에 들어 있는 심으로 흑연 가루를 찰흙과 섞어서 높은 열로 구워서 만듦 ▶鉛(납 연), 筆(붓 필) 주의 芯(향기로울 필) 1·2급

신기루(蜃氣樓)

蜃(무명조개 신), 氣(기운 기), 樓(다락 루)

물체가 실제의 위치가 아닌 위치에서 보이는 현상으로, 불안정한 대기층에서 빛이 굴절하면서 공중이나 땅 위에 존재하지 않는 물체가 실제로 있는 것처럼 착각하게 만드는 것이다. 사막이나 극지방의 바다처럼 바다면과 대기의 온도차가 큰 곳에서 쉽게 관찰할 수 있으며, 더운 공기와 찬 공기에 의한 경우로 나누어 볼 수 있다. 신(蜃)은 바다 속에 사는 용이나 이무기를 뜻하는 것으로 이것이 숨을 쉴 때 누각 같은 형상을 만들어 낸다는 뜻에서 신기루라는 말이 나왔다.

1급 630
言부 / 총 16획
諶
참 심

宋諶송심 조선시대 16대 인조 때의 장군 ▶宋(송나라 송)

2급 762
亻(人)부 / 총 4획
什
열사람 십/세간 집

詩什시습 열편씩 모은 시집 ▶詩(시 시)
什長십장 인부를 직접 감독·지시하는 인부의 우두머리 ▶長(길 장)

什具집구 什器집기 什襲藏之습습장지
주의 十과 通用

2급 763
亻(人)부 / 총 9획
俄
갑자기 아

俄頃아경 조금 있다가 또는 아까 ▶頃(잠깐 경)
俄然아연 급작스러운 모양 ▶然(그러할 연)

俄間아간 俄館아관 俄國아국 俄語아어
俄羅斯아라사

2급 764
口부 / 총 11획
啞
벙어리 아/웃을 액

聾啞농아 귀로 듣지도 못하고 입으로 말하지 못하는 사람 ▶聾(귀머거리 롱)
啞然아연 맥없이 웃는 모양 또는 놀라 입을 벌리고 있는 모양 ▶然(그러할 연)

盲啞맹아 啞鈴아령 啞子아자 伴啞양아
啞然失色아연실색

2급 765
女부 / 총 10획
娥
예쁠 아

仙娥선아 선녀 또는 달을 달리 이르는 말 ▶仙(신선 선)
素娥소아 달을 달리 이르는 말 또는 소복한 미인 ▶素(본디 소)

宮娥궁아 嫦娥상아 姮娥항아
주의 娙(예쁠 요)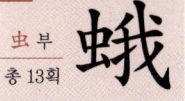

2급 766
山부 / 총 10획
峨
높을 아

峨冠아관 높게 쓴 관 ▶冠(갓 관)
峨峨아아 산이나 큰 바위 같은 것이 아슬아슬하게 치솟은 모양 또는 위엄 있고 성한 모양

軻峨가아 岑峨잠아

1급 631
艹(艸)부 / 총 11획
莪
쑥 아

菁莪청아 인재를 교육함 ▶菁(우거질 청)

2급 767
虫부 / 총 13획
蛾
나방 아/개미 의

發蛾발아 누에가 나방이 되어 누에고치를 뚫고 나옴 ▶發(필 발)
蛾賊아적 개미 떼같이 새까맣게 많이 모인 도둑의 무리 ▶賊(도둑 적)

穀蛾곡아 螟蛾명아 母蛾모아 飛蛾비아
松蛾송아 靑蛾청아 廢蛾폐아 火蛾화아

2급 768
行부 / 총 13획
衙
마을 아/갈 어

官衙관아 예전에, 벼슬아치들이 모여 나랏일을 처리하던 곳 ▶官(벼슬 관)
衙前아전 각 관청에 달려 벼슬아치 밑에서 일을 보던 계급의 사람 ▶前(앞 전)

郡衙군아 軍衙군아 報衙보아 衙奴아노
衙隷아례 衙婢아비 衙門아문 衙參아참

1급 632
言부 / 총 11획
訝
맞을 아

驚訝경아 놀랄 만큼 의아하게 여김 ▶驚(놀랄 경)
疑訝의아 의심스러워 괴이쩍음 ▶疑(의심할 의)

怪訝괴아 訝鬱아울 訝惑아혹 疑訝心의아심

쪽지시험

※ 다음의 뜻을 가진 한자(漢字)는 어느 것입니까?

1   빠르다

① 迅   ② 訊   ③ 芯   ④ 沁   ⑤ 緩

2   높다

① 俄   ② 娥   ③ 峨   ④ 蛾   ⑤ 鵝

풀이

1 ① 迅(빠를 신)   ② 訊(물을 신)
    ③ 芯(골풀 심)   ④ 沁(스며들 심)
    ⑤ 緩(느릴 완)

2 ① 俄(갑자기 아)   ② 娥(예쁠 아)
    ③ 峨(높을 아)   ④ 蛾(나방 아)
    ⑤ 鵝(거위 아)

답 1. ① | 2. ③

| 1급 633 阿 阝(阜)부 총 8획 아첨할/언덕 아 | 阿膠아교 쇠가죽을 진하게 고아 굳힌 것으로 접착제로 씀 ▶膠(아교 교)
阿諂아첨 남의 마음에 들려고 비위를 맞추어 알랑거리는 짓 ▶諂(아첨할 첨)
阿嬌아교 阿媚아미 阿附아부 阿容아용
曲學阿世곡학아세 | 1급 634 鴉 鳥부 총 15획 갈까마귀 아 | 鴉靑아청 검푸른 빛 ▶靑(푸를 청)
鴉片아편 양귀비의 덜 익은 열매 껍질에서 흘러나오는 진액을 말려서 얻은 고무 모양의 물질(마약) ▶片(조각 편)
晚鴉만아 鴉鷺아로 赤鴉적아 寒鴉한아 |

| 2급 769 鵝 鳥부 총 18획 거위 아 | 鵝脯아포 거위 고기를 소금에 절여 말린 포 ▶脯(포 포)
鵝管石아관석 속이 텅 빈 돌고드름 ▶管(대롱 관), 石(돌 석)
鵝鴨아압 鵝王아왕 鵝鳥아조 鵝醋아초
天鵝천아 天鵝兒천아아 | 2급 770 嶽 山부 총 17획 큰산 악 | 五嶽오악 나라의 큰 제사를 지내던 곳인 우리나라의 5대 명산 ▶五(다섯 오)
楓嶽山풍악산 금강산의 가을 명칭 ▶楓(단풍 풍), 山(뫼 산)
高嶽고악 喬嶽교악 山嶽산악 淵嶽연악
海嶽해악 內雪嶽내설악 山嶽林산악림 |

| 2급 771 堊 土부 총 11획 백토칠 악/성인 성 | 白堊백악 희거나 회백색의 부드러운 다공질의 석회질 암석 ▶白(흰 백)
堊次악차 삼년 거상 중 상제가 거처하는 무덤 옆에 있는 뜸집 ▶次(버금 차)
丹堊단악 素堊소악 白堊館백악관 | 1급 635 幄 巾부 총 12획 휘장 악 | 幄手악수 소렴(小殮)때에 시체의 손을 싸는 헝겊 ▶手(손 수)
幄次악차 거동 때에 막을 둘러치고 임금이 쉬던 곳 ▶次(버금 차)
經幄경악 幄幕악막 帷幄유악 帳幄장악 |

| 1급 636 愕 忄(心)부 총 12획 놀랄 악 | 驚愕경악 뜻밖의 일에 놀라서 충격을 받는 것 ▶驚(놀랄 경)
慘愕참악 참혹한 정상에 대하여 놀람 ▶慘(참혹할 참)
愕立악립 愕視악시 愕然악연 惋愕완악
駭愕해악 | 2급 772 握 扌(手)부 총 12획 쥘 악/작을 옥 | 握手악수 인사, 친선 등의 표시로 서로 손을 내어 마주 잡음 ▶手(손 수)
掌握장악 손에 넣음 또는 세력 등을 온통 잡음 ▶掌(손바닥 장)
把握파악 手握汗수악한 握力計악력계
주의 幄(휘장 악) 1·2급 |

| 1급 637 渥 氵(水)부 총 12획 두터울 악/담글 우 | 渥丹악단 진한 붉은빛 또는 얼굴빛이 붉고 윤기가 도는 것 ▶丹(붉을 단)
優渥우악 은혜가 매우 넓고 두터움 ▶優(넉넉할 우) | 1급 638 鄂 阝(邑)부 총 12획 땅이름 악 | 鄂陵湖악릉호 중국 청해성(青海省) 과락(果洛)에 위치한 호수 ▶陵(언덕 릉), 湖(호수 호)
주의 顎(턱 악) 1·2급 |

한자별곡

아비규환(阿鼻叫喚)

阿(언덕 아), 鼻(코 비), 叫(부르짖을 규), 喚(부를 환)

아비지옥과 규환지옥이라는 뜻으로, 너무나 고통스러워 울부짖는 것처럼 차마 눈뜨고 보지 못할 참상을 가리키는 말이다.

- **아비지옥** : 무간지옥이라고도 하며 오역죄를 짓거나, 절이나 탑을 헐거나 시주한 재물을 축낸 자가 가게 되는 지옥으로 하루에 수천번씩 죽고 되살아나는 고통을 받음
- **규환지옥** : 살생, 음행, 음주의 죄를 지은 자가 가게 되는 지옥으로 뜨거운 열기의 고통을 받음

한자 익히기

1급 639 鍔 / 金부 / 총 17획 / 칼날 **악**
副司鍔부사악 조선시대 때 액정서(掖庭署)의 종6품 잡직의 하나 ▶副(버금 부), 司(맡을 사)

2급 773 顎 / 頁부 / 총 18획 / 턱/엄할 **악**
顎關節악관절 아래턱뼈를 두개골에 결부시키는 관절 ▶關(빗장 관), 節(마디 절)
顎下腺악하선 침을 분비하는 샘의 하나 ▶下(아래 하), 腺(샘 선)
上顎상악　下顎하악　顎間角악간각
顎間骨악간골　下顎脫臼하악탈구

1급 640 鰐 / 魚부 / 총 20획 / 악어 **악**
鰐魚악어 악어류에 딸린 동물을 통틀어 일컬음 ▶魚(고기 어)
鰐皮악피 악어의 껍질로 검은 갈색이며 광택이 남 ▶皮(가죽 피)
鰐魚科악어과　鰐魚類악어류　鰐魚目악어목

1급 641 齷 / 齒부 / 총 24획 / 악착할 **악**
齷齪악착 사소한 일에 매우 끈기 있고 모진 것 ▶齪(악착할 착)

2급 774 按 / 扌(手)부 / 총 9획 / 누를 **안**/막을 **알**
按排안배 알맞게 잘 배치하거나 처분하는 것 ▶排(밀칠 배)
按酒안주 술을 마실 때 곁들여 먹는 고기나 나물 따위 ▶酒(술 주)
按摩안마　按脈안맥　按舞안무　按問안문
按分안분　按視안시　按舞家안무가

2급 775 晏 / 日부 / 총 10획 / 늦을 **안**
晏寧안녕 천하가 잘 다스려져서 태평함 ▶寧(편안할 녕)
晏然안연 마음이 편안하고 침착한 모양 ▶然(그러할 연)
晏駕안가　晏眠안면　晏息안식　晏如안여

2급 776 鞍 / 革부 / 총 15획 / 안장 **안**
鞍傷안상 말을 타다가 안장에 스쳐서 생긴 상처 ▶傷(다칠 상)
鞍裝안장 말·나귀의 등에 얹어서 사람이 타기 편하도록 만든 도구 ▶裝(꾸밀 장)
孤鞍고안　金鞍금안　鞍工안공　鞍馬안마
具鞍馬구안마

1급 642 鮟 / 魚부 / 총 17획 / 아귀 **안**
鮟鱇안강 아귓과의 바닷물고기 ▶鱇(아귀 강)
鮟鱇網안강망 아귀를 잡는 눈이 굵은 그물 ▶鱇(아귀 강), 網(그물 망)
鮟鱇科안강과　鮟鱇魚안강어
鮟鱇魚目안강어목

1급 643 斡 / 斗부 / 총 14획 / 관리할 **알**/주장할 **간**
斡流알류 물이 뱅뱅 돌아 흐름 ▶流(흐를 류)
斡旋알선 남의 일을 잘되도록 마련하여 줌 또는 매매를 주선해 주는 행위 ▶旋(돌 선)
斡旋罪알선죄　璇璣懸斡선기현알

1급 644 軋 / 車부 / 총 8획 / 삐걱거릴 **알**
軋轢알력 수레바퀴의 삐걱거림 또는 의견이 서로 충돌됨 ▶轢(삐걱거릴 력)
軋齒알치 소리를 내어 이를 갊 ▶齒(이 치)
軋弓알궁　軋刑알형

쪽지시험

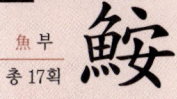

※ 다음 단어들의 □ 안에 공통으로 들어갈 알맞은 한자는 어느 것입니까?

1 　掌□, 把□, □手
① 握　② 匣　③ 守　④ 着　⑤ 禮

2 　□摩, □舞, □酒
① 撫　② 歌　③ 飯　④ 按　⑤ 樂

풀이
1 掌握(장악), 把握(파악), 握手(악수)
2 按摩(안마), 按舞(안무), 按酒(안주)

답 1. ① | 2. ④

2급 777 門부 총 16획 閼 막을 알	閼伽알가 부처나 보살에게 공양하는 물 ▶伽(절 가) 閼伽棚알가붕 부처에게 바치는 물이나 꽃 등을 올려놓는 시렁 ▶伽(절 가), 棚(선반 붕) 單閼단알 閼逢알봉 閼英알영 閼溫알온 閼伽杯알가배 閼伽水알가수	1급 645 山부 총 8획 岩 바위 암	岩壁암벽 깎아지른 듯 높은 바위 ▶壁(벽 벽) 鎔岩용암 화산이 분화할 때 분화구에서 분출한 마그마 ▶鎔(쇠녹일 용) 古岩고암 母岩모암 祈子岩기자암 酸性岩산성암 花崗岩화강암 주의 巖의 略字
1급 646 口부 총 11획 唵 머금을 암	唵昧암매 사실을 갈피 잡아 알아내기 힘듦 ▶昧(어두울 매)	2급 778 广부 총 11획 庵 암자 암	庵子암자 큰 절에 딸린 절 또는 중이 임시 거처하며 도를 닦는 집 ▶子(아들 자) 庵主암주 암자의 주인 또는 암자에서 거처하는 중 ▶主(주인 주) 庵堂암당 草庵초암 石窟庵석굴암 尤庵集우암집 주의 菴과 通用
2급 779 广부 총 17획 癌 암 암	發癌발암 암이 발생하는 것 또는 암을 발생시키는 것 ▶發(필 발) 抗癌항암 암세포의 증식을 억제하거나 암세포를 죽임 ▶抗(겨룰 항) 肝癌간암 癌的암적 胃癌위암 肺癌폐암 癌細胞암세포 發癌物質발암물질	2급 780 ++(艸)부 총 12획 菴 암자 암	菴閭암려 맑은대쑥 ▶閭(이문 려) 豹菴集표암집 조선 정조 때의 서화가인 강세황의 시문집 ▶豹(표범 표), 集(모을 집) 菴羅암라 菴閭子암려자 주의 庵과 通用
1급 647 門부 총 17획 闇 닫힌문 암/큰물질 음	闇票암표 암거래되는 표를 통틀어 일컬음 ▶票(표 표) 昏闇혼암 어리석고 못나서 사리에 어두움 ▶昏(어두울 혼) 闇鈍암둔 闇昧암매 闇冥암명 闇商암상 闇夜암야 闇弱암약 闇愚암우 鄕闇향암	1급 648 犭(犬)부 총 8획 狎 익숙할 압/합	狎客압객 주인과 스스럼없이 가깝게 지내는 손님 ▶客(손 객) 狎近압근 버릇없이 남에게 바싹 다가붙음 ▶近(가까울 근) 狎侮압모 狎褻압설 狎逼압핍 愛狎애압 親狎친압 주의 押(누를 압) 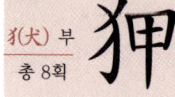
2급 781 鳥부 총 16획 鴨 오리 압	鴨汁압즙 오리 고기를 넣고 끓인 죽 ▶汁(즙 즙) 鴨蒸압증 오리 고기로 만든 찜 ▶蒸(찔 증) 油鴨유압 雁鴨池안압지 鴨綠江압록강 주의 鵝(거위 아) 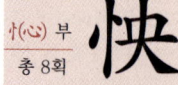	1급 649 忄(心)부 총 8획 怏 원망할 앙	怏忿앙분 분하게 생각하여 앙심을 품음 ▶忿(성낼 분) 怏宿앙숙 앙심을 품고 서로 미워함 또는 그런 사이 ▶宿(잘 숙) 怏心앙심 怏怏앙앙 怏鬱앙울 怏怏之心앙앙지심

이앙기(移秧機)

移(옮길 이), 秧(모 앙), 機(틀 기)

못자리나 육묘상자(育苗箱子)에서 자란 모를 논에 옮겨 심는 모내기 기계를 말한다. 모의 생육정도와 형태에 따라 근세모용과 흙붙이 모용이 있으며, 주행장치에 따라 차륜형과 플로트형으로 나뉜다. 근세모용 이앙기는 본잎이 5장 이상 나온 모를 모판에서 1주분 집어서 토양 속에 삽입하면 장치 끝이 벌어져서 심어지게 된다. 인력에 의존한 재래의 이앙작업이 대부분을 차지하던 우리나라에서는 1970년대 후반부터 이앙기의 보급이 크게 진전되기 시작하였다.

한자 익히기

2급 782 日부 총 9획 **昂** 오를 **앙**
- 激昂격앙 감정이나 기운이 격렬히 일어나 높아지는 것 ▶激(격할 격)
- 低昂저앙 낮아졌다 높아졌다 함 ▶低(낮을 저)
- 昂曲앙곡 昂騰앙등 昂奮앙분 昂揚앙양
- 昂進앙진 物價昂騰물가앙등

2급 783 禾부 총 10획 **秧** 모 **앙**
- 秧稻앙도 옮겨심기 위하여 기른 벼의 싹 ▶稻(벼 도)
- 移秧이앙 모를 못자리에서 논으로 옮겨 심는 일 ▶移(옮길 이)
- 晩秧만앙 挿秧삽앙 秧苗앙묘 秧針앙침
- 早秧조앙 注秧주앙 [주의] 秩(차례 질) [3급]

1급 650 鳥부 총 16획 **鴦** 원앙 **앙**
- 鴛鴦원앙 오릿과의 물새로 화목하고 금실이 좋은 부부의 비유 ▶鴛(원앙 원)
- 鴛鴦衾원앙금 원앙을 수놓은 이불 ▶鴛(원앙 원), 衾(이불 금)
- 鴦衾앙금 鴛鴦契원앙계 鴛鴦舞원앙무
- 鴛鴦枕원앙침

2급 784 厂부 총 8획 **厓** 언덕 **애**
- 層厓층애 바위가 층층이 쌓인 언덕 ▶層(층 층)
- 西厓集서애집 조선 중기의 문신 유성룡의 문집 ▶西(서녘 서), 集(모을 집)

2급 785 土부 총 10획 **埃** 티끌 **애**
- 埃滅애멸 티끌처럼 없어짐 ▶滅(멸할 멸)
- 汚埃오애 더러운 먼지 ▶汚(더러울 오)
- 塵埃진애 티끌 또는 세상의 속된 것 ▶塵(티끌 진)
- 芳埃방애 涓埃연애

2급 786 山부 총 11획 **崖** 벼랑 **애**
- 磨崖마애 석벽을 쪼아 갈아서 글자나 그림을 새김 ▶磨(갈 마)
- 陰崖음애 햇빛이 잘 비치치 않는 언덕 ▶陰(그늘 음)
- 斷崖단애 峰崖봉애 崖脚애각 崖路애로
- 崖墓애묘 崖錐애추 懸崖현애

1급 651 日부 총 17획 **曖** 가릴 **애**
- 曖昧애매 희미하여 분명하지 않음 ▶昧(어두울 매)
- 曖昧性애매성 애매한 성질 ▶昧(어두울 매), 性(성품 성)
- 曖昧化애매화 曖昧模糊애매모호

2급 787 石부 총 13획 **碍** 거리낄 **애**/푸른돌 **의**
- 障碍장애 어떤 사물의 진행을 가로막아 거치적거리거나 충분한 기능을 못하게 하는 일 ▶障(막을 장)
- 妨碍방애 碍管애관 沮碍저애 阻碍조애
- 融通無碍융통무애 [주의] 礙와 略字

2급 788 ⺾(艸)부 총 6획 **艾** 쑥 **애**/다스릴 **예**
- 耆艾기애 노인 ▶耆(늙을 기)
- 小艾소애 젊고 예쁘게 생긴 여자 또는 딸 ▶小(작을 소)
- 艾葉애엽 약쑥의 잎 ▶葉(잎 엽)
- 蓬艾봉애 艾石애석 艾草애초 艾虎애호
- 針艾침애 海艾해애 艾菊菜애국채

1급 652 阝(阜)부 총 13획 **隘** 좁을 **애**/막을 **액**
- 隘路애로 좁고 험한 길 또는 일의 진행을 방해하는 장애 ▶路(길 로)
- 峻隘준애 산이 험하고 좁음 또는 마음이 너그럽지 못하고 좁음 ▶峻(높을 준)
- 狷隘견애 隘口애구 隘守액수 偏隘편애
- 隘隘험애 狹隘협애 狹隘性협애성

쪽지시험

상공회의소 한자
고급 1, 2급

※ 다음 한자(漢字)와 뜻이 비슷한 한자는 어느 것입니까?

1 [怨]
① 怏 ② 愕 ③ 恃 ④ 恂 ⑤ 譁

2 [阜]
① 埃 ② 碍 ③ 岩 ④ 厓 ⑤ 峽

풀이

1 怨(원망할 원)
① 怏(원망할 앙) ② 愕(놀랄 악) ③ 恃(믿을 시)
④ 恂(정성 순) ⑤ 譁(시끄러울 화)

2 阜(언덕 부)
① 埃(티끌 애) ② 碍(거리낄 애) ③ 岩(바위 암)
④ 厓(언덕 애) ⑤ 峽(골짜기 협)

답 1. ① | 2. ④

1급 653 雨부 총 24획 **靄** 아지랑이 **애**	暮靄모애 저녁 안개 ▶暮(저물 모) 靄靄애애 안개·구름·아지랑이 같은 것이 많이 끼어 있는 모양 窈靄요애 깊고 까마득함 ▶窈(그윽할 요) 野靄야애 朝靄조애 曉靄효애 和氣靄靄화기애애	**1급 654** 扌(手)부 총 7획 **扼** 누를 **액**	扼守액수 중요한 곳을 굳게 지킴 ▶守(지킬 수) 扼腕액완 분격하여 팔짓을 함 또는 성나고 분하여 주먹을 쥠 ▶腕(팔 완) 扼險액험 扼喉액후 要扼요액
2급 789 扌(手)부 총 11획 **掖** 낄 **액**	宮掖궁액 각 궁에 딸려 있던 하인 ▶宮(집 궁) 宸掖신액 임금의 궁전 ▶宸(대궐 신) 掖庭액정 대궐 안 ▶庭(뜰 정) 闕掖궐액 禁掖금액 掖隸액례 掖門액문 掖垣액원 誘掖유액 縫掖之衣봉액지의	**2급 790** 氵(水)부 총 11획 **液** 진 **액**/담글 **석**	液雲액운 액우(液雨)를 몰고 오는 구름 ▶雲(구름 운) 液體액체 일정한 부피는 있으나 일정한 모양 없이 유동하는 물질 ▶體(몸 체) 津液진액 唾液타액 血液型혈액형 血液循環혈액순환
1급 655 糸부 총 16획 **縊** 목맬 **액**	縊死액사 목을 매어 죽음 ▶死(죽을 사) 自縊자액 스스로 목을 매어 죽음 ▶自(스스로 자) 縊殺액살 縊刑액형	**2급 791** 月(肉)부 총 12획 **腋** 겨드랑이 **액**	扶腋부액 겨드랑이를 붙들어 걸음을 돕는 것 ▶扶(도울 부) 腋汗액한 겨드랑이에서 유난히 땀이 많이 나는 병 ▶汗(땀 한) 腋氣액기 腋毛액모 腋生액생 腋芽액아 腋出액출 腋臭액취 腋花액화 葉腋엽액
2급 792 木부 총 21획 **櫻** 앵두나무 **앵**	櫻脣앵순 앵두와 같이 고운 입술 ▶脣(입술 순) 櫻花앵화 앵두나무의 꽃 또는 벚꽃 ▶花(꽃 화) 山櫻산앵 櫻桃앵도 櫻餠앵병 櫻實앵실 櫻月앵월 黑櫻흑앵 櫻桃熟앵도숙	**1급 656** 缶부 총 20획 **罌** 양병 **앵**	罌粟앵속 양귀비 ▶粟(조 속) 罌粟殼앵속각 양귀비 열매의 껍질로 거담·설사·이질 따위에 씀 ▶粟(조 속), 殼(껍질 각) 罌粟科앵속과 罌子桐앵자동 罌子粟앵자속 罌粟子앵속자 罌粟花앵속화
2급 793 鳥부 총 21획 **鶯** 꾀꼬리 **앵**	鶯梭앵사 나뭇가지 사이로 이리저리 날아다니는 꾀꼬리 ▶梭(북 사) 鶯舌앵설 꾀꼬리의 혀라는 뜻으로 꾀꼬리의 울음소리를 이르는 말 ▶舌(혀 설) 老鶯노앵 晩鶯만앵 鶯歌앵가 鶯聲앵성 鶯衣앵의 黃鶯황앵 春鶯舞춘앵무	**1급 657** 鳥부 총 28획 **鸚** 앵무새 **앵**	鸚哥앵가 앵무과의 새를 통틀어 이르는 말 ▶哥(성씨 가) 鸚鵡앵무 사람의 말을 잘 흉내 내는 열대지방에 사는 새 이름 ▶鵡(앵무새 무) 鸚鵡杯앵무배 鸚鵡石앵무석 金剛鸚鵡금강앵무 能言鸚鵡능언앵무

혈액(血液)

血(피 혈), 液(진 액)

혈관 속을 흐르고 있는 액상의 조직으로 인간의 전체 혈액량은 약 4~6ℓ 정도이며, 체중의 약 8%를 차지하고 있다. 적혈구, 백혈구 및 혈소판으로 이루어진 혈구와 혈액응고인자, 전해질 등이 포함된 혈장으로 나눠볼 수 있다. 폐에서 섭취한 산소나 소화관에서 흡수한 영양소 등을 전신으로 보내고 세포에서 만들어진 탄산가스나 노폐물을 운반해서 폐·신장·피부 등을 통해 몸 밖으로 배설한다. 또, 체열(體熱)의 분포를 균등하게 하는 역할을 하며 림프와 함께 체내의 면역체계에도 관여하고 있다.

한자 익히기

2급 794 伽倻 / 1(人)부 / 총 11획
가야 야
伽倻가야 신라 유리왕 무렵, 낙동강 하류 지역에서 12부족의 연맹체를 통합하여 김수로왕의 형제들이 세운 여섯 나라를 통틀어 이르는 말 ▶伽(절 가)
伽倻國가야국 伽倻琴가야금 小伽倻소가야
大伽倻대가야 六伽倻육가야

2급 795 冶 / 冫부 / 총 7획
불릴 야
陶冶도야 도기나 주물을 만드는 일 또는 심신을 닦아 기름 ▶陶(질그릇 도)
冶坊야방 대장장이가 일하는 곳 ▶坊(동네 방)
冶具야구 冶金야금 冶容야용 冶遊야유
冶匠야장 冶金工야금공 冶金術야금술
[주의] 治(다스릴 치) 5급

1급 658 惹 / 心부 / 총 13획
이끌 야
惹起야기 무슨 일이나 사건 따위를 끌어 일으킴 ▶起(일어날 기)
惹端야단 떠들썩하게 벌어진 일 ▶端(끝 단)
惹鬧야료 惹出야출

1급 659 揶 / 扌(手)부 / 총 12획
희롱할 야
揶揄야유 남을 빈정거려 놀리는 것 또는 그런 말이나 짓 ▶揄(끌 유)
揶揄的야유적

1급 660 椰 / 木부 / 총 13획
야자나무 야
椰子야자 야자나무 또는 야자나무의 열매 ▶子(아들 자)
椰子油야자유 야자열매 씨로 짠 흰빛의 기름 ▶子(아들 자), 油(기름 유)
椰子科야자과 椰子糖야자당 椰子樹야자수
椰子實야자실 花椰菜화야채

1급 661 爺 / 父부 / 총 13획
아비 야
爺爺야야 할아버지 또는 나이 많은 어르신네
好好爺호호야 인품이 아주 좋은 늙은이 ▶好(좋을 호)
老爺노야 老爺廟노야묘 蘇爺島소야도

1급 662 蒻 / ++(艸)부 / 총 13획
꽃밥 약/동여맬 적
去蒻거약 수꽃술을 따냄 ▶去(갈 거)
蒻胞약포 식물의 수술 끝에 붙은 화분과 그것을 싸고 있는 화분낭을 통틀어 이르는 말 ▶胞(세포 포)
脚生蒻각생약 內向蒻내향약 多胞蒻다포약
單胞蒻단포약 蒻胞紙약포지 側生蒻측생약

1급 663 蒻 / ++(艸)부 / 총 14획
구약나물 약
殺蟲蒻살충약 해로운 벌레를 죽이기 위해 쓰는 약제 ▶殺(죽일 살), 蟲(벌레 충)
靑蒻笠청약립 푸른 갈대로 만든 갓 ▶靑(푸를 청), 笠(우리 립)
菎蒻곤약

1급 664 佯 / 1(人)부 / 총 8획
거짓 양
佯狂양광 거짓으로 꾸며서 미친 체함 또는 그렇게 하는 짓 ▶狂(미칠 광)
佯言양언 사실이 아닌 것을 사실인 것처럼 꾸며 말을 함 ▶言(말씀 언)
佯驚양경 佯攻양공 佯怒양노 佯聾양롱
佯名양명 佯病양병 佯醉양취 佯敗양패

2급 796 孃 / 女부 / 총 20획
아가씨 양
令孃영양 '남의 딸'의 높임말 ▶令(하여금 령)
野孃야양 시골 처녀 ▶野(들 야)
老孃노양 桃金孃科도금양과

쪽지시험

상공회의소 한자
고급 1, 2급

※ 다음 음(音)을 가진 한자는 어느 것입니까?

1 앵
① 鷗   ② 孕   ③ 鴨   ④ 鵝   ⑤ 鶯

2 야
① 椰   ② 櫻   ③ 枸   ④ 樹   ⑤ 樺

풀이
1 ①구 ②잉 ③압 ④아 ⑤앵
2 ①야 ②앵 ③순 ④순 ⑤엽

답 1. ⑤ | 2. ①

1급 665 心부 총 10획 恙 근심 양	無恙무양 몸에 탈이 없음 ▶無(없을 무) 微恙미양 대단하지 않은 병 또는 자기의 앓는 병을 검사하여 이르는 말 ▶微(작을 미) 小恙소양 身恙신양 疹恙진양 주의 恙(새끼양 고) 1·2급	2급 797 扌(手)부 총 20획 攘 물리칠 양	攘夷양이 외국 사람을 오랑캐라고 하여 얕보고 배척함 ▶夷(오랑캐 이) 攘斥양척 쫓아 물리침 또는 물리쳐 없애 버림 ▶斥(물리칠 척) 擊攘격양 攘伐양벌 攘竊양절 攘除양제 攘奪양탈 擾攘요양 龍攘虎搏용양호박
1급 666 攵(攴)부 총 13획 敭 오를 양	歷敭역양 벼슬을 많이 지냄 또는 역임 ▶歷(지낼 력) 敭徽章양휘장 악장의 이름 ▶徽(아름다울 휘), 章(글 장) 주의 揚의 古字	1급 667 日부 총 13획 暘 해돋이 양	暘谷양곡 해가 처음 돋는 동쪽 ▶谷(골 곡) 暘烏양오 태양을 달리 이르는 말 ▶烏(까마귀 오) 雨暘우양
1급 668 氵(水)부 총 18획 瀁 내이름 양	瀁瀁양양 끝없이 넓은 모양 浩瀁호양 물이 넓고 많은 모양 ▶浩(넓을 호)	1급 669 火부 총 13획 煬 쬘 양	隋煬帝수양제 중국 수나라의 제2대 황제로 세 번이나 대군을 보내어 고구려에 침입하였다가 을지문덕에게 대패하였음 ▶隋(수나라 수), 帝(임금 제)
1급 670 疒부 총 11획 痒 가려울 양	痒痛양통 가려움과 아픔 ▶痛(아플 통) 軟痒연양 간지럼 ▶軟(연할 연) 爬痒파양 가려운 데를 긁음 ▶爬(긁을 파) 搔痒소양 痒疹양진 搔痒感소양감 搔痒症소양증 隔靴爬痒 격화파양	2급 798 疒부 총 14획 瘍 종기 양	潰瘍궤양 피부나 점막이 짓무르거나 허는 병 ▶潰(무너질 궤) 腫瘍종양 세포가 병적으로 증식해 조직괴를 만드는 병증 ▶腫(부스럼 종) 膿瘍농양 肝膿瘍간농양 冷膿瘍냉농양 腦腫瘍뇌종양 胃潰瘍위궤양
1급 671 示부 총 22획 禳 제사이름 양	祈禳기양 재앙은 물러가고 복이 오라고 비는 일 ▶祈(빌 기) 禳災양재 신령이나 귀신에게 빌어서 재앙을 물리침 ▶災(재앙 재) 禳辟符양벽부 禳月蝕양월식 禳日蝕양일식 禳禍求福양화구복	1급 672 禾부 총 22획 穰 볏짚 양	早穰조양 제철보다 일찍 여무는 벼 ▶早(이를 조) 豊穰풍양 풍년이 들어 곡식이 잘 여묾 ▶豊(풍년 풍) 飢穰기양 豊穰歌풍양가

마고소양(麻姑搔痒)

麻(삼 마), 姑(시어미 고), 搔(긁을 소), 痒(가려울 양)

자기 일이 뜻대로 이루어짐을 비유한 말이다. 한(漢)의 관리인 채경(蔡經)의 집에 다른 선녀들과 함께 머물던 마고라는 선녀의 손톱은 남달리 길고 뽀족하여 새의 발톱처럼 생겼는데, 이를 본 채경은 순간 '만일 등이 가려울 때 저 손톱으로 긁는다면 얼마나 시원하겠는가.' 라고 생각했다. 그러나 채경의 이런 생각을 읽은 방평(方平)이라는 선녀가 "마고는 선녀다. 어찌 불경스럽게도 마고의 손톱으로 등을 긁을 수 있을 것이라는 생각을 하느냐." 라고 꾸짖었다.

한자 익히기

2급 799 衣부 총 17획 **襄** 도울 양
- 襄禮양례 장사를 지내는 예절 ▶禮(예도 례)
- 襄奉양봉 장례를 지냄을 높여 이르는 말 ▶奉(받들 봉)
- 襄陽麴양양국 襄陽郡양양군
- 宋襄之仁송양지인

2급 800 酉부 총 24획 **釀** 술빚을 양
- 釀造양조 미생물의 발효작용을 이용하여 술·간장·식초 따위를 담가서 만듦 ▶造(지을 조)
- 釀酒양주 술을 빚어서 담금 ▶酒(술 주)
- 家釀가양 釀母양모 釀蜜양밀 野釀야양
- 醞釀온양 釀造場양조장 抱釀酒포양주

1급 673 口부 총 10획 **圄** 옥 어
- 囹圄영어 죄수를 가두는 곳으로 감옥을 매우 제한된 문맥에서 완곡하게 쓰는 말 ▶囹(옥 영)
- 圄圄어령

1급 674 疒부 총 13획 **瘀** 멍들 어
- 瘀血어혈 몸에 피가 제대로 돌지 못하여 한 곳에 맺혀 있는 증세 또는 그 피 ▶血(피 혈)

2급 801 示부 총 16획 **禦** 막을 어
- 防禦방어 남 또는 적이 침노하는 것을 막아냄 ▶防(막을 방)
- 禦侮어모 외부로부터 당하는 모욕을 막아 냄 ▶侮(업신여길 모)
- 守禦수어 禦冬어동 禦敵어적 壯禦장어
- 防禦網방어망 防禦策방어책

1급 675 馬부 총 12획 **馭** 말부릴 어
- 馭者어자 마차를 부리는 사람 또는 사람이 탄 말을 어거하는 사람 ▶者(놈 자)
- 龍馭용어 임금의 죽음 또는 천자의 거가(車駕) ▶龍(용 용)
- 司馭사어 仙馭선어 制馭제어
- 馭者臺어자대 馭者座어자좌

1급 676 齒부 총 22획 **齟** 어긋날 어
- 齟齬저어 틀어져서 어긋남 ▶齟(어긋날 저)

1급 677 木부 총 17획 **檍** 감탕나무 억
- 南宮檍남궁억 독립운동가 ▶南(남녘 남), 宮(집 궁)

1급 678 月(肉)부 총 17획 **臆** 가슴 억
- 臆說억설 터무니없이 억지로 고집을 세우는 말 ▶說(말씀 설)
- 臆測억측 근거가 없이 하는 추측 ▶測(헤아릴 측)
- 臆見억견 臆決억결 臆計억계 臆斷억단
- 臆算억산 臆想억상 臆塞억색 胸臆흉억

1급 679 亻(人)부 총 11획 **偃** 쓰러질 언
- 偃息언식 걱정이 없어 편안하게 누워서 쉼 ▶息(쉴 식)
- 偃然언연 거드름을 피우고 거만스러움 ▶然(그러할 연)
- 傾偃경언 偃寒언건 偃倦언권 偃見언견
- 偃仰언앙 偃傲언오 偃臥언와

쪽지시험

※ 다음 한자어(漢字語)와 발음(發音)이 같은 한자어는 어느 것입니까?

1. 　　　　　糧穀　　　　　
   ① 陽曆　② 陽刻　③ 量稅　④ 暘谷　⑤ 糧食

2. 　　　　　備禦　　　　　
   ① 制御　② 還御　③ 論語　④ 卑語　⑤ 寄語

풀이

1 양곡
① 양력 ② 양각 ③ 양세 ④ 양곡 ⑤ 양식

2 비어
① 제어 ② 환어 ③ 논어 ④ 비어 ⑤ 기어

답 1.④ | 2.④

2급 802 堰
土부 총 12획
방죽 **언**

堰柱언주 둑의 한쪽에 물이 넘쳐 나가는 길 양쪽에 세우는 기둥 ▶柱(기둥 주)
堰堤언제 물을 가두어 두기 위하여 하천이나 골짜기 따위에 쌓은 둑 ▶堤(둑 제)
洗堰세언 堰塞언색 海堰해언
可動堰가동언 堰堤湖언제호 溢流堰일류언

2급 803 彦
彡부 총 9획
선비 **언**

彦士언사 재주와 덕행(德行)이 뛰어난 남자 또는 훌륭한 인물 ▶士(선비 사)
偉彦위언 도량과 재간이 넓고 위대한 사람 ▶偉(클 위)
彦聖언성 英彦영언 才彦재언 俊彦준언

2급 804 諺
言부 총 16획
상말 **언**

世諺세언 세상에 떠도는 속된 말 ▶世(인간 세)
諺文언문 지난날, 한문에 대하여 한글로 된 글을 낮추어 이르던 말 ▶文(글월 문)
古諺고언 法諺법언 俗諺속언 諺簡언간
諺單언단 諺書언서 諺譯언역 俚諺이언

2급 805 孼
子부 총 19획
서자 **얼**

庶孼서얼 서자와 그 자손 ▶庶(여러 서)
自作之孼자작지얼 자기가 저지른 일로 말미암아 생긴 재앙 ▶自(스스로 자), 作(지을 작), 之(갈 지)
餘孼여얼 妖孼요얼 遺孼유얼 作孼작얼

1급 680 蘗
艹(艸)부 총 21획
그루터기 **얼**/황경나무 **벽**

麥蘗맥얼 엿기름 ▶麥(보리 맥)
分蘗분얼 벼, 보리 따위의 뿌리에 가까운 줄기의 마디에서 가지가 갈라져 나오는 일 ▶分(나눌 분)
麴蘗국얼 媒蘗매얼

1급 681 俺
亻(人)부 총 10획
클 **엄**/나 **암**

일본어에서 주로 남자가 같은 또래나 아랫사람에게 쓰는 1인칭

2급 806 儼
亻(人)부 총 22획
의젓할 **엄**

儼恪엄각 공경하고 삼감 ▶恪(삼갈 각)
儼雅엄아 엄연하고 고아함 ▶雅(맑을 아)
儼然엄연 겉모양이 장엄하고 엄숙한 모양 ▶然(그러할 연)
儼存엄존 儼乎엄호

1급 682 奄
大부 총 8획
문득 **엄**

奄奄엄엄 숨이 곧 끊어지려고 하거나 몹시 약한 모양
奄有엄유 남기지 아니하고 다 가짐 ▶有(있을 유)
奄忽엄홀 奄成老人엄성노인

2급 807 掩
扌(手)부 총 11획
가릴 **엄**

掩匿엄닉 덮어서 숨김 ▶匿(숨을 닉)
掩壕엄호 적의 공격으로부터 자기편의 행동이나 시설 따위를 보호함 ▶壕(해자 호)
掩門엄문 掩色엄색 掩襲엄습 掩映엄영
掩涕엄체 掩蔽엄폐 掩心甲엄심갑

1급 683 淹
氵(水)부 총 11획
담글 **엄**

淹留엄류 오래 머무름 ▶留(머무를 류)
淹博엄박 학식이 매우 넓고 깊음 ▶博(넓을 박)
淹死엄사 물에 빠져 죽음 ▶死(죽을 사)
淹沒엄몰 淹雅엄아

두시언해(杜詩諺解)

杜(막을 두), 詩(시 시), 諺(상말 언), 解(풀 해)

당(唐)나라 시인 두보(杜甫)의 시를 52부로 분류하여 한글로 번역한 시집으로 원명은 《분류두공부시언해(分類杜工部詩諺解)》이다. 세종·성종 때에 왕명에 따라 승려들과 문신들이 주해하여 초간본(初刊本)은 성종12년(1481년)에 간행되었고, 중간본(重刊本)은 인조10년(1632년)에 발간되었다. 초간본과 150여 년의 연대차가 있어 곳곳에 당대의 어음(語音)이 반영되어 한글 음운 변천과정·국어국문학 연구의 중요한 문헌일 뿐만 아니라 한시 연구의 좋은 자료이다.

한자 익히기

1급 684 山부 총 16획 — 嶪
높고험할 **업**
岌嶪급업 위태롭게 높고 험함 ▶ 岌(높을 급)

1급 685 冂부 총 4획 — 円
둥글 **엔/원**
円貨엔화 엔을 화폐 단위로 하는 돈 ▶ 貨(재물 화)
주의 圓의 俗字

1급 686 欠부 총 18획 — 歟
어조사 **여**
也歟야여 그러한가 ▶ 也(어조사 야)

1급 687 王(玉)부 총 18획 — 璵
옥 **여**
주의 瑹와 同字

1급 688 石부 총 19획 — 礖
돌이름 **여**
주의 嶼(섬 서) 1·2급

1급 689 舟부 총 13획 — 艅
배이름 **여**
※중국 오(吳)나라의 배

1급 690 艹(艸)부 총 10획 — 茹
먹을 **여**
竹茹죽여 청대의 얇은 속껍질로 성질이 차며 열로 일어나는 담·번열 등과 어린 아이의 설사나 임부의 복통·하혈에 쓰임 ▶ 竹(대 죽)
茹茹여여 香茹향여

1급 691 車부 총 21획 — 轝
수레 **여**
轝隸여례 가마를 메는 하인 ▶ 隸(종 례)
주의 輿와 同字

2급 808 糸부 총 19획 — 繹
풀어낼 **역**
演繹연역 일반적인 명제나 진리를 전제로 하여 보다 특수하고 개별적인 진리를 이끌어내는 추리 ▶ 演(펼 연)
紬繹주역 실마리를 찾아냄 ▶ 紬(명주 주)
絡繹낙역 尋繹심역 繹騷역소 玩繹완역
演繹法연역법 演繹的연역적

1급 692 口부 총 19획 — 嚥
삼킬 **연**
嚥下연하 삼켜서 넘김 또는 음식물이 구강과 식도를 지나 위에 이름 ▶ 下(아래 하)
誤嚥오연 모르고 잘못 삼킴 ▶ 誤(그르칠 오)
주의 咽과 通用

쪽지시험

상공회의소 한자 고급 1, 2급

※ 다음 한자(漢字)와 음(音)이 같은 한자는 어느 것입니까?

1 儼
① 偃 ② 俺 ③ 伴 ④ 倻 ⑤ 癌

2 轝
① 碍 ② 碎 ③ 礖 ④ 碩 ⑤ 据

풀이

1 儼(의젓할 엄)
① 언 ② 엄 ③ 양 ④ 야 ⑤ 암

2 轝(수레 여)
① 애 ② 쇄 ③ 여 ④ 석 ⑤ 거

답 1. ② 2. ③

상공회의소 한자시험 고급 기본서 1·2급

1급 693 堧
土부 / 총 12획
빈터 연
河堧하연 강변의 땅 ▶河(강 하)
주의 壖과 同字

1급 694 妍
女부 / 총 9획
고울 연
妍容연용 어여쁜 용모 또는 아름다운 얼굴 ▶容(얼굴 용)
妍姿연자 청초하고 고운 자태 ▶姿(모양 자)
妍粧연장 妍醜연추 精妍정연 妍麗연려
纖妍섬연 妍艶연염

1급 695 娟
女부 / 총 10획
예쁠 연
娟秀연수 얼굴이 아름답고 빼어남 ▶秀(빼어날 수)
軟娟연연 가냘프고 약함 ▶軟(연할 연)
娟娟연연 花妬娟화투연

2급 809 捐
扌(手)부 / 총 10획
버릴 연
棄捐기연 내어 버림 또는 자기의 재물을 내어서 남을 도와줌 ▶棄(버릴 기)
募捐모연 어떠한 일을 하기 위하여 돈이나 물건을 기부하게 함 ▶募(모을 모)
捐軀연구 捐棄연기 捐命연명 捐補연보
義捐의연 出捐출연 義捐金의연금

1급 696 挻
扌(手)부 / 총 10획
늘일 연/이길 선
주의 埏과 通用
주의 挺(빼어날 정) 1·2급

2급 810 椽
木부 / 총 13획
서까래 연
方椽방연 모지게 만든 서까래 또는 굴도리 밑에 받치는 네모진 나무 ▶方(모 방)
婦椽부연 장연(長椽) 끝에 덧얹은 네모지고 짧은 서까래 ▶婦(며느리 부)
椽端연단 椽大연대 野椽야연 屋椽옥연
長椽장연 椽廳연청 平椽평연 下椽하연

1급 697 沇
氵(水)부 / 총 7획
강이름 연/흐를 유
沇水연수 濟水의 상류 ▶水(물 수)
沇沇연연 물이 졸졸 흐르는 모양
주의 沿과 通用

1급 698 涎
氵(水)부 / 총 10획
침 연
痰涎담연 가래침 ▶痰(가래 담)
垂涎수연 좋은 음식을 보고 먹어 봄직하여 침을 흘림 또는 무엇을 탐내어 가지고 싶어함 ▶垂(드리울 수)
涎沫연말 龍涎용연 流涎유연 流涎症유연증

1급 699 涓
氵(水)부 / 총 10획
시내 연/우는모양 현
涓流연류 작은 시내 또는 사물의 미세함을 비유 ▶(흐를 류)
涓然연연 훌쩍훌쩍 우는 모양 ▶然(그러할 연)
涓吉연길 涓露연로 涓埃연애 涓然연연
涓涓연연 塵涓진연

2급 811 淵
氵(水)부 / 총 12획
못 연
淵靜연정 못이 깊고 고요함 또는 고요하고 싶은 못 ▶靜(고요할 정)
淵照연조 깊이 파고들어 사물과 사태를 밝게 파악함 ▶照(비칠 조)
潭淵담연 淵洞연동 淵博연박 深淵심연
淵遠연원 淵潛연잠 淵旨연지 淵海연해

연개소문(淵蓋蘇文)

淵(못 연), 蓋(덮을 개), 蘇(소생할 소), 文(글월 문)

고구려의 장군이자 재상이었다. 그의 성인 연(淵)은 조상이 물에서 태어난 것에서 유래한다고 하여 물과 관련된 동북아시아 지방의 고대 설화로부터 영향을 받았음을 알 수 있다.
종교적으로는 도교를 장려하였고, 대외적으로는 강경책을 폈다. 백제와 연합하여 신라를 공격하기도 하였고 당태종이 요동으로 쳐들어오자 안시성에서 이를 격파하였다. 그가 죽은 후에 정치적 혼란으로 내분이 생겨 고구려 멸망의 큰 원인이 된다.

한자 익히기

| 2급 812 火부 총 10획 烟 연기 연/김 인 | 松烟송연 소나무를 태운 그을음으로 먹을 만드는 원료로 쓰임 ▶松(소나무 송)
烟月연월 연기에 어린 달빛 또는 세상이 매우 태평한 모양 ▶月(달 월)
烟霧연무 鼻烟비연 淸烟청연 烟村연촌
無烟炭무연탄 주의 煙과 同字 | 2급 813 石부 총 12획 硯 벼루 연 | 同硯동연 같은 곳에서 학업을 닦음 또는 그 동무 ▶同(한가지 동)
硯滴연적 벼룻물을 담는 그릇 ▶滴(물방울 적)
陶硯도연 硯面연면 硯屛연병 硯石연석
硯水연수 硯池연지 紙筆硯墨지필연묵 |

| 2급 814 竹부 총 13획 筵 대자리 연 | 設筵설연 거적이나 돗자리를 깔아 자리를 베풂 ▶設(베풀 설)
壽筵수연 장수를 축하하는 잔치로 보통 환갑잔치를 말함 ▶壽(목숨 수)
經筵경연 几筵궤연 登筵등연 法筵법연
盛筵성연 筵席연석 恩筵은연 筵奏연주 | 1급 700 糸부 총 17획 縯 길 연/사람이름 인 | 劉縯유인 후한(後漢)의 광무제(光武帝)의 아들 ▶劉(묘금도 유)

주의 演과 通用 |

| 2급 815 行부 총 9획 衍 넓을 연 | 蔓衍만연 식물의 줄기가 널리 뻗거나 널리 번져 퍼짐 ▶蔓(덩굴 만)
敷衍부연 덧붙여 알기 쉽게 자세히 설명을 늘어놓음 ▶敷(펼 부)
廣衍광연 叛衍반연 富衍부연 衍文연문
衍義연의 衍字연자 豊衍풍연 衍喜宮연희궁 | 2급 816 鳥부 총 14획 鳶 솔개 연 | 飛鳶비연 연을 날림 ▶飛(날 비)
素鳶소연 물감도 칠하지 않고 색종이도 바르지 않은 지연 ▶素(본디 소)

揚鳶양연 鳶工연공 紙鳶지연 風鳶풍연
防牌鳶방패연 鳶目兎耳연목토이 |

| 2급 817 氵(水)부 총 10획 涅 개흙 열/앙금흙 날 | 涅槃열반 완전한 불도를 이뤄 일체의 번뇌를 해탈한 최고의 경지 ▶槃(소반 반)
涅齒열치 이를 검게 물들이는 일 ▶齒(이 치)
涅槃堂열반당 涅槃門열반문 涅槃種열반종
入涅槃입열반 無餘涅槃무여열반 | 2급 818 厂부 총 14획 厭 싫어할 염/누를 엽 | 厭世염세 세상이나 인생을 괴롭게 여기고 싫증을 내는 것 ▶世(인간 세)
厭症염증 싫은 생각이나 느낌 또는 그런 반응 ▶症(증세 증)
倦厭권염 厭薄염박 厭惡염오 厭意염의
厭世的염세적 厭世主義염세주의 |

| 2급 819 火부 총 12획 焰 불꽃 염 | 氣焰기염 대단한 기세 또는 굉장한 호기 ▶氣(기운 기)
火焰화염 타는 불에서 일어나는 붉은 빛의 기운 ▶火(불 화)
光焰광염 焰色염색 焰心염심 煙焰연염
外焰외염 紅焰홍염 火焰瓶화염병 | 1급 701 王(玉)부 총 12획 琰 옥갈 염 | 琰圭염규 홀(笏)의 한 가지 ▶圭(홀 규)

貞琰정염 彫琰조염 |

쪽지시험

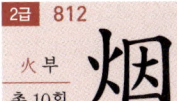

※ 다음의 뜻을 가진 한자(漢字)는 어느 것입니까?

1 [버리다]

① 姸 ② 娟 ③ 捐 ④ 挻 ⑤ 聯

2 [싫어하다]

① 厭 ② 烟 ③ 縯 ④ 焰 ⑤ 殮

풀이

1 ① 姸(고울 연) ② 娟(예쁠 연)
③ 捐(버릴 연) ④ 挻(늘일 연)
⑤ 聯(잇달 연)

2 ① 厭(싫어할 염) ② 烟(연기 연)
③ 縯(길 연) ④ 焰(불꽃 염)
⑤ 殮(염할 염)

답 1. ③ | 2. ①

2급 820 色부 총 19획	艶 고울 염	艶聞염문 남녀 간의 연애에 관한 소문 ▶聞(들을 문) 妖艶요염 사람을 호릴 만큼 아리따움 ▶妖(요사할 요) 競艶경염 光艶광염 艶美염미 艶福염복 艶事염사 艶色염색 艶言염언 艶陽영양	1급 702 艹(艸)부 총 9획	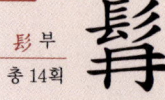 풀어거질 염	荏苒임염 차츰차츰 세월이 지나감 또는 사물이 점진적으로 변화함 ▶荏(들깨 임)
2급 821 門부 총 16획	閻 마을 염	閻羅염라 저승에서, 사람이 지은 생전의 선악을 심판하는 왕 ▶羅(벌일 라) 閻閭여염 백성의 살림집이 많이 모여 있는 곳 ▶閭(이문 려) 閻魔염마 閻羅國염라국 閻浮塵염부진 閻閭家여염가 閻羅大王염라대왕	2급 822 髟부 총 14획	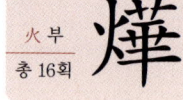 구렛나루 염	鬚髥수염 남자의 입 주위나 턱 또는 뺨에 나는 털 ▶鬚(수염 수) 紅髥홍염 붉은 수염 또는 붉어진 단풍잎 ▶紅(붉을 홍) 虯髥규염 美髥미염 霜髥상염 疏髥소염 衰髥쇠염 銀髥은염 長髥장염 虎髥호염
1급 703 日부 총 16획	曄 빛날 엽	曄然엽연 기상(氣象)이 뛰어나고 성한 모양 ▶然(그러할 연) 曄曄엽엽 曄煜엽욱 주의 燁의 同字	2급 823 火부 총 16획	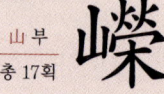 빛날 엽	白善燁백선엽 대한민국의 군인, 정치인, 외교관 ▶白(흰 백), 善(착할 선) 주의 曄과 同字
1급 704 土부 총 13획	塋 무덤 영	墳塋분영 무덤. 송장이나 유골을 땅에 묻어 놓은 곳 ▶墳(무덤 분) 先塋선영 조상의 무덤 ▶先(먼저 선) 開塋域개영역 先塋下선영하 親軍塋친군영 주의 瑩(옥돌 영) 1·2급	1급 705 山부 총 17획	嶸 가파를 영	增嶸증영 산이 험하고 높음 ▶增(더할 증)
2급 824 日부 총 13획	暎 비칠 영	暎窓영창 방을 밝게 하기 위하여 방과 마루 사이에 낸 두 쪽의 미닫이 ▶窓(창 창) 淵澄取暎연징취영	1급 706 木부 총 13획	 기둥 영	丹楹단영 붉게 칠한 기둥 ▶丹(붉을 단) 楹棟영동 기둥과 도리 또는 가장 중요한 인물의 비유 ▶棟(마룻대 동) 軒楹헌영 마루의 기둥 ▶軒(마루 헌) 楹聯영련 楹方柱영방주 雙楹塚쌍영총 甲帳對楹갑장대영

염라대왕(閻羅大王)

閻(마을 염), 羅(벌일 라), 大(큰 대), 王(임금 왕)

죽은 이의 영혼을 다스리고 생전의 행동을 심판하여 상벌을 주는 지옥의 왕이다. 사람이 죽어서 가는 곳을 명부라 하는데, 명부에서 핵심을 이루는 것이 지장보살과 시왕이다. 시왕은 명부에서 죽은 자의 죄업을 심판하는 열 명의 대왕을 말하는 것이며 염라대왕은 시왕 중 다섯 번째 대왕으로 죄인의 혀를 집게로 뽑는 발설(拔舌) 지옥을 관장한다. 피처럼 붉은 옷을 입고 왕관을 썼으며 물소를 타고 한손으로는 곤봉을, 다른 손으로는 올가미를 잡고 있다.

1급 707 氵(水)부 총 12획	渶		1급 708 水부 총 15획	潁	潁水영수 중국 하남성(河南省)에서 발원하여 안휘성(安徽省)에서 회수(淮水)로 흘러들어가는 강 ▶水(물 수)
	물맑은 영	주의 暎(비칠 영) 1·2급		강이름 영	주의 穎(이삭 영) 1·2급

1급 709 氵(水)부 총 17획	濚	濚濚영영 물이 졸졸 흐르는 모양	2급 825 玉부 총 15획	瑩	未瑩미형 똑똑하지 못하고 어리석음 ▶未(아닐 미) 瑩澈형철 환하게 내다보이도록 맑음 또는 사고력이 밝고 투철함 ▶澈(맑을 철)
	물돌아나갈 영			옥돌 영/형	주의 塋(무덤 영) 1·2급

2급 826 氵(水)부 총 19획	瀛	瀛閣영각 홍문관을 달리 이르는 말 ▶閣(집 각) 東瀛동영 동방의 바다 ▶東(동녘 동) 瀛海영해 큰 바다 ▶海(바다 해) 大瀛대영 臨瀛임영 登瀛州등영주	1급 710 氵(水)부 총 20획	瀯	瀯瀯영영 물이 졸졸 흐르는 모양
	바다 영			물졸졸흐를 영	

1급 711 火부 총 13획	煐	煐輝영휘 빛남 ▶輝(빛날 휘)	1급 712 犭(犬)부 총 17획	獰	獰慝영특 성질이 모질고 악착스러우며 간특(姦慝)함 ▶慝(사특할 특) 凶獰흉녕 성질이 흉악하고 사나움 ▶凶(흉할 흉) 獰猛영맹 獰惡영악
	빛날/사람이름 영			모질 영	

1급 713 王(玉)부 총 13획	瑛	瑛琚영거 수정으로 만든 몸에 차는 옥 ▶琚(패옥 거)	2급 827 王(玉)부 총 21획	瓔	瓔珞영락 목·팔 등에 두르는 구슬을 꿴 장식품 ▶珞(구슬목걸이 락) 鈿瓔전영 자개 박은 목걸이 ▶鈿(나전 전) 落瓔낙영
	옥빛 영			옥돌 영	

쪽지시험

※ 다음 단어들의 □ 안에 공통으로 들어갈 알맞은 한자는 어느 것입니까?

1. □色, 妖□, □聞
   ① 艶 ② 綠 ③ 怪 ④ 所 ⑤ 濃

2. □惡, □慝, □猛
   ① 劣 ② 姦 ③ 勇 ④ 獰 ⑤ 極

풀이
1 艶色(염색), 妖艶(요염), 艶聞(염문)
2 獰惡(영악), 獰慝(영특), 獰猛(영맹)

답 1. ① | 2. ④

2급 828 / 皿부 / 총 9획	盈 찰 영	盈虛영허 충만함과 공허함 또는 번영함과 쇠퇴함 ▶虛(빌 허) 豊盈풍영 풍성하게 꽉 차서 그득함 또는 기름지고 살기가 많음 ▶豊(풍년 풍) 貫盈관영 盈滿영만 盈盛영성 盈盈영영 盈月영월 盈溢영일 盈尺영척 盈縮영축	2급 829 / 禾부 / 총 16획	穎 이삭 영	秀穎수영 벼의 이삭이 잘 여문 것 또는 재능이 뛰어나고 훌륭함 ▶秀(빼어날 수) 穎才영재 뛰어난 재주를 가진 사람 ▶才(재주 재) 毛穎모영 穎敏영민 穎悟영오 穎異영이 穎哲영철 穎慧영혜 穎花영화 穎割영할
2급 830 / 糸부 / 총 23획	纓 갓끈 영	木纓목영 나무 구슬에 옻칠을 하여 실에 꿰어 만든 갓끈 ▶木(나무 목) 紅纓홍영 붉은 빛의 가슴걸이로 붉은빛의 갓끈을 칭함 ▶紅(붉을 홍) 冠纓관영 笠纓입영 衣纓의영 纓子영자 簪纓잠영 珠纓주영 竹纓죽영 貝纓패영	1급 714 / 金부 / 총 17획	鍈 방울소리 영	[주의] 瑛(옥빛 영) 1·2급
1급 715 / 雨부 / 총 17획	霙 진눈깨비 영	飛霙비영 날리는 진눈깨비 ▶飛(날 비) 玉霙옥영 珠霙주영 飄霙표영	1급 716 / 丿부 / 총 2획	乂 벨 예	趙匡乂조광예 중국 송나라의 2대 임금으로 형인 태조의 뒤를 이어 천하를 통일하고 과거 제도를 크게 넓힘 ▶趙(나라 조), 匡(바로잡을 광) 俊乂密勿준예밀물 [주의] 叉(깍지낄 차) 1·2급
1급 717 / 亻(人)부 / 총 10획	倪 어린이 예	端倪단예 일의 맨 처음과 끝 또는 헤아려서 앎 ▶端(끝 단) [주의] 猊(사자 예) 1·2급	1급 718 / 刂(刀)부 / 총 4획	刈 벨 예	刈除예제 풀 등을 베어 없앰 또는 악인을 없애버림 ▶除(덜 제) 刈穫예확 농작물을 베어 거두어들임 ▶穫(거둘 확) 刈取예취 刈草예초 무刈조예
2급 831 / 又부 / 총 16획	叡 밝을 예	叡敏예민 마음이 밝고 영명함 ▶敏(민첩할 민) 叡智예지 밝고 지혜로운 생각 ▶智(지혜 지) 叡感예감 叡慮예려 叡明예명 叡聞예문 叡算예산 叡聖예성 叡嘆예탄	2급 832 / 曰부 / 총 6획	曳 끌 예	曳網예망 물에 잠긴 그물을 끌어당기는 것 또는 그 그물 ▶網(그물 망) 曳船예선 다른 배를 끌고 가는 배 ▶船(배 선) 牽曳견예 曳索예삭 曳引예인 曳航예항 曳引船예인선 曳履聲예리성 挽曳力만예력

한자별곡

예맥(濊貊)

濊(종족이름 예), 貊(맥국 맥)

한민족의 근간이 되는 민족으로, 고대 중국의 동북부와 한반도 북부 지역에 거주한 민족이다. 예맥족은 초기에 숙신(肅愼)과 동호(東胡) 사이에 끼어 중국의 쑹화강[松花江] 및 헤이룽강[黑龍江]과 압록강·두만강 유역 및 한반도 북부 지역인 함경도·강원도 등지에 걸쳐 살고 그 갈래가 남부에 백제를 이루며 번창한 대민족이었다. 종족 상으로는 알타이어계(語系)의 퉁구스족(族)에 속하는 한 갈래이다. 농경문화의 경제력을 기반으로 발전하면서 한민족의 주류를 형성하였다.

한자 익히기

1급 719 氵(水)부 총 7획 **汭**
물굽이 예
※中國의 '三川'은 '渭(위)·涇(경)·汭(예)'의 세 강을 아울러 이르는 말

2급 833 氵(水)부 총 16획 **濊**
종족이름 예
濊國예국 삼국 시대 초기의 부족 국가 ▶國(나라 국)
濊貊예맥 한족의 조상이 되는 민족 ▶貊(맥국 맥)

주의 穢(더러울 예) 1·2급

1급 720 犭(犬)부 총 11획 **猊**
사자 예
猊座예좌 부처가 앉는 자리로 고승이 앉는 자리를 뜻함 ▶座(자리 좌)
猊下예하 부처나 보살이 앉는 상좌 또는 고승을 높여 이르는 말 ▶下(아래 하)
狻猊산예

2급 834 目부 총 14획 **睿**
슬기 예
睿製예제 왕세자나 왕세손이 지은 글 ▶製(지을 제)
睿哲예철 지혜가 깊고 사리에 밝음 ▶哲(밝을 철)
睿德예덕 睿覽예람 睿筵예연 睿宗예종
睿旨예지 睿筆예필 睿學예학 聰睿총예

2급 835 禾부 총 18획 **穢**
더러울 예
汚穢오예 지저분하고 더러운 것 ▶汚(더러울 오)
濁穢탁예 속세의 더러움 또는 흐린 것과 더러운 것 ▶濁(흐릴 탁)
穢氣예기 穢德예덕 穢物예물 穢食예식
穢心예심 穢惡예악 穢語예어 淨穢정예

2급 836 ++(艸)부 총 8획 **芮**
성 예/나라이름 열
芮芮예예 풀이나 싹이 나서 뾰족뾰족하게 자라는 모양 ▶芮(성 예)
石龍芮석룡예 개구리자리 ▶石(돌 석), 龍(용 용)

1급 721 ++(艸)부 총 20획 **蘂**
꽃술 예
蘂國예국 삼국 시대 초기의 부족 국가 ▶國(나라 국)

2급 837 衣부 총 13획 **裔**
후손 예
荒裔황예 멀리 떨어진 지방. 먼 외국 ▶荒(거칠 황)
後裔후예 핏줄을 이은 먼 후손 ▶後(뒤 후)
弓裔궁예 來裔내예 四裔사예 胤裔윤예

1급 722 言부 총 13획 **詣**
이를 예
造詣조예 학문이나 기예가 깊은 경지까지 이름 ▶造(지을 조)
馳詣치예 웃어른 앞으로 빠른 걸음으로 나아감 ▶馳(달릴 치)
詣闕예궐 詣閤예합 精詣정예 進詣진예
參詣참예 詣侍衛예시위

1급 723 雨부 총 16획 **霓**
무지개 예
望霓망예 가뭄에 농민이 비를 기다리듯 간절히 원함 ▶望(바랄 망)
雲霓운예 구름과 무지개. 비가 올 징조 ▶雲(구름 운)
霓裳예상 虹霓홍예 虹霓門홍예문
雲霓之望운예지망 大旱雲霓대한운예

쪽지시험

상공회의소 한자 고급 1, 2급

※ 다음 한자(漢字)와 뜻이 비슷한 한자는 어느 것입니까?

1 穎
① 穡 ② 秕 ③ 穗 ④ 穆 ⑤ 朔

2 鄙
① 屠 ② 曳 ③ 睿 ④ 穢 ⑤ 潔

풀이

1 穎(이삭 영)
① 穡(거둘 색) ② 盈(찰 영) ③ 穗(이삭 수)
④ 穆(화목할 목) ⑤ 朔(초하루 삭)

2 鄙(더러울 비)
① 屠(죽일 도) ② 曳(끌 예) ③ 睿(슬기 예)
④ 穢(더러울 예) ⑤ 潔(깨끗할 결)

답 1. ③ | 2. ④

2급 838 頁부 총 13획 預 맡길/미리 예	預金예금 금전을 금융기관에 맡김 또는 맡긴 그 금전 ▶金(쇠 금) 預託예탁 부탁하여 맡겨 두는 것 ▶託(부탁할 탁) 預言예언 預入예입 預菹예저 預差예차 預置예치 參預참예 주의 豫와 通用	2급 839 亻(人)부 총 6획 伍 대오 오	落伍낙오 여럿이 가는 무리에서 함께 가지 못하고 뒤로 처짐 ▶落(떨어질 락) 隊伍대오 군대의 항오 또는 군대 행렬의 줄 ▶隊(무리 대) 軍伍군오 缺伍결오 伍列오열 伍長오장 編伍편오 行伍항오 落伍者낙오자
1급 724 亻(人)부 총 9획 俉 맞이할 오	證俉증오 실지로 불도를 닦아 대도(大道)를 깨달음 ▶證(증거 증) 주의 梧(오동나무 오) 1·2급	2급 840 口부 총 7획 吳 나라이름/성 오	吳吟오음 오나라의 노래를 읊는다는 말로 고향을 그리워함을 이르는 말 ▶吟(읊을 음) 吳回오회 불의 신(神) ▶回(돌아올 회) 孫吳손오 吳藍오람 吳娃오왜 吳牛오우 吳天오천 吳越同舟오월동주
1급 725 土부 총 13획 塢 둑 오	眉塢城미오성 삼국지에서 동탁이 머물던 장안 근처의 성 ▶眉(눈썹 미), 城(성 성)	1급 726 土부 총 16획 墺 물가 오/욱	墺國오국 오스트리아 ▶國(나라 국) 墺地利오지리 오스트리아 ▶地(땅 지), 利(이로울 리)
2급 841 大부 총 13획 奧 속 오/따뜻할 욱	深奧심오 이론 따위가 썩 깊고 오묘함 ▶深(깊을 심) 奧地오지 해안이나 도시에서 멀리 떨어진 대륙 내부의 깊숙한 땅 ▶地(땅 지) 奧妙오묘 奧秘오비 奧義오의 奧藏오장 奧底오저 玄奧현오 奧密稠密오밀조밀	1급 727 宀부 총 14획 寤 깰 오	覺寤각오 꿈에서 깸 ▶覺(깨달을 각) 寤寐오매 깨어 있을 때나 자고 있을 때 ▶寐(잠잘 매) 寤寐求之오매구지 寤寐不忘오매불망 寤寐思服오매사복
1급 728 忄(心)부 총 16획 懊 한할 오	懊惱오뇌 뉘우쳐 한탄하고 번뇌함 ▶惱(골 뇌) 懊恨오한 뉘우치고 한탄함 ▶恨(한할 한) 懊嘆오탄 懊悔오회 주의 恨(한할 한) 4급	1급 729 攵(攴)부 총 11획 敖 놀 오	敖慢오만 태도가 거만함 또는 잘난 체하고 남을 업신 여기며 건방짐 ▶慢(거만할 만) 敖遊오유 이곳저곳을 돌아다님 ▶遊(놀 유) 敖民오민 주의 傲와 同字

오월동주(吳越同舟)

吳(성 오), 越(넘을 월), 同(한가지 동), 舟(배 주)

서로 적의를 품은 사람들이 한자리에 있게 된 경우나 서로 협력하여야 하는 상황을 비유적으로 이르는 말이다. 손자가 말하기를 "오나라와 월나라는 원수처럼 미워하는 사이지만 그들이 한 배를 타고 바다를 건너다가 풍랑을 만났다고 가정한다면 원수처럼 맞붙어 싸우지는 않을 것이다. 오히려 양쪽 어깨에 붙은 오른손과 왼손의 관계처럼 도울 것이다."

《손자(孫子)》구지편(九地篇)

한자 익히기

2급 842 日부 총 8획 **旿**
밝을 오
주의 午와 通用

1급 730 日부 총 11획 **晤**
밝을 오
面晤면오 서로 만나서 얘기함 ▶面(낯 면)
拜晤배오 지위가 높거나 존경하는 사람을 찾아가 뵘 ▶拜(절 배)

晤面오면　會晤회오

2급 843 木부 총 11획 **梧**
오동나무 오
梧桐오동 현삼과에 딸린 갈잎큰키나무로 나무는 장롱, 악기 따위를 만드는 데 쓰임 ▶桐(오동나무 동)
梧葉오엽 오동나무 잎 ▶葉(잎 엽)
梧陰오음　梧下오하　支梧지오　碧梧桐벽오동
梧桐欌오동장　梧葉扇오엽선

1급 731 氵(水)부 총 16획 **澳**
깊을 오/후미 욱
澳溟오명 물이 깊음 ▶溟(바다 명)
澳門오문 마카오 ▶門(문 문)
澳大利亞오대리아 오스트레일리아 ▶大(큰 대), 利(이로울 리), 亞(버금 아)

1급 732 ⺣(火)부 총 15획 **熬**
볶을 오
熬餠오병 가래떡을 토막 내서 쇠고기와 여러 가지 채소를 넣고 양념하여 볶은 음식 ▶餠(떡 병)

熬苦草醬오고초장

1급 733 犬부 총 15획 **獒**
개 오
獒樹오수 전라북도 임실군에 있는 충견을 추도하여 심은 나무 ▶樹(나무 수)

1급 734 竹부 총 13획 **筽**
버들고리 오
筽筌오로 버들고리 ▶筌(버들고리 로)

1급 735 虫부 총 13획 **蜈**
지네 오
蜈蚣오공 말린 지네로 어린아이의 임파선염·늑막염·종기의 약으로 쓰임 ▶蚣(지네 공)

大蜈蚣대오공　石蜈蚣석오공　蜈蚣鷄오공계
蜈蚣鐵오공철

2급 844 魚부 총 22획 **鰲**
자라 오
金鰲新話금오신화 조선시대 7대 세조 때 매월당 김시습이 지은 최초의 한문 소설 ▶金(쇠 금), 新(새 신), 話(말씀 화)
주의 鼇의 俗字

1급 736 黽부 총 24획 **鼇**
자라 오
鼇頭오두 서적의 본문 위난에 써놓은 주해문 ▶頭(머리 두)
鼇山오산 산대놀음 또는 산대놀음을 하기 위한 무대 ▶山(뫼 산)
주의 鰲의 本字

쪽지시험

※ 다음 음(音)을 가진 한자는 어느 것입니까?

1　　　　　오
①敖　②放　③枚　④敗　⑤謨

2　　　　　오
①旰　②暘　③旿　④曖　⑤御

풀이
1 ①오　②방　③매　④패　⑤모
2 ①우　②양　③오　④애　⑤어

답　1.①　2.③

2급 845 沃 氵(水)부 총 7획
기름질 옥

啓沃계옥 충성스런 말을 임금에게 사룀 또는 흉금을 털어놓고 상대에게 일러줌 ▶啓(열 계)
肥沃비옥 땅이 걸고 기름짐 ▶肥(살찔 비)

沃畓옥답 沃壤옥양 沃饒옥요 沃田옥전
沃瘠옥척 沃土옥토 肥沃土비옥토

2급 846 鈺 金부 총 13획
보배 옥

李鈺이옥 조선 후기 문관 ▶李(오얏 이)

주의 珏(쌍옥 각) 1·2급

1급 737 瑥 王(玉)부 총 14획
사람이름 온

李瑥이온 조선 효종때 단구첩록의 저자 ▶李(오얏 이)

주의 溫(따뜻할 온) 6급

2급 847 瘟 广부 총 15획
염병 온

瘟疫온역 봄철에 유행하는 급성 전염병의 하나 ▶疫(전염병 역)
瘟黃온황 몸빛이 누렇게 되어 죽는 돌림병의 한 가지 ▶黃(누를 황)

瘟鬼온귀 犬瘟病견온병 蝦蟆瘟하마온

주의 溫(따뜻할 온) 6급

2급 848 穩 禾부 총 19획
편안할 온

穩當온당 사리에 어그러지지 않고 알맞음 ▶當(마땅 당)
穩全온전 본바탕대로 고스란히 있음 ▶全(온전 전)

未穩미온 不穩불온 深穩심온 穩健온건
平穩평온 穩和온화 穩健派온건파

1급 738 縕 糸부 총 16획
헌솜/주홍빛 온

縕袍온포 묵은 솜을 둔 도포 ▶袍(두루마기 포)

주의 蘊(쌓을 온) 1·2급

2급 849 蘊 艹(艸)부 총 20획
쌓을 온

想蘊상온 어떤 일을 마음속에 생각하여 의식하는 여러 가지 정상 ▶想(생각 상)
蘊抱온포 가슴속에 재주나 포부를 깊이 품음. 그 재주나 포부 ▶抱(안을 포)

餘蘊여온 蘊奧온오 蘊藉온자 蘊藏온장
蘊蓄온축 五蘊盛苦오온성고

2급 850 兀 几부 총 3획
우뚝할 올

突兀돌올 높이 솟아서 오똑함 또는 뛰어나게 똘똘함 ▶突(갑자기 돌)
兀然올연 홀로 외롭고 우뚝한 모양 ▶然(그러할 연)

兀頭올두 兀僧올승

주의 元(으뜸 원) 5급

1급 739 壅 土부 총 16획
막힐 옹

壅拙옹졸 성질이 너그럽지 못하고 생각이 좁음 ▶拙(졸할 졸)
壅滯옹체 막혀서 걸림 또는 막히어 마음대로 움직이지 못함 ▶滯(막힐 체)

痰壅담옹 壅劫옹겁 壅城옹성 壅鬱옹울
壅蔽옹폐 壅固執옹고집

1급 740 甕 瓦부 총 9획
독 옹

鐵甕城철옹성 무쇠로 만든 독처럼 튼튼히 쌓은 산성이라는 뜻으로 매우 튼튼히 둘러싼 것이나 그러한 상태를 비유 ▶鐵(쇠 철), 城(성 성)

鐵甕山철옹산

주의 甕과 同字

옹고집전(甕固執傳)

甕(막을 옹), 固(굳을 고), 執(잡을 집), 傳(전할 전)

조선시대 작자, 연대 미상의 판소리 계열 고대소설이다. 옹진 고을에 사는 옹고집은 심술 사납고 인색하며 불효한 인간으로서, 거지나 중이 오면 때려서 쫓기 일쑤였다. 이에 도술이 능통한 도사가 학대사(鶴大師)를 시켜 옹고집을 징계하고 오라 했으나 오히려 매만 맞고 돌아왔다. 화가 난 도사가 초인(草人)으로 가짜 옹고집을 만들었다. 진짜와 가짜를 가리고자 관가에 송사까지 하였으나 진짜 옹고집이 져서 도리어 집에서 쫓겨나고 걸식 끝에 자살하려고 하다가 도사에게 구출된다.

한자 익히기

2급 851 甕 / 瓦부 / 총 18획 / 독 옹
- 甕器옹기 질그릇과 오지그릇을 통틀어 이름 ▶器(그릇 기)
- 甕井옹정 밑바닥을 없앤 독을 묻어서 만든 독우물 ▶井(우물 정)
- 甕家옹가 甕算옹산 甕城옹성 甕津옹진
- 醬甕장옹 酒甕주옹 甕器匠옹기장

1급 741 癰 / 疒부 / 총 23획 / 악창 옹
- 肝癰간옹 습열과 열독으로 인하여 간장에 생긴 종기 ▶肝(간 간)
- 內癰내옹 신체의 내부에 생기는 종기 ▶內(안 내)
- 心癰심옹 癰疽옹저 癰癤옹절 乳癰유옹
- 胃癰위옹 腸癰장옹 齒癰치옹 肺癰폐옹

1급 742 邕 / 色부 / 총 10획 / 막힐 옹
- 蔡邕채옹 중국 후한 때의 문인·서예가 ▶蔡(성 채)

2급 852 雍 / 隹부 / 총 13획 / 화할 옹
- 雍容옹용 마음이 화락하고 조용함 ▶容(얼굴 용)
- 雍齒옹치 늘 싫어하고 미워하는 사람 ▶齒(이 치)
- 鷄雍계옹 雍雍옹옹 時雍之政시옹지정

2급 853 饔 / 食부 / 총 22획 / 아침밥 옹
- 饔飧옹손 아침밥과 저녁밥 ▶飧(저녁밥 손)
- 別司饔별사옹 각 궁전에서 음식을 조리하던 구실아치 ▶別(나눌 별), 司(맡을 사)
- 司饔사옹

주의 甕(독 옹) 1·2급

2급 854 渦 / 氵(水)부 / 총 12획 / 소용돌이 와
- 旋渦선와 소용돌이 ▶旋(돌 선)
- 渦中와중 소용돌이치며 물이 흘러 가는 가운데 또는 분란한 사건의 가운데 ▶中(가운데 중)
- 渦動와동 渦雷와뢰 渦流와류 渦紋와문
- 渦狀와상 渦線와선 渦形와형 戰渦전와

2급 855 窩 / 穴부 / 총 14획 / 움집 와
- 心窩심와 사람 가슴뼈 아래 한가운데 오목하게 들어간 곳 ▶心(마음 심)
- 窩窟와굴 도둑이나 악한 무리가 활동의 본거지로 삼고 있는 곳 ▶窟(굴 굴)
- 强窩강와 眼窩안와 窩主와주 窩中와중
- 腋窩액와 頰窩협와

1급 743 窪 / 穴부 / 총 14획 / 웅덩이 와
- 窪隆와륭 우묵한 곳과 높은 곳 또는 쇠함과 성함 ▶隆(높을 륭)
- 窪地와지 움푹 패어 웅덩이가 된 땅 ▶地(땅 지)

2급 856 蛙 / 虫부 / 총 12획 / 개구리 와/왜
- 蛙聲와성 개구리 우는 소리 또는 떠드는 소리 ▶聲(소리 성)
- 蛙吠와폐 개구리의 우는 소리 ▶吠(짖을 폐)
- 蛙泳와영 蛙炒와초 雨蛙우와 靑蛙청와
- 井底之蛙정저지와 春蛙秋蟬춘와추선

1급 744 蝸 / 虫부 / 총 15획 / 달팽이 와
- 蝸舍와사 작고 좁은 집 또는 자기 집을 겸손하게 이르는 말 ▶舍(집 사)
- 蝸牛와우 달팽이 ▶牛(소 우)
- 蝸廬와려 蝸螺와라 蝸室와실 蝸屋와옥
- 蝸瘡와창 蝸牛殼와우각 蝸牛管와우관

쪽지시험

※ 다음 성어에서 □ 안에 들어갈 알맞은 한자는 어느 것입니까?

1. 井底之□
   ① 蛙 ② 奎 ③ 硅 ④ 珪 ⑤ 臥

2. □角之爭
   ① 螂 ② 蛙 ③ 蠣 ④ 蝸 ⑤ 渦

풀이
1. 井底之蛙(정저지와) : 우물안의 개구리
2. 蝸角之爭(와각지쟁) : 달팽이의 더듬이 위에서 싸운다는 뜻으로, 하찮은 일로 벌이는 싸움을 비유적으로 이르는 말

답 1.① | 2.④

상공회의소 한자시험 고급 기본서 1·2급

2급 857 言부 총 11획 **訛** 그릇될 **와**
- 浮訛부와 근거 없는 거짓말로 뜬소문을 일컬음 ▶浮(뜰 부)
- 訛傳와전 그 본래의 뜻이나 내용을 잘못되게 바꾸어 전하는 것 ▶傳(전할 전)
- 騷訛소와 訛說와설 訛語와어 訛言와언
- 訛音와음 訛脫와탈 轉訛語전와어

2급 858 女부 총 11획 **婉** 순할 **완**
- 婉曲완곡 말이나 행동을 빙둘러서 함 또는 말씨가 노골적이 아님 ▶曲(굽을 곡)
- 婉容완용 여자의 정숙한 자태 ▶容(얼굴 용)
- 纖婉섬완 婉孌완련 婉媚완미 婉淑완숙
- 婉弱완약 婉婉완완 淸婉청완

1급 745 宀부 총 8획 **宛** 굽을 **완**
- 宛轉완전 군색한 데가 없이 순탄하고 원활함 ▶轉(구를 전)

1급 746 木부 총 11획 **梡** 도마 완/관/문지를 환
- ※순(舜) 임금 시절에 네 발이 있는 도마

1급 747 木부 총 12획 **椀** 주발 **완**
- 椀器완기 주발·공기 같은 작은 식기 ▶器(그릇 기)
- 金椀금완 木椀목완

2급 859 氵(水)부 총 10획 **浣** 빨 **완**
- 浣紗완사 마전이나 빨래를 하는 일 ▶紗(깁 사)
- 別浣紙별완지 창호지 ▶別(나눌 별), 紙(종이 지)
- 上浣상완 浣衣완의 中浣중완 下浣하완
- 浣巖集완암집

2급 860 王(玉)부 총 8획 **玩** 희롱할 **완**
- 完具완구 아이들이 가지고 노는 여러 가지 물건 ▶具(갖출 구)
- 玩賞완상 좋아서 구경함 또는 아름다움을 보고 즐기는 것 ▶賞(상줄 상)
- 器玩기완 秘玩비완 玩讀완독 玩弄완롱
- 玩好완호 展玩전완 愛玩動物애완동물

1급 748 王(玉)부 총 11획 **琓** 옥돌 **완**
- 琓夏國완하국 신라의 탈해왕(脫解王)이 태어났다는 나라 ▶夏(여름 하), 國(나라 국)
- **주의** 玩(희롱할 완) 1·2급

1급 749 王(玉)부 총 12획 **琬** 홀 **완**
- 琬琰완염 아름다운 옥 ▶琰(옥갈 염)
- 戚琬척완 임금의 외척 또는 임금의 외척이 모여 사는 곳 ▶戚(겨레 척)

2급 861 阜부 총 7획 **阮** 성씨 **완**
- 阮丈완장 남의 백부·중부·숙부·계부 등의 높임말 ▶丈(어른 장)
- 先阮선완장 세상을 떠난 완장 ▶先(먼저 선), 丈(어른 장)
- 阮咸완함 阮堂集완당집

한자별곡 상공회의소 한자 고급 1, 2급

애완동물(愛玩動物)

愛(사랑 애), 玩(희롱할 완), 動(움직일 동), 物(물건 물)

인간이 주로 즐거움을 누리기 위한 대상으로 사육하는 동물이다. 애완동물 사육은 선사시대로부터 지금까지 내려왔고, 애완동물이 거의 모든 문명사회에서 나타고 있으며 사람과 애완동물과의 관계는 친밀한 교제 이외에 실제적이며 경제적인 목적도 있어 사냥이나 수송에 이용하기도 하였다. 주로 개·고양이·카나리아·금붕어 등 포유류·조류·어류를 사육해 왔으나, 최근에 와서는 뱀·도마뱀·악어·거북·개구리·도롱뇽 등의 파충류와 양서류도 애완동물로 사육된다.

한자 익히기

1급 750 石부 총 13획 **碗** 주발 완
- 碗口완구 조선시대 때 사용하던 화포의 하나 ▶口(입 구)
- 碗器완기 주발이나 공기 따위 밥을 먹는 데 쓰는 식기 ▶器(그릇 기)
- 金稜碗금릉완 大碗口대완구 小碗口소완구
- 中碗口중완구 주의 椀(주발 완) 1·2급

1급 751 羽부 총 15획 **翫** 가지고놀 완
- 翫味완미 음식을 잘 씹어서 맛 봄 또는 시문의 의미를 잘 생각하여 맛 봄 ▶味(맛 미)
- 展翫전완 펼쳐서 보고 즐김 ▶展(펼 전)
- 翫弄완롱 翫弄物완롱물
- 주의 玩과 通用

1급 752 月(肉)부 총 11획 **脘** 밥통 완
- 下脘하완 위의 말단 부 십이지장에 연이은 부분 ▶下(아래 하)
- 交接脘교접완

2급 862 月(肉)부 총 12획 **腕** 팔 완
- 手腕수완 일을 꾸미고 치러 나가는 재간 ▶手(손 수)
- 腕章완장 팔 부분에 두르는 표장 ▶章(글 장)
- 鈍腕둔완 妙腕묘완 敏腕민완 扼腕액완
- 腕力완력 玉腕옥완 切齒扼腕절치액완

2급 863 ++(艸)부 총 11획 **莞** 빙그레할 완/왕골 관
- 莞島완도 전라남도 남해쪽, 완도군에 속하는 섬 ▶島(섬 도)
- 莞爾완이 빙그레 웃는 모양 ▶爾(너 이)
- 莞草완초 莞花완화 小莞草소완초
- 주의 腕(팔 완) 1·2급

1급 753 豆부 총 15획 **豌** 완두 완
- 豌豆완두 콩과에 딸린 한해살이 또는 두해살이가 덩굴풀 ▶豆(콩 두)
- 豌豆瘡완두창 완두 모양으로 나는 종기 ▶豆(콩 두), 瘡(부스럼 창)
- 靑豌豆청완두

2급 864 頁부 총 13획 **頑** 완고할 완
- 頑强완강 태도가 완고하고 의지가 굳셈 ▶强(강할 강)
- 頑命완명 죽어야 할 터인데 죽지 않고 모질게 살아 있는 목숨 ▶命(목숨 명)
- 狂頑광완 冥頑명완 頑固완고 頑腐완부
- 頑習완습 頑守완수 頑敵완적 頑皮완피

2급 865 日부 총 8획 **旺** 왕성할 왕
- 生旺생왕 삶의 뜻을 왕성하게 함 또는 자유로운 삶 ▶生(날 생)
- 興旺흥왕 흥하여 왕성함 또는 번창하고 세력이 왕성함 ▶興(일 흥)
- 康旺강왕 萬旺만왕 旺氣왕기 旺盛왕성
- 旺運왕운 旺盛期왕성기 仁旺山인왕산

1급 754 木부 총 8획 **枉** 굽을 왕
- 枉斷왕단 법률을 굽히어서 부정한 판결을 함 ▶斷(끊을 단)
- 枉臨왕림 남이 자기 있는 곳으로 찾아오는 일을 높여 이르는 말 ▶臨(임할 림)
- 矯枉교왕 群枉군왕 屈枉굴왕 枉駕왕가
- 枉顧왕고 枉曲왕곡 枉惑왕혹 不枉法불왕법

2급 866 氵(水)부 총 7획 **汪** 넓을 왕
- 汪洋왕양 미루어 헤아리기 어렵게 광대함 ▶洋(큰바다 양)

쪽지시험

※ 다음 한자어(漢字語)와 발음(發音)이 같은 한자어는 어느 것입니까?

1 玩味
① 原價 ② 院內 ③ 緩急 ④ 婉媚 ⑤ 末尾

2 王城
① 枉駕 ② 旺盛 ③ 枉臨 ④ 旺運 ⑤ 往復

풀이
1 완미
① 원가 ② 원내 ③ 완급 ④ 완미 ⑤ 말미
2 왕성
① 왕가 ② 왕성 ③ 왕림 ④ 왕운 ⑤ 왕복

답 1. ④ | 2. ②

급수/번호	한자	뜻/음	용례
2급 867 / 亻(人)부 / 총 10획	倭	왜나라 왜	倭寇왜구 중국과 우리나라 근해를 침범하던 일본 해적 ▶寇(도둑 구) 倭亂왜란 왜인이 일으킨 난리 ▶亂(어지러울 란) 格倭격왜 倭警왜경 倭軍왜군 倭人왜인 倭將왜장 倭紙왜지 壬辰倭亂임진왜란
1급 755 / 女부 / 총 9획	娃	예쁠 왜/와	吳娃오왜 오나라의 미인 ▶吳(오나라 오)
2급 868 / 止부 / 총 9획	歪	비뚤 왜/외	歪曲왜곡 사실과 다르게 해석하거나 그릇되게 함 ▶曲(굽을 곡) 歪力왜력 물체가 외부 힘의 작용에 저항하여 원형을 지키려는 힘 ▶力(힘 력) 歪形왜형 歷史歪曲역사왜곡
2급 869 / 矢부 / 총 13획	矮	키작을 왜	矮陋왜루 키가 작고 보기가 흉함 또는 집 따위가 작고 초라함 ▶陋(좁을 루) 矮小왜소 키나 체구가 보통의 경우보다 작음 ▶小(작을 소) 矮軀왜구 矮星왜성 矮人왜인 矮屋왜옥 矮者왜자 矮箭왜전 矮詹왜첨 矮縮왜축
1급 756 / 山부 / 총 13획	嵬	높을 외	嵬崛외굴 산이 빼어나게 우뚝 솟아 있음 ▶崛(우뚝솟을 굴) 崔嵬최외 산이 오똑하게 높고 험함 또는 집이나 정자가 크고 높음 ▶崔(높을 최) 雷嵬뇌외 嵬選외선 嵬嵬외외 [주의] 巍와 同字
2급 870 / 山부 / 총 21획	巍	높을 외	巍巍외외 뛰어나게 높고 우뚝 솟은 모양 또는 인격이 높고 뛰어남 ▶巍(높을 외) 巍勳외훈 뛰어나게 큰 공훈 ▶勳(공 훈) 巍然외연 巍嵬외외
1급 757 / 犭(犬)부 / 총 12획	猥	함부로 외	猥濫외람 하는 짓이 분수에 넘침 ▶濫(넘칠 람) 猥書외서 추잡하고 음탕한 내용의 책 ▶書(글 서) 猥褻외설 猥語외어 猥言외언 淫猥음외 猥雜외잡 猥褻物외설물 猥褻罪외설죄
1급 758 / 亻(人)부 / 총 14획	僥	바랄 요	僥倖요행 일이 우연히 잘 되어 다행함 또는 뜻밖에 얻는 행복 ▶倖(요행 행) 僥倖數요행수 뜻밖에 얻는 행복한 운수 ▶倖(요행 행), 數(셈 수)
2급 871 / 凵부 / 총 5획	凹	오목할 요	凹處요처 둘레의 다른 곳보다 오목하게 들어간 곳 ▶處(곳 처) 凹凸요철 오목하게 들어감과 볼록하게 나와 울퉁불퉁함 ▶凸(볼록할 철) 凹角요각 凹鏡요경 凹彫요조 凹版요판 凹陷요함 凹面鏡요면경 凹地湖요지호
2급 872 / 土부 / 총 12획	堯	요임금 요	堯年요년 요 임금이 재위한 해로 태평성대를 이르는 말 ▶年(해 년) 堯舜요순 중국 고대의 성천자인 요 임금과 순 임금 ▶舜(순임금 순) 唐堯당요 堯舜之節요순지절 堯舜時代요순시대 見堯於墻견요어장

왜구(倭寇)

倭(왜나라 왜), 寇(도둑 구)

특히 13~16세기에 걸쳐 한국과 중국의 연안에 수시로 침입하여 인명을 해치고 재산을 약탈하던 일본의 해적집단을 말한다. 한반도에서의 왜구의 침입은 일찍이 삼국시대부터였으나, 이들이 극성을 부리기 시작한 것은 고려 후기부터이다. 충정왕·공민왕·우왕에 이르는 40년 동안 100~500척의 선단으로 떼를 지어 노략질을 자행하였다. 최무선(崔茂宣)의 건의에 따라 화통도감을 설치하여 화약·화포 등 각종 화기를 제조함으로써 왜구 격퇴에 큰 효과를 거두기도 하였다.

2급 873	夭折요절 젊은 나이에 죽음 ▶折(꺾을 절)	2급 874	妖婦요부 요사스러운 여자 ▶婦(며느리 부)
大 부 총 4획 夭	中夭중요 중년에 죽음 또는 뜻하지 않은 재난 ▶中(가운데 중)	女 부 총 7획 妖	妖艶요염 주로 여자가 사람을 호릴 만큼 아리따움 ▶艶(고울 염)
어릴 요	桃夭도요 壽夭수요 夭札요찰 夭促요촉 夭陷요함 橫夭횡요 桃夭時節도요시절	요사할 요	面妖면요 妖怪요괴 妖氣요기 妖女요녀 妖物요물 妖變요변 妖術요술 妖神요신

2급 875	姚江學요강학 중국 명나라 때 왕양명이 주창했던 새로운 유교 학설 ▶江(강 강), 學(배울 학)	1급 759	寂寥적요 적적하고 쓸쓸함 ▶寂(고요할 적)
女 부 총 9획 姚		宀 부 총 14획 寥	閑寥한료 한가롭고 조용함 ▶閑(한가할 한)
예쁠 요	주의 姝(예쁠 주) 1·2급	쓸쓸할 요	寥闊요활 閒寥한료 沈默寂寥침묵적요 주의 寂(고요할 적) 3급

1급 760	嶢崎요기 사물이 복잡하고 곡절이 많음 ▶崎(험할 기)	1급 761	拗體요체 정해진 평측식에 따르지 아니한 근체 한시 ▶體(몸 체)
山 부 총 15획 嶢		扌(手) 부 총 8획 拗	執拗집요 고집스럽게 끈질김 또는 성가시게 따라붙어 떨어지지 않음 ▶執(잡을 집)
높을 요	주의 曉(새벽 효) 3급	꺾을 요/누를 욱	拗執요집

1급 762	不撓불요 흔들리지 않음 또는 어려움에 굽히지 않음 ▶不(아닐 불)	2급 876	擾亂요란 시끄럽고 어지러움 또는 암석·지층 등의 습곡·단층 운동 ▶亂(어지러울 란)
扌(手) 부 총 15획 撓	撓折요절 휘어져 부러짐 또는 휘어짐 ▶折(꺾을 절)	扌(手) 부 총 18획 擾	擾攘요양 한꺼번에 떠들어서 어수선함 ▶攘(물리칠 양)
구부러질 요/돌 효	可撓가요 撓改요개 撓骨요골 百折不撓백절불요 不撓不屈불요불굴	어지러울 요	客擾객요 輕擾경요 敎擾교요 起擾기요 騷擾소요 擾柔유유 丙寅洋擾병인양요

2급 877	曜日요일 월·화·수·목·금·토·일에 붙어 1주일의 각 날을 나타내는 말 ▶日(날 일)	1급 763	橈狀요상 배를 젓는 노와 같은 모양 ▶狀(형상 상)
日 부 총 18획 曜	黑曜石흑요석 화산암의 한 가지 ▶黑(검을 흑), 石(돌 석)	木 부 총 16획 橈	橈脚類요각류 절갑류에 딸린 절족동물의 한 목 ▶脚(다리 각), 類(무리 류)
빛날 요	芒曜망요 曜魄요백 七曜칠요 金曜日금요일 曜日表요일표 日曜日일요일 土曜日토요일	꺾일 요/노 뇨	

쪽지시험

※ 다음 한자(漢字)와 음(音)이 같은 한자는 어느 것입니까?

1 矮

①卦 ②娃 ③佳 ④厓 ⑤櫃

2 擾

①拗 ②捐 ③挺 ④掩 ⑤染

풀이

1 矮(키작을 왜)
 ① 괘 ② 왜 ③ 가 ④ 애 ⑤ 궤

2 擾(어지러울 요)
 ① 요 ② 연 ③ 정 ④ 엄 ⑤ 염

답 1. ② | 2. ①

1급 764 火부 총 18획 燿 빛날 요/녹일 삭	炳燿병요 빛나고 번쩍임 ▶炳(불꽃 병) 閃燿섬요 번쩍거리며 빛남 ▶閃(번쩍거릴 섬) 燿燿요요 빛이 비쳐 밝음 주의 曜(빛날 요) 1·2급	2급 878 王(玉)부 총 14획 瑤 아름다운옥 요	瑤顔요안 옥과 같이 아름다운 얼굴 ▶顔(얼굴 안) 瑤玉요옥 아름답고 귀중한 구슬 ▶玉(구슬 옥) 瑤池요지 瑤池鏡요지경 江瑤珠강요주
1급 765 穴부 총 10획 窈 그윽할 요	窈冥요명 날이 어스레함 또는 이치가 헤아릴 수 없이 깊음 ▶冥(어두울 명) 窈窕요조 부녀의 행동이 얌전하고 정숙함 ▶窕(으늑할 조) 窈靄요애 窈然요연 窈窕淑女요조숙녀	2급 879 穴부 총 15획 窯 가마 요	瓦窯와요 기와를 굽는 가마 ▶瓦(기와 와) 窯業요업 기와·벽돌·사기·질그릇 등을 만드는 업의 총칭 ▶業(업 업) 窯法요법 窯變요변 窯入요입 窯址요지 窯出요출 炭窯탄요 燒窯戶소요호
1급 766 糸부 총 17획 繇 역사 요/말미암을 유/점 주	張僧繇장승요 중국 양나라 무제에게 봉사한 궁정화가(畫家) ▶張(베풀 장), 僧(중 승)	1급 767 糸부 총 18획 繞 두를 요	圍繞위요 어떤 지역이나 현상을 빙 둘러 쌈 또는 빙 둘러앉음 ▶圍(에워쌀 위) 纏繞전요 덩굴 따위가 친친 휘감음 ▶纏(얽을 전) 紛繞분요 繞客요객 繞佛요불 環繞환요 圍繞地위요지 纏繞莖전요경 纏繞性전요성
2급 880 羽부 총 20획 耀 빛날 요	照耀조요 밝게 비치어서 빛남 ▶照(비칠 조) 眩耀현요 눈부시고 찬란하게 빛남 ▶眩(아찔할 현) 光耀광요 朗耀낭요 榮耀영요 耀價요가 耀德요덕 耀耀요요 耀電요전 昱耀욱요	1급 768 虫부 총 18획 蟯 요충 요	蟯蟲요충 원충류에 딸린 기생충으로 사람의 맹장 및 그 부근의 장관 내에 기생함 ▶蟲(벌레 충)
1급 769 辶(辵)부 총 17획 邀 맞을 요	奉邀봉요 존경하는 웃어른을 와 주십사고 청함 ▶奉(받들 봉) 邀擊요격 맞이하여 침 ▶擊(칠 격) 邀來요래 사람을 맞아서 옴 ▶來(올 래) 邀喝요갈 邀招요초 請邀청요 招邀초요 暗邀人心암요인심	2급 881 食부 총 21획 饒 넉넉할 요	饒多요다 물건 따위가 많아 풍부함 ▶多(많을 다) 豊饒풍요 흠뻑 많아서 넉넉함 ▶豊(풍년 풍) 富饒부요 肥饒비요 饒居요거 饒貸요대 饒實요실 饒戶요호 沃饒옥요 稍饒초요

요지경(瑤池鏡)

瑤(아름다운옥 요), 池(못 지), 鏡(거울 경)

상자 앞면에 확대경을 장치하여 놓고 그 안에 여러 그림을 넣어서 들여다보게 한 장치이다. 대개 들여다보는 구멍이 있는 상자로 되어 있는데, 구멍을 통해서 원근법에 따라 채색·제작된 축소된 경치 또는 무대장면을 볼 수 있다. 극과 같이 줄거리가 있는 여러 장면의 그림이나 여러 곳의 풍경화를 설명하면서 그림이 차례로 나타나게 되어 있다. 요지경(瑤池鏡)은 신선이 산다는 구슬연못에서 유래하여 알쏭달쏭하고 묘한 세상일을 비유적으로 이르는 말로 쓰이고 있다.

한자 익히기

1급 770 糸부 총 16획	縟 채색 욕	繁文縟禮번문욕례 문도 번거롭고 예도 번거롭다는 뜻으로 규칙이나 예절, 절차 따위가 번거롭고 까다로움 ▶繁(번거로울 번), 文(글월 문), 禮(예도 례) 縟禮욕례	2급 882 衤(衣)부 총 15획	褥 요 욕	産褥산욕 아이를 낳을 때에 산모가 까는 요 ▶産(낳을 산) 褥醫욕의 산모의 진찰과 치료를 맡은 의사. 산부인과 의사 ▶醫(의원 의) 衾褥금욕 病褥병욕 褥婦욕부 坐褥좌욕 産褥婦산욕부 産褥期산욕기 産褥熱산욕열
1급 771 亻(人)부 총 9획	俑 목우 용	陶俑도용 무덤 속에 넣기 위해 흙으로 빚은 인형 ▶陶(질그릇 도) 土俑토용 흙으로 구워 만든 허수아비의 하나. 무덤 속에 묻었음 ▶土(흙 토) 艾俑애용 作俑작용	2급 883 亻(人)부 총 13획	傭 품팔 용/고를 충	雇傭고용 삯을 받고 남의 일을 해줌 ▶雇(품팔 고) 常傭상용 늘 고용하고 있음 ▶常(항상 상) 傭客용객 傭工용공 傭兵용병 傭船용선 日傭일용 解傭해용 雇傭保險고용보험
1급 772 一부 총 4획	冗 쓸데없을 용	俗冗속용 세속적인 여러 가지 번거로운 일 ▶俗(풍속 속) 冗務용무 필요하지 않은 사무 또는 별로 중요하지 않은 사무 ▶務(힘쓸 무) 冗多용다 冗文용문 冗語용어 冗員용원 冗長용장 冗話용화	1급 773 土부 총 10획	埇 길돋울 용	埇路용로 골목길 ▶路(길 로)
1급 774 土부 총 14획	墉 담 용	崇墉숭용 시경(詩經), 대아(大雅)에 나오는 크고 높은 숭(崇)나라의 성(城)을 말함 ▶崇(높을 숭) 崇墉숭용 如墉여용 長墉장용 周墉주용	1급 775 心부 총 14획	慂 권할 용	强慂강용 무리하게 달래어 권함 ▶强(강할 강) 慫慂종용 잘 설명하고 달래어 권함 ▶慫(권할 종)
1급 776 木부 총 14획	榕 벵골보리수 용	榕樹용수 뽕나무과에 속하는 상록교목 ▶樹(나무 수)	1급 777 氵(水)부 총 10획	涌 샘솟을 용	涌起용기 물이 솟아남 ▶起(일어날 기) 涌沫용말 솟아오르는 거품 ▶沫(거품 말) 涌溢용일 물이 솟아 넘쳐흐름 ▶溢(넘칠 일)

쪽지시험

※ 다음의 뜻을 가진 한자(漢字)는 어느 것입니까?

1 | 가마 |
① 窯 ② 繞 ③ 瑤 ④ 邀 ⑤ 僥

2 | 권하다 |
① 俑 ② 榕 ③ 冗 ④ 慂 ⑤ 鎔

풀이

1 ① 窯(가마 요) ② 繞(두를 요)
  ③ 瑤(아름다운옥 요) ④ 邀(맞을 요)
  ⑤ 僥(바랄 요)

2 ① 俑(목우 용) ② 榕(벵골보리수 용)
  ③ 冗(쓸데없을 용) ④ 慂(권할 용)
  ⑤ 鎔(쇠녹일 용)

답 1. ① | 2. ④

2급 884 氵(水) 부 총 12획	湧 샘솟을 용	湧泉용천 물이 솟아나오는 샘 ▶泉(샘 천) 洶湧흉용 물결이 매우 세차게 일어남, 물이 힘차게 솟아남 ▶洶(용솟음칠 흉) 湧昇용승 湧出용출 思如湧泉사여용천 水湧山出수용산출	2급 885 氵(水) 부 총 13획	溶 질펀히흐를 용	溶媒용매 액체에 물질을 녹여서 용액을 만들 때 그 액체 ▶媒(중매 매) 溶液용액 두 가지 이상의 물질이 섞여서 균질하게 되어 있는 액체 ▶液(진 액) 可溶가용 溶溶용용 溶解용해 溶劑용제 可溶物가용물 水溶性수용성 溶解度용해도
2급 886 火 부 총 14획	熔 쇠녹일 용	熔鑛용광 광석을 녹이는 일 ▶鑛(쇳돌 광) 熔巖용암 화산이 분화할 때 화구에서 뿜어낸 암장이 식어서 굳어진 바위 ▶巖(바위 암) 熔融용융 熔着용착 熔化용화 熔巖流용암류 주의 鎔의 俗字	1급 778 王(玉) 부 총 14획	瑢 패옥소리 용	瑽瑢종용 패옥소리 ▶瑽(패옥소리 종)
1급 779 用 부 총 7획	甬 길 용	甬道용도 양쪽에 담을 쌓은 길 ▶道(길 도) 斗甬두용 楚甬초용 주의 俑(목우 용) 1·2급	1급 780 耳 부 총 17획	聳 솟을 용/두려워할 송	聳動용동 몸을 솟구쳐 뛰듯 움직임 ▶動(움직일 동) 聳然용연 우뚝 솟은 모양 또는 무서워서 몸을 고쳐 잡은 모양 ▶然(그러할 연) 高聳고용 聳空용공 聳懼용구 聳立용립 聳拔용발 聳身용신 聳出용출 聳峙용치
2급 887 ++(艸) 부 총 10획	茸 무성할 용/버섯 이	鹿茸녹용 사슴의 새로 돋은 연한 뿔로 보약으로 씀 ▶鹿(사슴 록) 蒙茸몽용 풀이 어지럽게 난 모양 또는 물건이 어지러운 모양 ▶蒙(어두울 몽) 家茸가용 毛茸모용 蔘茸삼용 水茸수용 茸茂용무 獐茸장용 切茸절용 火茸화용	2급 888 ++(艸) 부 총 14획	蓉 연꽃 용	芙蓉부용 연꽃 ▶芙(부용 부) 阿芙蓉아부용 양귀비꽃 ▶阿(언덕 아), 芙(부용 부) 木芙蓉목부용 玉芙蓉옥부용
2급 889 足 부 총 14획	踊 뛸 용	踊躍용약 좋아서 뜀 ▶躍(뛸 약) 舞踊團무용단 무용을 하는 사람들도 구성된 연구 및 발표의 한 단체 ▶舞(춤출 무), 團(둥글 단) 舞踊무용 舞踊家무용가 舞踊劇무용극 舞踊手무용수 舞踊服무용복 舞踊靴무용화	2급 890 金 부 총 18획	鎔 쇠녹일 용	鎔點용점 고체가 액체로 변하는 데에 필요한 열도 ▶點(점 점) 鎔接용접 두 금속에 고도의 전열을 주어 접합시키는 일 ▶接(이을 접) 鎔石용석 鎔冶용야 鎔鑄용주 鎔解용해 鎔和용화 難鎔性난용성 酸素鎔接산소용접

한자별곡

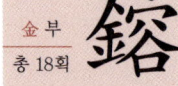

녹용(鹿茸)

鹿[사슴 록(녹)], 茸(무성할 용)

사슴 뿔을 채취하여 가공한 약재이다. 사슴의 뿔은 늦봄에 저절로 떨어지고 곧 그 자리에 새로운 뿔이 자라는데 이렇게 자라기 시작한 뿔을 녹용이라 하며 한방에서는 보정강장약(補精强壯藥)으로 쓴다. 초목이 무럭무럭 자라나는 모습에 비유하여 녹용이라고 부르며 녹용과 달리 완전히 자란 뿔이 자연 탈락한 것을 녹각이라 한다. 녹용은 따뜻하고 혈관이 많이 들어있어 칼슘이 풍부하여 어린아이의 발육을 촉진하고 저항력을 증강할 수 있으며, 성인의 건강 유지와 노화 방지에 효과가 있다.

한자 익히기

2급 891 金부 총 19획 **鏞**
쇠북 용

鏞鼓용고 종과 북 ▶鼓(북 고)
丁若鏞정약용 조선 정조 때의 대학자 ▶丁(장정 정), 若(같을 약)

주의 鐘(쇠북 종) 4급

2급 892 亻(人)부 총 7획 **佑**
도울 우

眷佑권우 친절히 보살펴 도와 줌 ▶眷(돌아볼 권)
保佑보우 사람을 잘 보호하고 도와 줌 ▶保(지킬 보)
光佑광우 不佑불우 佑啓우계 佑命우명
陰佑음우 佑助우조 天佑神助천우신조

2급 893 宀부 총 12획 **寓**
빗댈 우

寓居우거 정착되지 아니하고 임시로 삶 또는 남의 집에 임시로 붙어 삶 ▶居(살 거)
寓話우화 딴 사물에 빗대어 교훈적, 풍자적 내용을 엮은 이야기 ▶話(말씀 화)
假寓가우 客寓객우 寄寓기우 寓書우서
寓所우소 寓言우언 流寓유우 寓話集우화집

1급 781 日부 총 7획 **旰**
클 우

주의 旰(해질 간)은 別字

1급 782 王(玉)부 총 7획 **玗**
옥돌 우

玗琪우기 붉은 옥 ▶琪(옥돌 기)
玗甸우전 중국 사천성에 있는 지명 ▶甸(경기 전)

2급 894 王(玉)부 총 13획 **瑀**
패옥 우

瑀玉우옥 패옥(佩玉)의 중간에 있는 옥 ▶玉(구슬 옥)

2급 895 皿부 총 8획 **盂**
바리 우

飯盂반우 밥을 담는 그릇 ▶飯(밥 반)
鉢盂발우 스님의 식기 ▶鉢(바리때 발)
盂只우지 행자들이 밥을 담아 먹는 놋쇠로 만든 큰 합 ▶只(다만 지)
腎盂炎신우염 盂蘭盆우란분
盂方水方우방수방 주의 孟(맏 맹) 3급

2급 896 示부 총 10획 **祐**
도울 우

嘉祐가우 하늘이 내려주는 행운 ▶嘉(아름다울 가)
冥祐명우 모르는 사이에 입는 신불의 도움 ▶冥(어두울 명)
默祐묵우 幸祐행우 郭再祐곽재우
指薪修祐지신수우 주의 佑와 通字

2급 897 示부 총 14획 **禑**
복 우

禑王우왕 고려의 31대 임금 ▶王(임금 왕)

2급 898 内부 총 9획 **禹**
성 우

田禹治傳전우치전 조선시대 때의 국문 소설로 주인공의 도술행각을 통한 의협심을 나타냈음 ▶田(밭 전), 治(다스릴 치), 傳(전할 전)
大禹대우 禹跡우적 夏禹氏하우씨
禹行舜趨우행순추

쪽지시험

※ 다음 단어들의 □ 안에 공통으로 들어갈 알맞은 한자는 어느 것입니까?

1 □液, □媒, □解

① 津 ② 溶 ③ 觸 ④ 瓦 ⑤ 憑

2 □話, 寄□, □居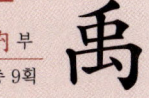

① 寓 ② 對 ③ 附 ④ 住 ⑤ 撥

풀이
1 溶液(용액), 溶媒(용매), 溶解(용해)
2 寓話(우화), 寄寓(기우), 寓居(우거)

답 1.② | 2.①

1급 783 **紆** 糸부 총 9획	盤紆반우 구불구불 굽음 또는 곡절이 많음 ▶盤(소반 반) 紆曲우곡 구불구불 구부러져 있음 ▶曲(굽을 곡)	1급 784 **芋** ++(艸)부 총 7획	山芋산우 맛과의 덩굴풀을 통틀어 이르는 말 ▶山(뫼 산) 芋子우자 천남성과의 여러해살이풀인 토란을 일컬음 ▶子(아들 자)
굽을 우		토란 우/클 후	菊芋국우 芒芋망우 烏芋오우 芋栗우율 茵芋인우 蕷芋저우
1급 785 **藕** ++(艸)부 총 19획	藕根우근 연꽃의 뿌리 ▶根(뿌리 근) 藕花우화 연꽃 ▶花(꽃 화)	2급 899 **虞** 虍부 총 13획	不虞불우 일이 있기 전에 미리 헤아리지 못함 ▶不(아닐 불) 憂虞우우 근심하고 걱정함 ▶憂(근심할 우)
연뿌리 우		염려할 우	返虞반우 疏虞소우 虞犯우범 虞人우인 再虞재우 不虞備不虞備불우비 虞犯地帶우범지대
2급 900 **迂** 辶(辵)부 총 7획	迂疏우소 세상 물정에 어둡고 민첩하지 못함 ▶疏(소통할 소) 迂回우회 곧바로 가지 않고 멀리 돌아서 감 ▶回(돌아올 회)	1급 786 **鉢** 金부 총 11획	鉢釪발우 바리 ▶鉢(바리때 발)
멀 우/굽을 오	怪迂괴우 迂曲우곡 迂路우로 迂言우언 迂緩우완 迂廻路우회로 迂餘曲折우여곡절	창고달 우	주의 盂과 通用
2급 901 **隅** 阝(阜)부 총 12획	廉隅염우 염치 또는 행실이 올바르고 절조가 굳은 품성 ▶廉(청렴할 렴) 隅柱우주 건물의 모퉁이에 세운 기둥 ▶柱(기둥 주)	1급 787 **雩** 雨부 총 11획	舞雩무우 기우제 또는 기우제를 지내는 곳 ▶舞(춤출 무) 雩祀우사 하늘에 비를 비는 제사 ▶祀(제사 사)
모퉁이 우	角隅각우 丘隅구우 方隅방우 僻隅벽우 四隅사우 隅角우각 一隅일우 海隅해우	기우제 우	雩壇우단 舞雩祭무우제 雩祀壇우사단
1급 788 **勖** 力부 총 11획	勖勉욱면 부지런히 일함 ▶勉(힘쓸 면) 勖率욱솔 삼가 거느림 ▶率(거느릴 솔)	1급 789 **彧** 彡부 총 10획	黃廷彧황정욱 조선시대 14대 선조 때의 문신 ▶黃(누를 황), 廷(조정 정)
힘쓸 욱		문채 욱	주의 或(혹 혹) 4급

운명(殞命)

殞(죽을 운), 命(목숨 명)

사람의 목숨이 끊어짐을 뜻한다.

※ 죽음을 나타내는 용어

사망(死亡) : 법률상으로 자연인이 생명을 잃음

타계(他界) : 인간계를 떠나서 다른 세계로 간다는 뜻으로, 사람의 죽음을 이르는 말

작고(作故) : 고인이 되었다는 뜻으로, 사람의 죽음을 높여 이르는 말

서거(逝去) : 죽어서 세상을 떠난다는 뜻의 '사거(死去)'의 높임말

한자 익히기

2급 902 日부 총 6획 旭	旭光욱광 솟아오르는 아침 햇빛 ▶光(빛 광) 旭日욱일 아침에 돋는 해 ▶日(날 일)	2급 903 日부 총 9획 昱	昱耀욱요 밝게 빛남 ▶耀(빛날 요)
아침해 **욱**	旭暉욱휘 張旭장욱 旭烈兀욱렬올 旭日昇天욱일승천	햇빛밝을 **욱**	

1급 790 木부 총 10획 栯		1급 791 火부 총 13획 煜	炳煜병욱 밝게 빛남 ▶炳(불꽃 병) 曄煜엽욱 기상이 빛나고 성함 ▶曄(빛날 엽)
산앵두 **욱**/나무이름 **유**	주의 梄과 同字	빛날 **욱**	

1급 792 禾부 총 15획 稶		2급 904 阝(邑)부 총 9획 郁	馥郁복욱 풍기는 향기가 그윽함 ▶馥(향기 복) 郁烈욱렬 매우 향기로움 또는 향기가 몹시 남 ▶烈(매울 렬)
서직무성할 **욱**	주의 稢의 本字	성할 **욱**	郁李욱리 鬱郁울욱 郁李仁욱리인 郁李子욱리자 郁郁青青욱욱청청

1급 793 頁부 총 13획 頊	頊頊욱욱 정신이 멍한 모양	1급 794 木부 총 16획 橒	木橒목운 나무 무늬 ▶木(나무 목)
삼갈 **욱**		나무무늬 **운**	

1급 795 歹부 총 14획 殞	殞感운감 제사 때에 차리어 놓은 음식을 귀신이 맛봄 ▶感(느낄 감) 殞命운명 사람의 목숨이 끊어짐 ▶命(목숨 명)	1급 796 氵(水)부 총 15획 澐	澐峴宮운현궁 조선시대 26대 고종의 생부인 흥선대원군 이하응이 저택으로 쓰던 궁 ▶峴(고개 현), 宮(집 궁)
죽을 **운**	殞泣운읍 주의 隕(떨어질 운) 1·2급	큰물결일 **운**	

쪽지시험

※ 다음 한자(漢字)와 뜻이 비슷한 한자는 어느 것입니까?

1. 務
   ① 功 ② 幼 ③ 勖 ④ 劫 ⑤ 奪

2. 煜
   ① 旺 ② 暘 ③ 曖 ④ 曜 ⑤ 頊

풀이

1 務(힘쓸 무)
  ① 功(공 공) ② 幼(어릴 유) ③ 勖(힘쓸 욱)
  ④ 劫(위협할 겁) ⑤ 奪(빼앗을 탈)

2 煜(빛날 욱)
  ① 旺(왕성할 왕) ② 暘(해돋이 양) ③ 曖(가릴 애)
  ④ 曜(빛날 요) ⑤ 頊(삼갈 욱)

답 1. ③ | 2. ④

1급 797 火부 총 14획 **煩**	煩煩운 불이 타오르는 모양	2급 905 耒부 총 10획 **耘**	耘穫운확 풀을 베고 곡식을 거두어들임 ▶穫(거둘 확) 耕耘機경운기 논밭을 가는 데 쓰이는 농업용 기계 ▶耕(밭갈 경), 機(틀 기)
노란모양 운	주의 殞(죽을 운) 1·2급	김맬 운	耕耘경운 耕耘船경운선

2급 906 ++(艸)부 총 8획 **芸**	芸編운편 서책을 아름답게 이르는 말 ▶編(엮을 편) 芸穫운확 풀을 베고 곡식을 거두어들임 ▶穫(거둘 확)	1급 798 ++(艸)부 총 16획 **蕓**	
평지 운/재주/심을 예	芸閣운각 芸館운관 芸夫운부 芸芸운운 芸窓운창 芸草운초 芸香운향 주의 藝의 略字	평지 운	주의 芸의 本字

2급 907 阝(阜)부 총 13획 **隕**	隕石운석 유성이 대기 중에서 다 타지 않고 지구상에 떨어진 것 ▶石(돌 석) 隕鐵운철 철을 주성분으로 하는 별똥의 한 가지 ▶鐵(쇠 철)	2급 908 ++(艸)부 총 15획 **蔚**	蔚興울흥 성하게 부쩍 일어남 ▶興(일 흥) 充蔚충울 익모초를 한방에서 이르는 말 ▶充(채울 충)
떨어질 운/둘레 원	繼隕계운 隕星운성 隕石雨운석우 天隕石천운석 將星隕장성운	고을이름 울/제비쑥 위	彬蔚빈울 蔚山울산 蔚山灣울산만

2급 909 鬯부 총 29획 **鬱**	抑鬱억울 애먼 일을 당해서 원통하여 가슴이 답답함 ▶抑(누를 억) 憂鬱우울 마음이 어둡고 가슴이 답답한 상태 ▶憂(근심 우)	1급 799 二부 총 3획 **亐**	
답답할 울	悶鬱민울 暗鬱암울 鬱憤울분 鬱寂울적 鬱蒼울창 憂鬱症우울증 鬱陵島울릉도	땅이름 울	주의 于의 변형자

2급 910 灬(火)부 총 14획 **熊**	熊膽웅담 곰의 쓸개 ▶膽(쓸개 담) 熊魚웅어 드렁허릿과의 민물고기 ▶魚(고기 어) 熊皮웅피 곰의 가죽 ▶皮(가죽 피)	2급 911 土부 총 9획 **垣**	垣衣원의 담쟁이 또는 이끼 ▶衣(옷 의) 垣墻원장 풀이나 나무 따위를 얽거나 엮어서 담 대신에 경계를 지어 막은 울타리 ▶墻(담 장)
곰 웅	熊科웅과 熊女웅녀 熊蜂웅봉 熊掌웅장 土熊토웅 小熊星소웅성 大熊星대웅성	담 원	禁垣금원 壇垣단원 文垣문원 藩垣번원 草垣초원 土垣토원 防風垣방풍원

울릉도(鬱陵島)

鬱(답답할 울), 陵(언덕 릉), 島(섬 도)

경상북도 울릉군에 속해 있는 섬으로, 면적은 72.56㎢이고 인구는 1만 명이 넘는다. 신라 지증왕 13년(512년) 이사부가 독립국인 우산국(宇山國)을 점령한 뒤 우릉도(羽陵島)·무릉도(武陵島) 등으로 불리웠으며 고려 때부터 공도정책(空島政策)이 시행되기도 하였으며 1915년 현재의 이름으로 바뀌고 경상북도에 편입되었다. 이 섬은 신생대 화산작용으로 형성된 종상화산으로 평지는 거의 없고 해안은 대부분 절벽으로 이루어져 있으며 섬의 중앙부에는 최고봉인 성인봉(984m)이 있다.

2급 912
媛 女부 총 12획
계집 **원**

令媛영원 남을 높이어 그의 딸을 이르는 말 ▶令(하여금 령)
才媛재원 재주가 있는 젊은 여자 ▶才(재주 재)
昭媛소원 淑媛숙원 良媛양원 媛妃원비
李媛이원

1급 800
嫄 女부 총 13획
사람이름 **원**

姜嫄강원 중국 주나라 선조 후직(后稷)의 어머니 이름 ▶姜(성 강)

2급 913
寃 宀부 총 11획
원통할 **원**

伸寃신원 원통한 일을 풀어 버림 ▶伸(펼 신)
寃痛원통 분하고 억울함 또는 몹시 원망스럽고 아까움 ▶痛(아플 통)
訴寃소원 寃屈원굴 寃淚원루 寃死원사
寃傷원상 寃魂원혼 稱寃칭원 抱寃포원

1급 801
愿 心부 총 14획
원할 **원**

鄕愿향원 수령을 속이고 양민에게 폐해를 입히던 촌락의 토호 ▶鄕(시골 향)

주의 願의 簡字

1급 802
沅 氵(水)부 총 7획
강이름 **원**

沅江원강 중국 호남성을 흘러서 동정호로 들어가는 강 ▶江(강 강)

1급 803
洹 氵(水)부 총 9획
강이름 **원**/세차게흐를 **환**

洹水원수 중국 하남성 북부의 임현에서 발원하여 위하(衛河)로 들어가는 강 ▶水(물 수)
洹洹환환 물이 세차게 흐르는 모양

1급 804
湲 氵(水)부 총 12획
물흐를 **원**

貴湲귀원 도자기를 만드는 원료의 한 가지 ▶貴(귀할 귀)
潺湲잔원 조용하고 잔잔함 ▶潺(물흐르는 소리 잔)
受湲수원

1급 805
爰 ⺥(爪)부 총 9획
이에 **원**

爰書원서 죄인이 진술한 죄상을 적은 서류 ▶書(글 서)
爰居爰處원거원처 여기저기 옮겨 삶 ▶居(살 거), 處(곳 처)

2급 914
猿 犭(犬)부 총 13획
원숭이 **원**

犬猿견원 개와 원숭이 ▶犬(개 견)
類人猿유인원 유인원과에 딸린 원숭이를 통틀어 일컬음 ▶類(무리 류), 人(사람 인)
猿騎원기 猿臂원비 猿嘯원소 猿人원인
原皮원피 眞猿진원 長尾猿장미원

1급 806
瑗 王(玉)부 총 13획
구슬 **원**

瑗瑤원요 싸라기 눈 ▶瑤(옥돌 요)
瑗瑗안옥원 해동시선(海東詩選)에 등장하는 규수(閨秀) ▶安(편안 안), 玉(구슬 옥)

쪽지시험

※ 다음 음(音)을 가진 한자는 어느 것입니까?

1 　　　　　　울　　　　　　
　①煩　②蔚　③垣　④熊　⑤煜

2 　　　　　　원　　　　　　
　①逸　②晚　③寃　④冕　⑤婉

풀이
1 ①운 ②울 ③원 ④웅 ⑤욱
2 ①일 ②만 ③원 ④면 ⑤완

답 1.② | 2.③

| 2급 915 ++(艸)부 총 9획 **苑** 나라동산 원/막힐 울 | 禁苑금원 대궐 안에 있는 동산이나 후원 ▶禁(금할 금) 秘苑비원 창덕궁 북쪽 울안에 있는 최대의 궁원 ▶秘(숨길 비) 內苑내원 鳳苑봉원 仙苑선원 深苑심원 御苑어원 外苑외원 池苑지원 後苑후원 | 2급 916 衣부 총 10획 **袁** 성 원 | 袁安高臥원안고와 어려운 처지에 있어도 절조를 굳게 지킴 ▶安(편안할 안), 高(높을 고), 臥(누울 와) 袁紹원소 |

| 1급 807 車부 총 17획 **轅** 끌채 원 | 轅下之駒원하지구 끌채에 매인 망아지라는 뜻으로 남의 속박을 받아 스스로는 자유를 얻지 못함을 이르는 말 ▶下(아래 하), 之(갈 지), 駒(망아지 구) 北轅適楚북원적초 | 1급 808 鳥부 총 16획 **鴛** 원앙 원 | 鴛鴦원앙 오릿과의 물새 또는 화목하고 금실이 좋은 부부의 비유 ▶鴦(원앙 앙) 鴛鴦衾원앙금 원앙을 수놓은 이불 ▶鴦(원앙 앙), 衾(이불 금) 鴛侶원려 鴛瓦원와 鴛鴦契원앙계 鴛鴦舞원앙무 鴛鴦枕원앙침 |

| 1급 809 金부 총 13획 **鉞** 도끼 월 | 弓鉞궁월 활과 도끼 ▶弓(활 궁) 兵鉞병월 무장이 병권을 잡음 ▶兵(병사 병) 斧鉞부월 작은 도끼와 큰 도끼 ▶斧(도끼 부) 金鉞금월 節鉞절월 金鉞斧금월부 銀鉞斧은월부 節斧鉞절부월 | 2급 917 寸부 총 11획 **尉** 벼슬 위/다리미 울 | 尉官위관 육·해·공군의 소위·중위·대위를 통틀어 일컬음 ▶官(벼슬 관) 尉級위급 군사 칭호에서 소위·중위·대위가 딸리는 급 ▶級(등급 급) 大尉대위 副尉부위 少尉소위 准尉준위 中尉중위 駙馬都尉부마도위 |

| 1급 810 日부 총 13획 **暐** 햇빛 위 | 暐暐위위 빛이 환한 모양 | 2급 918 氵(水)부 총 12획 **渭** 물이름 위 | 沒涇渭몰경위 무경계 또는 엉크러진 일의 내용에서 가려내는 옳고 그름의 구별이 전혀 없음 ▶沒(빠질 몰), 經(지날 경) 涇渭경위 無涇渭무경위 渭城柳위성류 渭陽丈위양장 渭樹江雲위수강운 |

| 1급 811 王(玉)부 총 13획 **瑋** 옥이름 위 | 奇瑋기위 기이하고 아름다움 ▶奇(기이할 기) | 2급 919 ++(艸)부 총 12획 **萎** 시들 위 | 萎落위락 시들어 떨어짐 ▶落(떨어질 락) 萎縮위축 마르고 시들어서 오그라지고 쪼그라듦 또는 우그러져서 펴지 못함 ▶縮(줄일 축) 骨萎골위 衰萎쇠위 萎病위병 萎靡위미 萎凋위조 筋萎縮근위축 萎縮感위축감 |

위편삼절(韋編三絕)

韋(가죽 위), 編(엮을 편), 三(석 삼), 絕(끊을 절)

위편(韋編)은 가죽으로 맨 책 끈을 말하는데, 공자가 주역(周易)을 즐겨 읽어 책의 가죽 끈이 세 번이나 끊어졌다는 뜻으로, 책을 열심히 읽음을 이르는 말이다. 공자가 만년에 주역을 읽음에 어찌나 읽고 또 읽고 했던지 대쪽을 엮은 가죽 끈이 세 번이나 끊어져 말하기를 "내가 수년 동안 틈을 얻어서 이와 같이 되었으니, 내가 주역에 있어서는 곧 환하니라" 하였다. 공자 같은 성인도 학문 연구를 위해서는 피나는 노력을 한다는 비유이다.

《사기(史記)》 공자세가(孔子世家)

한자 익히기

| 2급 920 ++(艸)부 총 13획 **葦** 갈대 위 | 剖葦부위 휘파람샛과의 새인 개개비를 일컬음 ▶剖(쪼갤 부)
葦魚위어 멸칫과의 바닷물고기 ▶魚(고기 어)
石葦석위 瓦葦와위 | 1급 812 ++(艸)부 총 16획 **蔿** 애기풀 위 | 蔿子위자 가시연밥 ▶子(아들 자) |

| 1급 813 虫부 총 15획 **蝟** 고슴도치 위 | 蝟集위집 고슴도치의 털과 같이 많은 것이 한 곳에 모여든다는 뜻으로 사물이 한꺼번에 많이 모임을 비유 ▶集(모을 집)
蝟科위과 蝟縮위축 蝟縮感위축감 | 1급 814 衤(衣)부 총 14획 **褘** 아름다울 위/폐슬 휘 | 褘衣휘의 꿩무늬가 있는 황후의 제복(制服) ▶衣(옷 의) |

| 2급 921 韋부 총 9획 **韋** 가죽 위 | 韋庵文稿위암문고 조선 말기의 학자이자 언론인인 위암 장지연의 시문집 ▶庵(암자 암), 文(글월 문), 稿(원고 고)
韋編위편 韋編三絕위편삼절
韋弦之佩위현지패 | 2급 922 鬼부 총 18획 **魏** 성 위/빼어날 외 | 魏闕위궐 높고 큰 문이란 뜻으로 대궐의 정문, 조정을 이름 ▶闕(대궐 궐)
魏書위서 중국 역대 왕조의 정사인 25사의 하나 ▶書(글 서)
東魏동위 北魏북위 西魏서위 阿魏아위
魏志위지 曹魏조위 後魏후위 魏武帝위무제 |

| 1급 815 亻(人)부 총 8획 **侑** 권할 유 | 侑食유식 어른을 모시고 식사를 함 또는 음악을 연주하여 식사를 즐겁게 하도록 도움 ▶食(밥 식)
四侑사유 | 2급 923 入부 총 9획 **俞** 대답할/인월도 유/나라이름 수 | 允俞윤유 임금이 허가함 ▶允(맏 윤)
俞音유음 신하의 말에 대하여 내리는 임금의 대답 ▶音(소리 음)
俞應孚유응부 伯俞泣杖백유읍장
俞扁之術유편지술 |

| 2급 924 口부 총 12획 **喩** 비유할 유 | 喩喩비유 사물의 설명에 있어서 그와 비슷한 다른 사물을 빌려 표현하는 일 ▶比(견줄 비)
諷諭풍유 돌려 빗대어 말함 ▶諷(욀 풍)
逆喩역유 隱喩은유 引喩인유 直喩직유
代喩法대유법 聲喩法성유법 活喩法활유법 | 1급 816 子부 총 17획 **孺** 젖먹이 유 | 孺慕유모 돌아간 부모를 그리워함 ▶慕(그리워할 모)
孺孩유해 젖먹이 어린아이 ▶孩(어린아이 해)
孺嬰유영 孺子유자 |

쪽지시험

※ 다음 한자어(漢字語)와 발음(發音)이 같은 한자어는 어느 것입니까?

1 **萎縮**
① 蝟縮 ② 家畜 ③ 收縮 ④ 貯蓄 ⑤ 支軸

2 **孺孩**
① 彫刻 ② 遺骸 ③ 結核 ④ 當該 ⑤ 嬰孩

풀이

1 위축
① 위축 ② 가축 ③ 수축 ④ 저축 ⑤ 지축

2 유해
① 조각 ② 유해 ③ 결핵 ④ 당해 ⑤ 영해

답 1. ① | 2. ②

상공회의소 한자시험 고급 기본서 1·2급

| 2급 925 宀부 총 9획 **宥** 용서할 유 | 恕宥서유 잘못을 너그럽게 용서함 ▶恕(용서할 서)
恩宥은유 은혜를 베풀어 관대하게 다룸 ▶恩(은혜 은)
空宥공유 寬宥관유 蒙宥몽유 宥免유면
宥恕유서 宥罪유죄 宥和유화 宥還유환 | 2급 926 广부 총 12획 **庾** 곳집/노적가리 유 | 庾積유적 한데 쌓아 놓은 곡식 또는 창고에 쌓아둔 곡식 ▶積(쌓을 적)
庾倉유창 쌀 창고 ▶倉(곳집 창)
庾廩유름 金庾信김유신 |

| 2급 927 忄(心)부 총 12획 **愉** 즐거울 유/구차할 투 | 愉逸유일 유쾌하여 안심함 ▶逸(편안할 일)
愉快유쾌 마음이나 기분이 흐뭇하고 좋은 상태에 있음. 즐거움 ▶快(쾌할 쾌)
愉樂유락 愉悅유열 愉愉유유 怡愉이유
不愉快불유쾌 愉絶快絶유절쾌절 | 1급 817 扌(手)부 총 12획 **揄** 야유할 유/요적옷 요 | 揶揄야유 남을 빈정거려 놀리는 말이나 짓 ▶揶(희롱할 야)
주의 愉(즐거울 유) 1·2급 |

| 1급 818 攵(攴)부 총 7획 **攸** 바 유 | 攸好德유호덕 오복의 하나로 도덕 지키기를 낙으로 삼는 일 ▶好(좋을 호), 德(덕 덕)
攸司유사 易輶攸畏이유유외 | 1급 819 木부 총 9획 **柚** 유자나무 유 | 橘柚귤유 귤과 유자 ▶橘(귤나무 귤)
柚子유자 유자나무의 열매 ▶子(아들 자)
柚子淸유자청 유자를 꿀에 쟁여 만든 정과 ▶子(아들 자), 淸(맑을 청)
柚子酒유자주 柚子汁유자즙 柚子花유자화 柚子正果유자정과 |

| 2급 928 木부 총 13획 **楡** 느릅나무 유 | 白楡백유 껍질이 흰 느릅나무 또는 별을 달리 이르는 말 ▶白(흰 백)
桑楡상유 뽕나무와 느릅나무 ▶桑(뽕나무 상)
山楡산유 楡錢유전 地楡지유 楡皮유피
楡理木유리목 | 1급 820 木부 총 13획 **楢** 졸참나무 유 | 楢木유목 졸참나무 ▶木(나무 목) |

| 1급 821 氵(水)부 총 9획 **洧** 강이름 유 | 洧盤유반 중국 감숙성 엄자산에서 발원하는 강 ▶盤(소반 반) | 2급 929 氵(水)부 총 12획 **游** 헤엄칠 유/깃발 류 | 汎游범유 다방면에 걸쳐 배움 또는 여러 지방을 떠돌아다니며 놂 ▶汎(넓을 범)
浮游부유 공중이나 물 위에 떠 다님 또는 이리저리 떠돌아다니는 것 ▶浮(뜰 부)
游說유세 優游우유 游泳유영 游閑유한
游行유행 回游회유 주의 遊와 通用 |

유화정책(宥和政策)

宥(용서할 유), 和(화할 화), 政(정사 정), 策(꾀 책)

나라들 사이에 상대방의 적극적인 요구에 양보와 타협으로 직접적인 충돌을 피하는 무마정책이다. 즉, 현상 타파를 목적으로 전개되는 상대국의 적극정책에 대하여 현상 유지의 정책테두리 안에서 취할 수 있는 타협을 행하려는 외교정책을 뜻한다. 그러나 타협이 상대국을 우쭐하게 만들어 현상 타파의 결과를 가져올 수도 있으며, 상대국은 적극정책을 조금씩 비추어 봄으로써 현상 타파의 목적을 위장할 수도 있다. 대표적인 예로 제2차 세계대전이 발발하기 전 수년간의 독일·이탈리아에 대한 영국의 정책을 들 수 있다.

한자 익히기

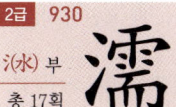
2급 930
氵(水) 부
총 17획
濡
젖을 유

濡袂유몌 눈물에 젖은 옷소매 ▶袂(소매 몌)
濡潤유윤 적셔서 뺨 ▶潤(윤택할 윤)
沾濡첨유 물기에 젖음 ▶沾(더할 첨)
濡桑유상　濡染유염　濡滯유체
爭魚者濡쟁어자유

1급 822
犬 부
총 13획
猷
꾀할 유

大猷대유 커다란 계획 또는 사람으로서 지켜야할 큰 도리 ▶大(큰 대)
皇猷황유 황제의 도, 황제의 계책 ▶皇(임금 황)
高猷고유　光猷광유　宏猷굉유　遠猷원유
帝猷제유　鴻猷홍유　貽厥嘉猷이궐가유

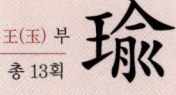
2급 931
王(玉) 부
총 13획
瑜
아름다운옥 유

瑜伽유가 주관·객관의 모든 사물이 서로 응하여 융합하는 일 ▶伽(절 가)
瑕瑜하유 미덕과 과실 ▶瑕(티 하)
瑜伽教유가교　瑜伽師유가사　瑜伽派유가파
瑜伽宗유가종

2급 932
疒 부
총 18획
癒
병나을 유

癒合유합 피부나 근육 등이 아물어 붙어 한 살이 됨 ▶合(합할 합)
治癒치유 치료하여 병을 낫게 함 ▶治(다스릴 치)
神癒신유　癒着유착　全癒전유　漸癒점유
快癒쾌유　平癒평유　政經癒着정경유착

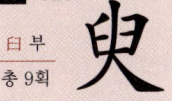
1급 823
臼 부
총 9획
臾
잠깐 유/권할 용

須臾수유 준순의 10의 1이 되는 수 ▶須(모름지기 수)
一須臾일수유 몹시 짧은 시간 ▶一(한 일), 須(모름지기 수)
주의 兒(아이 아) 5급

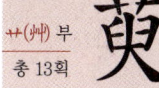
1급 824
⺾(艸) 부
총 13획
萸
수유 유

吳萸오유 운향과의 낙엽 활엽 교목 ▶吳(오나라 오)
山茱萸산수유 산수유나무의 열매 또는 그 씨를 말린 것 ▶山(뫼 산), 茱(수유 수)
茱萸수유　茱萸油수유유　吳茱萸오수유
食茱萸식수유　山茱萸粥산수유죽

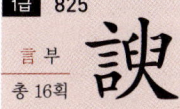
1급 825
言 부
총 16획
諛
아첨할 유

阿諛아유 남에게 환심을 하기 위해 알랑거림 ▶阿(언덕 아)
諂諛첨유 알랑거리며 아첨(阿諂)하는 것 ▶諂(아첨할 첨)
巧諛교유　面諛면유　諛佞유녕　諛辭유사
諛魚유어　諛言유언　諛悅유열　阿諛者아유자

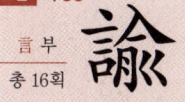
2급 933
言 부
총 16획
諭
깨우칠 유

勸諭권유 어떤 일을 하도록 타이름 ▶勸(권할 권)
訓諭훈유 가르치어 타이름 또는 그런 말 ▶訓(가르칠 훈)
開諭개유　告諭고유　教諭교유　面諭면유
密諭밀유　說諭설유　申諭신유　諷諭풍유

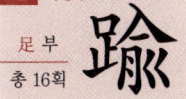
2급 934
足 부
총 16획
踰
넘을 유/멀 요

踰月유월 그 달의 그믐을 넘김. 달을 넘김 ▶月(달 월)
踰制유제 정해진 제도를 벗어남 ▶制(마를 제)
踰年유년　踰嶺유령　踰限유한
踰月而葬유월이장

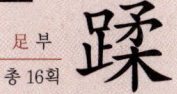
1급 826
足 부
총 16획
蹂
밟을 유

蹂躪유린 함부로 짓밟음 또는 폭력을 써 남의 권리를 침해함 ▶躪(짓밟을 린)
人權蹂躪인권유린

쪽지시험

상공회의소 한자 고급 1, 2급

※ 다음 한자(漢字)와 음(音)이 같은 한자는 어느 것입니까?

1 宥
① 致　② 收　③ 枚　④ 攸　⑤ 虞

2 猷
① 誰　② 誅　③ 諛　④ 諏　⑤ 兜

풀이
1 宥(용서할 유)
① 치　② 수　③ 매　④ 유　⑤ 우
2 猷(꾀할 유)
① 수　② 주　③ 유　④ 추　⑤ 두

답 1. ④ | 2. ③

1급 827 辶(辵)부 총 13획 逾 넘을 유	逾邁유매 지나감 ▶邁(갈 매) 逾越유월 한도를 넘음 ▶越(넘을 월) 逾月유월 달을 넘김 ▶月(달 월) 주의 踰와 通用	2급 935 采부 총 12획 釉 윤 유	汁釉즙유 도자기를 만들 때 표면에 바르는 잿물 ▶汁(즙 즙) 贊釉찬유 도자기를 잿물 그릇에 담가서 잿물을 올림 ▶贊(도울 찬) 釉藥유약 靑釉청유 單彩釉단채유 玟坯釉민배유 白玉釉백옥유 琺瑯釉법랑유
2급 936 金부 총 17획 鍮 놋쇠 유	鍮器유기 놋쇠로 만든 그릇 ▶器(그릇 기) 鍮硯유연 놋쇠로 만든 먹물을 담는 그릇 ▶硯(벼루 연) 鍮刀유도 鍮盤유반 鍮石유석 眞鍮진유	2급 937 土부 총 11획 堉 기름진땅 육	堉田육전 기름진 밭 ▶田(밭 전)
2급 938 母부 총 14획 毓 기를 육	毓精육정 정기를 받는 일 ▶精(정할 정) 주의 育의 古字	2급 939 几부 총 4획 允 만 윤	允當윤당 진실로 맞음 또는 이치에 적합함 ▶當(마땅 당) 允從윤종 남의 말에 좇아 따름 ▶從(좇을 종) 允可윤가 允恭윤공 允納윤납 允命윤명 允武윤무 允玉윤옥 允諧윤해
1급 828 大부 총 15획 奫 물깊고넓을 윤	奫淪윤륜 물이 소용돌이치는 곳 ▶淪(빠질 륜)	2급 940 尸부 총 4획 尹 성 윤	府尹부윤 한 부의 행정 사무를 맡아 보던 으뜸 벼슬 ▶府(관청 부) 令尹영윤 지방의 장관을 이르는 말 ▶令(하여금 령) 官尹관윤 灣尹만윤 尹奉吉윤봉길 尹善道윤선도
1급 829 王(玉)부 총 8획 玧 귀막이옥 윤/붉은옥 문	玧玉윤옥 귀막는 옥 ▶玉(구슬 옥)	2급 941 月(肉)부 총 9획 胤 자손 윤	胤文윤문 혈통을 기록한 문서 또는 가전(家傳)의 사사로운 기록 ▶文(글월 문) 血胤혈윤 혈통을 이어받은 자손 ▶血(피 혈) 令胤영윤 胤嗣윤사 胤子윤자 帝胤제윤 祚胤조윤 冑胤주윤 皇胤황윤 後胤후윤

유약(釉藥)

釉(윤 유), 藥(약 약)

도자기를 제조할 때 성형하여 구운 소지(素地) 위에 엷게 피복 및 밀착시키기 위해 바르는 유리질의 잿물을 말한다. 유약을 바르는 목적은 표면에 광택을 주어 제품을 아름답게 하는 장식적 효과 외에도 강도를 더하고 표면을 반질반질하게 하여 더러워지는 것을 방지하는 데 있다. 또 흡수성을 없애 물이나 화학약품에 대한 저항성을 증가시킨다. 유약의 성질은 열팽창률이 소지의 재료와 거의 같고, 녹는 점이 소지 재료보다 낮아야 한다. 최초의 유약은 서기전 3300년대 고대 이집트의 알칼리유이다.

한자 익히기

1급 830 貝부 총 18획 贇	贇贇빈빈 예쁜 모양
예쁠 윤/빈	

1급 831 金부 총 12획 鋆	※임금을 가까이에서 모시는 시신(侍臣)이 잡는 창
창 윤	

1급 832 聿부 총 6획 聿	聿修율수 조상의 덕을 이어받아 닦음 ▶修(닦을 수)
	聿皇율황 몸이 가볍고 빠른 모양 ▶皇(임금 황)
붓 율	聿來율래 聿遵율준

2급 942 戈부 총 6획 戎	蒙戎몽융 혼란하고 흐트러진 모양 ▶蒙(어두울 몽)
	戎場융장 싸움이 벌어진 곳 ▶場(마당 장)
병기 융	戎具융구 戎器융기 戎壇융단 戎毒융독 戎裝융장 戎陣융진 戎軒융헌 興戎흥융

1급 833 氵(水)부 총 19획 瀜	瀜瀜융융 물이 깊고 넓은 모양
물깊고 넓은모양 융	

2급 943 糸부 총 12획 絨	絨緞융단 양털 따위를 표면에 보풀인 것같이 짠 두꺼운 직물 ▶緞(비단 단)
	縮絨축융 모직물을 가공하는 가공법 ▶縮(줄일 축)
융 융	石絨석융 絨毛융모 絨衣융의 製絨제융 火絨화융 絨緞爆擊융단폭격

2급 944 虫부 총 16획 融	金融금융 돈의 융통 또는 경제 상 자금의 수요와 공급의 관계 ▶金(쇠 금)
	融和융화 서로 어울려 화목하게 됨 ▶和(화할 화)
녹을 융	可融가융 消融소융 圓融원융 融資융자 融通융통 融解융해 融通性융통성

1급 834 土부 총 9획 垠	九垠구은 천지의 끝 또는 구천의 끝 ▶九(아홉 구)
	垠際은제 가장자리 끝 ▶際(즈음 제)
지경 은	

1급 835 心부 총 14획 慇	慇懃은근 태도가 겸손하고 정중함 또는 음흉스럽고 은밀함 ▶懃(은근할 근)
	慇疹은진 음식이나 환경변화로 인해 몸에 두드러기가 생기는 피부병 ▶疹(홍역 진)
괴로워할 은	

2급 945 殳부 총 10획 殷	殷盛은성 번화하고 성함 ▶盛(성할 성)
	殷奠은전 넉넉하고 풍부한 제물 ▶奠(정할 전)
	殷賑은진 흥성흥성함 ▶賑(구휼할 진)
은나라 은/검붉은빛 안	殷富은부 殷憂은우 殷際은제 殷昌은창 殷豊은풍 朱殷주은 殷紅色은홍색

쪽지시험

※ 다음의 뜻을 가진 한자(漢字)는 어느 것입니까?

1 [자손]

① 毓 ② 胤 ③ 玧 ④ 釉 ⑤ 潤

2 [녹다]

① 隔 ② 瀜 ③ 膈 ④ 融 ⑤ 堉

풀이

1 ① 毓(기를 육) ② 胤(자손 윤)
③ 玧(귀막이옥 윤) ④ 釉(윤 유)
⑤ 潤(젖을 윤)

2 ① 隔(사이뜰 격) ② 瀜(물깊고넓은모양 융)
③ 膈(흉격 격) ④ 融(녹을 융)
⑤ 堉(기름진 땅 육)

답 1. ② | 2. ④

상공회의소 한자시험 고급 기본서 1·2급

1급 836 言부 총 15획 **誾** 향기 은	誾誾은은 화기애애한 모양

2급 946 ++(艸)부 총 15획 **蔭** 그늘 음	茂蔭무음 무성한 나무의 짙은 그늘 ▶茂(무성할 무) 庇蔭비음 차양의 그늘 또는 두둔하여 보살펴줌 ▶庇(덮을 비) 承蔭승음 木蔭목음 門蔭문음 山蔭산음 餘蔭여음 蔭官음관 蔭補음보 蔭德음덕

2급 947 扌(手)부 총 12획 **揖** 읍할 읍/모일 집	揖讓읍양 예를 다하여 사양함 또는 겸손한 태도를 가짐 ▶讓(사양할 양) 長揖장읍 두 손을 마주 잡고 높이 들어서 허리를 굽히는 예 ▶長(길 장) 拱揖공읍 答揖답읍 揖禮읍례 揖遜읍손 揖進읍진 開門揖盜개문읍도

2급 948 月(肉)부 총 17획 **膺** 가슴 응	膺受응수 선물 등을 받음 또는 의무나 책임을 짐 ▶受(받을 수) 膺懲응징 잘못을 회개하도록 징계함 또는 적국(敵國)을 정복함 ▶懲(징계할 징) 服膺복응 주의 應(응할 응) 5급

2급 949 鳥부 총 24획 **鷹** 매 응	新鷹신응 아직 사냥에 길들여 지지 않은 매 ▶新(새 신) 鷹視응시 매와 같이 눈을 부릅뜨고 봄 ▶視(볼 시) 放鷹방응 白鷹백응 養鷹양응 鷹犬응견 鷹揚응양 魚鷹어응 養鷹家양응가

2급 950 亻(人)부 총 10획 **倚** 의지할 의/기이할 기	倚伏의복 화와 복은 서로 인연이 되어 일어나고 가라앉음 ▶伏(엎드릴 복) 倚子의자 앉을 때 벽에 세워 놓고 등을 기대는 기구 ▶子(아들 자) 信倚신의 倚附의부 倚伴의반 倚勢의세 倚仗의장 親倚친의 偏倚편의 陂倚피의

2급 951 心부 총 22획 **懿** 아름다울 의	懿望의망 좋고 높은 인망 ▶望(바랄 망) 懿軌의궤 좋은 표본 또는 훌륭한 법칙 ▶軌(수레바퀴 궤) 懿行의행 좋은 행실 ▶行(다닐 행) 懿德의덕 懿文의문 懿績의적 懿旨의지 懿戚의척 懿親의친 風懿풍의

2급 952 扌(手)부 총 17획 **擬** 흉내낼 의	模擬모의 실제의 것을 흉내 내어 시험적으로 해 보는 일 ▶模(본뜰 모) 擬古의고 옛 것을 본뜸 또는 시가나 글월 등을 옛 격식에 맞추어 지음 ▶古(옛 고) 擬議의의 擬定의정 擬製의제 擬革의혁 擬聲語의성어 擬人化의인화 擬態語의태어

2급 953 木부 총 12획 **椅** 의자 의	長椅子장의자 가로 길게 만들어 여러 사람이 앉을 수 있도록 된 의자 ▶長(길 장), 子(아들 자) 竹椅죽의 대를 걸어 만든 의자 ▶竹(대 죽) 交椅교의 椅子의자 藤椅子등의자 搖椅子요의자 龍交椅용교의 坐椅子좌의자

2급 954 殳부 총 15획 **毅** 굳셀 의	猛毅맹의 뜻이나 의지 따위가 강한 모양 ▶猛(사나울 맹) 毅然의연 의지가 강하여 사물에 동하지 않은 모양 ▶然(그러할 연) 剛毅강의 果毅과의 嚴毅엄의 優毅우의 雄毅웅의 忠毅충의 豪毅호의 弘毅홍의

응방(鷹坊)

鷹(매 응), 坊(동네 방)

고려·조선 시대에 매(鷹)의 사냥과 사육을 위해 두었던 관청이다. 응방 제도는 몽골에서 들어온 것으로 관련 기록은 1275년(충렬왕 1)에 처음으로 보인다. 응방에서 길들인 매는 몽골뿐만 아니라 고려의 왕에게도 바쳐 매의 수요는 늘어만 갔고, 응방의 횡포가 극심해지자 폐지와 설치를 거듭하였다. 조선에서도 응방을 그대로 두고 매의 진상을 돕게 하였는데, 1517년(중종 12) 응방에 대한 폐단이 논의됨에 따라 1715년(숙종 41)에 완전히 혁파되었다.

한자 익히기

1급 837 舟부 총 19획	艤 차릴 의	艤裝의장 배가 항해할 수 있도록 모든 장비를 하는 일 ▶裝(꾸밀 장) 艤舟의주 배가 떠날 준비를 함 ▶舟(배 주) 艤裝品의장품
1급 838 ⺿(艸)부 총 17획	薏 율무 의/연밥알 억	苦薏고의 국화과의 한해살이풀 ▶苦(쓸 고) 薏苡의이 볏과의 한해살이풀인 율무를 일컬음 ▶苡(질경이 이) 薏苡仁의이인
2급 955 虫부 총 19획	蟻 개미 의	蟻潰의궤 개미떼가 흩어지는 것처럼 도망함 ▶潰(무너질 궤) 蟻集의집 개미가 모임 또는 개미떼처럼 많이 모임 ▶集(모을 집) 綠蟻녹의 馬蟻마의 浮蟻부의 蟻孔의공 蟻寇의구 蟻蜂의봉 蟻壤의양 蟻聚의취
2급 956 言부 총 15획	誼 옳을 의	故誼고의 전부터 오래 두고 서로 사귄 정의 ▶故(연고 고) 好誼호의 가까이 지내는 좋은 정의 또는 가까운 정분 ▶好(좋을 호) 舊誼구의 分誼분의 私誼사의 恩誼은의 寅誼인의 戚誼척의 親誼친의 行誼행의
2급 957 亻(人)부 총 6획	伊 저 이	伊里干이리간 고려 때 각 지방의 응방에 딸린 촌락 ▶里(마을 리), 干(방패 간) 伊太利이태리 이탈리아의 한자음 표기 ▶太(클 태), 利(이로울 리) 伊時이시 伊字이자 臺伊島대이도 伊伐飡이벌찬 黃眞伊황진이
1급 839 女부 총 9획	姨 이모 이	姨母이모 어머니의 자매 ▶母(어미 모) 姨叔이숙 이모의 남편 ▶叔(아재비 숙) 姨姪이질 여자끼리의 자매간의 자녀 또는 아내의 자매의 자녀 ▶姪(조카 질) 姨子이자 姨母夫이모부 姨叔丈이숙장 姨姪女이질녀 姨從四寸이종사촌
2급 958 弓부 총 6획	弛 늦출 이/떨어질 치	弛張이장 느즈러짐과 팽팽하게 켕김 ▶張(베풀 장) 解弛해이 마음의 긴장, 규율 등이 풀리어 느즈러짐 ▶解(풀 해) 傾弛경이 崩弛붕이 弛禁이금 弛緩이완 弛罪이죄 弛惰이타 弛廢이폐 戚弛척이
2급 959 彑(彐)부 총 16획	彝 떳떳할 이	彝倫이륜 사람으로서 지켜야 할 떳떳한 도리 ▶倫(인륜 륜) 宗彝종이 종묘의 제향에 쓰는 술그릇 또는 곤룡포에 그린 범의 그림 ▶宗(마루 종) 秉彝병이 黃彝황이 雷文彝뇌문이 秉彝之性병이지성
2급 960 忄(心)부 총 8획	怡 기쁠 이	怡聲이성 부드러운 소리 또는 기쁜 목소리 ▶聲(소리 성) 怡顏이안 기쁜 낯을 함 또는 안색을 부드럽게 함 ▶顏(얼굴 안) 怡穆이목 怡然이연 怡悅이열 怡愉이유 怡和이화
2급 961 爻부 총 14획	爾 너/어조사 이	率爾솔이 급작스러움 또는 성질이나 언행이 신중하지 않고 소홀함 ▶率(거느릴 솔) 莞爾완이 빙그레 웃는 모양 ▶莞(빙그레할 완) 勃爾발이 聊爾요이 偶爾우이 爾來이래 爾時이시 爾餘이여 爾後이후 蠢爾준이

쪽지시험

상공회의소 한자
고급 1, 2급

※ 다음 단어들의 □ 안에 공통으로 들어갈 알맞은 한자는 어느 것입니까?

1   □官, □德, □敍

① 次   ② 變   ③ 蔭   ④ 陛   ⑤ 姪

2   □緩, 解□, □惰

① 弛   ② 徐   ③ 消   ④ 懶   ⑤ 叱

풀이

1 蔭官(음관), 蔭德(음덕), 蔭敍(음서)
2 弛緩(이완), 解弛(해이), 弛惰(이타)

답 1. ③ | 2. ①

2급 962 珥
王(玉)부 / 총 10획
귀걸이 **이**

玉珥옥이 옥으로 만든 귀고리 ▶ 玉(옥 옥)
日珥일이 해의 흑점이 좌우에서 일어나는 것 ▶ 日(날 일)

李珥이이

1급 840 痍
疒부 / 총 11획
상처 **이**

傷痍상이 상처 ▶ 傷(다칠 상)
瘡痍창이 병기에 다친 상처 또는 전쟁으로 인한 파괴 ▶ 瘡(부스럼 창)

傷痍兵상이병 滿身瘡痍만신창이
傷痍軍人상이군인 傷痍勇士상이용사

1급 841 肄
聿부 / 총 13획
익힐 **이**

肄習이습 연습하여 익힘 ▶ 習(익힐 습)
肄儀이의 의식 범절을 미리 익힘 ▶ 儀(거동 의)

주의 肆(방자할 사) 1·2급

1급 842 苢
艹(艸)부 / 총 9획
질경이 **이**

芣苢부이 질경이 ▶ 芣(갈대청 부)
薏苢仁의이인 율무 열매의 껍질을 벗긴 율무쌀 ▶ 薏(율무 의), 仁(어질 인)

薏苢의이

1급 843 荑
艹(艸)부 / 총 10획
벨 **이** / 띠싹 **제**

誅荑주이 토벌하여 평정하는 것 또는 모조리 죽이는 것 ▶ 誅(벨 주)
無荑仁무이인 느릅나무의 열매, 감병·치질·살충약으로 씀 ▶ 無(없을 무), 仁(어질 인)

莫荑德山명이덕산

1급 844 貽
貝부 / 총 12획
끼칠 **이**

貽笑이소 남에게 비웃음을 받게 됨 ▶ 笑(웃을 소)
貽訓이훈 자손을 위해 남긴 교훈 또는 뒷사람을 위한 격언 ▶ 訓(가르칠 훈)

貽惱이뇌 貽憂이우 貽貝이패 貽弊이폐
貽害이해 贈貽증이

2급 963 貳
貝부 / 총 12획
두 **이**

岐貳기이 의논이 일치하지 않고 여러 갈래로 나누어짐 ▶ 岐(갈림길 기)
懷貳회이 두 가지 마음을 품음 ▶ 懷(품을 회)

貳車이거 貳極이극 貳上이상 貳臣이신
貳心이심 貳衙이아 儲貳저이

1급 845 邇
辶(辵)부 / 총 18획
가까울 **이**

密邇밀이 임금에게 썩 가까이 함 ▶ 密(빽빽할 밀)
邇來이래 가까운 요마적, 근년 ▶ 來(올 래)

遠邇원이 遐邇하이

1급 846 飴
食부 / 총 14획
엿 **이**

餃飴교이 엿에 곡식가루를 버무려서 만든 과자의 한 가지 ▶ 餃(경단 교)
水飴수이 아주 묽게 곤 물엿 ▶ 水(물 수)

2급 964 餌
食부 / 총 15획
먹이 **이**

軟餌연이 끓이어 익힌 부드러운 모이 ▶ 軟(연할 연)
餌藥이약 평소에 몸을 보하기 위하여 먹는 약 ▶ 藥(약 약)

餃餌교이 粉餌분이 食餌식이 餌乞이걸
香餌향이 好餌호이 食餌療法식이요법

한자별곡

식이요법(食餌療法)

食(밥 식), 餌(먹이 이), 療(고칠 료), 法(법 법)

질병을 치료하기 위해 식사를 조절하는 보조의료법으로, 감식요법 또는 식사요법이라고도 한다. 어떤 종류의 질병을 적극적으로 치료하기 위해 의사의 지시에 따라 정상 식사를 수정함으로써 소화와 영양 흡수를 가능하게 하고, 동시에 병상을 호전시키는 중요한 보조의료 방법이다. 당뇨병, 위장병, 신장병, 비타민 결핍증, 순환기·호흡기 질환 따위에 쓴다. 예를 들어 비만치료는 필수영양소 등이 적절하게 배합된 열량이 낮은 식사를 하는 것이다.

한자 익히기

2급 965 氵(水)부 총 20획
瀷 강이름 익
李瀷이익 조선 후기의 실학자 ▶ 李(오얏 리)

2급 966 羽부 총 11획
翊 도울 익
翊戴익대 정성스럽게 모심 ▶ 戴(일 대)
翊成익성 도와주어 이루게 함 ▶ 成(이룰 성)
翊翊익익 조심하는 모양 ▶ 翊(도울 익)

輔翊보익 翊贊익찬 右翊善우익선
左翊善좌익선 翊戴功臣익대공신

1급 847 羽부 총 11획
翌 다음날 익
翌夕익석 그 이튿날 저녁 또는 다음날 저녁 ▶ 夕(저녁 석)
翌夜익야 그 이튿날 밤 ▶ 夜(밤 야)
翌日익일 이튿날 ▶ 日(날 일)

翌年익년 翌晚익만 翌月익월 翌朝익조
翌週익주 翌秋익추 翌春익춘 翌曉익효

1급 848 言부 총 17획
謚 웃을 익/시호 시

주의 諡의 俗字

2급 967 口부 총 9획
咽 목구멍 인/목멜 열
尸咽시인 목구멍이 가렵고 아픈 병 ▶ 尸(주검 시)
咽喉인후 식도와 기도를 통하는 입속 깊숙한 곳 ▶ 喉(목구멍 후)

咽頭인두 咽頭炎인두염 咽頭音인두음
咽喉病인후병 咽喉炎인후염 嗚咽오열

2급 968 刀부 총 3획
刃 칼날 인
兩刃양인 양면을 갈아 조개의 다문 입 모양으로 세운 날 ▶ 兩(두 량)
自刃자인 칼을 가지고 자기 생명을 끊음 ▶ 自(스스로 자)

白刃백인 兵刃병인 刀刃도인 銳刃예인
刃器인기 刃傷인상 凶刃흉인

1급 849 氵(水)부 총 12획
湮 잠길 인/막힐 연
湮淪인륜 역사적으로 오랜 동안에 자취가 묻혀 없어짐 ▶ 淪(빠질 륜)
湮滅인멸 자취도 없이 죄다 없어짐 또는 죄다 없앰 ▶ 滅(멸할 멸)

湮沒인몰 湮沈인침 證據湮滅증거인멸

1급 850 糸부 총 12획
絪 기운 인
絪縕인온 만물을 생성하는 기운이 왕성한 모양 ▶ 縕(헌솜 온)

1급 851 ⺾(艸)부 총 10획
茵 자리 인
茵席인석 왕골이나 부들로 매거나 또는 친 기직 자리 ▶ 席(자리 석)
茵匠인장 자리를 만들던 공장 ▶ 匠(장인 장)

茵褥인욕 茵芋인우 茵蔯인진 茵席匠인석장
茵蔯餠인진병 茵蔯酒인진주

1급 852 虫부 총 10획
蚓 지렁이 인
蚯蚓구인 지렁이 ▶ 蚯(지렁이 구)

以蚓投魚이인투어 春蚓秋蛇춘인추사

쪽지시험

※ 다음 한자(漢字)와 뜻이 비슷한 한자는 어느 것입니까?

1 刈
① 痍 ② 剠 ③ 飴 ④ 餌 ⑤ 銳

2 潛
① 瀷 ② 濡 ③ 洹 ④ 湮 ⑤ 箴

풀이

1 刈(벨 예)
① 痍(상처 이) ② 剠(벨 이) ③ 飴(엿 이)
④ 餌(먹이 이) ⑤ 銳(날카로울 예)

2 潛(잠길 잠)
① 瀷(강이름 익) ② 濡(젖을 유) ③ 洹(강이름 원)
④ 湮(잠길 인) ⑤ 箴(바늘 잠)

답 1. ② 2. ④

| 2급 969 革부 총 12획 **靭** 질길 인 | 强靭강인 성질이 강하여 어려움에 지지 않거나 잘 견디는 상태 ▶强(강할 강)
靭帶인대 관절의 뼈 사이와 관절 주위에 있는 띠 모양의 결합 조직 ▶帶(띠 대)
堅靭견인 靭性인성 靭皮인피 强靭性강인성
靭皮部인피부 靭皮率인피율 | 1급 853 革부 총 13획 **靷** 가슴걸이 인 | 發靷발인 상여가 집에서 묘지를 향하여 떠나는 것 ▶發(필 발)
發靷祭발인제 상여가 떠날 때 상여 앞에서 지내는 제 ▶發(필 발), 祭(제사 제)
發靷記발인기 |

| 1급 854 亻(人)부 총 7획 **佚** 편안할 일/방탕할 질 | 佚民일민 도망친 백성, 세상을 등진 사람 ▶民(백성 민)
佚遊일유 마음대로 편안히 즐겁게 놂 ▶遊(놀 유)
驕佚교일 奢佚사일 散佚산일 遺佚유일
淫佚음일 佚材질재 佚宕질탕 | 2급 970 亻(人)부 총 8획 **佾** 춤 일 | 佾舞일무 사람을 여러 줄로 벌여 세워 놓고 추게 하는 춤 ▶舞(춤출 무)
八佾舞팔일무 나라의 큰 제사 때에 추는 춤 ▶八(여덟 팔), 舞(춤출 무) |

| 2급 971 士부 총 12획 **壹** 한 일 | 壹意일의 한 가지에만 정신을 쏟음 ▶意(뜻 의)
壹萬일만 壹是일시
주의 一과 通用, 臺(대 대) 3급 | 2급 972 氵(水)부 총 13획 **溢** 넘칠 일 | 溢血일혈 신체 조직 사이에 일어나는 뇌출혈 ▶血(피 혈)
漲溢창일 물이 불어 넘침 또는 의욕이 왕성하게 일어남 ▶漲(불을 창)
滿溢만일 放溢방일 汎溢범일 洋溢양일
溢出일출 海溢해일 地震海溢지진해일 |

| 2급 973 金부 총 18획 **鎰** 무게이름 일 | ※ 무게의 단위 (스물넉 냥) | 2급 974 馬부 총 14획 **馹** 역말 일 | 乘馹승일 임금의 명령을 띤 벼슬아치가 어디 갈 때에 역마를 잡아탐 ▶乘(탈 승)
馹召일소 지방의 관원을 마패를 주어 불러 올리던 일 ▶召(부를 소) |

| 1급 855 女부 총 7획 **妊** 아이밸 임 | 妊婦임부 아이를 밴 여자 ▶婦(며느리 부)
妊娠임신 아이를 뱀 ▶娠(아이밸 신)
避妊劑피임제 피임을 하기 위하여 쓰는 약제 ▶避(피할 피), 劑(약제 제)
不妊불임 妊産임산 避妊피임 懷妊회임
妊産婦임산부 避妊法피임법 | 2급 975 女부 총 9획 **姙** 아이밸 임 | 姙産임산 어린애를 배거나 낳는 일 ▶産(낳을 산)
避姙피임 인위적으로 임신을 피하는 조치를 하는 일 ▶避(피할 피)
姙性임성 姙娠婦임신부 避姙藥피임약
주의 妊과 同字 |

팔일무(八佾舞)

八(여덟 팔), 佾(춤 일), 舞(춤출 무)

'일(佾)'은 춤의 벌여진 줄이라는 뜻으로 제례의 대상에 따라 8일무, 6일무, 4일무 등으로 구분된다. 공자의 제사인 문묘제례(文廟祭禮)에서 악생(樂生) 64인을 8열로 정렬시켜 아악(雅樂)에 맞추어 추게 하는 문무(文舞)나 무무(武舞)를 말한다. 문묘의 일무는 본고장 중국에서는 소멸된 지 오래이나 한국에서는 고려 예종 때 전래된 이래 현재까지도 전해지고 있다. 참고로 조선 역대왕의 제사인 종묘제례(宗廟祭禮)는 36인을 6열로 정렬시킨 6일무를 한다.

한자 익히기

1급 856 恁 心부 총 10획
생각할/이러할 **임**
- 恁兒임아 이러한, 이와 같음 ▶兒(아이 아)
- 恁地임지 이러한, 이와 같은 ▶地(땅 지)

1급 857 稔 禾부 총 13획
여물 **임**
- 不稔불임 식물이 생식하지 못하는 일 ▶不(아닐 불)
- 一稔일임 곡물이 일 년에 한 번 여물어 익음 ▶一(한 일)
- 稔性임성

2급 976 荏 ⺾(艸)부 총 10획
들깨 **임**
- 荏粕임박 들기름을 짜내고 남은 찌끼 ▶粕(지게미 박)
- 荏苒임염 차츰차츰 세월이 지나감, 사물이 점진적으로 변화함 ▶苒(풀우거질 염)
- 水荏수임 野荏야임 荏弱임약 眞荏진임
- 荏子末임자말 黑荏子흑임자

1급 858 廿 十부 총 4획
스물 **입**
- 주의 卄의 俗字
- 주의 升(되 승) 1·2급

2급 977 仍 亻(人)부 총 4획
인할 **잉**
- 貧仍빈잉 몸가짐이 무겁고 두터운 모양 ▶貧(가난할 빈)
- 仍用잉용 이전 물건을 그대로 씀 ▶用(쓸 용)
- 仍帶잉대 仍孫잉손 仍存잉존 仍秩잉질
- 後仍후잉 仍爲之잉위지 仍舊貫잉구관

2급 978 剩 刂(刀)부 총 12획
남을 **잉**
- 過剩과잉 예정한 수량이나 필요한 수량보다 많음 ▶過(지날 과)
- 剩餘잉여 다 쓰고 난 나머지 ▶餘(남을 여)
- 剩數잉수 剩員잉원 剩條잉조 剩餘金잉여금
- 過剩齒과잉치 供給過剩공급과잉

1급 859 孕 子부 총 5획
아이밸 **잉**
- 胚孕배잉 아이 또는 새끼를 뱀 ▶胚(아이밸 배)
- 孕婦잉부 임신한 부녀 ▶婦(며느리 부)
- 孕胎잉태 아이를 뱀 ▶胎(아이밸 태)
- 孕母잉모 孕身잉신 育孕육잉 孕重잉중
- 胎孕태잉 懷孕회잉

1급 860 芿 ⺾(艸)부 총 8획
새풀싹 **잉**
- 西芿島서잉도 전라남도 남서해상에 위치한 섬 ▶西(서녘 서), 島(섬 도)
- 芿朴船잉박선 너비가 넓은 배 ▶朴(성 박), 船(배 선)

1급 861 仔 亻(人)부 총 5획
자세할 **자**
- 仔細자세 아주 작고 하찮은 부분까지 구체적이고 분명함 ▶細(가늘 세)
- 仔蟲자충 알에서 나온 후 아직 다 자라지 아니한 애벌레 ▶蟲(벌레 충)
- 仔豚자돈 仔詳자상 仔畜자축

2급 979 炙 火부 총 8획
구운 고기 **자/적**
- 炙鐵자철 고기나 굳은 떡 조각 따위를 굽는 석쇠 ▶鐵(쇠 철)
- 親炙친자 스승에게 가까이하여 몸소 그의 가르침을 받음 ▶親(친할 친)
- 燒炙소자 薰炙훈자 膾炙회자 醬散炙장산적
- 人口膾炙인구회자 주의 灸(뜸 구) 1·2급

쪽지시험

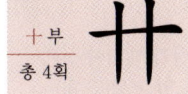

상공회의소 한자 고급 1, 2급

※ 다음 음(音)을 가진 한자는 어느 것입니까?

1 [임]
① 佚 ② 稔 ③ 佾 ④ 壹 ⑤ 翊

2 [잉]
① 刊 ② 刺 ③ 靭 ④ 刷 ⑤ 剩

풀이
1 ① 일 ② 임 ③ 일 ④ 일 ⑤ 익
2 ① 간 ② 자 ③ 인 ④ 쇄 ⑤ 잉

답 1. ② | 2. ⑤

2급 980	咨歎자탄 아끼고 가엾게 여겨서 탄식함 ▶歎(탄식할 탄)	2급 981	姉妹자매 여자끼리의 형제 ▶妹(누이 매)
口 부 총 9획 咨 물을 자	咨文紙자문지 지난날, 자문을 쓰던 두껍고 단단한 종이 ▶文(글월 문), 紙(종이 지) 咨文자문 咨放자방 咨嗟자차 주의 諮와 同字	女 부 총 8획 姉 손위누이 자	長姉장자 둘 이상의 누이 가운데 맏이가 되는 누이 ▶長(어른 장) 從姉종자 손위의 사촌누이 ▶從(좇을 종) 實姉실자 令姉영자 姉兄자형 姉妹校자매교 姉妹結緣자매결연 兄弟姉妹형제자매
1급 862 广 부 총 10획 疵 흠 자	隱疵은자 감추어진 허물이나 숨은 흠 ▶隱(숨을 은) 瑕疵하자 법률·당사자가 예기한 상태나 성질이 결여되어 있는 일 ▶瑕(티 하) 細疵세자 小疵소자 疵痕자흔 吹毛求疵취모구자 吹毛覓疵취모멱자	2급 982 氵(水) 부 총 12획 滋 불을 자	滋味자미 자양분이 많고 좋은 맛 또는 그러한 음식 ▶味(맛 미) 慈養자양 몸의 영양을 좋게 함 ▶養(기를 양) 滋蔓자만 滋茂자무 滋繁자번 滋液자액 滋雨자우 滋養分자양분 滋養液자양액
2급 983 灬(火) 부 총 13획 煮 삶을 자	煮沸자비 물 따위가 펄펄 끓음 또는 물을 펄펄 끓임 ▶沸(끓을 비) 煮醬자장 간장에다가 쇠고기를 넣고 조린 반찬 ▶醬(장 장) 班煮반자 煮乾자건 煮繭자견 煮鹽자염 熏煮훈자 煮醬麵자장면	2급 984 瓦 부 총 11획 瓷 사기그릇 자	瓷印자인 흙을 정하게 구워서 만든 도장 ▶印(도장 인) 靑瓷청자 철분이 들어 있는 청록색의 유약을 입힌 자기 ▶靑(푸를 청) 外瓷외자 瓷鼓자고 瓷硯자연 瓷胎자태 陶瓷器도자기 瓷器所자기소 靑瓷器청자기
1급 863 子 부 총 7획 孜 힘쓸 자	勤勤孜孜근근자자 매우 부지런하고 정성스러움 ▶勤(부지런할 근) 주의 務(힘쓸 무) 5급	2급 985 石 부 총 14획 磁 자석 자	磁力자력 자석의 서로 끌고 미는 힘 ▶力(힘 력) 磁性자성 자기를 띤 물체가 나타내는 성질 ▶性(성품 성) 磁界자계 磁氣자기 電磁전자 磁化자화 磁氣場자기장 磁石式자석식 電磁波전자파
1급 864 ++(艸) 부 총 10획 茨 가시나무 자	茅茨모자 띠나 이엉 따위로 지붕을 인 초라한 집 ▶茅(띠 모) 山茨菰산자고 백합과의 여러해살이풀 ▶山(뫼 산), 菰(줄 고) 野茨菰야자고	1급 865 ++(艸) 부 총 15획 蔗 사탕수수 자	甘蔗감자 사탕수수로 불리는 볏과의 여러해살이풀 ▶甘(달 감) 蔗糖자당 함수(含水)탄화물의 하나 ▶糖(엿 당) 蔗境자경 甘蔗糖감자당 生甘蔗생감자

위자료(慰藉料)

慰(위로할 위), 藉(깔개 자), 料(헤아릴 료)

불법행위로 인하여 생기는 손해 가운데 정신적 고통이나 피해에 대한 손해배상금을 말한다. 정신적 손해는 무형적인 것이기는 하지만 배상금을 받음으로써 피해자가 위안을 얻을 수 있게 된다는 점에서 손해배상의 대상이 되며, 금전적 배상을 원칙으로 한다. 타인의 신체·자유·명예를 해하거나 정신상 고통을 가한 자는 재산 이외의 손해에 대해서도 배상할 책임이 있으며, 정신적 고통으로 인한 손해의 존재는 침해의 형태·정도·상황 등을 고려하여 판단된다.

한자 익히기

2급 986 ++(艸)부 총 18획 **藉** 깔개 자
- 憑藉빙자 남의 힘을 빌려서 의지함 ▶憑(기댈 빙)
- 藉勢자세 자기의 세력이나 또는 남의 세력을 믿고 의지함 ▶勢(형세 세)
- 藉口자구 藉名자명 藉賴자뢰 蘊藉온자
- 藉稱자칭 枕藉침자 慰藉料위자료
- 주의 籍(문서 적) 3급

2급 987 言부 총 16획 **諮** 물을 자
- 諮詢자순 윗사람이 아랫사람에게 의견을 물어 의논함 ▶詢(물을 순)
- 諮議자의 자문하여 의논함 ▶議(의논할 의)
- 諮問자문 諮問機關자문기관
- 諮問委員자문위원 주의 咨와 同字

2급 988 隹부 총 13획 **雌** 암컷 자
- 雌伏자복 남의 뒤를 따름 ▶伏(엎드릴 복)
- 雌節자절 남에게 복종하는 도
- 雌性자성 雌雄자웅 決雌雄결자웅
- 黃雌鷄황자계 雌雄同體자웅동체

1급 866 勹부 총 3획 **勺** 구기 작
- 銀勺은작 은으로 만든 구기 ▶銀(은 은)
- 勺水작수 한 작의 물이라는 뜻으로 한 모금의 물을 이르는 말 ▶水(물 수)
- 龍勺용작 勺水不入작수불입
- 勺藥之贈작약지증 주의 杓과 同字

1급 867 口부 총 21획 **嚼** 씹을 작
- 爛嚼난작 음식물을 충분히 잘 씹음 ▶爛(문드러질 란)
- 咀嚼저작 음식물을 입에 넣고 씹음 ▶咀(씹을 저)
- 咀嚼口저작구 咀嚼筋저작근 咀嚼器저작기

1급 868 斤부 총 9획 **斫** 벨 작
- 長斫장작 통나무를 길쭉하게 잘라서 쪼갠 땔나무 ▶長(길 장)
- 斫破작파 찍어서 둘로 내거나 쪼개서 깨뜨림 ▶破(깨뜨릴 파)
- 亂斫난작 大斫대작 木斫목작 犯斫범작
- 斧斫부작 小斫소작 斫斬작참 眞斫진작

2급 989 火부 총 7획 **灼** 사를 작
- 灼熱작열 새빨갛게 불에 닮 또는 찌는듯이 몹시 더움을 형용한 말 ▶熱(더울 열)
- 薰灼훈작 불에 태움 또는 큰 세력을 가지고 있음을 비유하는 말 ▶薰(향풀 훈)
- 灼然작연 灼灼작작 灼鐵작철 焦灼초작
- 赫灼혁작 夭夭灼灼요요작작

1급 869 火부 총 9획 **炸** 터질 작
- 炸發작발 화약이 폭발함 ▶發(필 발)
- 炸藥작약 발사하면 어떤 목적물에 맞아 폭발시키는 작용을 하는 화약 ▶藥(약 약)
- 炸裂작렬 炸彈작탄 炸藥室작약실
- 주의 昨(어제 작) 5급

2급 990 糸부 총 14획 **綽** 너그러울 작
- 綽約작약 몸이 가냘프고 아리따움 ▶約(맺을 약)
- 綽綽작작 여유가 있는 모양 또는 모자라지 않고 넉넉한 모양 ▶綽(너그러울 작)
- 綽楔작설 綽然작연 綽態작태 綽號작호
- 綽楔之典작설지전

2급 991 ++(艸)부 총 7획 **芍** 함박꽃 작/연밥 적
- 芍藥작약 작약과에 딸린 백작약·호작약의 식물을 통틀어 이르는 말 ▶藥(약 약)
- 家芍藥가작약 집에서 심어 가꾸는 작약 ▶家(집 가), 藥(약 약)
- 木芍藥목작약 山芍藥산작약 赤芍藥적작약
- 胡芍葯호작약 家白芍藥가백작약

쪽지시험

※ 다음 한자어(漢字語)와 발음(發音)이 같은 한자어는 어느 것입니까?

1 瓷器
① 茶器 ② 夏期 ③ 此期 ④ 磁氣 ⑤ 精氣

2 綽約
① 跳躍 ② 懦弱 ③ 萬若 ④ 炸藥 ⑤ 衰弱

풀이
1 자기
① 다기 ② 하기 ③ 차기 ④ 자기 ⑤ 정기

2 작약
① 도약 ② 나약 ③ 만약 ④ 작약 ⑤ 쇠약

답 1. ④ | 2. ④

2급 992 佳부 총 11획 **雀** 참새 작	燕雀연작 제비와 참새 또는 도량이 좁은 사람 ▶燕(제비 연) 雀躍작약 너무 좋아서 깡충깡충 뛰며 기뻐함 ▶躍(뛸 약) 山雀산작 瓦雀와작 雲雀운작 雀科작과 雀口작구 雀卵작란 黃雀황작 孔雀尾공작미	**2급 993** 鳥부 총 19획 **鵲** 까치 작	南鵲남작 집의 남쪽에 있는 나무 위에 집을 지은 까치로 좋은 징조를 뜻함 ▶南(남녘 남) 烏鵲오작 까마귀와 까치 ▶烏(까마귀 오) 山鵲산작 鵲豆작두 鵲報작보 鵲語작어 鵲喜작희 烏鵲橋오작교 烏鵲南오작남
1급 870 子부 총 12획 **孱** 잔약할 잔	孱妄잔망 잔약하고 옹졸함 또는 체질이 약하고 잔작함 ▶妄(망령될 망) 孱子잔혈 잔약하고 의지할 곳 없이 외로움 ▶子(외로울 혈) 庸孱용잔 孱骨잔골 孱微잔미 孱夫잔부 孱孫잔손 孱弱잔약 孱王잔왕 孱拙잔졸	**2급 994** 木부 총 12획 **棧** 잔도 잔/성할 진	棧道잔도 험한 산의 낭떠러지와 낭떠러지 사이에 다리를 놓듯 낸 길 ▶道(길 도) 虹棧홍잔 무지개처럼 굽은 다리 ▶虹(무지개 홍) 木棧목잔 雲棧운잔 棧閣잔각 棧橋잔교 棧板잔판
1급 871 氵(水)부 총 15획 **潺** 물흐르는소리 잔	潺湲잔원 조용하고 잔잔함 ▶湲(물흐를 원) 潺潺잔잔 소리가 나지막함 또는 커다란 변화 없이 조용함	**2급 995** 皿부 총 13획 **盞** 잔 잔	燈盞등잔 기름을 담아 등불을 켜는 그릇 ▶燈(등잔 등) 茶盞찻잔 차를 담아 마시는 잔 ▶茶(차 차) 單盞단잔 金盞금잔 盞臺잔대 金盞花금잔화 燒酒盞소주잔 退酒盞퇴주잔 火燈盞화등잔
2급 996 山부 총 7획 **岑** 봉우리 잠	岑樓잠루 높고도 뾰족한 누각 ▶樓(다락 루) 岑寂잠적 외로이 솟아 있는 모양 또는 쓸쓸하고 적막한 모양 ▶寂(고요할 적) 岑崟잠경 岑峨잠아 寸木岑樓촌목잠루	**2급 997** 竹부 총 15획 **箴** 바늘 잠	箴警잠경 훈계하여 경계함 ▶警(경계할 경) 箴戒잠계 깨우쳐서 훈계함 ▶戒(경계할 계) 箴言잠언 가르쳐서 훈계가 되는 말 ▶言(말씀 언) 視箴시잠 箴諫잠간 酒箴주잠 聽箴청잠 切磨箴規절마잠규
2급 998 竹부 총 18획 **簪** 비녀 잠	刻簪각잠 여러 가지 무늬를 파서 아로새긴 비녀 ▶刻(새길 각) 玉簪옥잠 옥비녀 ▶玉(옥 옥) 簪筆잠필 붓을 휴대하는 것 ▶筆(붓 필) 鳳簪봉잠 蓮簪연잠 龍簪용잠 銀簪은잠 蝶簪접잠 烏頭簪오두잠 玉簪花옥잠화	**2급 999** 虫부 총 24획 **蠶** 누에 잠	養蠶양잠 누에를 기름 ▶養(기를 양) 蠶食잠식 누에가 뽕잎을 먹는 것처럼 남의 것을 차츰차츰 먹어 들어가거나 침략하는 것 ▶食(밥 식) 農蠶농잠 晩蠶만잠 蠶功잠공 蠶卵잠란 蠶絲잠사 蠶桑잠상 蠶室잠실 蠶業잠업

한자별곡

적반하장(賊反荷杖)

賊(도둑 적), 反(돌이킬 반), 荷(멜 하), 杖(지팡이 장)

도둑이 도리어 몽둥이를 든다는 뜻으로, 잘못한 사람이 도리어 잘 한 사람을 나무라는 경우를 이르는 말이다.

※ 적반하장과 비슷한 뜻의 우리말 속담
- 방귀 뀐 놈이 성낸다.
- 문비(門裨)를 거꾸로 붙이고 환쟁이만 나무란다.

한자 익히기

2급 1000 亻(人)부 총 5획 **仗** 무기 장
- 甲仗갑장 갑옷과 검창 따위의 병기 ▶甲(갑옷 갑)
- 禁仗금장 죄인을 때리거나 찌르는 창 같은 형구 ▶禁(금할 금)
- 器仗기장　帶仗대장　兵仗병장　倚仗의장
- 仗鉢장발　儀仗隊의장대　儀仗兵의장병

2급 1001 匚부 총 6획 **匠** 장인 장
- 名匠명장 이름난 장색 또는 기술이 뛰어난 장인 ▶名(이름 명)
- 銀匠은장 금·은·구리 따위의 세공을 업으로 하는 사람 ▶銀(은 은)
- 巨匠거장　刀匠도장　冶匠야장　泥匠이장
- 匠色장색　船匠手선장수　造弓匠조궁장

2급 1002 广부 총 6획 **庄** 농막 장/평평할 팽
- 外庄외장 먼 곳에 있는 자기 땅 ▶外(바깥 외)
- 村庄촌장 살림집 밖에 시골에 따로 장만해 두는 집 ▶村(마을 촌)
- 農庄농장　大庄대장　鄙庄비장　田庄전장
- 廢庄폐장　**주의** 莊의 俗字

1급 872 日부 총 15획 **暲** 해돋을 장
- 暲昭장소 해가 떠서 밝게 비춤 ▶昭(밝을 소)

2급 1003 木부 총 7획 **杖** 지팡이 장
- 棍杖곤장 조선 시대 때 죄인을 때리던 형구의 하나 ▶棍(몽둥이 곤)
- 鐵杖철장 쇠붙이로 만든 막대기나 지팡이 ▶鐵(쇠 철)
- 法杖법장　錫杖석장　嚴杖엄장　杖竹장죽
- 脇杖협장　刑杖형장　賊反荷杖적반하장

1급 873 木부 총 15획 **樟** 녹나무 장
- 樟腦장뇌 색이 없고 반투명한 광택이 있는 결정 ▶腦(골 뇌)
- 樟木장목 물건을 받치거나 버티는 데 쓰는 굵고 긴 나무 ▶木(나무 목)
- 樟樹장수　樟腦樹장뇌수　樟腦液장뇌액
- 樟腦油장뇌유　樟腦火장뇌화　樟木魚장목어

1급 874 木부 총 17획 **檣** 돛대 장
- 船檣선장 배의 돛대 또는 배의 선기 게양 기둥으로서 쓰는 기둥 ▶船(배 선)
- 檣淚장루 화장한 얼굴을 적시는 눈물 ▶淚(눈물 루)
- 大檣대장　帆檣범장　檣竿장간　檣燈장등
- 前檣전장　艦檣함장　船檣燈선장등

2급 1004 木부 총 22획 **欌** 장롱 장
- 壁欌벽장 바람벽을 뚫어 작은 문을 내고 그 안에 물건을 넣게 된 곳 ▶壁(벽 벽)
- 欌籠장롱 옷 따위를 넣어 주는 장과 농의 총칭 ▶籠(대그릇 롱)
- 藥欌약장　龍欌용장　饌欌찬장　册欌책장
- 壁欌門벽장문　食器欌식기장　陳列欌진열장

2급 1005 水부 총 15획 **漿** 미음 장
- 義漿의장 사람에게 대접하는 물 ▶義(옳을 의)
- 漿疱장포 살이 부르터서 진물이 괴어 곪긴 부스럼 ▶疱(천연두 포)
- 腦漿뇌장　酸漿산장　巖漿암장　牛漿우장
- 地漿지장　鐵漿철장　血漿혈장

1급 875 뉘부 총 17획 **牆** 담 장
- 隔牆격장 서로 담을 사이에 두고 이웃함 ▶隔(사이뜰 격)
- 粉牆분장 갖가지 색깔로 화려하게 꾸민 담 ▶粉(가루 분)
- 肩牆견장　壁牆벽장　連牆연장　牆屋장옥
- 牆外장외　彫牆조장　**주의** 墻과 同字

쪽지시험

※ 다음 성어에서 □ 안에 들어갈 알맞은 한자는 어느 것입니까?

1. 門前□羅
① 錐　② 雀　③ 椎　④ 隻　⑤ 戌

2. 賊反荷□
① 杖　② 棧　③ 檣　④ 欌　⑤ 帳

풀이

1 門前雀羅(문전작라) : 대문 앞에 새를 잡는 그물을 친다는 뜻으로, 찾아오는 사람이 없어 쓸쓸함을 이르는 말

2 賊反荷杖(적반하장) : 도둑이 도리어 매를 든다는 뜻으로, 잘못한 사람이 아무 잘못도 없는 사람을 나무람을 이르는 말

답 1. ② | 2. ①

상공회의소 한자시험 고급 기본서 1·2급

2급 1006 獐 / 犭(犬)부 / 총 14획 / 노루 **장**
- 獐毛장모 노루의 털 ▶毛(털 모)
- 獐林장림 열병을 일으킬 만한 독기 있는 숲 ▶林(수풀 림)
- 獐皮장피 노루의 가죽 ▶皮(가죽 피)
- 獐角장각 獐肝장간 獐茸장용 獐腋장액
- 獐足장족 獐脯장포 獐血장혈 香獐향장

2급 1007 璋 / 王(玉)부 / 총 15획 / 홀 **장**
- 弄璋之慶농장지경 장으로 만든 구기를 노는 경사란 뜻으로 아들을 낳은 기쁨 ▶弄(희롱할 롱), 之(갈 지), 慶(경사 경)
- 珪璋규장 弄璋之喜농장지희

1급 876 臧 / 臣부 / 총 14획 / 착할 **장**
- 臧否장부 착함과 착하지 못함 ▶否(아닐 부)
- 臧獲장획 장은 사내종, 획은 계집종으로 하인을 이르는 말 ▶獲(얻을 획)
- 주의 藏(감출 장) 3급

2급 1008 蔣 / ⺾(艸)부 / 총 15획 / 성 **장**
- 荒蔣황장 버려두어 거칠어지고 못 쓰게된 농가 ▶荒(거칠 황)
- 蔣英實장영실 조선시대 4대 세종 때의 과학자 ▶英(꽃부리 영), 實(열매 실)
- 蔣介石장개석

2급 1009 薔 / ⺾(艸)부 / 총 17획 / 장미 **장**/여뀌 **색**
- 薔薇장미 장미과의 낙엽 관목 ▶薇(고비 미)
- 薔薇酒장미주 장미꽃으로 즙을 내어 담근 술 ▶薇(고비 미), 酒(술 주)
- 野薔薇야장미 薔薇色장미색 薔薇疹장미진
- 薔薇花장미화 薔花紅蓮傳장화홍련전

2급 1010 贓 / 貝부 / 총 21획 / 장물 **장**
- 受贓수장 훔친 물건을 받거나 뇌물을 받음 ▶受(받을 수)
- 贓物장물 범죄 행위로부터 부당하게 얻은 타인 소유의 물건 ▶物(물건 물)
- 計贓계장 九贓구장 犯贓범장 分贓분장
- 贓吏장리 贓罪장죄 贓品장품 眞贓진장

2급 1011 醬 / 酉부 / 총 18획 / 젓갈 **장**
- 肉醬육장 간장·고추장·된장 등에 고기를 넣고 조린 반찬 ▶肉(고기 육)
- 醬間장간 장독 따위를 놓아 두는 곳 ▶間(사이 간)
- 醬菌장균 醬味장미 醬油장유 醬太장태
- 陳醬진장 淸醬청장 土醬토장 淸麴醬청국장

2급 1012 梓 / 木부 / 총 11획 / 가래나무 **재**
- 桐梓동재 오동나무와 가래나무로 좋은 재목이라는 뜻 ▶桐(오동나무 동)
- 梓里재리 고향을 달리 이르는 말 ▶里(마을 리)
- 登梓등재 上梓상재 梓人재인 梓宮재궁
- 梓室재실 鼠梓木서재목

1급 877 渽 / 氵(水)부 / 총 12획 / 맑을 **재**
- 渽渽재재 물이 매우 맑음

2급 1013 滓 / 氵(水)부 / 총 13획 / 찌끼 **재**
- 去滓거재 물건의 찌끼를 추려 버림 ▶去(갈 거)
- 殘滓잔재 다 골라 쓰고 남은 못 쓸 것 ▶殘(남을 잔)
- 鋼滓강재 鑛滓광재 壓滓압재 烟滓연재
- 鎔滓용재 滓炭재탄 汁滓즙재 沈滓침재

장영실(蔣英實)

蔣(성 장), 英(꽃부리 영), 實(열매 실)

조선 전기 세종 때의 과학자이다. 장영실은 동래현의 관노(官奴)였으며, 과학적 재능으로 태종 때 이미 발탁되어 궁중기술자 업무에 종사하였다. 제련(製鍊)·축성(築城)·농기구·무기 등의 수리에 뛰어났으며 1421년(세종 3) 세종의 명으로 중국으로 유학하여 각종 천문기구를 익히고 돌아왔다. 1423년(세종 5) 왕의 특명으로 면천(免賤)되어 관노(官奴)의 신분을 벗었다. 한국 최초의 물시계인 보루각의 자격루를 만들었으며, 세계 최초의 우량계인 측우기와 수표를 발명하였다.

한자 익히기

| 1급 878 糸부 총 16회 縡 일 재 | ※事와 뜻이 같음 | 2급 1014 齊부 총 17회 齋 재계할/공부방 재 | 齋潔재결 근신하여 몸을 깨끗하게 함 ▶潔(깨끗할 결) 齋戒재계 부정한 일을 멀리하고 심신을 깨끗이 함 ▶戒(경계할 계) 國齋국재 同齋동재 山齋산재 書齋서재 入齋입재 破齋파재 沐浴齋戒목욕재계 |

| 1급 879 齊부 총 21회 齎 가져올 재/재물 자/ 가질 제 | 齎來재래 어떠한 결과를 가져옴 ▶來(올 래) 齎糧재량 양식을 지니고 다님 ▶糧(양식 량) 百齎백재 齎鬱재울 七七齎칠칠재 金齎玉膾금재옥회 | 1급 880 竹부 총 14회 箏 쟁 쟁 | 牙箏아쟁 악기의 한 가지로 대쟁과 비슷한 칠현(七絃)의 악기 ▶牙(어금니 아) 風箏풍쟁 종이에 댓가지를 붙여 실을 달아 공중에 날리는 장난감 ▶風(바람 풍) 大箏대쟁 大牙箏대아쟁 |

| 2급 1015 言부 총 15회 諍 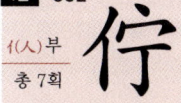 간할 쟁 | 諫諍간쟁 말로써 굳게 간하여 실수를 바로 잡고 잘못을 고치게 함 ▶諫(간할 간) 諍友쟁우 친구의 잘못을 바로잡고자 충고하는 벗 ▶友(벗 우) 諍亂쟁란 諍臣쟁신 諍子쟁자 | 1급 881 金부 총 16회 錚 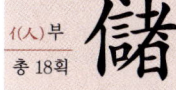 쇳소리 쟁 | 錚然쟁연 쇠붙이가 부딪쳐 울리는 것처럼 소리가 날카로움 ▶然(그러할 연) 錚錚쟁쟁 옥이나 좋은 금속의 울리는 소리가 매우 맑음 擊錚격쟁 錚盤쟁반 錚臣쟁신 玉錚盤옥쟁반 鐵中錚錚철중쟁쟁 |

| 1급 882 亻(人)부 총 7회 佇 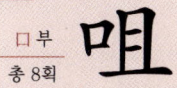 우두커니 저 | 佇見저견 머물러 서서 바라봄 ▶見(볼 견) 佇望저망 세상에 이름이 날 만한 그 근본을 기름 ▶望(바랄 망) 佇眷저권 佇念저념 佇立저립 佇想저상 | 2급 1016 亻(人)부 총 18회 儲 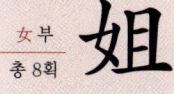 쌓을 저 | 公儲공저 정부에서 곡식을 비축하는 등의 저축 ▶公(공평할 공) 東儲동저 임금의 자리를 이을 왕자 ▶東(동녘 동) 建儲건저 國儲국저 斗儲두저 兵儲병저 儲位저위 儲積저적 儲置저치 存儲존저 |

| 2급 1017 口부 총 8회 咀 씹을 저 | 咀嚼저작 음식물을 씹음 ▶嚼(씹을 작) 咀呪저주 미워하는 상대가 불행이나 재앙을 당하도록 빌고 바람 ▶呪(저주할 주) 咀嚼口저작구 咀嚼筋저작근 | 1급 883 女부 총 8회 姐 누이 저 | 小姐소저 아가씨 ▶小(작을 소) 姐姐저저 누님을 이르는 말 |

쪽지시험

※ 다음 한자(漢字)와 음(音)이 같은 한자는 어느 것입니까?

1 蔣
① 蔗 ② 茐 ③ 蓴 ④ 薔 ⑤ 彰

2 濊
① 涌 ② 滓 ③ 瀟 ④ 深 ⑤ 汀

풀이
1 蔣(성 장)
① 자 ② 잉 ③ 순 ④ 장 ⑤ 창
2 濊(맑을 재)
① 용 ② 재 ③ 숙 ④ 보 ⑤ 정

답 1. ④ | 2. ②

| 2급 1018 | 杵 | 木杵목저 나무로 만든 달굿대 ▶木(나무 목)
杵聲저성 다듬이질하는 소리 ▶聲(소리 성) |
|---|---|---|
| 木 부 총 8획 | 공이 저 | 搗杵도저 舂杵용저 杵臼저구 砧杵침저 磨鐵杵마철저 杵臼之交저구지교 |

| 2급 1019 | 楮 | 楮墨저묵 종이와 먹 ▶墨(먹 묵)
楮錢저전 종이로 만든 돈 ▶錢(돈 전)
寸楮촌저 짧은 편지 또는 자기의 편지를 겸손하게 이르는 말 ▶寸(마디 촌) |
|---|---|---|
| 木 부 총 13획 | 닥나무 저 | 縑楮겸저 楮李저리 楮實저실 楮田저전 楮册저책 楮幣저폐 楮先生저선생 |

| 1급 884 | 樗 | 樗木저목 가죽나무 또는 쓸모없는 나무나 쓸모없는 사람을 비유 ▶木(나무 목)
樗才저재 아무 데도 쓸모없는 재주, 재능 ▶才(재주 재) |
|---|---|---|
| 木 부 총 15획 | 가죽나무 저 | 樗鷄저계 樗根저근 樗散저산 樗蒲저포 |

| 2급 1020 | 沮 | 沮喪저상 의기나 원기 따위의 기운을 잃거나 꺾임 ▶喪(잃을 상)
沮害저해 막아서 못 하게 해침 ▶害(해할 해) |
|---|---|---|
| 氵(水) 부 총 8획 | 막을 저 | 愧沮괴저 濕沮습저 沮色저색 沮碍저애 沮抑저억 沮止저지 沮止線저지선 |

| 2급 1021 | 渚 | 釣渚조저 낚시질을 하는 물가 ▶釣(낚시 조)
洲渚주저 파도가 밀려 닿는 곳 ▶洲(물가 주) |
|---|---|---|
| 氵(水) 부 총 12획 | 물가 저 | 沙渚사저 渚岸저안 渚崖저애 汀渚정저 |

| 1급 885 | 狙 | 狙擊저격 어떤 대상을 노리고 겨냥하여 치거나 총을 쏘는 것 ▶擊(칠 격)
牧狙목저 돼지를 기름 ▶牧(칠 목) |
|---|---|---|
| 犭(犬) 부 총 8획 | 원숭이 저 | 狙擊隊저격대 狙擊兵저격병 狙擊手저격수 狙擊彈저격탄 |

2급 1022	猪	兒猪아저 고기로 먹을 어린 돼지 ▶兒(아이 아)
犭(犬) 부 총 12획	돼지 저	凍猪동저 山猪산저 猪口저구 猪勇저용 猪脂저지 猪胎저태 猪腸蒸저장증 주의 豬와 同子

| 2급 1023 | 疽 | 壞疽괴저 괴사로 가라앉은 부분이 부패 또는 탈락하게 된 상태 ▶壞(무너질 괴)
石疽석저 살이 돌덩이처럼 단단하게 되는 종기 ▶石(돌 석) |
|---|---|---|
| 疒 부 총 10획 | 등창 저 | 舌疽설저 緩疽완저 癰疽옹저 菜疽채저 炭疽탄저 脫疽탈저 附骨疽부골저 |

| 2급 1024 | 箸 | 匙箸시저 숟가락과 젓가락을 아울러 이르는 말 ▶匙(숟가락 시)
下箸하저 젓가락을 댄다는 뜻으로 음식을 먹음을 이르는 말 ▶下(아래 하) |
|---|---|---|
| 竹 부 총 15획 | 젓가락 저 | 木箸목저 玉箸옥저 竹箸죽저 火箸화저 消毒箸소독저 銀匙箸은시저 |

| 1급 886 | 紵 | 紵根저근 모시풀의 뿌리로 약재로 쓰임 ▶根(뿌리 근)
紵衣저의 모시로 지은 옷 ▶衣(옷 의)
紵布저포 모시 ▶布(베 포) |
|---|---|---|
| 糸 부 총 11획 | 모시 저 | 唐紵당저 紵紗저사 紵麻저마 紵蛤湯저합탕 黃紵布황저포 |

탄저(炭疽)

炭(숯 탄), 疽(등창 저)

탄저균의 감염에 의하여 가축에 일어나는 전염병이며 사람에게도 걸릴 수 있다. 주로 소·말·양 등 초식동물에 발병하는 전염병으로, 크게 호흡기형·피부형·소화기형의 3가지가 있으며 호흡기형이 가장 치명적이어서 초기에 치료를 받지 않으면 90% 이상의 사망률을 보인다. '탄저' 의 어원은 그리스어 'anthrax'로, '석탄'을 뜻하는데, 이 병에 걸리면 피부에 물집이 생기고, 검은 딱지가 앉기 때문에 이런 이름이 붙었다.

한자 익히기

2급 1025 艹(艸)부 총 9획 | **苧** 모시 저
- 白苧백저 뉘어서 빛깔이 하얗게 된 모시 ▶白(흰 백)
- 細苧세저 올이 가늘고 고운 모시 ▶細(가늘 세)
- 生苧생저 改良苧개량저 細白苧세백저
- 苧麻絲저마사 苧麻布저마포

1급 887 艹(艸)부 총 12획 | **菹** 김치 저/늪 자
- 瓜菹과저 오이김치 ▶瓜(오이 과)
- 紅菹홍저 무를 작고 네모나게 썰어 소금에 절인 후 고춧가루 따위의 양념과 함께 버무려 만든 김치 ▶紅(붉을 홍)
- 茄菹가저 芥菹개저 梅菹매저 筍菹순저
- 預菹예저 靑菹청저 筒菹통저 菁根菹청근저

2급 1026 艹(艸)부 총 20획 | **藷** 사탕수수 저
- 甘藷감저 가짓과의 여러해살이풀로 땅속줄기의 일부가 덩이모양을 이룬 것 ▶甘(달 감)
- 藷芋저우 고구마 ▶芋(토란 우)
- 藷類저류 甘藷飯감저반 甘藷湯감저탕
- 南甘藷남감저 주의 薯와 同字

1급 888 言부 총 12획 | **詛** 저주할/씹을 저
- 詛嚼저작 음식물을 입에 넣고 씹거나 베어 물어서 씹음 ▶嚼(씹을 작)
- 詛呪저주 남에게 재앙이나 불행이 일어나도록 빌며 바라는 것 ▶呪(저주할 주)
- 詛嚼口저작구 詛嚼筋저작근 詛嚼器저작기
- 주의 咀와 通用

1급 889 足부 총 20획 | **躇** 머뭇거릴 저
- 躊躇주저 어떤 일이나 행동을 과감하게 또는 적극적으로 하지 못하고 머뭇거리며 망설이는 것 ▶躊(머뭇거릴 주)

1급 890 辶(辵)부 총 11획 | **這** 이 저
- 這間저간 그리 멀지 않은 과거로부터 현재까지의 동안 또는 요즈음 ▶間(사이 간)
- 這番저번 요전의 그 때 ▶番(차례 번)
- 這般저반 這這저저

2급 1027 阝(邑)부 총 8획 | **邸** 집 저
- 官邸관저 높은 관리가 살도록 정부에서 관리하는 집 ▶官(벼슬 관)
- 邸宅저택 지난날, 왕후의 집 또는 규모가 아주 큰 집 ▶宅(집 택)
- 公邸공저 私邸사저 新邸신저 潛邸잠저
- 邸舍저사 邸第저제 邸下저하 別邸별저

1급 891 隹부 총 13획 | **雎** 물수리 저
- 雎鳩저구 물수리 ▶鳩(비둘기 구)
- 關關雎鳩관관저구

1급 892 齒부 총 20획 | **齟** 어긋날 저
- 齟齬저어 틀어져 어긋남 ▶齬(어긋날 어)

1급 893 力부 총 13획 | **勣** 공적 적
- 주의 績과 同字

쪽지시험

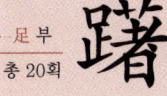

※ 다음의 뜻을 가진 한자(漢字)는 어느 것입니까?

1 원숭이
① 狙 ② 猪 ③ 狼 ④ 獅 ⑤ 狗

2 집
① 箸 ② 紵 ③ 邸 ④ 雎 ⑤ 姐

풀이
1 ① 狙(원숭이 저) ② 猪(돼지 저)
③ 狼(이리 랑) ④ 獅(사자 사)
⑤ 狗(개 구)
2 ① 箸(젓가락 저) ② 紵(모시 저)
③ 邸(집 저) ④ 雎(물수리 저)
⑤ 姐(누이 저)

답 1.① | 2.③

1급 894 口부 총 6획 吊 이를 적/조상할 조	吊樓적루 군진에서 임시로 설치한 누 ▶樓(다락 루) 吊鐘적종 적루에 매달아 두는 종 ▶鐘(쇠북 종) 吊橋적교 吊繩조승 吊架法조가법 주의 弔의 俗字	2급 1028 女부 총 14획 嫡 정실 적	嫡子적자 정실의 몸에서 태어난 아들 ▶子(아들 자) 嫡派적파 집안의 계통 관계에서 정실 아들의 계통 ▶派(갈래 파) 世嫡세적 承嫡승적 長嫡장적 嫡家적가 嫡女적녀 嫡孫적손 嫡配적배 奪嫡탈적
2급 1029 犭(犬)부 총 7획 狄 오랑캐 적	夷狄이적 오랑캐 ▶夷(오랑캐 이) 狄人적인 미개한 야만인이라는 뜻에서 옛날 우리나라의 북족에 살던 여진족을 이르던 말 ▶人(사람 인) 蠻狄만적 北狄북적 戎狄융적 胡狄호적 南蠻北狄남만북적	2급 1030 竹부 총 11획 笛 피리 적	警笛경적 비상시에 경계를 위하여 울리는 고동 ▶警(경계할 경) 鼓笛고적 북과 피리를 아울러 이르는 말 ▶鼓(북 고) 口笛구적 汽笛기적 麥笛맥적 牙笛아적 玉笛옥적 笛聲적성 胡笛호적 鼓笛隊고적대
2급 1031 羽부 총 14획 翟 꿩 적/고을이름 책	舞翟무적 일무의 문무를 추는 사람이 왼손에 잡고 춤추던 기구 ▶舞(춤출 무) 翟車적거 황후가 타는 수레 이름 ▶車(수레 거) 翟輅적로 翟羽적우 翟衣적의 墨翟之守묵적지수	1급 895 艹(艸)부 총 11획 荻 물억새 적	荻花적화 물억새 꽃 ▶花(꽃 화)
2급 1032 言부 총 18획 謫 귀양갈 적	謫居적거 귀양살이를 하고 있음 ▶居(살 거) 謫遷적천 죄를 지은 관리 등을 먼 곳으로 귀양보냄 ▶遷(옮길 천) 流謫유적 謫降적강 謫客적객 謫落적락 謫死사 謫所적소 謫中적중 謫下적하	2급 1033 足부 총 18획 蹟 자취 적	奇蹟기적 신의 초자연적인 힘에 의하여 생기는 불가사한 현상 ▶奇(기이할 기) 行蹟행적 행위의 실적이나 자취 ▶行(다닐 행) 古蹟고적 名蹟명적 文蹟문적 事蹟사적 烈蹟열적 遺蹟유적 異蹟이적 古蹟地고적지
2급 1034 辶(辵)부 총 9획 迪 나아갈 적	啓迪계적 가르쳐 길을 열어줌 ▶啓(열 개) 李彦迪이언적 조선 중종 때의 성리학자 ▶李(오얏 이), 彦(선비 언) 洪啓迪홍계적 迪順副尉적순부위	2급 1035 辶(辵)부 총 10획 迹 자취 적	軌迹궤적 수레바퀴가 지나간 자국 또는 사람이나 어떤 일을 더듬어온 흔적 ▶軌(수레바퀴 궤) 痕迹흔적 뒤에 남은 자취 ▶痕(흉터 흔) 巨迹거적 遁迹둔적 人迹인적 戰迹전적 絶迹절적 踪迹종적 足迹족적 形迹형적

어물전(魚物廛)

魚(고기 어), 物(물건 물), 廛(가게 전)

조선시대 어물을 파는 육의전(六矣廛) 중의 하나로 각종 수산물을 취급하는 상점이다. 우리나라는 일찍부터 건장(乾藏)·염장(鹽藏) 등의 저장기술이 발달하여 수산물의 상품화가 가능하였고 일반인들의 수요도 높았다. 처음에는 생선이나 젓갈 등도 취급했으나 생선전(生鮮廛)과 경염전(京鹽廛) 등이 생겨나면서 주로 건어물과 마른 미역 등을 취급하였다. 현종(顯宗) 연간에 도성 밖 칠패(七牌) 지역에도 공인을 받은 어물전이 생겨 내·외어물전으로 나뉘어 어물시장의 상권을 놓고 치열하게 대립하였다.

한자 익히기

| 1급 896
金부
총 19획 **鏑**
살촉 적 | 鳴鏑명적 예전에 전쟁 때에 쓰던 화살의 하나 ▶鳴(울 명)
鏑銜적함 말의 입에 물리는 재갈 ▶銜(재갈 함)

鋒鏑봉적 鏑矢적시 流鏑馬유적마 | 2급 1036
亻(人)부
총 7획 **佃**
밭갈 전 | 佃客전객 남의 땅을 빌어 농사를 짓는 사람 ▶客(손 객)
佃器전기 논밭을 가는 데 쓰이는 농기구 ▶器(그릇 기)

佃具전구 佃民전민 佃夫전부 佃漁전어 佃作전작 佃戶전호 |

| 1급 897
亻(人)부
총 8획 **佺**
신선이름 전 | 沈佺期심전기 중국 당나라의 시인의 이름 ▶沈(성 심), 期(기약할 기) | 2급 1037
刀부
총 11획 **剪**
자를 전 | 剪滅전멸 처부수어 멸망시킴 ▶滅(멸할 멸)
剪除전제 필요치 않은 것을 잘라서 없애 버림 ▶除(덜 제)

剪刀전도 剪伐전벌 剪芽전아 剪截전절 剪定전정 剪枝전지 剪草除根전초제근 |

| 2급 1038
土부
총 13획 **塡**
메울 전/진정할 진 | 補塡보전 부족한 것을 메워 보충함 ▶補(기울 보)
充塡충전 빈 곳이나 공간 따위를 채움 ▶充(채울 충)

書塡서전 裝塡장전 塡星전성 塡然전연 塡足전족 充塡工충전공 充塡物충전물 | 2급 1039
土부
총 14획 **塼**
벽돌 전 | 塼壁전벽 벽돌로 쌓은 벽 ▶壁(벽 벽)
塼墓전묘 직사각형의 벽돌로 묘실을 만든 무덤 ▶墓(무덤 묘)

塼塔전탑 瓦塼佛와전불 塼室墳전실분 |

| 2급 1040
大부
총 12획 **奠**
정할 전 | 奠物전물 신불 앞에 차려 놓는 음식 ▶物(물건 물)
別奠별전 조상에게 임시로 지내는 제사 ▶別(나눌 별)

奠居전거 奠都전도 奠接전접 奠定전정 祭奠제전 朝奠조전 殷奠은전 禮奠예전 | 2급 1041
广부
총 15획 **廛**
가게 전 | 米廛미전 쌀과 그 밖의 곡식을 파는 가게 ▶米(쌀 미)
市廛시전 옛날 장거리의 가게 ▶市(저자 시)

古物廛고물전 魚物廛어물전 煙竹廛연죽전 布木廛포목전 皮物廛피물전 |

| 1급 898
忄(心)부
총 10획 **悛**
고칠 전 | 改悛개전 잘못을 뉘우쳐 개심함 ▶改(고칠 개)
悛心전심 전에 저지른 잘못을 뉘우쳐 고침 ▶心(마음 심)

悛容전용 悛換전환 悔悛회전 | 2급 1042
木부
총 10획 **栓**
나무못 전 | 密栓밀전 새지 않게 단단히 마개로 막음 또는 그 마개 ▶密(빽빽할 밀)
血栓혈전 생물체의 혈관 속에서 피가 굳어져서 된 고형물 ▶血(피 혈)

膿栓농전 栓木전목 打栓타전 活栓활전 共用栓공용전 給水栓급수전 消火栓소화전 |

쪽지시험

※ 다음 단어들의 □ 안에 공통으로 들어갈 알맞은 한자는 어느 것입니까?

1 古□, 史□, 行□

① 塡   ② 觀   ③ 政   ④ 蹟   ⑤ 典

2 □補, 裝□, 充□

① 候   ② 着   ③ 滿   ④ 塡   ⑤ 突

풀이

1 古蹟(고적), 史蹟(사적), 行蹟(행적)

2 塡補(전보), 裝塡(장전), 充塡(충전)

답 1.④ | 2.④

급수	한자	부수/획수	훈음	단어 풀이	예시
2급 1043	氈	毛부 총 17획	모전 전	毛氈모전 짐승의 털로 색을 맞추어 무늬를 넣고 두툼하게 짠 부드러운 요 ▶毛(털 모) 氈衣전의 전으로 만든 옷 ▶衣(옷 의)	洋氈양전 氈笠전립 靑氈청전 鋪氈포전 紅氈홍전 猩猩氈성성전 氈方席전방석
2급 1044	澱	氵(水)부 총 16획	앙금 전	澱粉전분 엽록소가 있는 식물의 영양 저장물질 ▶粉(가루 분) 沈澱침전 액체 중에 있는 미세한 고체가 가라앉아서 바닥에 낌 ▶沈(잠길 침)	澱物전물 澱粉粕전분박 澱粉質전분질 沈澱膜침전막 沈澱物침전물 沈澱池침전지
2급 1045	煎	灬(火)부 총 13획	달일 전	煎悶전민 근심이나 걱정으로 가슴을 바싹 바싹 태움 ▶悶(번민할 민) 花煎화전 진달래·개나리·국화 따위 꽃을 붙이어 부친 부꾸미 ▶花(꽃 화)	肝煎간전 再煎재전 煎茶전다 煎餠전병 煎油전유 綠豆煎녹두전 煎油魚전유어
1급 899	琠	王(玉)부 총 12획	귀막이 전		주의 瑱과 同字
2급 1046	甸	田부 총 7획	경기 전	畿甸기전 조선시대에 경기도 일대를 이르던 말 ▶畿(경기 기) 甸服전복 중국 오복의 하나로 상고 때는 왕기로부터 5백리 안의 땅 ▶服(옷 복)	羅甸나전 樺甸화전
1급 900	畑	田부 총 9획	화전 전	※ 일본식 한자	
1급 901	癲	疒부 총 24획	미칠 전	癲癇전간 경련·의식 장애 등의 발작을 계속 되풀이하는 질환 ▶癇(간질 간) 酒癲주전 술을 지나치게 많이 마셔서 정신이 없음 ▶酒(술 주)	癲狂전광 癲疾전질 癲風전풍 昌癲창전 癲狂院전광원 癲狂病院전광병원
1급 902	筌	竹부 총 12획	통발 전	筌蹄전제 고기를 잡는 통발과 토끼를 잡는 올가미란 뜻으로 목적을 위한 방편을 이르는 말 ▶蹄(굽 제)	魚筌어전 得魚忘筌득어망전
2급 1047	箋	竹부 총 14획	기록할 전	附箋부전 무슨 서류나 문건에 간단한 의견을 써서 덧붙이는 쪽지 ▶附(붙을 부) 箋注전주 본문의 뜻을 설명한 주석 ▶注(물댈 주)	短箋단전 藥箋약전 用箋용전 華箋화전 謝恩箋사은전 詩箋紙시전지 處方箋처방전
2급 1048	箭	竹부 총 15획	화살 전	飛箭비전 날아오는 화살 또는 매우 빠른 화살 ▶飛(날 비) 暗箭암전 과녁에 맞지 않고 빗나가는 화살 또는 숨어서 쏘는 화살 ▶暗(어두울 암)	猛箭맹전 細箭세전 漁箭어전 長箭장전 箭竹전죽 箭窓전창 火箭화전 神機箭신기전

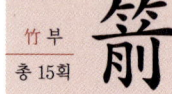

전족(纏足)

纏(얽을 전), 足(발 족)

중국에서 여자의 발을 인위적으로 작게 하기 위하여 헝겊으로 묶던 풍습이다. 3~6세의 여자 어린이의 엄지발가락 이외의 발가락을 발바닥 방향으로 접어 넣듯 묶어 조그만 신에 고정시킨다. 명대(明代)에 특히 성행했으며, 청대에는 전족 금지령을 내렸으나 효과는 없었다. 그 후 태평천국(太平天國)에서도 금지하였고, 1894년에는 서태후(西太后)가 금지령을 내려 쇠퇴하였고 민국(民國)시대에는 여성운동에 의해 전족 해방이 제창되어 현재는 거의 소멸된 상태이다.

한자 익히기

2급 1049 篆 竹부 총 15획
전자 **전**
- 篆刻전각 돌·나무·금이나 옥 따위에 인장을 새김 ▶刻(새길 각)
- 篆劃전획 한자 글씨체의 하나인 전자의 획 ▶劃(그을 획)
- 繆篆무전 印篆인전 篆隷전례 篆書전서
- 篆額전액 九疊篆구첩전 篆刻家전각가

2급 1050 纏 糸부 총 21획
얽을 **전**
- 在纏재전 번뇌에 얽매여 아직 깨달은 경계에 이르지 못함 ▶在(있을 재)
- 纏着전착 덩굴 같은 것이 나무에 감아 뻗어서 붙음 ▶着(붙을 착)
- 糾纏규전 衣纏의전 纏結전결 纏帶전대
- 纏縛전박 纏綿전면 纏繞전요 纏無明전무명

2급 1051 詮 言부 총 13획
설명할 **전**
- 詮考전고 의논하여 상고함 ▶考(생각할 고)
- 詮次전차 글이나 말에서 짜여진 순서나 조리 ▶次(버금 차)
- 詮議전의 眞詮진전 明詮自性명전자성

1급 903 輾 車부 총 17획
돌 **전**/삐걱거릴 **년**
- 輾轉전전 누워서 이리저리 뒤척거림 ▶轉(구를 전)
- 輾轉機전전기 輾轉反側전전반측
- 輾轉不寐전전불매

2급 1052 鈿 金부 총 13획
비녀 **전**
- 螺鈿나전 진주광이 나는 자개로 만든 공예품 ▶螺(소라 라)
- 鈿瓔전영 자개 박은 목걸이 ▶瓔(옥돌 영)
- 金鈿금전 鈿螺전라 鈿車전차 鈿合전합
- 花鈿화전 鈿篌箜전공후

2급 1053 銓 金부 총 14획
저울질할 **전**
- 銓考전고 사람을 전형할 때에 대상자를 여러 모로 따져 고름 ▶考(생각할 고)
- 銓衡전형 인물의 됨됨이나 재능을 시험하여 뽑음 ▶衡(저울대 형)
- 銓補전보 銓敍전서 銓選전선 銓注전주
- 銓銓者전정자

1급 904 鐫 金부 총 21획
새길 **전**
- 彫鐫조전 재료를 새기거나 깎아서 입체 형상을 만듦 또는 그런 미술 분야 ▶彫(새길 조)

2급 1054 顚 頁부 총 19획
꼭대기 **전**
- 顚倒전도 엎어져서 넘어짐 또는 위와 아래를 바꾸어 거꾸로 함 ▶倒(넘어질 도)
- 顚末전말 일의 처음부터 끝까지의 경과 ▶末(끝 말)
- 顚落전락 顚連전련 顚覆전복 顚墜전추
- 顚沛전패 顚倒車전도차 本末顚倒본말전도

1급 905 顫 頁부 총 22획
떨릴 **전**
- 顫動전동 떨거나 떨리거나 하여 움직임 ▶動(움직일 동)
- 寒顫한전 오한이 심하여 몸이 몹시 떨림 ▶寒(찰 한)
- 顫聲전성 顫音전음 震顫진전 舌顫音설전음
- 手顫氣수전기 手顫症수전증

1급 906 餞 食부 총 17획
전별할 **전**
- 餞別전별 잔치를 베풀어 작별함 ▶別(나눌 별)
- 祖餞조전 먼 길 가는 사람을 전송함 ▶祖(할아비 조)
- 郊餞교전 宴餞연전 迎餞영전 餞送전송
- 餞春전춘 餞別酒전별주 餞會전회

쪽지시험

상공회의소 한자
고급 1, 2급

※ 다음 한자(漢字)와 뜻이 비슷한 한자는 어느 것입니까?

1. [錄]
① 筌 ② 箭 ③ 廛 ④ 篆 ⑤ 箋

2. [刻]
① 鈿 ② 鐫 ③ 釣 ④ 鏑 ⑤ 銓

풀이

1 錄(기록할 록)
① 筌(통발 전) ② 箭(화살 전) ③ 廛(가게 전)
④ 篆(전자 전) ⑤ 箋(기록할 전)

2 刻(새길 각)
① 鈿(비녀 전) ② 鐫(새길 전) ③ 釣(낚시 조)
④ 鏑(살촉 적) ⑤ 銓(저울질할 전)

답 1. ⑤ | 2. ②

2급 1055 截 戈부 총 14획 끊을 절	嚴截엄절 성질이 몹시 엄격하여서 맺고 끊는 듯함 ▶嚴(엄할 엄) 截取절취 끊어 가짐 또는 훔쳐서 제 것으로 함 ▶取(가질 취) 交截교절 半截반절 自截자절 截脚절각 截紙절지 峻截준절 去頭截尾거두절미	2급 1056 浙 氵(水)부 총 10획 강이름 절	浙江省절강성 중국 동남부의 동중국해 연안에 있는 성(省) ▶江(강 강), 省(살필 성) 浙江省절파 중국 명나라 말기에 유행한 필묵이 웅장하고 거친 산수화 유파 ▶派(갈래 파) 주의 淅(일 석) 1·2급
1급 907 癤 疒부 총 20획 부스럼 절	軟癤연절 살에 자꾸 작은 멍울이 생기어 좀처럼 낫지 아니하는 병 ▶軟(연할 연) 癤瘍절양 살갗에만 나는 화종성 염증 ▶瘍(종기 양) 癰癤옹절 癤腫절종 癤瘡절창	2급 1057 岾 山부 총 8획 땅이름 점/고재 재	楡岾寺유점사 강원도 고성군에 있는 절로 통일 신라 시대에 창건되었으며 금동 석가여래 입상이 있음 ▶楡(느릅나무 유), 寺(절 사)
2급 1058 点 灬(火)부 총 9획 점 점	点心점심 낮에 끼니로 먹는 음식 ▶心(마음 심) 주의 點의 俗字	2급 1059 粘 米부 총 11획 끈끈할 점	粘度점도 유체가 고체면에 부착하는 정도 ▶度(정도 도) 粘報점보 증거서류를 덧붙여서 보고함 ▶報(알릴 보) 粘膜점막 粘毛점모 粘性점성 粘液점액 粘稠점조 粘質점질 粘着점착 粘液質점액질
1급 908 霑 雨부 총 16획 젖을 점	均霑균점 만인이 혜택을 고르게 받거나 이익을 고루 얻음 ▶均(고를 균) 霑潤점윤 비나 이슬에 젖어 부은 것 ▶潤(윤택할 윤) 霑濕점습 霑濡점유 霑汗점한 주의 沾과 同字	1급 909 鮎 魚부 총 16획 메기 점	鮎魚점어 메기 ▶魚(고기 어) 鮎魚䱩점어전 고추장으로 간을 하여 토막친 메기와 무, 파 따위를 넣고 끓인 음식 ▶魚(고기 어), 䱩(새길 전) 女鮎䱩여점전 鮎魚灸점어구
1급 910 摺 扌(手)부 총 14획 접을 접/꺾을 랍	摺本접본 책장을 베지 않고 긴 것을 차례차례 접어 만든 책 ▶本(근본 본) 摺冊접책 종이를 앞뒤로 고르게 여러 겹으로 접어서 책처럼 만든 것 ▶冊(책 책) 摺刀접도 摺扇접선 摺紙접지 摺處접처 摺鐵접철 摺齒접치 摺枕접침 摺寢床접침상	2급 1060 偵 亻(人)부 총 11획 염탐할 정	偵察정찰 살펴서 알아내는 것 ▶察(살필 찰) 探偵탐정 드러나지 않은 사실을 찾아내기 위하여 몰래 탐지함 또는 그런 사람 ▶探(찾을 탐) 密偵밀정 偵客정객 偵邏정라 偵知정지 偵察兵정찰병 偵察機정찰기 探偵家탐정가

수정체(水晶體)

水(물 수), 晶(맑을 정), 體(몸 체)

눈의 홍채 뒤에 있으며 양면이 볼록한 무색의 구조물로 빛의 초점을 망막에 맞추는 역할을 한다. 지름 9mm, 두께 3.7~4.4mm 정도의 혈관이 없는 투명한 조직으로서 얇고 탄력성이 있는 캡슐에 싸여 있어 유연하게 움직일 수 있기 때문에 모양을 쉽게 변화시킬 수 있다. 수정체의 주위에 있는 모양체와 모양소대는 수정체의 두께를 조절하여, 동공을 통해 들어온 빛이 굴절되는 정도를 조절한다.

한자 익히기

2급 1061	呈	드릴 정	露呈노정 예상치 못하거나 원치 않은 사실을 드러내어 알게 하는 것 ▶露(이슬 로) 贈呈증정 남에게 물건을 줌 ▶贈(줄 증) 謹呈근정 拜呈배정 奉呈봉정 送呈송정 呈單정단 呈露정로 呈色정색 獻呈헌정
口부 총 7획			

1급 911	娗	단정할 정	주의 整과 通用
女부 총 8획			

2급 1062	幀	그림족자 정/탱	影幀영정 그림으로 나타낸 어떤 사람의 얼굴 모습이나 용태 ▶影(그림자 영) 裝幀장정 책의 표지나 면지·도안·색채·싸개 등 겉모양을 꾸밈 ▶裝(꾸밀 장)
巾부 총 12획			

2급 1063	挺	빼낼 정	挺立정립 높이 솟아 있음 또는 남보다 뛰어남 ▶立(설 립) 挺然정연 여러 사람 가운데 뛰어남 또는 뛰어나 훌륭함 ▶延(그러할 연) 挺傑정걸 挺秀정수 挺身정신 挺爭정쟁 挺戰정전 挺節정절 挺進정진 挺出정출
扌(手)부 총 10획			

2급 1064	旌	기 정	弓旌궁정 활과 기 ▶弓(활 궁) 心旌심정 바람에 날리는 깃발처럼 마음이 안정되지 않고 산란한 상태 ▶心(마음 심) 銘旌명정 旌閭정려 旌門정문 旌善정선 旌顯정현 顯旌현정 生旌門생정문
方부 총 11획			

2급 1065	晶	맑을 정	水晶수정 투명한 차돌의 한 가지 ▶水(물 수) 液晶액정 액체와 고체의 중간 상태에 있는 물질 ▶液(진 액) 結晶결정 空晶공정 鮮晶선정 晶相정상 晶質정질 結晶體결정체 紫水晶자수정
日부 총 12획			

1급 912	晸	뜨는모양 정	晸晸정정 아침에 해가 솟는 모양
日부 총 12획			

1급 913	柾	나무바를 정/널 구	주의 柩의 俗字
木부 총 9획			

2급 1066	楨	광나무 정	楨幹정간 나무의 으뜸이 되는 줄기 ▶幹(줄기 간)
木부 총 13획			

1급 914	檉	위성류 정	檉柳정류 능수버들 ▶柳(버들 류) 檉柳科성류과 위성류과의 낙엽 활엽 교목 ▶柳(버들 류), 科(과목 과)
木부 총 17획			

쪽지시험

※ 다음 음(音)을 가진 한자는 어느 것입니까?

1. **접**
①截 ②霑 ③摺 ④偵 ⑤摘

2. **정**
①旌 ②於 ③放 ④施 ⑤悰

풀이
1 ①절 ②점 ③접 ④정 ⑤적
2 ①정 ②어 ③방 ④시 ⑤종

답 1. ③ | 2. ①

2급 1067	汀
氵(水) 부 총 5획	

沙汀사정 바닷가의 모래톱 ▶沙(모래 사)
汀渚정저 물기슭 ▶渚(물가 저)
汀洲정주 강·내·못·호수·바다의 물이 얕고 흙과 모래가 드러난 곳 ▶洲(물가 주)
汀蘭정란 汀線정선 汀岸정안

물가 정

1급 915	淀
氵(水) 부 총 11획	

얕은물/앙금 정

碧淀벽정 淤淀어정
주의 澱과 通用

1급 916	渟
氵(水) 부 총 12획	

渟泊정박 배가 닻을 내리고 머무름 ▶泊(배댈 박)
渟水정수 괴어 있는 물 ▶水(물 수)

물괼 정

渟泊船정박선 渟泊港정박항
주의 停과 通用

1급 917	湞
氵(水) 부 총 12획	

湞水정수 중국의 강이름 ▶水(물 수)

물이름 정

1급 918	瀞
氵(水) 부 총 19획	

맑을 정

주의 淨과 同字

1급 919	炡
火 부 총 9획	

炡輝정휘 불이 번쩍거리며 빛나는 모양 ▶輝(빛날 휘)

빛날 정

1급 920	玎
王(玉) 부 총 6획	

玎玲정령 옥소리 ▶玲(옥소리 령)

옥소리 정/쟁

1급 921	珽
王(玉) 부 총 11획	

珽水植物정수식물 물 위 식물로 뿌리는 진흙 속에 있고 줄기와 잎의 대부분은 물 위로 뻗어 있는 수생 식물의 하나 ▶水(물 수), 植(심을 식), 物(물건 물)
安珽안정 조선 중기의 문신·서화가 ▶安(편안 안)

옥이름 정

2급 1068	町
田 부 총 7획	

町當정당 수량이 1정보에 해당함을 이르는 말 ▶當(마땅 당)
町步정보 땅의 넓이가 정으로 끝이 나고 끝수가 없을 때의 단위 ▶步(걸음 보)

밭두둑 정

1급 922	睛
目 부 총 13획	

眼睛안정 눈동자 ▶眼(눈 안)
點睛점정 사람이나 짐승을 그릴 때 맨 나중에 눈동자를 찍음 ▶點(점 점)
黑睛흑정 눈알의 검은 부위 ▶黑(검을 흑)
通睛통정 蟹睛해정 混睛혼정 鬼眼睛귀안정
點佛睛점불정 畫龍點睛화룡점정

눈동자 정

화룡점정(畫龍點睛)

畫(그림 화), 龍(용 룡), 點(점 점), 睛(눈동자 정)

용을 그린 다음 마지막으로 눈동자를 그린다는 뜻으로, 가장 긴요한 부분을 마무리함으로써 일을 완성함을 나타낸다. 양(梁)나라의 장승요(張僧繇)가 금릉(金陵;南京)에 있는 안락사(安樂寺)에 용 두 마리를 그렸는데 눈동자를 그리지 않았다. 사람들이 이상히 여겨 그 까닭을 묻자 "눈동자를 그리면 용이 날아가 버리기 때문이다"라고 답하였다. 이에 사람들이 그 말을 믿지 않자, 그는 용 한 마리에 눈동자를 그려 넣었다. 그러자 갑자기 천둥이 울리고 번개가 치며 용이 하늘로 올라가 버렸다.

《수형기(水衡記)》

한자 익히기

| 1급 923 | 碇 | 石부 총13획 | 닻 정 |

碇泊정박 배가 닻을 내리고 머무름 ▶泊(배댈 박)
碇泊地정박지 배가 안전하게 머물 수 있는 해안 지역 ▶泊(배댈 박), 地(땅 지)
碇泊燈정박등 碇泊料정박료

| 2급 1069 | 禎 | 示부 총14획 | 상서로울 정 |

禎祥정상 경사스럽고 복스러운 조짐 ▶祥(상서 상)

| 1급 924 | 穽 | 穴부 총9획 | 함정 정 |

陷穽함정 짐승을 잡기 위하여 파놓은 구덩이 또는 빠져 나올 수 없는 곤경이나 남을 해치기 위한 계략을 비유하는 말 ▶陷(빠질 함)
深穽심정 墜穽추정 虛穽허정
落穽下石낙정하석

| 1급 925 | 綎 | 糸부 총13획 | 띠술 정 |

尹綎윤정 조선 중기 문신 원정공(院正公) ▶尹(성 윤)

| 2급 1070 | 艇 | 舟부 총13획 | 거룻배 정 |

輕艇경정 가볍고도 속력이 빠른 배 ▶輕(가벼울 경)
艇庫정고 거룻배를 넣어 두는 창고 ▶庫(곳집 고)
汽艇기정 漁艇어정 釣艇조정 舟艇주정
哨艇초정 潛水艇잠수정 快速艇쾌속정

| 1급 926 | 諄 | 言부 총16획 | 조정할 정 |

주의 停과 通用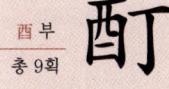

| 2급 1071 | 鄭 | 阝(邑)부 총15획 | 나라 정 |

鄭聲정성 음란하고 야비한 음률을 비유적으로 이르는 말 ▶聲(소리 성)
鄭重정중 점잖고 묵직함 또는 친절하고 은근함 ▶重(무거울 중)
鄭陟정척 鄭澈정철 鄭瓜亭정과정
鄭道傳정도전 鄭夢周정몽주

| 1급 927 | 酊 | 酉부 총9획 | 술취할 정 |

酩酊명정 정신을 차리지 못할 정도로 술에 몹시 취함 ▶酩(술취할 명)
酒酊주정 술에 취하여 말이나 행동을 함부로 하거나 막되게 하는 것 ▶酒(술 주)
乾酒酊건주정

| 2급 1072 | 釘 | 金부 총10획 | 못 정 |

大釘대정 연목을 거는 데나 대문짝에 박는 큰 못 ▶大(큰 대)
圓釘원정 기와못 따위로 쓰는 몸이 둥근 못 ▶圓(둥글 원)
曲釘곡정 木釘목정 小釘소정 押釘압정
洋釘양정 釘頭정두 竹釘죽정 鐵釘철정

| 1급 928 | 鉦 | 金부 총13획 | 징 정 |

鼓鉦고정 북과 징 ▶鼓(북 고)
金鉦금정 요의 한 가지인 악기의 이름 또는 해를 달리 이르는 말 ▶金(쇠 금)

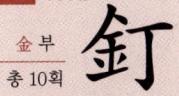 **쪽지시험**

상공회의소 한자
고급 1, 2급

※ 다음 한자어(漢字語)와 발음(發音)이 같은 한자어는 어느 것입니까?

1 正眼
① 貞敏 ② 精綿 ③ 定限 ④ 汀岸 ⑤ 棕眼

2 艦艇
① 憾情 ② 南燕 ③ 暫定 ④ 陷穽 ⑤ 艦船

풀이

1 정안
① 정민 ② 정면 ③ 정한 ④ 정안 ⑤ 종안

2 함정
① 감정 ② 남연 ③ 잠정 ④ 함정 ⑤ 함선

답 1. ④ | 2. ④

상공회의소 한자시험 고급 기본서 1·2급

1급 929 金부 총 15획 **鋌** 쇳덩이 정
- 鋌鑰정약 쇠로 만든 자물쇠 ▶鑰(자물쇠 약)

2급 1073 金부 총 16획 **錠** 신선로/덩이 정
- 錠劑정제 가루약을 뭉쳐서 만든 약 ▶劑(약제 제)
- 糖衣錠당의정 먹기 좋게 겉을 달콤한 것으로 싼 알약 ▶糖(엿 당), 衣(옷 의)
- 手錠수정 打錠타정 南京錠남경정
- 淨水錠정수정 錠玉沙정옥사 酵母錠효모정

1급 930 雨부 총 15획 **霆** 천둥소리 정
- 電霆전정 번개 ▶電(번개 전)
- 霆擊정격 벼락이 침 ▶擊(칠 격)
- 震霆진정 천둥이 굉장히 요란하게 울리는 소리 ▶震(우레 진)
- 雷霆뇌정

2급 1074 青부 총 13획 **靖** 편안할 정
- 安靖안정 편안하게 다스림 ▶安(편안할 안)
- 靖國정국 나라를 다스려 태평하게 하는 것 ▶國(나라 국)
- 綏靖수정 巡靖순정 靖匡정광 靖難정난
- 靖亂정란 靖邊정변 靖案정안 靖獻정헌

2급 1075 鼎부 총 13획 **鼎** 솥 정
- 鼎談정담 세 사람이 솥발처럼 벌려 마주 앉아서 하는 이야기 ▶談(말씀 담)
- 鼎新정신 낡은 것을 새로이 고침 ▶新(새 신)
- 食鼎식정 石鼎석정 藥鼎약정 鼎立정립
- 鼎席정석 鼎盛정성 鼎坐정좌 鐘鼎종정

2급 1076 刂(刀)부 총 16획 **劑** 약제 제
- 補劑보제 몸을 보하는 약제 ▶補(기울 보)
- 洗劑세제 물에 타서 고체의 표면에 붙은 물질을 씻어내는 데 쓰는 물질 ▶洗(씻을 세)
- 散劑산제 溶劑용제 調劑조제 防腐劑방부제
- 睡眠劑수면제 漂白劑표백제 抗生劑항생제

1급 931 口부 총 12획 **啼** 울 제
- 啼泣제읍 소리를 높여 욺 ▶泣(울 읍)
- 啼鳥제조 우는 새 또는 새의 울음소리 ▶鳥(새 조)
- 啼血제혈 피를 토하며 욺 ▶血(피 혈)
- 鶯啼앵제 夜啼야제 啼哭제곡 啼聲제성
- 笑啼兩難소제양난

2급 1077 忄(心)부 총 10획 **悌** 공손할 제
- 愷悌개제 용모와 기상이 화평하고 단아함 ▶愷(편안할 개)
- 孝悌효제 부모에 대한 효도와 형제에 대한 우애 ▶孝(효도 효)
- 不悌부제 仁悌인제 悌友제우
- 孝悌忠信효제충신

2급 1078 木부 총 11획 **梯** 사다리 제
- 階梯계제 계단과 사다리 또는 일이 사다리 밟듯이 차차 진행되는 순서 ▶階(섬돌 계)
- 梯狀제상 사다리 모양 ▶狀(형상 상)
- 石梯석제 魚梯어제 梯級제급 梯隊제대
- 梯子제자 梯航제항 層梯층제 舷梯현제

2급 1079 月(肉)부 총 18획 **臍** 배꼽 제
- 臍緒제서 태아와 태반을 연결하는 교질의 흰 육관 ▶緒(실마리 서)
- 臍炎제염 배꼽과 그 언저리가 염증으로 곪아서 종창이 생기는 병 ▶炎(불꽃 염)
- 臍帶제대 臍腫제종 臍瘡제창 臍下제하
- 臍帶炎제대염 臍動脈제동맥 臍縮症제축증

구제역(口蹄疫)

口(입 구), 蹄(굽 제), 疫(전염병 역)

발굽이 2개인 소·돼지 등의 입이나 발굽 주변에 물집이 생긴 뒤 치사율이 5~55%에 달하는 가축의 전염병이다. 호흡기와 소화기를 통해서 전염되는데 처음 침입한 곳에 일차적으로 물집을 형성한다. 소의 경우 초기에 고열이 있고, 사료를 잘 먹지 않고 거품 섞인 침을 흘린다. 잘 일어서지 못하고 통증을 수반하는 급성구내염과 수포가 생기면서 앓다가 죽는다. 특별한 치료법이 없고 조직배양 백신을 이용한 예방법이 이용되고 있다.

한자 익히기

1급 932 ++(艸)부 총 18획
薺 냉이 **제**
- 薺湯제탕 냉이를 고추장과 된장을 섞여 푼 물에 넣고 끓인 국 ▶湯(끓을 탕)
- 締薺체제 제사에 쓰인 빛깔이 붉은 술 ▶締(맺을 체)
- 薺菜제채 石薺寧석제녕 朝薺暮鹽조제모염

2급 1080 足부 총 16획
蹄 굽 **제**
- 蹄紙제지 가장자리를 가지런하게 베고 남은 부스러기 종이 ▶紙(종이 지)
- 蹄鐵제철 말굽에 대어 붙이는 U자 모양의 쇳조각 ▶鐵(쇠 철)
- 削蹄삭제 霜蹄상제 裝蹄장제 蹄齧제설
- 蹄形제형 懸蹄현제 口蹄疫구제역

1급 933 酉부 총 16획
醍 맑은술 **제**
- 醍醐제호 우락(牛酪) 위에 엉긴 기름 모양의 맛이 좋은 액체 ▶醐(우락터껑이 호)
- 醍醐味제호미

2급 1081 雨부 총 22획
霽 갤 **제**
- 開霽개제 비가 멎고 하늘이 활짝 갬 ▶開(열 개)
- 霽月제월 갠 날의 달 ▶月(달 월)
- 霽天제천 맑게 갠 하늘 ▶天(하늘 천)
- 光霽광제 霽靑제청 霽藍色제남색
- 霽靑釉제청유 霽月光風제월광풍

2급 1082 人부 총 9획
俎 도마 **조**
- 鼎俎정조 솥과 가마 또는 솥에 삶기어 도마 위에서 잘린다는 말로 몹시 위험한 운명에 다다른 경우 ▶鼎(솥 정)
- 俎樽조준 도마와 술통 ▶樽(술통 준)
- 刀俎도조 俎上조상 俎肉조육
- 越俎罪월조죄 俎上肉조상육

1급 934 氵부 총 10획
凋 시들 **조**
- 枯凋고조 마르고 시듦 또는 사물이 쇠퇴함 ▶枯(마를 고)
- 萎凋위조 쇠약하여 마름 또는 식물체의 수분이 결핍하여 시듦 ▶萎(시들 위)
- 零凋영조 凋落조락 凋兵조병 凋傷조상
- 凋萎조위 凋殘조잔 後凋후조

2급 1083 口부 총 15획
嘲 비웃을 **조**
- 嘲弄조롱 우습거나 형편없는 존재로 여겨 비웃고 놀리는 것 ▶弄(희롱할 롱)
- 嘲笑조소 조롱하여 비웃는 웃음 ▶笑(웃음 소)
- 冷嘲냉조 自嘲자조 嘲罵조매 嘲名조명
- 嘲謔조학 嘲哮조효 解嘲해조

2급 1084 彡부 총 11획
彫 새길 **조**
- 彫刻조각 조형미술의 한 가지 ▶刻(새길 각)
- 彫琢조탁 보석 따위를 새기거나 쪼는 일 시문의 자구를 아름답게 다듬음 ▶琢(쪼을 탁)
- 石彫석조 毛彫모조 木彫목조 彫像조상
- 彫塑조소 彫版조판 彫刻家조각가

2급 1085 扌(手)부 총 11획
措 둘 **조**/섞을 **착**
- 措辭조사 글을 지음에 있어 글의 마디를 얽어서 만듦 ▶辭(말씀 사)
- 措置조치 일을 잘 정돈하여 처치함 ▶置(둘 치)
- 失措실조 措大조대 措語조어 措定조정
- 措處조처 保護措置보호조치

1급 935 日부 총 10획
晁 성/아침 **조**
- 주의 朝의 古字

쪽지시험

상공회의소 한자
고급 1, 2급

※ 다음 성어에서 □ 안에 들어갈 알맞은 한자는 어느 것입니까?

1. 三分□立

① 霆　② 鼎　③ 錠　④ 鋌　⑤ 稷

2. 光風□月

① 啼　② 臍　③ 霽　④ 醍　⑤ 梟

풀이
1. 三分鼎立(삼분정립) : 천하를 셋으로 나누어 세 나라가 정립함
2. 光風霽月(광풍제월) : 비가 갠 뒤의 맑게 부는 바람과 밝은 달

답 1. ② 2. ③

2급 1086 日부 총 10획	曹 성 조	曹植조식 조선시대 중기의 학자 ▶植(심을 식) 曹晚植조만식 항일 독립 운동가 ▶晚(늦을 만), 植(심을 식) 曹伸조신 曹倬조탁 曹奉巖조봉암 주의 曹와 通用 5급

2급 1087 日부 총 11획	曺 무리/마을 조	法曺법조 일반적으로 법률 사무에 종사하는 사람 ▶法(법 법) 兒曺아조 예전에 아이들을 이르던 말 ▶兒(아이 아) 六曺육조 曺達조달 曺司조사 法曺界법조계 法曺人법조인 曺溪宗조계종

2급 1088 木부 총 12획	棗 대추나무 조	乾棗건조 말린 대추 ▶乾(마를 건) 棗木조목 대추나무 ▶木(나무 목) 棗栗조율 대추와 밤 또는 신부가 시부모에게 드리는 폐백 ▶栗(밤 율) 蜜棗밀조 酸棗산조 棗卵조란 棗脩조수 幣棗폐조 霹棗木벽조목

2급 1089 木부 총 15획	槽 구유/통 조	水槽수조 물을 담아 두는 큰 통 ▶水(물 수) 浴槽욕조 목욕을 할 수 있도록 물을 담는 통 ▶浴(목욕할 욕) 沈槽침조 湯槽탕조 石漏槽석루조 油槽船유조선 淨化槽정화조 齒槽骨치조골

2급 1090 氵(水)부 총 14획	漕 배저을 조	運漕운조 배로 짐을 실어 나름 또는 그 일 ▶運(옮길 운) 漕船조선 물건을 실어 나르는 배 ▶船(배 선) 競漕경조 漕渠조거 漕軍조군 漕運조운 回漕회조 漕運船조운선 漕運業조운업

2급 1091 爪부 총 4획	爪 손톱 조	美爪미조 손톱을 아름답게 다듬는 일 ▶美(아름다울 미) 爪傷조상 손톱이나 발톱에 할퀴어 된 상처 ▶傷(다칠 상) 銳爪예조 爪甲조갑 爪毒조독 爪牙조아 爪痕조흔 指爪지조 鴻爪홍조 扁爪편조 주의 瓜(오이 과) 1·2급

1급 936 王(玉)부 총 17획	璪 면류관드림옥 조	※ 옥을 색실에 펜 면류관의 장식

1급 937 目부 총 11획	眺 바라볼 조	臨眺임조 높은 곳에서 바라봄 ▶臨(임할 림) 眺望조망 널리 바라봄 또는 바라다보이는 경치 ▶望(바랄 망) 眺覽조람 眺臨조림 徘徊瞻眺배회첨조

2급 1092 示부 총 10획	祚 복 조	祚命조명 하늘의 복으로 도움을 받음 ▶命(목숨 명) 祚業조업 임금이 나라를 다스리는 일 ▶業(업 업) 景祚경조 國祚국조 門祚문조 寶祚보조 年祚연조 運祚운조 鼎祚정조 祚胤조윤

2급 1093 禾부 총 13획	稠 빽빽할 조	稠密조밀 들어선 것이 성기지 않고 빽빽함 ▶密(빽빽할 밀) 稠雜조잡 집이 빽빽하고 교통이 복잡함 ▶雜(섞일 잡) 粘稠점조 稠林조림 稠人조인 稠疊조첩 粘稠劑점조제 奧密稠密오밀조밀

한자별곡

조강지처(糟糠之妻)

糟(지게미 조), 糠(겨 강), 之(갈 지), 妻(아내 처)

지게미와 쌀겨로 끼니를 이어가며 고생을 같이 해온 아내란 뜻으로, 곤궁할 때부터 간고(艱苦)를 함께 겪은 본처를 흔히 일컫는다. 후한(後漢) 광무제(光武帝)가 "속담에 말하기를 지위가 높아지면 친구를 바꾸고, 집이 부유해지면 아내를 바꾼다 하였는데 그럴 수 있나?"하고 묻자 송홍은 서슴지 않고 "신은 가난할 때 친하였던 친구는 잊어서는 안 되고, 지게미와 쌀겨를 먹으며 고생한 아내는 집에서 내보내지 않는다고 들었습니다."라고 대답하였다.

《후한서(後漢書)》송홍전(宋弘傳)

한자 익히기

1급 938	窈
穴 부 총 11획	
으늑할 조	

窈窕요조 부녀의 행동이 얌전하고 정숙함 ▶窈(그윽할 요)

窈窕淑女요조숙녀

2급 1094	粗
米 부 총 11획	
거칠 조	

粗面조면 면밀하지 아니한 물건의 거친 면 ▶面(낯 면)
粗野조야 사람의 됨됨이가 천하고 상스러움 또는 물건이 거칠고 막됨 ▶野(들 야)
粗率조솔 粗言조언 粗衣조의 粗惡조악
粗品조품 粗皮조피 粗衣粗食조의조식

1급 939	糟
米 부 총 17획	
지게미 조	

糟粕조박 술을 걸러내고 남은 찌끼 ▶粕(지게미 박)
酒糟주조 술을 거르거나 짜내는 틀 ▶酒(술 주)
糟糠조강 糟客조객 糟甕조옹
糟糠不飽조강불포 糟糠之妻조강지처

1급 940	繰
糸 부 총 19획	
야청 조/고치켤 소	

繰綿조면 목화의 씨를 앗아 틀어 솜을 만듦 ▶綿(솜 면)
繰絲조사 고치·목화 따위에서 실을 뽑아 냄 ▶絲(실 사)
再繰재조 繰越조월 繰制조제 繰出조출
繰綿機조면기 繰絲量조사량

2급 1095	肇
聿 부 총 14획	
비롯할 조	

肇歲조세 한 해의 첫머리 ▶歲(해 세)
肇始조시 무슨 일이 처음으로 비롯되거나 비롯하거나 함 ▶始(처음 시)
肇造조조 처음으로 만듦 ▶造(지을 조)
肇國조국 肇基조기 肇業조업 肇域조역
肇春조춘 肇夏조하 肇秋조추 肇冬조동

2급 1096	藻
++(艸) 부 총 20획	
말/조류 조	

綠藻녹조 엽록소를 가지고 있어 녹색을 띤 해초 ▶綠(푸를 록)
浮藻부조 물에 떠 있는 마름 ▶浮(뜰 부)
藻思조사 글을 잘 짓는 재주 ▶思(생각 사)
鳳藻봉조 逸藻일조 藻鑑조감 藻飾조식
藻雅조아 藻類조류 紅藻홍조 海藻類해조류

1급 941	蚤
虫 부 총 10획	
벼룩 조	

鼠蚤서조 가시벼룩과의 곤충 ▶鼠(쥐 서)
蚤歲조세 연초 또는 젊은 시절의 약년 ▶歲(해 세)
蚤蝨조슬 벼룩과 이 ▶蝨(이 슬)
狗蚤구조 蚤科조과 蚤世조세 花蚤화조
鼠蚤科서조과 花蚤科화조과

2급 1097	詔
言 부 총 12획	
고할 조/소개할 소	

密詔밀조 임금이 비밀리에 내리던 조서 ▶密(빽빽할 밀)
詔書조서 제왕의 선지를 일반에게 알릴 목적으로 적은 문서 ▶書(글 서)
明詔명조 墨詔묵조 遺詔유조 恩詔은조
制詔제조 詔令조령 詔命조명 詔册조책

2급 1098	趙
走 부 총 14획	
나라 조	

趙翼조익 조선시대 17대 효종 때의 문신 ▶翼(날개 익)
趙光祖조광조 조선시대 11대 중종 때의 성리학자, 정치가 ▶光(빛 광), 祖(할아비 조)
趙明河조명하 趙聖期조성기 趙寅永조인영
趙泰億조태억 趙生員傳조생원전

2급 1099	躁
足 부 총 20획	
성급할 조	

輕躁경조 하는 짓이 방정맞고 성미가 조급함 ▶輕(가벼울 경)
躁急조급 참을성이 없이 매우 급함 ▶急(급할 급)
浮躁부조 躁競조경 躁狂조광 躁氣조기
躁動조동 躁鬱症조울증 躁急症조급증

쪽지시험

※ 다음 한자(漢字)와 음(音)이 같은 한자는 어느 것입니까?

1 爪
① 策   ② 棘   ③ 刺   ④ 派   ⑤ 棗

2 蚤
① 詔   ② 邵   ③ 紹   ④ 韶   ⑤ 粹

풀이

1 爪(손톱 조)
① 책 ② 극 ③ 자 ④ 파 ⑤ 조

2 蚤(벼룩 조)
① 조 ② 소 ③ 소 ④ 소 ⑤ 수

답 1. ⑤ | 2. ①

상공회의소 한자시험 고급 기본서 1·2급

급수	번호	부수/획수	한자	훈음	단어
2급	1100	辶(辵)부 총 15획	遭	만날 조	遭難조난 항해나 등산 따위를 하는 도중에 재난을 만남 ▶難(어려울 난) 遭遇조우 만남 또는 우연히 서로 만남 ▶遇(만날 우) 所遭소조 遭逢조봉 遭禍조화 遭難船조난선 遭難者조난자 遭難地조난지
2급	1101	金부 총 11획	釣	낚시 조	始釣시조 얼음이 풀린 뒤 처음으로 하는 낚시질 ▶始(처음 시) 釣徒조도 낚시질하는 동지 낚시꾼 ▶徒(무리 도) 垂釣수조 魚釣어조 釣臺조대 釣父조부 釣絲조사 釣船조선 釣舟조주 釣魚場조어장
2급	1102	阝(阜)부 총 8획	阻	험할 조	隔阻격조 멀리 떨어져 있어 서로 통하지 못함 또는 오랫동안 서로 소식이 막힘 ▶隔(사이뜰 격) 久阻구조 소식이 오래 막힘 ▶久(오랠 구) 深阻심조 積阻적조 阻面조면 阻碍조애 阻險조험 險阻험조 阻碍力조애력
2급	1103	隹부 총 16획	雕	독수리/새길/시들 조	雕鏤조루 새기어 박음 또는 새기어 치장함 ▶鏤(새길 루) 雕板조판 나무 따위에 조각을 하는 일 또는 그 판자 ▶板(널 판) 雕刻조각 雕梁조량 雕蠣조려 雕琢조탁 雕朽조후 談天雕龍담천조룡 주의 彫와 通用
2급	1104	竹부 총 17획	簇	조릿대 족	簇生족생 뭉쳐나기 또는 한꺼번에 인재가 많이 배출됨 ▶生(날 생) 簇子족자 그림이나 글씨를 표구하여 만든 걸그림 ▶子(아들 자) 上簇상족 簇酒족주 簇出족출 上簇室상족실 繡簇子수족자 奉簇子봉족자
2급	1105	金부 총 19획	鏃	살촉 족/촉	石鏃석촉 돌로 만든 화살촉으로 석기시대에 무기로 많이 쓰였음 ▶石(돌 석) 矢鏃시촉 화살 끝에 박은 쇠 ▶矢(화살 시) 箭鏃전촉 無莖鏃무경촉 無鏃箭무촉전 中石沒鏃중석몰촉
1급	942	犭(犬)부 총 11획	猝	갑자기 졸	猝發졸발 병이나 사고 등이 갑작스레 일어남 ▶發(필 발) 猝地졸지 갑작스러운 판 또는 느닷없이 벌어진 판 ▶地(땅 지) 猝富졸부 猝死졸사 猝然졸연 猝重졸중 猝寒졸한 猝乍間졸사간 猝難變通졸난변통
2급	1106	亻(人)부 총 10획	倧	상고신인 종	大倧敎대종교 우리나라 고유 종교의 하나로 환인, 환웅, 환검의 3위의 일체를 신앙적 대상으로 함 ▶大(큰 대), 敎(가르칠 교) 元倧敎원종교
1급	943	忄(心)부 총 11획	悰	즐길 종	주의 棕(종려나무 종) 1·2급
1급	944	心부 총 15획	慫	권할 종	慫慂종용 잘 설명하고 달래어 권함 ▶慂(권할 용)

종양(腫瘍)

腫(부스럼 종), 瘍(종기 양)

세포가 병적으로 증식(增殖)하여 생리적으로 무의미한 조직괴를 만드는 병증이다. 개체의 전체성과 관계없이 발육하는 것으로, 종양의 크기, 병변(病變)의 복잡함은 병리해부학상으로 염증과 함께 쌍벽을 이룬다. 대개 어떤 장기 또는 조직 중에 종기 또는 혹으로 국한성의 결절(結節)이 생기는 것이 대부분이다. 그 조직이 성숙한 것인가 미숙한 것인가 하는 점에 따라 전자는 양성종양, 후자는 악성종양으로 분류한다.

한자 익히기

1급 945 木부 총 12획 **棕** 종려나무 종
- 棕櫚扇종려선 종려의 잎으로 만든 부채 ▶櫚(종려나무 려), 扇(부채 선)
- 棕櫚皮종려피 종려의 껍질로 지혈하는 공효가 있음 ▶櫚(종려나무 려), 皮(가죽 피)

棕眼종안 棕櫚科종려과 棕櫚毛종려모
棕櫚繩종려승 棕櫚油종려유 棕櫚竹종려죽

1급 946 氵(水)부 총 11획 **淙** 물소리 종
- 淙潺종잔 물이 흐르는 소리 ▶潺(졸졸 흐를 잔)

淙然종연 淙琤종쟁

1급 947 王(玉)부 총 12획 **琮** 옥홀 종
- 琮琤종쟁 옥이 서로 부딪치는 소리 ▶琤(옥소리 쟁)
- 琮花종화 아름다운 꽃 ▶花(꽃 화)

2급 1107 糸부 총 14획 **綜** 모을 종
- 綜合종합 개개 별별의 것을 한데 모아 합함 ▶合(합할 합)
- 綜核종핵 치밀하게 속속들이 뒤지어 밝힘 ▶核(씨 핵)

綜理종리 綜絲종사 綜合的종합적
綜合病院종합병원 綜合藝術종합예술

2급 1108 月(肉)부 총 13획 **腫** 부스럼 종
- 根腫근종 덩어리진 근이 박힌 부스럼 ▶根(뿌리 근)
- 腫脹종창 염증이나 종양 따위로 인체의 국부가 부어오름 ▶脹(배부를 창)

臀腫둔종 面腫면종 白腫백종 舌腫설종
外腫외종 腫氣종기 腫瘍종양 腫處종처

1급 948 足부 총 15획 **踪** 자취 종
- 昧踪매종 자취를 감춤 ▶昧(어두울 매)
- 失踪실종 소재나 행방, 생사를 알 수 없게 됨 ▶失(잃을 실)

失踪者실종자

1급 949 足부 총 16획 **踵** 발꿈치 종
- 擧踵거종 발뒤꿈치를 세움 또는 발돋움을 하고 몹시 기다림 ▶擧(들 거)
- 接踵접종 남의 바로 뒤에서 바싹 가까이 따름 ▶接(이을 접)

比踵비종 旋踵선종 踵武종무 踵至종지
比肩隨踵비견수종 比肩繼踵비견계종

2급 1109 金부 총 17획 **鍾** 쇠북 종
- 鍾樓종루 종을 달아 두는 누각 ▶樓(다락 루)
- 茶鍾차종 차를 따라 마시는 종지 ▶茶(차 다)

警鍾경종 鍾閣종각 鍾鉢종발 鍾愛종애
自鳴鐘자명종 *주의* 鐘과 同字

2급 1110 扌(手)부 총 10획 **挫** 꺾을 좌
- 挫折좌절 마음과 기운이 꺾임 ▶折(꺾을 절)
- 挫傷좌상 기운이 꺾이고 마음이 상함 ▶傷(다칠 상)

頓挫돈좌 挫氣좌기 挫豆좌두 挫北좌배
挫閃좌섬 挫創좌창 挫折感좌절감

1급 950 亻(人)부 총 8획 **侏** 난쟁이 주
- 侏儒주유 난쟁이 또는 따라지, 옛적 궁중의 배우 ▶儒(선비 유)
- 侏儒國주유국 난쟁이의 나라 ▶儒(선비 유), 國(나라 국)

侏儒症주유증

쪽지시험

상공회의소 한자 고급 1, 2급

※ 다음의 뜻을 가진 한자(漢字)는 어느 것입니까?

1 즐기다
①倧 ②悰 ③棕 ④淙 ⑤縱

2 부스럼
①股 ②肱 ③腫 ④肢 ⑤膝

풀이

1 ① 倧(상고신인 종) ② 悰(즐길 종)
③ 棕(종려나무 종) ④ 淙(물소리 종)
⑤ 縱(늘어질 종)

2 ① 股(넓적다리 고) ② 肱(팔뚝 굉)
③ 腫(부스럼 종) ④ 肢(사지 지)
⑤ 膝(무릎 슬)

답 1. ② | 2. ③

2급 1111 亻(人)부 총 11획 做 지을 주	看做간주 그러한 것으로 여김 또는 그렇다고 침 ▶看(볼 간) 做作주작 없는 사실을 꾸미어 만듦 ▶作(지을 작) 做去주거 做恭주공 做事주사 做業주업 做況주황 做坏주배 做錯주착 做出주출	1급 951 女부 총 9획 姝 예쁠 주	주의 娃(예쁠 왜) 1, 2급
2급 1112 口부 총 8획 呪 저주할 주	詛呪저주 미워하는 상대가 불행이나 재앙을 당하도록 빌고 바람 ▶詛(저주할 저) 呪文주문 음양가나 술가가 술법을 행할 때 외는 글귀 ▶文(글월 문) 誦呪송주 神呪신주 呪力주력 呪物주물 呪法주법 呪術주술 呪術師주술사	1급 952 口부 총 14획 嗾 부추길 주/수	使嗾사주 남을 부추기어 시킴 ▶使(부릴 사) 指嗾지주 달래고 괴어서 무엇을 하도록 부추김 ▶指(손가락 지) 嗾囑주촉 주의 唆(부추길 사) 1, 2급
2급 1113 广부 총 15획 廚 부엌 주	廚庫주고 절의 부엌 ▶庫(곳집 고) 廚房주방 음식을 차리는 방 ▶房(방 방) 行廚행주 음식을 다른 곳으로 옮김 ▶行(다닐 행) 鼎廚정주 廚人주인 廚宰주재 庖廚포주 鼎廚間정주간 廚芥物주개물	1급 953 氵(水)부 총 12획 湊 모일 주	輻湊폭주 폭주병진의 준말 또는 두 눈의 주시선이 눈 앞의 한 점으로 집중하는 일 ▶輻(바퀴살 폭) 輻湊論폭주론 輻湊幷臻폭주병진 주의 輳와 通用
1급 954 氵(水)부 총 15획 澍 단비 주	澍濡주유 물에 젖음 ▶濡(젖을 유)	1급 955 火부 총 9획 炷 심지 주	燈炷등주 불의 심지 ▶燈(등잔 등) 炷香주향 향을 피움 ▶香(향기 향)
2급 1114 田부 총 19획 疇 이랑 주	範疇범주 동일한 성질을 가진 부류나 범위 ▶範(법 범) 疇生주생 같은 종류의 것이 한 곳에 모여서 생김 ▶生(날 생) 田疇전주 疇壟주롱 疇輩주배 荒疇황주	2급 1115 竹부 총 20획 籌 투호살 주	運籌운주 주판을 놓듯이 이리저리 궁리하고 계획함 ▶運(옮길 운) 籌備주비 어떤 일을 하려고 계획하여 준비함 ▶備(갖출 비) 牙籌아주 一籌일주 籌謀주모 籌商주상 籌室주실 籌策주책 籌判주판 籌劃주획

주술(呪術)

呪(저주할 주), 術(재주 술)

초자연적인 존재나 신비적인 힘을 빌려 인간의 일상적인 문제를 해결하려고 하는 일련의 기법이다. 인간들은 초자연적인 존재나 인격적인 존재의 힘을 인간의 편으로 유도, 조작하여 닥쳐올 불행을 예방하고, 평안을 유지할 수 있을 것으로 생각하였고 그 수단으로 주술이 등장한 것이다. 즉, 초자연적인 힘에 절대 복종하는 것이 아니라 미약하나마 반응을 함으로써 심적인 위안을 받은 것이다.

한자 익히기

| 2급 1116 糸부 총 9획 **紂** 주임금 주 | 桀紂걸주 중국 하나라의 걸과 은나라의 주 ▶桀(하왕이름 걸)
紂王주왕 중국 은나라의 마지막 임금으로 이름은 제신(帝辛) ▶王(임금 왕) | 2급 1117 糸부 총 11획 **紬** 명주 주 | 甲紬갑주 품질이 좋은 고급 명주 ▶甲(갑옷 갑)
明紬명주 명주실로 무늬 없이 얇게 짠 피륙 ▶明(밝을 명)
內紬내주 白紬백주 熟紬숙주 雙紬쌍주 紫紬자주 紬絲주사 紬衣주의 紬績주적 |

| 1급 956 糸부 총 14획 **綢** 얽힐 주/쌀 도 | 綢直주직 성정이 세심하고 품행이 바름 ▶直(곧을 직)
綢緞주단 품질이 썩 좋은 비단 ▶緞(비단 단)
細綢세주 綢繆주무 未雨綢繆미우주무 桑土綢繆상토주무 | 2급 1118 虫부 총 12획 **蛛** 거미 주 | 蛛絲주사 거미가 뽑아낸 줄 또는 그 줄로 된 그물 ▶絲(실 사)
蜘蛛지주 절지동물 거미강 거미목의 동물을 통틀어 이르는 말 ▶蜘(거미 지)
蛛網주망 蜘蛛膜지주막 蜘蛛網지주망 蜘蛛絲지주사 蛛形類주형류 |

| 2급 1119 言부 총 12획 **註** 주낼 주 | 註釋주석 낱말이나 문장의 뜻을 자세하게 풀이함 ▶釋(풀 석)
註解주해 본문의 뜻을 알기 쉽게 주를 달아 풀이함 ▶解(풀 해)
脚註각주 頭註두주 傍註방주 附註부주 疏註소주 譯註역주 註文주문 集註집주 | 2급 1120 言부 총 13획 **誅** 벨 주 | 伏誅복주 형벌을 받아 죽음 당함 ▶伏(엎드릴 복)
族誅족주 한 사람의 죄로 일족을 죽임 ▶族(겨레 족)
嚴誅엄주 誅滅주멸 誅罰주벌 誅殺주살 誅責주책 筆誅필주 苛斂誅求가렴주구 |

| 1급 957 足부 총 21획 **躊** 머뭇거릴 주 | 躊日주일 지난 번 ▶日(날 일)
躊躇주저 어떤 일이나 행동을 과감하게 또는 적극적으로 하지 못하고 머뭇거리며 망설이는 것 ▶躇(머뭇거릴 저)
躊躇躊躇주저주저 躊躇滿志주저만지 | 1급 958 車부 총 16획 **輳** 모일 주 | 輻輳論폭주론 매표나 전화 교환 따위와 같이 선착순으로 서비스를 하는 시스템을 확률론적으로 연구하는 이론 ▶輻(바퀴살 폭)
輻輳폭주 輻輳幷臻폭주병진
주의 湊와 通用 |

| 2급 1121 辶(辵)부 총 12획 **週** 주일 주 | 週間주간 한 주일 동안을 단위로 세는 말 ▶間(사이 간)
週末주말 한 주일의 끝인 토요일과 일요일 ▶末(끝 말)
隔週격주 今週금주 來週내주 週日주일 週期주기 一週日일주일 週期的주기적 | 1급 959 酉부 총 10획 **酎** 진한술 주 | 燒酎소주 쌀이나 수수 또는 그 밖의 잡곡을 쪄서 누룩과 물을 섞어 발효시켜 증류한 무색투명한 술 ▶燒(사를 소) |

쪽지시험

※ 다음 단어들의 □ 안에 공통으로 들어갈 알맞은 한자는 어느 것입니까?

1 □文, 詛□, □術

① 論 ② 呪 ③ 嚼 ④ 學 ⑤ 道

2 譯□, □解, 脚□

① 官 ② 見 ③ 光 ④ 註 ⑤ 却

풀이

1 呪文(주문), 詛呪(저주), 呪術(주술)
2 譯註(역주), 註解(주해), 脚註(각주)

답 1. ② | 2. ④

2급 1122 駐 馬부 / 총 15획	駐屯주둔 군대가 한 지역에 머무르는 것 ▶屯(진칠 둔) 駐車주차 차를 일정한 곳에 세워 두는 것 ▶車(수레 거, 수레 차)	2급 1123 冑 冂부 / 총 9획	甲冑갑주 갑옷과 투구를 아울러 이르는 말 ▶甲(갑옷 갑) 圓冑원주 조선시대 때 사용하던 투구로 전체 모양이 둥그스름함 ▶圓(둥글 원)
머무를 **주**	常駐상주 駐在주재 駐韓주한 進駐진주 駐在所주재소 駐在員주재원 駐車場주차장	투구 **주**	介冑개주 具甲冑구갑주 御甲冑어갑주 介冑之士개주지사 주의 胃(밥통 위) 3급

2급 1124 粥 米부 / 총 12획	粥沙鉢죽사발 죽을 담은 사발 또는 매우 얻어맞거나 심하게 욕을 들은 상태를 속되게 이르는 말 ▶沙(모래 사), 鉢(바리때 발)	1급 960 儁 亻(人)부 / 총 15획	儁異준이 재능이 뚜렷이 뛰어나 보통 사람과 다름 ▶異(다를 이)
죽 **죽**/팔 **육**	魚粥어죽 粥筒죽통 被粥피죽 稀粥희죽 鷄卵粥계란죽 綠豆粥녹두죽 冬至粥동지죽	준걸 **준**	주의 俊과 同字

2급 1125 准 冫부 / 총 10획	准可준가 요구하거나 부탁한 것을 들어줌 ▶可(옳을 가) 准請준청 청하는 것을 윤허해 줌 ▶請(청할 청)	2급 1126 埈 土부 / 총 10획	
비준 **준**	批准비준 認准인준 准理준리 准尉준위 准將준장 주의 準의 簡體字	가파를 **준**	주의 峻과 同字

1급 961 寯 宀부 / 총 16획		2급 1127 峻 山부 / 총 10획	峻宇준우 크고 높게 지은 집 ▶宇(집 우) 峻切준절 산을 깎아 세운 듯이 높고 험함 또는 매우 위엄이 있고 정중함 ▶切(끊을 절)
준걸 **준**	주의 俊과 同字	높을 **준**	高峻고준 峻極준극 峻論준론 峻命준명 峻法준법 峻別준별 峻山준산 峻嚴준엄

1급 962 晙 日부 / 총 11획	晙皓준호 해가 떠서 밝은 모양 ▶皓(밝을 호)	1급 963 樽 木부 / 총 16획	鼎樽정준 솥 모양으로 된 술 항아리 ▶鼎(솥 정) 酒樽주준 술을 담아 두는 큰 통 ▶酒(술 주)
밝을 **준**		술통 **준**	芳樽방준 鳧樽부준 龍樽용준 樽石준석 樽所준소 樽杓준작 鮑樽포준 瓢樽표준

조반석죽(朝飯夕粥)

朝(아침 조), 飯(밥 반), 夕(저녁 석), 粥(죽 죽)

아침에는 밥을 먹고, 저녁에는 죽을 먹는다는 뜻으로, 몹시 가난한 살림을 이르는 말이다.
※ 가난을 뜻하는 성어

남부여대(男負女戴) : 남자는 지고 여자는 인다는 뜻으로, 가난한 사람들이 살 곳을 찾아 이리저리 떠돌아다님을 비유적으로 이르는 말

삼순구식(三旬九食) : 삼십 일 동안 아홉 끼니밖에 먹지 못한다는 뜻으로, 몹시 가난함을 이르는 말

한자 익히기

2급 1128 浚 氵(水)부 / 총 10획
깊게할 준
- 浚井준정 우물 안의 흙이나 모래 따위를 깨끗이 쳐내는 일 ▶井(우물 정)
- 浚照준조 물이 깊고 맑음 ▶照(비칠 조)

浚渫준설 許浚허준 浚渫船준설선

2급 1129 濬 氵(水)부 / 총 17획
깊을 준
- 濬源준원 깊은 근원 ▶源(근원 원)
- 濬池준지 깊은 못이란 뜻으로 바다를 말함 ▶池(못 지)
- 濬川준천 개천을 파서 쳐 냄 ▶川(내 천)

濬潭준담 濬哲준철

1급 964 焌 火부 / 총 11획
구울 준/태울 출
- 焌炙준적 고기 등을 불에 구움 ▶炙(구울 적)

1급 965 畯 田부 / 총 12획
농부 준
- 寒畯한준 생활은 가난하나 문벌은 좋은 선비 ▶寒(찰 한)
- 田畯전준 중국 주나라 때 농업을 장려하는 일을 맡아보던 벼슬아치 ▶田(밭 전)

宋秉畯송병준

1급 966 竣 立부 / 총 12획
마칠 준
- 告竣고준 준공되었음을 알림 ▶告(알릴 고)
- 竣工준공 공사를 다 마침 ▶工(장인 공)
- 竣事준사 사업을 끝마침 ▶事(일 사)

未竣미준 竣役준역 竣工式준공식

1급 967 蠢 虫부 / 총 21획
꿈틀거릴 준
- 愚蠢우준 어리석고 민첩하지 못함 ▶愚(어리석을 우)
- 蠢爾준이 벌레나 무엇이 움찔움찔 움직임 또는 무지하고 하찮음 ▶爾(너 이)

蠢動준동 蠢愚준우 蠢蠢준준

1급 968 逡 辶(辵)부 / 총 11획
뒷걸음질칠 준
- 逡巡준순 나아가지 못 하고 뒤로 멈칫멈칫 물러남 또는 어떤 일을 단행하지 못하고 우물쭈물함 ▶巡(돌 순)

1급 969 雋 隹부 / 총 13획
영특할 준/새살찔 전
- 雋選준선 곧 재능이 뛰어난 사람을 뽑음 ▶選(가릴 선)
- 雋哲준철 뛰어나게 슬기롭고 현명한 사람 ▶哲(밝을 철)

雋異준이

2급 1130 駿 馬부 / 총 17획
준마 준
- 駿馬준마 걸음이 썩 빠른 말 ▶馬(말 마)
- 駿足준족 걸음 빠른 좋은 말과 다리가 빨라 잘 달리는 사람 또는 뛰어난 인재를 비유적으로 이르는 말 ▶足(발 족)

駿犬준견 駿骨준골 駿驥준기 駿良준량
駿敏준민 駿逸준일 千金駿馬천금준마

1급 970 茁 ++(艸)부 / 총 9획
싹 줄/싹 절/싹틀 촬
- 雙茁쌍줄 쌍으로 나란히 있는 두 줄 ▶茁(싹 줄)

雙茁標쌍줄표

쪽지시험
상공회의소 한자 고급 1, 2급

※ 다음 성어에서 □ 안에 들어갈 알맞은 한자는 어느 것입니까?

1 朝飯夕□

①粥 ②米 ③菊 ④粕 ⑤改

2 高峰□嶺

①峻 ②畯 ③竣 ④浚 ⑤逡

풀이

1 朝飯夕粥(조반석죽) : 아침에는 밥을 먹고, 저녁에는 죽을 먹는다는 뜻으로, 몹시 가난한 살림을 이르는 말

2 高峰峻嶺(고봉준령) : 높이 솟은 산봉우리와 험준한 산마루

답 1. ① | 2. ①

2급 1131	櫛	빗 즐	巾櫛건즐 수건과 빗 또는 세수하고 머리를 빗음 ▶巾(수건 건) 櫛比즐비 많은 것이 빗살과 같이 빽빽하게 늘어섬 ▶比(견줄 비) 査櫛사즐 象櫛상즐 梳櫛소즐 櫛鱗즐린 櫛膜즐막 櫛沐즐목 櫛繁즐번 櫛齒즐치
木부 총 19획			

1급 971	楫	노 즙/집	舟楫주즙 타는 배와 삿대 배를 통틀어 일컬음 ▶舟(배 주) **주의** 揖(읍할 읍) 1, 2급
木부 총 13획			

2급 1132	汁	즙 즙/맞을 협	金汁금즙 하지 못하도록 금하거나 방해함 ▶金(쇠 금) 生汁생즙 식물을 익히지 않고 날것을 짓찧어서 짜낸 액체 ▶生(날 생) 果汁과즙 多汁다즙 膽汁담즙 目汁목즙 液汁액즙 汁滓즙재 沙果汁사과즙
氵(水)부 총 5획			

1급 972	葺	기울/일 즙	修葺수즙 집을 고치고 지붕을 새로 이는 일 ▶修(닦을 수) 瓦葺와즙 기와로 지붕을 이음 ▶瓦(기와 와) 茅葺모즙 草葺초즙 亞鉛葺아연즙
⺾(艸)부 총 13획			

2급 1133	拯	건질 증	拯米증미 물에서 건져 낸 젖은 쌀 ▶米(쌀 미) 拯濟증제 불행한 처지나 어려운 형편에서 벗어나도록 도와줌 ▶濟(건널 제) 救拯구증 拯恤증휼 拯乾劣證건열 拯劣米즐렬미 拯民章증민장
扌(手)부 총 9획			

1급 973	烝	김오를 증	烝散증산 증발하여 흩어져 없어짐 ▶散(흩을 산) 烝熱증열 습도와 온도가 매우 높아 찌는 듯 견디기 어려운 더위 ▶熱(더울 열) 烝冬증동 烝溜증류 烝炎증염 烝鬱증울 烝製증제 汗烝한증 **주의** 蒸과 同字
⺣(火)부 총 10획			

2급 1134	甑	시루 증	甑餅증병 떡가루에 콩이나 팥 따위를 섞어 시루에 켜를 안치고 찐 떡 ▶餅(떡 병) 破甑파증 깨어진 시루 ▶破(깨뜨릴 파) 盆甑草분증초 歲時甑세시증 甑中生塵증중생진 甑塵釜魚증진부어
瓦부 총 17획			

1급 974	繒	비단 증	甲繒갑증 품질이 좋고 바탕이 얇은 고급 비단 ▶甲(갑옷 갑) 繒綾증릉 들쭉날쭉한 모양 또는 가지런하지 못한 모양 ▶綾(비단 릉)
糸부 총 18획			

1급 975	咫	길이 지	咫尺不辨지척불변 매우 어둡거나 안개, 눈, 비 따위가 심하여 아주 가까운 곳도 분별하지 못함 ▶尺(자 척), 不(아닐 불), 辨(분별할 변) 咫尺지척 咫尺之間지척지간 咫尺之地지척지지 天威咫尺천위지척
口부 총 9획			

2급 1135	址	터 지	故址고지 옛날에 구조물이나 성곽이 있던 터 또는 그 자취 ▶故(옛 고) 形址형지 어떤 형체가 있던 자리의 윤곽 ▶形(모양 형) 寺址사지 城址성지 廢址폐지 基址網기지망 陶窯址도요지 住居址주거지
土부 총 7획			

한자별곡

귤화위지(橘化爲枳)

橘(귤나무 귤), 化(될 화), 爲(할 위) 枳(탱자 지)

초(楚)나라 영왕(靈王)이 제(齊)나라의 유명한 재상(宰相) 안영(晏嬰)을 초청했다. 그리고는 제나라의 죄인을 불러놓고 "제나라 사람은 원래 도둑질을 잘 하는 모양이군요."라고 말했다. 안영은 태연하게 "강남의 귤을 강북에 심으면 탱자가 되는 것은 토질 때문입니다. 저 제나라 사람이 제나라에 있을 때는 도둑질이 무엇인지 조차 모르고 있었는데, 초나라로 와서 도둑질을 한 것을 보면 초나라의 풍토가 좋지 않은가 하옵니다."라고 답하였다.

《안자춘추(晏子春秋)》

한자 익히기

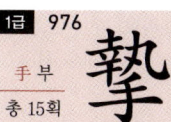

1급 976	摯	手부 총 15획	잡을 지

懇摯간지 참답고 성실함 ▶懇(간절할 간)
眞摯진지 말이나 태도가 참답고 착실함 ▶眞(참 진)

眞摯性진지성

2급 1136	旨	日부 총 6획	뜻 지

甘旨감지 좋은 맛 또는 맛있는 음식 ▶甘(달 감)
趣旨취지 어떤 일에 담겨 있는 목적이나 의도나 의의 ▶趣(뜻 취)

高旨고지 同旨동지 微旨미지 本旨본지
違旨위지 音旨음지 旨酒지주 玄旨현지

1급 977	枳	木부 총 9획	탱자 지/기

枳實지실 덜 익은 탱자를 썰어 말린 약재 ▶實(열매 실)
枳擬지의 어떤 사람을 삼망의 후보자로 추천하는 것을 방해함 ▶擬(헤아릴 의)

枳殼지각 南橘北枳남귤북지
橘化爲枳귤화위지

1급 978	沚	氵(水)부 총 7획	물가 지

洲沚주지 물 가운데 있는 섬 ▶洲(물가 주)

中沚중지

1급 979	漬	氵(水)부 총 14획	담글 지

漸漬점지 물 따위가 점점 스며듦 또는 점점 젖음 ▶漸(점점 점)
沈漬침지 어떤 재료를 물속에 담가 적심 ▶沈(잠길 침)

瓜鹹漬과함지 藥漬酒약지주 靑鹹漬청함지
浸漬液침지액

2급 1137	砥	石부 총 10획	숫돌 지

砥石지석 칼이나 낫 따위의 연장을 갈아 날을 세우는 데 쓰는 돌 ▶石(돌 석)
砥平지평 숫돌처럼 평평함 ▶平(평평할 평)

砥礪지려 砥鍊지련 砥柱지주 革砥혁지

2급 1138	祉	示부 총 9획	복 지

祥祉상지 경사스러우ㅁ 또는 상서로움 ▶祥(상서 상)
新祉신지 새해의 복이나 기쁨 ▶新(새 신)
福祉복지 행복과 이익 ▶福(복 복)

福祉國家복지국가 福祉社會복지사회
兒童福祉아동복지

2급 1139	祇	示부 총 10획	공경할 지/땅귀신 기

祇受지수 임금이 내려 주는 물건을 공경하여 받음 ▶受(받을 수)
祇侯지후 어른을 옆에 모시어 시중을 듦 ▶侯(제후 후)

祇敬지경 祇送지송 祇支지지 攀砂祇반사지
小別祇소별지 勉其祇植면기지식

2급 1140	肢	月(肉)부 총 8획	사지 지

上肢상지 어깨·팔·손을 통틀어 이르는 말 ▶上(위 상)
義肢의지 잃은 팔이나 다리의 부분을 보충하는 기구 ▶義(옳을 의)

前肢전지 肢端지단 肢節지절 肢體지체
下肢하지 後肢후지 節肢動物절지동물

2급 1141	脂	月(肉)부 총 10획	기름 지

脂肪지방 지방산과 글리세롤의 에스테르 중 상온에서 고체인 것 ▶肪(기름 방)
脂水지수 지분을 씻어낸 물 또는 기름기가 있는 물 ▶水(물 수)

脂油지유 脂肉지육 體脂肪체지방
脫脂綿탈지면 合成樹脂합성수지

쪽지시험

※ 다음 한자(漢字)와 뜻이 비슷한 한자는 어느 것입니까?

1 錦
① 僧　② 憎　③ 贈　④ 繒　⑤ 襟

2 敬
① 址　② 祉　③ 砥　④ 祇　⑤ 指

풀이

1 錦(비단 금)
　① 僧(중 승)　② 憎(미울 증)　③ 贈(줄 증)
　④ 繒(비단 증)　⑤ 襟(옷깃 금)

2 敬(공경 경)
　① 址(터 지)　② 祉(복 지)　③ 砥(숫돌 지)
　④ 祇(공경할 지)　⑤ 指(손가락 지)

답 1.④ | 2.④

급수	번호	한자	부수/획수	훈음	예시
2급	1142	芝	++(艸)부 총 8획	지초 지	芝草지초 버섯의 한 종류로 예로부터 상서로운 풀로 여김 ▶草(풀 초) / 芝蘭지란 지초와 난초 또는 높고 맑은 재질을 비유할 때 쓰임 ▶蘭(난초 란) / 雷芝뇌지 木芝목지 芝麻醬지마장 芝麻粥지마죽 芝蘭之交지란지교
1급	980	芷	++(艸)부 총 8획	어수리 지	白芷백지 구릿대의 뿌리로 감기로 인한 두통이나 요통 따위에 쓰임 ▶白(흰 백)
1급	981	蜘	虫부 총 14획	거미 지	蜘蛛지주 절지동물 거미강 거미목의 동물을 통틀어 이르는 말 ▶蛛(거미 주) / 蜘蛛網지주망 그물처럼 쳐 놓은 거미줄 ▶蛛(거미 주), 網(그물 망) / 蜘網지망 蜘蛛類지주류 蜘蛛膜지주막 蜘蛛絲지주사 주의 蛛(거미 주), 1급
1급	982	贄	貝부 총 18획	폐백 지	贄見지현 선물을 가지고 가서 뵘 ▶見(뵐 현) / 執贄집지 제자가 스승을 처음 뵐 때 예폐를 가져가 경의를 나타냄 ▶執(잡을 집) 주의 質와 通字
2급	1143	趾	足부 총 11획	발 지	基趾기지 터전 또는 행동반경이 넓은 행위의 출동 근거지 ▶基(터 기) / 玉趾옥지 임금의 발 또는 남의 발이나 발걸음의 존칭 ▶玉(옥 옥) / 宮趾궁지 斷趾단지 騈趾병지 足趾족지 趾間지간 趾骨지골 趾高氣揚지고기양
2급	1144	稙	禾부 총 13획	올벼 직	稙禾직화 일찍 심은 벼 ▶禾(벼 화) / 稙穉직치 주의 植(심을 식) 4급
2급	1145	稷	禾부 총 15획	피 직	國稷국직 작은 나라의 태직 ▶國(나라 국) / 稷神직신 곡식을 맡아본다는 신령 ▶神(귀신 신) / 黍稷서직 社稷壇사직단 社稷大祭사직대제 社稷之神사직지신 宗廟社稷종묘사직
2급	1146	晉	日부 총 10획	나아갈/진나라 진	晉鼓진고 아악기에 속하는 타악기의 하나 ▶鼓(북 고) / 晉察진찰 조선시대 때 경상남도 관찰사의 딴 이름 ▶察(살필 찰) / 楚材晉用초재진용
1급	983	晋	日부 총 10획	나아갈/진나라 진	晋山진산 중으로서 자기가 있는 그 절에서 주지로 되는 일 ▶山(뫼 산) / 晋山式진산식 절의 주지로 되어 거행하는 의식 ▶山(뫼 산), 式(법 식) / 晋鼓진고 晋陽진양 秦晋之好진진지호 주의 晉의 俗字
1급	984	唇	口부 총 10획	놀랄 진/입술 순	丹唇단순 미인의 붉은 입술 ▶丹(붉을 단) / 朱唇주순 紅唇홍순 花唇화순 주의 脣과 通字

한자별곡

지란지교(芝蘭之交)

芝(지초 지), 蘭(난초 란), 之(갈 지), 交(사귈 교)

공자는 "선한 사람과 함께 있으면 지초와 난초가 있는 방으로 들어가는 것과 같아서 오래되면 향기를 맡지 못하니, 그 향기에 동화되기 때문이다. 선하지 못한 사람과 함께 있으면 마치 절인 생선가게에 들어간 것과 같아서 오래되면 그 악취를 맡지 못하니, 또한 그 냄새에 동화되기 때문이다. 붉은 주사를 가지고 있으면 붉어지고, 검은 옻을 가지고 있으면 검어지게 되니, 군자는 반드시 함께 있는 자를 삼가야 한다."라고 말하였다.

《명심보감(明心寶鑑)》교우-(交友)

한자 익히기

1급 985 嗔
口부 총 13획
성낼 **진**

嗔心진심 갑자기 왈칵 성내는 마음 ▶心(마음 심)
嗔言진언 성내어 꾸짖는 말 ▶言(말씀 언)

元嗔원진 嗔慾진욕 嗔責진책
弄過成嗔농과성진 回嗔作笑회진작소

2급 1147 塵
土부 총 14획
티끌 **진**

微塵미진 썩 작고 아주 변변하지 못한 물건 ▶微(작을 미)
風塵풍진 바람과 티끌 또는 세상에 일어나는 어지러운 일 ▶風(바람 풍)

起塵기진 防塵방진 煙塵연진 汚塵오진
塵界진계 塵土진토 塵肺진폐 車塵차진

1급 986 搢
扌(手)부 총 13획
꽂을 **진**

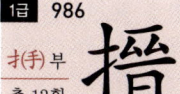

搢紳진신 벼슬아치 또는 지위가 높고 행동이 점잖은 사람 ▶紳(큰띠 신)
搢笏진홀 손에 들었던 홀을 띠에 꽂음 ▶笏(홀 홀)

搢紳錄진신록 搢紳疏진신소

1급 987 桭
木부 총 11획
평고대 **진**

振山洞진산동 전라북도 정읍시에 있는 동 ▶山(뫼 산), 洞(고을 동)
※평고대 : 처마끝의 서까래를 받치기 위해 놓은 나무

1급 988 榛
木부 총 14획
개암나무 **진**

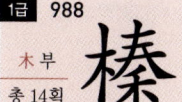

榛蕪진무 초목이 무성하거나 무성한 곳 또는 미천한 사람 ▶蕪(거칠 무)
榛子진자 개암나무의 열매 ▶子(아들 자)

榛穢진예 榛子糖진자당 榛子醬진자장
榛子粥진자죽

1급 989 殄
歹부 총 9획
다할 **진**

擒殄금진 사로잡아 죽임 ▶擒(사로잡을 금)
殄殲진섬 무찔러서 모두 없애 버림 또는 남김없이 멸망시킴 ▶殲(가늘 섬)
殄破진파 패하여 망함 ▶破(깨뜨릴 파)

殄戮진륙 殄滅진멸 殄肉진육
暴殄天物포진천물

2급 1148 津
氵(水)부 총 9획
나루/진액 **진**

津口진구 나룻배가 닿고 떠나는 일정한 곳 ▶口(입 구)
松津송진 소나무, 잣나무 따위의 줄기에서 내솟는 끈끈한 액체 ▶松(소나무 송)

要津요진 津氣진기 津頭진두 津船진선
津岸진안 津液진액 津驛진역 津河진하

1급 990 溱
氵(水)부 총 13획
많을 **진**

溱溱진진 매우 성(盛)한 모양

1급 991 瑨
王(玉)부 총 14획
아름다운돌 **진**

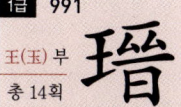

주의 璡과 同字

1급 992 璡
王(玉)부 총 16획
옥돌 **진**

주의 瑨과 同字

쪽지시험

상공회의소 한자 고급 1, 2급

※ 다음 음(音)을 가진 한자는 어느 것입니까?

1 지

① 贄 ② 負 ③ 員 ④ 責 ⑤ 嗜

2 진

① 殃 ② 殳 ③ 列 ④ 殄 ⑤ 殮

풀이

1 ①지 ②부 ③원 ④책 ⑤기
2 ①앙 ②몰 ③렬 ④진 ⑤렴

답 1. ① | 2. ④

1급 993 畛 (田부, 총 10획) 두둑 진
畛域진역 밭두렁 또는 경계 ▶域(지경 역)

2급 1149 疹 (疒부, 총 10획) 홍역 진
發疹발진 열병 따위로 말미암아 피부나 점막에 종기가 돋는 일 ▶發(필 발)
風疹풍진 발진성의 급성 피부 전염병 ▶風(바람 풍)
丘疹구진 痲疹마진 濕疹습진 藥疹약진
紅疹홍진 水疱疹수포진 中毒疹중독진

1급 994 瞋 (目부, 총 15획) 부릅뜰 진
瞋怒진노 성내어 노여워 함 ▶怒(성낼 노)
瞋目진목 두 눈을 부릅뜸 ▶目(눈 목)
瞋言진언 성내어 꾸짖는 말 ▶言(말씀 언)
瞋目진목 瞋目張膽진목장담

2급 1150 秦 (禾부, 총 10획) 성/진나라 진
秦椒진초 산초나무의 열매 ▶椒(산초나무 초)
秦皮진피 물푸레나무의 껍질로 주로 열을 내리는 약제로 쓰임 ▶皮(가죽 피)
秦開진개 秦龜진귀 秦州진주 秦晉진진
秦始皇진시황 先秦文學선진문학

1급 995 縉 (糸부, 총 16획) 붉은비단 진/분홍빛 전
縉紳진신 벼슬아치를 통틀어 일컬음 또는 지위가 높고 행동이 점잖은 사람 ▶紳(큰 띠 신)
주의 搢(꽂을 진) 1, 2급

1급 996 縝 (糸부, 총 16획) 삼실 진
縝密진밀 곱고 세밀함 ▶密(빽빽할 밀)

1급 997 臻 (至부, 총 16획) 이를 진
輻湊幷臻폭주병진 수레바퀴의 살이 바퀴통에 모이듯 한다는 뜻으로 한곳으로 많이 몰려듦을 이르는 말 ▶輻(바퀴살 폭), 湊(모일 주), 幷(어우를 병)

1급 998 蓁 (艹(艸)부, 총 15획) 사철쑥 진
茵蔯인진 사철쑥의 어린 줄기와 잎을 말린 것으로 성질이 차고 습열, 황달에 쓰임 ▶茵(자리 인)
茵蔯餠인진병 茵蔯酒인진주 茵蔯蒿인진호

1급 999 袗 (衤(衣)부, 총 10획) 홑옷 진
袗衣진의 자수를 한 옷 ▶衣(옷 의)
袗玄진현 위아래가 모두 검은 옷 ▶玄(검을 현)

2급 1151 診 (言부, 총 12획) 진찰할 진
診斷진단 의사가 환자를 진찰하여 병상을 판단함 ▶斷(끊을 단)
診脈진맥 손목의 맥박을 짚어 보아 병을 진찰하는 일 ▶脈(줄기 맥)
內診내진 拜診배진 誤診오진 往診왕진
診療진료 診察진찰 打診타진 聽診器청진기

한자별곡

진대법(賑貸法)

賑(구휼할 진), 貸(빌릴 대), 法(법 법)

흉년·춘궁기에 국가가 농민에게 양곡(糧穀)을 대여해 주고 수확기에 갚게 한 고구려 시대의 구휼제도(救恤制度)이다. 고국천왕 때에 국상(國相) 을파소(乙巴素)의 건의에 따라, 매년 3~7월에 관가의 곡식을 가구(家口) 수에 따라 차등을 두어 대여하였다가 10월에 환납(還納)하는 것을 상식(常式)으로 시행하도록 하였는데, 이것이 한국에서의 진대법 실시의 최초의 기록이다.

한자 익히기

2급 1152 貝부 총 14획 **賑** 구휼할 진	賑撫진무 구하여 위로함 또는 어루만져 편안하게 함 ▶撫(어루만질 무) 賑財진재 재난을 구조하는 데 쓰는 재물 ▶財(재물 재) 贍賑섬진 殷賑은진 賑救진구 賑貸진대 賑恤진휼

1급 1000 車부 총 12획 **軫** 수레뒤턱나무 진	軫念진념 임금이 마음을 써서 근심함 또는 윗사람이 아랫사람의 사정을 돌보아 걱정하여 생각함 ▶念(생각 념) 軫憂진우 걱정이나 근심 ▶憂(근심 우) 軫悼진도 軫星진성 軫宿진수 軫恤진휼 殷軫은진

1급 1001 亻(人)부 총 8획 **侄** 어리석을/조카 질	 주의 姪의 俗字

2급 1153 口부 총 5획 **叱** 꾸짖을 질	叱責질책 꾸짖어서 나무람 ▶責(꾸짖을 책) 叱咤질타 성내어 크게 꾸짖는 것 ▶咤(꾸짖을 타) 呵叱가질 面叱면질 憤叱분질 叱罵질매 叱辱질욕 叱正질정 叱嗟질차 叱號질호 叱咤激勵질타격려

1급 1002 女부 총 13획 **嫉** 미워할 질	嫉視질시 흘겨 봄 또는 시기하여 봄 ▶視(볼 시) 嫉妬질투 잘나거나 앞선 사람을 시기하고 미워하는 것 ▶妬(투기할 투) 憎嫉증질 嫉逐질축 讒嫉참질 嫌嫉혐질 嫉妬心질투심

2급 1154 巾부 총 8획 **帙** 책갑 질	落帙낙질 한 질을 이루는 여러 권의 책 중에서 빠진 권이 있음 ▶落(떨어질 락) 部帙부질 종류별로 나누어 놓은 서적 ▶部(떼 부) 卷帙권질 書帙서질 一帙일질 全帙전질 竹帙죽질 帙冊질책 篇帙편질

1급 1003 木부 총 10획 **桎** 차꼬 질	桎梏질곡 차꼬와 수갑이란 뜻으로 속박이라는 뜻 ▶梏(수갑 곡) 桎檻질함 발에 칼을 씌워 감옥에 넣음 ▶檻(짐승우리 함)

1급 1004 玉(王)부 총 19획 **瓆** 사람이름 질	劉瓆유질 중국 후한(後漢) 때 사람 ▶劉(묘금도 유)

2급 1155 穴부 총 11획 **窒** 막힐 질	窒急질급 갑자기 놀라거나 겁이 나는 때에 숨이 막힐 듯이 다급함 ▶急(급할 급) 昏窒혼질 정신이 혼미할 정도로 질식됨 ▶昏(어두울 혼) 窒氣질기 窒死질사 窒酸질산 窒素질소 窒息질식 徵窒징질 窒酸銀질산은

2급 1156 月(肉)부 총 15획 **膣** 질 질	膣頸질경 질의 아래쪽 질구 위의 목이 되는 부분 ▶頸(목 경) 膣炎질염 질 점막에 생기는 염증 ▶炎(불꽃 염) 膣口질구 膣脫질탈

쪽지시험

※ 다음 성어에서 □ 안에 들어갈 알맞은 한자는 어느 것입니까?

1. 輻輳幷□
① 畛 ② 臻 ③ 瞋 ④ 秦 ⑤ 診

2. 反目□視
① 嫉 ② 侄 ③ 叱 ④ 帙 ⑤ 桎

풀이

1 輻輳幷臻(폭주병진) : 수레의 바퀴통에 바퀴살이 모이듯 한다는 뜻으로, 한 곳으로 많이 몰려듦을 이르는 말

2 反目嫉視(반목질시) : 서로 미워하고 질투하는 눈으로 봄

답 1. ② | 2. ①

1급 1005 蛭
虫부 / 총 12획
거머리 질

肝蛭간질 초식 동물의 간장에 기생하는 디스토마의 일종 ▶肝(간 간)
水蛭수질 거머릿과의 동물을 통틀어 이르는 말 ▶水(물 수)

馬蛭마질 蛭類질류 肝蛭病간질병
肝蛭症간질증 顎蛭類악질류

1급 1006 跌
足부 / 총 12획
넘어질 질

跌宕질탕 흥취가 썩 높거나 방탕함 ▶宕(방탕할 탕)
蹉跌차질 미끄러져서 넘어짐 또는 일이 실패로 돌아감 ▶蹉(넘어질 차)

顚跌전질 折跌절질 跌倒질도 側跌측질
折跌傷절질상

1급 1007 迭
辶(辵)부 / 총 9획
번갈아들 질/범할 일

更迭경질 어떤 직위의 사람을 바꾸어 다른 사람을 임명함 ▶更(고칠 경)
迭代질대 서로 바꾸어서 대신함 ▶代(대신 대)

交迭교질

1급 1008 斟
斗부 / 총 13획
술따를/헤아릴 짐

斟酌짐작 어림쳐서 헤아림 또는 겉가량으로 생각함 ▶酌(술부을 작)

주의 勘(헤아릴 감) 1, 2급

1급 1009 朕
月부 / 총 10획
나 짐

兆朕조짐 길흉이 일어날 기미가 미리 보이는 변화 현상 ▶兆(억조 조)
地朕지짐 땅빈대 ▶地(땅 지)

朕言不再짐언부재

1급 1010 潗
氵(水)부 / 총 15획
샘솟을 집

潗潗집집 샘이 솟는 모양

1급 1011 緝
糸부 / 총 15획
모일 집/이을 즙

緝合집합 주워 모아서 한데 합함 ▶合(합할 합)
緝綴집철 한데 모아서 철함 또는 그 철한 책 ▶綴(묶을 철)

緝捕즙포

2급 1157 輯
車부 / 총 16획
모을 집

蒐輯수집 취미, 연구를 하기 위해 어떤 물건이나 재료를 찾아 모음 ▶蒐(모을 수)
編輯편집 여러 가지 자료를 수집하여 책, 신문 등을 엮음 ▶編(엮을 편)

輯錄집록 輯載집재 抄輯초집 特輯특집
蒐輯狂수집광 編輯部편집부 編輯長편집장

1급 1012 鉼
金부 / 총 20획
판금 집

鉼鏶병집 얇고 넓게 조각을 낸 쇠붙이 ▶鉼(판금 병)

2급 1158 澄
氵(水)부 / 총 15획
맑을 징

澄高징고 달이 높이 떠서 맑음 또는 가을 하늘처럼 높푸른 날씨 ▶高(높을 고)
澄淸징청 물 같은 것이 몹시 맑고 깨끗함 ▶淸(맑을 청)

明澄명징 淵澄연징 澄潭징담 澄碧징벽
澄爽징상 澄水징수 澄酒징주 澄澈징철

한자별곡

성학집요(聖學輯要)

聖(성인 성), 學(배울 학), 輯(모을 집), 要(요긴할 요)

이이(李珥)가 《대학(大學)》의 본뜻을 따라서 성현들의 말을 인용하고 설명을 붙인 책. 통설(統說), 수기(修己), 정가(正家), 위정(爲政), 성학도통(聖學道統)의 다섯 편으로 되어 있으며, 《율곡전서》에 실려 있다. 《성학집요》의 서문에는 사서와 육경에 씌어 있는 도(道)의 개략을 추출, 간략하게 정리하여 도를 향해 가는 길을 밝히고자 했음을 설명하고 있다. 경연의 교재로 실제 국왕의 학문에 많이 이용되었지만, 일반 사족(士族)들의 학문에도 매우 중요한 저술이었다.

한자 익히기

1급 1013 亻(人)부 총 8획 **侘** 실의할 차	侘傺차제 절망하는 모양 ▶傺(낙망할 제)	2급 1159 叉부 총 3획 **叉** 깍지낄 차	交叉교차 2개 이상의 선상의 것이 한곳에서 마주치는 것 ▶交(사귈 교) 鐵叉철차 레일의 교차 부분 또는 레일의 교차 부분에 설치한 장치 ▶鐵(쇠 철) 落叉낙차 叉乘차승 交叉路교차로 交叉率교차율 交叉點교차점 주의 乂(벨 예) 1·2급
1급 1014 口부 총 13획 **嗟** 탄식할 차	怨嗟원차 원망하고 탄식함 또는 원통한 탄식 ▶怨(원망할 원) 嗟乎차호 '슬프다'의 뜻 또는 슬퍼서 탄식할 때에 쓰는 말 ▶乎(어조사 호) 哀嗟애차 咨嗟자차 叱嗟질차 嗟賞차상 嗟來之食차래지식	1급 1015 山부 총 13획 **嵯** 우뚝솟을 차	嵯峨차아 산이 높고 험함 ▶峨(높을 아)
1급 1016 石부 총 15획 **磋** 갈 차	切磋절차 옥·뼈 등을 깎고 닦음 또는 부지런히 학문이나 도덕을 닦음 ▶切(끊을 절) 切磋琢磨절차탁마 주의 嗟(탄식할 차) 1, 2급	2급 1160 竹부 총 14획 **箚** 차자 차	袖箚수차 임금을 뵙고 직접 바치는 상소 ▶袖(소매 수) 箚記차기 독서를 하여 얻은 바를 그때그때 적어 놓은 책 ▶記(기록할 기) 疏箚소차 駐箚주차 箚子房차자방
1급 1017 足부 총 17획 **蹉** 넘어질 차	蹉跌차질 미끄러져서 넘어짐 또는 일이 실패로 돌아감 ▶跌(넘어질 질) 주의 磋(갈 차) 1, 2급	2급 1161 辶(辵)부 총 15획 **遮** 가릴 차	遮斷차단 막아서 멈추게 함 또는 가로막아 사이를 끊음 ▶斷(끊을 단) 遮路차로 통행하지 못하도록 길을 막음 ▶路(길 로) 無遮무차 防遮방차 遮光차광 遮燈차등 遮情차정 遮止차지 遮日차일 遮斷物차단물
1급 1018 金부 총 11획 **釵** 비녀 차/채	玉釵옥채 옥으로 만든 비녀 ▶玉(옥 옥) 銀釵은채 은으로 만든 비녀 ▶銀(은 은) 花釵화채 꽃나무를 접붙일 때 접본에 꽂는 접수 ▶花(꽃 화) 鳳釵봉채 金鳳釵금봉채 銀鳳釵은봉채	2급 1162 扌(手)부 총 13획 **搾** 짤 착	壓搾압착 눌러서 짜냄 또는 압력을 가하여 물질의 밀도를 높임 ▶壓(억누를 압) 搾取착취 꼭 누르거나 비틀어서 즙을 짜냄 ▶取(가질 취) 壓搾機압착기 搾取者착취자 被搾取피착취

쪽지시험

※ 다음 한자어(漢字語)와 발음(發音)이 같은 한자어는 어느 것입니까?

1 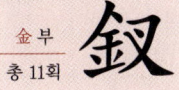 執拗

① 輯要 ② 執猶 ③ 換喻 ④ 環繞 ⑤ 執着

2 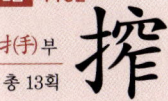 切磋

① 折水 ② 段數 ③ 團茶 ④ 節次 ⑤ 絕倫

풀이

1 집요
① 집요 ② 집유 ③ 환유 ④ 환요 ⑤ 집착

2 절차
① 절수 ② 단수 ③ 단차 ④ 절차 ⑤ 절륜

답 1. ① | 2. ④

급	번호	부수/획수	한자	훈음
2급	1163	穴부 총 10획	窄	좁을 착

窄迫착박 답답할 정도로 매우 좁음 ▶迫(닥칠 박)
狹窄협착 차지하고 있는 자리가 몹시 좁음 ▶狹(좁을 협)
量窄양착 窄粕착박 窄小착소 窄袖착수
窄汁착즙 窄汁機착즙기

급	번호	부수/획수	한자	훈음
2급	1164	金부 총 28획	鑿	뚫을 착/구멍 조

掘鑿굴착 땅을 파거나 바위 등을 뚫음 ▶掘(팔 굴)
鑿空착공 구멍을 뚫음 또는 새로 길을 들어냄 ▶空(빌 공)
墾鑿간착 鑿開착개 鑿路착로 鑿巖착암
穿鑿천착 掘鑿機굴착기 鑿巖機착암기

급	번호	부수/획수	한자	훈음
1급	1019	齒부 총 22획	齷	악착할 착

齷齪악착 사소한 일에 매우 끈기 있고 모진 것 또는 잔인하고 깜찍스러운 것 ▶齪(악착할 악)

급	번호	부수/획수	한자	훈음
2급	1165	扌(手)부 총 15획	撰	지을 찬/가릴 선

修撰수찬 재료를 뽑고 글을 지어서 책을 꾸며냄 ▶修(닦을 수)
撰述찬술 학문이나 문예 등에 관한 책이나 글을 씀 ▶述(지을 술)
改撰개찬 私撰사찬 新撰신찬 撰錄찬록
撰文찬문 撰人찬인 撰定찬정 撰號찬호

급	번호	부수/획수	한자	훈음
1급	1020	氵(水)부 총 16획	澯	맑을 찬

澯瀾찬란 물이 출렁거리는 모양 ▶瀾(물결 란)

급	번호	부수/획수	한자	훈음
2급	1166	火부 총 17획	燦	빛날 찬

燦爛찬란 빛이 눈부시게 아름다움 또는 훌륭하고 빛남 ▶爛(문드러질 란)
燦燦찬찬 빛이 산뜻하고 아름다움 또는 그 모양
燦閃찬섬 燦燦衣服찬찬의복
輝煌燦爛휘황찬란

급	번호	부수/획수	한자	훈음
1급	1021	王(玉)부 총 17획	璨	옥빛 찬

璨瑳찬차 곱고 흰 모양 ▶瑳(고울 차)

급	번호	부수/획수	한자	훈음
2급	1167	王(玉)부 총 23획	瓚	옥잔 찬

圭瓚규찬 제기의 하나로 종묘와 문묘 또는 그 밖의 나라 제사에서 강신할 때 쓰던 술잔 ▶圭(서옥 규)
玉瓚옥찬 崔瓚植최찬식

급	번호	부수/획수	한자	훈음
2급	1168	穴부 총 18획	竄	숨을 찬

改竄개찬 글자나 글의 구절을 고침 ▶改(고칠 개)
竄入찬입 도망쳐 들어 감 또는 잘못되어 뒤섞여 들어 감 ▶入(들 입)
逃竄도찬 遁竄둔찬 點竄점찬 走竄주찬
竄流찬류 竄奔찬분 竄走찬주 竄逐찬축

급	번호	부수/획수	한자	훈음
1급	1022	竹부 총 17획	簒	빼앗을 찬

雜簒잡찬 여러 가지 내용의 일을 편집함 또는 그 책 ▶雜(섞일 잡)
簒奪찬탈 임금의 자리를 빼앗음 ▶奪(빼앗을 탈)
簒立찬립 簒弑찬시 簒逆찬역 簒位찬위
簒虐찬학 簒弑之變찬시지변

한자별곡

시위소찬(尸位素餐)

尸(주검 시), 位(자리 위), 素(본디 소), 餐(밥 찬)

시동의 공짜 밥이란 뜻으로, 재덕이나 공적도 없이 높은 자리에 앉아 녹(祿)만 받아먹는 관리들을 일컫는다. 옛날 중국에서는 제사를 지낼 때 조상의 혈통을 이은 어린아이를 조상의 신위(神位)에 앉혀 영혼이 시동(尸童)의 입을 통해 마음껏 먹게 하려는 풍습이 있다. 또한 소찬은 맛없는 반찬이란 뜻으로 공짜로 먹는 것을 말한다. 즉, 아무것도 모르면서 남이 만들어 놓은 자리에 앉아 공짜 밥이나 축내고 있는 관리들을 지칭하는 것이다.

한자 익히기

2급 1169 糸부 총 20획
纂
모을 찬

纂集찬집 시가나 문장 등을 모아 책을 엮음 ▶集(모을 집)
編纂편찬 여러 자료를 수집하고 정리하여 책을 만듦 ▶編(엮을 편)
論纂논찬 類纂유찬 纂錄찬록 纂述찬술
纂次찬차 參纂참찬 編纂室편찬실

1급 1023 米부 총 13획
粲
정미 찬

粲爛찬란 빛이 눈부시게 현란함 또는 훌륭하고 빛남 ▶爛(문드러질 란)
粲然찬연 깊이 힘써 연구함 ▶然(그러할 연)
祭粲제찬 粲粲玉食찬찬옥식
주의 燦과 通用

2급 1170 糸부 총 25획
纘
이을 찬

주의 纂과 通字

1급 1024 金부 총 27획
鑽
뚫을 찬

研鑽연찬 학문이나 사물의 도리를 깊이 연구하고 닦음 ▶研(갈 연)
鑽仰찬앙 덕을 우러러 숭상함 또는 칭송하면서 우러러 봄 ▶仰(우러를 앙)
鑽石찬석 鑽研찬연 鑽刺찬자 鑽灼찬작
鑽鐵찬철

2급 1171 食부 총 16획
餐
밥 찬

加餐가찬 음식물을 많이 먹음 또는 몸을 소중히 함 ▶加(더할 가)
朝餐조찬 손님을 초대하여 함께 하는 아침 식사 ▶朝(아침 조)
晩餐만찬 常餐상찬 素餐소찬 夜餐야찬
午餐오찬 傳餐전찬 尸位素餐시위소찬

2급 1172 食부 총 21획
饌
반찬 찬

飯饌반찬 밥에 곁들여 먹는 온갖 음식 ▶飯(밥 반)
盛饌성찬 풍성하게 잘 차린 음식 ▶盛(성할 성)
佳饌가찬 供饌공찬 歲饌세찬 略饌약찬
肉饌육찬 饌盒찬합 珍羞盛饌진수성찬

2급 1173 刂(刀)부 총 8획
刹
절 찰

寺刹사찰 절 또는 사원 ▶寺(절 사)
刹那찰나 극히 짧은 시간 또는 어떤 사물 현상이 이루어지는 바로 그 때 ▶那(어찌 나)
甲刹갑찰 古刹고찰 大刹대찰 名刹명찰
梵刹범찰 佛刹불찰 禪刹선찰 淨刹정찰

2급 1174 扌(手)부 총 17획
擦
문지를 찰

刀擦도찰 잘못된 글자나 그림 따위를 칼로 긁어내어 고치는 일 ▶刀(칼 도)
擦傷찰상 스치거나 문질러서 생긴 상처 ▶傷(다칠 상)
摩擦마찰 抹擦말찰 按擦안찰 擦劑찰제
擦筆찰필 摩擦音마찰음 擦過傷찰과상

2급 1175 木부 총 5획
札
편지 찰

名札명찰 성명, 소속 등을 적어 달고 다니는 헝겊 ▶名(이름 명)
札記찰기 간략하게 기록하는 일 또는 기록하는 책 ▶記(기록할 기)
鑑札감찰 緊札긴찰 落札낙찰 書札서찰
入札입찰 標札표찰 現札현찰 改札口개찰구

1급 1025 糸부 총 11획
紮
감을 찰

緊紮긴찰 몹시 덤비거나 급히 서둘러 함 또는 단단히 묶어서 쥠 ▶緊(긴할 긴)

쪽지시험

※ 다음 한자(漢字)와 음(音)이 같은 한자는 어느 것입니까?

1. 燦
① 選 ② 遷 ③ 撰 ④ 採 ⑤ 賤

2. 札
① 刹 ② 刈 ③ 刺 ④ 制 ⑤ 奪

풀이

1 燦(빛날 찬)
① 선 ② 천 ③ 찬 ④ 채 ⑤ 천

2 札(편지 찰)
① 찰 ② 예 ③ 자 ④ 제 ⑤ 탈

답 1. ③ | 2. ①

2급 1176 僭 亻(人)부 총 14획 — 참람할 참

- 僭濫참람 하는 짓이 분수에 지나침 ▶ 濫(넘칠 람)
- 僭號참호 제 분수에 넘치는 스스로의 칭호 ▶ 號(이름 호)

僭亂참란 僭禮참례 僭奢참사 僭用참용
僭竊참절 僭主참주 僭稱참칭

1급 1026 塹 土부 총 14획 — 구덩이 참

- 塹壕참호 성 둘레의 구덩이 또는 야전에서 땅에 찬 좁고 긴 홈 ▶ 壕(해자 호)
- 天塹천참 강하 따위로 이루어진 천연으로 된 요새지 ▶ 天(하늘 천)

坑塹갱참 濠塹호참 塹星壇참성단
塹壕戰참호전

2급 1177 懺 忄(心)부 총 20획 — 뉘우칠 참

- 事懺사참 기도라며 죄를 뉘우쳐 회개하는 일 ▶ 事(일 사)
- 懺悔참회 과거의 죄악을 깨달아 뉘우쳐 고침 ▶ 悔(뉘우칠 회)

修懺수참 禮懺예참 懺洗참세 小禮懺소례참
大禮懺대예참 懺悔錄참회록 懺悔文참회문

2급 1178 斬 斤부 총 11획 — 벨 참

- 斬新참신 취향이 매우 새로움 ▶ 新(새 신)
- 卽斬즉참 바로 그 자리에서 목을 베어 죽임 ▶ 卽(곧 즉)

擒斬금참 斬髮참발 斬首참수 斬截참절
陵遲處斬능지처참 泣斬馬謖읍참마속

2급 1179 站 立부 총 10획 — 역마을 참

- 先站선참 다른 일이나 다른 사람에 앞서 먼저 하는 차례 ▶ 先(먼저 선)
- 驛站역참 역마를 바꾸어 타던 곳 ▶ 驛(역 역)

排站배참 兵站병참 寺站사참 越站월참
前站전참 中站중참 站路참로 站役참역

2급 1180 讒 言부 총 24획 — 참소할 참

- 誣讒무참 없는 사실을 있는 듯이 꾸미어 남을 참소함 ▶ 誣(무고할 무)
- 讒訴참소 남을 헐뜯어서 죄를 있는 듯이 꾸며 고해 바치는 일 ▶ 訴(호소할 소)

譏讒기참 讒口참구 讒謗참방 讒夫참부
讒說참설 讒言참언 讒者참자 讒陷참함

2급 1181 讖 言부 총 24획 — 참서 참

- 言讖언참 미래의 일과 꼭 맞추어 예언하는 말 ▶ 言(말씀 언)
- 讖文참문 미래를 예언한 문서 ▶ 文(글월 문)

圖讖도참 符讖부참 讖書참서 讖語참어
讖謠참요 讖緯참위 圖讖說도참설

2급 1182 倡 亻(人)부 총 10획 — 광대 창

- 倡道창도 앞장을 서서 솔선하여 부르짖음 ▶ 道(길 도)
- 倡義창의 국난을 당했을 때 의병을 일으킴 ▶ 義(옳을 의)

俳倡배창 率倡솔창 倡夫창부 倡師창사
倡率창수 倡優창우

2급 1183 娼 女부 총 11획 — 창녀 창

- 私娼사창 허가 없이 비밀히 매음하는 창녀 ▶ 私(사사로울 사)
- 娼妓창기 노래와 춤과 몸을 파는 기생 ▶ 妓(기생 기)

街娼가창 公娼공창 男娼남창 名娼명창
娼館창관 娼女창녀 娼婦창부 私娼街사창가

2급 1184 廠 广부 총 15획 — 헛간 창

- 工廠공창 철공물을 만드는 공장 ▶ 工(장인 공)
- 木廠목창 목재를 쌓아두는 창고 ▶ 木(나무 목)

船廠선창 機器廠기기창 兵器廠병기창
被服廠피복창

한자별곡

능지처참(陵遲處斬)

陵(언덕 릉), 遲(더딜 지), 處(곳 처), 斬(벨 참)

대역죄나 패륜을 저지른 죄인 등에게 가해진 극형으로, 언덕을 천천히 오르내리듯(陵遲) 고통을 서서히 최대한 느끼면서 죽어가도록 하는 잔혹한 사형제도이다. 동양에서는 중국 원나라 때부터 시작되어 명나라의 《대명률》에도 규정되어 있다. 우리나라는 고려 공민왕 때부터 이 형벌에 관한 기록이 나온다. 이후 조선 초기에도 시행되었으며, 특히 연산군·광해군 때 많았다. 인조 때에는 엄격하게 금지하였으나 실제로는 폐지되지 않다가 1894년(고종 31)에 완전히 폐지되었다.

한자 익히기

2급 1185 彡부 총 14획 **彰** 밝을 창
- 彰惡창악 남의 악한 일을 밝혀 드러냄 ▶惡(악할 악)
- 表彰표창 남의 공적이나 선행을 세상에 드러내어 밝힘 ▶表(겉 표)
- 彰德창덕 彰善창선 彰著창저 顯彰현창
- 表彰者표창자 表彰狀표창장

1급 1027 忄(心)부 총 13획 **愴** 슬퍼할 창
- 悲愴비창 마음이 슬프고 서운함 ▶悲(슬플 비)
- 悽愴처창 몹시 슬프고 애달픔 ▶悽(슬퍼할 처)
- 感愴감창 酸愴산창 傷愴상창 惻愴측창
- 焄蒿悽愴훈호처창

2급 1186 攵(攴)부 총 12획 **敞** 시원할 창
- 寬敞관창 앞이 탁 트여 넓음 ▶寬(너그러울 관)
- 通敞통창 시원스럽게 넓고 환함 ▶通(통할 통)
- 開敞개창 高敞고창 敞然창연 敞衣창의
- 軒敞헌창 開敞地개창지

2급 1187 日부 총 9획 **昶** 해길 창
- 金基昶김기창 운보(雲甫) 김기창. 한국의 화가 ▶金(성 김), 基(터 기)

2급 1188 木부 총 14획 **槍** 창 창
- 突槍돌창 찌르게 된 뾰족한 창 ▶突(갑자기 돌)
- 槍擊창격 창 따위로 맞닥뜨리어서 찌름 ▶擊(칠 격)
- 短槍단창 刀槍도창 石槍석창 挺槍정창
- 槍劍창검 槍術창술 槍劍舞창검무

2급 1189 氵(水)부 총 13획 **滄** 바다 창
- 滄海창해 넓고 큰 바다 또는 푸른 바다 ▶海(바다 해)
- 滄浪창랑 큰 바다의 푸른 물결 ▶浪(물결 랑)
- 滄茫창망 滄兵창병 滄熱창열 滄奪창탈
- 滄波창파 滄海一粟창해일속

1급 1028 氵(水)부 총 14획 **漲** 불을 창
- 漲意창의 새로운 방안을 내세우거나 새롭게 생각해 낸 의견 ▶意(뜻 의)
- 觀漲관창 大漲대창 漲濤창도 漲流창류
- 漲水창수 漲潮창조 漲天창천 合漲합창

1급 1029 犭(犬)부 총 11획 **猖** 미쳐날뛸 창
- 猖狂창광 미친 것 같이 사납게 날뜀 ▶狂(미칠 광)
- 猖披창피 체면이 사나워지거나 마음에 아니꼬움에 대한 부끄럼 ▶披(헤칠 피)
- 猖獗창궐

2급 1190 疒부 총 15획 **瘡** 부스럼 창
- 瘡瘢창반 부스럼이 났던 자국이나 칼에 다친 흉터 ▶瘢(흉터 반)
- 金瘡금창 칼이나 창, 화살 따위 쇠 끝에 다친 상처 ▶金(쇠 금)
- 口瘡구창 痘瘡두창 面瘡면창 鼻瘡비창
- 成瘡성창 瘡腫창종 滿身瘡痍만신창이

2급 1191 月(肉)부 총 12획 **脹** 배부를 창
- 膨脹팽창 부풀어 띵띵하게 됨 또는 발전하여 퍼짐 ▶膨(부를 팽)
- 鼓脹고창 穀脹곡창 氣脹기창 水脹수창
- 脹鬼창귀 寒脹한창

쪽지시험

※ 다음 성어에서 □ 안에 들어갈 알맞은 한자는 어느 것입니까?

1. 泣□馬謖
   ① 劍   ② 割   ③ 斬   ④ 殺   ⑤ 槍

2. □海一粟
   ① 廠   ② 彰   ③ 昶   ④ 滄   ⑤ 漲

풀이

1 泣斬馬謖(읍참마속) : 큰 목적을 위하여 자기가 아끼는 사람을 버림을 이르는 말

2 滄海一粟(창해일속) : 넓고 큰 바다 속의 좁쌀 한 알이라는 뜻으로, 아주 많거나 넓은 것 가운데 있는 매우 하찮고 작은 것을 이르는 말

답 1. ③ | 2. ④

1급 1030 舟부 총 16획 艙	船艙선창 물가에 배가 닿을 수 있도록 다리처럼 만들어 놓은 곳 ▶船(배 선) 艙口창구 함선의 화물창에 실은 짐을 내리고 올리기 위한 방형의 개구 ▶口(입 구) 魚艙어창 油艙유창 船尾艙선미창 船首窓선수창 貨物艙화물창	2급 1192 ++(艸)부 총 12획 菖	菖蒲창포 천남성과의 여러해살이 풀 ▶蒲(부들 포) 水菖蒲수창포 붓꽃과의 여러해살이 풀 ▶水(물 수), 蒲(부들 포) 白菖백창 修禪菖수선창 菖蒲根창포근 菖蒲水창포수 菖蒲簪창포잠 菖蒲湯창포탕
선창 **창**		창포 **창**	
1급 1031 土부 총 11획 埰	※ 사패지(賜牌地) : 임금이 하사한 논밭	1급 1032 宀부 총 11획 寀	
사패지 **채**		녹봉 **채**	주의 採와 通用 주의 菜와 通用
1급 1033 宀부 총 14획 寨	山寨산채 산에 돌이나 목책 따위를 빙 둘러 만든 진터 또는 산 도둑이 웅거하는 소굴 ▶山(뫼 산) 木寨목채 주의 砦와 通字	1급 1034 石부 총 10획 砦	鹿砦녹채 적군의 침입을 막기 위해 울타리처럼 만들어 놓은 방어물 ▶鹿(사슴 록) 砦堡채보 적을 막기 위하여 쌓은 작은 성 ▶堡(작은성 보) 堡砦보채 城砦성채 死鹿砦사녹채 生鹿砦생녹채 連珠砦연주채
울타리 **채**		진터 **채**	
2급 1193 糸부 총 14획 綵	綵淡채담 여러 가지 빛깔의 털로 무늬를 놓아 짠 긴 네모꼴의 담요 ▶淡(맑을 담) 綵緞채단 온갖 비단을 통틀어 일컬음 ▶緞(비단 단) 結綵결채 奇綵기채 先綵선채 送綵송채 綵鳳채봉 綵繩채승 주의 彩(채색 채) 3급	2급 1194 ++(艸)부 총 15획 蔡 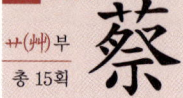	蔡壽채수 조선 중종 때의 문신 ▶壽(목숨 수) 蔡濟恭채제공 조선시대 22대 정조 때의 재상 ▶濟(건널 제), 恭(공손할 공) 蔡裏채양 蔡邕채옹 蔡無逸채무일
비단 **채**		성 **채** / 내칠 **살**	
2급 1195 采부 총 8획 采	光采광채 아름답고 찬란하게 빛나는 빛 또는 정기 있는 밝은 빛 ▶光(빛 광) 風采풍채 사람의 드러나 보이는 의젓한 겉모양 ▶風(바람 풍) 喝采갈채 錦采금채 文采문채 采色채색 拍手喝采박수갈채	2급 1196 木부 총 9획 柵 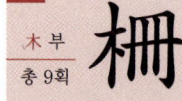	防柵방책 적의 침입을 막기 위해 끝이 뾰족한 말뚝을 세워 만든 울타리 ▶防(막을 방) 鐵柵철책 쇠살로 만든 울타리 ▶鐵(쇠 철) 角柵각책 豚柵돈책 木柵목책 水柵수책 巖柵암책 竹柵죽책 柵門책문 柵狀책상
풍채 **채**		울타리 **책**	

건곤일척(乾坤一擲)

乾(하늘 건), 坤(땅 곤), 一(한 일), 擲(던질 척)

운명과 흥망을 걸고 단판으로 승부나 성패를 겨루는 것, 또는 오직 이 한 번에 흥망성쇠(興亡盛衰)가 걸려 있는 일을 말한다. 중국 당(唐)나라의 한유(韓愈)가 옛날 항우(項羽)와 유방(劉邦)이 싸우던 홍구(鴻溝)라는 곳을 지나면서 한 말에서 비롯되었다. "용은 지치고 범도 피곤하여 강과 들을 나누어 가졌다. 이로 인해 억만창생(億萬蒼生)의 목숨이 살아남게 되었네. 누가 임금에게 권하여 말머리를 돌리게 하고, 참으로 한 번 던져 하늘과 땅을 걸게 만들었던고."

한자 익히기

1급 1035 凄 (氵부, 총 10획) 쓸쓸할 처
- 凄凉처량 마음이 구슬퍼질 만큼 쓸쓸함 또는 서글프고 구슬픔 ▶凉(서늘할 량)
- 凄雨처우 구슬프게 처량하게 내리는 비 ▶雨(비 우)

凄如처여 凄然처연 凄切처절
주의 悽와 同字

1급 1036 悽 (忄(心)부, 총 11획) 슬퍼할 처
- 悽絶처절 참혹하리만큼 구슬픔 또는 더할 나위 없이 처참함 ▶絶(끊을 절)
- 悽慘처참 끔찍스럽게 참혹함 ▶慘(참혹할 참)

悽然처연 悽悽처처 悽愴처창
哀哀悽悽애애처처 주의 凄와 同字

1급 1037 倜 (亻(人)부, 총 10획) 대범할 척
- 倜儻척당 뜻이 크고 기개가 있음 ▶儻(빼어날 당)

倜儻不羈척당불기

1급 1038 剔 (刂(刀)부, 총 10획) 바를 척/깎을 체
- 剔抉척결 살을 긁어내고 뼈를 발라냄 ▶抉(도려낼 결)
- 剔出척출 발라 냄 ▶出(날 출)

爬羅剔抉파라척결

1급 1039 慼 (忄(心)부, 총 14획) 근심할 척
- 慘慼참척 자손이 부모나 조부모보다 일찍 죽음 ▶慘(참혹할 참)
- 慼慼척척 시름에 겨운 모양이 있음 또는 낙엽이 떨어지는 모양

悲慼비척 慘慼之變참척지변

2급 1197 擲 (扌(手)부, 총 18획) 던질 척
- 快擲쾌척 금품을 마땅히 쓸 자리에 시원스럽게 내놓는 것 ▶快(쾌할 쾌)
- 投擲투척 비교적 무거운 물체를 힘껏 던지는 것 ▶投(던질 투)

棄擲기척 放擲방척 揚擲양척 擲柶척사
擲殺척살 投擲力투척력 乾坤一擲건곤일척

2급 1198 滌 (氵(水)부, 총 14획) 씻을 척
- 滌暑척서 몸을 시원하게 함 또는 더위의 기운을 씻어 버림 ▶暑(글 서)
- 滌淨척정 씻어서 깨끗하게 함 ▶淨(깨끗할 정)

雪滌설척 洗滌세척 掃滌소척 滌去척거
滌除척제 蕩滌탕척 澣滌한척 洗滌器세척기

1급 1040 瘠 (疒부, 총 15획) 파리할 척
- 瘦瘠수척 얼굴이나 몸이 야위어 건강하지 않게 보이는 상태에 있음 ▶瘦(여윌 수)
- 瘠土척토 메마른 땅 ▶土(흙 토)

肥瘠비척 瘠骨척골 瘠畓척답 瘠薄척박
瘠地척지 瘠薄地척박지 瘠土척박토

2급 1199 脊 (月(肉)부, 총 10획) 등성마루 척
- 山脊산척 산등성이의 가장 높은 곳 ▶山(뫼 산)
- 脊椎척추 척추를 이루는 낱낱의 뼈 ▶椎(등뼈 추)

刀脊도척 屋脊옥척 脊强척강 脊骨척골
脊索척색 脊髓척수 脊椎炎척추염

1급 1041 蹠 (足부, 총 18획) 밟을 척
- 對蹠대척 어떤 사물과 어떤 사물을 견주어 볼 때 서로 정반대가 됨 ▶對(대할 대)
- 足蹠족척 발바닥 ▶足(발 족)

跗蹠부척 蹠骨척골 對蹠者대척자
對蹠點대척점 足蹠筋족척근

쪽지시험
상공회의소 한자 고급 1, 2급

※ 다음의 뜻을 가진 한자(漢字)는 어느 것입니까?

1 울타리
① 菖 ② 寨 ③ 寀 ④ 埰 ⑤ 綵

2 근심하다
① 悽 ② 懺 ③ 慼 ④ 愴 ⑤ 剔

풀이
1 ① 菖(창포 창) ② 寨(울타리 채)
③ 寀(녹봉 채) ④ 埰(사패지 채)
⑤ 綵(비단 채)
2 ① 悽(슬퍼할 처) ② 懺(뉘우칠 참)
③ 慼(근심할 척) ④ 愴(슬퍼할 창)
⑤ 剔(바를 척)

답 1. ② | 2. ③

2급 1200 阝(阜)부 총 10획 **陟** 오를 **척**	進陟진척 일이 진행되어 감 또는 벼슬이 올라감 ▶進(나아갈 진) 陟降척강 오르락내리락함 또는 그 오르내림 ▶降(내릴 강) 喬陟교척 登陟등척 陟方척방 陟岵척호 黜陟출척 陟岵之情척호지정	**2급 1201** 隹부 총 10획 **隻** 외짝 **척**	作隻작척 서로 척을 지음 곧 원수가 됨 ▶作(지을 작) 隻眼척안 한 쪽 눈이 찌그러진 것 또는 그런 눈을 가진 사람 ▶眼(눈 안) 隻步척보 隻手척수 隻身척신 隻愛척애 隻影척영 隻行척행 一隻眼일척안
1급 1042 亻(人)부 총 5획 **仟** 일천 **천** 주의 千과 同字		**2급 1202** 口부 총 12획 **喘** 헐떡일 **천**	喘滿천만 숨이 차서 가슴이 몹시 벌떡거리는 것 ▶滿(찰 만) 喘息천식 기관지에 경련이 일어나는 병 ▶息(쉴 식) 久喘구천 氣喘기천 水喘수천 餘喘여천 喘促천촉 咳喘해천 喘息藥천식약
1급 1043 扌(手)부 총 16획 **擅** 멋대로 **천**	獨擅독천 제 마음대로 쥐고 흔듦 ▶獨(홀로 독) 擅橫천횡 거리낌 없이 제 마음대로 전횡함 ▶橫(가로 횡) 擅斷천단 擅名천명 擅入천입 擅恣천자 擅行천행 獨擅場독천장	**1급 1044** 王(玉)부 총 7획 **圳** 옥고리 **천**	深圳심천 중국의 경제특구 ▶深(깊을 심)
2급 1203 穴부 총 9획 **穿** 뚫을 **천**	穿孔천공 구멍을 뚫음 또는 위벽, 복막 등에 구멍이 남 ▶孔(구멍 공) 穿鑿천착 구멍을 뚫음 또는 학문을 깊이 연구함 ▶鑿(뚫을 착) 穿壙천광 穿刺천자 穿墻천장 穿孔病천공병 穿孔機천공기 穿頭術천두술 穿鑿症천착증	**1급 1045** 舛부 총 6획 **舛** 어그러질 **천**	舛駁천박 뒤섞여서 고르지 못하거나 어수선하여 바르지 못함 ▶駁(얼룩말 박) 舛逆천역 서로 뒤집혀 거슬리고 어긋남 ▶逆(거스릴 역) 乖舛괴천 舛誤천오 舛訛천와 舛雜천잡
1급 1046 金부 총 11획 **釧** 팔찌 **천**	寶釧보천 값비싼 팔찌 ▶寶(보배 보) 腕釧완천 팔찌 ▶腕(팔 완)	**2급 1204** 門부 총 20획 **闡** 열/밝힐 **천**	闡明천명 사실이나 의사를 분명하게 드러내서 밝힘 ▶明(밝을 명) 闡揚천양 생각이나 주장을 드러내어 밝혀서 널리 퍼뜨림 ▶揚(날릴 양) 大闡대천 發闡발천 闡究천구 闡幽천유 闡提천제

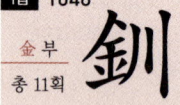

정철(鄭澈)

鄭(나라 정), 澈(맑을 철)

조선 중기의 문신이자 시인으로 호는 송강(松江), 시호는 문청(文淸)이다. 그는 정치가로서보다는 시인으로서 문명을 떨쳤으며, 당대 가사문학(歌辭文學)의 대가로서 시조의 고산(孤山) 윤선도(尹善道)와 더불어 한국 시가 사상 쌍벽을 이룬다. 사미인곡(思美人曲), 속미인곡(續美人曲), 관동별곡(關東別曲), 성산별곡(星山別曲) 등 수많은 가사와 단가를 지었다. 문집으로는 송강집, 송강가사, 송강별추록유사 등이 있다. 다양한 작품을 통해 선취(仙趣)적 기풍과 풍류적 호방함을 담아내고 있다.

한자 익히기

| 1급 1047 阝(阜)부 총 6획 **阡** 두렁 천 | 阡陌천맥 밭 사이의 길로 남북으로 난 것을 천, 동서로 난 것을 맥이라 함 또는 경작지를 달리 일컫는 말 ▶陌(두렁 맥) | 1급 1048 革부 총 24획 **韆** 그네 천 | 鞦韆節추천절 그네 뛰는 철이라는 뜻으로 단오절을 이르는 말 ▶鞦(밀치 추), 節(마디 절)

鞦韆추천 鞦韆鏡추천경 |

| 2급 1205 凵부 총 5획 **凸** 볼록할 철 | 凹凸요철 오목하게 들어감과 볼록하게 나옴 또는 울퉁불퉁함 ▶凹(오목할 요)
凸面철면 가장자리가 얇고 가운데가 차차 두꺼워지며 볼록해진 면 ▶面(낯 면)
凸角철각 凸彫철조 凸版철판 凸形철형
凸面鏡철면경 線畫凸版선화철판 | 2급 1206 口부 총 12획 **喆** 밝을 철 | 羅喆나철 대종교의 창시자 ▶羅(벌일 라)

주의 哲의 俗字 |

| 2급 1207 扌(手)부 총 15획 **撤** 거둘 철 | 撤去철거 건물, 시설 따위를 걷어 치워 버림 ▶去(갈 거)
撤回철회 일단 제출했던 것을 다시 되돌려 들임 ▶回(돌아올 회)
撤軍철군 撤農철농 撤兵철병 撤收철수
撤直철직 撤退철퇴 撤廢철폐 回撤회철 | 2급 1208 氵(水)부 총 15획 **澈** 맑을 철 | 澄澈징철 속이 들여다보이도록 맑음 ▶澄(맑을 징)
瑩澈형철 환하게 내다보이도록 맑음 또는 사고력이 밝고 투철함 ▶瑩(밝을 형)
鄭澈정철(조선 중기의 문신)
주의 潒(맑을 정) 1, 2급 |

| 2급 1209 糸부 총 14획 **綴** 묶을 철 | 假綴가철 책, 서류 따위를 정식으로 매지 않고 임시로 매어둠 ▶假(거짓 가)
點綴점철 여기저기 흩어진 것들이 서로 이어짐 또는 그것들을 이음 ▶點(점 점)
補綴보철 縱綴종철 綴目철목 綴音철음
橫綴횡철 文書綴문서철 綴字法철자법 | 1급 1049 車부 총 15획 **輟** 그칠 철 | 輟耕철경 밭 가는 일을 멈춤 ▶耕(밭갈 경)
輟朝철조 조정을 임시 폐함 ▶朝(아침 조)

輟耕錄철경록 |

| 2급 1210 車부 총 19획 **轍** 바퀴자국 철 | 軌轍궤철 차가 지나간 바퀴자국 또는 과거의 사적 ▶軌(수레바퀴 궤)
前轍전철 이전에 이미 실패한 바 있는 일의 비유 ▶前(앞 전)
故轍고철 覆轍복철 一轍일철 轍迹철적
轍叉철차 轉轍機전철기 螳螂拒轍당랑거철 | 2급 1211 人부 총 13획 **僉** 다 첨 | 僉位첨위 여러분 ▶位(자리 위)
僉意첨의 여러 사람의 의견 ▶意(뜻 의)
僉座첨좌 '여러분 앞'이라는 뜻으로 주로 편지에 씀 ▶座(자리 좌)
僉使첨사 僉員첨원 僉議첨의 僉尊첨존
僉知첨지 僉君子첨군자 僉萬戶첨만호 |

쪽지시험

※ 다음 단어들의 □ 안에 공통으로 들어갈 알맞은 한자는 어느 것입니까?

1 □孔, □鑿, □墻

① 瞳 ② 掘 ③ 擅 ④ 喘 ⑤ 穿

2 □去, □軍, □回

① 除 ② 將 ③ 挽 ④ 撤 ⑤ 綴

풀이

1 穿孔(천공), 穿鑿(천착), 穿墻(천장)

2 撤去(철거), 撤軍(철군), 撤回(철회)

답 1. ⑤ | 2. ④

1급 1050	沾	沾濕첨습 물기에 젖음 ▶濕(젖을 습)
氵(水)부 총 8획		沾潤첨윤 비나 이슬에 젖어 부은 것 ▶潤(윤택할 윤)
		沾衣첨의 옷을 적심 ▶衣(옷 의)
더할 첨/젖을 점/경망할 접		均沾균첨 沾濡점유 汗出沾背한출첨배
		주의 霑(젖을 점) 1, 2급

1급 1051	甛	甛瓜첨과 참외 ▶瓜(오이 과)
甘부 총 11획		甛菜첨채 명아줏과의 두해살이 풀로 사탕무를 이룸 ▶菜(채소 채)
		甛低첨저 가시나무 ▶低(낮을 저)
달 첨		甛菜糖첨채당 甛言蜜語첨언밀어
		주의 甘(달 감) 4급

2급 1212	瞻	視瞻시첨 바라다 봄 또는 휘둘러 봄 ▶視(볼 시)
目부 총 18획		瞻想첨상 바라보면서 생각함 또는 우러러 보면서 생각함 ▶想(생각 상)
볼 첨		觀瞻관첨 具瞻구첨 瞻聆첨령 瞻望첨망 瞻拜첨배 瞻病첨병 瞻仰첨앙 瞻星臺첨성대

2급 1213	簽	簽押첨압 두 사람 이상의 이름을 죽 잇따라 쓰고 수결함 ▶押(누를 압)
竹부 총 19획		簽刺傷첨자상 대 오리나 나뭇가지 같은 덧에 찔린 상처 ▶刺(찌를 자), 傷(다칠 상)
능/제비 첨		주의 籤과 通用

2급 1214	籤	書籤서첨 책 겉장에 붙이는 표제 ▶書(글 서)
竹부 총 23획		籤紙첨지 책 따위에 무엇을 표시하려고 붙이는 쪽지 ▶紙(종이 지)
제비 첨		落籤낙첨 當籤당첨 抽籤추첨 當籤金당첨금 當籤者당첨자 주의 簽의 本字

2급 1215	詹	矮詹왜첨 짧고 낮은 처마 ▶矮(키작을 왜)
言부 총 13획		詹事첨사 고려시대에 동궁에 속한 정삼품 벼슬 ▶事(일 사)
이를 첨/넉넉할 담		內詹事내첨사 副詹事부첨사 小詹事소첨사 右詹事우첨사 左詹事좌첨사

1급 1052	諂	阿諂아첨 남의 마음에 들려고 간사를 부려 비위를 맞추어 알랑거리는 짓 ▶阿(아첨할 아)
言부 총 15획		諂笑첨소 아첨하여 웃음 ▶笑(웃음 소)
아첨할 첨		微諂미첨 諂曲첨곡 諂媚첨미 諂諛첨유 阿諂調아첨조 外諂內疎외첨내소

1급 1053	堞	城堞성첩 성 위에 낮게 쌓은 담 ▶城(성 성)
土부 총 12획		粉堞분첩 석회를 바른 성가퀴 ▶粉(가루 분)
성가퀴 첩		女堞여첩 堞口첩구 堞樓첩루 雉堞치첩

2급 1216	帖	手帖수첩 늘 가지고 다니면서 적을 수 있도록 만든 조그마한 공책 ▶手(손 수)
巾부 총 8획		畵帖화첩 그림을 그릴 수 있도록 종이를 여러 장 모아 묶은 책 ▶畵(그림 화)
표제 첩/체지 체		名帖명첩 妥帖타첩 筆帖필첩 回帖회첩 圖畵帖도화첩 寫眞帖사진첩 地圖帖지도첩

2급 1217	捷	簡捷간첩 간단하고 빠름 ▶簡(대쪽 간)
扌(手)부 총 11획		敏捷민첩 재빠르고 날램 ▶敏(민첩할 민)
		捷徑첩경 지름길 또는 빠른 방법 ▶徑(지름길 경)
이길 첩		蹻捷교첩 奇捷기첩 大捷대첩 得捷득첩 重捷중첩 捷路첩로 捷報첩보 敏捷性민첩성

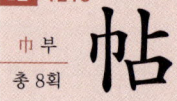

경주첨성대(慶州瞻星臺)

慶(경사 경), 州(고을 주), 瞻(볼 첨), 星(별 성), 臺(대 대)

동양에서 현존하는 가장 오래된 천문 기상 관측대로, 신라 선덕여왕 때 건립되었다. 국보 제31호로 경북 경주시 인왕동에 소재한다. 높이 9.17m, 밑지름 4.93m, 윗지름 2.85m이며 모양은 원통형이다. 30㎝ 높이의 돌 362개로 27단을 쌓아 만들었으며, 내부는 제12단까지 흙이 차 있다. 관측기구를 정상에 설치하고 춘분·추분·동지·하지 등의 24절기를 별을 통하여 측정하였고, 정자석(井字石)을 동서남북의 방위를 가리키는 기준으로 삼았다.

한자 익히기

2급 1218 片부 총 13획
牒
편지 **첩**

請牒청첩 경사에 손님을 초청하는 글발 ▶請(청할 청)
通牒통첩 관청, 단체 등에서 문서로 통지하는 일 ▶通(통할 통)

家牒가첩 公牒공첩 譜牒보첩 移牒이첩
牒報첩보 請牒狀청첩장 最後通牒최후통첩

2급 1219 田부 총 22획
疊
겹쳐질 **첩**

重疊중첩 거듭 겹치거나 겹쳐지는 것 ▶重(무거울 중)
疊出첩출 같은 사물이 거듭 나오거나 생김 ▶出(날 출)

萬疊만첩 疊書첩서 疊設첩설 疊語첩어
疊雲첩운 疊字첩자 疊疊山中첩첩산중

1급 1054 目부 총 13획
睫
속눈썹 **첩**

目睫목첩 눈과 속눈썹으로 공간적, 시간적으로 썩 가까움을 뜻함 ▶目(눈 목)
睫毛첩모 눈시울에 난 털로 속눈썹을 일컬음 ▶毛(털 모)

交睫교첩 眉睫미첩 眉睫間미첩간

2급 1220 言부 총 16획
諜
염탐할 **첩**

諜報첩보 상대방의 정보나 형편을 몰래 탐지하여 보고함 ▶報(알릴 보)
諜知첩지 적국의 내정을 염탐해서 알아냄 ▶知(알 지)

間諜간첩 防諜방첩 偵諜정첩 間諜罪간첩죄
對間諜대간첩 諜報網첩보망 諜報戰첩보전

2급 1221 貝부 총 12획
貼
붙을 **첩**

貼付첩부 발라서 붙임 또는 착 달라붙게 함 ▶付(부칠 부)
妥貼타첩 별 탈 없이 일이 순조롭게 끝남 ▶妥(온당할 타)

公貼공첩 每貼매첩 反貼반첩 粉貼분첩
成貼성첩 貼示첩시 貼藥첩약 貼用첩용

1급 1055 車부 총 14획
輒
문득 **첩**

逢人輒說봉인첩설 만나는 사람마다 붙들고 지껄이어 소문을 퍼뜨림 ▶逢(만날 봉), 人(사람 인), 說(말씀 설)

動輒得謗동첩득방 應口輒對응구첩대

2급 1222 ⺿(艸)부 총 12획
菁
우거질 **청**/부추꽃 **정**

菁莪청아 인재를 교육함 ▶莪(쑥 아)
菁華정화 깨끗하고 순수한 알짜 또는 정수가 될 만한 뛰어난 부분 ▶華(빛날 화)

蔓菁만청 菁根청근 菁煎청전 菁蒿청호
竹菁紙죽청지 菁根菹청근저 菁根菜청근채

1급 1056 魚부 총 19획
鯖
청어 **청**

鯖魚청어 고등어과의 바닷물고기 ▶魚(고기 어)

1급 1057 ⺉(刀)부 총 9획
剃
머리깎을 **체**

剃度체도 머리를 깎고 중이 됨 또는 출가하여 득도함 ▶度(법도 도)
剃髮체발 머리털을 바싹 깎음 ▶髮(터럭 발)

開剃개체 剃刀체도 剃頭체두

1급 1058 氵(水)부 총 10획
涕
눈물 **체**

感涕감체 깊이 감격하여 눈물을 흘림 ▶感(느낄 감)
泣涕읍체 소리를 내지 않고 눈물을 흘리면서 욺 ▶泣(울 읍)

鼻涕비체 掩涕엄체 流涕유체 涕淚체루
涕泗체사 涕視체시 涕泣체읍 涕泫체현

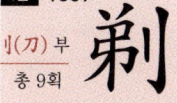

※ 다음 한자(漢字)와 뜻이 비슷한 한자는 어느 것입니까?

1 媚
① 諜 ② 諂 ③ 誣 ④ 讖 ⑤ 捷

2 涙
① 沾 ② 澈 ③ 涕 ④ 滌 ⑤ 剃

풀이

1 媚(아첨할 미)
① 諜(염탐할 첩) ② 諂(아첨할 첩) ③ 誣(무고할 무)
④ 讖(참서 참) ⑤ 捷(이길 첩)

2 涙(눈물 루)
① 沾(더할 첨) ② 澈(맑을 철) ③ 涕(눈물 체)
④ 滌(씻을 척) ⑤ 剃(머리깎을 체)

답 1. ② | 2. ③

2급 1223 糸부 총 15획 締 맺을 체

締結체결 얽어서 맴 또는 계약이나 조약 등을 맺음 ▶結(맺을 결)
取締취체 주의를 하여 단단히 다잡거나 다스림 ▶取(가질 취)

結締결체 締交체교 締盟체맹 締約체약
締姻체인 締盟國체맹국 契約締結계약체결

2급 1224 言부 총 16획 諦 살필 체/울 제

要諦요체 중요한 점 또는 중요한 깨달음 ▶要(요긴할 요)
諦念체념 도리를 깨닫는 마음 또는 아주 단념함 ▶念(생각 념)

妙諦묘체 世諦세체 俗諦속체 義諦의체
眞諦진체 諦觀체관 諦思체사 諦視체시

1급 1059 刂(刀)부 총 13획 剿 끊을 초

剿滅초멸 도둑, 악당의 물리를 무찔러 없앰 ▶滅(멸할 멸)
剿說초설 남의 학설을 훔치어 자기의 것으로 함 ▶說(말씀 설)

剿襲초습 剿除초제 剿討초토

2급 1225 口부 총 10획 哨 망볼 초

立哨입초 초계 임무를 수행하기 위하여 보초를 섬 또는 그 사람 ▶立(설 립)
哨兵초병 초소를 지키는 병사 또는 순초하는 군사 ▶兵(병사 병)

步哨보초 前哨전초 哨所초소 監視哨감시초
步哨兵보초병 步哨幕보초막 前哨戰전초전

1급 1060 忄(心)부 총 15획 憔 수척할 초

憔容초용 말라 빠진 모습 ▶容(얼굴 용)
憔悴초췌 얼굴이나 몸이 몹시 지치거나 병을 앓거나 하여 안색이 좋지 않거나 수척한 상태에 있음 ▶悴(파리할 췌)

憔衰초쇠 憔熱초열 焦憔초초
주의 焦(그을릴 초) 1, 2급

1급 1061 木부 총 11획 梢 나무끝 초/마들가리 소

末梢말초 나뭇가지의 끝 또는 사물의 말단 ▶末(끝 말)
梢工초공 배를 부리는 일을 직업으로 하는 사람 ▶工(장인 공)

枝梢지초 鐵梢철소 梢頭초두 梢勝초승
梢魚초어 末梢的말초적 末梢神經말초신경

2급 1226 木부 총 12획 椒 산초나무 초

椒蘭초란 향기가 좋은 훈향 ▶蘭(난초 란)
胡椒호초 후추나무 열매의 껍질 ▶胡(오랑캐 호)

唐椒당초 蕃椒번초 山椒산초 崖椒애초
粘椒점초 秦椒진초 芭椒파초 山椒魚산초어

2급 1227 木부 총 13획 楚 초나라 초

艱楚간초 간난과 고초 또는 고생이 심함 ▶艱(어려울 간)
楚撻초달 회초리로 종아리를 때림 ▶撻(매질할 달)

苦楚고초 翹楚교초 辛楚신초 淸楚청초
楚在초재 楚痛초통 四面楚歌사면초가

2급 1228 木부 총 16획 樵 땔나무 초

樵路초로 나무꾼들이 나무하러 다녀서 생긴 좁은 산길 ▶路(길 로)
樵牧초목 땔나무를 하고 짐승을 치는 일 ▶牧(칠 목)

薪樵신초 魚樵어초 採樵채초 樵軍초군
樵汲초급 樵奴초노 樵夫초부 樵子초자

2급 1229 火부 총 8획 炒 볶을 초

數炒수초 여러 부위의 쇠고기를 베어 내어 양념한 뒤에 볶은 음식 ▶數(셈 수)
炒黃초황 약재를 빛이 누르스름할 정도로 불에 볶음 ▶黃(누를 황)

鷄炒계초 蜜炒밀초 酒炒주초 炒麵초면
炒硏초연 炒黑초흑 土炒토초 生鮮炒생선초

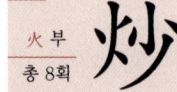

사면초가(四面楚歌)

四(넉 사), 面(낯 면), 楚(초나라 초), 歌(노래 가)

사방에서 들리는 초(楚)나라의 노래라는 뜻으로, 적에게 둘러싸인 상태 또는 누구의 도움도 받을 수 없는 고립무원(孤立無援)의 상태를 말한다. 초나라의 항우(項羽)가 한(漢)나라의 유방(劉邦)군에 패하여 해하(垓下)에서 포위되었을 때, 사방을 에워싼 한나라 군사 속에서 초나라 노랫소리가 들려오자 크게 놀라, "한나라가 이미 초나라를 점령했다는 말인가, 어째서 초나라 사람이 이토록 많은가"라고 슬퍼하였다.

《사기(史記)》 항우본기(項羽本紀)

한자 익히기

2급 1230 ⺣(火)부 총 12획
焦 그을릴 초
- 焦點초점 사물·관심·흥미가 집중되는 가장 중요한 부분 ▶點(점 점)
- 焦燥초조 애를 태워서 마음을 졸이는 모양 ▶燥(마를 조)
- 焦勞초로　焦尾초미　焦心초심　焦熱초열
- 焦土化초토화　勞心焦思노심초사

2급 1231 石부 총 12획
硝 초석 초
- 朴硝박초 초석을 한 번 구워서 만든 약재 ▶朴(성 박)
- 硝然초연 의기가 떨어져 초라하고 고적한 모양 ▶然(그러할 연)
- 芒硝망초　烟硝연초　焰硝염초　銀硝은초
- 硝藥초약　硝酸초산　硝石초석　硝子초자

2급 1232 石부 총 17획
礁 암초 초
- 暗礁암초 해면 가까이 숨어 있는 보이지 않는 바위 ▶暗(어두울 암)
- 坐礁좌초 함선이 암초에 얹힘 ▶坐(앉을 좌)
- 露礁노초　沙礁사초　礁石초석　礁標초표
- 環礁환초　珊瑚礁산호초

1급 1062 禾부 총 12획
稍 점점 초
- 稍良초량 조금 양호함 ▶良(어질 량)
- 稍饒초요 살림이 제법 포실함 ▶饒(넉넉할 요)
- 稍解초해 겨우 조금 이해함 ▶解(풀 해)
- 稍食초식　稍稍초초　八稍魚팔초어
- 稍成模樣초성모양　주의 消(사라질 소) 3급

1급 1063 艸부 총 6획
艸 풀 초
주의 草의 古字

1급 1064 ⺿(艸)부 총 9획
苕 완두/우뚝할 초
- 苕嶢초요 산 같은 것이 높은 모양 ▶嶢(높을 요)

2급 1233 ⺿(艸)부 총 16획
蕉 파초 초
- 蕉葉초엽 기둥이나 벽에 선반을 달 때 밑에 받친 세모꼴의 널조각 ▶葉(잎 엽)
- 芭蕉파초 파초과의 여러해살이풀 ▶芭(파초 파)
- 甘蕉감초　蘭蕉난초　養蕉양초　蕉葛초갈
- 紅蕉홍초　美人蕉미인초　芭蕉扇파초선

1급 1065 豸부 총 12획
貂 담비 초
- 扇貂선초 부챗자루 끝에 달아매어 늘어뜨리는 장식품 ▶扇(부채 선)
- 貂熊초웅 족제빗과의 하나인 검은 담비 ▶熊(곰 웅)
- 續貂속초　紫貂자초　貂尾초미　貂鼠초서
- 貂皮초피　黃貂황초　黑貂흑초

1급 1066 酉부 총 12획
酢 초 초/잔돌릴 작
- 魚酢어초 생선을 소금에 절여서 삭힌 것 ▶魚(고기 어)
- 鴨酢압초 집오리 고기로 담근 젓 ▶鴨(오리 압)
- 洋食酢양식초　酢漿藻초장조　合成酢합성초
- 胡麻酢호마초　주의 醋와 通用

2급 1234 酉부 총 15획
醋 식초 초/술권할 작
- 食醋식초 액체 조미료의 하나로 약간의 초산이 들어있어 신맛이 남 ▶食(밥 식)
- 醋醬초장 간장에 초를 타고 깨소금을 뿌린 양념장의 한 가지 ▶醬(장 장)
- 木醋목초　伏醋복초　醋酸초산　醋菹초저
- 醋炒초초　醋鷄湯초계탕　氷醋酸빙초산

쪽지시험

상공회의소 한자 고급 1, 2급

※ 다음 성어에서 □ 안에 들어갈 알맞은 한자는 어느 것입니까?

1　□童汲婦
① 樵　② 兒　③ 綠　④ 浚　⑤ 憔

2　□眉之急
① 焦　② 椎　③ 礁　④ 推　⑤ 俏

풀이

1 樵童汲婦(초동급부) : 땔나무를 하는 아이와 물을 긷는 아낙네라는 뜻으로, 평범한 사람을 이르는 말

2 焦眉之急(초미지급) : 눈썹에 불이 붙었다는 뜻으로, 매우 급함을 이르는 말

답 1. ① | 2. ①

2급 1235 · 酉부 · 총 19획 · **醮** 제사지낼 초	醮禮초례 혼인을 지내는 예식 ▶禮(예 례) 醮行초행 신랑이 초례를 지내려고 처가로 가는 일 ▶行(다닐 행) 再醮재초 醮石초석 醮祭초제 再醮婦재초부 醮禮廳초례청	2급 1236 · 口부 · 총 24획 · **囑** 부탁할 촉	委囑위촉 어떤 일을 다른 사람에게 부탁하여 맡김 ▶委(맡길 위) 囑望촉망 잘 되기를 바라고 기대함 또는 그런 대상 ▶望(바랄 망) 懇囑간촉 圖囑도촉 咐囑부촉 依囑의촉 咳囑주촉 請囑청촉 囑言촉언 囑託촉탁
1급 1067 · 目부 · 총 24획 · **矗** 우거질 촉	矗矗촉촉 산봉우리 따위가 높이 솟아 삐죽삐죽함 重重矗矗중중촉촉 겹겹이 높이 솟은 삐죽삐죽함 ▶重(무거울 중) 矗石樓촉석루	2급 1237 · 虫부 · 총 13획 · **蜀** 나라이름 촉	蜀葵촉규 접시꽃 ▶葵(해바라기 규) 蜀鳥촉조 소쩍새 ▶鳥(새 조) 蜀漆촉칠 조피나무의 줄기. 독성이 약간 있어 벌레를 죽이는데 쓰임 ▶漆(옻 칠) 前蜀전촉 蜀漢촉한 蜀志촉지 歸蜀道귀촉도 玉蜀黍옥촉서 蜀相時촉상시 蜀魂鳥촉혼조
1급 1068 · 忄(心)부 · 총 6획 · **忖** 헤아릴 촌	忖度촌탁 남의 마음을 미루어 헤아림 ▶度(헤아릴 탁) 忖徒典촌도전 신라의 관아 이름 ▶徒(무리 도), 典(법 전) 주의 村(마을 촌) 5급	1급 1069 · 阝(邑)부 · 총 7획 · **邨** 마을 촌	주의 村의 古字
2급 1238 · 又부 · 총 18획 · **叢** 모일 총	叢論총론 여러 가지 문장이나 논문·논설·논의 따위를 모아 놓은 글 ▶論(논할 론) 叢生총생 초목 따위가 더부룩하게 무더기로 나는 일 ▶生(날 생) 淵叢연총 葉叢엽총 人叢인총 叢記총기 叢林총림 叢書총서 叢挫총좌 叢叢총총	2급 1239 · 土부 · 총 13획 · **塚** 무덤 총	石塚석총 돌을 쌓아 올려 만든 높은 무덤 ▶石(돌 석) 荒塚황총 버려두어 거칠어진 무덤 ▶荒(거칠 황) 丘塚구총 大塚대총 義塚의총 貝塚패총 疑塚의총 塚墓총묘 無主塚무주총
2급 1240 · 宀부 · 총 19획 · **寵** 사랑할 총/현이름 룡	恩寵은총 높은 사람에게서 받는 특별한 은혜와 사랑 ▶恩(은혜 은) 寵愛총애 남달리 귀엽게 여겨 사랑함 ▶愛(사랑 애) 光寵광총 得寵득총 聖寵성총 失寵실총 尊寵존총 寵臣총신 寵兒총아 寵招총초	1급 1070 · 心부 · 총 11획 · **怱** 바쁠 총	怱急총급 총총하고 급함 ▶急(급할 급) 怱忙총망 몹시 급하고 바쁨 ▶忙(바쁠 망) 怱遽총거 怱劇총극 怱忙之間총망지간 주의 恩(은혜 은) 5급

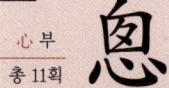

추기경(樞機卿)

樞(지도리 추), 機(틀 기), 卿(벼슬 경)

가톨릭교회에서 교황을 보좌하는 최측근 협력자이며 최고위의 성직자이다. 추기경단은 대개 주교급, 사제급 추기경들로 구성되며 교황을 의장으로 하는 추기원회의를 구성한다. 교황청의 각 성성(聖省), 관청의 장관 등의 요직을 맡아보며, 교황선거권을 행사하는데 교황은 추기경 중에서 선출되는 것이 관례이다. 새 추기경의 임명은 교황의 자유롭고 고유한 권한에 속하며 미리 다른 추기경들의 자문이나 동의를 받을 필요도 없다.

한자 익히기

1급 1071	忄(心)부 총 14획	**悤** 바쁠 **총**	悤悾총공 바쁘게 돌아다님 ▶悾(상심할 공) 悾悤공총

2급 1241	扌(手)부 총 14획	**摠** 모두 **총**	百摠백총 조선시대 때 정3품 벼슬의 하나 ▶百(일백 백) 摠監총감 대한 제국 때 교육부의 으뜸 벼슬 ▶監(볼 감) 軍摠군총 摠管총관 摠裁총재 把摠파총 [주의] 總과 同字

1급 1072	++(艸)부 총 15획	**蔥** 파 **총**/짐수레 **창**	靑蔥청총 가을에 난 것을 겨울 동안 덮어 두었다가 초봄에 캔 파 ▶靑(푸를 청) 蔥根총근 파의 흰 뿌리 또는 미인의 흰 손가락을 비유하는 말 ▶根(뿌리 근) 細蔥세총 慈蔥자총 蔥蒜총산 蔥菹총저 蔥笛총적 蔥菜총채 蔥湯총탕 蔥花총화

2급 1242	扌(手)부 총 15획	**撮** 취할 **촬**	撮影촬영 형상을 사진이나 영화로 찍음 ▶影(그림자 영) 撮要촬요 요점을 골라 취함 ▶要(요긴할 요) 撮土촬토 한 줌의 흙 ▶土(흙 토) 撮爾촬이 撮影家촬영가 撮影機촬영기 撮影所촬영소 救荒撮要구황촬요

2급 1243	山부 총 11획	**崔** 성/높을 **최**	崔嵬최외 산이 오뚝하게 높고 험함 또는 집이나 정자가 크고 높음 ▶嵬(높을 외) 崔崔최최 산이 우뚝하게 섬 ▶崔(높을 최) 崔成大최성대 崔致遠최치원

1급 1073	土부 총 15획	**墜** 떨어질 **추**	擊墜격추 적의 비행기를 쏘아 떨어뜨림 ▶擊(칠 격) 墜落추락 높은 곳에서 떨어짐 ▶落(떨어질 락) 傾墜경추 崩墜붕추 失墜실추 顚墜전추 墜體추체 墜落死추락사 墜落傷추락상

2급 1244	木부 총 12획	**椎** 등뼈 **추**	假椎가추 척추의 끝을 형성하는 것으로 척추와 꽁무니뼈를 말함 ▶假(거짓 가) 脊椎척추 척추를 이루는 낱낱의 뼈 ▶脊(등성마루 척) 頸椎경추 尾椎미추 椎骨추골 胸椎흉추 脊椎炎척추염 脊椎動物척추동물

2급 1245	木부 총 13획	**楸** 가래 **추**	松楸송추 산소 둘레에 심는 나무를 통틀어 일컬음 ▶松(소나무 송) 楸行추행 조상의 산소에 성묘하러 감 ▶行(다닐 행) 省楸성추 楸木추목 楸子추자 楸住추주 楸板추판 楸皮추피 楸下추하 楸鄕추향

2급 1246	木부 총 15획	**樞** 지도리 **추**/나무이름 **우**	中樞중추 사물의 중심이 되는 중요한 부분이나 자리 ▶中(가운데 중) 樞奧추오 사물의 가장 중심이 되며 비밀스러운 곳 ▶奧(속 오) 極樞극추 門樞문추 要樞요추 樞路추로 樞軸추축 樞機卿추기경 中樞神經중추신경

1급 1074	氵(水)부 총 12획	**湫** 다할 **추**/낮을 **초**	淑湫숙추 쓸쓸함 ▶淑(맑을 숙) 龍湫용추 폭포수가 떨어지는 바로 밑에 있는 깊은 웅덩이 ▶龍(용 용)

쪽지시험

※ 다음 음(音)을 가진 한자는 어느 것입니까?

1 [총]
① 囑 ② 矗 ③ 邨 ④ 叢 ⑤ 邮

2 [촬]
① 崔 ② 撮 ③ 悤 ④ 墜 ⑤ 紮

풀이
1 ①촉 ②촉 ③촌 ④총 ⑤촌
2 ①최 ②촬 ③총 ④추 ⑤찰

답 1. ④ | 2. ②

급	번호	한자	훈음	용례
1급	1075	皺 (皮부, 총 15획) 주름 추	皺面추면 주름살이 잡힌 얼굴 ▶面(낯 면) 皺眉추미 눈썹을 찡그림 또는 그 눈썹 ▶眉(눈썹 미)	皺紋추문 皺胃추위 重皺胃중추위
2급	1247	芻 (艸부, 총 10획) 꼴 추	騎芻기추 말을 타고 달리며 활을 쏨 ▶騎(말탈 기) 芻狗추구 쓸데없이 되어 버린 물건의 비유 ▶狗(개 구)	反芻반추 芻靈추령 芻言추언 芻議추의 反芻症반추증 反芻動物반추동물
1급	1076	萩 (艹(艸)부, 총 13획) 사철쑥 추	萩艾추애 쑥 ▶艾(쑥 애)	
1급	1077	諏 (言부, 총 15획) 꾀할 추	諮諏자추 임금이 신하나 백성에게 물음 ▶諮(물을 자) 諏吉추길 길일을 택함 ▶吉(길할 길)	
2급	1248	趨 (走부, 총 17획) 달아날 추/재촉할 촉	歸趨귀추 사람의 마음이나 사물의 돌아가는 형편 ▶歸(돌아갈 귀) 趨勢추세 어떤 현상이 일정한 방향으로 움직여 나가는 힘 ▶勢(형세 세)	拜趨배추 趨利추리 趨步추보 趨席추석 趨時추시 趨迎추영 趨走추주 趨進추진
2급	1249	鄒 (阝(阜)부, 총 13획) 추나라 추	鄒魯추로 공자는 노나라의 사람이고 맹자는 추나라의 사람이라는 뜻으로 공맹을 가리켜 이르는 말 ▶魯(노나라 로)	古鄒加고추가 味鄒王미추왕 彌鄒忽미추홀
2급	1250	酋 (酉부, 총 9획) 두목 추	巨酋거추 거물이라 할 만한 추장 ▶巨(클 거) 酋長추장 만족들이 사는 마을의 우두머리 ▶長(어른 장)	群酋군추 酋領추령 酋矛추모 酋帥추수
2급	1251	錐 (金부, 총 16획) 송곳 추	光錐광추 한 광원으로부터 어떤 면 위로 모여 가는 빛의 속성 ▶光(빛 광) 刀錐도추 칼과 송곳 또는 작은 이익 ▶刀(칼 도)	角錐각추 毛錐모추 方錐방추 試錐시추 圓錐원추 錐面추면 囊中之錐낭중지추
2급	1252	錘 (金부, 총 16획) 저울 추/드리울 수	錘鐘추종 추가 달린 괘종 ▶鐘(쇠북 종) 秤錘칭추 저울대 한 쪽에 걸거나 저울판에 올려놓는 일정한 무게의 쇠 ▶秤(저울 칭)	紡錘방추 扇錘선추 鉛錘연추 休錘휴추 紡錘形방추형 時計錘시계추 平衡錘평형추
1급	1078	鎚 (金부, 총 18획) 쇠망치 추/옥다듬을 퇴	鐵鎚철추 쇠몽둥이 ▶鐵(쇠 철)	空氣鎚공기추

반추동물(反芻動物)

反(돌이킬 반), 芻(꼴 추), 動(움직일 동), 物(물건 물)

한 번 삼킨 먹이를 다시 게워 내어 씹는 특성을 가지고 있어 되새김 동물이라고도 한다. 이것은 여러 개로 나누어진 위인 반추위가 있기 때문에 가능하다. 반추위는 먹은 음식물을 넣어두는 큰 첫째 위(혹위), 벌집과 같은 모양의 벽이 있는 둘째 위(벌집위), 점막이 주름 모양으로 된 셋째 위(겹주름위), 위선(胃腺)이 분포된 넷째 위(주름위) 등의 4개의 방으로 구성되어 있다. 기린, 사슴, 소, 양, 낙타 등의 동물이 이에 속한다.

한자 익히기

1급 1079 雛 (佳부, 총 18획) 병아리 추
- 鳳雛봉추: 봉황의 새끼 또는 아직 세상에 드러나지 않은 영웅을 비유 ▶鳳(새 봉)
- 雛兒추아: 병아리 같은 아이라는 뜻으로 풋내기를 이르는 말 ▶兒(아이 아)
- 鷄雛계추 奴雛노추 燕雛연추 育雛육추 雛僧추승 雛鶯추앵 臥龍鳳雛와룡봉추

1급 1080 騶 (馬부, 총 20획) 말먹이는사람 추
- 騶從추종: 윗사람을 따라다니는 종 ▶從(좇을 종)
- 騶僕추복 騶虞추우

1급 1081 鰍 (魚부, 총 20획) 미꾸라지 추
- 鰍魚추어: 미꾸라지 ▶魚(고기 어)
- 孼鰍湯얼추탕: 맨 밀가루 국에 여러 가지 양념을 넣고 미꾸라지는 넣지 않고 끓인 추탕 ▶孼(그루터기 얼), 湯(끓을 탕)
- 鰍魚湯추어탕

2급 1253 竺 (竹부, 총 8획) 대나무 축/두터울 독
- 天竺천축: 인도의 옛 이름 ▶天(하늘 천)
- 竺經축경: 불교의 교리를 밝혀 놓은 전적을 통틀어 이르는 말 ▶經(글 경)
- 竺學축학: 불교의 학문 ▶學(배울 학)
- 入竺입축 南天竺남천축 五天竺오천축 中天竺중천축 天竺桂천축계 竺法蘭축법란

1급 1082 筑 (竹부, 총 12획) 악기이름 축
- 擊筑격축: 비파를 침 ▶擊(칠 격)
- 주의 築과 通用

1급 1083 蹙 (足부, 총 18획) 닥칠 축/줄어들 척
- 嚬蹙빈축: 눈살을 찌푸리고 얼굴을 찡그리는 것 또는 남들로부터 받는 비난 ▶嚬(찡그릴 빈)
- 蹙迫축박: 좁혀짐 또는 절박함 ▶迫(닥칠 박)
- 窮蹙궁축 悚蹙송축 蹙眉축미 惶蹙황축

2급 1254 蹴 (足부, 총 19획) 찰 축
- 一蹴일축: 한 번 참 또는 상대방의 의견, 요구 등을 단번에 거절함 ▶一(한 일)
- 始蹴시축: 축구 경기가 시작할 때 시축표의 공을 맨 처음 차는 일 ▶始(처음 시)
- 先蹴선축 蹴球축구 蹴踏축답 蹴殺축살 始蹴標시축표 蹴球團축구단 蹴球場축구장

2급 1255 軸 (車부, 총 12획) 굴대 축
- 主軸주축: 몇 개의 축을 가진 물체의 축 중에서 가장 주가 되는 축 ▶主(주인 주)
- 車軸차축: 두 개의 바퀴를 연결하는 수레바퀴의 굴대 ▶車(수레 차)
- 車軸거축 詩軸시축 長軸장축 縱軸종축 地軸지축 回轉軸회전축 天方地軸천방지축

2급 1256 椿 (木부, 총 13획) 참죽나무 춘
- 椿事춘사: 뜻밖에 생기는 불행한 일 ▶事(일 사)
- 椿萱춘훤: 춘당과 훤당으로 남을 높이어 그의 부모를 이르는 말 ▶萱(원추리 훤)
- 椿堂춘당 椿府춘부 椿壽춘수 椿庭춘정 香椿향춘 椿府丈춘부장

1급 1084 瑃 (王(玉)부, 총 13획) 옥이름 춘
- 瑃玉춘옥: 옥의 한 종류 ▶玉(구슬 옥)

쪽지시험

※ 다음 한자어(漢字語)와 발음(發音)이 같은 한자어는 어느 것입니까?

1. 推理
   ① 琉璃 ② 料理 ③ 趨利 ④ 草履 ⑤ 條理

2. 牝畜
   ① 牧場 ② 牧師 ③ 備蓄 ④ 嚬蹙 ⑤ 反芻

풀이

1 추리
① 유리 ② 요리 ③ 추리 ④ 초리 ⑤ 조리

2 빈축
① 목장 ② 목사 ③ 비축 ④ 빈축 ⑤ 반추

답 1. ③ | 2. ④

2급 1257 木부 총 5획 朮 차조 출	蓬朮봉출 봉술의 뿌리줄기로 성질이 따뜻하여 어혈에 쓰임 ▶蓬(쑥 봉) 蒼朮창출 당삽주의 뿌리를 한방에서 이르는 말 ▶蒼(푸를 창) 白朮백출 莪朮아출 赤朮적출 蒼白朮창백출 白朮散백출산 白朮酒백출주 주의 求(구할 구) 5급	2급 1258 黑부 총 17획 黜 물리칠 출	放黜방출 쫓아 치워 버림 ▶放(놓을 방) 黜責출책 내쫓고 책임을 물음 ▶責(꾸짖을 책) 黜他출타 다른 곳으로 내쫓음 ▶他(다를 타) 見黜견출 黜去출거 黜罰출벌 黜婦출부 黜陟출척 黜學출학 黜禍출화 黜會출회
2급 1259 氵(水)부 총 7획 沖 화할 충	相沖상충 어울리지 않고 서로 마주침 ▶相(서로 상) 沖靜충정 마음이 편안하고 고요함 ▶靜(고요할 정) 沖年충년 沖澹충담 沖寂충적 沖破충파 沖和충화 沖積物충적물 慎氣沖天분기충천	2급 1260 衣부 총 10획 衷 속마음 충	折衷절충 어느 편으로 치우치지 않고 취사하여 알맞은 것을 얻음 ▶折(꺾을 절) 衷心충심 속에서 진정으로 우러나는 마음 ▶心(마음 심) 苦衷고충 深衷심충 淵衷연충 意衷의충 衷懇충간 衷誠충성 衷情충정 和衷화충
1급 1085 忄(心)부 총 11획 悴 파리할 췌	傷悴상췌 마음이 상해서 얼굴이나 몸이 축남 ▶傷(다칠 상) 盡悴진췌 몸과 마음이 지쳐 쓰러질 정도로 열심히 힘을 다함 ▶盡(다할 진) 老悴노췌 營悴영췌 憔悴초췌 悴顔췌안 悴容췌용	1급 1086 月(肉)부 총 16획 膵 췌장 췌	膵頭췌두 췌장의 오른쪽 끝을 이루는 부분 ▶頭(머리 두) 膵臟췌장 위 및 간장 부근 복막에 있는 암황색의 기관 ▶臟(오장 장) 膵管췌관 膵尾췌미 膵癌췌암 膵液췌액 膵臟炎췌장염
1급 1087 艹(艸)부 총 12획 萃 모을 췌	拔萃발췌 글 가운데서 요점을 뽑음 ▶拔(뺄 발) 萃卦췌괘 육십사괘의 하나로 태괘와 곤괘가 겹쳐진 괘 ▶卦(점괘 괘) 出萃출췌 拔萃文발췌문 拔萃案발췌안 拔萃抄錄발췌초록 주의 卒(마칠 졸) 5급	1급 1088 貝부 총 18획 贅 혹 췌	贅客췌객 사위를 그의 처가에 상대하여 이르는 말 ▶客(손 객) 贅居췌거 처가에 덧붙여 삶 ▶居(살 거) 贅壻췌서 데릴사위 ▶壻(사위 서) 瘤贅유췌 贅句췌구 贅談췌담 贅論췌론 贅文췌문 贅語췌어 贅肉췌육 贅行췌행
1급 1089 口부 총 15획 嘴 부리 취	毒嘴독취 악독한 말을 옮기는 주둥이 ▶毒(독 독) 砂嘴사취 바다 가운데로 길게 뻗어 나간 독 모양의 모래톱 ▶砂(모래 사) 崎嘴기취 銅嘴동취 揷嘴삽취 銳嘴예취 乳嘴유취 地嘴지취 針嘴魚침취어	2급 1261 女부 총 11획 娶 장가들 취	嫁娶가취 장가들고 시집가는 일 ▶嫁(시집갈 가) 班娶반취 술이 반쯤만 취함 또는 양반의 집 딸과 혼인하는 일 ▶班(나눌 반) 旣娶기취 未娶미취 再娶재취 初娶초취 娶禮취례 娶妻취처 婚娶혼취 後娶후취

충적세(沖積世)

沖(화할 충), 積(쌓을 적), 世(인간 세)

지질시대의 신생대 제4기 최후의 시대로 홀로세, 전신세, 완신세 또는 현세라고도 한다. 홍적세(洪積世)의 대빙하가 녹은 다음의 후빙하 시대를 말하며, 약 1만 년 전부터 현대까지에 해당한다. 충적세에 들어와서 기후는 더욱 더워졌으며 그에 따라 융빙(融氷) 때문에 해면이 상승했다. 충적세 중기가 해면 상승의 극한이었으며, 그 이후에는 기후가 냉량하고 해면도 하강했다. 충적세는 인류의 역사에서 매우 중요한 시기로, 인류는 충적세 초기에 농경을 시작했다.

한자 익히기

1급 1090 炊 (火부, 총 8획) 불땔 취
- 炊事취사 불을 사용하여 음식을 만드는 일 ▶事(일 사)
- 炊湯취탕 밥을 지은 솥에서 밥을 푼 뒤에 물을 붓고 데운 물 ▶湯(끓일 탕)

自炊자취 炊飯취반 炊婦취부 炊煙취연
自炊生活자취생생 炊事兵취사병 炊事場취사장

2급 1262 翠 (羽부, 총 14획) 비취색 취
- 翡翠비취 보석으로 쓰이는 짙은 초록색의 경옥 ▶翡(물총새 비)
- 翠苔취태 푸른 이끼 또는 푸른 산을 이르는 말 ▶苔(이끼 태)

空翠공취 松翠송취 野翠야취 玉翠옥취
翠空취공 翠髮취발 翠色취색 翠帳취장

2급 1263 聚 (耳부, 총 14획) 모을 취
- 鳩聚구취 어떤 것을 구하여 일정한 곳에 모음 ▶鳩(비둘기 구)
- 聚合취합 모여서 합침 또는 한데 모아 합침 ▶合(합할 합)

積聚적취 群聚군취 都聚도취 生聚생취
完聚완취 聚軍취군 聚落취락 凝聚力응취력

1급 1091 脆 (月(肉)부, 총 10획) 무를/연할 취
- 脆怯취겁 약해서 쓰일 데가 없는 것 ▶怯(겁낼 겁)
- 脆弱취약 무르고 약함 또는 가냘픔 ▶弱(약할 약)

軟脆연취 柔脆유취 脆軟취연 脆弱性취약성

1급 1092 驟 (馬부, 총 24획) 달릴 취
- 驟雨취우 갑자기 세차게 쏟아지다가 곧 그치는 비 ▶雨(비 우)
- 驟進취진 직위가 급작스럽게 뛰어오름 ▶進(나아갈 진)

步驟보취 驟起취기 驟凉취량 驟步취보
驟暑취서 驟集취집

2급 1264 鷲 (鳥부, 총 23획) 수리 취
- 鷲瓦취와 전통 건물의 용마루 양쪽 끝머리에 얹는 장식 기와 ▶瓦(기와 와)
- 鷲座취좌 독수리자리 ▶座(자리 좌)

禿鷲독취 鷲頭취두 鷲峯취봉 鷲鷹類취응류

2급 1265 仄 (人부, 총 4획) 기울 측
- 傾仄경측 한쪽으로 기울어져 있음 또는 한쪽으로 쏠림 ▶傾(기울 경)
- 仄聞측문 얼핏 풍문에 들음 또는 남의 말을 잠깐 들음 ▶聞(들을 문)

仄起측기 仄聲측성 仄韻측운 仄日측일
仄字측자 仄行측행 平仄평측

1급 1093 厠 (厂부, 총 11획) 뒷간 측
- 如厠여측 뒷간에 감 ▶如(같을 여)

주의 側(곁 측) 3급

1급 1094 惻 (忄(心)부, 총 12획) 슬퍼할 측
- 惻然측연 남을 가엾게 또는 측은하게 여기는 모양 ▶然(그러할 연)
- 惻隱측은 딱하고 가엾게 여김 ▶隱(숨을 은)

懇惻간측 矜惻긍측 惻憫측민 惻心측심
惻切측절 惻隱之心측은지심

주의 測(헤아릴 측) 3급

2급 1266 侈 (亻(人)부, 총 8획) 사치할 치
- 奢侈사치 필요 이상으로 돈이나 물건을 씀 ▶奢(사치할 사)
- 侈濫치람 사치한 것이 분수에 넘쳐 지나침 ▶濫(넘칠 람)

極侈극치 外侈외치 侈件치건 侈麗치려
侈習치습 侈傲치오 豪侈호치 奢侈品사치품

쪽지시험

상공회의소 한자 고급 1, 2급

※ 다음 한자(漢字)와 음(音)이 같은 한자는 어느 것입니까?

1. | 贅 |
① 尤 ② 黜 ③ 沖 ④ 悴 ⑤ 凄

2. | 仄 |
① 厓 ② 厠 ③ 厚 ④ 雁 ⑤ 因

풀이
1 贅(혹 췌)
① 출 ② 출 ③ 충 ④ 췌 ⑤ 처
2 仄(기울 측)
① 애 ② 측 ③ 후 ④ 안 ⑤ 인

답 1. ④ | 2. ②

1급 1095 嗤 口부 총 13획 — 비웃을 치
- 嗤笑치소 빈정거리며 웃음 ▶笑(웃음 소)
- 嗤點치점 비웃어서 손가락질 함 또는 손가락질하며 비웃음 ▶點(점 점)

2급 1267 峙 山부 총 9획 — 언덕 치
- 對峙대치 서로 마주 대하여 버팀 ▶對(대할 대)
- 峙立치립 산이 높이 솟아서 우뚝 섬 ▶立(설 립)
- 京峙경치 高峙고치 棋峙기치 鳳峙봉치
- 甇峙용치 積峙적치 鼎峙정치

1급 1096 幟 巾부 총 15획 — 기 치
- 旗幟기치 어떤 목적을 위하여 내세우는 태도나 주장 ▶旗(깃발 기)
- 標幟표치 표시나 특징으로 어떤 사물을 다른 것과 구별하게 함 ▶標(표할 표)
- 白幟백치 鯉幟이치 赤幟적치
- 주의 職(벼슬 직) 3급

1급 1097 梔 木부 총 11획 — 치자나무 치
- 梔子치자 치자나무의 열매로 이뇨제나 물감으로 쓰임 ▶子(아들 자)
- 梔蠟치랍 실속이 없이 겉만을 꾸밈을 이르는 말 ▶蠟(밀 랍)
- 山梔산치 山梔子산치자 梔子色치자색
- 梔子花치자화

1급 1098 淄 氵(水)부 총 11획 — 검은빛 치
- 淄蠹치두 빛이 검어지고 좀 먹음
- 淄澠치면 辨味淄澠변미치면 臨淄임치

1급 1099 熾 火부 총 16획 — 성할 치
- 熾烈치열 세력이 불길같이 맹렬함 ▶烈(매울 렬)
- 熾憤치분 대단히 격분함 또는 몹시 화냄 ▶憤(분할 분)
- 大熾대치 熾熱치열

1급 1100 痔 疒부 총 11획 — 치질 치
- 脈痔맥치 항문 속에 좁쌀 같은 것이 돋고 피가 흐르는 병 ▶脈(줄기 맥)
- 痔糧치량 양식을 쌓아 저축하여 둠 ▶糧(양식 량)
- 鼻痔비치 外痔외치 腸痔장치 酒痔주치
- 痔瘻치루 痔疾치질 痔核치핵 痔血치혈

2급 1268 痴 疒부 총 13획 — 어리석을 치
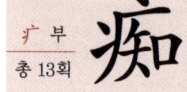
- 狂痴광치 미친 사람과 백치 또는 미치고 어리석음 ▶狂(미칠 광)
- 白痴백치 뇌에 장애나 질환이 있어 지능이 아주 낮은 상태 ▶白(흰 백)
- 情痴정치 天痴천치 痴鳥취조
- 痴人說夢치인설몽 주의 癡의 俗字

2급 1269 癡 疒부 총 19획 — 어리석을 치
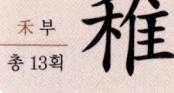
- 癡人치인 어리석고 못생긴 사람 ▶人(사람 인)
- 癡情치정 남녀 간의 사랑에 있어서 생기는 온갖 어지러운 정 ▶情(뜻 정)
- 音癡음치 癡骨치골 癡心치심 癡言치언
- 癡者치자 癡漢치한 癡行치행 癡話치화

2급 1270 稚 禾부 총 13획 — 어릴 치
- 幼稚유치 사람의 생각이나 행위, 결과물이 격에 맞지 않을 만큼 수준이 낮아 얕볼 만한 상태 ▶幼(어릴 유)
- 稚拙치졸 유치하고 졸렬함 ▶拙(졸할 졸)
- 雄稚웅치 稚氣치기 稚木치목 稚樹치수
- 稚心치심 稚兒치아 稚子치자 幼稚園유치원

치인설몽(痴人說夢)

痴(어리석을 치), 人(사람 인), 說(말씀 설), 夢(꿈 몽)

당나라 때의 고승인 승가(僧伽)에게 어떤 사람이 "성이 무엇인가[何姓]?"라고 묻자, "성은 하씨다[姓何]."라고 대답했다. 또 "어느 나라 사람인가[何國人]?"라고 묻자, "하국 사람이다[何國人]."라고 대답했다. 뒤에 승가가 죽은 뒤 이옹(李邕)은 그의 비문에 '대사의 성은 하씨이고, 하나라 사람이다.'라고 썼다. 승가의 농담을 진실로 받아들인 것이다. 석혜홍은 이에 대해 "이는 어리석은 사람에게 꿈을 이야기한 것이다. 이옹은 결국 꿈을 참인 줄 믿고 말았으니 참으로 어리석은 사람이 아닐 수 없다."라고 《냉재야화(冷齋夜話)》에 썼다.

한자 익히기

| 2급 1271 禾부 총 17획 **稚** 어릴 치 | 稚魚치어 어린 물고기 새끼 ▶魚(고기 어)
稚子치자 여남은 살 안팎되는 어린아이 ▶子(아들 자)
童稚동치 稚魚池치어지
주의 稚와 同字 | 1급 1101 糸부 총 14획 **緇** 검은비단 치 | 緇衣치의 중이 입는 검은 물을 들인 옷 ▶衣(옷 의)
緇塵치진 지저분한 티끌 또는 세속의 더러운 때 ▶塵(티끌 진)
緇侶치려 緇徒치도 緇類치류 緇門치문
緇素치소 緇布치포 |

| 2급 1272 糸부 총 16획 **緻** 빽빽할/이를 치 | 細緻세치 세세하고 면밀함 ▶細(가늘 세)
精緻정치 정교하고 치밀함 ▶精(정할 정)
緻密치밀 자세하고 꼼꼼함 또는 썩 곱고 빽빽함 ▶密(빽빽할 밀)
堅緻견치 工緻공치 巧緻교치 | 1급 1102 虫부 총 10획 **蚩** 어리석을 치 | 妍蚩연치 아름다움과 추함 또는 미인과 추녀를 아울러 이르는 말 ▶妍(고울 연)
蚩尤치우 중국 전설상의 인물 ▶尤(더욱 우) |

| 1급 1103 車부 총 15획 **輜** 짐수레 치 | 輜重치중 말이나 수레 따위에 실은 짐 또는 군대의 여러 가지 군수 물품 ▶重(무거울 중)
輜車치차 輜重隊치중대 輜重兵치중병 | 2급 1273 隹부 총 13획 **雉** 꿩 치 | 乾雉건치 말린 꿩의 고기 ▶乾(마를 건)
雉堞치첩 성 위에 낮게 쌓은 담으로 몸을 숨겨 적을 감시, 공격할 때 씀 ▶堞(성가퀴 첩)
白雉백치 生雉생치 歲雉세치 雄雉웅치
春雉춘치 雉鷄치계 雉城치성 雉岳山치악산 |

| 2급 1274 馬부 총 13획 **馳** 달릴 치 | 電馳전치 번개처럼 몹시 빨리 달림 ▶電(번개 전)
馳辯치변 말을 교묘히 잘 돌려댐 또는 말을 잘함 ▶辯(말씀 변)
背馳배치 奔馳분치 相馳상치 馳獵치렵
馳報치보 馳心치심 馳走치주 馳逐치축 | 2급 1275 力부 총 9획 **勅** 조서 칙 | 奉勅봉칙 칙령을 받음 ▶奉(받들 봉)
勅書칙서 임금이 어느 특정인에게 권계의 뜻이나 알 일을 적은 문서 ▶書(글 서)
聖勅성칙 遺勅유칙 勅令칙령 勅命칙명
勅問칙문 勅使칙사 勅旨칙지 勅筆칙필 |

| 1급 1104 食부 총 13획 **飭** 신칙할 칙 | 謹飭근칙 몸가짐을 삼가고 스스로 조심함 ▶謹(삼갈 근)
雅飭아칙 성품이 단아하고 조심스러움 ▶雅(맑을 아)
戒飭계칙 校飭교칙 禁飭금칙 修飭수칙
申飭신칙 嚴飭엄칙 指飭지칙 訓飭훈칙 | 1급 1105 木부 총 9획 **柒** 일곱 칠 | 北柒북칠 돌에 글자를 새길 때 글씨가 적힌 종이의 글자 자국이 돌에 남도록 하는 일 ▶北(북녘 북)
居柒夫거칠부
주의 七과 通字 |

쪽지시험

※ 다음 성어에서 □ 안에 들어갈 알맞은 한자는 어느 것입니까?

1. 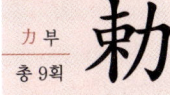 □人說夢

① 痴　② 疵　③ 疫　④ 症　⑤ 緻

2. 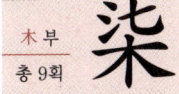 春□自鳴

① 雀　② 隻　③ 雌　④ 雉　⑤ 鴨

풀이

1 痴人說夢(치인설몽) : 어리석은 사람이 꿈 이야기를 한다는 뜻으로, 허황된 말을 지껄임을 이르는 말

2 春雉自鳴(춘치자명) : 봄철의 꿩이 스스로 운다는 뜻으로, 시키거나 요구하지 아니하여도 자기 스스로 함을 이르는 말

답 1. ① | 2. ④

1급 1106	琛	成守琛성수침 조선시대 13대 명종 때의 학자 ▶成(이룰 성), 守(지킬 수)
王(玉) 부 총 12획	보배 침	

1급 1107	砧	搗砧도침 피륙이나 종이 따위를 다듬잇돌에 다듬어서 반드럽게 하는 일 ▶搗(찧을 도)
石 부 총 10획	다듬잇돌 침	砧聲침성 다듬이하는 소리 ▶聲(소리 성)

鐵砧철침　砧石침석　砧骨침골　砧杵침저
搗砧匠도침장　砧基簿침기부

2급 1276	鍼	鍼灸침구 한방에서 침질과 뜸질을 아울러 이르는 말 ▶灸(뜸 구)
金 부 총 17획	침 침	鍼術침술 침을 놓아 병을 다스리는 의술 ▶術(재주 술)

大鍼대침　毒鍼독침　受鍼수침　施鍼시침
竹鍼죽침　鍼工침공　鍼治침치

1급 1108	蟄	屈蟄굴칩 때를 못 만나 드날리지 못하고 집에 틀어박혀 있음 ▶屈(굴 굴)
虫 부 총 17획	숨을 칩	蟄居칩거 나가서 활동하지 않고 집에 틀어박혀 있음 ▶居(살 거)

啓蟄계칩　鬱蟄울칩　蟄龍칩룡　蟄伏칩복
蟄獸칩수　蟄蟲칩충　廢蟄폐칩　寒蟄한칩

2급 1277	秤	天秤천칭 저울의 한 가지로 가운데에 세운 줏대의 양 끝에 저울판이 달려 있음 ▶天(하늘 천)
禾 부 총 10획	저울 칭	秤錘칭추 저울추 ▶錘(저울 추)

高秤고칭　大秤대칭　浮秤부칭　分秤분칭
小秤소칭　秤板칭판　天平秤천평칭

1급 1109	咤	叱咤질타 성내어 크게 꾸짖는 것 ▶叱(꾸짖을 질)
口 부 총 9획	꾸짖을 타	

叱咤激勵질타격려

2급 1278	唾	唾液타액 입속의 침샘에서 분비되는 무색의 끈기있는 소화액 ▶液(진 액)
口 부 총 11획	침 타	唾棄타기 침을 뱉을 곳, 아주 업신여기어 돌아보지도 아니함 ▶棄(버릴 기)

痰唾담타　憎唾증타　唾具타구　唾面타면
唾線타선　唾手타수　唾血타혈　咳唾해타

2급 1279	惰	惰性타성 사람의 말이나 행동에 굳어져 있는 좋지 않은 버릇 ▶性(성품 성)
忄(心) 부 총 12획	게으를 타	懈惰해타 일을 하기 싫어하여 일을 자꾸 미루거나 제대로 하지 않음 ▶懈(게으를 해)

放惰방타　遊惰유타　惰氣타기　惰農타농
惰力타력　惰眠타면　惰容타용　惰行타행

1급 1110	拖	拖過타과 기한을 끌어 나감 ▶過(지날 과)
扌(手) 부 총 8획	끌 타	拖鉤타구 줄다리기 ▶鉤(갈고리 구)
		延拖연타 일을 끌어 미루어 나감 ▶延(늘일 연)

拖去타거　拖白타백　拖帶타대

1급 1111	朶	萬朶만타 수많은 꽃송이 또는 온갖 초목의 가지 ▶萬(일만 만)
木 부 총 6획	늘어질 타	雙朶쌍타 나뭇가지 따위의 두 가지 ▶雙(쌍 쌍)

耳朶이타　一朶일타　花朶화타　白雲朶백운타
銀骨朶은골타　紅雲朶홍운타

한자별곡

아미타불(阿彌陀佛)

阿(언덕 아), 彌(미륵 미), 陀(비탈질 타), 佛(부처 불)

대승불교(大乘佛敎)에서 서방 극락정토에 있다고 하는 부처로, 무량불(無量佛) 또는 무량광불(無量光佛)이라고도 하며, 아미타불의 신앙을 중심으로 하여 성립된 것이 정토교(淨土敎)이다. 아미타불은 과거에 법장(法藏)이라는 구도자(보살)였는데, 깨달음을 얻어 중생을 제도(濟度)하겠다는 대원(大願)을 품고 오랫동안 수행한 결과 그 원을 성취하여 지금부터 10겁(劫) 전에 부처가 되어 현재 극락세계에 머물고 있다는 것이다.

한자 익히기

1급 1112 木부 총 13획 椿
길고둥글 **타**

椿球타구 길둥근 모양의 공 ▶球(공 구)
椿圓타원 평면 위에서 두 정점 사이의 거리의 합이 언제나 일정하게 되는 점의 자취 ▶圓(둥글 원)
椿率타율 椿圓形타원형

2급 1280 舟부 총 11획 舵
키 **타**

操舵조타 배의 키를 조종함 ▶操(잡을 조)
舵輪타륜 손잡이가 달린 바퀴 모양의 장치 ▶輪(바퀴 륜)
舵器타기 舵柄타병 舵柱타주 橫舵횡타
轉舵角전타각 操舵手조타수 方向舵방향타

2급 1281 阝(阜)부 총 8획 陀
비탈질 **타**

頭陀두타 번뇌와 의식주에 대한 탐욕을 버리고 깨끗하게 불도를 닦는 수행 ▶頭(머리 두)
佛陀불타 부처의 원말 ▶佛(부처 불)
伽陀가타 盤陀반타 彌陀懺미타참
仙陀客선타객 阿彌陀佛아미타불

1급 1113 馬부 총 13획 駄
실을 **타/태**

駄物타물 품질이 좋지 아니한 물품 또는 보잘것없는 물품 ▶物(물건 물)
駄餉타향 여행 중의 식량 ▶餉(건량 향)

駄酒타주 駄荷타하

2급 1282 馬부 총 15획 駝
낙타 **타**

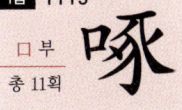

駱駝낙타 포유류 낙타과 낙타속의 짐승의 총칭 ▶駱(낙타 락)
駝鳥타조 타조과에 달린 새로 현생의 조류중 가장 키가 큼 ▶鳥(새 조)
駝酪타락 駝背타배 駝峰타봉
單峯駱駝단봉낙타 雙峯駱駝쌍봉낙타

1급 1114 亻(人)부 총 10획 倬
클 **탁**

曹倬조탁 조선시대 15대 광해군 때의 문신 ▶曹(성 조)

1급 1115 口부 총 11획 啄
쫄 **탁**/부리 **주**

剝啄박탁 문을 열라고 문을 똑똑 두드림 또는 새가 나무를 쫌 ▶剝(벗길 박)
啄木鳥탁목조 딱다구릿과의 새를 통틀어 이르는 말 ▶木(큰 대), 鳥(새 조)
啄木탁목 啄食탁식 剝啄聲박탁성
烏啄木오탁목 赤啄木적탁목 鳥啄聲조탁성

1급 1116 土부 총 8획 坼
터질 **탁**

龜坼귀탁 거북의 등에 있는 무늬처럼 갈라 터지는 것 또는 친한 사이에 틈이 생기는 일 ▶龜(거북 귀)
坼裂탁렬 터져 깨짐 ▶裂(찢어질 렬)
甲坼갑탁 坼甲탁갑 坼名탁명 坼榜탁방
坼封탁봉 坼字탁자 주의 坼(경기 기) 1·2급

1급 1117 日부 총 12획 晫
밝을 **탁**

尹晫윤탁 조선 중기 문신 제학공(提學公) ▶尹(성 윤)

2급 1283 扌(手)부 총 17획 擢
뽑을 **탁**

燈擢등탁 인재를 뽑아 씀 ▶燈(등잔 등)
拔擢발탁 사람을 뽑아 씀 ▶拔(뺄 발)
擢賞탁상 많은 가운데서 뽑아내어 칭찬함 ▶賞(상줄 상)
簡擢간탁 甄擢견탁 魁擢괴탁 抽擢추탁
擢拔탁발 擢秀탁수 擢昇탁승 擢用탁용

쪽지시험

성공회의소 한자
고급 1, 2급

※ 다음의 뜻을 가진 한자(漢字)는 어느 것입니까?

1 꾸짖다
① 嗤 ② 囑 ③ 唾 ④ 擢 ⑤ 咤

2 터지다
① 倬 ② 啄 ③ 坼 ④ 晫 ⑤ 陀

풀이

1 ① 嗤(비웃을 치) ② 囑(부탁할 촉)
③ 唾(침 타) ④ 擢(뽑을 탁)
⑤ 咤(꾸짖을 타)

2 ① 倬(클 탁) ② 啄(쫄 탁)
③ 坼(터질 탁) ④ 晫(밝을 탁)
⑤ 陀(비탈질 타)

답 1. ⑤ | 2. ③

1급 1118 木부 총 9획 柝 딱다기 탁	擊柝격탁 딱다기 또는 딱다기를 침 ▶擊(칠 격) 警柝경탁 경계하기 위하여 치는 방망이 ▶警(경계할 경) 鼓柝고탁 金柝금탁 夜柝야탁 寒柝한탁 抱關擊柝포관격탁 <small>주의</small> 析과 通用	2급 1284 王(玉)부 총 12획 琢 쪼을 탁	彫琢조탁 보석 따위를 새기거나 쪼는 일 또는 시문을 다듬음을 비유 ▶彫(새길 조) 琢美탁미 아름답게 갈고 닦음 ▶美(아름다울 미) 磨琢마탁 琢器탁기 上色琢器상색탁기 切磋琢磨절차탁마
1급 1119 王(玉)부 총 12획 琸 사람이름 탁	李琸이탁 전의이씨(全義李氏) 시조 ▶李(오얏 이)	2급 1285 言부 총 10획 託 부탁할 탁	結託결탁 마음을 결합하여 서로 의탁함 또는 배가 맞아 한통이 됨 ▶結(맺을 결) 付託부탁 어떤 일을 해 달라고 맡기거나 청함 ▶付(부칠 부) 寄託기탁 受託수탁 信託신탁 委託위탁 依託의탁 請託청탁 囑託촉탁 託兒所탁아소
2급 1286 金부 총 21획 鐸 방울 탁	木鐸목탁 절에서 불공이나 예불이나 경을 읽을 때 치는 불구 ▶木(나무 목) 鐸舞탁무 목탁을 가지고 추는 춤 ▶舞(춤출 무) 鈴鐸영탁 鐸鈴탁령 風鐸풍탁 釋木鐸석목탁 <small>주의</small> 釋(풀 석) 3급	2급 1287 口부 총 7획 吞 삼킬 탄	竝吞병탄 남의 재물이나 영토를 강제로 제 것으로 만들어 버림 ▶竝(나란히 병) 吞下탄하 알약이나 가루약 따위를 삼켜서 넘김 ▶下(아래 하) 沒吞몰탄 吞停탄정 吞吐탄토 吞吐港탄토항 甘吞苦吐감탄고토
2급 1288 口부 총 14획 嘆 탄식할 탄	嘆息탄식 한숨을 쉬면서 한탄 ▶息(쉴 식) 恨嘆한탄 원망하거나 또는 뉘우침이 있을 때에 한숨짓는 탄식 ▶恨(한할 한) 傷嘆상탄 嘆聲탄성 嘆訴탄소 痛嘆통탄 風樹之嘆풍수지탄 <small>주의</small> 歎과 同字	2급 1289 土부 총 8획 坦 평평할 탄	順坦순탄 성질이 까다롭지 않음 또는 길이 평탄함 ▶順(순할 순) 平坦평탄 마음이 편하고 고요함 또는 일이 순조롭게 됨 ▶平(평평할 평) 純坦순탄 坦途탄도 坦白탄백 坦率탄솔 坦坦大路탄탄대로 虛心坦懷허심탄회
1급 1120 糸부 총 14획 綻 옷터질 탄	綻露탄로 비밀이 드러남 또는 비밀을 드러냄 ▶露(이슬 로) 破綻파탄 일이 원만히 해결되지 않고 중도에서 그릇됨 ▶破(깨뜨릴 파) 總破綻총파탄 經濟破綻경제파탄	2급 1290 氵(水)부 총 22획 灘 여울 탄	沙灘사탄 모래톱 가의 여울 또는 바다에 모래가 깔린 여울 ▶沙(모래 사) 灘聲탄성 여울 물이 흐르는 소리 ▶聲(소리 성) 險灘험탄 新灘津신탄진 漢灘江한탄강 玄海灘현해탄

한자별곡

맥수지탄(麥秀之嘆)

麥(보리 맥), 秀(빼어날 수), 之(갈 지), 嘆(탄식할 탄)

고대 중국 상(商)의 마지막 임금인 주왕(紂王)은 주지육림(酒池肉林)에 빠져 국정을 돌보지 않았다. 기자(箕子)는 지성으로 간했으나 왕이 듣지 않아 국외로 망명하였다. 결국 주(周)의 무왕(武王)이 서쪽의 제후들을 규합해 쳐들어오자 상은 멸망하였다. 뒷날 기자가 상의 옛 도성을 지나다가 맥수지시를 지어 읊으며 그 사실을 슬퍼하였다. "옛 궁궐터에는 보리만이 무성하고 벼와 기장도 기름졌구나. 도성이 이 꼴로 변한 것은 내 말을 듣지 않았기 때문이지."

한자 익히기

1급 1121 忄(心)부 총 15획
憚
꺼릴 **탄**

- 謙憚겸탄 겸손한 태도로 어려워함 ▶謙(겸손할 겸)
- 猜憚시탄 시기하여 꺼림 또는 시기하여 두려워함 ▶猜(시기할 시)
- 敬憚경탄 忌憚기탄 猜憚시탄 畏憚외탄
- 憚改탄개 憚避탄피 無所忌憚무소기탄

1급 1122 目부 총 9획
眈
노려볼 **탐**

- 眈眈탐탐 위엄있게 주시하고 있는 모양 또는 깊고 으슥한 모양 ▶眈(노려볼 탐)
- 虎視眈眈호시탐탐
- 주의 耽(즐길 탐) 1·2급

2급 1291 耳부 총 10획
耽
즐길 **탐**

- 耽溺탐닉 어떤 일을 몹시 즐겨서 거기에 빠짐 ▶溺(빠질 닉)
- 耽讀탐독 어떤 글이나 책을 특별히 즐겨서 열중하여 읽음 ▶讀(읽을 독)
- 深耽심탐 耽羅탐라 耽樂탐락 耽戀탐련
- 耽味탐미 耽色탐색 耽美主義탐미주의

1급 1123 扌(手)부 총 13획
搭
탈 **탑**

- 搭乘탑승 배·비행기 등에 올라 탐 ▶乘(탈 승)
- 搭載탑재 배·수레·비행기 등에 물건을 실음 ▶載(실을 재)
- 搭乘客탑승객 搭乘券탑승권 搭乘者탑승자

1급 1124 木부 총 14획
榻
걸상 **탑**

- 客榻객탑 손님을 위한 자리 ▶客(손 객)
- 對榻대탑 평상을 대하여 마주 앉음 ▶對(대할 대)
- 石榻석탑 돌로 만든 걸상 ▶石(돌 석)
- 寶榻보탑 禪榻선탑 玉榻옥탑 臥榻와탑
- 淨榻정탑 榻床탑상 榻影탑영 榻印탑인

1급 1125 宀부 총 8획
宕
방탕할 **탕**

- 宕巾탕건 옛날에 벼슬아치가 갓 아래 받쳐 쓰던 관의 한 가지 ▶巾(수건 건)
- 豪宕호탕 호기가 많고 걸걸함 또는 호걸스럽고 방탕함 ▶豪(호걸 호)
- 疏宕소탕 跌宕질탕 豪宕不羈호탕불기

1급 1126 巾부 총 8획
帑
금고 **탕**/처자 **노**

- 帑藏탕장 내탕고에 보관된 재물 ▶藏(감출 장)
- 帑錢탕전 조선시대에 내탕고에 두어 임금이 개인적으로 쓰던 돈 ▶錢(돈 전)
- 公帑공탕 府帑부탕 帑幣탕폐 內帑庫내탕고
- 內帑金내탕금 府帑蹈火부탕도화

2급 1292 ⺾(艸)부 총 16획
蕩
방탕할 **탕**

- 掃蕩소탕 휩쓸어 모조리 없애 버림 ▶掃(쓸 소)
- 蕩盡탕진 재물 따위를 죄다 써서 없애 버리는 것 ▶盡(다할 진)
- 放蕩방탕 淫蕩음탕 蕩竭탕갈 蕩減탕감
- 浩蕩호탕 腦震蕩뇌진탕 蕩平策탕평책

2급 1293 儿부 총 7획
兌
바꿀 **태**/기쁠 **열**

- 發兌발태 서적·잡지 따위를 출판하여 널리 팖 ▶發(필 발)
- 兌換태환 바꿈 또는 지폐를 정화와 서로 통하여 바꿈 ▶換(바꿀 환)
- 兌管태관 兌卦태괘 兌方태방
- 兌換紙幣태환지폐 주의 悅과 통용

2급 1294 口부 총 5획
台
별 **태**/나 **이**

- 天台宗천태종 지의를 개조(開祖)로 하는 대승불교의 한 파 ▶天(하늘 천), 宗(마루 종)
- 台監태감 台臨태림 台位태위 台風태풍
- 三台星삼태성 주의 治(다스릴 치) 5급

쪽지시험

상공회의소 한자
고급 1, 2급

※ 다음 성어에서 □ 안에 들어갈 알맞은 한자는 어느 것입니까?

1
切磋□磨

① 析   ② 琢   ③ 鐸   ④ 託   ⑤ 卓

2
風樹之□

① 火   ② 嘆   ③ 基   ④ 難   ⑤ 彈

풀이

1 切磋琢磨(절차탁마) : 옥이나 돌 따위를 갈고 닦아서 빛을 낸다는 뜻으로, 부지런히 학문과 덕행을 닦음을 이르는 말

2 風樹之嘆(풍수지탄) : 효도를 다하지 못한 채 어버이를 여읜 자식의 슬픔을 이르는 말

답 1. ② | 2. ②

2급 1295
氵(水)부
총 7획

汰

씻을 **태**

淘汰도태 여럿 가운데서 필요하지 않거나 적당하지 않은 것을 없앰 ▶淘(일 도)
沙汰사태 비로 인해 언덕이나 산비탈이 무너지는 일 ▶沙(모래 사)
見汰견태 汰揀태간 汰盤태반 汰沙태사
汰金태금 山沙汰산사태

2급 1296
竹부
총 11획

笞

볼기칠 **태**

猛笞맹태 태장으로 몹시 침 또는 사나운 고문 ▶猛(사나울 맹)
笞刑태형 매로 볼기를 치는 형벌 ▶刑(형벌 형)
甲笞갑태 結笞결태 笞罰태벌 笞贖태속
笞杖태장 笞罪태죄 笞泉태천

2급 1297
月(肉)부
총 9획

胎

아이밸 **태**

胎夢태몽 아기를 밸 징조의 꿈 ▶夢(꿈 몽)
胎兒태아 모체 안에서 자라고 있는 유체 ▶兒(아이 아)
落胎낙태 孕胎잉태 胎敎태교 胎動태동
胎夢태몽 胎盤태반 換骨奪胎환골탈태

2급 1298
艹(艸)부
총 9획

苔

이끼 **태**

蘚苔선태 관다발 조직이 발달되지 않은 식물을 통틀어 이르는 말 ▶蘚(이끼 선)
靑苔청태 푸른 이끼 또는 녹조류 갈파랫과의 해조 ▶靑(푸를 청)
江苔강태 乾苔건태 白苔백태 石苔석태
舌苔설태 苔徑태경 苔井태정 苔紋태문

1급 1127
足부
총 12획

跆

밟을 **태**

跆拳태권 우리나라 고유의 전통 무예를 바탕으로 한 운동으로 몸의 각 부분을 사용하여 차기, 지르기, 막기의 기술을 구사함 ▶拳(주먹 권)
跆拳道태권도

1급 1128
阝(邑)부
총 8획

邰

나라이름 **태**

※ 중국 주(周) 나라의 선조인 후직(后稷)이 처음으로 봉(封)함을 받은 나라

1급 1129
風부
총 14획

颱

태풍 **태**

颱風태풍 북태평양 서부에서 발생하여 아시아 대륙 동부로 불어오는 열대성 저기압이 동반하는 폭풍우 ▶風(바람 풍)
颱風眼태풍안 태풍의 눈 ▶風(바람 풍), 眼(눈 안)
颱風警報태풍경보 颱風注意報태풍주의보

2급 1299
扌(手)부
총 15획

撐

버팀목 **탱**

支撐지탱 어떤 물체를 쓰러지지 않도록 받치거나 버티는 것 ▶支(지탱할 지)
撐中탱중 어떤 감정이나 심리상태가 가슴 속에 가득 차 있음 ▶中(가운데 중)
上下撐石상하탱석 憤氣撐天분기탱천

주의 撑과 同字

1급 1130
扌(手)부
총 18획

攄

펼 **터**

攄得터득 깊이 생각하여 이치를 깨달아 알아내는 것 ▶得(얻을 득)
攄破터파 자기의 속마음을 밝혀서 남의 의혹을 풀어 줌 ▶破(깨뜨릴 파)
攄抱터포 攄懷터회

2급 1300
几부
총 8획

兎

토끼 **토**

狡兎교토 날쌘 토끼 또는 교활한 토끼 ▶狡(교활할 교)
蟾兎섬토 달 속에 있다는 금두꺼비와 옥토끼로 달의 별칭임 ▶蟾(두꺼비 섬)
家兎가토 野兎야토 山兎산토 脫兎탈토
守株待兎수주대토 兎死狗烹토사구팽

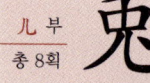

환골탈태(換骨奪胎)

換(바꿀 환), 骨(뼈 골), 奪(빼앗을 탈), 胎(아이밸 태)

뼈를 바꾸고 태를 빼낸다는 뜻으로 몸과 얼굴이 몰라볼 만큼 좋게 변한 것을 비유하는 말이다.
북송을 대표하는 시인 황정견(黃庭堅)이 이렇게 말하기를 "시의 뜻이 끝이 없지만 사람의 재주는 한계가 있다. 한계가 있는 재주로 무궁한 뜻을 추구하려 한다면 도연명이나 두보라 해도 그 교묘함에 잘 이르지 못할 것이다. 뜻을 바꾸지 않고 자기 말로 바꾸는 것을 '환골'이라 하고, 그 뜻을 가지고 형용하는 것을 '탈태법'이라고 한다."

《냉재야화(冷齋夜話)》

한자 익히기

1급 1131 忄(心)부 총 14획 **慟** 애통할 통
- 悲慟비통 몹시 슬퍼서 마음이 아픔 ▶悲(슬플 비)
- 慟哭통곡 큰 소리로 섧게 욺 ▶哭(울 곡)
- 慟泣통읍 슬피 욺 ▶泣(울 읍)

哀慟애통

2급 1301 木부 총 11획 **桶** 통 통/되 용
- 巨桶거통 크게 만든 통 ▶巨(클 거)
- 漆桶칠통 옻을 담는 통 ▶漆(옻 칠)
- 炭桶탄통 석탄을 넣어두고 쓰는 통 ▶炭(숯 탄)

粉桶분통 飼桶사통 醬桶장통 鐵桶철통
沐浴桶목욕통 濾過桶여과통 休紙桶휴지통

2급 1302 竹부 총 12획 **筒** 대통 통
- 算筒산통 장님이 점을 칠 때에 쓰는 산가지를 넣는 조그만 통 ▶算(셈 산)
- 筆筒필통 연필·펜 등을 넣어 가지고 다니는 기구 ▶筆(붓 필)

汽筒기통 黑筒먹통 手筒수통 煙筒연통
銃筒총통 郵遞筒우체통 貯金筒저금통

2급 1303 土부 총 11획 **堆** 쌓을 퇴
- 堆肥퇴비 풀·짚 따위를 쌓아 두거나 그것에 가축의 똥·오줌을 섞어 썩힌 거름 ▶肥(살찔 비)
- 堆積퇴적 많이 덮쳐 쌓임 ▶積(쌓을 적)

堆石퇴석 堆朱퇴주 堆漆퇴칠 堆土퇴토
氷堆石빙퇴석 堆積物퇴적물 堆積層퇴적층

1급 1132 木부 총 14획 **槌** 망치 퇴/추
- 鐵槌철퇴 끝이 둥그렇고 울퉁불퉁한 쇠뭉둥이 ▶鐵(쇠 철)
- 槌擊퇴격 방망이나 쇠뭉치로 침 ▶擊(칠 격)

角槌각퇴 木槌목퇴 蒲槌포퇴

2급 1304 月(肉)부 총 14획 **腿** 넓적다리 퇴
- 下腿하퇴 무릎과 발목 사이의 뒤쪽 근육 부분 ▶下(아래 하)
- 熏腿훈퇴 돼지고기를 소금에 절여 훈제한 가공 식품 ▶熏(불길 훈)

腿骨퇴골 腿節퇴절 火腿화퇴 大腿筋대퇴근
大腿部대퇴부 大腿骨대퇴골 大腿節대퇴절

1급 1133 衤(衣)부 총 15획 **褪** 바랠 퇴
- 褪色퇴색 빛이나 색이 바램 또는 무엇이 낡거나 그 존재가 희미해지거나 볼품없이 됨을 비유적으로 이르는 말 ▶色(빛 색)

2급 1305 頁부 총 16획 **頹** 무너질 퇴
- 頹落퇴락 무너져 떨어짐 ▶落(떨어질 락)
- 頹廢퇴폐 쇠퇴하여 결딴남 또는 도의나 미풍 따위가 무너져 엉망이 됨 ▶廢(폐할 폐)

崩頹붕퇴 衰頹쇠퇴 頹雪퇴설 頹勢퇴세
頹俗퇴속 頹屋퇴옥 頹運퇴운 頹風퇴풍

1급 1134 亻(人)부 총 11획 **偸** 훔칠 투
- 偸安투안 눈 앞의 안일만을 도모함 ▶安(편안할 안)
- 偸食투식 공금이나 공곡을 도둑질하여 먹음 ▶食(밥 식)

苟偸구투 偸盜투도 偸生투생 偸兒투아
偸眼투안 偸庸투용 鼠竊狗偸서절구투

2급 1306 大부 총 10획 **套** 덮개 투
- 封套봉투 편지·서류 등을 넣는 종이로 만든 주머니 ▶封(봉할 봉)
- 語套어투 말을 하는 버릇이나 본새 ▶語(말씀 어)

舊套구투 文套문투 俗套속투 水套수투
外套외투 虛套허투 常套的상투적

쪽지시험

※ 다음 단어들의 □ 안에 공통으로 들어갈 알맞은 한자는 어느 것입니까?

1. 孕□, □動, □教
   ① 婦 ② 稼 ③ 宗 ④ 胎 ⑤ 餘

2. 常□, 外□, 語□
   ① 套 ② 識 ③ 換 ④ 塞 ⑤ 帽

풀이
1 孕胎(잉태), 胎動(태동), 胎教(태교)
2 常套(상투), 外套(외투), 語套(어투)

답 1. ④ | 2. ①

2급 1307 妬 — 女부 총 8획 — 투기할 투

- 妬心투심 미워하고 시기하는 마음 ▶心(마음 심)
- 妬悍투한 샘이 있고 사나움 ▶悍(사나울 한)
- 嫉妬질투 妬忌투기 妬婦투부 妬視투시
- 妬妻투처 妬賢투현 嫉妬心질투심

1급 1135 慝 — 心부 총 15획 — 사특할 특

- 奸慝간특 간사하고 악독함 ▶奸(간사할 간)
- 怨慝원특 원한을 품고 악한 짓을 저지름 ▶怨(원망할 원)
- 黔慝검특 邪慝사특 暗慝암특 獰慝영특
- 陰慝음특 慝者특자 凶慝흉특

1급 1136 闖 — 門부 총 18획 — 엿볼 틈

- 闖肆틈사 기회를 타서 마음대로 함 ▶肆(방자할 사)
- 闖入틈입 기회를 타서 느닷없이 함부로 들어감 ▶入(들 입)
- 闖發틈발

2급 1308 坡 — 土부 총 8획 — 언덕 파

- 松坡송파 서울특별시의 한 구 ▶松(소나무 송)
- 坡州파주 경기도 파주시의 한 고을 ▶州(고을 주)
- 洪蘭坡홍난파

2급 1309 婆 — 女부 총 11획 — 할미 파

- 老婆노파 늙은 여자 ▶老(늙을 로)
- 婆娑파사 춤추는 소매가 가볍게 나부끼는 모양 또는 힘이 쇠하여 가냘픈 모양 ▶娑(춤출 사)
- 娑婆사파 産婆산파 占婆점파 酒婆주파
- 村婆촌파 老婆心노파심 産婆役산파역

2급 1310 巴 — 己부 총 4획 — 땅이름 파

- 淋巴임파 고등 동물의 조직 사이를 채우는 무색의 액체 ▶淋(물뿌릴 림)
- 巴人파인 시골의 교양 없는 사람 ▶人(사람 인)
- 三巴戰삼파전 外淋巴외임파 淋巴管임파관
- 淋巴液임파액 淋巴腺임파선 巴蜀파촉

1급 1137 擺 — 扌(手)부 총 18획 — 열릴 파

- 擺撥파발 공문을 급히 보내기 위하여 마련한 역참 ▶撥(다스릴 발)
- 擺脫파탈 구속이나 예절 등으로부터 벗어남 ▶脫(벗을 탈)
- 擺落파락 擺線파선 擺撥馬파발마

1급 1138 杷 — 木부 총 8획 — 비파나무 파

- 枇杷비파 비파나무의 열매 ▶枇(비파나무 비)
- 竹杷죽파 농기구의 한 가지 ▶竹(대나무 죽)
- 柴杷시파 杷束파속 枇杷葉비파엽
- 枇杷酒비파주 枇杷晚翠비파만취
- 주의 把(잡을 파) 3급

1급 1139 爬 — 爪부 총 8획 — 긁을 파

- 搔爬소파 조직을 긁어 이물질을 떼어 내는 일 ▶搔(긁을 소)
- 爬行파행 짐승·벌레 따위가 땅 위를 기어다님 ▶行(다닐 행)
- 搜爬수파 爬羅파라 爬痒파양 爬蟲類파충류
- 爬羅剔抉파라척결

2급 1311 琶 — 王(玉)부 총 12획 — 비파 파

- 琵琶비파 타원형의 몸통에 곧고 짧은 자루가 달린 현악기의 하나 ▶琵(비파 비)
- 琵琶聲비파성 비파를 튕기는 소리 ▶琵(비파 비), 聲(소리 성)
- 琵琶琴비파금 鄕琵琶향비파
- 주의 琵(비파 비) 1, 2급

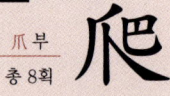

구절판(九折坂)

九(아홉 구), 折(꺾을 절), 坂(비탈 판)

아홉 칸으로 나누어진 목기에 채소·고기류 등 여덟 가지 음식을 둘레에 담아 가운데에 담은 밀전병에 싸서 먹는 음식으로, 요리를 담는 그릇 이름 그대로 구절판이라고 한다. 궁중식과 민간식으로 크게 구분되는데, 궁중식은 연한 살코기·미나리·숙주·표고 등을 양념하여 볶은 것과 달걀을 부쳐서 채친 적을 가장자리에 담아 놓고, 가운데에는 밀전병을 담는다. 민간식의 경우는 찹쌀가루나 밀가루로 전병을 만들고, 쑥갓·미나리강회·육회·달걀쌈 등으로 색깔을 맞추어 8가지를 담는다.

한자 익히기

2급 1312
芭 ++(艸)부 / 총 8획
파초 **파**

芭蕉파초 파초과에 딸린 여러해살이 풀 ▶蕉(파초 초)
芭蕉扇파초선 파초의 잎 모양처럼 만든 부채 ▶蕉(파초 초), 扇(부채 선)
芭蕉科파초과 芭蕉實파초실

1급 1140
跛 足부 / 총 12획
절름발이 **파**

跛行파행 절뚝거리며 걸어감 또는 균형이 잡히지 않음 ▶行(다닐 행)
偏跛편파 한쪽 다리가 짧거나 탈이 나서 뒤뚝뒤뚝 저는 사람 ▶偏(치우칠 편)
寒跛건파 面跛면파 破立파립 跛者파자 跛行的파행적

2급 1313
坂 土부 / 총 7획
비탈 **판**

丘坂구판 언덕과 고개 ▶丘(언덕 구)
山坂산판 나무를 함부로 베지 못하게 가꾸는 산 ▶山(뫼 산)
險坂험판 험준한 고개 ▶險(험할 험)
坂路판로 九折坂구절판 大陸坂대륙판 山坂業산판업 주의 阪과 同字

2급 1314
瓣 瓜부 / 총 19획
외씨 **판**

瓣壽판수 점치는 일을 직업으로 삼는 맹인 ▶壽(목숨 수)
花瓣화판 꽃을 이루고 있는 낱낱의 조각 잎 ▶花(꽃 화)
單瓣단판 翼瓣익판 側瓣측판 瓣膜판막 瓣償판상 合瓣합판

2급 1315
辦 辛부 / 총 16획
힘쓸 **판**

代辦대판 남을 대신하여 갚음 또는 남을 대신하여 사무를 처리함 ▶代(대신 대)
辦主판주 음식물을 제공하는 사람 ▶主(주인 주)
辦功판공 辦得판득 辦理판리 辦務판무 處辦처판 주의 辨(분별할 변) 3급

1급 1141
鈑 金부 / 총 12획
금박 **판**

金鈑금판 떡 모양으로 된 금 화폐 ▶金(쇠 금)

2급 1316
阪 阝(阜)부 / 총 7획
언덕 **판**

盤阪반판 꾸불꾸불한 고개 ▶盤(소반 반)
峻阪준판 몹시 가파른 언덕 ▶峻(높을 준)

주의 坂과 同字

1급 1142
叭 口부 / 총 5획
입벌릴 **팔**

喇叭나팔 금속으로 만든 관악기의 한 가지 ▶喇(나팔 나)
喇叭管나팔관 귀의 고실과 인두를 연결하는 나팔모양의 관 ▶管(대롱 관)
喇叭手나팔수 喇叭蟲나팔충 喇叭管炎나팔관염

1급 1143
捌 扌(手)부 / 총 10획
깨뜨릴 **팔**

捌相殿팔상전 충청북도 보은군 법주사에 있는 법당 ▶相(서로 상), 殿(전각 전)

주의 八과 同字

2급 1317
佩 亻(人)부 / 총 8획
찰 **패**

銘佩명패 고마움을 마음속 깊이 새겨서 간직함 ▶銘(새길 명)
佩物패물 몸에 차는 장식물 ▶物(물건 물)
感佩감패 服佩복패 魚佩어패 玉佩옥패 佩用패용 佩香패향 金佩物금패물

쪽지시험
상공회의소 한자 고급 1, 2급

※ 다음 한자(漢字)와 뜻이 비슷한 한자는 어느 것입니까?

1 爬
① 擺 ② 撐 ③ 搭 ④ 搔 ⑤ 撒

2 阪
① 陝 ② 隋 ③ 坡 ④ 坊 ⑤ 陋

풀이

1 爬(긁을 파)
① 擺(열릴 파) ② 撐(버팀목 탱) ③ 搭(탈 탑)
④ 搔(긁을 소) ⑤ 撒(뿌릴 살)

2 阪(언덕 판)
① 陝(땅이름 섬) ② 隋(수나라 수) ③ 坡(언덕 파)
④ 坊(동네 방) ⑤ 陋(더러울 루)

답 1. ④ | 2. ③

2급 1318 口부 총 10획 **唄** 찬불 패	歌唄가패 범패를 부르며 불덕을 찬미하는 것 ▶歌(노래 가) 梵唄범패 석가여래의 공덕을 찬미하는 노래 ▶梵(범어 범) 如來唄여래패	2급 1319 忄(心)부 총 10획 **悖** 어그러질 패	悖惡패악 도리에 어그러지고 흉악함 ▶惡(악할 악) 行悖행패 체면에 어그러지도록 버릇없는 짓을 함 ▶行(다닐 행) 乖悖괴패 危悖위패 絕悖절패 悖倫패륜 悖戾패려 悖倫兒패륜아 淫談悖說음담패설
1급 1144 氵(水)부 총 7획 **沛** 늪 패	顚沛전패 엎어지고 자빠지는 것 ▶顚(꼭대기 전) 沛然패연 비나 폭포 따위가 쏟아지는 모양이 매우 세참 ▶然(그러할 연) 沛澤패택	2급 1320 氵(水)부 총 10획 **浿** 강이름 패	浿江패강 대동강의 옛 이름 ▶江(강 강) 浿營패영 조선시대에 평양 감영을 예스럽게 이르던 말 ▶營(경영할 영)
2급 1321 片부 총 12획 **牌** 패 패	名牌명패 이름이나 직위 등을 적어 책상 위에 올려놓는 나무의 패 ▶名(이름 명) 防牌방패 전쟁 때 적의 칼, 화살 따위를 막는 데에 쓰던 무기 ▶防(막을 방) 金牌금패 功牌공패 馬牌마패 末牌말패 門牌문패 牌頭패두 感謝牌감사패	1급 1145 犭(犬)부 총 10획 **狽** 이리 패	狼狽낭패 계획하거나 기대한 일이 실패하거나 어긋나 딱하게 됨 또는 그러한 형편 ▶狼(이리 랑) 到處狼狽도처낭패
2급 1322 禾부 총 13획 **稗** 피 패	稗飯패반 피로 지은 밥 ▶飯(밥 반) 稗說패설 세상에 떠돌아다니는 교훈적, 건설적, 세속적인 내용의 이야기 ▶說(말씀 설) 諺稗언패 秕稗제패 稗官패관 稗史패사 稗官雜記패관잡기 주의 婢(계집종 비)3급	2급 1323 襾(西)부 총 19획 **覇** 으뜸 패	覇氣패기 어떤 어려운 일이라도 이루려는 기백 ▶氣(기운 기) 覇道패도 인의를 무시하고 무력이나 꾀를 써서 나라를 다스리는 일 ▶道(길 도) 連覇연패 爭覇쟁패 征覇정패 制覇제패 覇權패권 覇者패자 爭覇戰쟁패전
2급 1324 彡부 총 12획 **彭** 성 팽/곁 방	彭湃팽배 물결이 맞부딪혀 솟구침 또는 어떤 기세나 사조가 맹렬한 기세로 일어남 ▶湃(물결칠 배) 彭排팽배 조선시대 호분위에 속하여 방패를 무기로 쓰던 병종(兵種) ▶排(밀칠 배) 彭傷팽상 彭月팽월 주의 澎과 通用	1급 1146 氵(水)부 총 15획 **澎** 물결부딪칠 팽	澎湃팽배 어떤 기세나 사조가 맹렬한 기세로 일어남 ▶湃(물결칠 배)

패관문학(稗官文學)

稗(피 패), 官(벼슬 관), 文(글월 문), 學(배울 학)

패관(稗官)이란 옛날 임금이 민간의 풍속이나 정사를 살피기 위해 가설항담을 모아 기록시키던 벼슬의 이름으로, 이 뜻이 발전하여 이야기를 짓는 사람도 패관이라 일컫게 되었다. 뒤에 이들이 모아 엮은 가설항담에는 자연히 그들의 창의성이 가미되고 윤색됨으로써 흥미 본위로 흐름에 따라 하나의 산문적인 문학형태로 등장하게 되었다. 박인량(朴寅亮)의 《수이전(殊異傳)》, 이인로(李仁老)의 《파한집(破閑集)》, 이규보(李奎報)의 《백운소설(白雲小說)》 등이 해당된다.

한자 익히기

1급 1147 烹 ㅡ(火)부 총 11획 — 삶을 팽
- 烹調팽조 삶고 지져서 음식을 만듦 ▶調(고를 조)
- 割烹할팽 썰어 삶아서 음식을 조리함 또는 그 요리 ▶割(벨 할)
- 蒸烹증팽 烹茶팽다 烹卵팽란 烹滅팽멸 兎死狗烹토사구팽

2급 1325 膨 月(肉)부 총 16획 — 부를 팽
- 膨脹팽창 부풀어 띵띵하게 됨 또는 발전하여 번져 퍼짐 ▶脹(배부를 창)
- 膨膨팽팽 분위기 따위가 한껏 부풀어 있음
- 膨大팽대 膨滿팽만 膨出팽출 膨化팽화 急膨脹급팽창 膨脹率팽창률

1급 1148 愎 忄(心)부 총 12획 — 괴팍할 퍅(팍)
- 剛愎강퍅 성미가 깐깐하고 고집이 셈 ▶剛(굳셀 강)
- 乖愎괴퍅 성미가 까다롭고 별나서 붙임성이 없음 ▶乖(어그러질 괴)
- 傲愎오퍅 愎性퍅성 狠愎한퍅

2급 1326 扁 戶부 총 9획 — 작을 편
- 扁平편평 넓고 평평함 ▶平(평평할 평)
- 扁桃腺편도선 사람의 입 속 양쪽 구석에 하나씩 있는 편평하고 타원형으로 생긴 림프샘 ▶桃(복숭아 도), 腺(샘 선)
- 扁舟편주 一扁舟일편주 長扁蟲장편충 扁平骨편평골 扁桃腺炎편도선염

1급 1149 翩 羽부 총 15획 — 빨리날 편
- 翩翩편편 가볍게 나부끼거나 훨훨 나는 모양 또는 풍채가 풍류스럽고 좋은 모양 ▶翩(빨리날 편)

2급 1327 鞭 革부 총 18획 — 채찍 편
- 敎鞭교편 교사가 필요한 교수 사항을 가리키기 위한 막대기 ▶敎(가르칠 교)
- 鞭撻편달 채찍으로 때림 또는 잘 할 수 있도록 나무라는 것 ▶撻(매질할 달)
- 加鞭가편 短鞭단편 馬鞭마편 執鞭집편 鞭根편근 鞭蟲편충 走馬加鞭주마가편

1급 1150 騙 馬부 총 19획 — 속일 편
- 騙馬편마 말 위에서 재주놀이를 하는 유희 ▶馬(말 마)
- 騙取편취 속이어 남의 물건을 빼앗음 ▶取(가질 취)
- 欺騙기편 騙財편재 欺人騙財기인편재

2급 1328 貶 貝부 총 12획 — 떨어뜨릴 폄/낮출 폄
- 貶下폄하 치적이 나쁜 원을 아래 등급으로 깎아내림 ▶下(아래 하)
- 貶毀폄훼 남을 깎아 내리고 헐뜯음 ▶毀(헐 훼)
- 貶降폄강 貶格폄격 貶論폄론 貶流폄류 貶薄폄박 貶辭폄사 貶坐폄좌 貶職폄직

2급 1329 坪 土부 총 8획 — 들 평
- 建坪건평 건물이 차지한 바닥의 평수 ▶建(세울 건)
- 坪數평수 평의 수량 또는 평으로 따진 넓이 ▶數(셈 수)
- 看坪간평 每坪매평 地坪지평 草坪초평 總坪총평 坪當평당 延坪數연평수

1급 1151 枰 木부 총 9획 — 바둑판 평
- 棋枰기평 바둑판 ▶棋(바둑 기)

쪽지시험

※ 다음 성어에서 □ 안에 들어갈 알맞은 한자는 어느 것입니까?

1. 兎死狗□
① 熟 ② 烹 ③ 熱 ④ 烈 ⑤ 澎

2. 走馬加□
① 鞭 ② 扁 ③ 翩 ④ 騙 ⑤ 編

풀이
1. 兎死狗烹(토사구팽) : 토끼가 죽으면 토끼를 잡던 사냥개도 필요 없게 되어 주인에게 삶아 먹히게 된다는 뜻으로, 필요할 때는 쓰고 필요 없을 때는 야박하게 버리는 경우를 이르는 말
2. 走馬加鞭(주마가편) : 달리는 말에 채찍질한다는 뜻으로, 잘하는 사람을 더욱 장려함을 이르는 말

답 1. ② | 2. ①

1급 1152	萍	浮萍부평 개구리밥 ▶浮(뜰 부) 萍水평수 물 위에 뜬 개구리밥이라는 뜻으로 이리저리 정처없이 떠돌아다님을 비유 ▶水(물 수)	1급 1153	吠	狗吠구폐 개가 짖음 ▶狗(개 구) 蛙吠와폐 개구리의 우는 소리 ▶蛙(개구리 와)
++(艸)부 총 12획		水萍수평 流萍유평 萍草평초 浮萍草부평초	口부 총 7획		犬吠견폐 吠陀폐타 鷄鳴狗吠계명구폐 주의 吹(불 취) 4급
	부평초 평			짖을 폐	

1급 1154	嬖	嬖愛폐애 남에게 사랑을 받음 ▶愛(사랑 애) 嬖幸폐행 남에게 아첨하여 귀염을 받음 ▶幸(다행 행)	1급 1155	斃	病斃병폐 병으로 죽음 ▶病(병 병) 斃死폐사 쓰러져 죽음 ▶死(죽을 사) 疲斃피폐 기운이 지치고 쇠약하여짐 ▶疲(피곤할 피)
女부 총 16획		内嬖내폐 房嬖방폐 嬖臣폐신 嬖人폐인 嬖妾폐첩 編嬖편폐 주의 劈(쪼갤 벽) 1, 2급	攵(攴)부 총 18획		雙斃쌍폐 自斃자폐 杖斃장폐 致斃치폐 斃死率폐사율 集團斃死집단폐사
	사랑할 폐			넘어질 폐	

1급 1156	陛	丹陛단폐 붉은 칠을 한 층층대 또는 궁궐을 달리 이르는 말 ▶丹(붉을 단) 陛下폐하 황제나 황후 또는 황태후에 대한 경칭 ▶下(아래 하)	1급 1157	佈	佈告포고 명령·법령·지시 등을 공포하여 널리 알림 ▶告(고할 고) 佈明포명 널리 밝힘 ▶明(밝을 명)
阝(阜)부 총 10획		高陛고폐 天陛천폐 辭陛사폐 殿陛전폐 陛見폐현 주의 陞(오를 승) 1·2급	亻(人)부 총 7획		佈置포치 주의 布와 同字
	섬돌 폐			펼 포	

1급 1158	匍	匍球포구 야구용어로 타자가 친 공이 땅으로 굴러가는 것 ▶球(공 구) 匍匐포복 배를 땅에 대고 김 ▶匐(길 복)	1급 1159	匏	繫匏계포 시렁이나 벽에 걸려 있는 바가지 또는 아무 일도 하지 않고 날을 보냄을 비유 ▶繫(맬 계) 匏樽포준 박으로 만든 술그릇 ▶樽(술통 준)
勹부 총 9획		匍行포행 匍匐莖포복경 匍匐枝포복지 匍匐救之포복구지 韓信匍匐한신포복	勹부 총 11획		苦匏고포 匏瓜포과 匏蘆포로 匏粥포죽 匏菜포채 匏湯포탕
	길 포			박 포	

1급 1160	咆	咆哮포효 사납게 외치거나 사나운 짐승이 울부짖음 또는 사람, 기계, 자연물 따위가 세고 거칠게 내는 소리 ▶哮(으르렁거릴 효)	2급 1330	哺	哺乳포유 제 몸의 젖으로 새끼를 먹여 기름 ▶乳(젖 유) 哺育포육 동물이 새끼를 먹이어 기름 ▶育(기를 육)
口부 총 8획		咆號포호 哮咆효포 咆虎陷浦포호함포	口부 총 10획		仰哺앙포 反哺鳥반포조 哺乳期포유기 哺乳類포유류 反哺之孝반포지효
	으르렁거릴 포			먹일 포	

반포지효(反哺之孝)

反(돌이킬 반), 哺(먹일 포), 之(갈 지), 孝(효도 효)

까마귀 새끼가 자라서 늙은 어미에게 먹이를 물어다 주는 효라는 뜻으로, 자식이 자란 후에 어버이의 은혜를 갚는 효성을 이르는 말이다. 이밀(李密)은 진(晉) 무제(武帝)가 자신에게 높은 관직을 내리지만 늙으신 할머니를 봉양하기 위해 관직을 사양한다. 무제는 이밀의 관직 사양을 불사이군(不事二君)의 심정이라고 크게 화를 낸다. 그러자 이밀은 자신을 까마귀에 비유하면서 "까마귀가 어미새의 은혜에 보답하려는 마음으로 조모가 돌아가시는 날까지만 봉양하게 해 주십시오"라고 하였다.

《진정표(陳情表)》

한자 익히기

2급 1331
圃
口부
총 10획
채마밭 **포**

- 本圃본포 모종이나 묘목을 옮겨 심을 밭 ▶本(근본 본)
- 園圃원포 과실나무와 채소 따위를 심어 가꾸는 뒤란이나 밭 ▶園(동산 원)
- 農圃농포 小圃소포 藥圃약포 場圃장포
- 田圃전포 治圃치포 圃師포사 圃場포장

2급 1332
怖
忄(心)부
총 8획
두려워할 **포**

- 恐怖공포 무서움과 두려움 ▶恐(두려울 공)
- 畏怖외포 매우 두려워함 또는 두려워서 떪 ▶畏(두려워할 외)
- 怯怖겁포 驚怖경포 攝怖섭포 怖苦포고
- 怖伏포복 恐怖感공포감 恐怖心공포심

2급 1333
抛
扌(手)부
총 7획
던질 **포**

- 抛棄포기 하던 일을 중도에 그만두어 버림 ▶棄(버릴 기)
- 抛擲포척 물건을 내던짐 ▶擲(던질 척)
- 抛徹포철 抛置포치 抛物線포물선
- 抛物體포물체 抛射線포사선 抛射體포사체

2급 1334
泡
氵(水)부
총 8획
물거품 **포**

- 水泡수포 물거품 또는 헛된 결과, 헛되이 된 것 ▶水(물 수)
- 泡影포영 물거품과 그림자로 덧없는 사물을 이르는 말 ▶影(그림자 영)
- 氣泡기포 發泡발포 白泡백포 淸泡청포
- 泡沫포말 泡花포화 起泡劑기포제

2급 1335
疱
疒부
총 10획
천연두 **포**

- 發疱발포 피부에 수포가 발생함 ▶發(필 발)
- 水疱수포 살가죽이 좁쌀만큼 부풀어 올라 속에 물이 잡히는 것 ▶水(물 수)
- 膿疱농포 漿疱장포 疱瘡포창 汗疱한포
- 發疱藥발포약 水疱瘡수포창 天疱瘡천포창

2급 1336
砲
石부
총 10획
대포 **포**

- 大砲대포 커다란 탄환을 멀리 내 쏘는 큰 화기 ▶大(큰 대)
- 砲手포수 총으로 짐승을 잡는 사냥꾼 ▶手(손 수)
- 發砲발포 祝砲축포 砲擊포격 砲聲포성
- 砲彈포탄 迫擊砲박격포 投砲丸투포환

2급 1337
脯
月(肉)부
총 11획
포 **포** / 회식할 **보**

- 鹽脯염포 얇게 저며서 소금에 절인 포육 ▶鹽(소금 염)
- 肉脯육포 쇠고기를 얇게 저미어 만든 포 ▶肉(고기 육)
- 乾脯건포 蛇脯사포 散脯산포 醬脯장포
- 片脯편포 脯脩포수 酒果脯醯주과포혜

2급 1338
苞
艹(艸)부
총 9획
그령 **포**

- 苞葉포엽 잎의 변태로 꽃의 바로 아래나 그 가까이에서 봉오리를 싸서 보호하는 작은 잎 ▶葉(잎 엽)
- 花苞화포 꽃창포 ▶花(꽃 화)
- 總苞총포 小苞葉소포엽 辛夷苞신이포

2급 1339
葡
艹(艸)부
총 13획
포도 **포**

- 葡萄포도 포도나무의 열매로 맛이 달고 새큼함 ▶萄(포도 도)
- 葡萄酒포도주 포도의 과즙에 정제당을 넣어 발효시켜 빚은 술 ▶酒(술 주)
- 乾葡萄건포도 野葡萄야포도 靑葡萄청포도
- 葡萄糖포도당 葡萄色포도색 葡萄園포도원

2급 1340
蒲
艹(艸)부
총 14획
부들 **포**

- 蒲席포석 부들의 줄기나 잎으로 엮어 만든 자리 ▶席(자리 석)
- 蒲質포질 고생을 모르고 곱게 자란 연약한 체질 ▶質(바탕 질)
- 蒲蘆포로 蒲柳포류 蒲色포색 蒲葅포저
- 蒲黃포황 香蒲향포 水菖蒲수창포

쪽지시험

※ 다음 음(音)을 가진 한자는 어느 것입니까?

1 폐
① 萍 ② 吠 ③ 佈 ④ 葡 ⑤ 蒲

2 포
① 投 ② 搜 ③ 抛 ④ 拘 ⑤ 摠

풀이
1 ① 평 ② 폐 ③ 포 ④ 포 ⑤ 포
2 ① 투 ② 수 ③ 포 ④ 구 ⑤ 총

답 1. ② | 2. ③

2급 1341 袍
衤(衣)부
총 10획
두루마기 포

道袍도포 옛날 통상 예복으로 입던 남자의 겉옷 ▶道(길 도)
紫袍자포 자줏빛 도포 또는 매우 훌륭한 옷이나 예복 ▶紫(자줏빛 자)
絳袍강포 錦袍금포 方袍방포 龍袍용포
袍帶포대 袞龍袍곤룡포 紅錦袍홍금포

2급 1342 褒
衣부
총 15획
기릴 포/모을 부

褒賞포상 칭찬하고 장려하여 상을 줌 ▶賞(상줄 상)
褒貶포폄 칭찬과 나무람 또는 시비와 선악을 평정함 ▶貶(떨어뜨릴 폄)
過褒과포 褒慰포위 褒章포장 褒寵포총
褒稱포칭 褒顯포현 褒賞金포상금

2급 1343 逋
辶(辵)부
총 11획
달아날 포

逋徒포도 자기 나라에 살지 못하고 남의 나라로 도망친 사람 ▶徒(무리 도)
逋脫포탈 도망하여 면함 또는 조세를 피하며 면함 ▶脫(벗을 탈)
亡逋망포 流逋유포 逋逃포도 逋邊포변
逋稅포세 逋租포조 蕩逋탕포 逋脫犯포탈범

2급 1344 鋪
金부
총 15획
펼/가게 포

鋪設포설 펴서 베풂 ▶設(베풀 설)
鋪裝포장 길에 콘크리트나 아스팔트 등을 깔아 단단히 다져 꾸미는 일 ▶裝(꾸밀 장)
排鋪배포 本鋪본포 店鋪점포 平鋪평포
鋪道포도 典當鋪전당포 紙物鋪지물포

2급 1345 鮑
魚부
총 16획
절인물고기 포

全鮑전포 전복과의 조개를 통틀어 이르는 말 ▶全(온전 전)
鮑尺포척 물 속에 들어가서 전복을 따는 사람 ▶尺(자 척)
管鮑관포 生鮑생포 鮑叔포숙
管鮑之交관포지교

2급 1346 曝
日부
총 19획
쬘 폭/포

曝白포백 생피륙을 삶거나 빨아 볕에 바래는 일 ▶白(흰 백)
曝陽폭양 뜨겁게 내리 쬐는 볕 또는 뜨거운 볕에 쬠 ▶陽(볕 양)
曝氣포기 曝書폭서 曝葬폭장
曝白契포백계 十寒一曝십한일폭

2급 1347 瀑
氵(水)부
총 18획
폭포 폭/소나기 포

飛瀑비폭 아주 높은 곳에서 나는 듯이 세차게 떨어지는 폭포 ▶飛(날 비)
瀑布폭포 물이 곧장 쏟아져 내리는 높은 절벽 ▶布(베 포)
懸瀑현폭 一長瀑일장폭 瀑布線폭포선
瀑布水폭포수

1급 1161 俵
亻(人)부
총 10획
흩을 표

俵災표재 흉년이 든 때에 조세를 감함 ▶災(재앙 재)

1급 1162 剽
刂(刀)부
총 13획
빠를 표

耳剽이표 귀동냥으로 얻은 학문 ▶耳(귀 이)
剽竊표절 남의 창작물을 그 내용의 일부를 취하여 자기 창작물 삼아 이용하는 것 ▶竊(훔칠 절)
輕剽경표 剽狡표교 剽盜표도 剽掠표략
剽虜표로 剽賊표적 剽奪표탈 剽悍표한

1급 1163 彪
彡부
총 11획
무늬 표

炳彪병표 호랑이를 달리 이르는 말 ▶炳(불꽃 병)

주의 虎(범 호) 4급

한자별곡

포석정(鮑石亭)

鮑(절인물고기 포), 石(돌 석), 亭(정자 정)

경북 경주시 배동에 위치한 통일신라시대의 석구(石構)로 사적 제1호로 지정되어 있다. 정자는 없어졌으나, 포어(鮑魚)의 형태를 모방하여 만든 수구가 남아 있다. 좁은 석구를 두르고 한쪽에서 계류를 끌어들여 다른 쪽으로 흘러나가게 되어 있으며, 유상곡수(流觴曲水)에 술잔을 띄워 놓고 시를 읊으며 연회를 하던 장소로 여겨졌다. 이러한 석구는 중국 동진(東晉) 시대부터 있었다. 하나 대개 자연의 산수(山水)를 배경으로 이루어진 데 비하여, 완전히 인공적인 점이 그 특색이다.

한자 익히기

1급 1164 㤆
忄(心)부 / 총 14획
날랠 표

㤆毒표독 사납고 독살스러움 ▶毒(독 독)
㤆悍표한 급하고 사나움 또는 사납고 강인함 ▶悍(사나울 한)

주의 標(표할 표) 3급

2급 1348 杓
木부 / 총 7획
북두자루 표/구기 작

漏杓누표 철사를 그물처럼 엮어서 바가지 모양으로 만들어 긴 손잡이를 단 조리 기구 ▶漏(샐 루)

杓端표단

2급 1349 瓢
瓜부 / 총 16획
박 표

佩瓢패표 쪽박을 참 또는 빌어먹음을 비유 ▶佩(찰 패)
瓢散표산 펄럭이며 날아 흩어짐 ▶散(흩을 산)

簞瓢단표 酒瓢주표 瓢舟표주 瓢蟲표충
簞食瓢飲단사표음 簞瓢陋巷단표누항

2급 1350 豹
豸부 / 총 10획
표범 표

豹紋표문 표범의 모피에 있는 무늬 ▶紋(무늬 문)
豹變표변 허물을 고쳐 말과 행동이 뚜렷이 전과 달리 착해지는 일 ▶變(변할 변)

水豹수표 全豹전표 土豹토표 豹直표직
豹皮표피 海豹해표 豹死留皮표사유피

1급 1165 颷
風부 / 총 21획
폭풍 표

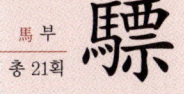塵표진 바람에 날리는 먼지 ▶塵(티끌 진)
颷風표풍 폭풍 ▶風(바람 풍)

狂颷광표 猛颷맹표

1급 1166 飄
風부 / 총 20획
회오리바람 표

飄蕩표탕 홍수로 재산을 떠내려 보냄 또는 정처 없이 떠돎 ▶蕩(쓸어버릴 탕)
飄風표풍 회오리바람 또는 바람에 나부낌 ▶風(바람 풍)

飄零표령 飄揚표양 飄然표연 飄轉표전
飄忽표홀

1급 1167 驃
馬부 / 총 21획
황부루 표

驃馬표마 몸이 누런색 바탕에 흰 털이 섞이고 갈기와 꼬리가 흰 말 ▶馬(말 마)

2급 1351 稟
禾부 / 총 13획
여쭐 품/곳집 름

氣稟기품 타고난 기질과 성품 ▶氣(기운 기)
稟定품정 여쭈어 의논하여 결정함 ▶定(정할 정)

微稟미품 姿稟자품 才稟재품 天稟천품
稟賦품부 稟性품성 稟處품처 稟請품청

2급 1352 楓
木부 / 총 13획
단풍 풍

霜楓상풍 서리 맞은 단풍잎 또는 시든 단풍 ▶霜(서리 상)
楓嶽풍악 금강산의 가을 별칭 ▶嶽(큰산 악)

觀楓관풍 丹楓단풍 楓林풍림 楓葉풍엽
楓人풍인 楓蠶풍잠 楓嶽山풍악산

2급 1353 諷
言부 / 총 16획
욀 풍

諷刺풍자 무엇에 빗대어 재치 있게 경계하거나 비판함 ▶刺(찌를 자)
諷經풍경 소리내어 경문을 읽음 ▶經(글 경)

吟諷음풍 諷戒풍계 諷讀풍독 諷詠풍영
諷諭풍유 諷刺劇풍자극 諷刺性풍자성

쪽지시험

※ 다음 한자어(漢字語)와 발음(發音)이 같은 한자어는 어느 것입니까?

1 葡萄

① 胞子 ② 逋租 ③ 鋪道 ④ 抛棄 ⑤ 圍場

2 水豹

① 手票 ② 數爻 ③ 秀作 ④ 受注 ⑤ 修整

풀이

1 포도
① 포자 ② 포조 ③ 포도 ④ 포기 ⑤ 포장

2 수표
① 수표 ② 수효 ③ 수작 ④ 수주 ⑤ 수정

답 1. ③ | 2. ①

2급 1354 豆부 총 13획 **豊** 풍년 **풍**	豊年풍년 곡식이 잘 되고 잘 여무는 일 ▶年(해 년) 豊足풍족 매우 넉넉하여서 모자람이 없음 ▶足(발 족) 豊滿풍만 豊味풍미 豊富풍부 豊盛풍성 豊漁풍어 豊饒풍요 주의 豐의 略字	2급 1355 馬부 총 12획 **馮** 성 **풍**/탈 **빙**	馮夷풍이 하백을 달리 이르는 말 ▶夷(오랑캐 이)
2급 1356 扌(手)부 총 8획 **披** 헤칠 **피**	猖披창피 체면이 사나워지거나 아니꼬움에 대한 부끄럼 ▶猖(미쳐날뛸 창) 披瀝피력 평소에 숨겨둔 생각을 모조리 털어내어 말함 ▶瀝(거를 력) 拜披배피 披見피견 披覽피람 披髮피발 披靡피미 披針피침 披露宴피로연	1급 1168 阝(阜)부 총 8획 **陂** 방죽 **피**/비탈 **파**	陂倚피의 한쪽 다리는 들고 한쪽 다리만으로 서서 몸을 다른 것에 기댐 ▶倚(의지할 의) 陂池피지 물이 괸 땅 ▶池(못 지)
2급 1357 弓부 총 12획 **弼** 도울 **필**/발 **소**	弼成필성 도와서 이루게 함 ▶成(이룰 성) 俊弼준필 훌륭한 보필 또는 훌륭하게 보필하는 신하 ▶俊(준걸 준) 光弼광필 輔弼보필 良弼양필 弼寧필녕 弼導필도	1급 1169 王(玉)부 총 9획 **玭** 칼장식옥 **필**	※ 玭는 칼의 아래쪽의 장식을 일컬음. 칼집 위의 장식은 琫(칼집장식 봉)이라고 함
1급 1170 疋부 총 5획 **疋** 필 **필**	疋練필련 한 필의 바랜 비단 ▶練(익힐 련) 疋木필목 필로 된 무명·광목·당목 등을 통틀어 일컬음 ▶木(나무 목) 每疋매필 布疋포필 疋緞필단 疋帛필백 주의 定(정할 정) 5급	1급 1171 艹(艸)부 총 9획 **苾** 향기로울 **필**	苾芻필추 출가하여 구족계를 받은 남자 승려 ▶芻(꼴 추) 주의 芯(골풀 심) 1·2급
1급 1172 香부 총 14획 **馝** 향기로울 **필**	주의 苾과 通字	2급 1358 丿부 총 5획 **乏** 가난할 **핍**	缺乏결핍 모자람 또는 부족함 ▶缺(이지러질 결) 窮乏궁핍 몹시 가난하고 궁함 ▶窮(다할 궁) 艱乏간핍 困乏곤핍 耐乏내핍 飢乏기핍 貧乏빈핍 承乏승핍 絕乏절핍 欠乏흠핍

자하문(紫霞門)

紫(자줏빛 자), 霞(노을 하), 門(문 문)

서울 종로구 청운동에 있는 북문(北門)으로, 1396년 서울 성곽을 쌓을 때 세운 사소문(四小門)의 하나로 창건되어 창의문(彰義門)이라고도 불렸다. 1623년 인조반정(仁祖反正) 때에는 능양군(陵陽君)을 비롯한 의군들이 이 문을 부수고 궁 안에 들어가 반정에 성공한 유서 깊은 곳이기도 하다. 문루(門樓)는 임진왜란 때 불타 없어진 것을 1740년(영조 16) 다시 세우고 다락 안에 인조반정 공신들의 이름을 판에 새겨 걸었다. 서울 사소문 중에서 유일하게 완전히 남아 있는 문이다.

한자 익히기

2급 1359 辶(辵)부 총 13획
逼 닥칠 핍
逼迫핍박 사람을 억누르고 괴롭히는 것 또는 절박한 상태 ▶迫(닥칠 박)
逼奪핍탈 위험하여 빼앗김 ▶奪(빼앗을 탈)
狎逼압핍 威逼위핍 切逼절핍 直逼직핍
侵逼침핍 逼近핍근 逼眞핍진 逼逐핍축

1급 1173 厂부 총 12획
厦 큰집 하
厦氈하전 양탄자를 깐 큰 집이라는 뜻으로 임금이 거처하는 곳을 이르던 말 ▶氈(모전 전)

주의 廈의 俗字

2급 1360 广부 총 13획
廈 큰집 하
廣廈광하 크고 너른 집 ▶廣(넓을 광)
大廈대하 덩실하게 큰 집 또는 규모가 큰 건물 ▶大(큰 대)
崇廈숭하 높고 큰 집 ▶崇(높을 숭)
高廈고하 廈屋하옥 大廈高樓대하고루

1급 1174 日부 총 9획
昰 여름 하/이 시

주의 是의 本字, 夏의 古字

2급 1361 王(玉)부 총 13획
瑕 티 하
細瑕세하 작은 결점 ▶細(가늘 세)
瑕疵하자 흠, 결점 또는 법률에서 당사자가 예기한 상태나 성질이 결여되어 있는 일 ▶疵(흠 자)
無瑕무하 微瑕미하 一瑕일하 瑕瑾하근
瑕累하루 瑕瑜하유 瑕跡하적 瑕貶하폄

2급 1362 虫부 총 15획
蝦 두꺼비 / 새우 하
糠蝦강하 젓새우 ▶糠(겨 강)
中蝦중하 중간쯤의 크기를 가진 새우 ▶中(가운데 중)
土蝦토하 새뱅잇과의 민물 새우 ▶土(흙 토)
米蝦미하 白蝦백하 魚蝦어하 蝦卵하란
海蝦해하 紅蝦홍하 乾蝦場건하장

1급 1175 辶(辵)부 총 13획
遐 멀 하
昇遐승하 임금이 세상을 떠남 ▶昇(오를 승)
遐想하상 멀리 떨어져 있는 사람을 생각함 ▶想(생각 상)
登遐등하 遐棄하기 遐年하년 遐方하방
遐福하복 遐壽하수 遐遠하원 遐土하토

2급 1363 雨부 총 17획
霞 노을 하
輕霞경하 엷은 저녁놀 또는 아침놀 ▶輕(가벼울 경)
煙霞연하 안개와 놀 또는 고요한 산수의 경치 ▶煙(연기 연)
丹霞단하 晚霞만하 夕霞석하 雲霞운하
朝霞조하 春霞춘하 霞彩하채 紫霞門자하문

1급 1176 魚부 총 20획
鰕 새우 하
糠鰕강하 젓새우 ▶糠(겨 강)
魚鰕어하 물고기와 새우 ▶魚(고기 어)
鯨鬪鰕死경투하사

주의 蝦와 同字

1급 1177 土부 총 17획
壑 골 학
溝壑구학 땅이 움쑥하게 팬 곳 또는 깊이 빠진 곳 ▶溝(도랑 구)
萬壑만학 첩첩이 겹쳐진 깊고 큰 골짜기 ▶萬(일만 만)
澗壑간학 丘壑구학 大壑대학 洞壑동학
山壑산학 巖壑암학 林壑임학 絶壑절학

쪽지시험

※ 다음 한자(漢字)와 음(音)이 같은 한자는 어느 것입니까?

1. 弼
   ① 竹 ② 恣 ③ 披 ④ 躍 ⑤ 疋

2. 昰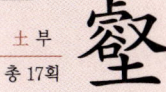
   ① 晶 ② 憫 ③ 遐 ④ 瓊 ⑤ 媤

풀이
1 弼(도울 필)
① 죽 ② 자 ③ 피 ④ 약 ⑤ 필
2 昰(여름 하)
① 정 ② 민 ③ 하 ④ 경 ⑤ 시

답 1. ⑤ | 2. ③

| 2급 1364 虎부 총 9획 사나울 학 | 虐待학대 몹시 괴롭히거나 사납게 대우함 ▶待(대접할 대)
虐殺학살 참혹하게 마구 찔러 죽임 ▶殺(죽일 살)
苛虐가학 陵虐능학 自虐자학 殘虐잔학
侵虐침학 貪虐탐학 虐政학정 凶虐흉학 | 2급 1365 言부 총 16획 희롱거릴 학 | 謔浪학랑 실없는 말로 희롱질 함 ▶浪(물결 랑)
諧謔해학 익살스럽고도 멋이 있는 농담 ▶諧(화할 해)
嘲謔조학 謔劇학극 謔笑학소 戲謔희학
諧謔家해학가 諧謔性해학성 諧謔的해학적 |

| 1급 1178 忄(心)부 총 10획 사나울 한 | 悍婦한부 사나운 여자, 성심이 고약하고 행동이 거친 여자 ▶婦(며느리 부)
悍勇한용 사납고 용맹스러움 ▶勇(날랠 용)
強悍강한 猛悍맹한 精悍정한 剽悍표한
悍馬한마 悍惡한악 豪悍호한 凶悍흉한 | 1급 1179 氵(水)부 총 16획 빨래할 한 | 澣衣한의 옷을 빪 ▶衣(옷 의)
澣滌한척 때 묻은 옷을 빪 또는 옷과 그릇을 빨거나 씻음 ▶滌(씻을 척)
澣濯한탁 때 묻은 옷을 빪 ▶濯(씻을 탁)
返澣반한 三澣삼한 中澣중한 下澣하한 |

| 1급 1180 氵(水)부 총 19획 넓고큰모양 한 | 浩瀚호한 넓고 커서 질펀함 또는 책의 양이나 권 수가 한없이 많음 ▶浩(넓을 호)
주의 澣(빨래 한) 1·2급 | 1급 1181 网부 총 7획 드물 한 | 罕言한언 입이 무거워 말이 적음 ▶言(말씀 언)
稀罕희한 귀할 만큼 드묾, 좀처럼 대하기 어려울 만큼 기묘함 ▶稀(드물 희)
罕見한견 罕古한고 罕例한례 罕罔한망
罕有한유 |

| 2급 1366 羽부 총 16획 편지 한/줄기 간 | 私翰사한 개인 간에 주고받는 서한 ▶私(사사로울 사)
華翰화한 남을 높이어 그의 편지를 이르는 말 ▶華(빛날 화)
公翰공한 書翰서한 尺翰척한 篇翰편한
翰墨한묵 翰池한지 獄中書翰옥중서한 | 2급 1367 門부 총 12획 틈 한/사이 간 | 閒暇한가 할 일이 없어 몸과 틈이 있음 또는 마음이 편함 ▶暇(겨를 가)
閒月한월 농사일이 없어 한가한 달 ▶月(달 월)
空閒공한 閒步한보 閒遊한유 農閒期농한기
等閒視등한시 주의 閑의 本字 |

| 2급 1368 車부 총 17획 다스릴 할 | 管轄관할 권한에 의하여 지배함 또는 그 지배가 미치는 범위 ▶管(대롱 관)
統轄통할 모두 거느려서 관할함 ▶統(거느릴 통)
分轄분할 所轄소할 直轄직할 管轄權관할권
管轄地관할지 管轄區域관할구역 | 2급 1369 凵부 총 8획 함 함 | 開函개함 사서함·투표함 따위 함을 엶 ▶開(열 개)
琅函낭함 서류 상자 또는 남을 높여서 그의 편지를 이르는 말 ▶琅(옥이름 랑)
空函공함 貴函귀함 暗函암함 函數함수
救急函구급함 私物函사물함 郵便函우편함 |

한림별곡(翰林別曲)

翰(편지 한), 林(수풀 림), 別(나눌 별), 曲(굽을 곡)

고려 고종 때 한림학사(翰林學士)들이 지은 경기체가(景幾體歌)의 시초가 되는 작품이다. 무신 집권 하에서 문인들의 향락적·유흥적 생활 감정을 현실 도피적으로 읊은 것으로 8장으로 구성되어 있으며, 제1장은 문인과 그들의 장기(長技), 2장은 서적, 3장은 서체와 명필, 4장은 술, 5장은 꽃, 6장은 악기와 그에 능한 사람들, 7장은 산과 누각, 8장은 그네로 1장 1경씩 읊어 당시 한림의 생활상을 묘사했다.

한자 익히기

1급 1182 口부 총 11획 啣
재갈 **함**

- 名啣명함 성명, 주소, 직업, 전화번호 따위를 적은 종이쪽 ▶名(이름 명)
- 尊啣존함 상대편을 높여서 그의 이름을 이르는 말 ▶尊(높을 존)
- 假啣가함　納啣납함　芳啣방함　御啣어함
- 結草啣環결초함환　주의 銜의 俗字

1급 1183 口부 총 12획 喊
고함지를 **함**

- 鼓喊고함 북을 치면서 여러 사람이 함께 큰 소리를 지름 ▶鼓(북 고)
- 喊聲함성 많은 사람들이 함께 지르는 고함 소리 ▶聲(소리 성)
- 高喊고함　大喊대함

1급 1184 木부 총 18획 檻
짐승우리 **함**

- 檻穽함정 짐승을 잡기 위하여 파놓은 구덩이, 빠져나올 수 없는 곤경 ▶穽(함정 정)
- 獸檻수함 짐승을 넣어 기르는 우리 ▶獸(짐승 수)
- 籠檻농함　水檻수함　椽檻연함　桎檻질함
- 檻車함거　檻羊함양　檻輿함여　軒檻헌함

2급 1370 氵(冰)부 총 11획 涵
젖을 **함**

- 涵養함양 서서히 양성함 또는 학문과 식견을 넓혀서 심성을 닦음 ▶養(기를 양)
- 涵泳함영 물속에서 팔다리를 놀리며 떴다 잠겼다 하는 짓 ▶泳(헤엄칠 영)
- 包涵포함　涵育함육　洪涵地홍함지

1급 1185 糸부 총 15획 緘
봉할 **함**

- 緘默함묵 입을 다물고 말을 하지 아니함 ▶默(잠잠할 묵)
- 緘封함봉 편지·문서 등의 겉봉을 봉함 ▶封(봉할 봉)
- 三緘삼함　緘口함구　緘書함서　緘口令함구령
- 緘默症함묵증　緘口無言함구무언

2급 1371 舟부 총 20획 艦
큰배 **함**

- 軍艦군함 전투에 사용하는 무장된 배의 총칭 ▶軍(군사 군)
- 艦隊함대 군함 두 척 이상으로 편성된 연합 부대 ▶隊(무리 대)
- 艦長함장　艦艇함정　驅逐艦구축함
- 潛水艦잠수함　航空母艦항공모함

2급 1372 金부 총 14획 銜
재갈 **함**

- 職銜직함 벼슬이나 직책, 직무 따위의 이름 ▶職(벼슬 직)
- 銜字함자 남을 높이어 그의 이름을 한문 투로 이르는 말 ▶字(글자 자)
- 單銜단함　馬銜마함　姓銜성함　實銜실함
- 前銜전함　鑣銜적함　借銜차함　銜枚함매

2급 1373 鹵부 총 20획 鹹
짤 **함**

- 鹹淡함담 음식 맛의 짜고 싱겁고 한 간 ▶淡(맑을 담)
- 鹹度함도 바닷물 속에 들어 있는 소금의 양을 나타낸 정도 ▶度(정도 도)
- 鹹味함미　鹹魚함어　鹹菜함채　鹹泉함천
- 瓜鹹漬과함지　鹹水湖함수호

2급 1374 口부 총 9획 哈
물고기많은모양 **합**

- 哈爾濱합이빈 중국 흑룡강성의 성도로 상업과 교통의 요지 ▶爾(너 이), 濱(물가 빈)
- 哈密합밀

2급 1375 皿부 총 11획 盒
합 **합**

- 飯盒반합 직접 밥을 지을 수 있게 된 알루미늄으로 만든 밥 그릇 ▶飯(밥 반)
- 饌盒찬합 음식을 담는 여러 층으로 된 그릇 ▶饌(반찬 찬)
- 木盒목합　沙盒사합　玉盒옥합　銀盒은합
- 盒子합자　飯酒盒반주합　印朱盒인주합

쪽지시험

※ 다음 성어에서 □ 안에 들어갈 알맞은 한자는 어느 것입니까?

1　物外□人
① 間　② 罕　③ 開　④ 閑　⑤ 簡

2　□口無言
① 喊　② 檻　③ 緘　④ 涵　⑤ 陷

풀이

1 物外閑人(물외한인) : 세상사에 관계하지 않고 한가롭게 지내는 사람
2 緘口無言(함구무언) : 입을 다물고 아무 말도 하지 아니함

답 1. ③ | 2. ③

상공회의소 한자시험 고급 기본서 1·2급

2급 1376 蛤 虫부 총 12획 — 조개 **합**
- 生蛤생합 익히지 아니한 대합조개 ▶生(날 생)
- 蛤子합자 홍합과 섭조개를 말린 어물 ▶子(아들 자)
- 魁蛤괴합 山蛤산합 鳥蛤조합 竹蛤죽합 眞蛤진합 蛤飯합반 紅蛤홍합 花蛤화합

2급 1377 閤 門부 총 14획 — 쪽문 **합**
- 閤內합내 남을 높이어 그의 가족을 이르는 말 ▶內(안 내)
- 閤患합환 남을 높이어 그의 아내의 병을 이르는 말 ▶患(근심 환)
- 閨閤규합 伏閤복합 分閤분합 閤門합문 閤外합외 閤節합절 閤夫人합부인

1급 1186 闔 門부 총 18획 — 문짝 **합**
- 闔門합문 제사 때 제물을 물리기 전에 문을 닫거나 병풍으로 가림 ▶門(문 문)
- 闔眼합안 남의 허물을 보고도 모르는 체함, 남의 허물을 눈 감아 줌 ▶眼(눈 안)
- 開闔개합 闔家합가 闔境합경 闔國합국 闔闢합벽 闔司합사

2급 1378 陜 阝(阜)부 총 10획 — 땅이름 **합**/좁을 **협**
- 陜川합천 경상남도 합천군의 군청 소재지 ▶川(내 천)
- 주의 狹과 通字

2급 1379 亢 亠부 총 4획 — 높을 **항**
- 驕亢교항 교만하고 자존심이 강함 ▶驕(교만할 교)
- 亢進항진 기세 따위가 높아짐 또는 병세가 심해짐 ▶進(나아갈 진)
- 高亢고항 極亢극항 亢羅항라 亢鼻항비 亢燥항조 亢旱항한 亢龍有悔항룡유회

1급 1187 伉 亻(人)부 총 6획 — 짝 **항**
- 伉健항건 굳세고 용맹스러움 ▶健(굳셀 건)
- 伉直항직 성질, 행동 등이 곧고도 굳셈 ▶直(곧을 직)
- 伉配항배 伉儷항려 伉儷之年항려지년

1급 1188 姮 女부 총 9획 — 항아 **항**
- 姮娥항아 상궁이 되기 전의 어린 궁녀를 이르던 말 또는 달 속에 있다는 전설 속의 선녀 ▶娥(예쁠 아)

1급 1189 嫦 女부 총 14획 — 항아 **항**
- 주의 姮의 俗字

2급 1380 杭 木부 총 8획 — 건널 **항**
- 亂杭난항 적의 기병을 막으려고 굵은 말뚝을 불규칙하게 박아 동아줄로 얼기설기 얽어 놓은 장애물 ▶亂(어지러울 란)
- 橋杭교항 杭打機항타기

1급 1190 桁 木부 총 10획 — 차꼬 **항**/도리 **형**
- 短桁단항 양쪽 끝만 받친 배다리 ▶短(짧을 단)
- 衣桁의항 옷을 걸 수 있게 만든 막대 ▶衣(옷 의)
- 桁頭항두 桁楊항양

한자별곡 — 항룡유회(亢龍有悔)

亢(높을 항), 龍(용 룡), 有(있을 유), 悔(뉘우칠 회)

하늘에 오른 용은 뉘우침이 있다는 뜻으로, 하늘 끝까지 올라간 용이 더 올라갈 데가 없어 다시 내려올 수밖에 없듯이, 부귀가 극에 이르면 몰락할 위험이 있음을 경계해 이르는 말이다.

공자(孔子)는 "항룡은 너무 높이 올라갔기 때문에 존귀하나 지위가 없고, 너무 높아 교만하기 때문에 자칫 민심을 잃게 될 수도 있으며, 남을 무시하므로 보필도 받을 수 없다."라고 했다. 즉, 일을 할 때에는 적당한 선에서 만족할 줄 알아야지 무작정 밀고 나가다가는 오히려 일을 망치게 된다는 말이다.

한자 익히기

2급 1381 氵(水)부 총 7획 — **沆** 넓을 항	沆瀣항해 바다 위에 어린 기운 또는 한밤중의 이슬 기운 ▶瀣(이슬기운 해)

| 1급 1191 缶부 총 9획 — **缸** 항아리 항 | 魚缸어항 물고기를 기르는 데 사용하는 유리 따위로 모양 있게 만든 항아리 ▶魚(고기 어)
酒缸주항 술을 담는 항아리 ▶酒(술 주)
瓿缸부항　玉缸옥항　醬缸장항　缸胎항태
花缸화항 |

| 2급 1382 月(肉)부 총 7획 — **肛** 똥구멍 항 | 脫肛탈항 직장의 밑 점막이 항문 밖으로 빠져서 나오는 상태 ▶脫(벗을 탈)
肛門항문 소화기의 말단 ▶門(문 문)
脫肛蠱탈항잠　脫肛症탈항증　肛門科항문과
肛門腺항문선　內肛動物내항동물 |

| 1급 1192 亻(人)부 총 11획 — **偕** 함께 해 | 偕老해로 부부가 일생을 함께 지내며 함께 늙어감 ▶老(늙을 로)
偕行해행 함께 감 또는 여럿이 함께 잇달아 줄지어 감 ▶行(다닐 행)
偕樂해락　偕來해래　偕往해왕
偕老同穴해로동혈　주의 皆(다 개) 4급 |

| 2급 1383 口부 총 9획 — **咳** 기침 해 | 咳嗽해수 기도의 점막이 갑자기 숨소리를 터트려 내는 일 ▶嗽(기침할 수)
咳唾해타 기침과 침 또는 어른의 말씀 ▶唾(침 타)
痰咳담해　鎭咳진해　咳氣해기　咳病해병
咳逆해역　咳喘해천　咳血해혈　百日咳백일해 |

| 1급 1193 土부 총 9획 — **垓** 지경 해 | 掘垓굴해 무덤의 둘레를 돌아가며 고랑을 깊게 팜 ▶掘(팔 굴)
垓心해심 벗어나기 어렵게 포위된 한가운데 ▶心(마음 심)
九垓구해　壇垓단해　崇垓숭해　垓字해자
陵垓子능해자 |

| 1급 1194 子부 총 9획 — **孩** 어린아이 해 | 孩童해동 어린아이 또는 젖먹이 ▶童(아이 동)
孩子해자 두서너 살 된 어린아이 ▶子(아들 자)
童孩동해　兒孩아해　嬰孩영해　孺孩유해
孩提해제　孩提之童해제지동 |

| 1급 1195 忄(心)부 총 16획 — **懈** 게으를 해 | 懈慢해만 게으르고 거만함 ▶慢(거만할 만)
懈惰해타 일을 하기 싫어하여 할 일을 자꾸 미루고 하지 않음 ▶惰(게으를 타)
懈緩해완　懈怠해태　不倦不懈불권불해 |

| 2급 1384 木부 총 13획 — **楷** 본보기 해 | 楷書해서 한자 서체의 하나, 예서에서 변한 것으로 정자(正字)로 씀 ▶書(글 서)
楷白해백 정확하고 분명함 ▶白(흰 백)
楷法해법 해서의 쓰는 법 ▶法(법 법)
模楷모해　半楷반해　楷字해자　楷篆해전
楷正해정　楷體해체 |

| 1급 1196 氵(水)부 총 19획 — **瀣** 이슬기운 해 | 沆瀣항해 바다 위에 어린 기운 또는 한밤중의 이슬 기운 ▶沆(넓을 항) |

쪽지 시험

※ 다음의 뜻을 가진 한자(漢字)는 어느 것입니까?

1 [건너다]
① 亢　② 伉　③ 杭　④ 沆　⑤ 港

2 [본보기]
① 楷　② 偕　③ 皆　④ 諧　⑤ 骸

풀이

1 ① 亢(높을 항)　② 伉(짝 항)
　③ 杭(건널 항)　④ 沆(넓을 항)
　⑤ 港(항구 항)
2 ① 楷(본보기 해)　② 偕(함께 해)
　③ 皆(다 개)　④ 諧(화할 해)
　⑤ 骸(뼈 해)

답 1. ③ | 2. ①

상공회의소 한자시험 고급 기본서 1·2급

2급 1385
蟹 虫부 총 19획 — 게 **해**

蟹行해행 게처럼 옆으로 걸어감 ▶行(다닐 행)
蟹黃해황 게알로 젓을 담근 간장 ▶黃(누를 황)
籠蟹농해 醬蟹장해 蟹糞해분 蟹舍해사
蟹胥해서 蟹座해좌 蟹湯해탕 魚蟹圖어해도

2급 1386
諧 言부 총 16획 — 화할 **해**

俳諧배해 남을 웃기려고 하는 소리, 악의 없는 농담 ▶俳(배우 배)
諧謔해학 익살스럽고도 멋이 있는 농담 ▶謔(희롱거릴 학)
允諧윤해 諧聲해성 諧語해어 諧調해조
諧和해화 諧謔性해학성 諧謔的해학적

1급 1197
邂 辶(辵)부 총 17획 — 만날 **해**

邂逅해후 오랫동안 헤어졌다가 뜻밖에 다시 만남 ▶逅(만날 후)

邂逅相逢해후상봉

1급 1198
駭 馬부 총 16획 — 놀랄 **해**

震駭진해 몸을 벌벌 떨며 놀람 ▶震(우레 진)
駭怪해괴 매우 괴이함 또는 야릇하고 괴상함 ▶怪(괴이할 괴)
驚駭경해 駭擧해거 駭遁해둔 駭服해복
駭俗해속 駭視해시 駭然해연 駭聽해청

2급 1387
骸 骨부 총 16획 — 뼈 **해**

殘骸잔해 버려진 사해나 물건의 뼈대, 정신은 나가고 남은 육체 ▶殘(남을 잔)
骸骨해골 송장의 살이 전부 썩은 뼈 ▶骨(뼈 골)
骨骸골해 頭骸두해 亡骸망해 百骸백해
死骸사해 聖骸성해 遺骸유해 形骸형해

2급 1388
劾 力부 총 8획 — 캐물을 **핵** / 힘쓸 **해**

深劾심핵 깊이 그 죄를 캐내어 조사함 ▶深(깊을 심)
彈劾탄핵 죄상을 조사하여 꾸짖음 ▶彈(탄알 탄)
擧劾거핵 論劾논핵 自劾자핵 被劾피핵
劾狀핵장 劾情핵정 彈劾訴追權탄핵소추권

1급 1199
倖 亻(人)부 총 10획 — 요행 **행**

射倖사행 우연한 이익을 얻고자 요행을 바람 ▶射(쏠 사)
僥倖요행 어려운 일이 우연히 잘 되어 다행함, 뜻밖에 얻는 행복 ▶僥(바랄 요)
薄倖박행 倖望행망 倖免행면 射倖心사행심
僥倖數요행수 射倖行爲사행행위

2급 1389
杏 木부 총 7획 — 살구 **행**

銀杏은행 은행나무의 열매 ▶銀(은 은)
杏仁행인 살구 씨의 알맹이로 기침, 변비의 약재로 씀 ▶仁(어질 인)
杏花행화 살구나무의 꽃 ▶花(꽃 화)
肉杏육행 杏林행림 杏仁水행인수
杏仁油행인유 杏子木행자목 杏正果행정과

1급 1200
荇 ⺾(艸)부 총 10획 — 노랑어리연꽃 **행**

李荇이행 조선 중종 때의 무신 ▶李(오얏 이)

1급 1201
嚮 口부 총 19획 — 향할 **향**

嚮導향도 일정한 곳으로 길을 인도함 또는 인도하는 사람 ▶導(인도할 도)
嚮往향왕 마음이 늘 어느 사람이나 고장으로 향하여 감 ▶往(갈 왕)
嚮導官향도관 嚮導艦향도함
주의 向과 通字

박혁거세(朴赫居世)

朴(성 박), 赫(빛날 혁), 居(살 거), 世(인간 세)

신라의 시조(始祖)로 왕호는 거서간(居西干)이다. 일찍이 고조선의 유민이 지금의 경상도 지방에 흩어져 살면서 여섯 마을을 형성하였다. 그 중 고허촌장 소벌공(蘇伐公)이 양산 기슭 나정(蘿井) 곁 숲 속에서 큰 알을 발견했는데, 그 속에 어린아이가 있었다. 알이 매우 커서 박과 같다 하여 성을 박(朴)이라 하였고, 세상을 밝게 다스린다는 뜻으로 이름을 '혁거세' 라 하였다. 그의 나이 13세가 되던 해 6촌의 촌장들은 그의 출생이 신이(神異)하다고 하여 왕으로 삼고 국호를 서라벌이라 했다. 즉위 후 왕비와 함께 6부를 돌며 농사와 양잠을 장려했으며, 서울을 금성(金城)으로 정하고 성을 쌓았다.

한자 익히기

2급 1390 王(玉)부 총 10획 **珦** 옥이름 **향**
安珦안향 고려시대 유학자로서 한국 성리학의 시조라고 불리움 ▶安(편안할 안)

2급 1391 食부 총 15획 **餉** 건량 **향**
一餉일향 얼마 안 되는 동안, 짧은 시간 ▶一(한 일)
餉食향식 누에가 잠에서 깬 직후 처음으로 뽕잎을 먹는 일 ▶食(밥 식)
軍餉군향 晚餉만향 糧餉양향 轉餉전향
馱餉타향 餉穀향곡 餉饋향궤 餉保향보

2급 1392 食부 총 22획 **饗** 잔치할 **향**
饗宴향연 특별히 융숭하게 베푸는 잔치 ▶宴(잔치 연)
饗饌향찬 향연에 나오는 요리 ▶饌(반찬 찬)
大饗대향 饗告향고 饗禮향례 饗膳향선
饗應향응 饗宴場향연장

1급 1202 口부 총 15획 **噓** 불 **허**
呵噓가허 입김을 내 붊 ▶呵(꾸짖을 가)
吹噓취허 남의 잘한 것을 풍을 쳐서 칭찬하여 천거함 또는 숨을 내뿜음 ▶吹(불 취)
呴噓呼吸구허호흡

2급 1393 土부 총 15획 **墟** 터 **허**
古墟고허 오랜 세월을 지낸 폐허 ▶古(예 고)
廢墟폐허 건물·시가·성 등이 파괴되어 황폐된 터 ▶廢(폐할 폐)
郊墟교허 舊墟구허 遺墟유허 殷墟은허
墟墓허묘 荒墟황허 遺墟碑유허비

1급 1203 木부 총 20획 **櫶** 나무이름 **헌**
櫶木헌목 백색의 꽃이 피는 상록 교목 ▶木(나무 목)

2급 1394 欠부 총 13획 **歇** 쉴 **헐**/개이름 **갈**
間歇간헐 주기적으로 그쳤다 일어났다 함 ▶間(사이 간)
歇看헐간 탐탁하지 않게 보아 넘김 ▶看(볼 간)
高歇고헐 至歇지헐 最歇최헐 歇價헐가
歇脚헐각 間歇的간헐적 高歇間고헐간

1급 1204 大부 총 9획 **奕** 클 **혁**
奕葉혁엽 대대로 영화를 누림 ▶葉(잎 엽)
奕奕혁혁 사물의 큰 모양을 형용하는 말 ▶奕(클 혁)
博奕박혁 奕棋혁기 奕世혁세 奕舃혁석

2급 1395 火부 총 18획 **爀** 불빛 **혁**
주의 赫과 同字

2급 1396 赤부 총 14획 **赫** 빛날 **혁**
赫怒혁노 얼굴을 붉히면서 버럭 성을 냄 ▶怒(성낼 노)
顯赫현혁 이름이 높이 드러나 빛남 ▶顯(나타날 현)
赫世혁세 赫業혁업 赫然혁연 赫灼혁작
赫赫혁혁 薰赫훈혁 朴赫居世박혁거세

쪽지시험

※ 다음 단어들의 □ 안에 공통으로 들어갈 알맞은 한자는 어느 것입니까?

1 □骨, 遺□, 殘□
① 露 ② 骸 ③ 傳 ④ 餘 ⑤ 邂

2 殷□, 廢□, 古□
① 盛 ② 墟 ③ 棄 ④ 都 ⑤ 杏

풀이
1 骸骨(해골), 遺骸(유해), 殘骸(잔해)
2 殷墟(은허), 廢墟(폐허), 古墟(고허)

답 1. ② | 2. ②

2급 1397	亻(人)부 총 9획	**俔**	염탐할 현	成俔성현 조선시대 제9대 임금 성종 때의 문신 ▶成(이룰 성)

2급 1398	山부 총 10획	**峴**	고개 현	申石峴신석현 납돌고개 ▶申(납 신), 石(돌 석) 論峴논현 서울시 강남구에 있는 지명 ▶論(논할 논) 雲峴宮운현궁

2급 1399	弓부 총 8획	**弦**	시위 현	悲弦비현 구슬픈 거문고 소리 ▶悲(슬플 비) 弦長현장 비행기 날개의 좌우 길이 ▶長(길 장) 無弦무현 下弦하현 弦琴현금 弦脈현맥 弦月현월 弦矢현시 弦影현영 開放弦개방현

1급 1205	日부 총 11획	**晛**	햇살 현	王晛왕현 고려 제18대 임금 의종의 휘 ▶王(임금 왕) 주의 睍(불거진눈 현) 1·2급

1급 1206	氵(水)부 총 8획	**泫**	빛날 현	泫沸체현 눈물이 줄줄 흐름 ▶沸(눈물 체) 泫然현연 눈물이 줄줄 흐르는 모양 ▶然(그러할 연) 泫泫현현

2급 1400	火부 총 9획	**炫**	밝을 현	炫煌현황 정신이 어지럽고 황홀함 ▶煌(빛날 황)

2급 1401	王(玉)부 총 9획	**玹**	옥돌 현	黃玹황현 조선 후기 순국지사인 학자.《매천야록》의 저자 ▶黃(누를 황)

2급 1402	目부 총 10획	**眩**	아찔할 현/요술 환	眩氣현기 눈이 아찔하고 머리가 어찔어찔한 기운 ▶氣(기운 기) 眩惑현혹 어지러워져 홀림 또는 어시럽게 하여 홀리게 함 ▶惑(미혹할 혹) 僭眩비현 疑眩의현 震眩진현 眩目현목 眩然현연 眩耀현요 眩暈현훈 眩氣症현기증

1급 1207	目부 총 12획	**睍**	불거진눈 현	주의 晛(햇살 현) 1·2급

1급 1208	糸부 총 12획	**絢**	무늬 현	絢爛현란 눈이 부시도록 찬란함 또는 시나 글에 수식을 하여 찬란함 ▶爛(문드러질 란)

한자별곡

운현궁(雲峴宮)

雲(구름 운), 峴(고개 현), 宮(집 궁)

조선 제26대 임금 고종(高宗)의 아버지인 흥선대원군(興宣大院君)의 서울특별시 종로구 운니동에 있는 사가(私家)로 사적 제257호로 지정되었다. 고종이 출생하여 왕위에 오르기 전까지 성장한 잠저(潛邸)로 고종이 임금 자리에 오른 뒤 대폭 확장, 신축하고 궁(宮)이라 부르게 하였다. 원래는 궁궐에 견줄 만큼 크고 웅장하였다고 하나 일제침략기를 거치면서 파괴, 변형되어 그 원형을 알 수 없다. 현재 노안당(老安堂)·이로당(二老堂) 등이 남아 있다.

한자 익히기

2급 1403 舟부 총 11획 舷 뱃전 현	乾舷건현 배에 짐을 실었을 때 뱃전의 수면 위에 드러나는 부분 ▶乾(하늘 건) 船舷선현 배의 양쪽 가장자리 부분 ▶船(배 선) 右舷우현 左舷좌현 半舷반현 舷頭현두 舷燈현등 舷門현문 舷牆현장 舷側현측

1급 1209 行부 총 11획 衒 자랑할 현	衒能현능 제 재능을 드러내서 자랑함 ▶能(능할 능) 衒學현학 학문이 있음을 자랑하여 뽐냄 ▶學(배울 학) 衒言현언 衒耀현요 衒學者현학자 衒學的현학적 衒玉賈石현옥고석

2급 1404 金부 총 13획 鉉 솥귀 현	鉉席현석 삼공(三公)의 지위 ▶席(자리 석) 盧武鉉노무현 대한민국 제16대 대통령 ▶盧(성 노), 武(호반 무)

1급 1210 子부 총 3획 孑 외로울 혈	孑遺혈유 약간의 나머지 또는 단 하나 남은 것 ▶遺(남길 유) 孑孑혈혈 우뚝하게 외로이 선 모양, 의지할 곳 없이 외로움 ▶孑(외로울 혈) 孤孑고혈 房孑잔혈 孑立혈립 孤孑單身고혈단신 孑孑單身혈혈단신

2급 1405 頁부 총 9획 頁 머리 혈/책면 엽	頁巖혈암 점토가 굳어져 이루어진 수성암 ▶巖(바위 암) 角頁巖각혈암 石油頁巖석유혈암 油母頁巖유모혈암 含油頁巖함유혈암

2급 1406 亻(人)부 총 9획 俠 호협할 협	義俠의협 강자를 누르고 약자를 도우려는 마음 ▶義(옳을 의) 俠客협객 의협심이 있는 남자 ▶客(손 객) 姦俠간협 輕俠경협 氣俠기협 勇俠용협 遊俠유협 任俠임협 俠骨협골 豪俠호협

2급 1407 大부 총 7획 夾 낄 협	夾路협로 큰 길거리에서 갈려 나간 좁은 길 ▶路(길 로) 夾戶협호 원채와 따로 떨어져 있어 딴 살림을 하게 된 집채 ▶戶(집 호) 夾角협각 夾袋협대 夾門협문 夾房협방 夾書협서 夾袖협수 夾室협실 夾紙협지

2급 1408 山부 총 10획 峽 골짜기 협	海峽해협 육지 사이에 끼어서 넓은 바다로 통하는 좁고 긴 바다 ▶海(바다 해) 峽谷협곡 험하고 좁은 골짜기 ▶谷(골 곡) 口峽구협 深峽심협 絶峽절협 地峽지협 河峽하협 峽間협간 大韓海峽대한해협

2급 1409 扌(手)부 총 10획 挾 낄 협	挾攻협공 양쪽으로 끼고 공격하는 것 ▶攻(칠 공) 挾滯협체 체증과 아울러 다른 병이 겹쳐서 생김 ▶滯(막힐 체) 紙挾지협 挾擊협격 挾軌협궤 挾貴협귀 挾舞협무 挾輔협보 挾勢협세 挾雜협잡

1급 1211 氵(水)부 총 10획 浹 두루미칠 협	浹旬협순 열흘 동안 ▶旬(열흘 순) 浹洽협흡 물이 물건을 적시듯이 널리 고루 전해짐 또는 화목하게 사귐 ▶洽(흡족할 흡) 浹日협일 浹辰협진

쪽지시험

※ 다음 한자(漢字)와 뜻이 비슷한 한자는 어느 것입니까?

1. 絢
① 紗 ② 紹 ③ 紋 ④ 綏 ⑤ 絞

2. 誇
① 鉉 ② 衒 ③ 睍 ④ 俔 ⑤ 挾

풀이

1 絢(무늬 현)
① 紗(깁 사) ② 紹(이을 소) ③ 紋(무늬 문)
④ 綏(편안할 수) ⑤ 絞(목맬 교)

2 誇(자랑할 과)
① 鉉(솥귀 현) ② 衒(자랑할 현)
③ 睍(불거진눈 현) ④ 俔(염탐할 현)
⑤ 挾(낄 협)

답 1. ③ | 2. ②

2급 1410 狹
犬(犬)부 / 총 10획 / 좁을 협

- 偏狹편협 생각이나 도량이 좁고 편벽되어 너그럽지 못함 ▶偏(치우칠 편)
- 狹小협소 공간이 어떤 일을 하기에 좁고 작음 ▶小(작을 소)
- 廣狹광협 量狹양협 狹見협견 狹義협의
- 狹窄협착 狹食性협식성 狹心症협심증

2급 1411 脇
月(肉)부 / 총 10획 / 옆구리 협

- 脇侍협시 좌우에서 가까이 모심 ▶侍(모실 시)
- 脇痛협통 갈빗대 있는 곳이 결리고 아픈 병 ▶痛(아플 통)
- 脇書협서 脇杖협장 乾脇痛건협통
- 주의 脅과 同字

2급 1412 莢
艹(艸)부 / 총 11획 / 꼬투리 협

- 藥莢약협 총포의 화약을 넣은 놋쇠로 만든 작은 통 ▶藥(약 약)
- 彩莢채협 대나무를 가늘게 쪼개어 채색 무늬를 놓아 만든 상자 ▶彩(채색 채)
- 莢果협과 莢膜협막 莢蒿협호
- 有莢植物유협식물 上早莢樹상조협수

1급 1212 鋏
金부 / 총 15획 / 집게 협

- 改鋏개협 승차권이나 입장권에 가위 자국을 내면서 검사하는 일 ▶改(고칠 개)
- 鋏刀협도 약재를 써는 작은 작두와 비슷한 칼 ▶刀(칼 도)
- 木鋏목협 入鋏입협 鋏脚협각 鋏盤협반
- 鋏狀협상 鋏蟲협충 鋏蟲科협충과

1급 1213 頰
頁부 / 총 16획 / 뺨 협

- 玉頰옥협 아름답고 고운 여인의 볼 ▶玉(옥 옥)
- 緩頰완협 온건하게 천천히 말함 ▶緩(느릴 완)
- 口頰구협 兩頰양협 豊頰풍협 頰骨협골
- 頰筋협근 頰窩협와 紅頰홍협

2급 1413 型
土부 / 총 9획 / 모형 형

- 模型모형 똑같은 모양의 물건을 만들기 위한 틀 ▶模(본뜰 모)
- 類型유형 공통의 성질·특징이 있는 것끼리 묶은 하나의 틀 ▶類(무리 류)
- 大型대형 小型소형 原型원형 典型전형
- 體型체형 典型的전형적 血液型혈액형

1급 1214 泂
氵(水)부 / 총 8획 / 멀 형

- 주의 洞(골 동) 6급

1급 1215 滎
水부 / 총 14획 / 실개천 형

- 井滎兪經合정형유경합 동양 의학에서 말하는 오행혈(五行穴) ▶井(우물 정), 兪(인월도 유), 經(글 경), 合(합할 합)

1급 1216 瀅
氵(水)부 / 총 18획 / 물맑을 형

- 金基瀅김기형 독립운동가 ▶金(성 김), 基(터 기)

2급 1414 灐
氵(水)부 / 총 21획 / 물이름 형

- 灐水형수 중국에 있는 강의 이름 ▶水(물 수)

협심증(狹心症)

狹(좁을 협), 心(마음 심), 症(증세 증)

심장부에 갑자기 일어나는 심한 동통(疼痛)이나 발작 증상으로, 심장을 관장하고 있는 혈관이 심근이 필요로 하는 혈액 및 산소량을 충분히 보급할 수 없는 상태에서 일어나며, 관동맥경화에 의한 협착(狹窄)이나 경련, 고도의 심근비대나 심장판막증 등 외에, 갑상선 기능항진증·중증빈혈·니코틴중독인 때도 발작을 볼 수 있는 일이 있다. 중년 이후의 남성에서 많이 볼 수 있고 가장 전형적인 것은 보행이나 계단을 오를 때 또는 운동 등이 유인(誘因)이 되며, 그 밖에 과식이나 끽연 또는 차가운 외기에 접하는 일 등도 유인이 된다.

한자 익히기

2급 1415 炯 火부 총 9획 — 빛날 형
- 炯眼형안 날카로운 눈매 또는 사물에 대한 관찰력이 뛰어난 사람 ▶眼(눈 안)
- 炯炯형형 광선이나 광채가 반짝반짝 빛나면서 밝은 모양 ▶炯(빛날 형)
- 炯心형심

1급 1217 熒 火부 총 14획 — 등불 형
- 熒熒형형 빛이 계속 반짝거리는 모양 ▶熒(등불 형)
- 熒惑형혹 정신이 어수선하고 의혹함 ▶惑(미혹할 혹)
- 聽熒청형 熒燭형촉 熒惑星형혹성
- [주의] 螢(반딧불 형) 3급

1급 1218 珩 王(玉)부 총 10획 — 노리개 형
- 蔥珩총형 조선시대에 벼슬아치의 예복 위에 좌우로 늘여 차던 녹색의 패옥 ▶蔥(파 총)

2급 1416 荊 ++(艸)부 총 10획 — 가시나무 형
- 荊棘형극 나무의 가시 또는 고난의 길을 비유하여 이르는 말 ▶棘(가시 극)
- 荊扉형비 가시나무로 짜 만든 문짝, 조잡하고 허름하게 만든 문짝 ▶扉(문짝 비)
- 蔓荊만형 負荊부형 小荊소형 識荊식형
- 拙荊졸형 荊芥형개 荊路형로 荊婦형부

1급 1219 逈 辶(辵)부 총 9획 — 멀 형
- 逈別형별 아주 동뜨게 다름 ▶別(나눌 별)

1급 1220 邢 ++(艸)부 총 7획 — 성 형/땅이름 경
- 邢積형적 고려 개국공신 ▶積(쌓을 적)
- [주의] 刑(형벌 형) 4급

1급 1221 鎣 金부 총 18획 — 줄 형
- 傳鎣弼전형필 문화재 수집가이자 교육사업가. 호는 간송(澗松) ▶傳(전할 전), 弼(도울 필)

2급 1417 馨 香부 총 20획 — 향기 형
- 潔馨결형 깨끗하고 향기로움 ▶潔(깨끗할 결)
- 馨氣형기 향기로운 냄새, 좋은 느낌을 주는 냄새 ▶氣(기운 기)
- 素馨소형 馨香형향 似蘭斯馨사란사형
- [주의] 聲(소리 성) 5급

2급 1418 彗 크부 총 11획 — 꼬리별/비 혜
- 彗芒혜망 혜성의 뒤에 꼬리같이 길게 끌리는 빛 ▶芒(까끄라기 망)
- 彗掃혜소 비로 깨끗이 청소함 ▶掃(쓸 소)
- 彗星혜성 慧孛혜패 彗星的혜성적

1급 1222 嘒 日부 총 15획 — 별반짝일 혜
- 嘒嘒혜혜 많은 별이 반짝이는 모양 ▶嘒(별반짝일 혜)

쪽지시험

※ 다음 음(音)을 가진 한자는 어느 것입니까?

1. 협
   ① 脇 ② 肋 ③ 肺 ④ 胞 ⑤ 膠

2. 형
   ① 勞 ② 榮 ③ 熒 ④ 瑩 ⑤ 營

풀이
1 ①협 ②륵 ③폐 ④포 ⑤나
2 ①노 ②영 ③형 ④영 ⑤영

답 1.① | 2.③

| 1급 1223 ++(艸)부 총 16획 蕙 혜초 혜 | 蕙蘭혜란 난초과에 딸린 여러해살이 풀 ▶蘭(난초 란) 蕙帶혜대 혜초로 만든 띠 ▶帶(띠 대) 蕙心혜심 蕙園혜원 蕙草혜초 蕙焚蘭悲혜분난비 | 1급 1224 足부 총 17획 蹊 지름길 혜 | 鼠蹊서혜 두 다리의 사이 ▶鼠(쥐 서) 蹊鼠혜서 쥣과의 하나로 들쥐를 이름 ▶鼠(쥐 서) 成蹊성혜 鼠蹊管서혜관 鼠蹊部서혜부 鼠蹊腺서혜선 餓虎之蹊아호지혜 |

| 1급 1225 酉부 총 19획 醯 초 혜 | 脯醯포혜 포육과 식혜를 아울러 이르는 말 ▶脯(포 포) 醯鷄해계 초파릿과의 곤충을 통틀어 이르는 말 ▶鷄(닭 계) 食醯식혜 魚醯어혜 左脯右醯좌포우혜 酒果脯醯주과포혜 | 2급 1419 革부 총 15획 鞋 신 혜 | 洋鞋양혜 주로 가죽을 재료로 하여 만든 서양식 신 ▶洋(큰바다 양) 草鞋초혜 볏짚으로 삼아 만든 신 ▶草(풀 초) 乾鞋건혜 唐鞋당혜 木鞋목혜 絲鞋사혜 雲鞋운혜 靑鞋청혜 竹杖芒鞋죽장망혜 |

| 2급 1420 土부 총 17획 壕 해자 호 | 城壕성호 능, 묘 따위의 경계 또는 성 주위에 둘러 판 못 ▶城(성 성) 塹壕참호 성 둘레의 구덩이 또는 야전에서 땅에 판 좁고 긴 홈 ▶塹(구덩이 참) 對壕대호 掩壕엄호 待避壕대피호 防空壕방공호 掩蔽壕엄폐호 塹壕戰참호전 | 2급 1421 士부 총 12획 壺 병 호 | 氷壺빙호 얼음을 넣은 항아리, 아주 깨끗하고 맑은 마음을 비유 ▶氷(얼음 빙) 投壺투호 화살을 던져 병 속에 넣어서 승부를 가리는 놀이 ▶投(던질 투) 金壺금호 漏壺누호 夜壺야호 酒壺주호 壺蘆호로 壺狀호상 壺中호중 壺中物호중물 |

| 1급 1226 山부 총 8획 岵 산 호 | 陟岵척호 고향에 있는 부모를 그리워 하는 일 ▶陟(오를 척) 陟岵之情척호지정 | 2급 1422 弓부 총 8획 弧 나무활 호 | 括弧괄호 말이나 글, 숫자 등을 한데 묶기 위해 사용하는 부호 ▶括(묶을 괄) 桑弧상호 뽕나무로 만든 활 ▶桑(뽕나무 상) 降弧강호 山弧산호 圓弧원호 角括弧각괄호 小括弧소괄호 弧狀列島호상열도 |

| 2급 1423 戶부 총 11획 扈 따를 호 | 扈駕호가 임금이 탄 수레를 호위하며 뒤따르던 일 ▶駕(가마 가) 跋扈발호 제 마음대로 날뛰며 행동하는 것 ▶跋(밟을 발) 陪扈배호 桑扈상호 扈衛호위 扈從호종 扈衛隊호위대 跋扈將軍발호장군 | 2급 1424 日부 총 8획 昊 하늘 호 | 蒼昊창호 넓은 하늘 ▶蒼(푸를 창) 昊天호천 넓고 큰 하늘 또는 서쪽 하늘 ▶天(하늘 천) 昊天罔極호천망극 주의 旻(하늘 민) 1, 2급 |

호중천(壺中天)

壺(병 호), 中(가운데 중), 天(하늘 천)

항아리 속의 하늘이라는 뜻으로, 별천지·별세계·선경(仙境)을 비유하여 이르는 말이다.
중국 후한 시대 사람인 비장방(費長房)은 시장의 약장수 할아버지가 시장이 파한 후 가게 앞에 놓아둔 항아리 속으로 들어가 사라지는 것을 보았다. 너무도 이상한 일이라고 생각한 그는 할아버지를 찾아갔고, 할아버지는 그를 항아리 속으로 안내했다. 항아리 속에는 화려한 저택이 있고, 그 저택 안에는 산해진미가 차려져 있었다. 이 할아버지는 하늘에서 지상으로 유배된 선인(仙人)인 호공이었다.

《후한서(後漢書)》방술전(方術傳)

한자 익히기

| 1급 1227 日부 총 11획 **晧** 밝을 호 | 晧首호수 흰 머리란 뜻으로 노인을 이르는 말 ▶首(머리 수)
晧然호연 흰 모양 또는 아주 명백한 모양 ▶然(그러할 연)
晧白호백 晧雪호설 晧月호월 晧晧호호 | 1급 1228 氵(水)부 총 11획 **淏** 맑을 호 | 李淏이호 조선 17대 왕 효종의 휘 ▶李(오얏 이) |

| 1급 1229 氵(水)부 총 14획 **滸** 물가 호 | 水滸志수호지 중국의 장편 소설, 중국 사대 기서의 하나 ▶水(물 수), 志(뜻 지)
水滸傳수호전 | 1급 1230 氵(水)부 총 15획 **澔** 넓을 호 | 澔然之氣호연지기 거침없이 넓고 큰 기개 ▶然(그러할 연), 之(갈 지), 氣(기운 기)
주의 浩와 同字 |

| 2급 1425 氵(水)부 총 17획 **濠** 해자/호주 호 | 空濠공호 성을 지키기 위해 파 놓은 물이 없는 못 ▶空(빌 공)
外濠외호 성의 바깥 둘레에 도랑처럼 파서 물이 괴게 한 곳 ▶外(바깥 외)
塹濠참호 濠洲호주 白濠主義백호주의
주의 壕와 通字 | 1급 1231 氵(水)부 총 17획 **濩** 퍼질 호/삶을 확 | 濩落확락 속이 비어 쓸모가 없음. 버려져 찾는 이도 없음 ▶落(떨어질 락) |

| 1급 1232 氵(水)부 총 24획 **灝** 넓을 호 | 灝氣호기 천상의 맑은 기운 ▶氣(기운 기)
灝灝호호 끝없이 넓고 아득한 모양 | 2급 1426 犭(犬)부 총 8획 **狐** 여우 호 | 狐狸호리 여우와 삵, 도량이 좁고 간사한 사람을 비유하여 이르는 말 ▶狸(삵 리)
狐網호망 여우를 잡기 위하여 치는 그물 ▶網(그물 망)
小狐소호 豺狐시호 銀狐은호 狐邁호매
狐臭호취 九尾狐구미호 狐假虎威호가호위 |

| 2급 1427 王(玉)부 총 12획 **琥** 호박 호 | 琥珀호박 지질시대의 나무의 송진 따위가 땅속에 묻혀 수소, 산소, 탄소 등과 화합하여 돌처럼 굳어진 광물 ▶珀(호박 박)
琥珀酸호박산 琥珀色호박색 琥珀玉호박옥
琥珀油호박유 琥珀酒호박주 琥珀糖호박당 | 2급 1428 王(玉)부 총 13획 **瑚** 산호 호 | 珊瑚산호 자포동물문 산호충강의 산호류를 통틀어 이르는 말 ▶珊(산호 산)
瑚璉호련 오곡(五穀)을 담아 신께 바치던 제기 ▶璉(호련 련)
假珊瑚가산호 珊瑚島산호도 珊瑚色산호색
珊瑚枝산호지 珊瑚礁산호초 珊瑚海산호해 |

쪽지시험

※ 다음 성어에서 □ 안에 들어갈 알맞은 한자는 어느 것입니까?

1 竹杖芒□
① 鞋 ② 鞳 ③ 靮 ④ 鞫 ⑤ 勒

2 □假虎威
① 狐 ② 猪 ③ 獅 ④ 狙 ⑤ 狂

풀이

1 竹杖芒鞋(죽장망혜) : 대지팡이와 짚신이란 뜻으로, 먼 길을 떠날 때의 아주 간편한 차림새를 이르는 말

2 狐假虎威(호가호위) : 남의 권세를 빌려 위세를 부림

답 1. ① | 2. ①

1급 1233 瓠 (瓜부, 총 11획) 표주박 호
- 瓠果호과 박과에 딸린 식물의 열매 ▶果(열매 과)
- 瓠落호락 겉보기는 커도 소용이 없이 됨 ▶落(떨어질 락)
- 康瓠강호 苦瓠고호 瓠犀호서 瓠蓲호저
- 苦瓠蘆고호로

1급 1234 皓 (白부, 총 12획) 흴 호
- 皓月호월 매우 맑고 밝게 비치는 달 ▶月(달 월)
- 皓皓호호 깨끗하고 흼 또는 빛나고 맑음 ▶皓(흴 호)
- 皓齒호치 丹脣皓齒단순호치

1급 1235 祜 (示부, 총 10획) 복 호
- 天祜천호 하늘이 내려준 복 ▶天(하늘 천)
- 多祜다호 福祜복호 神祜신호

2급 1429 糊 (米부, 총 15획) 풀 호
- 模糊모호 흐리어 똑똑하지 못함 ▶模(본뜰 모)
- 含糊함호 말을 입 안에서 우물우물하고 모호하게 함 ▶含(머금을 함)
- 糊塗호도 糊丸호환 模糊性모호성
- 曖昧模糊애매모호 糊口之策호구지책

1급 1236 縞 (糸부, 총 16획) 명주 호
- 縞衣호의 흰 비단 저고리, 학의 흰 깃을 이르는 말 ▶衣(옷 의)
- 氷縞빙호 빙하가 녹을 때 흘러내리는 물에 의하여 운반되는 모래 ▶氷(얼음 빙)
- 縞素호소 干涉縞간섭호 縞瑪瑙호마노

1급 1237 芦 (艹(艸)부, 총 8획) 지황 호/하
- 주의 𦫳와 同字
- 주의 蘆의 俗字

1급 1238 葫 (艹(艸)부, 총 13획) 마늘 호
- 葫蘆호로 호리병박 또는 대궐 안 진치 때 무애무를 추는 데에 쓰는 제구의 한 가지 ▶蘆(갈대 로)
- 葫蘆科호로과 葫蘆瓶호로병 葫蘆笙호로생
- 葫蘆巴호로파

1급 1239 蒿 (艹(艸)부, 총 14획) 쑥 호
- 艾蒿애호 국화과의 여러해살이 풀 ▶艾(쑥 애)
- 菁蒿청호 제비쑥, 제비쑥을 약재로 이르는 말 ▶菁(우거질 청)
- 荀蒿동호 白蒿백호 蓬蒿봉호 草蒿초호
- 茨蒿협호 蒿雀호작 茵蔯蒿인진호

1급 1240 蝴 (虫부, 총 15획) 나비 호
- 蝴蝶호접 나비목에 딸린 곤충의 무리 ▶蝶(나비 접)
- 白蝴蝶백호접 나비목 흰나빗과의 곤충 ▶白(흰 백), 蝶(나비 접)
- 蝴蝶夢호접몽

2급 1430 鎬 (金부, 총 18획) 호경 호
- 鎬京호경 중국 섬서성 장안현 남서부에 있는 유적 ▶京(서울 경)
- 鄭鎬冕정호면

한자별곡

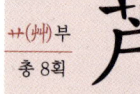

호접몽(蝴蝶夢)

蝴(나비 호), 蝶(나비 접), 夢(꿈 몽)

나비가 된 꿈이라는 뜻으로, 물아일체의 경지 또는 인생의 덧없음을 비유하는 말이다.
장자가 어느 날 꿈을 꾸었다. 나비가 되어 꽃들 사이를 즐겁게 날아다녔다. 그러다가 문득 깨어 보니, 자기는 분명 장주(莊周)가 되어 있었다. 장주인 자기가 꿈속에서 나비가 된 것인지, 아니면 나비가 꿈에 장주가 된 것인지를 구분할 수 없었다. 만물 일체의 절대 경지에서 말한다면, 장주도 나비도, 꿈도 현실도, 생도 사도 구별이 없으며 보이는 것은 만물의 변화에 불과하다는 것이다.

《장자(莊子)》 제물론편(齊物論篇)

한자 익히기

1급 1241 護
音부 / 총 23획
구할 **호**

閔護민호 조선 중기의 문신 ▶閔(성 민)

1급 1242 顥
頁부 / 총 21획
클 **호**

少顥소호 중국의 전설상의 임금 ▶少(적을 소)
顥天호천 구천(九天)의 하나, 서쪽 하늘을 이름 ▶天(하늘 천)
程顥정호 崔顥최호

2급 1431 酷
酉부 / 총 14획
심할 **혹**

冷酷냉혹 인정이 없고 혹독함 ▶冷(찰 랭)
慘酷참혹 비참하고 끔찍함, 잔인하고 무자비함 ▶慘(참혹할 참)
苛酷가혹 殘酷잔혹 酷毒혹독 酷使혹사
酷暑혹서 酷評혹평 酷寒혹한 慘酷相참혹상

2급 1432 渾
氵(水)부 / 총 12획
흐릴 **혼**

渾沌혼돈 천지개벽 초에 하늘과 땅이 나누어지지 않은 상태 ▶沌(어두울 돈)
渾身혼신 온몸으로 열정을 쏟거나 정신을 집중하는 상태 ▶身(몸 신)
雄渾웅혼 渾家혼가 渾淪혼륜 渾率혼솔
渾然혼연 渾濁혼탁 渾然一體혼연일체

2급 1433 琿
王(玉)부 / 총 13획
아름다운옥 **혼**

琿春혼춘 중국 길림성 남동쪽의 도시 ▶春(봄 춘)

1급 1243 惚
忄(心)부 / 총 11획
황홀할 **홀**

自惚자홀 스스로 황홀함 ▶自(스스로 자)
恍惚황홀 광채가 어른어른하여 눈이 부심, 사물에 마음이 팔려 멍하니 서 있는 모양 ▶恍(황홀할 황)
惚惚境황홀경

2급 1434 笏
竹부 / 총 10획
홀 **홀**

投笏투홀 홀을 내던진다는 뜻으로 벼슬살이를 그만 둠 ▶投(던질 투)
笏記홀기 혼례나 제례 때 의식의 순서를 적은 글 ▶記(기록할 기)
木笏목홀 玉笏옥홀 執笏집홀 牙笏아홀
簪笏잠홀 搢笏진홀 白玉笏백옥홀

1급 1244 哄
口부 / 총 9획
떠들 **홍**

哄動홍동 여러 사람이 지껄이며 떠듦 ▶動(움직일 동)
哄然홍연 큰 웃음을 터뜨리는 모양 ▶然(그러할 연)
哄笑홍소 哄褐色홍갈색 哄然大笑홍연대소

1급 1245 汞
水부 / 총 7획
수은 **홍**

甘汞감홍 염화수은을 일상적으로 이르는 말 ▶甘(달 감)
汞粉홍분 염화수은을 한방에서 이르는 말, 변비치료나 안정제로 쓰임 ▶粉(가루 분)
雷汞뇌홍 猛汞맹홍 昇汞승홍 白降汞백강홍
昇汞水승홍수 黃降汞황강홍

1급 1246 泓
氵(水)부 / 총 8획
물깊을 **홍**

深泓심홍 깊은 못 ▶深(깊을 심)

쪽지시험

※ 다음 한자어(漢字語)와 발음(發音)이 같은 한자어는 어느 것입니까?

1 縞素
① 告訴 ② 枯色 ③ 呼訴 ④ 好色 ⑤ 護送

2 渾身
① 運身 ② 君臣 ③ 獻身 ④ 魂神 ⑤ 精神

풀이

1 호소
① 고소 ② 고색 ③ 호소 ④ 호색 ⑤ 호송

2 혼신
① 운신 ② 군신 ③ 헌신 ④ 혼신 ⑤ 정신

답 1. ③ | 2. ④

| 1급 1247 火부 총 10획 **烘** 횃불 홍 | 冬烘先生동홍선생 겨울철 방안에 앉아서 불만 쬐고 있는 훈장이라는 뜻, 학문에만 열중하여 세상물정에 어두운 사람을 이름 ▶冬(겨울 동), 先(먼저 선), 生(날 생) | 2급 1435 虫부 총 9획 **虹** 무지개 홍 | 虹橋홍교 양쪽 끝은 처지고 가운데는 높여 무지개처럼 만든 다리 ▶橋(다리 교)
虹彩홍채 안구의 각막과 수정체 사이에 있는 고리 모양의 얇은 막 ▶彩(채색 채)
白虹백홍 雰虹분홍 月虹월홍 長虹장홍
朝虹조홍 虹霓홍예 虹泉홍천 虹霓門홍예문 |

| 1급 1248 言부 총 10획 **訌** 어지러울 홍 | 內訌내홍 내부에서 저희끼리 일으키는 분쟁 ▶內(안 내)
訌爭홍쟁 한 집단 안에서 일어나는 싸움 ▶爭(다툴 쟁) | 1급 1249 女부 총 15획 **嬅** 탐스러울 화 | 嬅麗화려 여자의 용모가 곱고 아름다움 ▶麗(고울 려) |

| 2급 1436 木부 총 16획 **樺** 자작나무 화 | 白樺백화 자작나무 ▶白(흰 백)
樺皮화피 벚나무의 껍질로 활을 만드는 데와 그 밖의 여러 곳에 쓰임 ▶皮(가죽 피)
樺榴화류 樺木화목 樺燭화촉 樺木科화목과
樺皮色화피색 樺燭之典화촉지전 | 2급 1437 田부 총 13획 **畵** 그림 화/그을 획 | 壁畵벽화 건물이나 무덤 따위의 벽에 그린 그림 ▶壁(벽 벽)
畵家화가 그림을 그리는 일을 전문으로 하는 사람 ▶家(집 가)
錄畵녹화 漫畵만화 揷畵삽화 畵報화보
畵龍點睛화룡점정 **주의** 畫의 俗字 |

| 1급 1250 言부 총 19획 **譁** 시끄러울 화 | 譁笑화소 큰소리를 내어 시끄럽게 웃음 ▶笑(웃음 소)
譁然화연 여러 사람이 떠들썩하게 지껄이는 모양 또는 그 소리 ▶然(그러할 연)
喧譁훤화 | 2급 1438 革부 총 13획 **靴** 신 화 | 軍靴군화 전투하는 데에 편리하도록 만든 군인용의 구두 ▶軍(군사 군)
短靴단화 목이 짧아 발목 아래에 오는 구두 ▶短(짧을 단)
洋靴양화 長靴장화 脫靴탈화 靴工화공
靴金화금 室內靴실내화 運動靴운동화 |

| 1급 1251 扌(手)부 총 23획 **攫** 붙잡을 확 | 攫浚확준 왝 갉아서 빼앗아 가짐 ▶浚(깊게 할 준)
攫取확취 왝 후리쳐 빼앗아 가짐 ▶取(가질 취)
攫奪확탈 一攫千金일확천금 | 1급 1252 石부 총 15획 **礭** 굳을 확 | **주의** 確과 同字 |

한자별곡

환웅(桓雄)

桓(굳셀 환), 雄(수컷 웅)

우리 민족의 시조인 단군의 아버지이다. 《삼국유사》에 따르면 천제(天帝)인 환인(桓因)의 아들로, 천부인(天符印) 3개를 받아 무리를 거느리고 세상에 내려왔다. 태백산(太白山) 신단수(神壇樹) 아래에 신시(神市)를 열고, 풍백(風伯)·우사(雨師)·운사(雲師)를 거느리고 인간의 360여 가지 일을 맡아서 세상을 다스리고 교화하였다. 어느 날 사람이 되길 원하는 곰과 호랑이가 찾아오자 쑥과 마늘을 주어 굴에서 수도하게 하였더니, 호랑이는 참지 못해 뛰쳐 나왔지만 곰은 참아낸 끝에 여자가 되었다. 그 후 환웅은 그 웅녀(熊女)와 혼인하여 단군을 낳았다.

한자 익히기

2급 1439 喚 口부 총 12획 — 부를 환
- 叫喚규환 큰 소리를 지르며 부르짖음 ▶叫(부르짖을 규)
- 喚起환기 생각, 의식 등을 되살려 불러일으키는 것 ▶起(일어날 기)
- 召喚소환 追喚추환 喚問환문 喚想환상
- 喚呼환호 召喚狀소환장 阿鼻叫喚아비규환

1급 1253 奐 大부 총 9획 — 빛날 환
- 輪奐윤환 집이 크고 넓으며 아름다움 ▶輪(바퀴 륜)
- [주의] 煥과 通字

2급 1440 宦 宀부 총 9획 — 벼슬 환
- 遊宦유환 다른 나라 또는 먼 곳에 가서 벼슬을 함 ▶遊(놀 유)
- 宦官환관 거세된 남자로 궁정에서 사역하는 내관 ▶官(벼슬 관)
- 科宦과환 内宦내환 名宦명환 仕宦사환
- 小宦소환 從宦종환 宦達환달 宦途환도

2급 1441 幻 幺부 총 4획 — 헛보일 환
- 幻想환상 현실에 없는 것을 있는 것 같이 느끼는 상념 ▶想(생각 상)
- 幻影환영 눈앞에 없는 것이 있는 것처럼 보이는 것 ▶影(그림자 영)
- 幻覺환각 幻滅환멸 幻像환상 幻生환생
- 幻夢환몽 夢幻曲몽환곡 幻覺劑환각제

1급 1254 晥 日부 총 11획 — 환할 환
- ※중국 안휘성(安徽省)의 약칭

2급 1442 桓 木부 총 10획 — 굳셀 환
- 桓雄환웅 천상을 지배하는 하늘의 임금인 환인의 아들 ▶雄(수컷 웅)
- 桓因환인 천상을 지배하는 하늘의 임금 ▶因(인할 인)
- 檀桓단환 桓儉敎환검교

1급 1255 渙 氵(水)부 총 12획 — 흩어질 환
- 渙散환산 군중이나 단체가 해산하여 흩어짐 ▶散(흩을 산)
- 渙然환연 의심스럽던 것이 풀리는 모양 ▶然(그러할 연)
- 渙發환발 渙然氷釋환연빙석

2급 1443 煥 火부 총 13획 — 빛날 환
- 金壽煥김수환 한국 최초의 추기경이자 가톨릭 성직자 ▶金(성 김), 壽(목숨 수)
- 文益煥문익환 閔泳煥민영환
- 才氣煥發재기환발

1급 1256 紈 糸부 총 9획 — 흰비단 환
- 綺紈기환 고운 비단, 곱고 값진 옷 ▶綺(비단 기)
- 紈扇환선 엷은 깁으로 바른 부채 ▶扇(부채 선)
- 綺紈家기환가 綺紈公子기환공자
- 紈扇圓潔환선원결

1급 1257 驩 馬부 총 28획 — 기뻐할 환
- 交驩교환 서로 즐거움을 교환함 또는 같이 즐김 ▶交(사귈 교)
- 驩然환연 마음에 즐겁고 기뻐하는 모양 ▶然(그러할 연)
- [주의] 歡과 通字

쪽지시험

상공회의소 한자 고급 1, 2급

※ 다음 한자(漢字)와 음(音)이 같은 한자는 어느 것입니까?

1 訌
① 供 ② 拱 ③ 烘 ④ 珙 ⑤ 恭

2 幻
① 權 ② 驩 ③ 唯 ④ 雖 ⑤ 踰

풀이

1 訌(어지러울 홍)
① 공 ② 공 ③ 홍 ④ 공 ⑤ 공

2 幻(헛보일 환)
① 권 ② 환 ③ 유 ④ 수 ⑤ 유

답 1. ③ | 2. ②

1급 1258 魚부 총 21획 鰥 홀아비 환	免鰥면환 아내를 얻어 홀아비 신세를 면함 ▶免(면할 면) 鰥菹환저 무 배추 한 가지로만 담근 김치 ▶菹(김치 저) 鰥居환거 鰥夫환부 鰥寡孤獨환과고독	2급 1444 水부 총 13획 滑 미끄러울 활 / 익살스러울 골	手滑수활 일에 익숙하여 일을 잽싸게 함 ▶手(손 수) 圓滑원활 일이 거침없이 잘 되어 나감, 모난 데가 없고 원만함 ▶圓(둥글 원) 氷滑빙활 手滑수활 柔滑유활 滑降활강 滑稽골계 滑走활주 滑澤활택 潤滑油윤활유
1급 1259 犭(犬)부 총 13획 猾 교활할 활	狡猾교활 술수나 행동 따위가 능란함이 있게 약음 ▶狡(교활할 교) 猾吏활리 교활한 아전이나 관리 ▶吏(벼슬아치 리) 姦猾간활 能猾능활 猾賊활적 猾智활지 獪猾회활	1급 1260 谷부 총 17획 豁 뚫린골 활	豁達활달 작은 일에 거리끼지 않고 도량이 너그럽고 큼 ▶達(통달할 달) 豁如활여 생각이나 뜻이 막힘이 없이 탁 트여 넓은 모양 ▶如(같을 여) 開豁개활 空豁공활 疏豁소활 深豁심활 軒豁헌활 豁然활연 豪豁호활 開豁地개활지
2급 1445 門부 총 17획 闊 넓을/트일 활	廣闊광활 매우 넓어 막힌 데가 없음 ▶廣(넓을 광) 闊步활보 활개를 치고 거드럭거리며 걷는 걸음 ▶步(걸음 보) 開闊개활 契闊계활 久闊구활 大闊대활 快闊쾌활 閑闊한활 稀闊희활 闊葉樹활엽수	2급 1446 几부 총 11획 凰 봉황새 황	鳳凰봉황 예로부터 중국의 전설에 나오는 상서로움을 상징하는 상상의 새 ▶鳳(새 봉) 水金凰수금황 鳳凰臺봉황대 鳳凰舞봉황무 鳳凰紋봉황문 鳳凰吟봉황음
1급 1261 巾부 총 13획 幌 휘장 황	翠幌취황 푸르게 우거진 대나무숲을 비유적으로 표현한 말 ▶翠(푸를 취)	1급 1262 彳부 총 12획 徨 노닐 황	彷徨방황 방향이나 위치를 잘 몰라 이리저리 헤매는 것 ▶彷(거닐 방) 夢中彷徨몽중방황 꿈속에서 이리저리 헤맴 ▶夢(꿈 몽), 中(가운데 중), 彷(거닐 방) 彷徨變異방황변이
1급 1263 忄(心)부 총 9획 恍 황홀할 황	恍惚황홀 광채가 어른어른하여 눈이 부심 또는 사물에 마음이 팔려 멍하니 서 있는 모양 ▶惚(황홀할 홀) 昏恍혼황 주의 慌과 通用	1급 1264 忄(心)부 총 12획 惶 두려워할 황	唐惶당황 놀라서 어리둥절하거나 다급하여 어찌할 바를 모름 ▶唐(당황할 당) 惶悚황송 분에 넘쳐 고맙고도 송구함 ▶悚(두려워할 송) 驚惶경황 恐惶공황 惶感황감 惶怯황겁 惶愧황괴 惶蹙황축 惶汗황한 惶惑황혹

한자별곡

환과고독(鰥寡孤獨)

鰥(홀아비 환), 寡(적을 과), 孤(외로울 고), 獨(홀로 독)

홀아비·과부, 어리고 부모 없는 사람, 늙고 자식이 없는 사람 등 외롭고 의지할 곳 없는 사람들을 이르는 말이다. 맹자는 왕도정치에 대해 다음과 같이 말하였다. "늙어 아내 없는 이를 홀아비[鰥], 늙어 남편이 없는 이를 과부[寡], 늙어 자식이 없는 이를 외로운 사람[獨], 어리고 아비 없는 이를 고아[孤]라고 합니다. 이 네 부류의 사람들은 천하에 궁벽한 백성들로서 의지할 데가 없는 사람들입니다." 즉, 어진 정치를 베풀기 위해서는 반드시 먼저 이 네 부류의 사람들을 돌보아야 한다고 생각한 것이다.

《맹자(孟子)》양혜왕장구(梁惠王章句)

한자 익히기

1급 1265 忄(心)부 총 13획 **愰** 밝을 황
愰懭황양 마음이 들뜸 ▶懭(뜻이루고자할 양)

2급 1447 忄(心)부 총 13획 **慌** 다급할 황
恐慌공황 갑자기 일어나는 심리적인 불안 상태 ▶恐(두려울 공)
慌忙황망 마음이 몹시 급하여 당황하고 허둥지둥함 ▶忙(바쁠 망)
唐慌당황 危慌위황 眩慌현황 慌惚황홀
恐慌史공황사 經濟恐慌경제공황

2급 1448 日부 총 10획 **晃** 밝을 황
晃然황연 환하게 밝은 모양 ▶然(그러할 연)
晃晃황황 번쩍번쩍 밝게 빛나는 모양, 휘황하게 빛나는 모양 ▶晃(밝을 황)
姜世晃강세황
【주의】晄과 同字

1급 1266 日부 총 10획 **晄** 밝을 황
【주의】晃과 同字

1급 1267 木부 총 14획 **榥** 책상 황
俞榥유황 조선 중기의 문신 ▶俞(인월도 유)

1급 1268 氵(水)부 총 12획 **湟** 해자 황
※ 해자(垓子) : 적들의 침입을 막기 위해 성 둘레에 파놓은 연못

2급 1449 氵(水)부 총 13획 **滉** 깊을 황
李滉이황 조선시대의 유학자, 호는 퇴계 ▶李(오얏 리)

1급 1269 氵(水)부 총 15획 **潢** 웅덩이 황
銀潢은황 은하수 ▶銀(은 은)
粧潢장황 서책이나 서화첩 따위를 종이나 비단으로 발라서 꾸며 만듦 ▶粧(단장할 장)
天潢천황 潢池황지

2급 1450 火부 총 13획 **煌** 빛날 황
炫煌현황 정신이 어지럽고 황홀함 ▶炫(밝을 현)
輝煌휘황 광채가 눈부시게 빛남 ▶輝(빛날 휘)
煌煌황황 煌班巖황반암 輝煌燦爛휘황찬란

1급 1270 王(玉)부 총 16획 **璜** 서옥 황
非成則璜비성즉황 두 가지 가운데 어느 한 가지를 고름, 위나라의 재상을 위성과 적황 두 사람 중에서 택한 데서 유래 ▶非(아닐 비), 成(이룰 성), 則(곧 즉)

쪽지시험

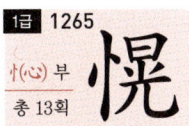

※ 다음의 뜻을 가진 한자(漢字)는 어느 것입니까?

1 교활하다
① 猾 ② 狄 ③ 狩 ④ 狽 ⑤ 獰

2 웅덩이
① 洸 ② 滑 ③ 渙 ④ 潢 ⑤ 湮

풀이

1 ① 猾(교활할 활)   ② 狄(오랑캐 적)
  ③ 狩(사냥 수)   ④ 狽(이리 패)
  ⑤ 獰(모질 영)

2 ① 洸(성낼 광)   ② 滑(미끄러울 활)
  ③ 渙(흩어질 환)   ④ 潢(웅덩이 황)
  ⑤ 湮(묻힐 인)

답 1. ① | 2. ④

1급 1271 篁 竹부 총 15획 대숲 황	笙篁생황 아악에 쓰는 관악기의 하나 ▶笙(생황 생) 翠篁취황 푸르게 무성한 대밭 ▶翠(비취색 취) 篁竹황죽	1급 1272 簧 竹부 총 18획 혀 황	笙簧생황 아악에 쓰는 관악기의 하나 ▶笙(생황 생)
1급 1273 蝗 虫부 총 15획 누리 황	蝗災황재 풀무치 떼가 날아와 농작물을 먹어버리는 큰 재해 ▶災(재앙 재) 蝗旱황한 메뚜깃과의 해충인 풀무치로 인한 피해와 가뭄 ▶旱(가물 한) 蝗蟲황충 蝗害황해 小蝗蟲소황충 蝗蟲科황충과	1급 1274 遑 辶(辵)부 총 13획 허둥거릴 황	未遑미황 미처 겨를이 없어 여가를 얻지 못함 ▶未(아닐 미) 遑急황급 몹시 어수선하고 급박함 ▶急(급할 급) 不遑불황 棲遑서황 遑忙황망 遑遑황황
2급 1451 隍 阝(阜)부 총 12획 해자 황	城隍성황 서낭신이 붙어 있다는 나무 ▶城(성 성) 隍池황지 성 밖에 빙 둘러서 파놓은 물이 없는 성지 ▶池(못 지) 隍塹황참 城隍壇성황단 城隍堂성황당 城隍祭성황제	1급 1275 匯 匚부 총 13획 물돌아나갈 회	總匯총회 한 그릇에 모두 담음 ▶總(다 총)
2급 1452 廻 廴부 총 9획 돌 회	迂廻우회 곧바로 가지 않고 돌아감 ▶迂(멀 우) 廻轉회전 어떤 축을 중심으로 하여 그 둘레를 도는 것 ▶轉(구를 전) 巡廻순회 上廻상회 輪廻윤회 周廻주회 避廻피회 下廻하회 廻章회장 迂廻的우회적	1급 1276 徊 彳부 총 9획 노닐 회	徘徊배회 아무 목적 없이 거닒 ▶徘(노닐 배) 低徊저회 머리를 숙이고 시색에 잠기면서 왔다갔다 함 ▶低(낮을 저) 遲徊지회 徘徊症배회증 徘徊顧眄배회고면 俯仰低徊부앙저회
1급 1277 恢 忄(心)부 총 9획 넓을 회	恢復회복 일, 건강 등을 나빠진 상태에서 다시 좋은 상태로 되돌리는 것 ▶復(돌아올 복) 恢然회연 썩 넓은 모양 ▶然(그러할 연) 紹恢소회 恢廣회광 恢宏회굉 恢公회공 恢弘회홍 恢恢회회	2급 1453 晦 日부 총 11획 그믐 회	煙晦연회 가리어 어둡게 함 ▶煙(연기 연) 隱晦은회 숨어 없어짐 또는 자취를 감춤 ▶隱(숨을 은) 韜晦도회 月晦월회 陰晦음회 自晦자회 晦間회간 晦盲회맹 晦日회일 晦迹회적

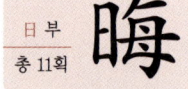

회사후소(繪事後素)

繪(그림 회), 事(일 사), 後(뒤 후), 素(본디 소)

그림은 먼저 바탕을 손질한 후에 채색한다는 뜻으로, 좋은 바탕이 있은 뒤에 문식(文飾)을 더해야 함을 비유하여 이르는 말이다. 자하가 "'교묘한 웃음에 보조개여, 아름다운 눈에 또렷한 눈동자여, 소박한 마음으로 화려한 무늬를 만들었구나.'는 무슨 뜻입니까?"라고 묻자 공자는 "그림 그리는 일은 흰 바탕이 있은 후이다[繪事後素]."라고 하였다. 이는 형식적인 예보다는 그 예의 본질인 인(仁)한 마음이 중요한 것이며, 형식으로서의 예는 본질이 있은 후에라야 의미가 있는 것임을 뜻하는 것이다.

《논어(論語)》 팔일(八佾)

한자 익히기

2급 1454 檜 木부 총 17획
전나무 **회**
- 檜木회목 측백나뭇과의 상록 교목, 노송나무 ▶木(나무 목)
- 檜皮회피 전나무의 껍질 ▶皮(가죽 피)
- 檜巖寺회암사

2급 1455 淮 氵(水)부 총 11획
물이름 **회**
- 淮烏회오 중국 사천성에서 나는 오두의 처음 난 원뿌리 ▶烏(까마귀 오)
- 淮河회하 중국 대별산맥에서 시작되어 양자강으로 흐르는 강 ▶河(물 하)
- 兩淮양회 秦淮진회 淮陽회양
- **주의** 准(준할 준) 1·2급

2급 1456 澮 氵(水)부 총 16획
봇도랑 **회**
- 溝澮구회 길가나 논밭 사이의 작은 도랑 ▶溝(도랑 구)

2급 1457 灰 火부 총 6획
재 **회**
- 面灰면회 담이나 벽의 거죽에 바르는 회 또는 거죽에 회를 바름 ▶面(낯 면)
- 灰質회질 석회성분을 주로 가진 물건 ▶質(바탕 질)
- 骨灰골회 死灰사회 洋灰양회 灰色회색
- 灰土회토 石灰巖석회암 灰色分子회색분자

1급 1278 獪 犭(犬)부 총 16획
교활할 **회/쾌**
- 老獪노회 사람이 어떤 일에 경험이 많아 의뭉하고 능란함 ▶老(늙을 로)
- 獪猾회활 간악하고 교활함 ▶猾(교활할 활)

2급 1458 繪 糸부 총 19획
그림 **회**
- 繪具회구 회화에 쓰이는 도구 ▶具(갖출 구)
- 繪畫회화 여러 가지 선이나 색채로 평면상에 형상을 그려내는 조형 미술 ▶畫(그림 화)
- 水繪수회 油繪유회 繪圖회도 繪像회상
- 繪塑회소 繪筆회필 繪事後素회사후소

2급 1459 膾 月(肉)부 총 17획
어회 **회**
- 肝膾간회 소, 염소의 간으로 만든 회 ▶肝(간 간)
- 膾炙회자 회와 구운 고기, 칭찬을 받으며 사람의 입에 오르내림 ▶炙(구운고기 자)
- 甲膾갑회 眸膾양회 肉膾육회 生鮮膾생선회
- 石花膾석화회 膾炙人口회자인구

1급 1279 茴 艹(艸)부 총 10획
회향풀 **회**
- 茴香회향 회향풀 또는 회향풀의 열매로 약으로 쓰고 기름도 짬 ▶香(향기 향)
- 茴香精회향정 회향유를 알코올에 섞은 액체 ▶香(향기 향), 精(정할 정)
- 大茴香대회향 小茴香소회향 茴香水회향수
- 茴香酒회향주 大茴香油대회향유

1급 1280 蛔 虫부 총 12획
회충 **회**
- 動蛔동회 뱃속에서 거위가 굼틀거려 거위배가 일어남 ▶動(움직일 동)
- 蛔蟲회충 회충과에 딸린 기생충을 통틀어 일컬음 ▶蟲(벌레 충)
- 安蛔안회 蛔疳회감 蛔積회적 蛔痛회통
- 蛔腹痛회복통 蛔蟲散회충산 蛔蟲藥회충약

2급 1460 誨 言부 총 14획
가르칠 **회**
- 敎誨교회 교도소에서 잘 가르쳐서 잘못을 뉘우치게 함 ▶敎(가르칠 교)
- 規誨규회 바로 잡고 타이름 또는 그 가르침 ▶規(법 규)
- 勸誨권회 承誨승회 慈誨자회 誨言회언
- 誨諭회유 誨淫회음 誨化회화 訓誨훈회

쪽지시험

※ 다음 성어에서 □ 안에 들어갈 알맞은 한자는 어느 것입니까?

1. 徘□顧眄
   ① 茴 ② 廻 ③ 蛔 ④ 徊 ⑤ 賄

2. □炙人口
   ① 肝 ② 膾 ③ 肥 ④ 脾 ⑤ 毁

풀이

1 徘徊顧眄(배회고면): 아무 목적도 없이 거닐면서 여기저기 돌아봄

2 膾炙人口(회자인구): 회와 구운 고기라는 뜻으로, 칭찬을 받으며 사람의 입에 자주 오르내림을 이르는 말

답 1. ④ | 2. ②

1급 1281	賄	資賄자회 소중한 물건 또는 시집갈 때 가지고 가는 물품 ▶資(재물 자)	1급 1282	宖	
貝부 총 13획		賄賂회뢰 뇌물을 주거나 받는 행위 또는 그 뇌물 ▶賂(뇌물줄 뢰)	宀부 총 8획		
	뇌물 회	收賄수회 財賄재회 贈賄증회 收賄罪수회죄		집울릴 횡/클 홍	주의 弘(클 홍) 3급

1급 1283	鏓	錚鏓쟁횡 쇠가 울리는 소리 ▶錚(쇳소리 쟁)	1급 1284	哮	咆哮포효 사납게 외침 또는 사나운 짐승이 울부짖음 ▶咆(으르렁거릴 포)
金부 총 20획			口부 총 10획		哮吼효후 사나운 짐승 따위가 으르렁거림 ▶吼(울 후)
	종 횡			으르렁거릴 효	嘲哮조효 哮咆효포

1급 1285	嚆	嚆矢효시 전쟁터에서 우는 화살을 쏘아 개전의 신호로 삼는다는 뜻으로 모든 일의 시초 ▶矢(화살 시)	1급 1286	斅	斅學半효학반 남을 가르치는 일은 자기 학업의 반을 차지한다는 뜻으로 학업의 반은 남을 가르치는 동안에 이루어짐을 이르는 말 ▶學(배울 학), 半(반 반)
口부 총 17획			攴부 총 20획		
	울릴 효			가르칠 효	

2급 1461	梟	梟猛효맹 건장하고 날램 ▶猛(사나울 맹)	1급 1287	洨	洨水효수 중국 하남(河南)에 있는 물 이름 ▶水(물 수)
木부 총 11획		梟惡효악 몹시 악독함 ▶惡(악할 악)	氵(水)부 총 10획		
		梟雄효웅 사납고 용맹스러운 인물 ▶雄(수컷 웅)			
	올빼미 효	桃梟도효 土梟토효 梟騎효기 梟首효수 梟將효장 梟敵효적 梟鴟효치 梟悍효한		물이름 효	

1급 1288	淆	淆亂효란 뒤죽박죽되어 어지럽고 질서가 없음 ▶亂(어지러울 란)	2급 1462	爻	卦爻괘효 주역의 괘와 효 ▶卦(점괘 괘)
氵(水)부 총 11획		淆薄효박 인심 같은 것이 쌀쌀하고 각박함 ▶薄(엷을 박)	爻부 총 4획		數爻수효 사물 낱낱의 수 ▶數(셈 수)
					爻象효상 좋지 못한 몰골 ▶象(코끼리 상)
	뒤섞일 효	紛淆분효 混淆혼효 淆雜효잡 混淆林혼효림		효 효	動爻동효 四爻사효 陽爻양효 六爻육효 陰爻음효 初爻초효 爻辭효사

한자별곡

사자후(獅子吼)

獅(사자 사), 子(아들 자), 吼(울 후)

사자가 울부짖는 소리라는 뜻으로, 진리나 정의를 설파하는 것을 말한다. 사자가 소리쳐 울면 작은 사자는 용기를 내고 기타 일체의 금수는 도망쳐버린다. 즉, 뭇 짐승들이 사자의 울부짖음 앞에서 꼼짝 못하듯 석가의 설법 앞에서는 모두 고개를 조아릴 정도로 그 위력이 대단하다는 뜻이며, 현재에는 열변을 토해 내는 것을 비유할 때 사용된다.

"석가모니 설법의 위엄은 마치 사자가 부르짖는 것과 같으며, 그 해설은 우레가 울려 퍼지는 것처럼 청중들의 마음을 사로잡았다."

한자 익히기

1급 1289 肴 月(肉)부 총 8획
안주 효

佳肴가효 맛이 좋은 안주 또는 맛있는 요리 ▶佳(아름다울 가)
珍肴진효 진귀하고 맛있는 안주 ▶珍(보배 진)
嘉肴가효 美肴미효 魚肴어효 酒肴주효
肴膳효선 肴蔬효소 珍味佳肴진미가효

2급 1463 酵 酉부 총 14획
술밑 효

酸酵발효 효모나 세균 따위의 미생물이 유기화합물을 분해하여 알코올류, 이산화탄소 따위를 생기게 하는 작용 ▶醱(술익을 발)
酵素효소 酵母효모 醱酵劑발효제
酵母菌효모균 醱酵食品발효식품

1급 1290 驍 馬부 총 22획
날랠 효

驍騎효기 용감하고 날랜 기병 ▶騎(말탈 기)
驍銳효예 사납고 날카로움 ▶銳(날카로울 예)
驍勇효용 驍望효망 驍名효명 驍武효무
驍將효장 驍悍효한

2급 1464 后 口부 총 6획
임금 후

王后왕후 임금의 아내 ▶王(임금 왕)
入后입후 황후를 들임 ▶入(들 입)
廢后폐후 폐위된 황후나 왕후 ▶廢(폐할 폐)
立后입후 歇后헐후 皇后황후 后妃후비
后土후토 皇太后황태후 明成皇后명성황후

1급 1291 吼 口부 총 7획
울 후

叫吼규후 사자 따위의 짐승이 울부짖음 ▶叫(부르짖을 규)
悲吼비후 크고 사나운 짐승이 슬피 욺 또는 그 울음 ▶悲(슬플 비)
一吼일후 哮吼효후 獅子吼사자후
一牛吼地일우후지

2급 1465 喉 口부 총 12획
목구멍 후

斥喉척후 몰래 적의 형편을 살핌 ▶斥(물리칠 척)
喉頭후두 공기의 통로가 되는 목구멍, 기관의 앞 끝부분 ▶頭(머리 두)
咽喉인후 喉舌후설 喉院후원 喉頭炎후두염
喉頭音후두음 耳鼻咽喉科이비인후과

2급 1466 嗅 口부 총 13획
맡을 후

嗅覺후각 냄새를 맡는 감각 ▶覺(깨달을 각)
嗅葉후엽 뇌의 앞 끝에 있는 주머니 모양의 돌기 ▶葉(잎 엽)
幻嗅환후 嗅感후감 嗅官후관 嗅器후기
嗅腦후뇌 嗅藥후약 嗅神經후신경

1급 1292 帿 巾부 총 12획
과녁 후

주의 侯와 同字

2급 1467 朽 木부 총 6획
썩을 후/썩은냄새 추

枯朽고후 마르고 시들고 썩음 ▶枯(마를 고)
老朽노후 오래되고 낡아 사용하기 어려운 상태에 있음 ▶老(늙을 로)
不朽불후 朽骨후골 朽落후락 朽敗후패
朽葉色후엽색 死且不朽사차불후

1급 1293 煦 灬(火)부 총 13획
따뜻하게할 후

和煦화후 봄날이 아늑하고 따뜻함 ▶和(화할 화)
煦煦후후 온정을 베푸는 모양 또는 선웃음을 치는 모양 ▶煦(따뜻하게 할 후)
春煦춘후 衆煦漂山중후표산

쪽지시험

※ 다음 단어들의 □ 안에 공통으로 들어갈 알맞은 한자는 어느 것입니까?

1 收□, □賂, 資□

① 取 ② 賄 ③ 受 ④ 格 ⑤ 支

2 醱□, □素, □母

① 酵 ② 酸 ③ 要 ④ 祖 ⑤ 梟

풀이

1 收賄(수회), 賄賂(회뢰), 資賄(자회)
2 醱酵(발효), 酵素(효소), 酵母(효모)

답 1. ② | 2. ①

1급 1294 王(玉)부 총 10획 **珝** 옥이름 후	賈珝가후 삼국지에 등장하는 조조의 책사 ▶賈(성 가)	1급 1295 辶(辵)부 총 10획 **逅** 만날 후	邂逅해후 오랫동안 헤어졌다가 뜻밖에 다시 만남 ▶邂(만날 해) 邂逅相逢해후상봉
2급 1468 日부 총 13획 **暈** 무리 훈	虛暈허훈 몹시 쇠약해져 일어나는 현기증 ▶虛(빌 허) 暈輪훈륜 달무리, 햇무리 따위의 둥근 테두리 ▶輪(바퀴 륜) 氣暈기훈 墨暈묵훈 船暈선훈 熱暈열훈 月暈월훈 日暈일훈 酒暈주훈 眩暈현훈	2급 1469 力부 총 12획 **勛** 공 훈	[주의] 勳의 古字
2급 1470 力부 총 16획 **勳** 공 훈	功勳공훈 사업이나 나라를 위해서 두드러지게 세운 공 ▶功(공 공) 勳章훈장 나라에 훈공이 있는 이에게 내려 주는 휘장 ▶章(글 장) 光勳광훈 帶勳대훈 報勳보훈 遺勳유훈 勳等훈등 勳號훈호 建國勳章건국훈장	1급 1296 土부 총 13획 **塤** 질나팔 훈	[주의] 壎과 同字
1급 1297 土부 총 17획 **壎** 질나팔 훈	壎篪相和훈지상화 형제간에 화목함을 비유하는 말 ▶篪(피리 지), 相(서로 상), 和(화목할 화)	1급 1298 火부 총 11획 **焄** 김쐴 훈	焄蒿悽愴훈호처창 향기가 서려 올라 사람의 기분을 오싹히게 한다는 뜻으로, 귀신의 분위기가 서림을 형용하여 이르는 말 ▶蒿(쑥 호), 悽(슬퍼할 처), 愴(슬퍼할 창)
2급 1471 ⺣(火)부 총 14획 **熏** 불길 훈	熏灼훈작 불에 태움 또는 큰 세력을 가지고 있음을 비유적으로 이르는 말 ▶灼(사를 작) 熏煮훈자 熏蒸훈증 熏香훈향 熏煙室훈연실 衆口熏天중구훈천 [주의] 燻과 同字	2급 1472 火부 총 18획 **燻** 연기낄 훈	燻製훈제 소금에 절인 고기를 연기에 익혀 말리면서 그 연기의 성분이 흡수되게 함 또는 그런 식품 ▶製(지을 제) 燻蒸훈증 연기에 쐬어서 찜 ▶蒸(찔 증) 鼻燻비훈 燻室훈실 燻煙훈연 燻肉훈육 燻造훈조 燻腿훈퇴 燻製品훈제품

한자별곡

훈제(燻製)

燻(연기낄 훈), 製(지을 제)

소금에 절인 수조육류(獸鳥肉類)를 훈연을 하여 건조시키는 가공법 또는 그 가공식품을 말한다. 훈제의 시작은 원시시대이며, 공업적으로 훈제가 만들어지게 된 것은 15세기로 영국에서이다. 훈제의 목적은 수분을 제거하여 건조 상태로 만드는 동시에 연기 속에 있는 방부 성분을 침투시켜서 보존성을 가지게 하는 것, 어육류의 악취를 연기의 향미로 제거하여 재료의 맛을 돋우는 것이다. 제조법은 냉훈법·온훈법·액훈법의 3가지가 있으며, 훈제품으로는 연어·청어·대구·굴 등 어패류의 훈제품과 햄·베이컨·소시지 같은 육류제품이 대표적이다.

한자 익히기

2급 1473 ⺿(艸)부 총 18획 薰 향풀 훈	芳薰방훈 꽃다운 향기 또는 향기로운 냄새 ▶芳(꽃다울 방) 薰風훈풍 첫여름에 부는 훈훈한 바람 ▶風(바람 풍) 煙薰연훈 薰氣훈기 薰陶훈도 薰習훈습 薰藥훈약 薰育훈육 薰香훈향 薰薰훈훈	1급 1299 ⺿(艸)부 총 17획 薨 훙서할 훙/많을 횡	薨逝훙서 임금이나 왕족, 높은 귀족 등을 높이어 그의 죽음을 이르는 말 ▶逝(갈 서) 薨去훙거 薨御훙어
1급 1300 口부 총 12획 喧 시끄러울 훤	喧騷훤소 요란하고 소란스러움 ▶騷(떠들 소) 喧藉훤자 어떤 소문이 뭇사람의 입으로 퍼져서 와자하게 됨 ▶藉(깔개 자) 浮喧부훤 喧言훤언 喧爭훤쟁 喧擾훤요 喧呼훤호 喧譁훤화	1급 1301 日부 총 13획 暄 온난할 훤	晴暄청훤 날씨가 개어 따뜻함 ▶晴(갤 청) 暄日훤일 暄天훤천 暄風훤풍 寒暄之禮한훤지례　주의 煖과 同字
1급 1302 火부 총 13획 煊 따뜻할 훤　주의 暄과 同字		2급 1474 ⺿(艸)부 총 13획 萱 원추리 훤	椿萱춘훤 춘당과 훤당, 남을 높이어 그의 부모를 이르는 말 ▶椿(참죽나무 춘) 萱菜훤채 원추리를 데쳐서 양념을 한 음식 ▶菜(나물 채) 甄萱견훤 公萱공훤 萱堂훤당 萱草훤초
2급 1475 十부 총 5획 卉 풀 훼	嘉卉가훼 아름다운 초목 ▶嘉(아름다울 가) 花卉화훼 꽃이 피는 풀, 또는 관상·장식 등으로 재배하는 식물 ▶花(꽃 화) 枯卉고훼 芳卉방훼 異卉이훼 卉服훼복 卉衣훼의 千花萬卉천화만훼	1급 1303 口부 총 12획 喙 부리 훼/달	豕喙시훼 돼지 입과 같다는 뜻으로 욕심이 많아 보이는 사람을 비유 ▶豕(돼지 시) 容喙용훼 입을 놀림 또는 옆에서 말참견을 함 ▶容(얼굴 용) 開喙개훼 鳥喙오훼 交喙鳥교훼조 長頸烏喙장경오훼 喙長三尺훼장삼척
2급 1476 厶부 총 13획 彙 무리 휘	庶彙서휘 여러 가지 종류 또는 갖가지 종류 ▶庶(여러 서) 語彙어휘 어떤 일정한 범위 안에서 쓰이는 낱말의 수효 또는 전체 ▶語(말씀 어) 辭彙사휘 字彙자휘 彙類휘류 彙報휘보 彙集휘집 語彙論어휘론 萬彙群象만휘군상	2급 1477 彳부 총 17획 徽 아름다울 휘	徽音휘음 아름다운 언행에 대한 소문 ▶音(소리 음) 徽章휘장 신분이나 명예를 나타내기 위하여 옷에 붙이는 표장 ▶章(글 장) 徽琴휘금 徽裁휘재 徽旨휘지 徽號휘호 주의 禕와 通字

쪽지시험

※ 다음 한자(漢字)와 뜻이 비슷한 한자는 어느 것입니까?

1　勛
① 幼　② 勳　③ 劫　④ 動　⑤ 励

2　彙
① 喧　② 喙　③ 徽　④ 群　⑤ 窘

풀이

1 勛(공 훈)
① 幼(어릴 유)　② 勳(공 훈)　③ 劫(위협할 겁)
④ 動(움직일 동)　⑤ 励(힘 근)

2 彙(무리 휘)
① 喧(시끄러울 훤)　② 喙(부리 훼)
③ 徽(아름다울 휘)　④ 群(무리 군)
⑤ 窘(군색할 군)

답 1. ② 2. ④

2급 1478 日부 총 13획 **暉** 빛 휘	晩暉만휘 해 질 무렵의 햇빛, 저녁햇빛 ▶晩(늦을 만) 旭暉욱휘 솟아오르는 아침 햇빛 ▶旭(아침 해 욱) 耿暉경휘 落暉낙휘 斜暉사휘 夕暉석휘 晨暉신휘 餘暉여휘 朝暉조휘 晴暉청휘	1급 1304 火부 총 13획 **煇** 빛날 휘/햇무리 운	星煇성휘 별의 반짝거림, 별빛 ▶星(별 성) 煇煌휘황 광채가 나서 눈부시게 번쩍임 ▶煌(빛날 황) 煇光휘광 주의 輝와 同字 5급
2급 1479 言부 총 16획 **諱** 꺼릴 휘	諱忌휘기 숨기고 드러내기를 꺼림 ▶忌(꺼릴 기) 諱疾휘질 질병을 숨기고 드러내지 아니함 ▶疾(병 질) 家諱가휘 內諱내휘 不諱불휘 御諱어휘 諱秘휘비 諱言휘언 諱音휘음 諱日휘일	1급 1305 麻부 총 15획 **麾** 대장기 휘	指麾지휘 어떤 목적을 효과적으로 이루기 위하여 단체의 행동을 통솔하는 것 ▶指(가리킬 지) 麾下휘하 주장의 지휘 아래 ▶下(아래 하) 旌麾정휘 黃麾황휘 麾旗휘기 麾動휘동 麾兵휘병
1급 1306 灬(火)부 총 10획 **烋** 아름다울 휴/거들먹거릴 효	金烋김휴 조선 중기의 성리학자 ▶金(성 김)	1급 1307 田부 총 11획 **畦** 밭두둑 휴	野畦야휴 논둑길 또는 밭둑길 ▶野(들 야) 廢畦폐휴 황폐한 밭 ▶廢(폐할 폐) 畦間灌漑휴간관개 주의 珪(홀 규) 1, 2급
1급 1308 虍부 총 17획 **虧** 이지러질 휴	虧喪휴상 손해를 입음 또는 이지러져 없어짐 ▶喪(잃을 상) 虧欠휴흠 일정한 수효에서 부족이 생김 ▶欠(하품 흠) 喫虧끽휴 初虧초휴 虧空휴공 虧損휴손 虧失휴실 虧盈휴영 虧月휴월 虧蔽휴폐	2급 1480 忄(心)부 총 9획 **恤** 구휼할 휼	救恤구휼 빈민이나 이재민 등에게 금품을 주어 구조함 ▶救(구휼 구) 恩恤은휼 사랑으로 남을 도움 또는 은혜로 도움 ▶恩(은혜 은) 矜恤긍휼 憫恤민휼 慰恤위휼 弔恤조휼 賑恤진휼 恤孤휼고 患難相恤환난상휼
1급 1309 言부 총 19획 **譎** 속일 휼	詭譎궤휼 교묘하고 간사스러운 속임 ▶詭(속일 궤) 陰譎음휼 마음속이 컴컴하고 내흉스러움 ▶陰(그늘 음) 奸譎간휼 狡譎교휼 奇譎기휼 背譎배휼 譎計휼계 譎怪휼괴 譎謀휼모 譎詐휼사	1급 1310 鳥부 총 23획 **鷸** 도요새 휼	蚌鷸방휼 조개와 도요새를 아울러 이르는 말 ▶蚌(방합 방) 鷸鳥휼조 도욧과의 새를 통틀어 이르는 말 ▶鳥(새 조) 田鷸전휼 鷸科휼과 蚌鷸之爭방휼지쟁

한자별곡

흉노족(匈奴族)

匈(오랑캐 흉), 奴(종 노), 族(겨레 족)

기원전 3세기 말부터 기원후 1세기 말까지 몽골고원에서 세력을 떨쳤던 기마민족이다. 이들은 선우(單于)라고 불리는 단일 지도자 밑에서 광범위한 부족연합을 형성한 후부터 강성해지기 시작했으며, 기원전 3세기 말에 묵돌[冒頓] 선우가 모든 부족을 통일하여 북아시아 최초의 유목국가를 건설하고 최전성기를 맞이하였다. 서역의 통상로를 지배하여 한(漢)나라와 대항하였으나, 후에 한 무제의 잦은 침공으로 쇠약해져 1세기경 남북으로 분열되었다.

1급 1311 几부 총 6획	兇 흉악할 흉	兇物흉물 성질이 그늘지고 험상궂은 사람 또는 흉측스런 동물 ▶物(물건 물) 兇漢흉한 흉악한 짓을 하는 사람 ▶漢(사내 한) 嘯兇소흉 元兇원흉 兇徒흉도 兇手흉수 兇惡흉악 兇人흉인 兇賊흉적 兇虐흉학	2급 1481 勹부 총 6획	匈 오랑캐 흉	匈奴흉노 기원전 4세기에서 1세기 사이에 몽고 지방에서 세력을 떨쳤던 유목민족 ▶奴(종 노) 匈奴族흉노족
1급 1312 氵(水)부 총 9획	洶 용솟음칠 흉	洶急흉급 물의 흐름이 급하고 거셈 ▶急(급할 급) 洶湧흉용 물결이 매우 세차게 일어남 또는 물이 힘차게 솟아남 ▶湧(샘솟을 용) 洶洶흉흉	1급 1313 日부 총 8획	昕 아침 흔	昕夕흔석 아침과 저녁을 아울러 이르는 말 ▶夕(저녁 석) 錢大昕전대흔 중국 청나라 때의 이름난 유교 선비 ▶錢(돈 전), 大(큰 대) 大昕대흔
2급 1482 欠부 총 8획	欣 기뻐할 흔	欣然흔연 기쁘거나 반가워 기분이 좋은 모양 ▶然(그러할 연) 欣快흔쾌 마음에 기쁘고도 통쾌함 ▶快(쾌할 쾌) 欣感흔감 欣求흔구 欣賞흔상 欣悅흔열 欣榮흔영 欣淨흔정 欣喜흔희 欣慕흔모	1급 1314 火부 총 8획	炘 화끈거릴 흔	炘炘흔흔 매우 기쁘고 만족스러움 ▶炘(화끈거릴 흔)
2급 1483 疒부 총 11획	痕 흔적 흔	葉痕엽흔 잎이 떨어진 뒤에 줄기에 남아 있는 흔적 ▶葉(잎 엽) 痕迹흔적 뒤에 남은 자취나 자국 ▶迹(자취 적) 淚痕누흔 刀痕도흔 傷痕상흔 生痕생흔 水痕수흔 餘痕여흔 血痕혈흔 條痕色조흔색	1급 1315 口부 총 6획	吃 말더듬을 흘	吃水흘수 배의 아랫부분이 물에 잠기는 깊이 ▶水(물 수) 吃語흘어 더듬어 가면서 하는 말 ▶語(말씀 어) 口吃구흘 吃逆흘역 吃音흘음 輕吃水경흘수 吃水線흘수선
2급 1484 山부 총 6획	屹 산우뚝솟을 흘	屹出흘출 산이 험하고 날카롭게 솟음 ▶出(날 출) 屹乎흘호 우뚝하게 높이 솟은 모양 ▶乎(어조사 호) 屹立흘립 屹然흘연 屹然獨立흘연독립	1급 1316 糸부 총 9획	紇 묶을 흘	回紇회흘 중국 수나라 때 위구르를 이르던 이름 ▶回(돌아올 회) 紇升骨城흘승골성

쪽지시험

※ 다음 음(音)을 가진 한자는 어느 것입니까?

1. 휴
① 硅 ② 珪 ③ 畦 ④ 桂 ⑤ 佳

2. 흔
① 欣 ② 吃 ③ 譎 ④ 麾 ⑤ 勛

풀이
1 ①규 ②규 ③휴 ④계 ⑤가
2 ①흔 ②흘 ③휼 ④휘 ⑤훈

답 1.③ | 2.①

1급 1317 訖 言부 총 10획 이를 흘/마칠 글	照訖帖조흘첩 조선시대 때 성균관에서 과거 응시 자격자에게 주던 증서 ▶照(비칠 조), 帖(표제 첩) 照訖講조흘강 訖解王흘해왕	2급 1485 欠 欠부 총 4획 하품 흠	欠節흠절 부족하거나 잘못된 점 또는 불완전하여 흠이 되는 곳 ▶節(마디 절) 欠乏흠핍 빠지거나 이지러져서 모자람 ▶乏(가난할 핍) 無欠무흠 欠缺흠결 欠談흠담 欠事흠사 欠席흠석 欠身흠신 欠處흠처 欠縮흠축
2급 1486 欽 欠부 총 12획 공경할 흠	欽慕흠모 기쁜 마음으로 사모함 ▶慕(그리워할 모) 欽仰흠앙 공경하여 우러러보고 사모함 ▶仰(우러를 앙) 欽敬흠경 欽求흠구 欽念흠념 欽命흠명 欽服흠복 欽羨흠선 欽欽新書흠흠신서	1급 1318 歆 欠부 총 13획 받을 흠	歆感흠감 신명이 제물을 받고 감응함 ▶感(느낄 감) 歆饗흠향 신명이 제물을 받음 ▶饗(잔치할 향) 歆格흠격
1급 1319 恰 忄(心)부 총 9획 흡사할 흡	恰似흡사 거의 같음 또는 비슷함 ▶似(같을 사)	2급 1487 洽 氵(水)부 총 9획 흡족할 흡	未洽미흡 아직 넉넉하지 못함, 흡족하지 못함 ▶未(아닐 미) 洽足흡족 아주 넉넉함 또는 두루 퍼져서 사물을 두루두루 봄 ▶足(발 족) 親洽친흡 化洽화흡 歡洽환흡 浹洽협흡 洽覽흡람 洽滿흡만 洽然흡연 洽意흡의
1급 1320 翕 羽부 총 12획 합할 흡	翕如흡여 음악의 성률 따위가 잘 맞는 네가 있음 ▶如(같을 여) 翕然흡연 대중의 의사가 한 곳으로 쏠리는 정도가 대단한 모양 ▶然(그러할 연) 주의 翁(늙은이 옹) 3급	2급 1488 僖 亻(人)부 총 14획 기쁠 희	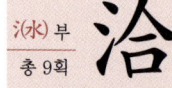康王 희강왕 신라 43대 임금 ▶康(편안할 강), 王(임금 왕)
1급 1321 熙 灬부 총 15획 빛날 희	주의 熙의 俗字	1급 1322 噫 口부 총 16획 탄식할 희/트림할 애	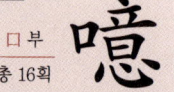嗚희오 슬피 탄식하고 괴로워하는 모양 ▶嗚(슬플 오)

흠흠신서(欽欽新書)

欽(공경할 흠), 欽(공경할 흠), 新(새 신), 書(글 서)

조선 후기 실학자 정약용(丁若鏞)이 저술한 형법서로 1822년(순조 22)에 간행되었다. 30권 10책으로 되어 있으며, 그의 저서 가운데《경세유표(經世遺表)》·《목민심서(牧民心書)》와 함께 1표(表) 2서(書)라고 일컬어지는 대표적 저서이다. 정약용은 사람의 생명을 다루는 형옥의 과정이 매우 형식적이고 무성의하게 진행되는 것을 바로잡고 계몽할 필요성을 느껴 책 집필에 착수하였다. 내용은《경사요의(經史要義)》3권,《비평전초(批評雋抄)》5권,《의률차례(擬律差例)》4권,《상형추의(祥刑追議)》15권,《전발무사(剪跋蕪詞)》3권으로 구성되어 있다.

한자 익히기

| 1급 1323 口부 총 22획 | **囍** 쌍희 희 | 雙囍쌍희 혼인이나 경사가 있을 때, 그 기쁨을 나타냄 ▶雙(쌍 쌍)
※우리나라에서만 쓰이는 한자(漢字) | 2급 1489 女부 총 9획 | **姬** 여자 희 | 佳姬가희 젊고 아리따운 여자 ▶佳(아름다울 가)
舞姬무희 춤을 잘 추거나 춤추는 일을 업으로 삼는 여자 ▶舞(춤출 무)
歌姬가희 名姬명희 美姬미희 愛姬애희
妖姬요희 寵姬총희 幸姬행희 姬妾희첩 |

| 2급 1490 女부 총 15획 | **嬉** 아름다울 희 | 嬉笑희소 실없이 웃음 또는 예쁘게 웃는 웃음 ▶笑(웃음 소)
嬉戲희희 즐거이 희롱하며 놂 ▶戲(희롱할 희)
恬嬉염희 娛嬉오희 嬉遊희유 | 2급 1491 心부 총 16획 | **憙** 기뻐할 희 | 주의 喜와 同字 |

| 1급 1324 忄(心)부 총 15획 | **憘** 기뻐할 희 | 주의 喜와 同字 | 1급 1325 日부 총 11획 | **晞** 마를 희 | 晞觀희관 분수에 넘치는 야심으로 기회를 노리고 엿봄 ▶觀(볼 관)
晞和희화 날씨나 마음씨가 온화함 ▶和(화할 화) |

| 1급 1326 日부 총 20획 | **曦** 햇빛 희 | 曦月희월 해와 달을 아울러 이르는 말 ▶月(달 월)
曦軒희헌 태양을 달리 이르는 말 ▶軒(집 헌)
曦光희광 曦暉朗耀희휘낭요 | 2급 1492 灬(火)부 총 14획 | **熙** 빛날 희 | 隆熙융희 자세히 이해함 ▶隆(높을 륭)
熙笑희소 기뻐서 웃음 또는 기쁜 웃음 ▶笑(웃음 소)
熙朝희조 잘 다스려진 시대 ▶朝(아침 조)
廣熙광희 徐熙서희 熙隆희륭 熙熙희희
慶熙宮경희궁 朴正熙박정희 |

| 2급 1493 灬(火)부 총 16획 | **熹** 빛날 희 | 朱熹주희 중국 송나라의 유학자 ▶朱(붉을 주)
주의 熺와 同字
주의 憙(기뻐할 희) 1·2급 | 1급 1327 火부 총 16획 | **熺** 빛날 희 | 주의 熹와 同字 |

쪽지시험

상공회의소 한자 고급 1, 2급

※ 다음 한자어(漢字語)와 발음(發音)이 같은 한자어는 어느 것입니까?

1 翕然

① 舊緣 ② 洽然 ③ 後緣 ④ 酒宴 ⑤ 豁然

2 晞和

① 繪畫 ② 棉花 ③ 豪華 ④ 戲畫 ⑤ 惠化

풀이

1 흡연
① 구연 ② 흡연 ③ 후연 ④ 주연 ⑤ 활연

2 희화
① 회화 ② 면화 ③ 호화 ④ 희화 ⑤ 혜화

답 1. ② 2. ④

| 2급 1494 牛부 총 20획 犧 희생 희/술그릇 사 | 犧牲희생 다른 사람·어떤 목적을 위하여 목숨·재산 따위를 바치거나 버림 ▶牲(희생 생)

全犧전희 犧樽희준 犧牲物희생물
犧牲者희생자 犧牲的희생적 犧牲打희생타 | 2급 1495 示부 총 17획 禧 복 희 | 新禧신희 새해의 복 ▶新(새 신)
鴻禧홍희 큰 행운 ▶鴻(기러기 홍)
禧年희년 50년마다 한 번씩 돌아오는 복스러운 해 ▶年(해 년)

恭賀新禧공하신희 張禧嬪장희빈
延禧宮연희궁 |
| 2급 1496 羊부 총 16획 羲 복희 희 | 伏羲복희 중국 고대 전설상의 제왕 ▶伏(엎드릴 복)
王羲之왕희지 중국 진나라 시대의 서예가 ▶王(임금 왕), 之(갈 지)

羲和희화 伏羲氏복희씨 羲皇上人희황상인
羲皇世界희황세계 | 2급 1497 言부 총 13획 詰 꾸짖을 힐 | 詰難힐난 트집을 잡아 거북할 만큼 따지고 듦 ▶難(어려울 난)
詰責힐책 잘못을 따져서 꾸짖음 ▶責(꾸짖을 책)

究詰구힐 面詰면힐 言詰언힐 詰拒힐거
詰問힐문 詰朝힐조 詰斥힐척 詰論議힐논의 |

왕희지(王羲之)

王(임금 왕), 羲(복희 희), 之(갈 지)

중국 동진(東晉)의 서예가로, 중국 고금을 통해 첫째가는 서성(書聖)으로 존경받고 있다. 예서(隷書)를 잘 썼고, 당시 아직 성숙하지 못하였던 해서·행서·초서의 3체를 예술적인 서체로 완성하였다. 시대가 지나면서 중국에서 가장 기본적이고도 품격 높은 예술인 서예를 배우는 사람들에게 동경의 대상이 되었다. 주요 작품인 《난정서(蘭亭序)》는 353년 회계의 난정(蘭亭)에서 있었던 연회에 참석하여 문사들의 시를 모아 만든 책에 서문을 쓴 것으로 그의 일대의 걸작으로 꼽힌다.

干支 이야기
간 지

干支(간지)란 10干(간) 12支(지)라고도 합니다. 干(간)은 줄기[幹], 즉 하늘을 뜻하고 支(지)는 가지[枝], 즉 땅을 뜻합니다. 따라서 干支(간지)란 천지의 조화를 나타내는데, 중국 한나라 이후부터 길흉화복을 점치거나 일상 생활의 달력 등에 사용되어 왔습니다.

10干(간)은 甲[첫째 천간 갑], 乙[둘째 천간 을], 丙[셋째 천간 병], 丁[넷째 천간 정], 戊[다섯째 천간 무], 己[여섯째 천간 기], 庚[일곱째 천간 경], 辛[여덟째 천간 신], 壬[아홉째 천간 임], 癸[열째 천간 계]를 말하며,

12支(지)는 子[첫째 지지 자], 丑[둘째 지지 축], 寅[셋째 지지 인], 卯[넷째 지지 묘], 辰[다섯째 지지 진], 巳[여섯째 지지 사], 午[일곱째 지지 오], 未[여덟째 지지 미], 申[아홉째 지지 신], 酉[열째 지지 유], 戌[열한째 지지 술], 亥[열두째 지지 해]를 말합니다. 12지는 옆의 그림처럼 각각 열두 동물로 표현하는데, 이는 한자의 뜻과는 아무런 관련이 없습니다.

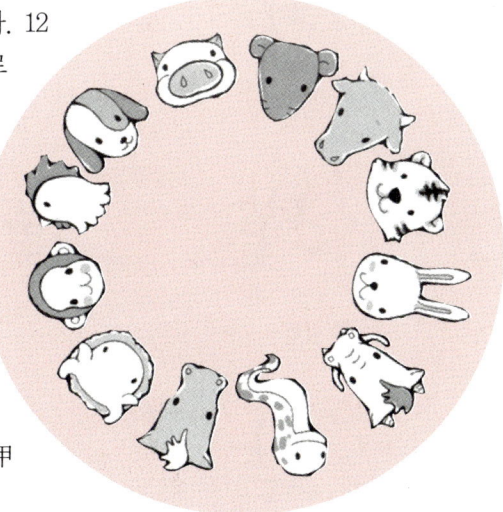

10干(간) 12支(지)를 순차적으로 조합하면 10과 12의 최소공배수인 60이 한 주기가 되는데, 이를 六十甲子(육십갑자)라 합니다. 그래서 자기가 태어난 해가 다시 돌아오는 데는 60년이 걸리며, 태어난 해가 다시 돌아오는 해를 還甲(환갑) 또는 回甲(회갑)이라고 하는 것입니다.

인명용 한자(1·2급)_284자

※ ( ) 안은 2급 한자임

001 木부 총10획 栞	002 王(玉)부 총7획 玕	003 木부 총7획 杠	004 木부 총17획 檑	005 女부 총14획 嫝
표할/벨 간	옥돌 간	깃대 강	나무이름 강	편안할 강

006 足부 총13획 跭	007 王(玉)부 총8획 玠	008 冂부 총7획 冏	009 木부 총17획 檠	010 木부 총17획 橿
세울 강/항	큰홀 개	빛날 경	도지개 경	도지개 경

011 火부 총15획 熲	012 鳥부 총19획 鶊	013 口부 총7획 囧	014 火부 총10획 烓	015 木부 총8획 杲
빛날 경	꾀꼬리 경	빛날 경	화덕 계	밝을 고

016 金부 총16획 錕	017 金부 총16획 錧	018 木부 총10획 桄	019 女부 총9획 姣	020 金부 총14획 銢
붉은쇠 곤	비녀장 관	광랑나무 광	예쁠 교	가래 귀/삽 궤

021 糸부 총7획 紀	022 土부 총14획 墐	023 氵(水)부 총14획 漌	024 女부 총14획 嫤	025 日부 총14획 㬥
꼴 규	매흙질할 근	맑을 근	여자이름 근	볕기운 기

026 禾부 총13획 稘	027 女부 총9획 姞	028 月(肉)부 총10획 胳	029 手부 총10획 挐	030 方부 총12획 旎
일주년 기	성 길	성길 나	붙잡을 나	깃발날릴 나

한자 익히기

031 金부 총12획 鈕	032 木부 총9획 柅	033 父부 총10획 爹	034 金부 총21획 鐺	035 日부 총7획 昊
인꼭지 뉴	무성할 니(이)	아비 다	쇠사슬 당/솥 쟁	햇빛 대/클 영

036 土부 총9획 垌	037 虫부 총14획 蝀	038 月부 총16획 朣	039 日부 총16획 曈	040 彡부 총7획 彤
항아리 동	무지개 동	달빛훤히치밀 동	동틀 동	붉을 동

041 火부 총10획 烔	042 阝(阜)부 총7획 阧	043 刂(刀)부 총9획 剆	044 王(玉)부 총21획 瓓	045 女부 총11획 婪
뜨거운모양 동	치솟을 두	가지칠 라	옥광채 란	예쁠 람

046 氵(水)부 총11획 涼	047 女부 총22획 孌	048 女부 총8획 姈	049 日부 총9획 昤	050 氵(水)부 총8획 泠
서늘할 량	아름다울 련	여자가슬기로울 령	날빛영롱할 령	깨우칠 령

051 口부 총19획 嚧	052 크부 총8획 彔	053 金부 총16획 錀	054 广부 총16획 (廩)	055 亻(人)부 총9획 俐
웃을 로	나무깎을 록	금 륜	곳집 름	똑똑할 리

056 内부 총11획 离	057 氵(水)부 총10획 涖	058 支부 총16획 釐	059 扌(手)부 총15획 撛	060 阝(邑)부 총15획 鄰
떠날 리	다다를 리	바를 리	붙들 린	이웃 린

061 鹿부 총17획 麟	062 金부 총19획 鏋	063 忄(心)부 총13획 愐	064 氵(水)부 총9획 洺	065 火부 총8획 炆
기린 린	금 만	맘너그러울 명	강이름 명	따뜻할 문

066 媺 女부 총12획 빛고울 미	067 嵋 山부 총12획 산 미	068 躾 身부 총16획 예절가르칠 미	069 嬫 女부 총13획 착하고아름다울 미	070 忞 心부 총8획 힘쓸 민
071 暋 日부 총13획 굳셀 민	072 愍 心부 총15획 총명할 민	073 敃 攵(攴)부 총9획 강인할 민	074 潤 氵(水)부 총15획 물졸졸흘러내릴 민	075 砇 石부 총9획 옥돌 민
076 顝 頁부 총14획 강할 민	077 碈 石부 총14획 옥돌 민	078 顢 頁부 총18획 강할 민	079 鉑 金부 총13획 금박 박	080 机 木부 총7획 수부나무 범
081 襒 衤(衣)부 총17획 털 별	082 馣 香부 총13획 향기날 별	083 鉼 金부 총16획 판금 병	084 鍑 金부 총17획 솥 복	085 棐 木부 총12획 도지개 비
086 儐 亻(人)부 총16획 인도할 빈	087 璸 王(玉)부 총18획 구슬이름 빈	088 馪 禾부 총19획 향기 빈	089 邠 阝(邑)부 총7획 나라이름 빈	090 繽 糸부 총20획 어지러울 빈
091 糸 糸부 총6획 가는 실 사/멱	092 壝 土부 총14획 높고밝은땅 상	093 諝 言부 총16획 슬기 서	094 愲 忄(心)부 총12획 지혜 서	095 嶼 山부 총17획 섬 서
096 藇 艹(艸)부 총18획 아름다울 서	097 鉐 金부 총13획 놋쇠 석	098 秙 禾부 총10획 섬 석	099 墡 土부 총15획 백토 선	100 嫙 女부 총14획 예쁠 선

한자 익히기

101 忄(心)부 총12획 愃	102 王(玉)부 총10획 珗	103 ⺾(艸)부 총15획 蔎	104 内부 총12획 禼	105 王(玉)부 총13획 瑆
쾌할 선/너그러울 훤	옥돌 선	향풀 설	사람이름 설	옥빛 성

106 女부 총10획 娍	107 貝부 총12획 䞉	108 忄(心)부 총6획 忕	109 木부 총9획 枛	110 王(玉)부 총9획 玿
아름다울 성	재물 성/생	익을 세/사치할 태	나무가흔들리는모양 소	아름다운옥 소

111 忄(心)부 총13획 愫	112 禾부 총16획 穌	113 卩부 총7획 卲	114 雨부 총19획 霄(霄)	115 氵(水)부 총16획 澍
정성 소	긁어모을 소	높을 소	하늘 소/닮을 초	강이름 수/부릅떠볼 휴

116 鳥부 총19획 鷉	117 貝부 총15획 賥	118 木부 총17획 橚	119 王(玉)부 총17획 璱	120 木부 총14획 榺
새매 수	재물 수	나무줄지어설 숙	푸른구슬 슬	잉아 승

121 水부 총5획 丞	122 土부 총13획 塍	123 亻(人)부 총11획 偲	124 木부 총10획 栻	125 王(玉)부 총18획 璶
받들 승	밭두둑 승	굳셀 시	점치는기구 식	옥돌 신

126 女부 총8획 妸	127 女부 총11획 婀	128 日부 총8획 昂	129 氵(水)부 총14획 漾	130 日부 총9획 昜
여자이름 아	아리따울 아	밝을 앙	출렁거릴 양	볕 양/쉬울 이

131 口부 총11획 唹	132 女부 총14획 嫣	133 女부 총7획 妤	134 日부 총12획 晹	135 女부 총10획 姃
고요히웃을 어	싱긋웃을 언	여관 여	해반짝날 역	빛날 연

136 瑌 王(玉)부 총 13획	137 曣 日부 총 20획	138 嬊 女부 총 15획	139 醼 酉부 총 23획	140 兗 儿부 총 9획
옥돌 연	청명할 연	성씨 연	잔치 연	바를 연

141 艶 色부 총 24획	142 熀 火부 총 14획	143 咏 口부 총 8획	144 嬰 女부 총 17획	145 埱 土부 총 11획
고울 염	이글거릴 엽/황	읊을 영	갓난아이 영	성가퀴 예

146 執 土부 총 11획	147 橤 木부 총 16획	148 珄 王(玉)부 총 9획	149 珸 王(玉)부 총 11획	150 浯 氵(水)부 총 10획
재주 예/권세 세	꽃술 예	옥돌 예	옥돌 오	강이름 오

151 媼 女부 총 13획	152 垸 土부 총 10획	153 婠 女부 총 11획	154 妧 女부 총 7획	155 岏 山부 총 7획
할미 온	바를 완/환	품성좋을 완	좋을 완	가파를 완

156 曜 日부 총 14획	157 俑 亻(人)부 총 12획	158 堣 土부 총 12획	159 雩 雨부 총 14획	160 扜 扌(手)부 총 6획
햇빛 요	불안할 용	땅이름 우	물소리 우	당길 우

161 沄 氵(水)부 총 7획	162 奆 大부 총 7획	163 賱 貝부 총 16획	164 禐 衤(衣)부 총 14획	165 瑜 王(玉)부 총 12획
소용돌이칠 운	높을 운	넉넉할 운	패옥띠 원	옥돌 유

166 䄻 禾부 총 10획	167 曘 日부 총 18획	168 媱 女부 총 11획	169 阭 阝(阜)부 총 7획	170 閠 門부 총 15획
무성할 유	햇빛 유	아리따울 유/정숙할 와	높을 윤	윤달 윤

한자 익히기

171 日부 총 8획 昀	172 火부 총 16획 燏	173 氵(水)부 총 13획 溵	174 王(玉)부 총 10획 珢	175 氵(水)부 총 17획 濦
햇빛 윤	빛날 율	강이름 은	옥돌 은	강이름 은

176 亻(人)부 총 16획 儠	177 口부 총 7획 听	178 王(玉)부 총 14획 璁	179 艹(艸)부 총 21획 蘟	180 木부 총 18획 檼
기댈 은/안온할 온	웃을 은/입벌린모양 이	옥 은	은총 은	마룻대 은

181 木부 총 17획 檃	182 言부 총 11획 訢	183 目부 총 22획 矑	184 頁부 총 15획 (頤)	185 女부 총 12획 媐
도지개 은	화평할 은/기뻐할 흔/찔 희	볼 응	턱 이	기쁠 이/희

186 木부 총 7획 杝	187 火부 총 15획 熤	188 日부 총 14획 暃	189 艹(艸)부 총 8획 苡	190 言부 총 11획 訒
나무이름 이/쪼갤 치	사람이름 익	작은북 인	씨 인	생각할 임

191 大부 총 10획 奘	192 氵(水)부 총 14획 漳	193 艹(艸)부 총 10획 荃	194 日부 총 11획 晢	195 女부 총 12획 婷
클 장	강이름 장	향초 전	밝을 절/반짝반짝할 제	예쁠 정

196 木부 총 11획 桯	197 王(玉)부 총 11획 珽	198 金부 총 15획 鋥	199 青부 총 15획 靘	200 氵(水)부 총 10획 涏
탁자 정	옥이름 정	칼갈 정	단장할 정	곧을 정

201 土부 총 11획 埩	202 亻(人)부 총 7획 佂	203 女부 총 7획 姃	204 頁부 총 17획 頲	205 彡부 총 11획 彭
밭갈 정	황급할 정	엄전할 정	아름다울 정	조촐하게꾸밀 정

206 王(玉)부 총 13획 堤	207 王(玉)부 총 15획 璁	208 木부 총 13획 椶	209 木부 총 9획 柊	210 辶(辵)부 총 13획 遒
제당 제	패옥소리 종	종려나무 종	나무이름 종	다가설 주

211 女부 총 8획 姓	212 火부 총 18획 燽	213 金부 총 13획 鉒	214 扌(手)부 총 8획 拄	215 白부 총 13획 睭
사람이름 주	밝을 주	쇳돌 주	떠받칠 주	밝을 주

216 土부 총 11획 埻	217 隹부 총 10획 隼	218 艹(艸)부 총 13획 葰	219 立부 총 17획 竴	220 金부 총 15획 鋕
과녁 준	송골매 준	클 준/생강 유/고을이름 사	기쁠 준	새길 지

221 氵(水)부 총 9획 沚	222 厂부 총 7획 厎	223 王(玉)부 총 14획 瑱	224 扌(手)부 총 8획 抮	225 示부 총 15획 禛
섬 지	숫돌 지	옥이름 진	되돌릴 진	복받을 진

226 金부 총 13획 鉁	227 臣부 총 11획 臶	228 艹(艸)부 총 14획 蓁	229 日부 총 9획 昣	230 王(玉)부 총 14획 瑳
보배 진	밝을 진/흘겨볼 미	우거질 진	밝을 진	깨끗할 차

231 石부 총 12획 硨	232 大부 총 24획 奲	233 女부 총 9획 奼	234 扌(手)부 총 22획 攢	235 山부 총 22획 巑
조개이름 차/조개 거	관대할 차/공부할 다	자랑할 차/타	모일 찬	높이솟을 찬

236 王(玉)부 총 12획 琗	237 木부 총 12획 棌	238 女부 총 11획 婇	239 土부 총 8획 坧	240 艹(艸)부 총 10획 茜
빛날 채	참나무 채	여자이름 채	기지 척	꼭두서니 천

241 山부 총 8획 岧	242 金부 총 11획 (釥)	243 糸부 총 14획 総	244 貝부 총 16획 賰	245 王(玉)부 총 10획 琇
산높을 초	좋은쇠 초	다 총	넉넉할 춘	귀고리옥 충

246 大부 총 4획 夬	247 土부 총 9획 垞	248 氵(水)부 총 8획 泙	249 亻(人)부 총 7획 佖	250 金부 총 13획 鉍
터놓을 쾌/깍지 결	언덕 타/사람이름 택	물소리 평/물결셀 팽	점잖을 필	창자루 필/거문고 슬

251 口부 총 7획 呀	252 口부 총 14획 嘏	253 石부 총 14획 碬	254 口부 총 13획 嗃	255 氵(水)부 총 15획 澖
입벌릴 하	클 하/가	숫돌 하	엄할 학	넓을 한

256 山부 총 17획 嶜	257 口부 총 8획 哈	258 車부 총 16획 輱	259 火부 총 12획 焱	260 亻(人)부 총 8획 侐
높을 한	웃을 해	초헌 헌/멍에 혼	불꽃 혁/염	고요할 혁

261 火부 총 11획 (煂)	262 日부 총 9획 昡	263 口부 총 8획 呟	264 亻(人)부 총 15획 儇	265 言부 총 20획 譞
빛날 혁/꾸짖을 하	당혹할 현	소리 현	총명할 현	영리할 현

266 忄(心)부 총 8획 怰	267 宀부 총 15획 寭	268 言부 총 22획 譿	269 忄(心)부 총 15획 憓	270 白부 총 15획 皞
팔 현	밝힐 혜	슬기로울 혜	사랑할 혜	밝을 호

271 金부 총 14획 銏	272 金부 총 21획 鐶	273 女부 총 12획 媓	274 土부 총 12획 堭	275 白부 총 15획 皛
쇠뇌고동 홍	고리 환	어머니 황	당집 황	나타날 효

상공회의소 한자시험 고급 기본서 1·2급

276 欠부 총 14획 歊	277 土부 총 9획 垕	278 金부 총 22획 鑂	279 忄(心)부 총 7획 忻	280 木부 총 16획 檍
(김이)오를 효	두터울 후	금빛투색할 훈	기뻐할 흔	나무이름 희

281 火부 총 20획 爔	282 氵부 총 15획 凞	283 亻(人)부 총 9획 俙	284 火부 총 11획 烯	
불 희	빛날 희	비슷할 희	불빛 희	

三綱五倫
삼 강 오 륜

'三綱五倫(삼강오륜)'은 '삼강(유교 도덕의 기본이 되는 세 가지의 큰 줄거리)'과 오륜(사람으로서 지켜야 할 다섯 가지의 도리)'을 함께 이르는 말입니다.

- 三綱(삼강)

  君爲臣綱(군위신강) : 임금은 신하의 근본이고,

  父爲子綱(부위자강) : 아버지는 자식의 근본이며,

  夫爲婦綱(부위부강) : 남편은 아내의 근본이다.

- 五倫(오륜)

  父子有親(부자유친) : 아버지와 아들은 친함이 있어야 하며,

  君臣有義(군신유의) : 임금과 신하는 의리가 있어야 하고,

  夫婦有別(부부유별) : 남편과 아내 사이에는 분별이 있어야 하며,

  長幼有序(장유유서) : 어른과 어린이 사이에는 차례가 있어야 하고,

  朋友有信(붕우유신) : 벗과 벗 사이에는 마땅히 믿음이 있어야 한다.

상공회의소 한자시험 고급 기본서 1·2급

한자 활용하기

1. 반대자 · 상대자
2. 반대어 · 상대어
3. 유의자 · 유의어
4. 동음이의어
5. 혼동하기 쉬운 한자
6. 사자성어

1 반대자·상대자

ㄱ

가감	加	더할	가	⇔	減	덜할	감	관민	官	벼슬	관	⇔	民	백성	민

가감	加	더할 가	⇔	減	덜할 감
가부	可	옳을 가	⇔	否	아닐 부
간과	干	방패 간	⇔	戈	창 과
간만	干	막을 간	⇔	滿	찰 만
감고	甘	달 감	⇔	苦	쓸 고
강산	江	강 강	⇔	山	산 산
강약	强	강할 강	⇔	弱	약할 약
개폐	開	열 개	⇔	閉	닫을 폐
거래	去	갈 거	⇔	來	올 래
건곤	乾	하늘 건	⇔	坤	땅 곤
건습	乾	마를 건	⇔	濕	젖을 습
경조	慶	경사 경	⇔	弔	조상할 조
경중	輕	가벼울 경	⇔	重	무거울 중
경향	京	서울 경	⇔	鄕	시골 향
고락	苦	괴로울 고	⇔	樂	즐거울 락
고부	姑	시어미 고	⇔	婦	며느리 부
고저	高	높을 고	⇔	低	낮을 저
곡직	曲	굽을 곡	⇔	直	곧을 직
공과	功	공 공	⇔	過	허물 과
공방	攻	칠 공	⇔	防	막을 방
공수	攻	칠 공	⇔	守	지킬 수
공사	公	공평할 공	⇔	私	사사로울 사

관민	官	벼슬 관	⇔	民	백성 민
교학	敎	가르칠 교	⇔	學	배울 학
군신	君	임금 군	⇔	臣	신하 신
귀천	貴	귀할 귀	⇔	賤	천할 천
근원	近	가까울 근	⇔	遠	멀 원
근태	勤	부지런할 근	⇔	怠	게으를 태
금수	禽	새 금	⇔	獸	짐승 수
급락	及	미칠 급	⇔	落	떨어질 락
기복	起	일어날 기	⇔	伏	엎드릴 복
기침	起	일어날 기	⇔	寢	잘 침
길흉	吉	길할 길	⇔	凶	흉할 흉

ㄴ

난이	難	어려울 난	⇔	易	쉬울 이
남북	南	남녘 남	⇔	北	북녘 북
남녀	男	사내 남	⇔	女	계집 녀
내외	內	안 내	⇔	外	바깥 외
농담	濃	짙을 농	⇔	淡	맑을 담

ㄷ

다소	多	많을 다	⇔	少	적을 소
단복	單	홑 단	⇔	複	겹칠 복
단석	旦	아침 단	⇔	夕	저녁 석
단속	斷	끊을 단	⇔	續	이을 속
대소	大	큰 대	⇔	小	작을 소
대차	貸	빌릴 대	⇔	借	빌릴 차

한자 활용하기

동서	東	동녘 동	⇔	西	서녘	서
동정	動	움직일 동	⇔	靜	고요할	정
득실	得	얻을 득	⇔	失	잃을	실
내왕	來	올 래	⇔	往	갈	왕
노소	老	늙을 로	⇔	少	적을	소
노사	勞	일할 로	⇔	使	부릴	사
노상	露	이슬 로	⇔	霜	서리	상
이해	利	이할 리	⇔	害	해할	해
이합	離	떠날 리	⇔	合	합할	합
만조	晩	늦을 만	⇔	早	이를	조
매매	賣	팔 매	⇔	買	살	매
명암	明	밝을 명	⇔	暗	어두울	암
모순	矛	창 모	⇔	盾	방패	순
문답	問	물을 문	⇔	答	대답	답
문무	文	글월 문	⇔	武	굳셀	무
물심	物	물건 물	⇔	心	마음	심
미추	美	아름다울 미	⇔	醜	추할	추
반상	班	나눌 반	⇔	常	항상	상
발착	發	필 발	⇔	着	붙을	착
복배	腹	배 복	⇔	背	등	배
본말	本	근본 본	⇔	末	끝	말
봉별	逢	만날 봉	⇔	別	이별할	별
부부	夫	지아비 부	⇔	婦	지어미	부
부처	夫	지아비 부	⇔	妻	아내	처
부침	浮	뜰 부	⇔	沈	잠길	침
비희	悲	슬플 비	⇔	喜	기쁠	희
빈부	貧	가난할 빈	⇔	富	부자	부
빙탄	氷	얼음 빙	⇔	炭	숯	탄
사제	師	스승 사	⇔	弟	제자	제
사활	死	죽을 사	⇔	活	살	활
산천	山	뫼 산	⇔	川	내	천
산하	山	뫼 산	⇔	河	물	하
산해	山	뫼 산	⇔	海	바다	해
상벌	賞	상줄 상	⇔	罰	벌할	벌
상하	上	위 상	⇔	下	아래	하
생사	生	날 생	⇔	死	죽을	사
선악	善	착할 선	⇔	惡	악할	악
선후	先	먼저 선	⇔	後	뒤	후
성쇠	盛	성할 성	⇔	衰	쇠할	쇠
손익	損	덜 손	⇔	益	더할	익
송영	送	보낼 송	⇔	迎	맞을	영
수급	需	쓰일 수	⇔	給	줄	급
수미	首	머리 수	⇔	尾	꼬리	미
수수	授	줄 수	⇔	受	받을	수
수족	手	손 수	⇔	足	발	족
수화	水	물 수	⇔	火	불	화

승강	昇	오를	승	⇔	降	내릴	강	요철	凹	오목할	요	⇔	凸	볼록할	철
승부	勝	이길	승	⇔	負	질	부	우열	優	넉넉할	우	⇔	劣	못할	렬
승패	勝	이길	승	⇔	敗	패할	패	원근	遠	멀	원	⇔	近	가까울	근
시말	始	처음	시	⇔	末	끝	말	유무	有	있을	유	⇔	無	없을	무
시비	是	옳을	시	⇔	非	그를	비	은원	恩	은혜	은	⇔	怨	원망할	원
시종	始	처음	시	⇔	終	마칠	종	음양	陰	그늘	음	⇔	陽	볕	양
신구	新	새	신	⇔	舊	예	구	이동	異	다를	이	⇔	同	한가지	동
신축	伸	펼	신	⇔	縮	줄일	축	인과	因	인할	인	⇔	果	과실	과
심신	心	마음	심	⇔	身	몸	신	일월	日	날	일	⇔	月	달	월
심천	深	깊을	심	⇔	淺	얕을	천	임면	任	맡길	임	⇔	免	면할	면
안위	安	편안할	안	⇔	危	위태할	위	자매	姉	손위누이	자	⇔	妹	손아래누이	매
애오	愛	사랑	애	⇔	惡	미워할	오	자웅	雌	암컷	자	⇔	雄	수컷	웅
애증	愛	사랑	애	⇔	憎	미울	증	자타	自	스스로	자	⇔	他	다를	타
애환	哀	슬플	애	⇔	歡	기쁠	환	장단	長	긴	장	⇔	短	짧을	단
억양	抑	누를	억	⇔	揚	날릴	양	장유	長	어른	장	⇔	幼	어릴	유
언행	言	말씀	언	⇔	行	다닐	행	장병	將	장수	장	⇔	兵	병사	병
여야	與	더불	여	⇔	野	들	야	장졸	將	장수	장	⇔	卒	군사	졸
역순	逆	거스를	역	⇔	順	순할	순	전답	田	밭	전	⇔	畓	논	답
영욕	榮	영화	영	⇔	辱	욕될	욕	전화	戰	싸울	전	⇔	和	화할	화
옥석	玉	구슬	옥	⇔	石	돌	석	전후	前	앞	전	⇔	後	뒤	후
온랭	溫	따뜻할	온	⇔	冷	찰	랭	정오	淨	깨끗할	정	⇔	汚	더러울	오
완급	緩	느릴	완	⇔	急	급할	급	정오	正	바를	정	⇔	誤	그릇할	오
왕래	往	갈	왕	⇔	來	올	래	조만	早	이를	조	⇔	晩	늦을	만
왕복	往	갈	왕	⇔	復	돌아올	복	조석	朝	아침	조	⇔	夕	저녁	석

조손	祖	할아비	조	孫	손자	손
존망	存	있을	존	亡	망할	망
존폐	存	있을	존	廢	폐할	폐
존비	尊	높을	존	卑	낮을	비
종횡	縱	세로	종	橫	가로	횡
좌우	左	왼	좌	右	오른	우
주객	主	주인	주	客	손	객
주종	主	주인	주	從	좇을	종
주야	晝	낮	주	夜	밤	야
중과	衆	무리	중	寡	적을	과
증감	增	더할	증	減	덜	감
지속	遲	더딜	지	速	빠를	속
진가	眞	참	진	假	거짓	가
진위	眞	참	진	僞	거짓	위
진퇴	進	나아갈	진	退	물러날	퇴
집배	集	모을	집	配	나눌	배
집산	集	모을	집	散	흩을	산
착발	着	붙을	착	發	필	발
찬반	贊	도울	찬	反	돌이킬	반
천지	天	하늘	천	地	땅	지
첨삭	添	더할	첨	削	깎을	삭
청담	晴	갤	청	曇	흐릴	담
청탁	淸	맑을	청	濁	흐릴	탁
초종	初	처음	초	終	마칠	종
춘추	春	봄	춘	秋	가을	추
출결	出	날	출	缺	이지러질	결
출납	出	날	출	納	들일	납
출몰	出	날	출	沒	빠질	몰
출입	出	날	출	入	들	입
취사	取	가질	취	捨	버릴	사
표리	表	겉	표	裏	속	리
풍흉	豊	풍성할	풍	凶	흉할	흉
피아	彼	저	피	我	나	아
피차	彼	저	피	此	이	차
한난	寒	찰	한	暖	따뜻할	난
한서	寒	찰	한	暑	더울	서
해륙	海	바다	해	陸	뭍	륙
허실	虛	빌	허	實	열매	실
현우	賢	어질	현	愚	어리석을	우
협광	狹	좁을	협	廣	넓을	광
형제	兄	맏	형	弟	아우	제
호오	好	좋을	호	惡	미워할	오
화복	禍	재앙	화	福	복	복
후박	厚	두터울	후	薄	엷을	박
흑백	黑	검을	흑	白	흰	백
흥망	興	일	흥	亡	망할	망
희노	喜	기쁠	희	怒	성낼	노
희비	喜	기쁠	희	悲	슬플	비

2 반대어·상대어

(ㄱ)

可決(가결)	否決(부결)	傑作(걸작)	拙作(졸작)	光明(광명)	暗黑(암흑)
架空(가공)	實際(실제)	儉約(검약)	浪費(낭비)	廣義(광의)	狹義(협의)
假象(가상)	實在(실재)	缺乏(결핍)	豊富(풍부)	拘束(구속)	釋放(석방)
加熱(가열)	冷却(냉각)	謙遜(겸손)	傲慢(오만)	具體(구체)	抽象(추상)
加入(가입)	脫退(탈퇴)	輕減(경감)	加重(가중)	舊派(구파)	新派(신파)
却下(각하)	受理(수리)	經度(경도)	緯度(위도)	國內(국내)	國外(국외)
干涉(간섭)	放任(방임)	輕蔑(경멸)	尊敬(존경)	君子(군자)	小人(소인)
間歇(간헐)	綿延(면연)	輕率(경솔)	愼重(신중)	屈服(굴복)	抵抗(저항)
減少(감소)	增加(증가)	輕視(경시)	重視(중시)	屈辱(굴욕)	雪辱(설욕)
感情(감정)	理性(이성)	高潔(고결)	低俗(저속)	權利(권리)	義務(의무)
剛健(강건)	柔弱(유약)	高雅(고아)	卑俗(비속)	歸納(귀납)	演繹(연역)
强硬(강경)	宥和(유화)	固定(고정)	流動(유동)	勤勉(근면)	懶怠(나태)
開放(개방)	閉鎖(폐쇄)	高調(고조)	低調(저조)	僅少(근소)	過多(과다)
個別(개별)	全體(전체)	困難(곤란)	容易(용이)	急性(급성)	慢性(만성)
開業(개업)	閉業(폐업)	供給(공급)	需要(수요)	急行(급행)	緩行(완행)
客觀(객관)	主觀(주관)	空想(공상)	現實(현실)	肯定(긍정)	否定(부정)
客體(객체)	主體(주체)	公的(공적)	私的(사적)	旣決(기결)	未決(미결)
巨大(거대)	微小(미소)	空虛(공허)	充實(충실)	奇拔(기발)	平凡(평범)
巨富(거부)	極貧(극빈)	過去(과거)	未來(미래)	奇數(기수)	偶數(우수)
拒絶(거절)	承諾(승낙)	過激(과격)	穩健(온건)	飢餓(기아)	飽食(포식)
建設(건설)	破壞(파괴)	灌木(관목)	喬木(교목)	緊密(긴밀)	疎遠(소원)
乾燥(건조)	濕潤(습윤)	官尊(관존)	民卑(민비)	緊張(긴장)	弛緩(이완)

한자 활용하기

吉兆(길조)	凶兆(흉조)	單式(단식)	複式(복식)	微官(미관)	顯官(현관)
加害者(가해자)	被害者(피해자)	單一(단일)	複合(복합)	未備(미비)	完備(완비)
公有物(공유물)	專有物(전유물)	短縮(단축)	延長(연장)	敏感(민감)	鈍感(둔감)
具體的(구체적)	抽象的(추상적)	唐慌(당황)	沈着(침착)	敏速(민속)	遲鈍(지둔)
急進的(급진적)	漸進的(점진적)	貸邊(대변)	借邊(차변)	密接(밀접)	疎遠(소원)
錦上添花(금상첨화)	雪上加霜(설상가상)	大乘(대승)	小乘(소승)	密集(밀집)	散在(산재)
懦弱(나약)	强勇(강용)	對話(대화)	獨白(독백)	門外漢(문외한)	專門家(전문가)
樂觀(낙관)	悲觀(비관)	動機(동기)	結果(결과)	反目(반목)	和睦(화목)
落第(낙제)	及第(급제)	登場(등장)	退場(퇴장)	發達(발달)	退步(퇴보)
樂天(낙천)	厭世(염세)	對內的(대내적)	對外的(대외적)	潑剌(발랄)	萎縮(위축)
暖流(난류)	寒流(한류)	大丈夫(대장부)	拙丈夫(졸장부)	跋文(발문)	序文(서문)
濫讀(남독)	精讀(정독)	同義語(동의어)	反義語(반의어)	放心(방심)	操心(조심)
濫用(남용)	節約(절약)	漠然(막연)	確然(확연)	背恩(배은)	報恩(보은)
朗讀(낭독)	默讀(묵독)	忘却(망각)	記憶(기억)	白髮(백발)	紅顏(홍안)
來生(내생)	前生(전생)	埋沒(매몰)	發掘(발굴)	繁榮(번영)	衰退(쇠퇴)
內容(내용)	形式(형식)	滅亡(멸망)	興起(흥기)	凡人(범인)	超人(초인)
內包(내포)	外延(외연)	名譽(명예)	恥辱(치욕)	別居(별거)	同居(동거)
老練(노련)	未熟(미숙)	母音(모음)	子音(자음)	別館(별관)	本館(본관)
濃厚(농후)	稀薄(희박)	模糊(모호)	分明(분명)	保守(보수)	革新(혁신)
訥辯(눌변)	能辯(능변)	無能(무능)	有能(유능)	保守(보수)	進步(진보)
能動(능동)	被動(피동)	無形(무형)	有形(유형)	普遍(보편)	特殊(특수)
凌蔑(능멸)	崇仰(숭앙)	文語(문어)	口語(구어)	複雜(복잡)	單純(단순)
多元(다원)	一元(일원)	文化(문화)	自然(자연)	本業(본업)	副業(부업)
單純(단순)	複雜(복잡)	物質(물질)	精神(정신)	富貴(부귀)	貧賤(빈천)

不實(부실)	充實(충실)	相剋(상극)	相生(상생)	實質的(실질적)	形式的(형식적)
敷衍(부연)	省略(생략)	上昇(상승)	下降(하강)	安全(안전)	危險(위험)
富裕(부유)	貧困(빈곤)	喪失(상실)	獲得(획득)	暗示(암시)	明示(명시)
否認(부인)	是認(시인)	詳述(상술)	略述(약술)	曖昧(애매)	明瞭(명료)
否定(부정)	肯定(긍정)	生家(생가)	養家(양가)	愛護(애호)	虐待(학대)
分擔(분담)	全擔(전담)	生食(생식)	火食(화식)	語幹(어간)	語尾(어미)
分離(분리)	統合(통합)	生花(생화)	造花(조화)	逆境(역경)	順境(순경)
分析(분석)	綜合(종합)	先輩(선배)	後輩(후배)	連作(연작)	輪作(윤작)
紛爭(분쟁)	和解(화해)	善意(선의)	惡意(악의)	連敗(연패)	連勝(연승)
不運(불운)	幸運(행운)	成功(성공)	失敗(실패)	永劫(영겁)	刹那(찰나)
卑怯(비겁)	勇敢(용감)	成熟(성숙)	未熟(미숙)	榮轉(영전)	左遷(좌천)
悲劇(비극)	喜劇(희극)	消極(소극)	積極(적극)	靈魂(영혼)	肉體(육체)
祕密(비밀)	公開(공개)	所得(소득)	損失(손실)	愚昧(우매)	賢明(현명)
非番(비번)	當番(당번)	騷亂(소란)	靜肅(정숙)	優勢(우세)	劣勢(열세)
非凡(비범)	平凡(평범)	消費(소비)	生産(생산)	偶然(우연)	必然(필연)
悲哀(비애)	歡喜(환희)	疎遠(소원)	親近(친근)	憂鬱(우울)	明朗(명랑)
卑語(비어)	敬語(경어)	守勢(수세)	攻勢(공세)	優越(우월)	劣等(열등)
悲運(비운)	幸運(행운)	淑女(숙녀)	紳士(신사)	原告(원고)	被告(피고)
部分的(부분적)	全體的(전체적)	純粹(순수)	不純(불순)	原因(원인)	結果(결과)
不法化(불법화)	合法化(합법화)	順坦(순탄)	險難(험난)	輪廓(윤곽)	核心(핵심)
奢侈(사치)	儉素(검소)	順行(순행)	逆行(역행)	恩惠(은혜)	怨恨(원한)
死後(사후)	生前(생전)	勝利(승리)	敗北(패배)	陰氣(음기)	陽氣(양기)
削減(삭감)	添加(첨가)	相對的(상대적)	絶對的(절대적)	義務(의무)	權利(권리)
散文(산문)	韻文(운문)	先天的(선천적)	後天的(후천적)	依他(의타)	自立(자립)

한자 활용하기

異端(이단)	正統(정통)	增進(증진)	減退(감퇴)	破婚(파혼)	約婚(약혼)
裏面(이면)	表面(표면)	直系(직계)	傍系(방계)	敗戰(패전)	勝戰(승전)
理想(이상)	現實(현실)	直線(직선)	曲線(곡선)	閉幕(폐막)	開幕(개막)
利益(이익)	損失(손실)	直接(직접)	間接(간접)	暴露(폭로)	隱蔽(은폐)
人爲(인위)	自然(자연)	進步(진보)	退步(퇴보)	彼岸(피안)	此岸(차안)
立體(입체)	平面(평면)	眞實(진실)	虛僞(허위)	合理(합리)	矛盾(모순)
入港(입항)	出港(출항)	進取(진취)	退嬰(퇴영)	合法(합법)	不法(불법)
自動(자동)	手動(수동)	質疑(질의)	應答(응답)	幸福(행복)	不幸(불행)
自律(자율)	他律(타율)	差別(차별)	平等(평등)	許多(허다)	稀少(희소)
自意(자의)	他意(타의)	斬新(참신)	陳腐(진부)	許多(허다)	稀貴(희귀)
子正(자정)	正午(정오)	創造(창조)	模倣(모방)	好材(호재)	惡材(악재)
長點(장점)	短點(단점)	淺學(천학)	碩學(석학)	好轉(호전)	逆轉(역전)
長篇(장편)	短篇(단편)	聰明(총명)	愚鈍(우둔)	好況(호황)	不況(불황)
低俗(저속)	高尚(고상)	縮小(축소)	擴大(확대)	厚待(후대)	薄待(박대)
敵對(적대)	友好(우호)	債權者(채권자)	債務者(채무자)	興奮(흥분)	鎭靜(진정)
嫡子(적자)	庶子(서자)	快樂(쾌락)	苦痛(고통)		
前半(전반)	後半(후반)	快勝(쾌승)	慘敗(참패)		
前進(전진)	後進(후진)	他殺(타살)	自殺(자살)		
絶對(절대)	相對(상대)	濁音(탁음)	淸音(청음)		
正當(정당)	不當(부당)	脫黨(탈당)	入黨(입당)		
精密(정밀)	粗雜(조잡)	脫色(탈색)	染色(염색)		
正常(정상)	異常(이상)	退院(퇴원)	入院(입원)		
定着(정착)	漂流(표류)	退化(퇴화)	進化(진화)		
弔客(조객)	賀客(하객)	投手(투수)	捕手(포수)		

3-1 유의자 · 유의어

가옥	家 집 가	屋 집 옥	사람이 사는 집
가요	歌 노래 가	謠 노래 요	민요 · 동요 · 속요 · 유행가 따위를 통틀어 이르는 말
가증	加 더할 가	增 더할 증	더하여 보탬
각오	覺 깨달을 각	悟 깨달을 오	번뇌에서 벗어나 도리를 깨달음
간격	間 사이 간	隔 사이뜰 격	공간적인 사이, 떨어진 거리
감시	監 볼 감	視 볼 시	경계하며 지켜 봄
거대	巨 클 거	大 큰 대	엄청나게 큼
거주	居 살 거	住 살 주	일정한 곳에 자리를 잡고 머물러 삶
견고	堅 굳을 견	固 굳을 고	굳고 튼튼함
견인	牽 끌 견	引 끌 인	끌어당김
경계	境 지경 경	界 지경 계	지역이 갈라지는 한계
경쟁	競 다툴 경	爭 다툴 쟁	서로 앞서거나 이기려고 다툼
계단	階 섬돌 계	段 층계 단	층계
계산	計 셀 계	算 셈 산	수량을 셈
계속	繼 이을 계	續 이을 속	끊이지 아니하고 잇대어 나아감
계층	階 섬돌 계	層 층 층	사회를 형성하는 여러 층
고독	孤 외로울 고	獨 홀로 독	외로움
고려	考 생각할 고	慮 생각할 려	생각하여 헤아림
고용	雇 품팔 고	傭 품팔 용	보수를 받고 남의 일을 하여 줌
공격	攻 칠 공	擊 칠 격	나아가 적을 침
공경	恭 공손할 공	敬 공경 경	예의 바르고 겸손함
공포	恐 두려울 공	怖 두려워할 포	무서움

공허	空 빌	공	虛 빌	허	◎	속이 텅 빔
공헌	貢 바칠	공	獻 바칠	헌	◎	이바지함
과실	果 과실	과	實 열매	실	◎	먹을 수 있는 나무의 열매
관철	貫 꿸	관	徹 통할	철	◎	자신의 주의·주장이나 방침 따위를 처음부터 끝까지 일관하여 밀고 나감
관통	貫 꿸	관	通 통할	통	◎	이쪽에서 저쪽 끝까지 꿰뚫음
교훈	教 가르칠	교	訓 가르칠	훈	◎	가르치고 깨우침
구비	具 갖출	구	備 갖출	비	◎	빠짐없이 두루 갖춤
규칙	規 법	규	則 법칙	칙	◎	여럿이 다같이 따라 지키기로 약정한 질서나 표준
기술	技 재주	기	術 재주	술	◎	어떤 일을 정확하고 능률적으로 해내는 솜씨
기아	飢 주릴	기	餓 주릴	아	◎	굶주림
기예	技 재주	기	藝 재주	예	◎	미술·공예 따위에 관한 기술
나약	懦 나약할	나	弱 약할	약	◎	의지가 굳세지 못함
단계	段 층계	단	階 섬돌	계	◎	일의 차례를 따라 나아가는 과정
단절	斷 끊을	단	絶 끊을	절	◎	어떤 관계나 교류를 끊음, 절단
담화	談 말씀	담	話 말씀	화	◎	허물없이 이야기를 나눔, 서로 주고받는 이야기
도당	徒 무리	도	黨 무리	당	◎	떼를 지은 무리
도로	道 길	도	路 길	로	◎	사람이나 차들이 다니는 비교적 큰 길
도적	盜 도둑	도	賊 도둑	적	◎	남의 물건을 훔치는 자, 도둑
도피	逃 도망할	도	避 피할	피	◎	도망하여 피함
도화	圖 그림	도	畫 그림	화	◎	도면과 그림
돈독	惇 도타울	돈	篤 도타울	독	◎	인정이 두터움
말단	末 끝	말	端 끝	단	◎	물건의 맨 끄트머리
말미	末 끝	말	尾 꼬리	미	◎	글이나 책의 끝 부분
면려	勉 힘쓸	면	勵 힘쓸	려	◎	스스로 힘써 함

멸망	滅 멸할 멸	亡 망할 망	망하여 없어짐
명령	命 명령할 명	令 명령할 령	윗사람이 아랫사람에게 무엇을 하게 함
모발	毛 털 모	髮 터럭 발	사람의 몸에 난 터럭을 통틀어 이르는 말
모범	模 법 모	範 법 범	본받아 배울 만한 대상
무성	茂 무성할 무	盛 성할 성	초목이 우거짐
문장	文 글월 문	章 글 장	어떤 생각이나 느낌을 줄거리를 세워 글자로써 적어 나타낸 것
반환	反 돌이킬 반	還 돌아올 환	받거나 빌린 것을 도로 돌려줌
발사	發 필 발	射 필 사	광선·음파·활 따위를 쏘는 것
법식	法 법 법	式 법 식	법도와 양식·의식 등의 규칙
법전	法 법 법	典 법 전	어떤 종류의 법규를 체계적으로 정리하여 엮은 책
보고	報 알릴 보	告 고할 고	주어진 임무에 대하여 그 결과나 내용을 말이나 글로 알림
보상	報 갚을 보	償 갚을 상	다른 사람에게 끼친 손해를 갚는 것
보수	保 지킬 보	守 지킬 수	오랜 습관·제도·방법 등을 소중히 여겨 그대로 지킴
부속	附 붙을 부	屬 붙일 속	주된 것에 딸려 있음
부조	扶 도울 부	助 도울 조	남을 도와줌
부차	副 버금 부	次 버금 차	二次(이차)
분묘	墳 무덤 분	墓 무덤 묘	무덤
비상	飛 날 비	翔 날 상	공중을 날아다니는 것
사고	思 생각 사	考 생각할 고	생각하고 궁리함
사념	思 생각 사	念 생각 념	마음속으로 생각함
사려	思 생각 사	慮 생각할 려	여러 가지로 신중하게 생각함
사상	思 생각 사	想 생각할 상	생각
사설	辭 말씀 사	說 말씀 설	잔소리로 늘어놓는 말
사택	舍 집 사	宅 집 택	살림집

상념	想 생각 상	念 생각할 념	마음속에 떠오르는 생각
생산	生 날 생	産 낳을 산	인간생활에 필요한 물건을 만듦
석방	釋 풀 석	放 놓을 방	잡혀있는 사람을 용서하여 놓아 줌
선택	選 가릴 선	擇 가릴 택	둘 이상의 것에서 마음에 드는 것을 골라 뽑음
세탁	洗 씻을 세	濯 씻을 탁	빨래
수목	樹 나무 수	木 나무 목	나무
숭고	崇 높을 숭	高 높을 고	존엄하고 거룩함
승계	承 이을 승	繼 이을 계	뒤를 이음
시설	施 베풀 시	設 베풀 설	도구나 장치 등을 베풀어서 차림
시초	始 처음 시	初 처음 초	맨 처음
시험	試 시험 시	驗 시험할 험	지식수준이나 기술의 숙달 정도 따위를 문제를 내거나 실지로 시키거나 하는 일정한 절차에 따라 알아봄
신체	身 몸 신	體 몸 체	사람의 몸
안목	眼 눈 안	目 눈 목	사물을 보아서 분별할 수 있는 식견
애도	哀 슬플 애	悼 슬퍼할 도	사람의 죽음을 슬퍼하고 애석해함
언어	言 말씀 언	語 말씀 어	생각이나 느낌을 음성으로 전달하는 수단과 체계
온난	溫 따뜻할 온	暖 따뜻할 난	날씨가 따뜻함
완전	完 완전할 완	全 온전 전	필요한 것이 모두 갖추어져 있음
우수	憂 근심 우	愁 근심 수	근심과 걱정
원한	怨 원망할 원	恨 한할 한	원통하고 한스러운 생각
위대	偉 클 위	大 큰 대	도량이나 업적 따위가 크게 뛰어나고 훌륭함
은혜	恩 은혜 은	惠 은혜 혜	자연이나 남에게서 받는 고마운 혜택
음성	音 소리 음	聲 소리 성	사람의 발음기관에서 나오는 말소리나 목소리
의논	議 의논할 의	論 논할 논	어떤 일을 해결하기 위하여 서로 의견을 주고받음
의복	衣 옷 의	服 옷 복	옷

의지	意	뜻	의	志	뜻	지 ◦ 목적이 뚜렷한 생각, 뜻
재화	災	재앙	재	禍	재앙	화 ◦ 재앙과 화난
재화	財	재물	재	貨	재물	화 ◦ 재물
저축	貯	쌓을	저	蓄	모을	축 ◦ 절약해 모아 둠
전투	戰	싸움	전	鬪	싸움	투 ◦ 전쟁에서 이기기 위해 온갖 병기를 써서 직접 맞붙어 싸움
정결	淨	깨끗할	정	潔	깨끗할	결 ◦ 맑고 깨끗함
정류	停	머무를	정	留	머무를	류 ◦ 탈것 따위가 머무름
정직	正	바를	정	直	곧을	직 ◦ 거짓이나 꾸밈이 없이 마음이 바르고 곧음
제왕	帝	임금	제	王	임금	왕 ◦ 황제와 국왕을 통틀어 이르는 말
제작	製	지을	제	作	지을	작 ◦ 재료를 써서 물건을 만듦
제조	製	지을	제	造	지을	조 ◦ 원료를 가공하여 제품을 만듦
존재	存	있을	존	在	있을	재 ◦ 실제로 있음, 또는 있는 그것
종료	終	마칠	종	了	마칠	료 ◦ 일을 마침, 끝냄
주거	住	살	주	居	살	거 ◦ 어떤 곳에 자리 잡고 삶, 또는 그 집
주홍	朱	붉을	주	紅	붉을	홍 ◦ 붉은빛과 누른빛의 중간으로 붉은 쪽에 가까운 빛깔
중앙	中	가운데	중	央	가운데	앙 ◦ 사방의 한가운데, 중간
증가	增	더할	증	加	더할	가 ◦ 수나 양이 많아짐
지식	知	알	지	識	알	식 ◦ 사물에 관한 명료한 의식과 그것에 대한 판단
진보	珍	보배	진	寶	보배	보 ◦ 아주 진귀한 보물
진취	進	나아갈	진	就	나아갈	취 ◦ 차차 진보하여 감
창고	倉	곳집	창	庫	곳집	고 ◦ 물건을 저장하거나 보관하는 건물
채소	菜	나물	채	蔬	나물	소 ◦ 밭에 가꾸어 먹는 온갖 푸성귀
청결	淸	맑을	청	潔	깨끗할	결 ◦ 맑고 깨끗함
청정	淸	맑을	청	淨	깨끗할	정 ◦ 맑고 깨끗함

한자 활용하기

청문	聽 들을	청	聞 들을	문	퍼져 돌아다니는 소문, 설교나 연설 따위를 들음
취의	趣 뜻	취	意 뜻	의	취지
층계	層 층	층	階 섬돌	계	층층으로 된 데를 오르내릴 수 있도록 여러 턱으로 만들어 놓은 설비, 계단
타격	打 칠	타	擊 칠	격	세게 때려 침
토벌	討 칠	토	伐 칠	벌	반란자 등 적이 되어 맞서는 무리를 병력으로 공격하여 없앰
투쟁	鬪 싸움	투	爭 다툴	쟁	상대편을 이기려고 다툼
포획	捕 잡을	포	獲 얻을	획	적병을 사로잡음, 짐승이나 물고기를 잡음
한랭	寒 찰	한	冷 찰	랭	기온이 낮고 매우 추움
항상	恒 항상	항	常 항상	상	늘, 매상
협화	協 화할	협	和 화할	화	협력하여 화합함
화목	和 화할	화	睦 화목할	목	뜻이 맞고 정다움
환희	歡 기쁠	환	喜 기쁠	희	즐거워 기뻐함, 또는 큰 기쁨
회사	會 모일	회	社 모일	사	상행위 또는 영리행위를 목적으로 상법에 따라 설립된 사단법인
희망	希 바랄	희	望 바랄	망	어떤 일을 이루거나 얻고자 기대하고 바람

3-2 유의어·유의자

共鳴(공명)	首肯(수긍)	俗世(속세)	塵世(진세)	蒼空(창공)	碧空(벽공)
交涉(교섭)	折衝(절충)	視野(시야)	視界(시계)	天地(천지)	乾坤(건곤)
驅迫(구박)	虐待(학대)	始祖(시조)	鼻祖(비조)	滯留(체류)	滯在(체재)
九泉(구천)	黃泉(황천)	殃禍(앙화)	災殃(재앙)	招待(초대)	招請(초청)
飢死(기사)	餓死(아사)	年歲(연세)	春秋(춘추)	寸土(촌토)	尺土(척토)
背恩(배은)	亡德(망덕)	領土(영토)	版圖(판도)	漂迫(표박)	流離(유리)
寺院(사원)	寺刹(사찰)	威脅(위협)	脅迫(협박)	海外(해외)	異域(이역)
書簡(서간)	書翰(서한)	一毫(일호)	秋毫(추호)	戲弄(희롱)	籠絡(농락)

375

4 동음이의어

가구
家口 주거와 생계를 같이 하는 단위
家具 가정 살림에 쓰이는 온갖 세간

감사
監事 공공단체의 서무를 맡아보는 직책, 또는 그 직책의 사람
感謝 고마움을 나타내는 인사
監査 감독하고 검사함

감상
感想 마음에 느끼어 일어나는 생각
感傷 대상에서 받은 느낌으로 마음 아파하는 일
感賞 감동하여 칭찬함
鑑賞 예술작품을 음미하여 이해하고 즐김

개량
改良 고치어 좋게 함
改量 토지를 다시 측량함

개정
改正 바르게 고침
改定 한번 정했던 것을 고치어 다시 정함
改訂 책의 잘못된 내용을 바로잡음

검사
劍士 검객
檢事 검찰권을 행사하는 사법관
檢査 옳고 그름, 좋고 나쁨 따위의 사실을 살피어 검토하거나 조사하여 판정함

경계
經界 사물의 옳고 그름이 분간되는 한계
境界 지역이 갈라지는 한계
警戒 범죄나 사고 등 좋지 않은 일이 일어나지 않도록 미리 마음을 가다듬어 조심함

경기
景氣 매매나 거래 따위에 나타난 경제활동의 상황
競技 기술의 낫고 못함을 서로 겨루는 일

경로
經路 지나는 길
敬老 노인을 공경함

경비
經費 어떠한 일을 하는 데 드는 비용
警備 만일에 대비하여 경계하고 지킴

공동
空洞 아무것도 없이 텅 빈 굴
共同 두 사람 이상이 일을 같이 함

공약
公約 사회 공중에 대한 약속을 함
空約 헛된 약속을 함

과거
科擧 왕조 때 벼슬아치를 뽑기 위하여 보던 시험
過去 지나간 때, 지난날

과정
- 過程 일이 되어 가는 경로
- 課程 과업의 정도

교감
- 校監 학교장을 보좌하여 교무를 감독하는 직책
- 交感 서로 접촉되어 감응함

교단
- 敎團 같은 교의를 믿는 사람끼리 모여 만든 종교단체
- 敎壇 교실에서 선생님이 강의할 때 올라서는 단

교정
- 校庭 학교의 운동장
- 校正 교정지와 원고를 대조하여 틀린 글자나 빠진 글자 따위를 바로잡는 일
- 校訂 책의 잘못된 글자나 어구 따위를 고치는 일
- 矯正 좋지 않은 버릇이나 결점 따위를 바로잡아 고침

구상
- 具象 사물이 실제로 뚜렷한 모양이나 형태를 갖추고 있는 것
- 求償 배상 또는 상환을 청구함
- 構想 무슨 일에 대하여 그 전체의 내용이나 규모, 실현하는 방법 등에 대해서 이리저리 생각하는 일

구조
- 構造 어떤 물건이나 조직체 따위의 전체를 이루고 있는 부분들의 서로 짜인 관계나 그 체계
- 救助 위험한 상태에 있는 사람을 도와서 구원함

구축
- 構築 큰 구조물이나 진지 등을 쌓아올려 만듦
- 驅逐 어떤 세력이나 해로운 것을 몰아냄

구호
- 口號 대중집회나 시위 등에서 어떤 요구나 주장 따위를 나타내는 짤막한 호소
- 救護 어려움에 처해 있는 사람, 특히 재난을 당한 사람이나 병자·부상자 등을 도와 보호함

귀중
- 貴中 편지나 물품 등을 보낼 때 받는 쪽의 기관이나 단체이름 뒤에 써서 상대편을 높이는 말
- 貴重 매우 소중함

극단
- 極端 맨 끄트머리, 중용을 벗어나 한쪽으로 치우치는 일
- 劇團 연극의 상연을 목적으로 결성된 단체

근간
- 近間 요사이, 요즈음
- 根幹 뿌리와 줄기, 사물의 바탕이나 중심
- 近刊 최근에 출판된 간행물

급수
- 級數 기술 따위의 우열에 따라 매기는 등급
- 給水 물을 공급함

기사
- 技士 국가기술자격법에 따른 검정시험을 통하여 공인되는 기술계 기술자격 등급의 한 가지
- 技師 관청이나 회사 등에서 전문적인 기술을 필요로 하는 일을 맡아보는 사람
- 奇事 신기하고 희한한 일
- 騎士 말을 탄 무사, 중세 유럽의 무인
- 棋士 바둑이나 장기를 잘 두는 사람
- 記事 신문이나 잡지 등에 어떤 사실을 실어 알리는 글, 또는 기록된 사실

기상
- 氣象 비·눈·바람·구름·기온·기압 등 대기 속에서 일어나는 현상
- 氣像 사람이 타고난 꿋꿋한 바탕이나 올곧은 마음씨, 또는 그것이 겉으로 드러난 모습
- 起床 잠자리에서 일어남

기수
- 基數 수를 나타내는 기본이 되는 수
- 旗手 군대나 단체 따위의 행렬 또는 행진 시 앞에서 기를 드는 사람
- 騎手 말을 타는 사람
- 旣遂 이미 일을 끝냄, 형법상 범죄의 실행을 완전히 끝내는 일

기술
- 技術 어떤 일을 정확하고 능률적으로 해내는 솜씨
- 奇術 기묘한 재주
- 旣述 앞에 쓴 글에 이미 서술함
- 記述 문장으로 적음, 사물의 특질을 객관적·조직적·학문적으로 적음

기원
- 紀元 역사상의 햇수를 세는 기준이 되는 해
- 起源 사물이 생긴 근원
- 棋院 바둑을 즐기는 사람에게 시설과 장소를 제공하는 업소
- 祈願 소원이 이루어지기를 빎

내수
- 內水 한 나라 영토 안의 바다를 제외한 국토 안의 하천·호수 따위
- 內需 국내의 수요
- 耐水 물이 묻어도 젖거나 배지 않음

내용
- 內容 그릇이나 포장 따위의 속에 들어 있는 것
- 內用 안살림에 드는 비용 또는 그 씀씀이

노숙
- 老宿 수양이 깊고 학덕이 높은 사람
- 老熟 오랫동안 경험을 쌓아 아주 익숙함
- 露宿 한데서 잠을 잠

노후
- 老後 늙은 뒤
- 老朽 오래되거나 낡아서 쓸모가 없음

녹음
- 綠陰 푸른 잎이 우거진 나무의 그늘
- 錄音 소리를 재생할 수 있도록 기계로 기록하는 일

농담
- 濃淡 빛깔이나 맛 따위의 짙고 옅은 정도
- 弄談 실없이 하는 우스갯소리

단결
- 斷決 일을 딱 잘라서 확실하게 결정함
- 團結 한마음 한뜻으로 여러 사람이 한데 뭉침

단서
- 但書 본문 다음에 덧붙여, 본문의 내용에 대한 조건이나 예외 등을 밝혀 적은 글
- 端緖 일의 시초, 어떤 사건이나 문제를 푸는 실마리

단정
- 端整 깔끔하고 가지런함
- 端正 모습이나 몸가짐이 흐트러진 데 없이 얌전하고 깔끔함
- 斷情 정을 끊음

斷定　분명한 태도로 결정함

답사
答辭　식장에서 축사나 환영사·환송사 따위에 대한 답례로 하는 말
踏査　실지로 현장에 가서 보고 조사함

대사
大使　특명 전권 대사
大事　큰 일
大師　고승을 높이어 일컫는 말
臺詞　배우가 무대 위에서 하는 대화·독백·방백 등을 통틀어 이르는 말

독자
獨子　외아들
獨自　저 혼자
讀者　책·신문·잡지 따위의 출판물을 읽는 사람

동기
冬期　겨울철, 동절기
同氣　형제자매를 통틀어 이르는 말
同期　같은 시기, 같은 연도
動機　사람으로 하여금 행동을 일으키게 하는 내적인 요인이나 계기

동정
動靜　어떤 행동이나 상황 등이 전개되거나 변화되어 가는 낌새나 상태
童貞　이성과 아직 성적 관계를 가진 일이 없는 사람
同情　남의 불행이나 슬픔 따위를 자기 일처럼 생각하여 가슴 아파하고 위로함

동지
冬至　24절기의 하나, 대설과 소한 사이로 12월 22일경임

同志　뜻을 같이하는 일, 또는 그런 사람
動止　움직이는 일과 멈추는 일

매장
賣場　판매소
埋葬　시체나 유골을 땅에 묻음
埋藏　광물 따위가 묻혀 있음

맹아
盲兒　눈이 먼 아이
盲啞　소경과 벙어리를 아울러 이르는 말
萌芽　식물에 새로 튼 싹, 새로운 일의 시초

명명
明命　신령이나 임금에게서 받은 명령
明明　아주 환하게 밝음
冥冥　나타나지 아니하여 모양을 알 수 없음
命名　사람이나 물건 따위에 이름을 지어 붙임

모사
毛絲　털실
謀士　계책을 세우는 사람, 또는 계책에 능한 사람
模寫　무엇을 흉내내어 그대로 나타냄
謀事　일을 꾀함, 또는 일의 해결을 위한 꾀를 냄

문호
文豪　크게 뛰어난 문학가
門戶　집으로 드나드는 문, 외부와 교류하기 위한 통로나 수단

미수
米壽　여든여덟 살
未收　아직 다 거두지 못함
未遂　뜻한 바를 아직 이루지 못함

밀어
- 蜜語 남녀 간에 은밀히 나누는 달콤한 말
- 密語 남이 알아듣지 못하게 비밀히 하는 말

반감
- 反感 상대편의 말이나 태도 등을 불쾌하게 생각하여 반발하거나 반항하는 감정
- 半減 절반으로 줆, 또는 절반으로 줄임

발전
- 發電 전기를 일으킴
- 發展 세력 따위가 성하게 뻗어 나감

방문
- 房門 방으로 드나드는 문
- 榜文 여러 사람에게 널리 알리기 위하여 길거리나 사람이 많이 모이는 곳에 써 붙이는 글
- 訪問 어떤 사람이나 장소를 찾아가서 만나거나 봄

변사
- 辯士 입담이 좋아서 말을 잘하는 사람
- 變死 뜻밖의 사고로 죽음, 횡사
- 變詐 요사스럽게 요랬다조랬다 함, 요리조리 속임

보고
- 寶庫 보물처럼 귀중한 것이 갈무리되어 있는 곳
- 報告 주어진 임무에 대하여 그 결과나 내용을 말이나 글로 알림

보도
- 步道 인도
- 輔導 도와서 바르게 이끎
- 報道 신문이나 방송으로 새 소식을 널리 알림

보수
- 保守 오랜 습관·제도·방법 등을 소중히 여겨 그대로 지킴
- 報酬 고마움에 보답함, 노력의 대가나 사례의 뜻으로 주는 돈이나 물품
- 補修 상했거나 부서진 부분을 손질하여 고침

보조
- 步調 여럿이 줄지어 걸을 때의 걸음걸이 또는 걸음의 속도
- 補助 모자라거나 넉넉지 못한 것을 보태어 돕는 일, 또는 도움이 되는 그것

부상
- 副賞 정식의 상 외에 따로 덧붙여서 주는 상
- 富商 자본이 넉넉한 상인
- 負傷 몸에 상처를 입음
- 浮上 물 위로 떠오름

부양
- 浮揚 가라앉은 것이 떠오름, 또는 떠오르게 함
- 扶養 생활능력이 없는 사람의 생활을 돌봄

부인
- 夫人 남을 높이어 그의 아내를 일컫는 말
- 婦人 결혼한 여자
- 否認 시인하지 않음

부자
- 父子 아버지와 아들
- 富者 재산이 많은 사람

부정
- 不正 바르지 않음, 바르지 못한 일
- 不定 일정하지 않음

不貞 남편으로서 또는 아내로서 정조를 지키지 않음
不淨 깨끗하지 못함
否定 그렇다고 인정하지 아니함

비명
非命 재해나 사고 따위로 죽는 일
悲鳴 몹시 놀라거나 괴롭거나 다급하거나 할 때에 지르는 외마디 소리
碑銘 비면에 새긴 글

비보
悲報 슬픈 소식
飛報 급히 통지함, 급보
祕報 남몰래 보고함

비행
非行 도리나 도덕 또는 법규에 어긋나는 행위
飛行 항공기 따위가 하늘을 날아다님

사경
四經 시경·서경·역경·춘추의 네 경서
四境 사방의 경계, 사방의 국경
死境 죽음에 이른 경지, 죽게 된 경지

사고
史庫 조선시대에 역사에 관한 기록이나 중요한 서적을 보관하던 정부의 곳집
事故 뜻밖에 일어난 사건이나 탈
思考 생각함, 궁리함

사관
士官 병사를 거느리는 무관, 장교를 통틀어 이르는 말
史觀 역사적 사실을 파악하여 해석하는 근본적인 견해, 역사관

사기
士氣 싸우려 하는 병사들의 씩씩한 기개
史記 역사적 사실을 적은 책
事記 사건 내용을 적은 기록
沙器 사기그릇
詐欺 못된 목적으로 남을 속임

사설
私說 아직 공인되지 않은 개인의 학설이나 의견
社說 신문이나 잡지 따위에서 그 글쓴이의 주장으로 싣는 논설
私設 개인이나 민간에서 설립함, 또는 그 기관이나 시설
辭說 잔소리로 늘어놓는 말

사수
射手 총포나 활 따위를 쏘는 사람, 사격수
死守 목숨을 걸고 지킴

사유
事由 일의 까닭, 연고, 연유
私有 개인이 소유함, 또는 그 소유물
思惟 논리적으로 생각함

사인
死人 죽은 사람
死因 죽게 된 원인
私人 사적 자격으로서의 개인

사전
事典 여러 가지 사항을 모아 일정한 순서로 배열하여 설명·해설한 책
事前 무슨 일이 있기 전
辭典 낱말을 모아 일정한 순서로 배열하여 발음·뜻·용법·어원 등을 해설한 책

사정
- 邪正 그릇됨과 올바름
- 私情 사사로운 정
- 射程 사격에서 탄환이 나가는 최대 거리
- 司正 공직에 있는 사람의 규율과 질서를 바로잡는 일
- 事情 일의 형편이나 그렇게 된 까닭
- 査正 그릇된 것을 조사하여 바로잡음
- 査定 조사하거나 심사하여 결정함

사지
- 四肢 짐승의 네 다리, 사람의 팔다리
- 死地 죽을 곳, 살아날 길이 없는 매우 위험한 곳
- 私地 개인 소유의 땅, 소유지

상가
- 商家 장사를 업으로 하는 집
- 商街 상점이 많이 늘어서 있는 거리
- 喪家 초상집

상품
- 上品 높은 품격
- 商品 사고파는 물품
- 賞品 상으로 주는 물품

선전
- 宣戰 다른 나라에 대하여 전쟁 개시를 선언함
- 善戰 실력 이상으로 잘 싸움, 최선을 다하여 잘 싸움
- 宣傳 주의·주장이나 어떤 사물의 존재·효능 따위를 사람들에게 설명하고 이해와 공감을 얻기 위해 널리 알림

성대
- 盛大 아주 성하고 큼
- 聲帶 후두의 중앙에 있는 소리를 내는 기관, 목청

성전
- 成典 성문화된 법전, 정해진 법식이나 의식
- 盛典 성대한 의식
- 聖典 어떤 종교에서 교의의 근본이 되는 책
- 聖殿 신성한 전당
- 聖戰 거룩한 사명을 띤 전쟁

수도
- 水道 상수도
- 首都 한 나라의 중앙정부가 있는 도시
- 修道 도를 닦음

수상
- 手相 손금
- 水上 물 위
- 首相 내각의 우두머리
- 隨想 사물을 대할 때의 느낌이나 그때그때 떠오르는 생각
- 受像 텔레비전이나 전송사진 등에서 영상을 전파로 받아 상을 비침
- 受賞 상을 받음

수석
- 水石 물과 돌
- 首席 석차 따위의 제1위
- 壽石 실내 등에 두고 감상하는 생긴 모양이나 빛깔·무늬 따위가 묘하고 아름다운 천연석

수신
- 受信 금융기관이 고객으로부터 신용을 받는 일, 우편·전보 등의 통신을 받음
- 守身 자기의 본분을 지켜 불의에 빠지지 않도록 함
- 修身 마음과 행실을 바르게 하도록 심신을 닦음

순종
- 純種 딴 계통과 섞이지 않은 순수한 종

順從 순순히 복종함

시 가
市街 도시의 큰 거리, 또는 번화한 거리
市價 상품이 시장에서 팔리는 값, 시장가격
時價 가격이 바뀌는 상품의 거래할 때의 가격
媤家 시집
詩歌 시와 노래와 창곡을 통틀어 이르는 말

시 각
時刻 시간의 흐름 속의 어느 순간
視角 보고 있는 물체의 양 끝에서 눈에 이르는 두 직선이 이루는 각
視覺 오감(五感)의 하나로 물체의 모양이나 빛깔 등을 분간하는 눈의 감각

시 비
侍婢 곁에서 시중드는 여자 종
是非 옳고 그름, 잘잘못
施肥 논밭에 거름을 주는 일

시 사
時事 그때그때의 세상의 정세나 일어난 일
示唆 미리 암시하여 알려 줌
試寫 영화를 개봉하기 전에 시험적으로 신문기자, 평론가, 제작 관계자 등에게 상영해 보이는 일

시 인
時人 그 당시의 사람
詩人 시를 짓는 사람
是認 옳다고 또는 그러하다고 인정함

신 축
伸縮 늘이고 줄임
新築 새로 축조하거나 건축함

실 례
實例 구체적인 실제의 예
失禮 언행이 예의에 벗어남

실 수
實數 유리수와 무리수를 통틀어 이르는 말
失手 부주의로 잘못을 저지름

실 정
實情 실제의 사정, 실제의 상황
失政 정치를 잘못함 또는 잘못된 정치

약 관
約款 계약이나 조약 등에서 정해진 하나하나의 조항
弱冠 남자의 나이 스무 살

양 식
良識 건전한 사고방식, 건전한 판단력
洋食 서양식의 음식, 서양 요리
樣式 역사적·사회적으로 자연히 그렇게 정해진 공통의 형식이나 방식
糧食 살아가는 데 필요한 먹을거리, 식량
養殖 물고기·굴·김 따위의 해산물을 기르고 번식시키는 일

양 호
良好 매우 좋음
養護 기르고 보호함

역 전
驛前 정거장 앞
逆戰 적으로부터 공격을 받다가 역습하여 싸움
歷戰 여러 차례의 싸움터에서 전투를 겪음, 역전의 용사
逆轉 형세나 순위 따위가 지금까지와는 반대의 상황으로 됨

상공회의소 한자시험 고급 기본서 1·2급

연기
- 煙氣 물건이 탈 때 생기는 빛깔이 있는 기체
- 演技 관객 앞에서 연극·노래·춤·곡예 따위의 재주를 나타내 보임
- 延期 정해 놓은 기한을 물림

연장
- 年長 서로 비교하여 나이가 많음
- 延長 일정 기준보다 길이 또는 시간을 늘임

우수
- 右手 오른손
- 雨水 24절기의 하나로 입춘과 경칩 사이 2월 19일 경임
- 憂愁 근심과 걱정
- 優秀 여럿 가운데 뛰어남

원수
- 元首 한 나라의 최고 통치권을 가진 사람
- 元帥 군인의 가장 높은 계급, 오성장군
- 怨讐 자기 또는 자기 집이나 나라에 해를 끼쳐 원한이 맺힌 사람

유지
- 有志 어떤 일에 관심이나 뜻이 있는 사람, 지역 유지
- 油脂 동·식물에서 얻는 기름을 통틀어 이르는 말
- 油紙 기름을 먹인 종이
- 乳脂 유지방
- 遺志 죽은 이가 생전에 이루지 못하고 남긴 뜻
- 維持 어떤 상태를 그대로 지니어 감

이성
- 理性 사물의 이치를 논리적으로 생각하고 판단하는 마음의 작용
- 異姓 다른 성
- 異性 남성 쪽에서 본 여성, 또는 여성 쪽에서 본 남성을 이르는 말

이해
- 利害 이익과 손해
- 理解 사리를 분별하여 앎

인도
- 人道 사람이 다니는 길, 인간으로서 마땅히 지켜야 할 도리
- 印度 인디아의 한자음 표기
- 引渡 물건이나 권리 따위를 남에게 넘겨줌
- 引導 가르쳐 일깨움

인상
- 人相 사람의 얼굴 생김새와 골격
- 印象 외래의 사물이 사람의 마음에 주는 감각
- 引上 끌어 올림, 값을 올림

인정
- 人情 사람이 본디 지니고 있는 온갖 감정, 남을 생각하고 도와주는 따뜻한 마음씨
- 仁政 어진 정치
- 認定 옳다고 믿고 정함

일정
- 日程 그날에 할 일, 또는 그 분량이나 차례
- 一定 정해져 있어 바뀌거나 달라지지 않고 한결같음

장관
- 壯觀 굉장하여 볼만한 경관
- 長官 국무를 맡아보는 행정 각부의 책임자
- 將官 장수

재고
- 在庫 창고에 있음
- 再考 한 번 정한 일을 다시 한 번 생각함

재화
- 災禍 재앙과 화난
- 財貨 재물
- 載貨 차나 배에 화물을 실음

적기
- 赤旗 붉은 빛의 기
- 適期 알맞은 시기
- 敵機 적의 비행기
- 摘記 요점만 뽑아 적음, 또는 그 기록

전경
- 全景 전체의 경치
- 前景 눈앞에 펼쳐져 보이는 경치
- 戰警 전투 경찰대

전공
- 全功 모든 공로나 공적
- 前功 전에 세운 공로나 공적
- 電工 전기공업
- 戰功 전투에서 세운 공로
- 專攻 어느 일정한 부문에 대하여 전문적으로 연구함

전기
- 前期 어떤 기간을 몇 개로 나누었을 때 그 첫 기간
- 傳奇 있을 수 없는 기이한 일을 내용으로 한 이야기
- 傳記 한 개인의 일생의 활동을 적은 기록
- 電氣 전자의 이동으로 생기는 에너지의 한 형태
- 轉機 사물이나 형세가 어떤 상태에서 다른 상태로 변하는 계기

- 前記 앞에 기록함
- 轉記 어떤 기재사항을 한 장부에서 다른 장부로 옮기어 적음

전례
- 典例 전거(典據)가 되는 선례
- 典禮 왕실 또는 나라의 의식
- 前例 이전의 사례, 선례

전반
- 全般 통틀어 모두, 여러 가지 것의 전부
- 前半 전체를 둘로 나누었을 때 앞부분이 되는 절반

전시
- 全市 시(市)의 전체
- 戰時 전쟁을 하고 있는 때
- 展示 물품 따위를 늘어놓아 보임

전원
- 田園 논밭과 동산, 시골이나 도시의 교외
- 全員 전체의 인원
- 電源 전력을 공급하는 원천

절감
- 切感 절실히 느낌, 깊이 느낌
- 節減 아껴서 줄임

절개
- 節概 옳은 일을 지키어 뜻을 굽히지 않는 굳건한 마음이나 태도
- 切開 치료를 위해 칼·가위 따위로 몸의 일부를 째어서 엶

접수
- 接收 돈이나 물건 따위를 받음

接受 공문서 따위의 서류나 구두로 신청한 사실들을 처리하기 위하여 받아들임

정교
正敎 바른 종교
政敎 정치와 종교
精巧 기계나 세공물 따위가 아주 세세한 부분까지 정밀하게 잘 되어 있음
情交 친밀하게 사귐, 또는 그런 교제

정당
正當 바르고 마땅함, 이치가 당연함
政黨 정치상의 이념이나 이상을 함께 하는 사람들이 정권을 잡아 그 이념이나 이상을 실현하기 위하여 모인 단체
精當 매우 자세하고 마땅함

정도
正道 올바른 길, 바른 도리
征途 여행길, 전쟁이나 경기에 나가는 길
定道 저절로 정해져 변하지 않는 도리
政道 정치의 방침
程道 알맞은 한도
精度 정밀도
精到 매우 정묘한 경지에 다다름

정사
正史 정확한 사실을 바탕으로 하여 편찬한 역사
正邪 바른 일과 사악한 일
政事 정치에 관한 일, 행정에 관한 일
情史 남녀의 애정에 관한 기록, 연애를 다룬 소설
情事 남녀 간의 사랑에 관한 일
情思 남녀가 서로 사랑하는 마음
正射 활 따위를 정면에서 쏨, 수학에서 수직으로 투영하는 일
靜思 조용히 생각함

精査 아주 작은 것도 빼놓지 않고 자세히 조사함

정원
正員 어떤 조직체 따위에서 정식 인원으로서의 자격을 가지고 있는 사람
定員 일정한 규정에 따라 정해진 인원
庭園 잘 가꾸어 놓은 넓은 뜰

정전
正殿 임금이 나와서 조회를 하던 궁전
征戰 출정하여 싸움
停電 송전이 한때 끊어짐
停戰 교전 중이던 두 나라가 합의에 의해 한때 어떤 지역 또는 전역에 걸쳐 전투행위를 그치는 일

제명
題銘 책머리에 쓰는 제사(題詞)와 기물에 새기는 명
題名 책이나 시문 따위의 표제의 이름
除名 명부에서 결격자 등의 이름을 빼어 버림

제재
題材 예술작품이나 학술연구 따위에서 주제의 재료가 되는 것
制裁 어떤 태도나 행위에 대한 대응으로 불이익이나 벌을 줌
製材 베어 낸 나무를 켜서 각목·널빤지 따위를 만듦

조리
條理 어떤 일이나 말·글 등에서 앞뒤가 들어맞고 체계가 서는 갈피
調理 음식·거처·동작 등을 알맞게 하여 몸을 보살피고 병을 다스림
笊籬 쌀을 이는 데 쓰는 기구

조선
祖先 조상

朝鮮 이성계가 고려를 멸하고 세운 나라
造船 배를 건조함

조정
朝廷 임금이 나라의 정치를 집행하던 곳
漕艇 보트를 저음
調定 조사하여 확정함
調停 분쟁을 중간에서 화해시킴
調整 고르지 못한 것이나 과부족이 있는 것 따위를 알맞게 조절하여 정상상태가 되게 함

조화
弔花 조상(弔喪)하는 뜻으로 바치는 꽃
造化 천지자연의 이치
造花 종이나 헝겊 따위로 만든 꽃
彫花 도자기에 꽃무늬를 새김
調和 대립이나 어긋남이 없이 서로 잘 어울림

존속
尊屬 부모와 그 항렬 이상의 친족
存續 계속 존재함, 그대로 있음

주간
晝間 낮 동안
週間 월요일부터 일요일까지 한 주일 동안
主幹 어떤 일을 주장하여 맡아 처리함, 또는 그 사람
週刊 한 주일마다 한 번씩 펴냄, 또는 그 간행물

중복
中伏 삼복(三伏)의 두 번째 복날
重複 거듭함, 겹침, 이중

중지
中指 가운데 손가락
中智 보통의 슬기

衆志 뭇사람의 뜻이나 생각
中止 일을 중도에서 그만둠

지각
地角 땅의 한 모퉁이라는 뜻으로 땅의 맨 끝
地殼 지구의 표층을 이루고 있는 단단한 부분
遲刻 정해진 시각보다 늦음
知覺 느끼어 앎, 깨달음

지급
至急 매우 급함
支給 어떤 특정한 조건을 갖춘 사람에게 돈이나 물품 따위를 내줌

지대
至大 더없이 큼
地代 남의 토지를 빌린 사람이 빌려 준 사람에게 무는 세
地帶 자연적 또는 인위적으로 한정된 일정한 구역

지도
地圖 지구 표면의 일부나 전부를 일정한 축척에 따라 평면 위에 나타낸 그림
指導 어떤 목적이나 방향에 따라 가르치어 이끎

지성
至性 더없이 착한 성질
至聖 지덕을 아울러 갖추어 더없이 뛰어난 성인
知性 사물을 알고 생각하고 판단하는 능력
至誠 지극한 정성

지원
支院 지방법원이나 가정법원 등에 따로 분설된 하부 기관
支援 뒷받침하거나 편들어서 도움, 원조함

상공회의소 한자시험 고급 기본서 1·2급

至願 지극히 바람, 또는 그러한 소원
志願 뜻하여 바람

진정
眞情 거짓이 없는 참된 정이나 애틋한 마음
眞正 참으로, 바로, 정말
陳情 실정을 털어놓고 말함
鎭定 반대 세력이나 기세 따위를 억눌러서 평정함
鎭靜 흥분이나 아픔 따위를 가라앉힘

천재
天才 태어날 때부터 갖춘 뛰어난 재주, 또는 그런 재주를 가진 사람
天災 자연현상으로 일어나는 재난
淺才 얕은 재주나 꾀

초대
初代 어떤 계통의 첫 번째 사람
招待 남을 청하여 대접함

초상
初喪 사람이 죽어서 장사 지내기까지의 일
肖像 그림이나 사진 따위에 나타난 어떤 사람의 얼굴이나 모습

최고
最古 가장 오래됨
最高 가장 높음
催告 법률상 일정한 결과를 일으키기 위하여 상대편의 행위 또는 불행위를 재촉하는 일

추상
秋霜 가을의 찬 서리
抽象 개별적인 사물이나 구체적인 개념으로부터 공통적인 요소를 뽑아 일반적인 개념으로 파악함

追想 지나간 일을 생각하고 그리워함
推想 앞으로 올 일 등을 미루어 생각함

축전
祝典 축하하는 의식이나 행사
祝電 축하의 뜻을 나타낸 전보
蓄電 전기를 모아 둠

취사
炊事 음식을 장만하는 일
取捨 쓸 것은 쓰고 버릴 것은 버림

치부
恥部 남에게 알리고 싶지 않은 부끄러운 부분
致富 재물을 모아 부자가 됨
置簿 금전이나 물품의 출납을 적어 넣음

타도
他道 당사자가 살고 있지 않거나 관계가 없는 행정구역상의 다른 도
打倒 어떤 대상이나 세력을 때리어 거꾸러뜨림

탄성
彈性 외부로부터 힘을 받아 모양이 달라진 물체가 그 힘이 없어지면 다시 본디의 모양으로 되돌아가려 하는 성질
歎聲 탄식하는 소리

탈모
脫毛 털이 빠짐
脫帽 모자를 벗음

탈취
脫臭 냄새를 뺌
奪取 남의 것을 억지로 빼앗아 가짐

통화
- 通貨 한 나라 안에서 통용되고 있는 화폐를 통틀어 이르는 말
- 通話 전화로 말을 주고받음

특수
- 特秀 특별히 빼어남, 특히 우수함
- 特需 특별한 수요
- 特殊 보통과 아주 다름, 특별함

파다
- 頗多 자못 많음, 매우 많음
- 播多 소문이 널리 퍼져 있음

표지
- 表紙 책의 겉장
- 標紙 증거의 표로 글을 적은 종이
- 標識 다른 것과 구별하여 알게 하는 데 필요한 표시나 특징

필적
- 筆跡 손수 쓴 글씨나 그림의 형적
- 匹敵 재주나 힘 따위가 엇비슷하여 서로 견줄만함

해독
- 害毒 나쁜 영향을 끼치는 요소, 해와 독
- 解毒 독기를 풀어서 없앰
- 解讀 알기 쉽도록 풀어서 읽음

향수
- 香水 향료를 알코올 따위에 풀어서 만든 액체 화장품의 한 가지
- 鄕愁 고향을 그리워하는 마음이나 시름
- 享受 복이나 혜택 따위를 받아서 누림

현상
- 現狀 현재의 상태, 지금의 형편
- 現象 지각할 수 있는 사물의 모양이나 형태
- 現像 형상을 나타냄, 촬영한 필름이나 인화지 따위를 약품으로 처리하여 영상이 드러나게 하는 일
- 懸賞 어떤 목적으로 조건을 붙여 상금이나 상품을 내거는 일

호기
- 好期 꼭 좋은 시기, 알맞은 시기
- 好機 무슨 일을 하는 데 좋은 기회
- 浩氣 호연한 기운
- 豪氣 씩씩한 기상, 호방한 기상
- 好奇 신기한 것에 흥미를 가짐
- 呼氣 내쉬는 숨, 날숨

혼수
- 昏睡 정신없이 혼혼히 잠듦
- 婚需 혼인에 드는 물품 또는 비용

회기
- 回忌 해마다 돌아오는 기일
- 回期 돌아올 시기
- 會期 집회나 회의 따위가 열리는 시기

회유
- 回遊 두루 돌아다니며 유람함
- 懷柔 어루만져 달램, 잘 구슬려 따르게 함

훈장
- 訓長 글방의 선생님
- 勳章 훈공이 있는 사람에게 국가에서 표창하기 위하여 내리는 휘장

 **혼동하기 쉬운 한자**

佳往住	아름다울 갈 살	가 왕 주	百年佳約(백년가약) 說往說來(설왕설래) 衣食住(의식주)		檢儉險	검사할 검소할 험할	검 검 험	檢事(검사) 儉素(검소) 危險(위험)
假暇	거짓 겨를	가 가	假面(가면) 休暇(휴가)		堅緊	굳을 긴할	견 긴	堅固(견고) 緊急(긴급)
各名	각각 이름	각 명	各種(각종) 姓名(성명)		驚警	놀랄 경계할	경 경	驚異(경이) 警戒(경계)
干于	방패/막을 어조사	간 우	干涉(간섭) 于先(우선)		經徑	지날 지름길	경 경	經濟(경제) 直徑(직경)
減滅	덜 멸할	감 멸	加減(가감) 滅亡(멸망)		孤派狐	외로울 갈래 여우	고 파 호	孤獨(고독) 派兵(파병) 九尾狐(구미호)
甲申	갑옷 납	갑 신	甲富(갑부) 申告(신고)		苦若	쓸 같을	고 약	苦生(고생) 萬若(만약)
綱網	벼리 그물	강 망	三綱五倫(삼강오륜) 聯絡網(연락망)		曲典	굽을 법	곡 전	曲線(곡선) 法典(법전)
槪慨	대개 슬퍼할	개 개	槪念(개념) 憤慨(분개)		困囚因	곤할 가둘 인할	곤 수 인	困難(곤란) 罪囚(죄수) 因緣(인연)
客容	손 얼굴	객 용	顧客(고객) 容貌(용모)		功切	공 끊을	공 절	功勞(공로) 切斷(절단)
巨臣	클 신하	거 신	巨人(거인) 臣下(신하)		橋僑矯	다리 더부살이 바로잡을	교 교 교	橋梁(교량) 僑胞(교포) 矯導所(교도소)
擧譽	들 기릴	거 예	選擧(선거) 名譽(명예)					

한자 활용하기

한자	훈	음	예
具	갖출	구	家具(가구)
貝	조개	패	貝類(패류)
郡	고을	군	郡守(군수)
群	무리	군	群衆(군중)
卷	책	권	壓卷(압권)
券	문서	권	旅券(여권)
勸	권할	권	勸告(권고)
觀	볼	관	觀覽(관람)
歡	기쁠	환	歡迎(환영)
級	등급	급	等級(등급)
吸	마실	흡	吸收(흡수)
給	줄	급	給與(급여)
絡	이을	락	脈絡(맥락)
己	몸	기	知彼知己(지피지기)
已	이미	이	已往之事(이왕지사)
巳	뱀	사	乙巳條約(을사조약)
起	일어날	기	起床(기상)
赴	나아갈	부	赴任(부임)
踏	밟을	답	現地踏査(현지답사)
蹈	밟을	도	舞蹈會(무도회)
大	큰	대	大學(대학)
太	클	태	太陽(태양)
犬	개	견	忠犬(충견)
代	대신	대	代表(대표)
伐	칠	벌	伐草(벌초)
待	기다릴	대	待避(대피)
侍	모실	시	內侍(내시)
刀	칼	도	果刀(과도)
力	힘	력	力道(역도)
端	끝	단	末端(말단)
瑞	상서	서	祥瑞(상서)
徒	무리	도	徒步(도보)
徙	옮길	사	移徙(이사)
讀	읽을	독	讀書(독서)
贖	속바칠	속	贖罪(속죄)
續	이을	속	繼續(계속)
剌	어그러질	랄	潑剌(발랄)
刺	찌를	자	刺戟(자극)
郎	사내	랑	新郎(신랑)
朗	밝을	랑	明朗(명랑)
旅	나그네	려	旅行(여행)
族	겨레	족	族譜(족보)
施	베풀	시	施工(시공)
旋	돌	선	旋盤(선반)
歷	지낼	력	歷史(역사)
曆	책력	력	陰曆(음력)
老	늙을	로	老人(노인)
考	생각할	고	思考(사고)
孝	효도	효	孝女(효녀)
綠	푸를	록	綠茶(녹차)
緣	인연	연	因緣(인연)
錄	기록할	록	登錄(등록)
祿	녹	록	貫祿(관록)

論	논할	론	論爭(논쟁)
倫	인륜	륜	人倫(인륜)
輪	바퀴	륜	輪廓(윤곽)
栗	밤	률	栗谷(율곡)
粟	조	속	粟米(속미)
末	끝	말	末期(말기)
未	아닐	미	未來(미래)
免	면할	면	免除(면제)
兎	토끼	토	龜毛兎角(귀모토각)
眠	잠잘	면	睡眠(수면)
眼	눈	안	眼鏡(안경)
明	밝을	명	明暗(명암)
朋	벗	붕	朋友有信(붕우유신)
侮	업신여길	모	侮辱(모욕)
悔	뉘우칠	회	悔改(회개)
暮	저물	모	朝三暮四(조삼모사)
墓	무덤	묘	國立墓地(국립묘지)
幕	장막	막	園頭幕(원두막)
慕	그리워할	모	追慕(추모)
微	작을	미	微力(미력)
徵	부를	징	徵用(징용)
徽	아름다울	휘	徽章(휘장)
密	빽빽할	밀	密着(밀착)
蜜	꿀	밀	蜜柑(밀감)
辯	말씀	변	辯論(변론)
辨	분별할	변	辨償(변상)

薄	엷을	박	淺薄(천박)
簿	문서	부	帳簿(장부)
拍	칠	박	拍手(박수)
泊	배댈	박	民泊(민박)
排	밀칠	배	排球(배구)
俳	배우	배	俳優(배우)
復	돌아올	복	復學(복학)
複	겹칠	복	複製(복제)
佛	부처	불	佛敎(불교)
拂	떨칠	불	支拂(지불)
比	견줄	비	比率(비율)
此	이	차	此後(차후)
貧	가난할	빈	貧富(빈부)
貪	탐할	탐	貪慾(탐욕)
唆	부추길	사	示唆(시사)
俊	준걸	준	俊傑(준걸)
士	선비	사	博士(박사)
土	흙	토	土地(토지)
祀	제사	사	祭祀(제사)
祝	빌	축	祝福(축복)
思	생각	사	思想(사상)
恩	은혜	은	恩惠(은혜)
師	스승	사	敎師(교사)
帥	장수	수	將帥(장수)
象	코끼리	상	象牙(상아)
像	형상	상	銅像(동상)

한자 활용하기

恕怒	용서할 / 성낼	서 / 노	容恕(용서) / 憤怒(분노)
暑署	더울 / 관청	서 / 서	處暑(처서) / 支署(지서)
宣宜	베풀 / 마땅	선 / 의	宣言(선언) / 宜當(의당)
釋譯澤擇	풀 / 번역할 / 못 / 가릴	석 / 역 / 택 / 택	解釋(해석) / 飜譯(번역) / 惠澤(혜택) / 選擇(선택)
姓性	성 / 성품	성 / 성	姓名(성명) / 性格(성격)
俗裕	풍속 / 넉넉할	속 / 유	風俗(풍속) / 富裕(부유)
遂逐	이룰 / 쫓을	수 / 축	完遂(완수) / 逐出(축출)
熟熱	익을 / 더울	숙 / 열	熟達(숙달) / 熱氣(열기)
崇宗	높을 / 마루	숭 / 종	崇高(숭고) / 宗敎(종교)
僧憎增	중 / 미울 / 더할	승 / 증 / 증	僧侶(승려) / 憎惡(증오) / 增減(증감)
矢失	화살 / 잃을	시 / 실	弓矢(궁시) / 失手(실수)
仰抑	우러를 / 누를	앙 / 억	信仰(신앙) / 抑壓(억압)

哀衷衰	슬플 / 속마음 / 쇠할	애 / 충 / 쇠	哀痛(애통) / 苦衷(고충) / 衰退(쇠퇴)
治冶	다스릴 / 불릴	치 / 야	政治(정치) / 冶金(야금)
讓壤壞懷孃	사양할 / 흙덩이 / 무너질 / 품을 / 아가씨	양 / 양 / 괴 / 회 / 양	讓步(양보) / 土壤(토양) / 破壞(파괴) / 懷抱(회포) / 金孃(김양)
捐損	버릴 / 덜	연 / 손	捐金(연금) / 損失(손실)
延廷	늘일 / 조정	연 / 정	延期(연기) / 法廷(법정)
葉棄	잎 / 버릴	엽 / 기	葉書(엽서) / 拋棄(포기)
午牛	낮 / 소	오 / 우	正午(정오) / 牛乳(우유)
烏鳥島	까마귀 / 새 / 섬	오 / 조 / 도	烏鵲橋(오작교) / 鳥類(조류) / 獨島(독도)
穩隱	편안할 / 숨을	온 / 은	平穩(평온) / 隱退(은퇴)
雨兩	비 / 두	우 / 량	雨傘(우산) / 兩者(양자)

遺遣	남길 보낼	유 견	遺言(유언) 派遣(파견)
泣位	울 자리	읍 위	泣訴(읍소) 位置(위치)
日曰	날 가로	일 왈	日曜日(일요일) 孔子曰(공자왈)
任仕	맡길 섬길	임 사	任務(임무) 奉仕(봉사)
炙灸	구울 뜸	자 구	膾炙(회자) 鍼灸(침구)
栽裁載戴	심을 마를 실을 일	재 재 재 대	栽培(재배) 獨裁(독재) 積載(적재) 戴冠式(대관식)
積績	쌓을 길쌈	적 적	積金(적금) 業績(업적)
滴摘	물방울 딸	적 적	硯滴(연적) 摘要(적요)
折析	꺾을 쪼갤	절 석	折半(절반) 分析(분석)
弟第	아우 차례	제 제	弟子(제자) 落第(낙제)
燥操	마를 잡을	조 조	乾燥(건조) 操作(조작)
晝書畵	낮 글 그림	주 서 화	晝夜(주야) 書店(서점) 畵家(화가)

柱桂	기둥 계수나무	주 계	柱石(주석) 桂樹(계수)
枝枚技	가지 낱 재주	지 매 기	全枝(전지) 枚數(매수) 技能(기능)
陳陣	늘어놓을 진칠	진 진	陳列(진열) 敵陣(적진)
津律	나루 법칙	진 률	松津(송진) 法律(법률)
且旦	또 아침	차 단	苟且(구차) 元旦(원단)
撤徹	거둘 통할	철 철	撤收(철수) 貫徹(관철)
淸請晴	맑을 청할 갤	청 청 청	淸潔(청결) 請託(청탁) 快晴(쾌청)
招紹昭	부를 이을 밝을	초 소 소	招待(초대) 紹介(소개) 昭詳(소상)
村材	마을 재목	촌 재	江村(강촌) 材料(재료)
墜墮	떨어질 떨어질	추 타	墜落(추락) 墮落(타락)
衝衡	찌를 저울대	충 형	衝動(충동) 平衡(평형)

한자 활용하기

한자	훈	음	예
枕	베개	침	枕木(침목)
沈	잠길/성	침/심	沈默(침묵)
濁	흐릴	탁	混濁(혼탁)
燭	촛불	촉	華燭(화촉)
獨	홀로	독	獨立(독립)
脫	벗을	탈	脫出(탈출)
稅	세금	세	稅金(세금)
悅	기쁠	열	喜悅(희열)
說	말씀	설	說明(설명)
設	베풀	설	建設(건설)
他	다를	타	他鄕(타향)
地	땅	지	地球(지구)
探	찾을	탐	探究(탐구)
深	깊을	심	深夜(심야)
閉	닫을	폐	閉鎖(폐쇄)
閑	한가할	한	閑暇(한가)
弊	해질	폐	弊端(폐단)
幣	비단	폐	貨幣(화폐)
抱	안을	포	抱擁(포옹)
泡	물거품	포	水泡(수포)
胞	세포	포	細胞(세포)
捕	잡을	포	捕虜(포로)
浦	개	포	浦港(포항)
補	기울	보	補修(보수)
鋪	펼/가게	포	店鋪(점포)

한자	훈	음	예
抗	겨룰	항	抗議(항의)
坑	구덩이	갱	坑道(갱도)
項	항목	항	項目(항목)
頃	잠깐	경	頃刻(경각)
旱	가물	한	旱氣(한기)
早	이를	조	早退(조퇴)
鄕	시골	향	故鄕(고향)
卿	벼슬	경	樞機卿(추기경)
幸	다행	행	幸福(행복)
辛	매울	신	辛辣(신랄)
刑	형벌	형	刑罰(형벌)
形	모양	형	形態(형태)
刊	새길	간	出刊(출간)
亨	형통할	형	亨通(형통)
享	누릴	향	享樂(향락)
活	살	활	死活(사활)
浩	넓을	호	浩蕩(호탕)
互	서로	호	互稱(호칭)
瓦	기와	와	瓦全(와전)
悔	뉘우칠	회	悔改(회개)
梅	매화	매	梅花(매화)
侮	업신여길	모	侮辱(모욕)
海	바다	해	東海(동해)
侯	제후	후	諸侯(제후)
候	기후	후	氣候(기후)

395

6 사자성어

1. **街談巷說** (가담항설)
   길거리나 세상 사람들 사이에 떠도는 근거 없는 이야기, 세상에 떠도는 뜬소문
   유 街談巷議(가담항의)
   道聽塗說(도청도설)

2. **苛斂誅求** (가렴주구)
   관리가 가혹하게 세금을 거두거나 백성의 재물을 억지로 빼앗음
   유 苛政猛於虎(가정맹어호)
   塗炭之苦(도탄지고)

3. **佳人薄命** (가인박명)
   아름다운 사람은 명이 짧다는 뜻으로, 여자의 용모가 너무 아름다우면 운명이 기박하고 명이 짧다는 말
   유 美人薄命(미인박명)
   紅顔薄命(홍안박명)

4. **刻骨難忘** (각골난망)
   입은 은혜에 대한 고마운 마음이 뼈에까지 사무쳐 잊혀지지 아니함
   유 白骨難忘(백골난망)
   結草報恩(결초보은)

5. **角者無齒** (각자무치)
   뿔이 있는 놈은 이가 없다는 뜻으로, 한 사람이 모든 복을 겸하지는 못함

6. **刻舟求劍** (각주구검)
   칼을 강물에 떨어뜨리자 뱃전에 그 자리를 표시했다가 나중에 그 칼을 찾으려 한다는 뜻으로, 판단력이 둔하여 세상일에 어둡고 어리석다는 뜻
   유 守株待兎(수주대토)

7. **肝膽相照** (간담상조)
   간과 쓸개를 내놓고 서로에게 내보인다는 뜻으로, 서로 마음을 터놓고 친밀하게 사귐
   유 管鮑之交(관포지교)

8. **敢不生心** (감불생심)
   힘이 부치어 감히 마음을 먹지 못함
   유 敢不生意(감불생의)
   焉敢生心(언감생심)

9. **甘言利說** (감언이설)
   달콤한 말과 새로운 이야기란 뜻으로, 남의 비위에 맞도록 꾸민 달콤한 말과 이로운 조건을 내세워 남을 꾀는 말
   유 巧言令色(교언영색)

10. **感之德之** (감지덕지)
    이를 감사하게 생각하고 이를 덕으로 생각한다는 뜻으로, 대단히 고맙게 여김

11. **甘呑苦吐** (감탄고토)
    달면 삼키고 쓰면 뱉는다는 뜻으로, 사리에 옳고 그름을 돌보지 않고 자기 비위에 맞으면 취하고 싫으면 버린다는 뜻

12. **甲男乙女** (갑남을녀)
    평범한 사람들을 이르는 말
    유 匹夫匹婦(필부필부)
    張三李四(장삼이사)
    善男善女(선남선녀)

13. **甲論乙駁** (갑론을박)
    갑이 논하면 을이 논박한다는 뜻으로, 여러 사람이 서로 논란하고 반박함

14. **江湖煙波** (강호연파)
    강이나 호수 위에 안개처럼 보얗게 이는 잔물결로 산수의 좋은 경치를 말함
    유 淸風明月(청풍명월)
    山紫水明(산자수명)

15. **改過遷善** (개과천선)
    지난날의 잘못을 고치어 착하게 됨
    유 改過自新(개과자신)

16. **蓋世之才** (개세지재)
    세상을 마음대로 다스릴만한 뛰어난 재주

17. **去頭截尾** (거두절미)
    머리와 꼬리를 잘라버린다는 뜻으로, 군더더기 말을 빼고 요점만 말함
    유 單刀直入(단도직입)

18. **居安思危** (거안사위)
    평안할 때에도 위험과 곤란이 닥칠 것을 생각하며 잊지말고 미리 대비해야 함
    유 有備無患(유비무환)

한자 활용하기

19	**擧案齊眉** (거안제미)	밥상을 눈썹 높이로 들어 공손히 남편 앞에 가지고 간다는 뜻으로, 남편을 깍듯이 공경함을 일컫는 말
20	**車載斗量** (거재두량)	수레에 싣고 말(斗)로 될 수 있는 정도라는 뜻으로, 물건이 아주 많음을 비유함
21	**乾坤一擲** (건곤일척)	하늘이냐 땅이냐를 한 번 던져서 결정한다는 뜻으로, 운명과 흥망을 걸고 단판으로 승부나 성패를 겨룸 또는 오직 이 한 번에 흥망성쇠가 걸려있는 일 유 在此一擧(재차일거)
22	**乞人憐天** (걸인연천)	거지가 하늘을 불쌍히 여긴다는 뜻으로, 부질없는 걱정을 하거나 또는 불행한 처지에 있는 사람이 행복한 사람을 동정한다는 말
23	**格物致知** (격물치지)	사물의 이치를 구명하여 자기의 지식을 확고하게 함
24	**隔世之感** (격세지감)	아주 바뀌어 딴 세상 또는 딴 세대와 같이 많은 변화가 있었음을 비유하는 말 유 桑田碧海(상전벽해) 今昔之感(금석지감)
25	**隔靴搔癢** (격화소양)	신을 신은 위로 가려운 곳을 긁는다는 뜻으로, 어떤 일의 핵심을 찌르지 못하고 겉돌기만 하여 매우 안타까운 상태를 말함 유 隔靴爬癢(격화파양)
26	**牽强附會** (견강부회)	이치에 맞지 않는 말을 억지로 끌어 붙여 자기 주장의 조건에 맞도록 함 유 我田引水(아전인수)
27	**見利思義** (견리사의)	눈앞에 이익을 보거든 먼저 그것을 취함이 의리에 합당한지를 생각하라는 말
28	**犬馬之勞** (견마지로)	임금이나 나라 또는 윗사람에게 바치는 자기의 노력을 낮추어 말함 유 犬馬之心(견마지심), 狗馬之心(구마지심)
29	**見蚊拔劍** (견문발검)	모기를 보고 칼을 뺀다는 뜻으로, 보잘 것 없는 작은 일에 어울리지 않는 큰 대책을 쓴다는 말 유 怒蠅拔劍(노승발검)
30	**見物生心** (견물생심)	물건을 보면 욕심이 생긴다는 뜻
31	**犬猿之間** (견원지간)	개와 원숭이 사이처럼 매우 사이가 나쁜 관계 유 氷炭之間(빙탄지간)
32	**見危授命** (견위수명)	위험을 보면 목숨을 바친다는 뜻으로, 나라의 위태로운 지경을 보고 목숨을 바쳐 나라를 위해 싸우는 것을 말함 유 見危致命(견위치명)
33	**堅忍不拔** (견인불발)	굳게 참고 견디어 마음을 빼앗기지 아니함, 즉 뜻을 변치 아니함
34	**犬兔之爭** (견토지쟁)	개와 토끼가 쫓고 쫓기다가 둘이 다 지쳐 죽어 농군이 주워간다는 뜻으로, 서로 싸우다가 제삼자가 이익을 보는 것을 말함 유 漁父之利(어부지리) 蚌鷸之爭(방휼지쟁)
35	**結者解之** (결자해지)	일은 맺은 사람이 풀어야 한다는 뜻으로, 일을 저지른 사람이 그 일을 해결해야 한다는 말
36	**結草報恩** (결초보은)	풀을 묶어서 은혜를 갚는다는 뜻으로, 죽어 혼이 되더라도 입은 은혜를 잊지 않고 갚음 유 白骨難忘(백골난망) 刻骨難忘(각골난망)

37	兼人之勇 (겸인지용)	혼자서 능히 몇 사람을 당해 낼 만한 용기
38	輕擧妄動 (경거망동)	가볍고 망령되게 행동한다는 뜻으로, 도리나 사정을 생각하지 아니하고 경솔하게 행동함
39	經國濟世 (경국제세)	나라 일을 경륜하고 세상을 구제함 유 經世濟民(경세제민) 濟世安民(제세안민)
40	傾國之色 (경국지색)	나라를 위태롭게 할 만한 여성의 미모를 뜻함 유 傾城之色(경성지색) 萬古絕色(만고절색) 丹脣皓齒(단순호치)
41	耕當問奴 (경당문노)	농사일은 머슴에게 물어야 한다는 뜻으로, 일은 항상 그 부문의 전문가와 상의하여야 한다는 말
42	經世濟民 (경세제민)	세상 일을 잘 다스려 도탄에 빠진 백성을 구함
43	敬而遠之 (경이원지)	공경하되 그것을 멀리 한다는 말
44	驚天動地 (경천동지)	하늘을 놀라게 하고 땅을 움직이게 한다는 뜻으로, 몹시 세상을 놀라게 함을 이르는 말 유 動天驚地(동천경지)
45	敬天愛人 (경천애인)	하늘을 공경하고 사람을 사랑함
46	經天緯地 (경천위지)	온 세상을 다스림, 일을 계획적으로 준비하고 다스림
47	鷄口牛後 (계구우후)	닭의 무리 속에 있는 한 마리의 학이라는 뜻으로, 큰 단체의 말석보다는 작은 단체의 우두머리가 되라는 말
48	鷄卵有骨 (계란유골)	달걀에도 뼈가 있다는 뜻으로, 복이 없는 사람은 아무리 좋은 기회를 만나도 덕을 못 본다는 말
49	鷄鳴狗盜 (계명구도)	닭의 울음소리를 잘 내는 사람과 개의 흉내를 잘 내는 좀도둑이라는 뜻으로, 점잖은 사람이 배울 것이 못 되는 천한 기능 또는 그런 기능을 가진 사람을 말함 유 函谷鷄鳴(함곡계명)
50	股肱之臣 (고굉지신)	다리와 팔같이 중요한 신하, 임금이 가장 신임하는 중신 유 股掌之臣(고장지신)
51	孤軍奮鬪 (고군분투)	후원이 없는 외로운 군대가 힘에 벅찬 적군과 맞서 온힘을 다하여 싸움, 적은 인원이나 약한 힘으로 남의 힘을 받지 아니하고 힘에 벅찬 일을 극악스럽게 함
52	膏粱珍味 (고량진미)	기름진 고기와 곡식으로 만든 맛있는 음식 유 龍味鳳湯(용미봉탕)
53	孤立無援 (고립무원)	외톨이가 되어 도움을 받을 데가 없음 유 孤立無依(고립무의) 四顧無親(사고무친) 進退維谷(진퇴유곡)
54	鼓腹擊壤 (고복격양)	배를 두드리고 흙덩이를 친다는 뜻으로, 매우 살기 좋은 태평성대를 말함 유 太平聖代(태평성대)

한자 활용하기

55. 姑息之計 (고식지계)
근본 해결책이 아닌 임시로 편한 것을 취하는 계책, 당장의 편안함만을 꾀하는 일시적인 방편
- 凍足放尿(동족방뇨)
  下石上臺(하석상대)

56. 苦肉之策 (고육지책)
적을 속이기 위해 또는 어려운 사태를 벗어나기 위한 수단으로 제 몸을 괴롭혀 가면서까지 짜내는 계책
- 苦肉之計(고육지계)

57. 孤掌難鳴 (고장난명)
외손뼉만으로는 울릴 수 없다는 뜻으로, 상대 없이 싸울 수 없고 혼자서는 일을 이룰 수 없다는 말
- 十匙一飯(십시일반)
  獨不將軍(독불장군)

58. 苦盡甘來 (고진감래)
쓴 것이 다하면 단 것이 온다는 뜻으로, 고생 끝에 낙이 온다는 말
- 興盡悲來(흥진비래)

59. 固執不通 (고집불통)
고집이 세어 조금도 변통성이 없음
- 膠柱鼓瑟(교주고슬)
  碧昌牛(벽창우)

60. 高枕安眠 (고침안면)
편안하게 누워서 근심 없이 지냄
- 高枕無憂(고침무우)
  高枕而臥(고침이와)

61. 曲學阿世 (곡학아세)
학문을 굽히어 세상에 아첨한다는 뜻으로, 정도를 벗어난 학문으로 세상 사람에게 아첨함을 이르는 말

62. 骨肉相殘 (골육상잔)
부자나 형제 또는 같은 민족 간에 서로 싸움
- 骨肉相爭(골육상쟁)
  同族相殘(동족상잔)

63. 空山明月 (공산명월)
공허한 산에 비치는 밝은 달이란 뜻으로, 대머리를 놀리는 말

64. 空前絶後 (공전절후)
비교할 만한 것이 이전에도 없고 이후에도 없음
- 前無後無(전무후무)

65. 空中樓閣 (공중누각)
공중에 누각을 지은 것처럼 근거가 없는 가공의 산물
- 沙上樓閣(사상누각)

66. 誇大妄想 (과대망상)
턱없이 과장하여 엉뚱하게 생각함

67. 過猶不及 (과유불급)
모든 사물이 정도를 지나치면 도리어 안한 것만 못함이라는 뜻으로, 중용을 이르는 말
- 矯角殺牛(교각살우)
  矯枉過直(교왕과직)

68. 管鮑之交 (관포지교)
서로에 대한 믿음과 신의가 두터운 우정
- 芝蘭之交(지란지교)
  金蘭之交(금란지교)
  金石之交(금석지교)

69. 刮目相對 (괄목상대)
눈을 비비고 다시 보며 상대를 대한다는 뜻으로, 다른 사람의 학식이나 업적이 크게 진보한 것을 말함

70. 矯角殺牛 (교각살우)
쇠뿔을 바로 잡으려다 소를 죽인다는 뜻으로, 결점이나 흠을 고치려다 수단이 지나쳐서 도리어 일을 그르침
- 過猶不及(과유불급)
  矯枉過直(교왕과직)

71. 巧言令色 (교언영색)
남의 환심을 사기 위해 교묘히 꾸며서 하는 말과 아첨하는 얼굴빛

72. 矯枉過直 (교왕과직)
구부러진 것을 바로잡으려다 너무 곧게 한다는 뜻으로, 잘못을 바로 잡으려다 오히려 일을 그르침을 말함
- 矯角殺牛(교각살우)
  過猶不及(과유불급)

73	膠柱鼓瑟 (교주고슬)	비파나 거문고의 기러기발을 아교로 붙여 놓으면 음조를 바꾸지 못하여 한 가지 소리밖에 내지 못하듯이, 고지식하여 융통성이 전혀 없음 또는 규칙에 얽매여 변통할 줄 모르는 사람	
82	群鷄一鶴 (군계일학)	평범한 사람들 가운데 있는 뛰어난 한 사람을 이르는 말 유 囊中之錐(낭중지추) 鷄群孤鶴(계군고학) 鷄群一鶴(계군일학)	
74	敎學相長 (교학상장)	스승에게 배우는 것뿐만 아니라 남을 가르쳐 보아야 자기의 학문을 증진시킬 수 있다는 말	
83	群雄割據 (군웅할거)	많은 영웅들이 각각 한 지방에 웅거하여 세력을 과시하며 서로 다투는 상황을 이르는 말	
75	九曲肝腸 (구곡간장)	아홉 번 구부러진 간과 창자라는 뜻으로, 굽이굽이 사무친 마음속 또는 깊은 마음속을 뜻함	
84	君子三樂 (군자삼락)	군자의 세 가지 낙, 첫째는 부모가 다 살아 계시고 형제가 무고한 것, 둘째는 하늘과 사람에게 부끄러워할 것이 없는 것, 셋째는 천하의 영재를 얻어서 교육하는 것	
76	狗尾續貂 (구미속초)	개 꼬리를 노란 담비 꼬리에 잇는다는 뜻으로, 훌륭한 것에 보잘 것 없는 것이 잇닿음을 말하여 자질이 부족한 사람이 벼슬을 차지하고 있는 것을 말함	
85	窮餘之策 (궁여지책)	막다른 골목에서 그 국면을 타개하기 위하여 생각다 못해 짜낸 꾀 유 窮餘一策(궁여일책)	
77	口蜜腹劍 (구밀복검)	입으로는 달콤함을 말하나 배 속에는 칼을 감추고 있다는 뜻으로, 겉으로는 친절하나 마음속은 음흉함 유 面從腹背(면종복배) 笑裏藏刀(소리장도)	
86	權謀術數 (권모술수)	목적 달성을 위해서는 인정이나 도덕을 가리지 않고 권세와 모략중상 등 갖은 방법과 수단을 쓰는 술책 유 權謀術策(권모술책)	
78	九死一生 (구사일생)	여러 차례 죽을 고비를 겪고 간신히 목숨을 건짐 유 起死回生(기사회생)	
87	權不十年 (권불십년)	권세는 10년을 넘지 못한다는 뜻으로, 권력은 오래가지 못하고 늘 변함을 일컬음 유 花無十日紅(화무십일홍)	
79	口尙乳臭 (구상유취)	입에서 아직 젖내가 난다는 뜻으로, 말과 하는 짓이 아직 유치함을 일컬음	
88	勸善懲惡 (권선징악)	착한 행실을 권장하고 악한 행실을 징계함	
80	九牛一毛 (구우일모)	아홉 마리 소 가운데 박힌 하나의 털이라는 뜻으로, 대단히 많은 것 중의 아주 적은 것을 비유하여 일컬음 유 滄海一粟(창해일속) 大海一滴(대해일적)	
89	捲土重來 (권토중래)	흙먼지를 날리며 다시 온다는 뜻으로, 한 번 실패에 굴하지 않고 몇 번이고 다시 일어남	
81	九折羊腸 (구절양장)	아홉 번 꺾어진 양의 창자라는 뜻으로, 세상이 복잡하여 살아가기 어렵다는 뜻	
90	克己復禮 (극기복례)	욕망이나 사사로운 욕심을 자신의 의지력으로 억제하고 예의에 어긋나지 않도록 함	

한자 활용하기

91 近墨者黑 (근묵자흑)
먹을 가까이 하면 검어진다는 뜻으로, 나쁜 사람을 가까이 하면 그 버릇에 물들기 쉽다는 말
- 近朱者赤(근주자적)

92 金科玉條 (금과옥조)
금이나 옥같이 소중히 여기고 지켜야 할 규칙이나 교훈

93 金蘭之交 (금란지교)
단단하기가 황금과 같고 아름답기가 난초 향기와 같이 우정이 두터움을 말함
- 金蘭之契(금란지계)
- 芝蘭之交(지란지교)
- 斷金之交(단금지교)

94 錦上添花 (금상첨화)
비단 위에 꽃을 더한다는 뜻으로, 좋은 일에 또 좋은 일이 더하여짐을 이르는 말
- 반 雪上加霜(설상가상)

95 金石盟約 (금석맹약)
쇠와 돌같이 굳게 맹세하여 맺은 약속
- 金石之約(금석지약)

96 今昔之感 (금석지감)
지금과 옛날을 비교할 때 차이가 매우 심하여 느껴지는 감정
- 隔世之感(격세지감)

97 金城湯池 (금성탕지)
황금으로 만든 성과 끓는 물을 채운 못이란 뜻으로, 매우 견고하고 튼튼한 성을 말함
- 難攻不落(난공불락)
- 金城鐵壁(금성철벽)

98 錦繡江山 (금수강산)
비단에 수를 놓은 듯이 아름다운 산천이라는 뜻으로, 우리나라 강산을 이르는 말

99 琴瑟之樂 (금슬지락)
거문고와 비파의 어울림을 뜻하는 말로, 부부 사이의 다정하고 화목한 즐거움을 이름

100 今時初聞 (금시초문)
이제야 비로소 처음 들음
- 今時初見(금시초견)

101 錦衣夜行 (금의야행)
비단 옷을 입고 밤길을 간다는 뜻으로, 아무 보람 없는 행동을 비유하여 이르는 말
- 衣錦夜行(의금야행)
- 繡衣夜行(수의야행)

102 錦衣還鄕 (금의환향)
비단 옷 입고 고향에 돌아온다는 뜻으로, 출세하여 고향에 돌아옴을 이르는 말
- 衣錦之榮(의금지영)

103 金枝玉葉 (금지옥엽)
금으로 된 가지에 옥으로 된 잎사귀란 뜻으로, 임금의 자손이나 매우 귀한 집의 자손을 말함

104 氣高萬丈 (기고만장)
기운이 만 장이나 뻗치었다는 뜻으로, 우쭐하여 기세가 대단함을 말함

105 起死回生 (기사회생)
죽을 뻔하다가 다시 살아남
- 九死一生(구사일생)

106 奇想天外 (기상천외)
보통 사람으로는 짐작할 수 없을 만큼 생각이 기발하고 엉뚱함

107 欺世盜名 (기세도명)
세상 사람을 속이고 헛된 명예를 탐냄

108 氣盡脈盡 (기진맥진)
기운이 없어지고 맥이 풀렸다는 뜻으로, 온몸의 힘이 다 빠져 버림
- 氣盡力盡(기진역진)

109	**騎虎之勢** (기호지세)	호랑이를 타고 달리는 기세라는 뜻으로, 범을 타고 달리는 사람이 도중에서 내릴 수 없는 것처럼 도중에서 그만두거나 물러설 수 없는 형세를 이르는 말 유 騎獸之勢(기수지세)

110	**落落長松** (낙락장송)	가지가 아래로 축축 늘어진 키 큰 소나무를 말하는데, 지조와 절개를 지키는 충신의 모습을 비유함

111	**落花流水** (낙화유수)	떨어지는 꽃과 흐르는 물이라는 뜻으로, 남녀 간에 서로 그리워하는 애틋한 정을 일컬음

112	**難攻不落** (난공불락)	공격하기 어려워 좀처럼 함락되지 아니함

113	**亂臣賊子** (난신적자)	나라를 어지럽게 하는 신하와 어버이를 해치는 자식

114	**難兄難弟** (난형난제)	누구를 형이라 하고 누구를 아우라 하기 어렵다는 뜻으로, 두 사물이 서로 비슷하여 우열을 가릴 수 없음 유 莫上莫下(막상막하)

115	**南柯一夢** (남가일몽)	덧없는 꿈이나 한때의 헛된 부귀영화를 이르는 말 유 老生之夢(노생지몽) 一場春夢(일장춘몽) 邯鄲之夢(한단지몽)

116	**南橘北枳** (남귤북지)	남쪽 땅의 귤나무를 북쪽에 옮겨 심으면 탱자나무로 변한다는 뜻으로, 사람도 그 처해 있는 곳에 따라 선하게도 되고 악하게도 됨을 이르는 말 유 橘化爲枳(귤화위지)

117	**南男北女** (남남북녀)	예전부터 우리나라에서 남쪽 지방은 남자가 잘나고, 북쪽 지방은 여자가 곱다는 뜻으로 쓰이는 말

118	**男女有別** (남녀유별)	남자와 여자와는 분별이 있음

119	**男負女戴** (남부여대)	남자는 짐을 등에 지고 여자는 짐을 머리에 인다는 뜻으로, 가난한 사람이나 재난을 당한 사람들이 살 곳을 찾아 이리저리 떠돌아다니는 것을 말함

120	**囊中之錐** (낭중지추)	주머니 속에 있는 송곳이란 뜻으로, 재능이 아주 빼어난 사람은 숨어 있어도 저절로 남의 눈에 드러남을 비유함 유 群鷄一鶴(군계일학) 錐處囊中(추처낭중)

121	**內憂外患** (내우외환)	내부에서 일어나는 근심과 외부로부터 받는 근심, 즉 나라 안팎의 여러 가지 어려운 일들을 말함

122	**怒甲移乙** (노갑이을)	甲에게 당한 노염을 乙에게 옮긴다는 뜻으로, 어떤 사람에게 당한 노염을 전혀 관계없는 딴 사람에게 화풀이함을 이르는 말

123	**路柳墻花** (노류장화)	길가의 버들과 담 밑의 꽃은 누구든지 쉽게 만지고 꺾을 수 있다는 뜻으로, 기생을 비유하여 이르는 말

124	**怒髮衝冠** (노발충관)	노한 머리털이 관을 추켜올린다는 뜻으로, 몹시 성낸 모양을 이르는 말 유 怒發大發(노발대발)

125	**勞心焦思** (노심초사)	마음을 수고롭게 하고 생각을 너무 깊게 함

126	**綠林豪傑** (녹림호걸)	푸른 숲 속에 사는 호걸이라는 뜻으로, 불한당이나 화적 따위를 이르는 말 유 梁上君子(양상군자) 無本大商(무본대상)

한자 활용하기

번호	한자성어	뜻
127	綠陰芳草 (녹음방초)	나무가 푸르게 우거진 그늘과 꽃다운 풀이라는 뜻으로, 여름의 아름다운 경치를 말함 유 綠楊芳草(녹양방초)
128	綠衣紅裳 (녹의홍상)	연두 저고리에 다홍치마라는 뜻으로, 곱게 차려 입은 젊은 아가씨의 복색
129	論功行賞 (논공행상)	공이 있고 없음이나 크고 작음을 따져 거기에 알맞은 상을 줌
130	弄瓦之慶 (농와지경)	질그릇을 갖고 노는 경사란 뜻으로, 딸을 낳은 기쁨을 표현함
131	弄璋之慶 (농장지경)	장으로 만든 구기를 갖고 노는 경사란 뜻으로, 아들을 낳은 기쁨을 표현함
132	累卵之勢 (누란지세)	포개어 놓은 달걀과 같이 매우 위태로운 형세를 비유함 유 累卵之危(누란지위) 風前燈火(풍전등화) 一觸卽發(일촉즉발)
133	多岐亡羊 (다기망양)	달아난 양을 찾다가 여러 갈래 길에 이르러 길을 잃었다는 뜻으로, 학문의 길은 여러 갈래여서 올바른 길을 찾기가 어렵다는 것을 의미함 유 讀書亡羊(독서망양)
134	多多益善 (다다익선)	많으면 많을수록 더욱 좋다는 말
135	斷金之交 (단금지교)	쇠라도 자를 수 있는 굳고 단단한 사귐이란 뜻으로, 친구의 정의가 매우 두터움을 이르는 말 유 金蘭之交(금란지교), 芝蘭之交(지란지교), 斷金之契(단금지계)
136	斷機之戒 (단기지계)	베를 끊는 훈계란 뜻으로, 학업을 중도에 폐함은 짜던 피륙의 날을 끊는 것과 같아 아무런 이익이 없음을 말함
137	單刀直入 (단도직입)	혼자서 칼을 휘두르고 거침없이 적진으로 쳐들어간다는 뜻으로, 말을 하거나 글을 쓸 때 군말이나 군더더기 없이 요점으로 곧바로 들어감 유 去頭截尾(거두절미)
138	簞食瓢飮 (단사표음)	대그릇의 밥과 표주박의 물이라는 뜻으로, 좋지 못한 적은 음식을 말함 유 簞瓢陋巷(단표누항)
139	丹脣皓齒 (단순호치)	붉은 입술과 하얀 이란 뜻으로, 여자의 아름다운 얼굴을 이르는 말 유 傾國之色(경국지색) 花容月態(화용월태)
140	堂狗風月 (당구풍월)	서당 개 3년이면 풍월을 읊는다는 뜻으로, 어리석은 사람이라도 오랫동안 늘 보고 들은 일은 쉽게 해낼 수 있음을 말함
141	螳螂拒轍 (당랑거철)	사마귀가 수레바퀴를 막는다는 뜻으로, 자기의 힘은 헤아리지 않고 강자에게 함부로 덤빔을 비유함 유 螳螂之斧(당랑지부)
142	大驚失色 (대경실색)	몹시 놀라 얼굴빛이 하얗게 변하는 것을 이르는 말
143	大器晚成 (대기만성)	큰 그릇은 늦게 이루어진다는 뜻으로, 크게 될 인물은 오랜 공적을 쌓아 늦게 이루어짐을 말함
144	大同小異 (대동소이)	거의 같고 조금 다름, 즉 작은 부분에서만 다르고 전체적으로는 같음을 의미함

145	大義名分 (대의명분)	사람으로서 마땅히 지켜야 할 중대한 의리와 명분	
146	桃園結義 (도원결의)	도원에서 의형제를 맺는다는 뜻으로, 큰 일을 도모하기 위해 뜻이 맞는 사람들끼리 서로 의리로 맺는 일을 말함	
147	道聽塗說 (도청도설)	길거리에서 들은 이야기를 곧 그 길에서 다른 사람에게 말한다는 뜻으로, 말을 들으면 깊이 생각하지 않고 다른 사람에게 전해버리는 경솔한 언행 또는 근거없이 나도는 소문을 말함 ♣ 流言蜚語(유언비어)	
148	塗炭之苦 (도탄지고)	진흙이나 숯불에 떨어진 것과 같은 고통이라는 뜻으로, 가혹한 정치로 말미암아 백성이 심한 고통을 겪는 것	
149	獨不將軍 (독불장군)	혼자서는 장군을 못한다는 뜻으로, 남의 의견을 무시하고 혼자 모든 일을 처리하는 사람을 비유함	
150	讀書尙友 (독서상우)	책을 읽음으로써 옛 현인과 벗함	
151	同價紅裳 (동가홍상)	같은 값이면 다홍치마라는 뜻으로, 같은 조건이라면 좀 더 낫고 편리한 것을 택함	
152	東問西答 (동문서답)	동쪽을 묻는데 서쪽을 대답한다는 뜻으로, 묻는 말에 대하여 전혀 엉뚱한 대답을 함을 의미함	
153	同病相憐 (동병상련)	같은 병자끼리 가엾게 여긴다는 뜻으로, 어려운 처지에 있는 사람끼리 서로 불쌍히 여겨 동정하고 도움	
154	東奔西走 (동분서주)	사방으로 이리저리 바삐 돌아다님 ♣ 南行北走(남행북주) 南船北馬(남선북마)	
155	同床異夢 (동상이몽)	같은 침상에서 서로 다른 꿈을 꾼다는 뜻으로, 겉으로는 같이 행동하면서 속으로는 각기 딴 생각을 함을 이르는 말	
156	凍足放尿 (동족방뇨)	언 발에 오줌 누기라는 뜻으로, 잠시의 효력이 있을 뿐 그 효력은 없어지고 마침내는 더 나쁘게 될 일을 함 ♣ 姑息之計(고식지계) 下石上臺(하석상대)	
157	杜門不出 (두문불출)	문을 닫고 나가지 않는다는 뜻으로, 집에만 틀어박혀 사회의 일이나 관직에 나아가지 않음을 이르는 말	
158	斗酒不辭 (두주불사)	말술도 사양하지 아니함, 즉 주량이 매우 큼을 의미함	
159	得隴望蜀 (득롱망촉)	중국 한나라 때 광무제가 농을 정복한 뒤, 촉을 쳤다는 데서 나온 말로 사람의 끝없는 욕심을 비유함	
160	登高自卑 (등고자비)	높은 곳에 오르려면 낮은 곳에서부터 오른다는 말로, 일을 하는 데는 반드시 차례를 밟아야 한다는 말	
161	燈下不明 (등하불명)	등잔 밑이 어둡다는 뜻으로, 가까이 있는 것이 도리어 알아내기 어려움을 이르는 말	
162	燈火可親 (등화가친)	등불을 가까이 할 수 있다는 뜻으로, 가을 밤은 시원하고 상쾌하므로 등불을 가까이 하여 글 읽기에 좋음을 이르는 말 ♣ 新涼燈火(신량등화)	

한자 활용하기

163	磨斧爲針 (마부위침)	도끼를 갈아 바늘을 만든다는 뜻으로, 아무리 이루기 힘든 일도 끊임없는 노력과 끈기 있는 인내로 성공하고야 만다는 뜻 유 積土成山(적토성산)
164	馬耳東風 (마이동풍)	말의 귀에 동풍이라는 뜻으로, 남의 비평이나 의견을 조금도 귀담아 듣지 아니하고 흘려버림을 이르는 말 유 對牛彈琴(대우탄금) 牛耳讀經(우이독경)
165	麻中之蓬 (마중지봉)	삼밭의 쑥이라는 뜻으로, 구부러진 쑥도 삼밭에 나면 저절로 꼿꼿하게 자라듯이 좋은 환경에 있거나 좋은 벗과 사귀면 자연히 주위의 감화를 받아서 선인이 됨을 비유함
166	莫上莫下 (막상막하)	어느 것이 위고 아래인지 분간할 수 없음, 즉 서로 우열을 가릴 수 없음을 의미함 유 伯仲之勢(백중지세) 伯仲之間(백중지간) 難兄難弟(난형난제)
167	莫逆之友 (막역지우)	마음이 맞아 서로 거스르는 일이 없는, 생사를 같이할 수 있는 친밀한 벗을 말함 유 金蘭之交(금란지교) 刎頸之友(문경지우) 管鮑之交(관포지교)
168	萬頃蒼波 (만경창파)	만 이랑의 푸른 물결이라는 뜻으로, 한없이 넓고 푸른 바다를 말함
169	萬事休矣 (만사휴의)	모든 일이 끝나서 더 이상 어떻게 해 볼 도리가 없음을 뜻함 유 能事畢矣(능사필의)
170	晚時之歎 (만시지탄)	때늦은 한탄이라는 뜻으로, 시기가 늦어 기회를 놓친 것이 원통해서 탄식함을 이르는 말 유 亡羊補牢(망양보뢰) 死後藥方文(사후약방문)
171	萬彙群象 (만휘군상)	세상 만물의 현상, 즉 온갖 일과 물건을 말함 유 森羅萬象(삼라만상)
172	罔極之恩 (망극지은)	임금이나 부모의 한없는 은혜를 일컫는 말 유 昊天罔極(호천망극)
173	忘年之交 (망년지교)	나이 차이를 잊고 허물없이 서로 사귐 유 忘年之友(망년지우)
174	亡羊補牢 (망양보뢰)	양을 잃고서 그 우리를 고친다는 뜻으로, 일을 그르친 후에 후회해도 소용없음을 나타냄 유 死後淸心丸(사후청심환) 死後藥方文(사후약방문)
175	望雲之情 (망운지정)	타향에서 고향에 계신 부모를 생각함, 멀리 떠나온 자식이 어버이를 사모하여 그리는 정 유 白雲孤飛(백운고비)
176	亡子計齒 (망자계치)	죽은 자식의 나이 세기라는 뜻으로, 이미 지나간 쓸데없는 일을 생각하며 애석하게 여김 유 亡羊補牢(망양보뢰)
177	麥秀之嘆 (맥수지탄)	무성히 자라는 보리를 보고 탄식한다는 뜻으로, 고국의 멸망에 대한 탄식을 이르는 말 유 麥秀黍油(맥수서유)
178	孟母斷機 (맹모단기)	맹자의 어머니가 베를 끊었다는 뜻으로, 학업을 중도에 그만둠을 훈계하는 말 유 斷機之戒(단기지계)
179	孟母三遷 (맹모삼천)	맹자의 어머니가 맹자를 제대로 교육하기 위하여 집을 세 번이나 옮겼다는 뜻으로, 교육에는 주위환경이 중요하다는 가르침 유 三遷之敎(삼천지교)
180	面從腹背 (면종복배)	겉으로는 순종하는 체하고 속으로는 딴 마음을 먹음 유 口蜜腹劍(구밀복검) 笑裏藏刀(소리장도)

181	明鏡止水 (명경지수)	맑은 거울과 고요한 물이라는 뜻으로, 사념이 전혀 없는 깨끗한 마음을 비유해 이르는 말 유 雲心月性(운심월성)
182	名實相符 (명실상부)	이름과 실상이 서로 들어맞음, 알려진 것과 실제의 상황이나 능력에 차이가 없음
183	明若觀火 (명약관화)	불을 보는 것 같이 밝게 보인다는 뜻으로, 더 말할 나위 없이 명백함을 일컬음 유 不問可知(불문가지)
184	命在頃刻 (명재경각)	목숨이 곧 끊어질 것 같은 위태로운 상황을 말함
185	明哲保身 (명철보신)	총명하여 도리를 좇아 사물을 처리하고 몸을 온전히 보전한다는 뜻으로, 매사에 법도를 지켜 온전하게 처신하는 태도를 이르는 말
186	毛遂自薦 (모수자천)	조(趙)나라에서 초(楚)나라에 구원을 청할 사자를 물색할 때 모수가 자기를 스스로 천거했다는 뜻으로, 본인 스스로가 자기를 추천하는 것을 이르는 말
187	目不識丁 (목불식정)	고무래를 보고도 그것이 고무래 정(丁)자인 줄 모른다는 뜻으로, 낫 놓고 기역자도 모름을 의미함 유 魚魯不辨(어로불변)
188	目不忍見 (목불인견)	차마 눈으로 볼 수 없을 정도로 딱하거나 참혹한 상황을 말함
189	猫項懸鈴 (묘항현령)	고양이 목에 방울 달기라는 뜻으로, 실행하지 못할 일을 공연히 의논만 한다는 말 유 猫頭懸鈴(묘두현령) 卓上空論(탁상공론)
190	無骨好人 (무골호인)	뼈가 없이 좋은 사람이라는 뜻으로, 성질이 아주 순하여 어느 누구의 비위에나 두루 맞는 사람을 이르는 말
191	武陵桃源 (무릉도원)	중국 진나라 때 시인 도연명의 「도화원기」에 나오는 별천지로, 이 세상을 떠난 별천지를 이르는 말
192	無味乾燥 (무미건조)	맛이 없고 메마르다는 뜻으로, 글이나 그림 또는 분위기 따위가 깔깔하거나 딱딱하여 운치나 재미가 없음을 말함
193	無所不爲 (무소불위)	못 할 일이 없음 유 無所不能(무소불능)
194	無爲徒食 (무위도식)	하는 일 없이 헛되이 먹기만 함, 게으르거나 능력이 없는 사람을 일컬음
195	無爲自然 (무위자연)	인공을 가하지 않은 그대로의 자연이라는 뜻으로, 인위적인 것을 부정하는 노장사상의 근본 개념을 이룸
196	無知莫知 (무지막지)	매우 무지하고 우악스러움
197	刎頸之交 (문경지교)	목을 벨 수 있는 벗이라는 뜻으로, 생사를 같이 할 수 있는 매우 소중한 벗을 말함 유 刎頸之友(문경지우)
198	文房四友 (문방사우)	서재에 꼭 있어야 할 네 벗, 즉 종이 · 붓 · 벼루 · 먹의 네 가지 문방구를 말함 유 紙筆硯墨(지필연묵) 文房四寶(문방사보)

한자 활용하기

199 聞一知十 (문일지십) — 한 가지를 들으면 열 가지를 미루어 안다는 뜻으로, 총명함을 이르는 말

200 門前成市 (문전성시) — 대문 앞이 시장을 이룬다는 뜻으로, 세도가나 부잣집 문 앞이 방문객으로 시장을 이루다시피 함을 이르는 말
유 門前若市(문전약시)
반 門前雀羅(문전작라)

201 門前雀羅 (문전작라) — 대문 앞에 새 그물을 친다는 뜻으로, 찾아오는 사람이 없어 쓸쓸함을 이르는 말

202 勿失好機 (물실호기) — 좋은 기회를 놓치지 않음

203 物我一體 (물아일체) — 자연물과 자아가 하나가 된 상태, 즉 대상물에 완전히 몰입된 경지를 일컬음
유 物心一如(물심일여)
主客一體(주객일체)

204 物外閒人 (물외한인) — 세상의 시끄러움에서 벗어나 한가하게 지내는 사람

205 尾生之信 (미생지신) — 미생이라는 사람이 여자와 약속한 대로 다리 밑에서 기다리다가 물에 휩쓸려 죽었다는 고사에서 유래된 것으로, 한편으로는 신의가 매우 두터움을 의미하나 다른 한편으로는 지나치게 고지식하고 융통성이 없음을 나타냄

206 薄利多賣 (박리다매) — 이익을 적게 보고 많이 팔아 이문을 남기는 일

207 博而不精 (박이부정) — 여러 방면으로 널리 아나 정통하지 못함

208 拍掌大笑 (박장대소) — 손뼉을 치면서 크게 웃음

209 博學多識 (박학다식) — 학문이 깊고 아는 것이 많음
유 無不通知(무불통지)
無所不知(무소부지)

210 博學審問 (박학심문) — 널리 배우고 자세하게 물음

211 反面敎師 (반면교사) — 극히 나쁜 면만을 가르쳐 주는 선생이란 뜻으로, 다른 사람이나 사물의 부정적인 측면에서 가르침을 얻음을 이르는 말
유 他山之石(타산지석)

212 反目嫉視 (반목질시) — 서로 미워하고 질투하는 눈으로 봄

213 半信半疑 (반신반의) — 반은 믿고 반은 의심함, 믿으면서도 한편으로는 의심함

214 反哺之孝 (반포지효) — 까마귀 새끼가 자란 뒤에 늙은 어미에게 먹이를 물어다 주는 효성이라는 뜻으로, 자식이 자라서 부모를 봉양함을 일컬음
유 反哺報恩(반포보은)

215 拔本塞源 (발본색원) — 근본을 빼고 원천을 막아 버린다는 뜻으로, 사물의 폐단을 없애기 위해서 뿌리째 뽑아버림을 이르는 말
유 削株堀根(삭주굴근)
剪草除根(전초제근)

216 發憤忘食 (발분망식) — 일을 이루려고 끼니조차 잊고 노력함

217	拔山蓋世 (발산개세)	산을 뽑고 세상을 덮을 만한 기상을 이르는 말
218	坊坊曲曲 (방방곡곡)	어느 한 군데도 빼놓지 않은 모든 곳, 도처
219	放聲大哭 (방성대곡)	북받치는 슬픔 또는 분노를 참지 못해 목을 놓아 크게 울음 유 大聲痛哭(대성통곡) 放聲痛哭(방성통곡)
220	傍若無人 (방약무인)	곁에 아무도 없는 것처럼 여긴다는 뜻으로, 주위에 있는 다른 사람을 전혀 의식하지 않고 제멋대로 행동하는 것을 이르는 말 유 眼下無人(안하무인) 眼中無人(안중무인)
221	背水之陣 (배수지진)	물을 등지고 진을 친다는 뜻으로, 물러설 곳이 없으니 목숨을 걸고 싸울 수밖에 없는 지경을 이르는 말
222	背恩忘德 (배은망덕)	남에게 입은 은덕을 잊고 배반함 반 結草報恩(결초보은)
223	百家爭鳴 (백가쟁명)	여러 사람이 서로 자기 주장을 내세우는 일 또는 많은 학자들이 자유롭게 논쟁하는 일
224	百計無策 (백계무책)	어떤 어려운 일을 당해 아무리 생각해도 대책이 없음 유 束手無策(속수무책)
225	白骨難忘 (백골난망)	죽어도 잊지 못할 큰 은혜를 입음이란 뜻으로, 남에게 큰 은혜나 덕을 입었을 때 고마움을 표시하는 말 유 刻骨難忘(각골난망) 結草報恩(결초보은)
226	百年大計 (백년대계)	먼 앞날까지 내다보고 세우는 큰 계획
227	百年河淸 (백년하청)	백년을 기다린다 해도 황허 강의 흐린 물은 맑아지지 않는다는 뜻으로, 오랫동안 기다려도 바라는 것이 이루어질 수 없음을 이르는 말
228	百年偕老 (백년해로)	부부가 서로 사이좋고 화락하게 같이 늙음을 이르는 말
229	白面書生 (백면서생)	희고 고운 얼굴에 글만 읽어 세상일에 조금도 경험이 없는 사람을 일컬음 유 白面書郎(백면서랑)
230	百發百中 (백발백중)	백 번 쏘아 백 번 모두 맞는다는 뜻으로, 계획한 일마다 실패 없이 잘 됨을 의미함
231	伯牙絶絃 (백아절현)	백아가 거문고 줄을 끊어 버렸다는 뜻으로, 자기를 알아주는 절친한 벗의 죽음을 슬퍼함을 나타냄
232	白衣民族 (백의민족)	예로부터 흰옷을 숭상하여 즐겨 입은 한민족을 이르는 말
233	白衣從軍 (백의종군)	벼슬이 없이 군대를 따라 싸움터에 나감을 이르는 말
234	百折不屈 (백절불굴)	백 번 꺾어도 굴하지 않음, 즉 어떤 어려움에도 굽히지 않음을 나타냄 유 百折不撓(백절불요)

한자 활용하기

235 伯仲之勢 (백중지세)
형제인 장남과 차남의 차이처럼 큰 차이가 없는 형세, 즉 우열의 차이가 없이 엇비슷함을 이르는 말
🔸 伯仲之間(백중지간), 難兄難弟(난형난제), 莫上莫下(막상막하)

236 百尺竿頭 (백척간두)
백 자나 되는 높은 장대 위에 올라섰으니 위태로움이 극도에 달함
🔸 一觸卽發(일촉즉발) 累卵之勢(누란지세) 風前燈火(풍전등화)

237 百八煩惱 (백팔번뇌)
불교에서 이르는 인간의 과거·현재·미래에 걸친 108가지의 번뇌를 말함

238 百害無益 (백해무익)
해롭기만 하고 하나도 이로울 것이 없음

239 變法自彊 (변법자강)
법령을 개혁하여 국력을 튼튼하게 함

240 伏地不動 (복지부동)
땅에 엎드려 움직이지 아니한다는 뜻으로, 마땅히 해야 할 일을 하지 않고 몸을 사림을 비유하여 이르는 말

241 封庫罷職 (봉고파직)
부정을 저지른 관리를 파면시키고 관가의 창고를 봉하여 잠그는 일
🔸 封庫罷黜(봉고파출)

242 父傳子傳 (부전자전)
대대로 아버지가 아들에게 전함 또는 아버지와 자식이 서로 그 버릇이나 습관이 비슷함을 말함
🔸 父傳子承(부전자승) 父子相傳(부자상전)

243 夫唱婦隨 (부창부수)
남편이 주장하고 아내가 이에 따른다는 뜻으로, 가정에서의 부부화합의 도리를 이르는 말
🔸 女必從夫(여필종부) 男唱女隨(남창여수)

244 附和雷同 (부화뇌동)
우레 소리에 맞춰 함께 한다는 뜻으로, 자신의 뚜렷한 소신 없이 그저 남이 하는 대로 따라가는 것을 의미함
🔸 追友江南(추우강남) 雷同附和(뇌동부화)

245 北窓三友 (북창삼우)
거문고와 술 그리고 시를 말하는데, 선비들이 늘 가까이하며 즐겼던 것으로 마치 벗과 같다고 하여 삼우라고 의인화한 것

246 粉骨碎身 (분골쇄신)
뼈가 가루가 되고 몸이 부서진다는 뜻으로, 있는 힘을 다해 노력하거나 또는 남을 위하여 수고를 아끼지 않음을 나타냄
🔸 犬馬之勞(견마지로), 犬馬之心(견마지심), 狗馬之心(구마지심)

247 焚書坑儒 (분서갱유)
책을 불태우고 선비를 생매장하여 죽인다는 뜻으로, 진나라의 시황제가 학자들의 정치비평을 금하기 위하여 경서를 태우고 학자들을 구덩이에 생매장시킨 가혹한 정치를 이르는 말

248 不可思議 (불가사의)
사람의 생각으로는 미루어 헤아릴 수도 없다는 뜻으로, 사람의 힘이 미치지 못하고 상상조차 할 수 없는 오묘한 것
🔸 不可知解(불가지해) 法苑珠林(법원주림)

249 不可抗力 (불가항력)
인간의 힘만으로는 도저히 저항해 볼 수도 없는 힘이라는 뜻으로, 천재지변 등 사람의 힘이 미치지 못하는 자연의 위대한 힘을 이르는 말

250 不俱戴天 (불구대천)
하늘 아래 같이 살 수 없는 원수란 뜻으로, 도저히 그냥 둘 수 없을 만큼 원한이 깊이 사무친 원수를 말함
🔸 不共戴天(불공대천)

251 不問可知 (불문가지)
묻지 않아도 옳고 그름을 가히 알 수 있음
🔸 明若觀火(명약관화)

252 不問曲直 (불문곡직)
굽음과 곧음을 묻지 않는다는 뜻으로, 옳고 그름을 가리지 않고 함부로 일을 처리하는 것을 말함
🔸 曲直不問(곡직불문)

| 253 | 不要不急 (불요불급) | 꼭 필요하지도 않고 급하지도 않음 |

| 254 | 不遠千里 (불원천리) | 천 리 길도 멀다하지 않는다는 뜻으로, 먼 길인데도 개의하지 않고 열심히 달려감을 이르는 말 |

| 255 | 不撤晝夜 (불철주야) | 밤낮을 가리지 않는다는 뜻으로, 조금도 쉴 사이 없이 일에 힘씀 |

| 256 | 不恥下問 (불치하문) | 자기보다 아랫사람에게 배우는 것을 부끄럽게 여기지 아니함을 두고 이르는 말 |

| 257 | 不偏不黨 (불편부당) | 어느 한 쪽으로 기울어짐 없이 공정하고 중립적인 위치에 섬 |

| 258 | 鵬程萬里 (붕정만리) | 붕새가 날아갈 길이 만 리라는 뜻으로, 머나먼 노정 또는 사람의 앞날이 매우 요원하다는 것을 의미함 |

| 259 | 非夢似夢 (비몽사몽) | 꿈인지 생시인지 어렴풋한 상태에 있음을 의미함 |

| 260 | 悲憤慷慨 (비분강개) | 슬프고 분한 느낌이 마음속에 가득 차 있음 |

| 261 | 髀肉之嘆 (비육지탄) | 장수가 전쟁에 나가지 못하여 넓적다리에 살이 피둥피둥 찌는 것을 한탄한다는 뜻으로, 뜻을 펴보지 못하고 허송세월을 보낸다는 의미 |

| 262 | 非一非再 (비일비재) | 같은 일이 한두 번이 아님을 말함 |

| 263 | 貧者一燈 (빈자일등) | 가난한 사람이 밝힌 등불 하나라는 뜻으로, 가난 속에서도 보인 작은 성의가 부귀한 사람들의 많은 보시보다도 가치가 큼을 이르는 말 |

| 264 | 憑公營私 (빙공영사) | 관청이나 공공의 일을 이용하여 개인의 이익을 꾀함 |

| 265 | 氷炭之間 (빙탄지간) | 얼음과 숯 사이란 뜻으로, 둘이 서로 어긋나 맞지 않는 사이나 서로 화합할 수 없는 사이를 말함
㊂ 犬猿之間(견원지간)
不俱戴天(불구대천) |

| 266 | 四顧無親 (사고무친) | 사방을 돌아보아도 친척이 없다는 뜻으로, 의지할 만한 사람이 도무지 없음을 의미함
㊂ 赤手空拳(적수공권)
孑孑單身(혈혈단신) |

| 267 | 捨己從人 (사기종인) | 자기의 이전 행위를 버리고 타인의 선행을 본떠 행함 |

| 268 | 士氣衝天 (사기충천) | 사기가 하늘을 찌를 듯이 높음 |

| 269 | 士農工商 (사농공상) | 선비・농부・장인・상인 등 네 가지 신분의 백성으로, 봉건시대의 계급 관념을 순서대로 일컬음 |

| 270 | 四面楚歌 (사면초가) | 사방에서 들리는 초(楚)나라의 노래라는 뜻으로, 적에게 둘러싸인 상태나 누구의 도움도 받을 수 없는 고립상태에 빠짐을 이르는 말
㊂ 孤立無援(고립무원)
進退兩難(진퇴양난) |

한자 활용하기

271 **四面春風** (사면춘풍) — 사면이 봄바람이라는 뜻으로, 언제 어떠한 경우라도 좋은 낯으로만 남을 대함을 이르는 말

272 **四分五裂** (사분오열) — 네 갈래 다섯 갈래로 나뉘고 찢어진다는 뜻으로, 하나의 집단이 이념·이익 등에 따라 갈라져 혼란스러움을 표현함

273 **沙上樓閣** (사상누각) — 모래 위에 세운 누각이란 뜻으로, 기초가 튼튼하지 못하여 오래 가지 못하는 것을 말함

274 **死生決斷** (사생결단) — 죽고 사는 것을 가리지 않고 끝장을 내려고 덤벼듦

275 **四書三經** (사서삼경) — 유교의 대표적인 경전인 《논어》·《맹자》·《대학》·《중용》의 사서와 《시경》·《서경》·《역경》의 삼경을 말함

276 **四柱單子** (사주단자) — 혼인을 정하고 신랑 집에서 해·달·날·시의 사주를 적어서 신부 집으로 보내는 종이

277 **四柱八字** (사주팔자) — 태어난 연·월·일·시의 사주와 그에 따른 간지(干支) 여덟 글자를 뜻하며, 피치 못할 타고난 운수를 빗대어 말함

278 **四通八達** (사통팔달) — 길이 사방팔방으로 통해 있음
유 四通五達(사통오달)

279 **事必歸正** (사필귀정) — 처음에는 시비와 곡직을 가리지 못하여 그릇되더라도 모든 일은 결국에 가서는 반드시 바른 길로 돌아옴

280 **山紫水明** (산자수명) — 산은 자줏빛이고 강물이 맑다는 뜻으로, 산수가 아름다움을 이르는 말
유 淸風明月(청풍명월)
江湖煙波(강호연파)

281 **山戰水戰** (산전수전) — 산에서의 싸움과 물에서의 싸움이라는 뜻으로, 세상의 온갖 고난을 다 겪어 세상 일에 경험이 많음을 이르는 말
유 百戰老將(백전노장)

282 **山川草木** (산천초목) — 산천과 초목, 즉 산과 물과 풀과 나무라는 뜻으로 자연을 일컬음

283 **殺身成仁** (살신성인) — 제 몸을 죽여 인(仁)을 이룬다는 뜻으로, 남을 위해 자신의 목숨을 희생함
유 捨生取義(사생취의)

284 **三可宰相** (삼가재상) — 이러하든 저러하든 모두 옳다고 함
유 三可政丞(삼가정승)

285 **三綱五倫** (삼강오륜) — 삼강은 군위신강(君爲臣綱), 부위자강(父爲子綱), 부위부강(夫爲婦綱)이고, 오륜은 군신유의(君臣有義), 부자유친(父子有親), 부부유별(夫婦有別), 장유유서(長幼有序), 붕우유신(朋友有信)으로 유교 도덕의 기본이 되는 원칙

286 **三顧草廬** (삼고초려) — 유비가 제갈공명을 세 번이나 찾아가 군사로 초빙한 데서 유래한 말로, 인재를 얻기 위해 수고를 아끼지 않음을 뜻함
유 三顧之禮(삼고지례)

287 **森羅萬象** (삼라만상) — 우주에 있는 온갖 사물과 현상
유 萬彙群象(만휘군상)

288 **三旬九食** (삼순구식) — 한 달에 아홉 번 밥을 먹는다는 뜻으로, 집안이 가난하여 먹을 것이 없어 굶주린다는 말
유 上漏下濕(상루하습)

289	三位一體 (삼위일체)	기독교에서 성부·성자·성령이 한 몸이라는 것으로, 세 가지 것이 하나로 통일되는 일을 말함
290	三人成虎 (삼인성호)	세 사람이면 없던 호랑이도 만든다는 뜻으로, 거짓말이라도 여러 사람이 말하면 남이 참말로 믿기 쉽다는 말
291	三日天下 (삼일천하)	권세의 허무를 일컫는 말로, 극히 짧은 기간 동안 정권을 잡았다가 실권함을 비유함
292	三從之道 (삼종지도)	여자는 어려서 아버지께 순종하고 시집가서는 남편에게 순종하고, 남편이 죽은 뒤에는 아들을 따라야 한다는 도덕관을 말함 유 三從之義(삼종지의) 三從之禮(삼종지례)
293	三尺童子 (삼척동자)	키가 석 자 밖에 되지 않는 어린아이라는 뜻으로, 철모르는 어린아이를 이르는 말
294	三遷之敎 (삼천지교)	맹자의 어머니가 아들의 교육을 위하여 세 번 거처를 옮긴 것을 말하며, 생활환경이 교육에 있어 큰 역할을 함을 이르는 말
295	傷弓之鳥 (상궁지조)	한 번 화살을 맞아 다친 새라는 뜻으로, 어떤 일에 봉변을 당한 뒤로는 뒷일을 경계함을 비유하는 말 유 驚弓之鳥(경궁지조)
296	桑田碧海 (상전벽해)	뽕나무 밭이 푸른 바다가 되었다는 뜻으로, 세상이 몰라볼 정도로 바뀌었음을 나타냄 유 滄桑之變(창상지변), 滄海桑田(창해상전) 隔世之感(격세지감)
297	霜風高節 (상풍고절)	어떠한 난관이나 어려움에 처해도 결코 굽히지 않는 높은 절개를 뜻함 유 傲霜孤節(오상고절) 雪中松柏(설중송백)
298	塞翁之馬 (새옹지마)	변방에 사는 노인의 말이라는 뜻으로, 세상만사가 변화가 많아 어느 것이 화가 되고 어느 것이 복이 될지 예측하기 어렵다는 말 유 轉禍爲福(전화위복)
299	生巫殺人 (생무살인)	선무당이 사람 잡는다는 뜻으로, 기술과 경험이 부족한 사람이 일을 한다고 나섰다가 도리어 일을 그르침을 말함
300	生不如死 (생불여사)	몹시 곤란한 지경에 빠져 삶이 차라리 죽음만 못하다는 뜻
301	先見之明 (선견지명)	앞을 내다보는 안목이라는 뜻으로, 장래를 미리 예측하는 날카로운 견식을 두고 이르는 말
302	雪上加霜 (설상가상)	눈 위에 또 서리가 내린다는 뜻으로, 어려운 일이 겹침을 이름 또는 환난이 거듭됨을 비유하여 이르는 말 반 錦上添花(금상첨화)
303	說往說來 (설왕설래)	서로 변론을 주고받으며 옥신각신함 유 言去言來(언거언래) 言往說來(언왕설래)
304	世俗五戒 (세속오계)	신라 진평왕 때 원광법사가 세운 사군이충(事君以忠), 사친이효(事親以孝), 교우이신(交友以信), 임전무퇴(臨戰無退), 살생유택(殺生有擇)의 다섯 가지 계율을 말함
305	歲寒三友 (세한삼우)	추운 겨울의 세 벗이라는 뜻으로, 소나무와 대나무 그리고 매화를 말함
306	歲寒松柏 (세한송백)	소나무와 잣나무는 한겨울에도 변색되지 않기에 역경에 처해도 그 지조와 절개를 굽히지 않고 변하지 않음을 뜻함

한자 활용하기

307 騷人墨客 (소인묵객) — 시문과 서화를 일삼는 풍류객을 뜻함

308 小貪大失 (소탐대실) — 작을 것을 탐하다가 오히려 큰 것을 잃음
유 矯角殺牛(교각살우)

309 束手無策 (속수무책) — 손을 묶인 듯이 어찌 할 방책이 없어 꼼짝 못하게 된다는 뜻으로, 뻔히 보면서 어찌할 바를 모르고 꼼짝 못한다는 뜻

310 送舊迎新 (송구영신) — 묵은 해를 보내고 새해를 맞음

311 松都三絶 (송도삼절) — 황진이가 칭한 말로 송도의 세 가지 유명한 존재, 즉 서경덕, 황진이, 박연폭포를 일컬음

312 宋襄之人 (송양지인) — 송나라 양공(襄公)의 어짊이란 뜻으로, 쓸데없이 베푸는 인정을 이르는 말

313 首丘初心 (수구초심) — 여우는 죽을 때 구릉을 향해 머리를 두고 초심으로 돌아간다는 뜻으로, 죽어서도 고향 땅에 묻히고 싶어하는 마음을 일컬음

314 手不釋卷 (수불석권) — 손에서 책을 놓지 않는다는 뜻으로, 늘 책을 가까이 하여 학문을 열심히 함

315 首鼠兩端 (수서양단) — 구멍 속에서 목을 내민 쥐가 나갈까 말까 망설인다는 뜻으로, 거취를 결정하지 못하고 망설이는 경우를 두고 말함

316 漱石枕流 (수석침류) — 돌로 양치질하고 흐르는 물을 베개 삼는다는 뜻으로, 말을 잘못해 놓고 그럴 듯하게 꾸며대거나 남에게 지기 싫어하는 마음이 강해 억지로 무리한 이유를 붙이는 것을 말함

317 袖手傍觀 (수수방관) — 팔짱을 끼고 보고만 있다는 뜻으로, 직접 손을 내밀어 간섭하지 않고 그대로 내버려둠을 말함

318 水魚之交 (수어지교) — 물과 물고기의 사귐이란 뜻으로, 임금과 신하 또는 부부 사이처럼 매우 친밀한 관계를 이르는 말
유 魚水之親(어수지친)

319 羞惡之心 (수오지심) — 자기의 옳지 못함을 부끄러워하고, 남의 옳지 못함을 미워하는 마음

320 誰怨誰咎 (수원수구) — 누구를 원망하며 누구를 탓하랴는 뜻으로, 남을 원망하거나 꾸짖을 것이 없음을 나타낸 말

321 守株待兎 (수주대토) — 그루터기를 지켜 토끼를 기다린다는 뜻으로, 고지식하고 융통성이 없음을 비유하여 말함
유 刻舟求劍(각주구검)

322 壽則多辱 (수즉다욕) — 오래 살면 욕심이 많다는 뜻으로, 오래 살수록 고생이나 망신이 많음을 이르는 말

323 宿虎衝鼻 (숙호충비) — 자는 범의 코를 찌른다는 뜻으로, 가만히 있는 사람을 건드려서 화를 자초함을 말함

324 脣亡齒寒 (순망치한) — 입술이 없으면 이가 시리다는 뜻으로, 이해관계가 서로 밀접하여 한 쪽이 망하면 다른 쪽도 화를 면하기 어려움을 말함
유 假道滅虢(가도멸괵)

325	升斗之利 (승두지리)	한 되와 한 말의 이익이라는 뜻으로, 대수롭지 않은 이익을 말함
326	乘勝長驅 (승승장구)	싸움에서 이긴 기세를 몰아 적을 계속해서 물리침
327	是非之心 (시비지심)	옳고 그름을 가릴 줄 아는 마음
328	視死如歸 (시사여귀)	죽는 것을 고향에 돌아가는 것과 같이 여긴다는 뜻으로, 죽음을 두려워하지 아니함을 이르는 말
329	始終一貫 (시종일관)	처음부터 끝까지 일의 방침이나 태도가 한결같음 ❸ 始終如一(시종여일)
330	食少事煩 (식소사번)	먹을 것은 적고 할 일은 많이란 뜻으로, 수고는 많이 하나 소득이 적음을 이르는 말
331	識字憂患 (식자우환)	글자를 아는 것이 오히려 근심이 된다는 뜻으로, 차라리 모르는 것이 약일 수도 있음
332	信賞必罰 (신상필벌)	상을 줄만한 훈공이 있는 자에게는 반드시 상을 주고, 벌과 죄가 있는 자에게는 반드시 벌을 준다는 뜻
333	身言書判 (신언서판)	중국 당나라 때 관리를 뽑는 네 가지 조건으로 인물의 잘남(身), 언변의 좋음(言), 학식의 풍부함(書), 판단력의 출중함(判)을 일러 말함
334	新陳代謝 (신진대사)	묵은 것이 없어지고 새 것이 대신 생기거나 들어섬
335	神出鬼沒 (신출귀몰)	귀신처럼 자유자재로 나타나기도 하고 숨기도 한다는 뜻으로, 변화무쌍하여 이를 헤아릴 수 없음을 말함
336	身土不二 (신토불이)	몸과 태어난 땅은 하나라는 뜻으로, 우리 땅에서 나는 우리 농산물이 몸에 좋다는 것을 말함
337	實事求是 (실사구시)	사실에 토대하여 진리를 탐구한다는 뜻으로, 공론만 일삼은 양명학에 대한 반동으로서 문헌학적인 고증의 정확성을 존중하는 과학적이고 객관주의적 학문 태도를 말함
338	心機一轉 (심기일전)	어떠한 동기에 의하여 지금까지 품었던 생각과 마음의 자세를 완전히 바꿈
339	深思熟考 (심사숙고)	깊이 생각하고 신중히 고려함
340	十年減壽 (십년감수)	목숨이 십 년이나 줄었다는 뜻으로, 몹시 놀랐거나 매우 위험한 고비를 겪었을 때 쓰는 말
341	十伐之木 (십벌지목)	열 번 찍어 안 넘어가는 나무가 없다는 뜻으로, 아무리 어려운 일도 끊임없는 노력이 있다면 성공할 수 있음을 말함
342	十匙一飯 (십시일반)	열 사람이 한 술씩 보태면 한 사람 먹을 분량은 된다는 뜻으로, 여러 사람이 힘을 합하면 한 사람을 돕기 쉽다는 말

한자 활용하기

343 阿鼻叫喚 (아비규환)
극악한 죄를 저질러 아비지옥(阿鼻地獄)에 떨어진 자가 혹독한 고통을 견디지 못하여 울부짖는다는 뜻으로, 비참한 지경에 처하여 그 고통에서 벗어나려고 비명을 지르며 몸부림치는 상황을 표현한 말

344 我田引水 (아전인수)
자기 논에 물을 댄다는 뜻으로, 자기의 이익만을 생각하고 먼저 행동함
- 牽強附會(견강부회)

345 安居危思 (안거위사)
편안한 때일수록 위험이 닥칠 때를 생각하여 미리 대비하여야 함을 이르는 말
- 居安思危(거안사위)

346 安分知足 (안분지족)
자기 분수에 만족하여 다른 데 마음을 두지 않음
- 安貧樂道(안빈낙도)

347 安貧樂道 (안빈낙도)
가난한 생활을 하면서도 편안한 마음으로 자기의 분수를 지킴
- 安分知足(안분지족)

348 安心立命 (안심입명)
천명을 깨닫고 생사와 이해를 초월하여 마음의 평안을 얻음

349 眼下無人 (안하무인)
눈 아래에 사람이 없다는 뜻으로, 사람됨이 교만하여 남을 업신여김을 이르는 말
- 眼中無人(안중무인)
  傍若無人(방약무인)

350 暗中摸索 (암중모색)
어둠 속에서 손을 더듬어 찾는다는 뜻으로, 어림짐작으로 사물을 알아내려 함을 이르는 말
- 暗中摸捉(암중모착)
  群盲評象(군맹평상)

351 哀乞伏乞 (애걸복걸)
애처롭게 하소연하면서 빌고 또 빎

352 藥房甘草 (약방감초)
한방 조제 시 꼭 들어가는 감초처럼 무슨 일에나 빠짐없이 반드시 끼어드는 사람 또는 사물을 이르는 말

353 弱肉強食 (약육강식)
약한 것이 강한 것에게 먹힌다는 뜻으로, 생존경쟁의 치열함을 나타내는 말

354 羊頭狗肉 (양두구육)
양 머리를 걸어놓고 개고기를 판다는 뜻으로, 겉은 훌륭해 보이나 속은 그렇지 못한 경우를 이르는 말
- 表裏不同(표리부동), 面從腹背(면종복배), 羊質虎皮(양질호피)

355 梁上君子 (양상군자)
대들보 위에 있는 군자라는 뜻으로, 도둑을 미화하여 점잖게 부르는 말
- 無本大商(무본대상)
  綠林豪傑(녹림호걸)

356 兩手兼將 (양수겸장)
장기에서 두 개의 장기짝이 한꺼번에 장을 부르는 말밭에 놓이게 된 관계로, 두 가지 문제가 맞물려 옴짝달싹 못하게 된 경우를 이르는 말

357 兩者擇一 (양자택일)
둘 중에서 하나를 가림
- 二者擇一(이자택일)

358 養虎遺患 (양호유환)
범을 길러 화근을 남긴다는 뜻으로, 화근거리를 키워 나중에 더 큰 화를 당함을 비유한 말
- 自業自得(자업자득)

359 魚頭肉尾 (어두육미)
물고기는 머리 쪽이 맛이 있고, 짐승의 고기는 꼬리 쪽이 맛이 있다는 뜻

360 魚魯不辨 (어로불변)
어(魚)자와 노(魯)자를 구별하지 못한다는 뜻으로, 몹시 무식함을 비유하여 이르는 말
- 目不識丁(목불식정)

415

상공회의소 한자시험 고급 기본서 1·2급

361	漁父之利 (어부지리)	어부의 이익이라는 뜻으로, 둘이 다투는 틈을 타서 엉뚱한 제삼자가 이익을 가로챔을 이르는 말 유 犬兎之爭(견토지쟁) 蚌鷸之爭(방휼지쟁)
362	語不成說 (어불성설)	말이 하나의 일관된 논리로 되지 못하고 이치에 맞지 않음을 뜻함
363	抑强扶弱 (억강부약)	강자를 누르고 약자를 도와줌 반 抑弱扶强(억약부강)
364	焉敢生心 (언감생심)	어찌 감히 그런 마음을 먹을 수 있느냐는 뜻
365	言文一致 (언문일치)	실제로 쓰는 말과 글로 적은 말이 일치하는 것을 뜻함
366	言語道斷 (언어도단)	말할 길이 끊어졌다는 뜻으로, 너무나 엄청나거나 기가 막혀서 말문이 막힘
367	言中有骨 (언중유골)	말 속에 뼈가 있다는 뜻으로, 예사로운 표현 속에 만만치 않은 뜻이 들어 있음
368	如履薄氷 (여리박빙)	얇은 얼음을 밟듯 몹시 위험하고 아슬아슬한 지경을 가리키는 말 유 百尺竿頭(백척간두)
369	與世推移 (여세추이)	세상의 변화에 따라 함께 변함
370	易地思之 (역지사지)	처지를 서로 바꾸어 생각한다는 뜻으로, 상대방의 처지에서 생각해 봄
371	緣木求魚 (연목구어)	나무에 올라가서 물고기를 구한다는 뜻으로, 불가능하거나 되지도 않을 엉뚱한 일을 억지로 하려함을 비유함
372	炎凉世態 (염량세태)	권세가 있을 때에는 아첨하여 쫓고, 권세가 기울면 푸대접하는 세속의 세태를 말함
373	拈華微笑 (염화미소)	연꽃을 따서 미소짓는다는 뜻으로, 불교에서 이심전심의 뜻으로 쓰이는 말 유 以心傳心(이심전심) 敎外別傳(교외별전) 不立文字(불립문자)
374	榮枯盛衰 (영고성쇠)	개인이나 사회의 성하고 쇠함이 서로 뒤바뀌는 현상 유 塞翁之馬(새옹지마)
375	五車之書 (오거지서)	다섯 수레에 가득 실을 만큼의 많은 책을 말함 유 汗牛充棟(한우충동)
376	五里霧中 (오리무중)	짙은 안개가 5리에 걸쳐 끼어 있다는 뜻으로, 무슨 일에 대하여 방향이나 상황을 알 길이 없음을 이르는 말
377	寤寐不忘 (오매불망)	누군가를 그리워하여 자나깨나 잊지 못함 유 輾轉反側(전전반측) 輾轉不寐(전전불매)
378	吾鼻三尺 (오비삼척)	내 코가 석자라는 뜻으로, 곤경에 처해 자기 일도 해결하기 어려운 판국에 남을 도울 여지가 없다는 말

번호	사자성어	뜻
379	烏飛梨落 (오비이락)	까마귀 날자 배 떨어진다는 뜻으로, 아무런 관계도 없이 한 일이 공교롭게 다른 일과 때가 일치해서 혐의를 받게 됨을 이르는 말
380	傲霜孤節 (오상고절)	서릿발이 심한 추위 속에서도 굴하지 않고 홀로 꿋꿋하다는 뜻으로, 모진 고난 속에서도 굴하지 않는 높은 절개를 이름
381	吳越同舟 (오월동주)	오나라 사람과 월나라 사람이 한 배에 타고 있다는 뜻으로, 서로 적의를 품고 있는 사람이 같은 곳에 있거나 같은 처지를 당함을 이르는 말 유 同舟相救(동주상구)
382	五臟六腑 (오장육부)	오장과 육부를 분노 따위의 심리상태가 일어나는 몸 안의 곳으로써 이르는 말
383	烏合之卒 (오합지졸)	까마귀가 모인 것 같은 무리라는 뜻으로, 제대로 훈련도 하지 않은 어중이떠중이가 모인 보잘 것 없는 군사를 일컬음 유 烏合之衆(오합지중)
384	玉骨仙風 (옥골선풍)	빛이 썩 희고 고결하여 신선과 같은 뛰어난 풍채와 골격
385	屋上架屋 (옥상가옥)	지붕 위에 거듭 집을 세운다는 뜻으로, 공연히 쓸모없는 일이나 물건을 더함을 비유함 유 畫蛇添足(화사첨족)
386	玉石俱焚 (옥석구분)	옥과 돌이 함께 불타버린다는 뜻으로, 착한 사람이나 악한 사람이 함께 망함을 이르는 말
387	玉石混淆 (옥석혼효)	옥과 돌이 함께 뒤섞여 있다는 뜻으로, 선과 악 또는 좋은 것과 나쁜 것이 함께 섞여 있음을 말함 유 玉石混交(옥석혼교) 玉石同架(옥석동가)
388	溫故知新 (온고지신)	옛 것을 익히고 그것을 미루어 새 것을 앎, 즉 옛 것을 연구하여 거기서 새로운 지식이나 도리를 찾아내는 일을 말함
389	蝸角之爭 (와각지쟁)	달팽이의 촉각 위에서 싸운다는 뜻으로, 하찮은 일로 벌이는 승강이나 사소한 싸움을 이르는 말 유 蝸角之勢(와각지세) 蝸牛角上(와우각상)
390	臥薪嘗膽 (와신상담)	섶에 누워 쓸개를 씹는다는 뜻으로, 원수를 갚으려고 온갖 괴로움을 참고 견딤을 이르는 말 유 切齒扼腕(절치액완)
391	外柔內剛 (외유내강)	겉으로 보기에는 부드러우나 속은 꿋꿋하고 강함 반 內剛外柔(내강외유)
392	要領不得 (요령부득)	사물의 주요한 부분을 잡을 수 없다는 뜻으로, 말이나 글의 요령을 잡을 수 없음을 이르는 말
393	樂山樂水 (요산요수)	산을 좋아하고 물을 좋아한다는 뜻으로, 산수의 경치를 좋아함을 이르는 말
394	窈窕淑女 (요조숙녀)	마음씨가 고요하며 말과 행동이 얌전하고 아름다운 여자를 일컬음
395	欲速不達 (욕속부달)	어떤 일을 급하게 서두르면 도리어 이루지 못함
396	龍頭蛇尾 (용두사미)	머리는 용이나 꼬리는 뱀이라는 뜻으로, 시작은 거창하나 끝은 갈수록 보잘 것 없음을 비유하여 이르는 말

397	龍蛇飛騰 (용사비등)	용과 뱀이 하늘로 날아오르는 것과 같이 살아 움직이는 매우 힘찬 글씨를 가리키는 말
398	愚公移山 (우공이산)	우공이 산을 옮긴다는 뜻으로, 남이 보기엔 어리석은 일처럼 보이지만 어떤 일이라도 끊임없이 노력하면 반드시 이루어질 수 있음을 말함 유 磨斧爲針(마부위침) 積土成山(적토성산)
399	優柔不斷 (우유부단)	줏대 없이 어물거리기만 하고 딱 잘라 결단을 내리지 못함
400	牛耳讀經 (우이독경)	소 귀에 경 읽기라는 뜻으로, 우둔한 사람은 아무리 가르치고 일러주어도 알아듣지 못함을 비유하여 이르는 말 유 馬耳東風(마이동풍) 對牛彈琴(대우탄금)
401	羽化登仙 (우화등선)	날개가 돋아 신선이 되어 하늘로 오른다는 뜻으로, 술이 거나하게 취하여 기분이 좋은 모습을 나타냄
402	雨後竹筍 (우후죽순)	비가 온 뒤에 솟는 죽순처럼 어떤 일이 동시에 많이 일어남을 비유함
403	元亨利貞 (원형이정)	역학에서 말하는 천도(天道)의 네 원리로, 생물이 시작되어(元) 형통하고(亨) 조화를 이루어(利) 성숙하는(貞) 것을 말함
404	遠禍召福 (원화소복)	화를 멀리하고 복을 불러들임
405	危機一髮 (위기일발)	위험의 순간이 머리카락 하나의 간격만큼 절박함을 이르는 말 유 百尺竿頭(백척간두) 風前燈火(풍전등화)
406	韋編三絶 (위편삼절)	공자가 책을 하도 많이 읽어서 그것을 엮어 놓은 끈이 세 번이나 끊어짐을 뜻하는 것으로, 한 권의 책을 몇 십 번이나 되풀이해서 읽음을 비유하는 말
407	威風堂堂 (위풍당당)	남을 압도할 만큼 풍채가 위엄이 있고 당당함
408	柔能制剛 (유능제강)	부드러운 것이 강한 것을 이긴다는 뜻으로, 약한 것을 보이고 적의 허술한 틈을 타 능히 강한 것을 제압함을 비유하여 이르는 말 유 弱能制強(약능제강)
409	類萬不同 (유만부동)	많은 것이 서로 같지 않고 다름, 분수에 맞지 않거나 정도에 넘침
410	流芳百世 (유방백세)	향기가 백 대에 걸쳐 흐름이란 뜻으로, 꽃다운 이름이 후세에 길이 전함 반 遺臭萬年(유취만년)
411	有備無患 (유비무환)	미리 준비하면 나중에 우환을 당하지 않음 유 居安思危(거안사위)
412	唯我獨尊 (유아독존)	천상천하 유아독존, 즉 이 세상에 나보다 존귀한 사람은 없으며 오직 나만이 잘났다고 뽐내는 일
413	流言蜚語 (유언비어)	전혀 근거가 없는 말이나 뜬소문 유 道聽塗說(도청도설) 浮言浪說(부언낭설) 街談巷設(가담항설)
414	類類相從 (유유상종)	같은 무리끼리 서로 사귀며 따름

한자 활용하기

415 悠悠自適 (유유자적) — 여유가 있어 한가롭고 걱정이 없는 모양이라는 뜻으로, 속세에 속박됨이 없이 자기가 하고 싶은 대로 마음편히 지냄을 이르는 말

416 唯一無二 (유일무이) — 둘이 아니고 오직 하나뿐이라는 뜻으로, 유일성을 강조함

417 有終之美 (유종지미) — 끝을 잘 맺는 아름다움이라는 뜻으로, 시작한 일을 끝까지 잘하여 결과가 좋음을 이르는 말

418 遺臭萬年 (유취만년) — 냄새가 만 년까지 남겨진다는 뜻으로, 더러운 이름을 오래도록 남김
반 流芳百世(유방백세)

419 隱忍自重 (은인자중) — 괴로움을 감추어 참고 몸가짐을 신중히 함
반 輕擧妄動(경거망동)

420 陰德陽報 (음덕양보) — 사람이 보지 않는 곳에서 좋은 일을 베풀면 반드시 그 일이 드러나서 갚음을 받음

421 吟風弄月 (음풍농월) — 맑은 바람과 밝은 달을 대상으로 시를 지어 읊으며 즐김
유 吟風詠月(음풍영월)

422 泣斬馬謖 (읍참마속) — 눈물을 머금고 마속의 목을 벤다는 뜻으로, 사랑하는 신하를 법대로 처단하여 질서를 바로잡음을 이르는 말

423 異口同聲 (이구동성) — 입은 다르지만 하는 말은 같다는 뜻으로, 여러 사람의 말이 한결같음을 이르는 말
유 如出一口(여출일구)

424 以卵擊石 (이란격석) — 계란으로 바위치기, 즉 턱없이 약한 것으로 엄청나게 강한 것을 당해 내려는 어리석음을 비유하여 이르는 말
유 以卵投石(이란투석)

425 耳目口鼻 (이목구비) — 귀·눈·입·코를 아울러 이르는 말

426 以心傳心 (이심전심) — 말이나 글에 의하지 않고 마음에서 마음으로 전함
유 拈華微笑(염화미소)
教外別傳(교외별전)
不立文字(불립문자)

427 以熱治熱 (이열치열) — 열은 열로써 다스린다는 뜻으로, 힘에는 힘으로 또는 강한 것에는 강한 것으로 상대함을 이르는 말

428 二律背反 (이율배반) — 서로 모순·대립하여 양립하지 않는 두 명제
유 矛盾(모순)

429 泥田鬪狗 (이전투구) — 진흙탕에서 싸우는 개라는 뜻으로, 명분이 서지 않는 일로 몰골이 사납게 싸움을 이르는 말

430 因果應報 (인과응보) — 원인과 결과는 서로 물리고 물린다는 뜻으로, 과거 또는 전생의 선악의 인연에 따라 뒷날 길흉화복의 갚음을 받게 됨을 이르는 말

431 人口膾炙 (인구회자) — 널리 세상 사람의 이야기꺼리가 됨, 즉 사람의 입에 자주 오르내림을 비유하여 이르는 말

432 人面獸心 (인면수심) — 얼굴은 사람의 모습을 하였으나 마음은 짐승과 같다는 뜻으로, 사람의 도리를 지키지 못하고 배은망덕하거나 행동이 흉악하고 음탕한 사람을 말함

433	人死留名 (인사유명)	사람은 죽어서 이름을 남김 🈶 虎死留皮(호사유피)
434	仁者無敵 (인자무적)	어진 사람은 널리 사람을 사랑하므로 천하에 적대할 사람이 없음을 이르는 말
435	忍之爲德 (인지위덕)	참는 것이 덕이 됨
436	一刻千金 (일각천금)	극히 짧은 시간도 천금에 해당할 만큼 큰 가치가 있다는 뜻으로, 즐거운 때나 중요한 때가 금방 지나가는 아쉬움을 비유해 이르는 말
437	一擧兩得 (일거양득)	한 가지 일로써 두 가지 이득을 얻음 🈶 一石二鳥(일석이조)
438	日久月深 (일구월심)	날이 오래고 달이 깊어 간다는 뜻으로, 무언가 바라는 마음이 세월이 갈수록 더해짐을 이르는 말
439	一口二言 (일구이언)	한 입으로 두 말을 한다는 뜻으로, 말을 이랬다저랬다 함을 이르는 말
440	日暖風和 (일난풍화)	일기가 따뜻하고 바람이 온화함
441	一刀兩斷 (일도양단)	한칼로 쳐서 두 동강이를 낸다는 뜻으로, 머뭇거리지 않고 일이나 행동을 선뜻 결정함을 비유함 🈶 一刀割斷(일도할단) 🈯 優柔不斷(우유부단)
442	一蓮托生 (일련탁생)	죽은 뒤에 극락정토에서 같은 연꽃 위에 다시 태어난다는 뜻으로, 사물의 선악이나 결과의 선악에 관계없이 행동이나 운명을 함께 함을 이르는 말
443	一網打盡 (일망타진)	그물을 한 번 쳐서 물고기를 모조리 잡는다는 뜻으로, 한꺼번에 모조리 다 잡음을 말함
444	一脈相通 (일맥상통)	생각·성질·처지 등이 어느 면에서 한 가지로 서로 통함을 이르는 말
445	一面如舊 (일면여구)	처음 만나 사귀었으나 오래 사귄 것처럼 친밀함
446	一目瞭然 (일목요연)	한 번 보고도 분명히 안다는 뜻으로, 잠깐 보고도 환하게 알 수 있음을 이르는 말
447	一罰百戒 (일벌백계)	한 가지 죄과를 무거운 벌로 다스림으로써, 여러 사람에게 경각심을 불러일으킬 정도의 본보기로 처벌을 내림
448	一絲不亂 (일사불란)	한 오라기의 실도 흐트러지지 않았다는 뜻으로, 질서나 체계 따위가 잘 잡혀 있어서 조금도 흐트러짐이 없음을 이르는 말
449	一瀉千里 (일사천리)	강물이 쏟아져 단번에 천 리를 간다는 뜻으로, 어떤 일이 거침없이 기세 좋게 진행됨을 말함
450	一石二鳥 (일석이조)	돌 하나로 두 마리의 새를 잡는다는 뜻으로, 한 가지 일로 두 가지 이익을 얻음을 비유하여 이름 🈶 一擧兩得(일거양득)

451	一笑一少 (일소일소)	한 번 웃을 때마다 한 번 젊어진다는 뜻 유 一怒一老(일로일로)	460	一長一短 (일장일단)	장점도 있고 단점도 있음을 뜻함
452	一心同體 (일심동체)	여러 사람이 마음을 하나로 합쳐서 한 마음 한 몸이 됨을 이르는 말	461	一場春夢 (일장춘몽)	한바탕의 봄꿈처럼 헛된 영화나 덧없는 일이란 뜻으로, 인생의 허무함을 비유하여 이르는 말 유 老生之夢(노생지몽), 南柯一夢(남가일몽), 邯鄲之夢(한단지몽)
453	一魚濁水 (일어탁수)	한 마리의 물고기가 그 물을 흐리게 한다는 뜻으로, 한 사람의 잘못으로 여러 사람이 그 해를 당함을 이르는 말	462	一觸卽發 (일촉즉발)	한 번 닿기만 하여도 곧 폭발한다는 뜻으로, 조그만 자극에도 큰 일이 벌어질 것 같은 아슬아슬한 상태를 이르는 말 유 累卵之勢(누란지세), 風前燈火(풍전등화), 焦眉之急(초미지급)
454	一言之下 (일언지하)	말 한마디로 끊음, 즉 한마디로 딱 잘라 말함	463	一寸光陰 (일촌광음)	아주 짧은 시간
455	一葉知秋 (일엽지추)	나뭇잎 하나가 떨어짐을 보고 가을이 옴을 안다는 뜻으로, 한 가지 일을 보고 장차 오게 될 일을 미루어 짐작함	464	日就月將 (일취월장)	날마다 달마다 성장하고 발전한다는 뜻으로, 학문이나 기술이 날로 달로 진보하고 발전해 나아감
456	一葉片舟 (일엽편주)	나뭇잎처럼 작은 한 조각의 작은 배를 말함	465	一波萬波 (일파만파)	한 사건이 그 사건에 그치지 않고 잇달아 많은 사건으로 번짐
457	一衣帶水 (일의대수)	띠처럼 좁은 강이나 해협 또는 그와 같은 강을 사이에 두고 가까이 접해 있음을 이르는 말 유 指呼之間(지호지간)	466	一敗塗地 (일패도지)	한 번 싸우다가 여지없이 패하여 다시 일어나지 못함
458	一以貫之 (일이관지)	하나로써 그것을 꿰뚫음, 즉 한 방법이나 태도로 한결같이 꿰뚫음	467	一片丹心 (일편단심)	한 조각의 붉은 마음이라는 뜻으로, 변하지 않는 참된 충성이나 정성을 표현함
459	一日之長 (일일지장)	하루 먼저 세상에 났다는 뜻으로, 연령이 조금 위가 되는 일 또는 조금 나음을 이르는 말	468	一筆揮之 (일필휘지)	단숨에 글씨나 그림을 줄기차게 써 내려감

469	一攫千金 (일확천금)	한꺼번에 많은 돈을 얻는다는 뜻으로, 아무런 노력 없이 벼락부자가 됨을 뜻함	
470	臨渴掘井 (임갈굴정)	목마른 자가 우물을 판다는 뜻으로, 준비 없이 일을 당하여 서두름을 이름	
471	臨機應變 (임기응변)	어느 때 어느 자리에서 뜻밖의 일을 당했을 때 재빨리 그에 알맞게 대처하는 일	
472	臨戰無退 (임전무퇴)	신라시대 원광법사가 지은 화랑오계 중의 하나로, 싸움에 임하여 물러섬이 없어야 한다는 말	
473	立身揚名 (입신양명)	사회적으로 인정을 받고 출세하여 이름을 세상에 드날림 유 立身出世(입신출세)	
474	自家撞着 (자가당착)	자기의 언행이 전후 모순되어 일치하지 않음 유 二律背反(이율배반) 自己矛盾(자기모순)	
475	自强不息 (자강불식)	스스로 힘을 쓰고 가다듬어 쉬지 아니함	
476	自激之心 (자격지심)	자기가 일을 해놓고 그 일에 대하여 스스로 미흡하게 여기는 마음	
477	自給自足 (자급자족)	자기가 필요한 것을 스스로 생산하여 충당함	
478	自問自答 (자문자답)	스스로 묻고 스스로 대답한다는 뜻으로, 마음속으로 대화함을 이르는 말	
479	自手成家 (자수성가)	물려받은 재산 없이 스스로의 힘으로 일가를 이룸, 즉 스스로의 힘으로 사업을 이룩하거나 큰일을 이룸	
480	自繩自縛 (자승자박)	자기 줄로 자기를 묶는다는 뜻으로, 자기의 언행이나 행동으로 말미암아 자기 스스로 꼼짝 못하게 되는 일	
481	自業自得 (자업자득)	자기가 저지른 일의 과보(果報)를 자기 자신이 받음 유 養虎遺患(양호유환) 自作自受(자작자수)	
482	自中之亂 (자중지란)	같은 패 안에서 일어나는 싸움	
483	自初至終 (자초지종)	처음부터 끝까지의 과정 유 自頭至尾(자두지미)	
484	自暴自棄 (자포자기)	자신을 스스로 해치고 버린다는 뜻으로, 몸가짐이나 행동을 되는 대로 취함	
485	自畫自讚 (자화자찬)	자기가 그린 그림을 스스로 칭찬한다는 뜻으로, 자기가 한 일이나 행동을 스스로 칭찬하며 자랑함	
486	作心三日 (작심삼일)	마음먹은 지 삼 일이 못간다는 뜻으로, 한 번 결심한 것이 오래 가지 못함을 뜻함 유 初志一貫(초지일관)	

한자 활용하기

487 **張三李四** (장삼이사)
장씨의 셋째 아들과 이씨의 넷째 아들이란 뜻으로, 지극히 보통의 평범한 사람들을 일컬음
㊤ 甲男乙女(갑남을녀), 匹夫匹婦(필부필부), 善男善女(선남선녀)

488 **才勝德薄** (재승덕박)
재주는 있으나 덕이 부족함을 뜻함

489 **賊反荷杖** (적반하장)
도둑이 도리어 몽둥이를 든다는 뜻으로, 잘못한 사람이 도리어 잘 한 사람을 나무라는 경우를 이르는 말
㊤ 客反爲主(객반위주)

490 **積小成大** (적소성대)
작은 것도 쌓이면 크게 됨
㊤ 積塵成山(적진성산)
積土成丘(적토성구)

491 **赤手空拳** (적수공권)
맨손과 맨주먹이란 뜻으로, 아무 것도 가진 것이 없음

492 **適者生存** (적자생존)
생존경쟁의 결과 그 환경에 맞는 것만이 살아남고 그렇지 못한 것은 차차 쇠퇴·멸망해 가는 자연도태의 현상을 일컬음

493 **適材適所** (적재적소)
어떤 일에 적당한 재능을 가진 자에게 적합한 지위나 임무를 맡김

494 **積塵成山** (적진성산)
티끌 모아 태산이란 뜻으로, 아무리 작은 것이라도 쌓이고 쌓이면 큰 덩어리가 된다는 말
㊤ 積小成大(적소성대)
積土成丘(적토성구)

495 **電光石火** (전광석화)
번갯불이나 부싯돌의 불이 번쩍이는 것처럼, 몹시 짧은 시간이나 매우 재빠른 동작을 비유하여 말함

496 **前代未聞** (전대미문)
지난 시대에는 들어본 적이 없다는 뜻으로, 지금까지 들어본 적이 없는 매우 놀라운 일이나 새로운 것을 두고 이르는 말
㊤ 破天荒(파천황)
未曾有(미증유)

497 **前途洋洋** (전도양양)
앞길이나 앞날이 크게 열리어 희망이 있음

498 **戰戰兢兢** (전전긍긍)
매우 두려워하여 벌벌 떨면서 조심함
㊤ 小心翼翼(소심익익)
戰戰慄慄(전전율율)

499 **輾轉反側** (전전반측)
잠을 이루지 못하고 누워서 몸을 이리저리 뒤척임
㊤ 寤寐不忘(오매불망)
輾轉不寐(전전불매)

500 **轉禍爲福** (전화위복)
화가 바뀌어 오히려 복이 된다는 뜻으로, 어떤 불행한 일이라도 끊임없는 노력과 강인한 의지로 힘쓰면 불행을 행복으로 바꾸어 놓을 수 있다는 말
㊤ 禍因爲福(화인위복)

501 **絶世佳人** (절세가인)
세상에 비할 데 없이 아름다운 여자
㊤ 絶世美人(절세미인)
絶代佳人(절대가인)

502 **絶長補短** (절장보단)
긴 것을 잘라서 짧은 것에 보태어 부족함을 채운다는 뜻으로, 좋은 것으로 부족한 것을 보충함을 이르는 말
㊤ 絶長續短(절장속단)

503 **切磋琢磨** (절차탁마)
옥돌을 자르고 줄로 쓸고 끌로 쪼고 갈아 빛을 낸다는 뜻으로, 학문이나 인격을 끊임없이 갈고 닦음

504 **切齒腐心** (절치부심)
이를 갈고 속을 썩이다는 뜻으로, 원통하고 분한 정도가 매우 심한 모양을 일컬음
㊤ 臥薪嘗膽(와신상담)
切齒扼腕(절치액완)

505	漸入佳境 (점입가경)	가면 갈수록 경치가 아름다워진다는 뜻으로, 문장이나 산수 따위가 점차 재미있게 되어감
506	頂門一鍼 (정문일침)	정수리에 침 하나를 꽂는다는 뜻으로, 상대방의 급소를 찌르는 따끔한 충고나 교훈을 이르는 말
507	井底之蛙 (정저지와)	우물 안 개구리라는 뜻으로, 견문이 좁고 세상물정에 어두운 사람을 일컬음 ⓤ 井中之蛙(정중지와) 坐井觀天(좌정관천)
508	糟糠之妻 (조강지처)	지게미와 쌀겨로 끼니를 이어가며 고생을 같이 해온 아내를 일컬음
509	朝令暮改 (조령모개)	아침에 명령을 내리고서 저녁에 다시 바꾼다는 뜻으로, 상부에서 내린 법령이 일관성 없이 자주 바뀜을 비난하는 말 ⓤ 朝令暮得(조령모득) 朝令夕改(조령석개)
510	朝三暮四 (조삼모사)	아침에 세 개, 저녁에 네 개라는 뜻으로, 간사한 잔꾀로 남을 속이거나 눈앞에 보이는 차이만 알고 결과가 같음을 모르는 어리석음을 말함
511	鳥足之血 (조족지혈)	새 발의 피란 뜻으로, 분량이 극히 적거나 비교가 안 될만한 작은 물건을 말함
512	足脫不及 (족탈불급)	맨발로 뛰어도 따라가지 못한다는 뜻으로, 능력이나 재질·역량 따위가 뚜렷한 차이가 있음을 이름
513	種豆得豆 (종두득두)	콩 심은데 콩 난다는 뜻으로, 원인이 있으면 반드시 그에 합당한 결과가 뒤따름을 일컬음 ⓤ 種瓜得瓜(종과득과) 因果應報(인과응보)
514	縱橫無盡 (종횡무진)	행동이나 마음이 내키는 대로 거리낌이 없음
515	坐不安席 (좌불안석)	마음에 불안이나 근심 등이 있어 한자리에 오래 앉아 있지 못함
516	左之右之 (좌지우지)	왼쪽으로 돌렸다 오른쪽으로 돌렸다 한다는 뜻으로, 사람이 어떤 일이나 대상을 제 마음대로 처리하거나 다루는 것을 말함
517	左衝右突 (좌충우돌)	이리저리 닥치는 대로 부딪침
518	主客顚倒 (주객전도)	주인은 손님처럼 손님은 주인처럼 행동을 바꾸어 한다는 뜻으로, 서로 입장이 뒤바뀜을 비유함 ⓤ 客反爲主(객반위주)
519	晝耕夜讀 (주경야독)	낮에는 밭을 갈고 밤에는 공부한다는 뜻으로, 어렵게 공부함을 이르는 말 ⓤ 螢雪之功(형설지공)
520	走馬加鞭 (주마가편)	달리는 말에 채찍질한다는 뜻으로, 형편이나 힘이 한창 좋을 때에 더욱 힘을 더한다는 말
521	走馬看山 (주마간산)	말을 타고 달리면서 산을 본다는 뜻으로, 바빠서 자세히 살펴보지 않고 대강 훑어봄을 말함
522	酒池肉林 (주지육림)	술이 못을 이루고 고기가 수풀을 이룬다는 뜻으로, 매우 호화스럽고 방탕한 생활을 말함 ⓤ 肉山脯林(육산포림) 肉山酒池(육산주지)

523	竹馬故友 (죽마고우)	대나무 말을 타고 놀던 옛 친구라는 뜻으로, 어릴 때부터 가까이 지내며 자란 친구를 말함 😀 竹馬舊友(죽마구우) 騎竹之交(기죽지교)	532	指呼之間 (지호지간)	손짓하여 부르면 대답할 수 있을 정도의 가까운 거리를 말함 😀 咫尺之間(지척지간)
524	衆寡不敵 (중과부적)	적은 수로써 많은 수효를 대적하지 못함 😀 寡不適中(과부적중)	533	珍羞盛饌 (진수성찬)	맛이 좋은 음식으로, 성대하게 잘 차린 진귀한 음식 😀 膏粱珍味(고량진미)
525	衆口難防 (중구난방)	여러 사람의 입을 막기 어렵다는 뜻으로, 많은 사람들이 함부로 떠들어대는 것은 감당하기 어려우니 말과 행동을 조심해야 함을 이르는 말	534	進退兩難 (진퇴양난)	나아갈 수도 물러설 수도 없는 궁지에 빠진 상태를 말함 😀 進退維谷(진퇴유곡)
526	芝蘭之交 (지란지교)	지초와 난초의 사귐이란 뜻으로, 벗 사이의 맑고 고상한 교제를 의미함 😀 金蘭之交(금란지교) 斷金之交(단금지교)	535	此日彼日 (차일피일)	오늘 내일하며 일을 핑계하고 자꾸 기한을 늦춤
527	指鹿爲馬 (지록위마)	사슴을 가리켜 말이라고 한다는 뜻으로, 간사한 꾀로써 윗사람을 농락하고 아랫사람을 겁주어 멋대로 권세를 부림을 말함	536	滄海一粟 (창해일속)	큰 바다에 던져진 좁쌀 한 톨이라는 뜻으로, 지극히 작은 것이나 이 세상에서의 인간 존재의 허무함을 이르는 말 😀 大海一滴(대해일적) 九牛一毛(구우일모)
528	支離滅裂 (지리멸렬)	이리저리 흩어져 갈피를 잡을 수 없음	537	天高馬肥 (천고마비)	하늘이 높고 말이 살찐다는 뜻으로, 가을의 청명함과 풍성함을 표현함
529	至誠感天 (지성감천)	지극한 정성에는 하늘도 감동한다는 뜻으로, 무엇이든 정성껏 하면 하늘이 움직여 좋은 결과를 맺는다는 말	538	千慮一失 (천려일실)	천 가지 생각 가운데 한 가지 실수란 뜻으로, 지혜로운 사람도 많은 생각 가운데에는 실수가 있을 수 있음을 표현한 말
530	池魚之殃 (지어지앙)	연못에 사는 물고기의 재앙이라는 뜻으로, 아무런 상관도 없는데 화를 당할 때 말함	539	天方地軸 (천방지축)	너무 바빠서 두서를 잡지 못하고 허둥대는 모습을 표현한 말 😀 天方地方(천방지방)
531	知行合一 (지행합일)	지식과 행동은 둘이 아닌 하나이므로, 알면 반드시 행동으로 실천해야 한다는 뜻 😀 知行一致(지행일치) 知行竝進(지행병진)	540	天生緣分 (천생연분)	하늘에서 정해준 연분, 즉 부부의 연을 일컬음

541	泉石膏肓 (천석고황)	산수풍경을 몹시 사랑함을 표현한 말 🔸 泉石膏盲(천석고맹) 煙霞痼疾(연하고질)	
542	天壤之差 (천양지차)	하늘과 땅 사이와 같은 엄청난 차이 🔸 天壤之判(천양지판) 雲泥之差(운니지차)	
543	天佑神助 (천우신조)	하늘이 돕고 신이 도움, 즉 인간의 힘으로 불가능한 것을 하늘과 신의 도움으로 가능하게 된 경우를 말함	
544	天衣無縫 (천의무봉)	선녀의 옷에는 바느질한 자리가 없다는 뜻으로, 시나 문장이 매우 자연스러워 조금도 꾸민 데가 없이 완전함	
545	天長地久 (천장지구)	하늘과 땅이 오래도록 변하지 않는다는 뜻으로, 사물이 오래도록 계속됨을 이르는 말	
546	千載一遇 (천재일우)	천 년에 한 번 만난다는 뜻으로, 좀처럼 얻기 어려운 좋은 기회를 말함 🔸 千歲一時(천세일시) 千秋一時(천추일시)	
547	天眞爛漫 (천진난만)	천진함이 넘친다는 뜻으로, 조금도 꾸밈없이 아주 순진하고 참됨	
548	千差萬別 (천차만별)	여러 가지 사물이 모두 차이가 있고 구별이 있음을 뜻함 🔸 千態萬象(천태만상)	
549	千篇一律 (천편일률)	천 가지 책이 모두 하나의 내용과 형식이라는 뜻으로, 여러 사물이 거의 비슷하여 특색이 없음을 비유하여 이르는 말	

550	徹頭徹尾 (철두철미)	머리에서 꼬리까지 통한다는 뜻으로, 처음부터 끝까지 방침이나 생각을 바꾸지 않고 철저히 함	
551	鐵石肝腸 (철석간장)	철이나 돌과 같은 간과 창자라는 뜻으로, 굳고 단단한 절개나 마음을 말함 🔸 鐵心石腸(철심석장) 鐵腸石心(철장석심)	
552	徹天之恨 (철천지한)	하늘을 뚫을 정도의 사무친 한을 뜻함 🔸 千秋之恨(천추지한)	
553	轍環天下 (철환천하)	수레를 타고 하늘을 돌아다닌다는 뜻으로, 여러 나라를 두루 여행함	
554	靑雲之士 (청운지사)	학덕이 높은 어진 사람 또는 높은 벼슬에 오른 사람을 일컬음	
555	靑雲之志 (청운지지)	남보다 훌륭하게 출세할 뜻을 갖고 있음	
556	靑天白日 (청천백일)	맑게 갠 하늘에서 밝게 비치는 해라는 뜻으로, 누구나 다 볼 수 있도록 공개된 상황이나 일을 말함	
557	靑出於藍 (청출어람)	쪽에서 뽑아 낸 푸른 물감이 쪽빛보다 더 푸르다는 뜻으로, 제자가 스승보다 뛰어남을 이르는 말 🔸 出藍之譽(출람지예) 後生可畏(후생가외)	
558	淸風明月 (청풍명월)	맑은 바람과 밝은 달이라는 뜻으로, 결백하고 온건한 성격의 사람을 평하여 이르는 말 🔸 江湖煙波(강호연파) 山紫水明(산자수명)	

한자 활용하기

| 559 | 樵童汲婦 (초동급부) | 땔나무를 하는 아이와 물을 긷는 여자라는 뜻으로, 보통의 평범한 사람들을 일컬음
유 張三李四(장삼이사), 匹夫匹婦(필부필부), 甲男乙女(갑남을녀) |

| 568 | 取捨選擇 (취사선택) | 취할 것은 취하고, 버릴 것은 버린다는 뜻 |

| 560 | 草綠同色 (초록동색) | 풀빛과 녹색은 같은 빛깔이란 뜻으로, 같은 처지의 사람과 어울리거나 행동함을 말함
유 類類相從(유유상종) |

| 569 | 醉生夢死 (취생몽사) | 술에 취한 듯 살다가 꿈을 꾸듯이 죽는다는 뜻으로, 아무 일도 이루지 못하고 한평생을 흐리멍텅하게 살아감을 비유하여 이름 |

| 561 | 焦眉之急 (초미지급) | 눈썹이 타게 될 만큼 위급한 상태란 뜻 매우 다급한 일이나 경우
유 風前燈火(풍전등화), 累卵之危(누란지위), 一觸卽發(일촉즉발) |

| 570 | 置之度外 (치지도외) | 내버려 두고 상대하지 않음
유 度外視(도외시) 置之勿問(치지물문) |

| 562 | 初志一貫 (초지일관) | 처음에 세운 뜻을 이루려고 끝까지 밀고 나감
반 作心三日(작심삼일) |

| 571 | 七顚八起 (칠전팔기) | 일곱 번 넘어지고 여덟 번 일어난다는 뜻으로, 여러 번의 실패에도 굽히지 않고 분투함을 이르는 말 |

| 563 | 寸鐵殺人 (촌철살인) | 한 치의 칼로도 사람을 죽인다는 뜻으로, 경구나 격언 등으로 남을 감동시키거나 남의 약점을 찌를 수 있음
유 頂門一鍼(정문일침) |

| 572 | 七縱七擒 (칠종칠금) | 제갈공명이 적의 장수 맹획(孟獲)을 일곱 번 놓아주고 일곱 번 사로잡았다는 뜻으로, 뛰어난 전술과 계략을 말함 |

| 564 | 秋風落葉 (추풍낙엽) | 가을 바람에 떨어지는 낙엽이라는 뜻으로, 세력이나 형세 따위가 갑자기 기울거나 시듦을 나타냄 |

| 573 | 針小棒大 (침소봉대) | 바늘만한 것을 몽둥이 만하다고 말함, 즉 작은 일을 크게 과장하여 부풀려 말하는 것을 비유함 |

| 565 | 春秋筆法 (춘추필법) | 공자의 역사 비판처럼 대의명분을 밝혀 세우는 사필(史筆)의 준엄한 논법을 말함 |

| 574 | 他山之石 (타산지석) | 다른 산에 있는 하찮은 돌도 자기 구슬을 가는 데 도움이 된다는 말로, 다른 사람의 하찮은 언행도 자기의 지식과 인격을 닦는 데 도움이 됨을 뜻함
유 反面敎師(반면교사) |

| 566 | 出將入相 (출장입상) | 나가서는 장수, 들어와서는 재상이라는 뜻으로, 문무를 겸비한 사람을 일컬음 |

| 575 | 卓上空論 (탁상공론) | 탁자 위에서만 펼치는 헛된 논설이란 뜻으로, 현실성이 없는 허황된 이론이나 논의를 말함
유 猫項懸鈴(묘항현령) |

| 567 | 忠言逆耳 (충언역이) | 바른 말은 귀에 거슬린다는 뜻으로, 바른 말은 사람들이 듣기 싫어하지만 자신을 이롭게 함
유 良藥苦口(양야고구) 金言逆耳(금언역이) |

| 576 | 貪官汚吏 (탐관오리) | 탐욕이 많고 부정을 일삼는 벼슬아치를 말함 |

| 577 | 泰山北斗 (태산북두) | 중국 제일의 명산인 태산과 북두성이라는 뜻으로, 세상 사람들이 우러러 받들고 존경하는 사람을 일컬음 |

| 586 | 破竹之勢 (파죽지세) | 대나무를 쪼개는 기세라는 뜻으로, 처음 시작만 되면 쉽게 짝 쪼개지는 대나무처럼 거침없이 적을 향해 쳐들어가는 기세를 비유하여 말함
 유 迎刃而解(영인이해)
 勢如破竹(세여파죽) |

| 578 | 泰然自若 (태연자약) | 마음에 충동을 받아도 동요하지 않고 천연스러운 것 |

| 587 | 八方美人 (팔방미인) | 어느 모로 보나 아름다운 미인, 즉 모든 면에서 두루 능통한 사람을 이름 |

| 579 | 太平聖代 (태평성대) | 어질고 착한 사람이 다스리는 태평한 세상
 유 鼓腹擊壤(고복격양)
 堯舜之節(요순지절) |

| 588 | 八字所關 (팔자소관) | 팔자에 의해 운명적으로 결정된 것, 즉 인생은 인위적인 노력에 의해 개척되기 보다는 타고난 숙명에 따라 이미 결정되어짐을 말함 |

| 580 | 兔死狗烹 (토사구팽) | 토끼를 다 잡고 나면 사냥개를 삶는다는 뜻으로, 필요할 때 요긴하게 써먹고 쓸모가 없어지면 가혹하게 버리는 것을 말함 |

| 589 | 敗家亡身 (패가망신) | 가산을 탕진하고 몸을 망침
 유 人亡家廢(인망가폐)
 人亡宅廢(인망택폐) |

| 581 | 吐哺握髮 (토포악발) | 입 속에 있는 밥을 뱉고 머리카락을 움켜쥔다는 뜻으로, 현인(賢人)을 얻기 위해 식사 때나 머리를 감을 때라도 황급히 나아가 예의를 갖춤을 의미함 |

| 590 | 偏母膝下 (편모슬하) | 아버지 없이 홀어머니 품에서 자란 자식 |

| 582 | 波瀾萬丈 (파란만장) | 파도의 물결치는 것이 만 장의 길이나 된다는 뜻으로, 일의 진행에 변화가 심함을 비유하여 이르는 말
 유 波瀾重疊(파란중첩) |

| 591 | 敝袍破笠 (폐포파립) | 해진 옷과 부러진 갓이라는 뜻으로, 너절하고 구차한 차림새를 말함
 유 弊衣破冠(폐의파관) |

| 583 | 破廉恥漢 (파렴치한) | 수치심을 모르고 부끄러워하지 않는 사람
 유 沒廉恥漢(몰염치한) |

| 592 | 抱腹絶倒 (포복절도) | 배를 안고 넘어질 정도로 몹시 우스워서 몸을 가누지 못하는 모습을 말함
 유 捧腹絶倒(봉복절도) |

| 584 | 破邪顯正 (파사현정) | 부처의 가르침에 어긋나는 사악한 도리를 깨뜨리고 바른 도리를 드러낸다는 뜻으로, 그릇된 생각을 버리고 올바른 도리를 행함을 비유해 이르는 말 |

| 593 | 表裏不同 (표리부동) | 마음이 음흉하여 겉과 속이 같지 않음을 뜻함
 반 表裏相應(표리상응)
 表裏一致(표리일치) |

| 585 | 破顔大笑 (파안대소) | 얼굴이 찢어지도록 크게 웃는다는 뜻으로, 즐거운 표정으로 한바탕 크게 웃음을 이르는 말
 유 破顔一笑(파안일소)
 呵呵大笑(가가대소) |

| 594 | 風樹之嘆 (풍수지탄) | 부모에게도 효도를 다하려고 할 때에는 이미 돌아가셔서 그 뜻을 이룰 수 없음을 이르는 말
 유 風樹之感(풍수지감)
 風樹之悲(풍수지비) |

한자 활용하기

| 595 | 風前燈火 (풍전등화) | 바람 앞의 등불이란 뜻으로, 존망이 달린 매우 위급한 처지를 비유하여 이르는 말
유 百尺竿頭(백척간두)
一觸卽發(일촉즉발)
累卵之危(누란지위) |

| 604 | 邯鄲之步 (한단지보) | 한단에서 걸음걸이를 배운다는 뜻으로, 제 분수를 잊고 무턱대고 남을 흉내 내다가 이것저것 다 잃음을 비유하여 이르는 말
유 邯鄲學步(한단학보) |

| 596 | 彼此一般 (피차일반) | 저것이나 이것이나 마찬가지임, 즉 두 편이 서로 같다는 뜻 |

| 605 | 汗牛充棟 (한우충동) | 수레에 실어 운반하게 되면 소가 땀을 흘리게 되고, 쌓아올리면 들보에 닿을 정도의 많은 책을 말함
유 五車之書(오거지서) |

| 597 | 匹夫之勇 (필부지용) | 하찮은 남자의 용기라는 뜻으로, 소인이 깊은 생각 없이 혈기만 믿고 함부로 부리는 용기를 말함 |

| 606 | 閑雲野鶴 (한운야학) | 한가로운 구름 아래 노니는 들의 학이란 뜻으로, 벼슬과 어지러운 세상을 버리고 강호에 묻혀 사는 사람을 일컬음 |

| 598 | 匹夫匹婦 (필부필부) | 평범한 남자와 평범한 여자, 즉 평범한 보통사람들을 일컬음
유 甲男乙女(갑남을녀)
善男善女(선남선녀)
張三李四(장삼이사) |

| 607 | 緘口無言 (함구무언) | 입을 다물고 아무런 말이 없음
유 默默不答(묵묵부답) |

| 599 | 何待明年 (하대명년) | 어찌 명년을 기다리랴는 뜻으로, 기다리기가 매우 지루함을 이르는 말
유 何待歲月(하대세월)
鶴首苦待(학수고대)
百年河淸(백년하청) |

| 608 | 含憤蓄怨 (함분축원) | 분을 품고 원한을 쌓음 |

| 600 | 夏爐冬扇 (하로동선) | 여름의 화로와 겨울의 부채라는 뜻으로, 아무 소용없는 말이나 재주를 비유하여 이르는 말 또는 철에 맞지 않거나 쓸모없는 사물을 비유하여 이르는 말 |

| 609 | 咸興差使 (함흥차사) | 조선 태조 이성계가 왕위를 물려주는 과정에서 두 차례의 왕자의 난을 겪고 난 후, 태종이 왕위에 올라 아버지를 모셔 오려고 함흥으로 차사를 보냈으나, 태조는 오는 대로 가두거나 죽였다는 데서 나온 말로 심부름을 가서 아주 소식이 없거나 더디 올 때 쓰는 말 |

| 601 | 下石上臺 (하석상대) | 아랫돌 빼서 윗돌 괴고, 윗돌 빼서 아랫돌 괴기라는 뜻으로, 임기응변으로 어려운 일을 처리함을 말함
유 彌縫策(미봉책)
姑息之計(고식지계) |

| 610 | 合從連橫 (합종연횡) | 중국 전국시대의 외교정책으로, 6개국이 동맹하여 서쪽의 진나라에 대항하자는 소진(蘇秦)의 합종설과 진나라와 그 동쪽에 있던 6개국이 동서로 서로 연합하자는 장의(張儀)의 연횡설을 말함 |

| 602 | 鶴首苦待 (학수고대) | 학처럼 목을 길게 빼고 기다린다는 뜻으로, 몹시 기다림을 이르는 말
유 延頸擧踵(연경거종) |

| 611 | 駭怪罔測 (해괴망측) | 평소 그 정도를 헤아릴 수 없을 만큼 몹시 괴이하고 놀라운 일
유 奇怪罔測(기괴망측) |

| 603 | 邯鄲之夢 (한단지몽) | 한단에서 꾼 꿈이라는 뜻으로, 인생의 부귀영화는 일장춘몽과 같이 허무함을 이르는 말
유 南柯一夢(남가일몽), 一炊之夢 (일취지몽), 邯鄲之枕(한단지침) |

| 612 | 偕老同穴 (해로동혈) | 부부가 한 평생을 같이 지내며 같이 늙고 죽어서는 같이 무덤에 묻힌다는 뜻으로, 부부금실이나 부부 사랑의 굳은 맹세를 말함 |

429

613	虛心坦懷 (허심탄회)	마음을 비우고 생각을 터놓음. 감춤이 없이 솔직하여 마음에 아무런 거리낌이 없음
614	虛張聲勢 (허장성세)	헛되이 목소리의 기세만 높인다는 뜻으로, 실력이 없으면서 허세로 떠벌리는 사람을 이름
615	虛虛實實 (허허실실)	적의 허를 찌르고 실을 취하는 계책
616	軒軒丈夫 (헌헌장부)	외모가 준수하고 늠름하며 쾌활하고 의젓한 남자
617	懸頭刺股 (현두자고)	상투를 천장에 달아매고 송곳으로 허벅다리를 찔러서 잠을 깨운다는 뜻으로, 학업에 매우 힘씀을 이르는 말
618	賢母良妻 (현모양처)	어진 어머니이면서 또한 착한 아내
619	懸河口辯 (현하구변)	세차게 흐르는 물처럼 거침없이 말을 잘함 ㈜ 懸河之辯(현하지변) 　 懸河雄辯(현하웅변)
620	螢雪之功 (형설지공)	반딧불과 눈의 도움을 빌어 공부한다는 뜻으로, 쉬지 않고 부지런히 면학에 힘쓰는 것을 말함 ㈜ 螢窓雪案(형창설안)
621	狐假虎威 (호가호위)	여우가 호랑이의 위세를 빌려 호기를 부린다는 뜻으로, 남의 세력을 빌어 위세를 부림 ㈜ 假虎威狐(가호위호) 　 借虎爲狐(차호위호)
622	糊口之策 (호구지책)	입에 풀칠한다는 뜻으로, 겨우 먹고 살아가는 방책을 말함 ㈜ 糊口之計(호구지계)
623	好事多魔 (호사다마)	좋은 일에는 방해가 되는 일이 많음
624	虎死留皮 (호사유피)	범이 죽으면 가죽을 남기는 것과 같이, 사람도 죽은 뒤에는 이름을 남겨야 한다는 말 ㈜ 豹死留皮(표사유피)
625	虎視眈眈 (호시탐탐)	범이 날카로운 눈초리로 먹이를 노린다는 뜻으로, 틈만 있으면 덮치려고 기회를 노리며 형세를 살핌
626	浩然之氣 (호연지기)	도의에 근거를 두고 굽히지 않고 흔들리지 않는 바르고 큰 마음, 공명정대하여 조금도 부끄러움이 없는 용기를 두고 이르는 말
627	好衣好食 (호의호식)	좋은 옷과 좋은 음식이라는 뜻으로, 잘 입고 잘 먹는 생활을 말함
628	呼兄呼弟 (호형호제)	형이라 부르고 아우라고 부른다는 뜻으로, 친형제처럼 가깝게 지내는 사이를 이르는 말
629	惑世誣民 (혹세무민)	이단의 말로 세상을 어지럽히고 백성을 속이는 일
630	魂飛魄散 (혼비백산)	넋이 날아가고 흩어진다는 뜻으로, 몹시 놀라 어찌할 바를 모름을 비유한 말

不惑

불　　　혹

나이 40을 의미하는 不惑(불혹)은, 공자가 일생을 회고하며 자신의 학문 수양의 발전 과정에 대해 말한 《論語(논어)》〈爲政篇(위정편)〉에서 유래된 말입니다.

子曰(자왈), 공자께서 말씀하시었다.

吾十有五而志于學(오십유오이지우학)
　　　　나는 열 다섯 살에 학문에 뜻을 두었고,

三十而立(삼십이립)
　　　　서른 살에는 우뚝 섰으며,

四十而不惑(사십이불혹)
　　　　마흔 살에는 미혹됨이 없었고,

五十而知天命(오십이지천명)
　　　　쉰 살에는 천명을 알았고,

六十而耳順(육십이이순)
　　　　예순 살에는 귀가 순해졌으며,

七十而從心所欲(칠십이종심소욕)
　　　　일흔 살에는 마음이 원하는 바를 따르더라도,

不踰矩(불구유)
　　　　법도에 어긋남이 없었다.

윗글에서 유래가 되어, 15세는 志學(지학) 또는 志于學(지우학), 30세는 而立(이립), 40세는 不惑(불혹), 50세는 知天命(지천명), 60세는 耳順(이순), 70세는 從心(종심)을 나이의 별칭으로 사용하고 있습니다.

상공회의소 한자시험 고급 기본서 1·2급

기출 및 모의고사

- 2급 기출 및 모의고사(2회)
- 1급 기출 및 모의고사
- 한눈에 보는 정답표

2급 기출 및 모의고사 · 제1회

130문항 | 80분

〈제 1 영역〉 漢字

[1~11] 다음 한자(漢字)의 음(音)은 무엇입니까?

1. 墾 ①간 ②은 ③학 ④캭 ⑤특
2. 拙 ①갈 ②걸 ③졸 ④출 ⑤찰
3. 巍 ①구 ②별 ③승 ④외 ⑤추
4. 埈 ①의 ②위 ③능 ④준 ⑤참
5. 哨 ①소 ②초 ③삭 ④석 ⑤착
6. 貶 ①편 ②폄 ③패 ④팽 ⑤포
7. 餉 ①여 ②사 ③상 ④행 ⑤향
8. 晶 ①점 ②절 ③정 ④창 ⑤청
9. 呑 ①탄 ②탐 ③탕 ④항 ⑤향
10. 刃 ①도 ②돌 ③인 ④일 ⑤잉
11. 悶 ①민 ②번 ③복 ④심 ⑤치

[12~18] 다음의 음(音)을 가진 한자(漢字)는 어느 것입니까?

12. 등 ①穩 ②雍 ③藤 ④懲 ⑤秤
13. 편 ①寥 ②扁 ③馳 ④卞 ⑤輯
14. 명 ①棉 ②墓 ③溟 ④孟 ⑤吻
15. 석 ①粟 ②昭 ③徐 ④鼠 ⑤晳
16. 유 ①閨 ②胤 ③佑 ④悠 ⑤允
17. 활 ①滑 ②樺 ③荒 ④浩 ⑤忽
18. 진 ①秦 ②娠 ③窒 ④櫛 ⑤稷

[19~25] 다음 한자(漢字)와 음(音)이 같은 한자는 어느 것입니까?

19. 后 ①垢 ②嗅 ③噴 ④勾 ⑤蠟
20. 蹈 ①躍 ②擘 ③鐸 ④琢 ⑤鍍
21. 沫 ①未 ②魅 ③幕 ④抹 ⑤媒
22. 那 ①捺 ②拏 ③尹 ④紐 ⑤暖
23. 臼 ①灸 ②沒 ③泛 ④适 ⑤寡
24. 慮 ①煉 ②侶 ③曆 ④翎 ⑤虛
25. 泮 ①州 ②洋 ③沐 ④班 ⑤倂

[26~36] 다음 한자(漢字)의 뜻은 무엇입니까?

26. 煙 ①숯 ②불 ③재 ④연기 ⑤화로

27. 證 ①원인 ②증거 ③증오 ④일찍 ⑤그물

28. 悟 ①알리다 ②틀리다 ③깨닫다 ④슬프다 ⑤부끄럽다

29. 雁 ①학 ②까치 ③오리 ④까마귀 ⑤기러기

30. 諱　① 글씨　② 휘호
　　③ 꺼리다　④ 메우다
　　⑤ 위인

31. 撰　① 짓다　② 치다
　　③ 빼다　④ 버리다
　　⑤ 지우다

32. 綽　① 간절하다　② 인색하다
　　③ 너그럽다　④ 익살맞다
　　⑤ 탁월하다

33. 認　① 알다　② 참다
　　③ 모르다　④ 말하다
　　⑤ 배우다

34. 熊　① 곰　② 닭
　　③ 이리　④ 여우
　　⑤ 사슴

35. 査　① 예견하다　② 조사하다
　　③ 평가하다　④ 응시하다
　　⑤ 선언하다

36. 倣　① 본뜨다　② 새기다
　　③ 나무라다　④ 방자하다
　　⑤ 방해하다

38. 향기　① 沙　② 邃
　　③ 鵬　④ 芬
　　⑤ 荀

39. 목숨　① 樹　② 壽
　　③ 修　④ 鳴
　　⑤ 銘

40. 숨다　① 廢　② 殷
　　③ 幣　④ 隱
　　⑤ 嚴

41. 물거품　① 浙　② 沫
　　③ 滄　④ 蒲
　　⑤ 濠

42. 꾸짖다　① 劾　② 賀
　　③ 嬉　④ 嘲
　　⑤ 秘

43. 게으르다　① 圈　② 穹
　　③ 窟　④ 倦
　　⑤ 悪

[37~43] 다음의 뜻을 가진 한자(漢字)는 어느 것입니까?

37. 도둑　①寇　②驕
　　③仇　④毆
　　⑤謳

[44~50] 다음 한자(漢字)와 뜻이 비슷한 한자는 어느 것입니까?

44. 貌　①謨　②刑　③泰　④樣　⑤炯
45. 訛　①謬　②犀　③飼　④療　⑤謚
46. 襟　①衿　②玲　③裳　④冠　⑤裙
47. 琉　①珀　②鈺　③璃　④鐵　⑤階
48. 戒　①競　②浸　③幾　④契　⑤警
49. 徵　①悔　②聘　③訴　④譚　⑤誇
50. 剛　①綱　②沁　③顧　④桓　⑤巽

〈제 2 영역〉語彙

[51~52] 다음 한자어(漢字語)와 그 새김의 방식이 같은 한자어는 어느 것입니까?

예 年少	① 高山	② 下車
	③ 往來	❹ 日出
	⑤ 歸家	

한자어 '年少'는 그 새김의 방식이 주어와 서술어의 관계이다. 이와 비슷한 한자어로는 '日出'이 있다.

51. 品貴 ① 貯金 ② 日沒
　　　　③ 繪畫 ④ 消毒
　　　　⑤ 急行

52. 握手 ① 白眉 ② 巨軀
　　　　③ 休憩 ④ 釣魚
　　　　⑤ 迅速

[53~54] 다음 한자어(漢字語)의 음(音)은 무엇입니까?

53. 葡萄 ① 구태 ② 포도
　　　　③ 호도 ④ 포복
　　　　⑤ 비어

54. 凌駕 ① 준마 ② 능가
　　　　③ 단련 ④ 함양
　　　　⑤ 연구

[55~56] 다음의 음(音)을 가진 한자어(漢字語)는 어느 것입니까?

55. 참회 ① 慘酷 ② 添削
　　　　③ 懺悔 ④ 疑懷
　　　　⑤ 參謀

56. 지각 ① 地穀 ② 也穀
　　　　③ 址穀 ④ 地殼
　　　　⑤ 也殼

[57~59] 다음 한자어(漢字語)와 음(音)이 같은 한자어는 어느 것입니까?

57. 事故 ① 飼藁 ② 辭典
　　　　③ 師弟 ④ 誣告
　　　　⑤ 相鼓

58. 賭博 ① 捕縛 ② 酬酌
　　　　③ 到泊 ④ 構圖
　　　　⑤ 白痴

59. 指導 ① 詩道 ② 偏道
　　　　③ 首都 ④ 契刀
　　　　⑤ 支途

60. 다음 괄호 속 한자(漢字)의 음(音)이 다르게 발음되는 것은?

　① (見)解 ② (見)利
　③ (見)侮 ④ 謁(見)
　⑤ (見)却

[61~62] 다음 한자어(漢字語)의 뜻풀이로 가장 적절한 것은 어느 것입니까?

61. 僻地
   ① 동맹 국가
   ② 성격이 이상함
   ③ 벽에 바르는 종이
   ④ 마음이 한쪽으로 치우침
   ⑤ 도시에서 떨어진 한적한 곳

62. 修繕
   ① 도를 닦음
   ② 낡은 것을 고침
   ③ 수를 놓은 부채
   ④ 학문을 연구하고 닦음
   ⑤ 말이나 글을 다듬고 꾸밈

[63~64] 다음의 뜻을 가진 한자어(漢字語)는 어느 것입니까?

63. 유치하고 졸렬함
   ① 堆肥   ② 鍼灸
   ③ 稚拙   ④ 惰性
   ⑤ 贖託

64. 뛰어난 식견이나 건전한 판단
   ① 樣式   ② 誤謬
   ③ 良識   ④ 驕揚
   ⑤ 所見

[65~70] 다음 단어들의 '□'에 공통으로 들어갈 알맞은 한자(漢字)는 어느 것입니까?

65. 幼□, □拙, □氣
   ① 兒   ② 年   ③ 節   ④ 稚   ⑤ 庸

66. □金, □置, □託
   ① 預   ② 積   ③ 誠   ④ 措   ⑤ 請

67. 比□, 隱□, 引□
   ① 較   ② 匿   ③ 密   ④ 受   ⑤ 喻

68. □準, □金, □礎
   ① 基   ② 比   ③ 柱   ④ 水   ⑤ 改

69. □數, □檢, □線
   ① 占   ② 算   ③ 實   ④ 點   ⑤ 路

70. □山, □物, 採□
   ① 貨   ② 鑛   ③ 動   ④ 海   ⑤ 掘

[71~75] 다음 한자어(漢字語)와 뜻이 반대(反對)이거나 상대(相對)되는 한자어는 어느 것입니까?

71. 文語   ① 言語   ② 口語
            ③ 句語   ④ 揩語
            ⑤ 俗語

72. 狹義   ① 大義   ② 主義
            ③ 協議   ④ 合議
            ⑤ 廣義

73. 矮小　① 健壯　② 使喚
　　　　　③ 倭寇　④ 宦官
　　　　　⑤ 誨諭

74. 奢侈　① 葡萄　② 腕力
　　　　　③ 逼迫　④ 稟申
　　　　　⑤ 儉素

75. 被告　① 忠告　② 原告
　　　　　③ 廣告　④ 原稿
　　　　　⑤ 警告

[76~80] 다음 성어(成語)에서 '□'에 들어갈 알맞은 한자(漢字)는 어느 것입니까?

76. □柱鼓瑟
　① 膠　② 轎　③ 昆　④ 咳　⑤ 楷

77. 自畵自□
　① 縛　② 暴　③ 棄　④ 燦　⑤ 讚

78. 夫唱婦□
　① 强　② 隊　③ 別　④ 隨　⑤ 墮

79. 愚公□山
　① 移　② 江　③ 泥　④ 孤　⑤ 寒

80. 乘勝長□
　① 狗　② 羊　③ 鳩　④ 驅　⑤ 龜

[81~85] 다음 성어(成語)의 뜻풀이로 적절한 것은 어느 것입니까?

81. 空前絶後
　① 과장하여 엉뚱하게 생각하다.
　② 변화가 많아서 예측하기 어렵다.
　③ 다른 사람의 학식이 크게 진보하다.
　④ 비교 대상이 이전에도 이후에도 없다.
　⑤ 임시변통으로 이리저리 둘러맞추다.

82. 波瀾萬丈
　① 무너지기 쉬운 헛된 것
　② 일의 진행이 변화가 심함
　③ 어떤 상황을 간절히 기다림
　④ 어려운 여건에도 열심히 공부함
　⑤ 우열을 가리기 어려울 정도로 비슷비슷함

83. 絶世佳人
　① 학문이 깊은 사람
　② 뛰어나게 아름다운 여인
　③ 남을 위해 희생하는 사람
　④ 생각이 기발하고 엉뚱한 사람
　⑤ 여러 방면으로 재주가 많은 사람

84. 荒唐無稽
　① 몹시 애타게 기다리다.
　② 임시로 일을 처리하다.
　③ 겉과 속이 같지 않다.
　④ 좋은 일에는 방해가 많다.
　⑤ 말이나 행동이 터무니없다.

85. 十匙一飯

① 어려운 일도 끊임없이 노력하면 성공할 수 있다.
② 여럿이 조금씩 힘을 합하면 한 사람을 돕기 쉽다.
③ 화근이 될 것을 길러서 후환을 당하게 되다.
④ 자기 분수에 만족하여 다른 데 마음을 두지 않는다.
⑤ 누군가를 그리워하여 자나 깨나 잊지 못하다.

[86~90] 다음의 뜻을 가장 잘 나타낸 성어(成語)는 어느 것입니까?

86. 신선과 같은 뛰어난 풍채와 골격
① 外柔內剛 ② 信賞必罰
③ 神出鬼沒 ④ 威風堂堂
⑤ 玉骨仙風

87. 좀처럼 얻기 어려운 좋은 기회
① 千載一遇 ② 靑出於藍
③ 晚時之歎 ④ 勿失好機
⑤ 虎視耽耽

88. 원수를 갚기 위해 괴로움을 참고 견디다.
① 遠禍召福 ② 因果應報
③ 儒宗之美 ④ 臥薪嘗膽
⑤ 天佑神助

89. 머뭇거리지 않고 선뜻 결정하다.
① 一言之下 ② 一刀兩斷
③ 斷機之戒 ④ 斷金之交
⑤ 百折不屈

90. 뼈를 가루로 만들고 몸을 부서뜨림
① 換骨奪胎 ② 粉骨碎身
③ 朝令暮改 ④ 狐假虎威
⑤ 咸興差使

<제 3 영역> 讀解

[91~97] 다음 문장에서 밑줄 친 한자어(漢字語)의 음(音)은 무엇입니까?

91. 특별법을 만들어 피해자를 救濟하기로 합의했다.
① 구조 ② 구원 ③ 구출 ④ 구명 ⑤ 구제

92. 회사 측의 발언을 무척 鼓舞적으로 받아들였다.
① 긍정 ② 고무 ③ 회의 ④ 적극 ⑤ 부정

93. 공정한 경쟁을 통해 우수 인력을 拔擢하는 것이 핵심이다.
① 채용 ② 위임 ③ 발탁 ④ 등용 ⑤ 선발

94. 집을 擔保(으)로 은행에서 대출을 받았다.
① 증거 ② 담보 ③ 보증 ④ 연대 ⑤ 위탁

95. 술과 노름에 대한 耽溺으로 패가망신하였다.
    ① 중독 ② 침착 ③ 탐닉 ④ 탐독 ⑤ 집착

96. 이곳에서 집까지 往復하려면 대략 두 시간은 걸린다.
    ① 완주 ② 왕복 ③ 도달 ④ 복귀 ⑤ 회귀

97. 서양의 사상은 기독교적 세계관에 基礎을(를) 둔 경우가 많다.
    ① 기초 ② 기반 ③ 기준 ④ 기틀 ⑤ 토대

[98~102] 다음 문장에서 밑줄 친 한자어(漢字語)의 뜻풀이로 적절한 것은 어느 것입니까?

98. 시를 외국어로 飜譯하는 일은 쉽지 않다.
    ① 어떤 행위를 살펴 조사함
    ② 예술 작품을 독창적으로 지어냄
    ③ 다른 언어에서 표현을 빌려다 씀
    ④ 남의 작품의 일부를 몰래 따다 씀
    ⑤ 어떤 언어로 된 글을 다른 언어로 옮김

99. 최근 도난 사고가 頻繁하게 발생하고 있다.
    ① 기한이나 기간이 일정하게
    ② 어떤 상태가 오래 계속되는
    ③ 시간적으로 잦지 않고 드물게
    ④ 번거로울 정도로 도수가 잦게
    ⑤ 때때로 여기저기 흩어져 발생하는

100. 적금이 滿期가 되어 지난달에 통장을 해지해 버렸다.
    ① 효력을 잃음
    ② 다시 새로워짐
    ③ 마음에 차지 않음
    ④ 정한 기한이 다 참
    ⑤ 정한 수효에 차지 못함

101. 그와 나는 수십 년을 隔阻하게 지냈다.
    ① 서로 마음을 터놓다.
    ② 한 지역에 함께 살다.
    ③ 근심, 걱정으로 마음이 썩다.
    ④ 오랫동안 서로 소식이 막히다.
    ⑤ 오랫동안 매우 절친하게 지내다.

102. 그는 同僚들과 함께 치열한 경쟁을 펼쳤다.
    ① 늘 친하게 어울리는 사람
    ② 같은 핏줄을 이어받은 민족
    ③ 같은 부문에서 함께 일하는 사람
    ④ 친족과 외척을 아울러 이르는 말
    ⑤ 형제와 자매, 남매를 통틀어 이르는 말

[103~107] 다음 문장에서 빈칸에 들어갈 가장 적절한 한자어(漢字語)는 어느 것입니까?

103. 모자란 일손이 학생들로 □□되었다.
    ① 缺損 ② 補充 ③ 補修 ④ 充滿 ⑤ 限定

104. 그는 나에게 희망과 □□를 불어넣어 주었다.
    ① 勇氣 ② 抛棄 ③ 暗記 ④ 容器 ⑤ 寒氣

105. 관광 산업은 높은 □□을 보장하는 산업이다.
    ① 割引 ② 打率 ③ 收益 ④ 戰慄 ⑤ 損失

106. 경제 성장은 양적 □□ 보다는 질적 성장을 이루어야 한다.
    ① 感縮 ② 確張 ③ 確脹 ④ 膨脹 ⑤ 膨張

107. 사람들은 그를 기회주의자라고 □□했다.
    ① 邁進 ② 枚數 ③ 梅桃 ④ 賣渡 ⑤ 罵倒

[108~112] 다음 문장에서 밑줄 친 한자어(漢字語)의 한자표기(漢字表記)가 바르지 않은 것은 어느 것입니까?

108. 여성들의 사회 활동을 ① 支援하기 위해 ② 託兒 시설의 ③ 擴充과 각종 세제상의 ④ 惠澤 등과 같은 출산 ⑤ 壯麗 정책을 펴야 한다.

109. 노동 시간을 ① 短縮하게 되면 늘어난 ② 輿駕 시간을 통해 자기 ③ 啓發의 ④ 機會를 ⑤ 擴大할 수 있다.

110. 그림 속 먹의 ① 濃淡과 ② 餘白으로 인한 ③ 餘韻미가 음악적 ④ 感却을 충분히 ⑤ 傳達하고 있다.

111. ① 映畵는 ② 歷史이며 삶에 대한 ③ 記錄이다. 그러나 영화는 ④ 丹脣히 즐거운 ⑤ 娛樂이며 구경거리이기도 하다.

112. ① 唐麵은 녹두·감자·고구마 등의 ② 麓末을 원료로 하여 만든 마른 국수로, 탕 ③ 料理·전골 요리·④ 雜菜 요리 등에 두루 ⑤ 使用된다.

[113~120] 다음 문장에서 밑줄 친 단어(單語)를 한자(漢字)로 바르게 쓴 것은 어느 것입니까?

113. 음악적 요소를 간과할 수는 없다.
    ① 看過 ② 干戈 ③ 諫果 ④ 干涉 ⑤ 干與

114. 가정을 통해 특정 상황과 관련된 통념을 반박하고 있다.
    ① 反駁 ② 半拍 ③ 翻覆 ④ 面駁 ⑤ 反對

115. 플래시 메모리는 전원이 차단되어도 데이터를 보존한다.
    ① 田園 ② 電源 ③ 全員 ④ 全院 ⑤ 殿元

116. 그는 자신의 이론을 설명한 후, 아직은 가설 단계라고 부연했다.
    ① 否認 ② 敷衍 ③ 浮煙 ④ 浮遊 ⑤ 附設

117. 이 소설은 주인공의 성격을 잘 묘사하고 있다.
① 描寫 ② 表現 ③ 構思 ④ 表出 ⑤ 抽出

118. 김 의원은 내년 지방 선거에 적극적으로 나설 것임을 밝혔다.
① 仙居 ② 先發 ③ 宣誓 ④ 選擧 ⑤ 船渠

119. 선생의 인격과 그의 큰 뜻을 흠모했다.
① 欽慕 ② 戀慕 ③ 敬意 ④ 思慕 ⑤ 尊敬

120. 그는 헷갈리는 얼굴로 어눌하게 물었다.
① 疑訝 ② 語訥 ③ 語塞 ④ 敏捷 ⑤ 抑鬱

[121~125] 다음 문장에서 밑줄 친 단어(單語)나 어구(語句)의 뜻을 가장 잘 나타낸 한자(漢字) 또는 한자어(漢字語)는 어느 것입니까?

121. 닐 암스트롱은 맨 처음 달에 발을 내딘 인류로 알려졌다.
① 詩草 ② 柴草 ③ 始初 ④ 詩抄 ⑤ 市草

122. 너는 이제 네 인생의 나아갈 길을 결정해야 한다.
① 塵勞 ② 進就 ③ 船路 ④ 旅路 ⑤ 進路

123. 그는 깊은 산속에 홀로 지내는 생활에 익숙해졌다.
① 隱居 ② 起居 ③ 獨斷 ④ 獨居 ⑤ 同居

124. 소수의 의견을 대다수의 의견으로 여기고 있다.
① 看做 ② 間奏 ③ 看過 ④ 錯簡 ⑤ 伴奏

125. 마을에 괴이하면서도 놀라운 일이 벌어졌다.
① 醜雜 ② 瀟灑 ③ 末端 ④ 遜色 ⑤ 駭怪

[126~130] 다음 글을 읽고 물음에 답하시오.

> 인공 ㉠降雨란 구름층은 형성되어 있으나 대기 중에 ㉡凝結核 또는 ㉢氷晶核이 적어 구름방울이 빗방울로 성장하지 못할 때 인위적으로 인공의 '비씨'를 ㉣뿌려 특정 지역에 강수를 유도하는 것이다. 그러나 ㉤구름 한 점 없는 하늘에서 비를 내리게 할 수는 없으므로 인공 증우란 말이 이론적으로 더 ㉥타당하다.

126. ㉠의 '降'자와 독음이 다른 하나는?
① 霜降 ② 下降 ③ 降伏 ④ 昇降 ⑤ 降臨

127. ㉡과 ㉢의 독음이 바르게 짝지어진 것은?

	㉡	㉢
①	응고핵	빙창핵
②	응결핵	빙창핵
③	응결핵	빙정핵
④	응집핵	빙결핵
⑤	응집핵	빙정핵

128. ㉣의 뜻을 가장 잘 나타내는 한자어는?

① 收去 ② 播種 ③ 採集 ④ 分布 ⑤ 散發

129. ㉤과 가장 관련이 없는 한자는?

① 淸 ② 淑 ③ 濁 ④ 澄 ⑤ 澹

130. ㉥의 한자표기로 바른 것은?

① 他黨 ② 不當 ③ 政黨 ④ 妥當 ⑤ 應當

2급 기출 및 모의고사 · 제 2회

130문항 | 80분

〈제 1 영역〉 漢字

[1~11] 다음 한자(漢字)의 음(音)은 무엇입니까?

1. 猿 ① 견 ② 루 ③ 원 ④ 투 ⑤ 훤
2. 溢 ① 온 ② 익 ③ 일 ④ 혐 ⑤ 흘
3. 鍾 ① 모 ② 종 ③ 순 ④ 소 ⑤ 차
4. 范 ① 관 ② 약 ③ 범 ④ 패 ⑤ 화
5. 箕 ① 기 ② 길 ③ 산 ④ 제 ⑤ 황
6. 瑟 ① 금 ② 길 ③ 옥 ④ 슬 ⑤ 혜
7. 焰 ① 압 ② 염 ③ 에 ④ 몰 ⑤ 함
8. 汁 ① 접 ② 정 ③ 즙 ④ 천 ⑤ 토
9. 稟 ① 표 ② 품 ③ 핍 ④ 상 ⑤ 회
10. 燻 ① 점 ② 묵 ③ 회 ④ 흑 ⑤ 훈
11. 巴 ① 색 ② 비 ③ 읍 ④ 파 ⑤ 패

[12~18] 다음의 음(音)을 가진 한자는 어느 것입니까?

12. 설 ① 傘 ② 屑 ③ 揷 ④ 硝 ⑤ 宵
13. 수 ① 髮 ② 悉 ③ 悠 ④ 瀨 ⑤ 鬚
14. 혁 ① 細 ② 絲 ③ 嫌 ④ 俠 ⑤ 赫
15. 애 ① 沼 ② 涯 ③ 牲 ④ 凄 ⑤ 液
16. 저 ① 杵 ② 赤 ③ 截 ④ 栓 ⑤ 績
17. 평 ① 佩 ② 荊 ③ 評 ④ 遍 ⑤ 亨
18. 산 ① 峻 ② 塡 ③ 駿 ④ 俊 ⑤ 酸

[19~25] 다음 한자(漢字)와 음(音)이 같은 한자는 어느 것입니까?

19. 瓊 ① 牌 ② 彭 ③ 梗 ④ 澹 ⑤ 泥
20. 寵 ① 沖 ② 銃 ③ 衡 ④ 充 ⑤ 廳
21. 掩 ① 純 ② 頓 ③ 燉 ④ 芥 ⑤ 儼
22. 穗 ① 壘 ② 戮 ③ 鞋 ④ 粹 ⑤ 磬
23. 株 ① 疇 ② 洙 ③ 焰 ④ 院 ⑤ 芍
24. 悌 ① 齊 ② 做 ③ 芝 ④ 蹄 ⑤ 壹
25. 爾 ① 翊 ② 沿 ③ 兀 ④ 弛 ⑤ 矮

[26~36] 다음 한자(漢字)의 뜻은 무엇입니까?

26. 耆 ① 늙다 ② 게으르다 ③ 좁다 ④ 일어나다 ⑤ 어둡다

27. 筋 ① 비계 ② 갈비 ③ 머리 ④ 손톱 ⑤ 힘줄

28. 姙 ① 낳다 ② 밟다 ③ 맡기다 ④ 양육하다 ⑤ 임신하다

29. 眩 ① 선명하다 ② 어지럽다 ③ 참회하다 ④ 집중하다 ⑤ 탄식하다

444

30. 粥 ① 물 ② 국 ③ 죽 ④ 쌀 ⑤ 책

31. 晳 ① 크다 ② 쌓이다 ③ 가늘다 ④ 밝다 ⑤ 닮다

32. 溶 ① 굳다 ② 녹다 ③ 멈추다 ④ 협소하다 ⑤ 흩날리다

33. 脛 ① 근육 ② 허리 ③ 허파 ④ 무릎 ⑤ 정강이

34. 姚 ① 느리다 ② 흔들다 ③ 예쁘다 ④ 빛나다 ⑤ 쓸쓸하다

35. 擬 ① 꾸짖다 ② 모자라다 ③ 의지하다 ④ 비교하다 ⑤ 승리하다

36. 箸 ① 붓 ② 젓가락 ③ 피리 ④ 비파 ⑤ 퉁소

38. 치다 ① 踊 ② 撞 ③ 漱 ④ 升 ⑤ 勵

39. 기름 ① 汁 ② 甑 ③ 脂 ④ 祉 ⑤ 祇

40. 열쇠 ① 箇 ② 鍵 ③ 罐 ④ 環 ⑤ 睡

41. 보상하다 ① 賠 ② 幡 ③ 羨 ④ 冤 ⑤ 診

42. 예언 ① 憨 ② 燥 ③ 塚 ④ 悖 ⑤ 讖

43. 방자하다 ① 莎 ② 肆 ③ 捨 ④ 卦 ⑤ 橄

[37~43] 다음의 뜻을 가진 한자(漢字)는 어느 것입니까?

37. 가마 ① 輦 ② 駱 ③ 督 ④ 衡 ⑤ 蹟

[44~50] 다음 한자(漢字)와 뜻이 비슷한 한자는 어느 것입니까?

44. 穿 ① 慌 ② 饗 ③ 鑿 ④ 艦 ⑤ 昊
45. 兀 ① 菴 ② 丞 ③ 峨 ④ 枋 ⑤ 裡
46. 穿 ① 搾 ② 鑿 ③ 捉 ④ 拙 ⑤ 捧
47. 膏 ① 脂 ② 紙 ③ 耆 ④ 嗜 ⑤ 飢
48. 玩 ① 鶴 ② 照 ③ 棗 ④ 犧 ⑤ 謔
49. 摩 ① 札 ② 麻 ③ 撈 ④ 擦 ⑤ 撚
50. 纖 ① 閃 ② 賁 ③ 稜 ④ 細 ⑤ 徒

〈제 2 영역〉 語彙

[51~52] 다음 한자어(漢字語)와 그 새김의 방식이 같은 한자어는 어느 것입니까?

예	年少	① 高山	② 下車
		③ 往來	❹ 日出
		⑤ 歸家	

한자어 '年少'는 그 새김의 방식이 주어와 서술어의 관계이다. 이와 비슷한 한자어로는 '日出'이 있다.

51. 笞刑　① 診脈　② 犯法
　　　　　③ 帆船　④ 疲困
　　　　　⑤ 咽喉

52. 卒業　① 琴瑟　② 表裏
　　　　　③ 遮光　④ 稠密
　　　　　⑤ 蒼穹

[53~54] 다음 한자어(漢字語)의 음(音)은 무엇입니까?

53. 滯留　① 정류　② 잔류
　　　　　③ 체류　④ 보류
　　　　　⑤ 억류

54. 認定　① 인정　② 결정
　　　　　③ 규정　④ 지정
　　　　　⑤ 특정

[55~56] 다음의 음(音)을 가진 한자어(漢字語)는 어느 것입니까?

55. 雪辱　① 說欲　② 進就
　　　　　③ 屈辱　④ 侮辱
　　　　　⑤ 雪原

56. 整理　① 整列　② 定離
　　　　　③ 管理　④ 處理
　　　　　⑤ 總理

[57~59] 다음 한자어(漢字語)와 음(音)이 같은 한자어는 어느 것입니까?

57. 刺戟　① 磁極　② 山嶽
　　　　　③ 輔弼　④ 諮問
　　　　　⑤ 刹那

58. 包藏　① 飽滿　② 都狀
　　　　　③ 捕獲　④ 抱負
　　　　　⑤ 鋪裝

59. 遲刻　① 地殼　② 紙匣
　　　　　③ 紙幣　④ 錯覺
　　　　　⑤ 健脚

60. 다음 괄호 속 한자(漢字)의 음(音)이 다르게 발음되는 것은?
　　① 時(辰)　② 星(辰)
　　③ 戊(辰)　④ 日(辰)
　　⑤ (辰)韓

[61~62] 다음 한자어(漢字語)의 뜻풀이로 가장 적절한 것은 어느 것입니까?

61. 昏睡
   ① 시들어 떨어짐
   ② 마음이 어두움
   ③ 어둑어둑할 무렵
   ④ 혼인에 드는 물품
   ⑤ 정신없이 잠이 듦

62. 至願
   ① 연못과 동산
   ② 뜻이 원대함
   ③ 지극히 바람
   ④ 지지하여 도움
   ⑤ 구성원이 되기를 바람

[63~64] 다음의 뜻을 가진 한자어(漢字語)는 어느 것입니까?

63. 새로운 일의 시초
   ① 刷新   ② 新鮮
   ③ 萌芽   ④ 初步
   ⑤ 初選

64. 기쁜 마음으로 공경하며 사모함
   ① 欽慕   ② 黜黜
   ③ 欠缺   ④ 折衷
   ⑤ 迂闊

[65~70] 다음 단어들의 '□'에 공통으로 들어갈 알맞은 한자(漢字)는 어느 것입니까?

65. □色, □春, □年
   ① 紅 ② 靑 ③ 常 ④ 停 ⑤ 瓜

66. □發, □業, □通
   ① 出 ② 企 ③ 閉 ④ 開 ⑤ 流

67. □上, 家□, 韓□
   ① 庭 ② 樹 ③ 屋 ④ 服 ⑤ 族

68. 生□, □塞, □正
   ① 計 ② 語 ③ 梗 ④ 是 ⑤ 適

69. □鹿, □致, □養
   ① 馴 ② 合 ③ 情 ④ 培 ⑤ 扶

70. 活□, □刺, □皮
   ① 用 ② 躍 ③ 脫 ④ 潑 ⑤ 表

[71~75] 다음 한자어(漢字語)와 뜻이 반대(反對)이거나 상대(相對)되는 한자어는 어느 것입니까?

71. 順行   ① 力行   ② 循次
          ③ 逆行   ④ 同行
          ⑤ 流行

72. 本館   ① 別館   ② 會館
          ③ 旅館   ④ 公館
          ⑤ 開館

73. 衰頹　① 冒險　② 障碍
　　　　③ 殺到　④ 誇大
　　　　⑤ 成長

74. 重視　① 勝利　② 輕視
　　　　③ 輕重　④ 監視
　　　　⑤ 重要

75. 加熱　① 冷水　② 寒波
　　　　③ 冷却　④ 加速
　　　　⑤ 溫熱

[76~80] 다음 성어(成語)에서 '□'에 들어갈 알맞은 한자(漢字)는 어느 것입니까?

76. □亡齒寒
　　① 舜　② 興　③ 脣　④ 羊　⑤ 瞬

77. 囊中之□
　　① 瑕　② 駁　③ 俎　④ 錐　⑤ 揖

78. 識□憂患
　　① 者　② 字　③ 小　④ 素　⑤ 資

79. 自□自縛
　　① 繩　② 承　③ 勝　④ 華　⑤ 畵

80. 伯□之勢
　　① 仲　② 重　③ 衆　④ 害　⑤ 計

[81~85] 다음 성어(成語)의 뜻풀이로 적절한 것은 어느 것입니까?

81. 啞然失色
　　① 하지 못하는 일이 없음
　　② 백성들이 태평세월을 누림
　　③ 남의 행동을 덩달아 따라함
　　④ 뜻밖의 일에 얼굴빛이 변할 정도로 놀람
　　⑤ 아랫사람에게 묻기를 부끄러워하지 않음

82. 優柔不斷
　　① 단단한 사귐
　　② 결단성이 없음
　　③ 다른 것보다 앞섬
　　④ 강하고 부드러움을 모두 갖춤
　　⑤ 속은 부드럽고, 겉으로는 굳셈

83. 臨機應變
　　① 세상일이 극심하게 뒤바뀜
　　② 싸움에 임하여 물러섬이 없음
　　③ 살얼음을 밟는 것처럼 위태로움
　　④ 준비 없이 일을 당하여 허둥지둥함
　　⑤ 일을 처한 상황에 맞게 즉각 처리함

84. 首丘初心
　　① 몹시 기다림
　　② 그대로 두는 것이 나음
　　③ 고향을 그리워하는 마음
　　④ 처음 품은 뜻을 한결같이 꿰뚫음
　　⑤ 어느 쪽으로도 붙지 않고 양다리를 걸침

85. 袖手傍觀
   ① 혼자서는 일하기 어려움
   ② 많이 알지만 정밀하지 못함
   ③ 곰곰이 따져 사려깊이 처신함
   ④ 간섭하거나 거들지 않고 그대로 버려둠
   ⑤ 학식이 있는 것이 오히려 근심을 사게 됨

[86~90] 다음의 뜻을 가장 잘 나타낸 성어(成語)는 어느 것입니까?

86. 남의 세력을 빌어 위세를 부림
   ① 狐假虎威   ② 虎死留皮
   ③ 好衣好食   ④ 糊口之策
   ⑤ 多事多難

87. 격이나 철에 맞지 아니함
   ① 爐邊談話   ② 一葉知秋
   ③ 一場春夢   ④ 夏爐冬扇
   ⑤ 陽春佳節

88. 책이 매우 많음
   ① 讀書三到   ② 焚書坑儒
   ③ 讀書尙友   ④ 固窮讀書
   ⑤ 汗牛充棟

89. 책을 열심히 읽음
   ① 吳越同舟   ② 十匙一飯
   ③ 韋編三絕   ④ 自畫自讚
   ⑤ 語不成說

90. 좋은 일에는 흔히 방해되는 일이 많음
   ① 一筆揮之   ② 好事多魔
   ③ 指呼之間   ④ 鷄鳴狗盜
   ⑤ 如履薄氷

〈제 3 영역〉 讀解

[91~97] 다음 문장에서 밑줄 친 한자어(漢字語)의 음(音)은 무엇입니까?

91. 부당한 處遇를 개선하다.
   ① 처지   ② 제도
   ③ 대우   ④ 처리
   ⑤ 처우

92. 정부의 실책을 痛烈히 비판하다.
   ① 격렬   ② 열렬
   ③ 통렬   ④ 맹렬
   ⑤ 강렬

93. 사또의 명에 따라 죄인을 여주 官衙로 압송하겠습니다.
   ① 관청   ② 관아
   ③ 관가   ④ 상가
   ⑤ 시청

94. 수익금은 모두 수재민 救護 성금으로 사용한다.
 ① 구제 ② 구호
 ③ 복구 ④ 보호
 ⑤ 구명

95. 旣往의 잘잘못은 따지지 않기로 하겠다.
 ① 기왕 ② 이왕
 ③ 기존 ④ 기정
 ⑤ 내왕

96. 문화적인 脈絡에서 생각해야 한다.
 ① 관점 ② 입장
 ③ 문맥 ④ 맥락
 ⑤ 위치

97. 세심한 配慮에 따뜻함을 느꼈다.
 ① 배려 ② 염려
 ③ 고려 ④ 태도
 ⑤ 대우

[98~102] 다음 문장에서 밑줄 친 한자어(漢字語)의 뜻풀이로 적절한 것은 어느 것입니까?

98. 어린 시절의 기억이 너무도 鮮明하다.
 ① 뚜렷함 ② 희미함
 ③ 간절함 ④ 낯설다
 ⑤ 어지럽다

99. 고장 차량의 牽引이 신속히 이루어졌다.
 ① 끌어서 당김
 ② 낡거나 못 쓰게 된 차를 없앰
 ③ 자동차의 일부분을 개조함
 ④ 고장 나거나 허름한 데를 고침
 ⑤ 낡거나 못 쓰게 된 차를 없앰

100. 그는 자신의 이론을 설명한 후, 아직은 가설 단계라고 敷衍했다.
 ① 예를 들어 보이다.
 ② 옳지 않다고 반대하다.
 ③ 설명을 덧붙여 자세히 말하다.
 ④ 자신의 행위를 승인하거나 시인하다.
 ⑤ 모르는 체함으로써 슬며시 인정하다.

101. 장기간 服用해야 회복할 수 있다고 하였다.
 ① 약을 먹음
 ② 옷으로 입음
 ③ 똑같은 것을 만듦
 ④ 주문에 따라서 만듦
 ⑤ 이전의 상태로 회복함

102. 황폐한 국토의 재건과 復興에 전력을 다했다.
 ① 흥을 돋움
 ② 무너지고 깨어짐
 ③ 기세나 상태가 전보다 못함
 ④ 쇠퇴하였던 것이 다시 일어남
 ⑤ 과거의 풍습 따위로 돌아감

[103~107] 다음 문장에서 빈칸에 들어갈 가장 적절한 한자어(漢字語)는 어느 것입니까?

103. 지나친 □□은 건강에 좋지 않다.
① 禁煙 ② 吸煙 ③ 復習 ④ 講習 ⑤ 吸引

104. 그는 매사에 □□적인 태도로 어려움을 극복해나간다.
① 抵抗 ② 肯定 ③ 輕蔑 ④ 空想 ⑤ 惡意

105. 응원단이 도착하자 선수들의 사기는 더욱 □□되었다.
① 昻趾 ② 抑趾 ③ 抑溜 ④ 昻揚 ⑤ 抑攘

106. 방송 후 주문량이 □□하였다.
① 暴注 ② 暴酒 ③ 暴飮 ④ 增築 ⑤ 增設

107. 민담 중에는 □□적인 내용의 작품이 많다.
① 鷄肋 ② 捷徑 ③ 必須 ④ 酷評 ⑤ 滑稽

[108~112] 다음 문장에서 밑줄 친 한자어(漢字語)의 한자표기(漢字表記)가 바르지 않은 것은 어느 것입니까?

108. 오미자차는 ① 渴症 ② 解消에 좋을 뿐만 아니라, 폐의 기운도 북돋워 주고 ③ 血液 ④ 順換도 ⑤ 圓滑하게 해준다.

109. ① 執行者로서의 ② 法官은 입법부가 법을 만들면서 ③ 求賢하고자 한 입법 ④ 意志에 ⑤ 充實하다.

110. 최근 과열 ① 樣相을 보이는 ② 註宅 담보 ③ 貸出의 원인의 일례로 경기 ④ 沈滯로 인한 생활 자금의 ⑤ 不足을 들 수 있다.

111. ① 反復되는 그의 작품 속 이미지들은 현대 ② 産業 사회의 ③ 虛像을 ④ 冷淡하고 ⑤ 建造하게 비추어 주고 있을 뿐이다.

112. 인간이 ① 體溫을 ② 乳脂할 수 있는 ③ 理由는 인간의 ④ 體重에서 물이 차지하는 ⑤ 比重이 크기 때문이다.

[113~120] 다음 문장에서 밑줄 친 단어(單語)를 한자(漢字)로 바르게 쓴 것은 어느 것입니까?

113. 그는 자신의 삶을 되돌아보며 반성하고 있다.
① 伴星 ② 伴性 ③ 半醒 ④ 半聲 ⑤ 反省

114. 경의를 표하고 싶을 정도로 숙연하게 감동에 젖어 들었다.
① 肅然 ② 天然 ③ 宿緣 ④ 柔軟 ⑤ 渾然

115. 유명한 축구 선수는 청소년들에게 우상이 되고 있다.
① 右姓 ② 雨聲 ③ 愚相 ④ 右相 ⑤ 偶像

116. 가문 혹은 정파들 간의 경쟁으로 점철되었다.
① 前哲 ② 占據 ③ 重疊 ④ 點綴 ⑤ 占居

117. 기차가 기적 소리를 올리며 들어오고 있다.

　　① 靜寂　② 華音　③ 轟音　④ 警笛　⑤ 汽笛

118. 그가 차기 회장감으로 부상하고 있다.

　　① 浮上　② 負傷　③ 扶桑　④ 負商　⑤ 富商

119. 긴 사설 그만하고 어서 밥이나 잡수시오.

　　① 私設　② 邪說　③ 社說　④ 辭說　⑤ 師說

120. 표지만 보아서는 어떤 내용의 책인지 전혀 알 수가 없다.

　　① 表紙　② 標紙　③ 標識　④ 標式　⑤ 表意

[121~125] 다음 문장에서 밑줄 친 단어(單語)나 어구(語句)의 뜻을 가장 잘 나타낸 한자(漢字) 또는 한자어(漢字語)는 어느 것입니까?

121. 어머니는 기르던 화초를 정성스레 옮겨 심고 계셨다.

　　① 移動　② 移植　③ 移職　④ 移轉　⑤ 移徙

122. 그는 침착하며 사리에 밝은 사람이 되길 원했다.

　　① 點綴　② 分綴　③ 前轍　④ 冷徹　⑤ 冷喆

123. 기업의 규모가 점차 커지면서 전문 경영자가 필요하게 되었다.

　　① 進步　② 誇張　③ 確報　④ 擴大　⑤ 緊縮

124. 처음에는 무반응이었던 아이들조차 점차 관심과 재미를 갖기 시작했다.

　　① 興味　② 妙味　③ 吟味　④ 眞味　⑤ 別味

125. 그는 장차 나라를 위해 큰 일을 할 인물이다.

　　① 財源　② 樹木　③ 長遠　④ 題目　⑤ 材木

[126~130] 다음 글을 읽고 물음에 답하시오.

열 사람이 모두 ㉠굶주리다가 한 사발의 밥을 함께 먹게 되었다고 하자. 그릇을 채 비우기도 전에 싸움이 일어난다. 말이 불손하다고 꾸짖는 것을 보고 사람들은 모두 싸움이 말 때문에 일어났다고 믿는다. 다른 날에 또 한 사발의 밥을 함께 먹다 그릇을 채 비우기도 전에 싸움이 일어난다. 태도가 공손치 못하다고 ㉡꾸짖는 것을 보고 사람들은 모두 싸움이 ㉢태도 때문에 일어났다고 믿는다. 다른 날에 또다시 같은 상황이 벌어지면 이제 행동이 거칠다고 ㉣詰難하다가, 마침내 어떤 사람이 울화통을 터뜨리고 ㉤여럿이 아예 시끌벅적하게 가세하여 다툰다.

126. ㉠의 뜻을 가장 잘 나타낸 한자어는?

　　① 食貪　　② 飢餓
　　③ 療飢　　④ 飽滿
　　⑤ 鼓腹

127. ⓒ의 뜻을 나타내는 한자표기로 바른 것은?

① 疾視　　② 帙册
③ 鬪爭　　④ 叱責
⑤ 和親

128. ⓒ의 '태'자와 같은 한자를 사용하는 것은?

① 泰山　　② 太陽
③ 危殆　　④ 狀態
⑤ 怠慢

129. ⓔ의 독음으로 바른 것은?

① 책망　　② 힐난
③ 비난　　④ 힐책
⑤ 험담

130. ⓜ과 관련 있는 사자성어는?

① 波瀾萬丈　　② 鐵中錚錚
③ 一絲不亂　　④ 興盡悲來
⑤ 泥田鬪狗

1급 기출 및 모의고사

150문항 | 80분

〈제 1 영역〉 漢字

[1~11] 다음 한자(漢字)의 음(音)은 무엇입니까?

1. 悛 ① 기 ② 전 ③ 준 ④ 사 ⑤ 후
2. 拮 ① 공 ② 길 ③ 노 ④ 궐 ⑤ 단
3. 囹 ① 렬 ② 빈 ③ 사 ④ 억 ⑤ 령
4. 咆 ① 구 ② 균 ③ 포 ④ 사 ⑤ 하
5. 紗 ① 사 ② 삼 ③ 정 ④ 우 ⑤ 술
6. 垓 ① 가 ② 간 ③ 을 ④ 타 ⑤ 해
7. 妹 ① 목 ② 녀 ③ 매 ④ 림 ⑤ 람
8. 倨 ① 거 ② 고 ③ 옥 ④ 전 ⑤ 비
9. 剌 ① 속 ② 미 ③ 자 ④ 랄 ⑤ 척
10. 拖 ① 포 ② 필 ③ 타 ④ 휘 ⑤ 침
11. 快 ① 결 ② 송 ③ 민 ④ 앙 ⑤ 쾌

[12~18] 다음의 음(音)을 가진 한자는 어느 것입니까?

12. 강 ① 炅 ② 拄 ③ 絳 ④ 犧 ⑤ 昴
13. 단 ① 覃 ② 窘 ③ 吩 ④ 亶 ⑤ 瑃
14. 증 ① 惚 ② 琛 ③ 脩 ④ 炸 ⑤ 烝
15. 요 ① 僥 ② 氾 ③ 瑽 ④ 孩 ⑤ 塏
16. 예 ① 沅 ② 乂 ③ 袂 ④ 堺 ⑤ 啖
17. 리 ① 痍 ② 悧 ③ 枳 ④ 叭 ⑤ 眩
18. 범 ① 剝 ② 搬 ③ 貶 ④ 泛 ⑤ 胄

[19~25] 다음 한자(漢字)와 음(音)이 같은 한자는 어느 것입니까?

19. 濬 ① 睿 ② 督 ③ 准 ④ 叡 ⑤ 礪
20. 峴 ① 弦 ② 岐 ③ 靭 ④ 甄 ⑤ 歇
21. 茄 ① 刮 ② 賂 ③ 枷 ④ 荃 ⑤ 疋
22. 伉 ① 吼 ② 晃 ③ 曖 ④ 姮 ⑤ 橙
23. 拮 ① 桔 ② 瞳 ③ 茉 ④ 批 ⑤ 坍
24. 倬 ① 啄 ② 臧 ③ 岫 ④ 雰 ⑤ 姣
25. 伶 ① 芯 ② 佰 ③ 聆 ④ 鳴 ⑤ 濎

[26~36] 다음 한자(漢字)의 뜻은 무엇입니까?

26. 剩 ① 적다 ② 남다
        ③ 타다 ④ 느리다
        ⑤ 어렵다

27. 歪 ① 비뚤다 ② 아니다
        ③ 바르다 ④ 늘이다
        ⑤ 세우다

28. 坎 ① 탑 ② 그늘
        ③ 언덕 ④ 구덩이
        ⑤ 그림자

29. 阧 ① 눕다 ② 달리다
        ③ 치솟다 ④ 무찌르다
        ⑤ 인도하다

30. 晃　① 밤　② 아침　③ 저녁　④ 순간　⑤ 영원

31. 槌　① 바늘　② 수레　③ 망치　④ 그릇　⑤ 국자

32. 魃　① 가뭄　② 홍수　③ 우박　④ 천둥　⑤ 번개

33. 爹　① 아우　② 형제　③ 친구　④ 아버지　⑤ 어머니

34. 嗇　① 꼬시다　② 벌하다　③ 아끼다　④ 인자하다　⑤ 모방하다

35. 朦　① 밝다　② 흐리다　③ 느리다　④ 빠르다　⑤ 꿈꾸다

36. 蚩　① 아첨하다　② 의심하다　③ 영리하다　④ 어리석다　⑤ 친절하다

38. 부리　① 壎　② 暄　③ 確　④ 琛　⑤ 喙

39. 문짝　① 澗　② 颺　③ 闔　④ 恬　⑤ 們

40. 맑다　① 晶　② 岩　③ 頑　④ 偲　⑤ 扼

41. 떨리다　① 錮　② 賂　③ 扮　④ 兢　⑤ 憙

42. 잔　① 杉　② 盃　③ 艾　④ 鉉　⑤ 棘

43. 개간하다　① 蕪　② 斧　③ 鍛　④ 庠　⑤ 墾

[44~50] 다음 한자(漢字)와 뜻이 비슷한 한자는 어느 것입니까?

44. 徙　① 鈿　② 遷　③ 傀　④ 醬　⑤ 薔
45. 諛　① 訐　② 謬　③ 謳　④ 諂　⑤ 訛
46. 叢　① 沖　② 旺　③ 鈺　④ 聚　⑤ 帛
47. 拌　① 吝　② 僕　③ 躬　④ 岑　⑤ 棄
48. 吼　① 啖　② 呱　③ 汹　④ 沸　⑤ 嘲
49. 枳　① 伎　② 樑　③ 柯　④ 詛　⑤ 橡
50. 僥　① 冀　② 佶　③ 竇　④ 鞁　⑤ 衙

[37~43] 다음의 뜻을 가진 한자(漢字)는 어느 것입니까?

37. 쓸쓸하다　① 偃　② 旁　③ 寥　④ 磊　⑤ 膈

〈제 2 영역〉 語彙

[51~53] 다음 한자어(漢字語)와 그 새김의 방식이 같은 한자어는 어느 것입니까?

> 예 年少　① 高山　② 下車
> 　　　　③ 往來　❹ 日出
> 　　　　⑤ 歸家
>
> 한자어 '年少'는 그 새김의 방식이 주어와 서술어의 관계이다. 이와 비슷한 한자어로는 '日出'이 있다.

51. 瘦瘠　① 洋襪　② 麝香
　　　　③ 箭筒　④ 蹴球
　　　　⑤ 朦朧

52. 繁盛　① 明朗　② 結緣
　　　　③ 春來　④ 募兵
　　　　⑤ 萌動

53. 無缺　① 落葉　② 僻處
　　　　③ 骨折　④ 贊反
　　　　⑤ 出血

[54~56] 다음 한자어(漢字語)의 음(音)은 무엇입니까?

54. 凋落　① 고락　② 고조
　　　　③ 조락　④ 조화
　　　　⑤ 졸저

55. 剽竊　① 표략　② 표절
　　　　③ 요청　④ 요구
　　　　⑤ 참절

56. 慘憺　① 삼엄　② 처참
　　　　③ 참담　④ 담담
　　　　⑤ 처담

[57~59] 다음의 음(音)을 가진 한자어(漢字語)는 어느 것입니까?

57. 정밀　① 靜謐　② 楨幹
　　　　③ 錚盤　④ 糖蜜
　　　　⑤ 諍訟

58. 의아　① 姮娥　② 優雅
　　　　③ 疑訝　④ 擬態
　　　　⑤ 飢餓

59. 발랄　① 精緻　② 鳥瞰
　　　　③ 擺撥　④ 辛辣
　　　　⑤ 潑剌

[60~64] 다음 한자어(漢字語)와 음(發音)이 같은 한자는 어느 것입니까?

60. 疏宕　① 蔬菜　② 巢窟
　　　　③ 猜忌　④ 嘯宏
　　　　⑤ 掃蕩

61. 赦免　① 伺窺　② 唆囑
　　　　③ 辭免　④ 乾麵
　　　　⑤ 欺瞞

62. 烽火　① 蓬萊　② 長靴
　　　　　③ 畵室　④ 鋒熾
　　　　　⑤ 逢禍

63. 輔導　① 怒濤　② 試圖
　　　　　③ 補償　④ 報道
　　　　　⑤ 艀船

64. 諭書　① 裕餘　② 由緒
　　　　　③ 關與　④ 祥瑞
　　　　　⑤ 愉逸

[65~66] 다음 괄호 속 한자(漢字)의 음(音)이 다르게 발음되는 것은?

65.　① (暴)虐　② (暴)暑
　　③ (暴)飮　④ (暴)風
　　⑤ (暴)騰

66.　① (佚)民　② (佚)蕩
　　③ 安(佚)　④ (佚)遊
　　⑤ 遺(佚)

[67~69] 다음 한자어(漢字語)의 뜻풀이로 가장 적절한 것은 어느 것입니까?

67. 孕胎
　① 기뻐함
　② 허물을 벗음
　③ 쓰고 난 나머지
　④ 아이나 새끼를 뱀
　⑤ 어떤 일이 생기려는 기운

68. 鞭撻
　① 아랫사람에게 전달함
　② 편자와 채찍
　③ 타이르고 격려함
　④ 지위가 높아짐
　⑤ 모두 없어짐

69. 傷嗟
　① 짐을 차에 실음
　② 슬퍼하고 탄식함
　③ 물체가 깨지거나 상함
　④ 잘못을 꾸짖어 나무람
　⑤ 몸을 다쳐 부상을 입은 자리

[70~72] 다음의 뜻을 가진 한자어(漢字語)는 어느 것입니까?

70. 안부나 소식을 적어 보내는 글
　① 著書　② 書翰　③ 簡便　④ 暑寒　⑤ 鼓喊

71. 얼버무려 넘김으로써 속이거나 감춤
　① 佈明　② 抱負　③ 折衝　④ 糊塗　⑤ 號外

72. 오랫동안 헤어졌다가 뜻밖에 다시 만남
　① 當惑　② 恍惚　③ 嚆矢　④ 邂逅　⑤ 輝煌

[73~80] 다음 단어들의 '□'에 공통으로 들어갈 알맞은 한자(漢字)는 어느 것입니까?

73. □産, 繁□, 增□
   ① 殖 ② 膳 ③ 錫 ④ 撒 ⑤ 扇

74. 沃□, 墓□, 田□
   ① 杳 ② 査 ③ 逕 ④ 畓 ⑤ 審

75. 煩□, 煎□, □絕
   ① 惱 ② 悶 ③ 餠 ④ 拒 ⑤ 雜

76. 佇□, 仰□, 轉□
   ① 慕 ② 眷 ③ 騰 ④ 眄 ⑤ 換

77. □精, □砥, 賃□
   ① 搗 ② 妖 ③ 鐵 ④ 貸 ⑤ 鬪

78. □急, □忙, 棲□
   ① 緊 ② 遑 ③ 危 ④ 惶 ⑤ 屑

79. 搔□, 搜□, □癢
   ① 軟 ② 索 ③ 捕 ④ 驗 ⑤ 爬

80. □動, □揚, □亂
   ① 煽 ② 讚 ③ 浮 ④ 闌 ⑤ 攪

[81~85] 다음 한자어(漢字語)와 뜻이 반대(反對)이거나 상대(相對)되는 한자어는 어느 것입니까?

81. 銳利 ① 斟酌 ② 鈍感
        ③ 欽慕 ④ 隱喩
        ⑤ 彷徨

82. 委囑 ① 昇進 ② 榮轉
        ③ 趨勢 ④ 解任
        ⑤ 渾身

83. 榮轉 ① 榮達 ② 後進
        ③ 變遷 ④ 左遷
        ⑤ 釋放

84. 模糊 ① 迷離 ② 分明
        ③ 明澄 ④ 蒙昧
        ⑤ 闇愚

85. 鎭靜 ① 眞率 ② 沈潛
        ③ 慫慂 ④ 興奮
        ⑤ 餘裕

[86~90] 다음 성어(成語)에서 '□'에 들어갈 알맞은 한자(漢字)는 어느 것입니까?

86. 桑□之鄕
   ① 梛 ② 棺 ③ 梓 ④ 椿 ⑤ 核

87. 陵遲處□
   ① 轄 ② 斬 ③ 坪 ④ 兌 ⑤ 懺

88. 螳□拒轍
   ① 瑯 ② 螂 ③ 狼 ④ 朗 ⑤ 蟬

89. 反目□視
   ① 瞋 ② 帙 ③ 叱 ④ 嫉 ⑤ 姪

90. □口無言
   ① 鹹 ② 檻 ③ 緘 ④ 艦 ⑤ 虛

[91~95] 다음 성어(成語)의 뜻풀이로 적절한 것은 어느 것입니까?

91. 股肱之臣
    ① 여럿 중 가장 뛰어난 사람
    ② 나라를 어지럽게 하는 신하
    ③ 세상일에 경험이 없는 사람
    ④ 임금이 가장 신임하는 중신
    ⑤ 헛되이 세월을 보내는 사람

92. 附和雷同
    ① 있는 힘을 다해 노력하다.
    ② 기회를 놓친 것이 원통해서 탄식하다.
    ③ 묻지 않아도 옳고 그름을 알 수 있다.
    ④ 가까이 있는 것이 도리어 알아내기 어렵다.
    ⑤ 뚜렷한 소신 없이 남이 하는 대로 따라가다.

93. 漱石枕流
    ① 물방울이 주석을 뚫는다.
    ② 처음부터 끝까지 태도가 한결같다.
    ③ 변화무쌍하여 이를 헤아릴 수 없다.
    ④ 말을 잘못해 놓고 그럴 듯하게 꾸며대다.
    ⑤ 가만히 있는 사람을 건드려 화를 자초하다.

94. 寤寐不忘
    ① 한번 본 것은 잊어버리지 않는다.
    ② 이루기 힘든 일에 지나치게 몰두하다.
    ③ 누군가를 그리워하여 자나 깨나 잊지 못하다.
    ④ 무슨 일에 대하여 방향이나 상황을 알 길이 없다.
    ⑤ 스스로를 경계하여 언제 닥쳐올지 모를 어려움에 대처하다.

95. 汗牛充棟
    ① 길거리에 떠도는 소문
    ② 하나를 들어서 열을 앎
    ③ 이름과 실상이 잘 맞음
    ④ 가지고 있는 책이 매우 많음
    ⑤ 상대방의 물음과 전혀 상관없는 엉뚱한 대답

[96~100] 다음의 뜻을 가장 잘 나타낸 성어(成語)는 어느 것입니까?

96. 기초가 튼튼하지 못하여 오래 가지 못하다.
    ① 白沙靑松   ② 沙上樓閣
    ③ 梁上君子   ④ 猫項懸鈴
    ⑤ 十匙一飯

97. 괴로움을 감추어 참고 몸가짐을 신중히 하다.
    ① 隱忍自重   ② 惻隱之心
    ③ 切齒腐心   ④ 切磋琢磨
    ⑤ 重言復言

98. 마음에 아무 거리낌이 없고 솔직함

　① 虛心坦懷　② 泥田鬪狗
　③ 水到渠成　④ 捲土重來
　⑤ 破廉恥漢

99. 어떤 일이 한때에 많이 생겨남

　① 束手無策　② 緣木求魚
　③ 茫然自失　④ 雨後竹筍
　⑤ 千差萬別

100. 앞길이나 앞날이 크게 열리어 희망이 있다.

　① 前無後無　② 風前燈火
　③ 亡羊之歎　④ 前途洋洋
　⑤ 前代未聞

〈제 3 영역〉 讀解

[101~110] 다음 문장에서 밑줄 친 한자어(漢字語)의 음(音)은 무엇입니까?

101. 분별 있고 條理가 정연한 말들에 나는 감탄했다.

　① 논리 ② 조리 ③ 사리 ④ 수리 ⑤ 도리

102. 전통의 계승과 踏襲을(를) 혼동해서는 안 된다.

　① 담론 ② 답보 ③ 답습 ④ 번복 ⑤ 모방

103. 여름에는 遮陽이 있는 모자를 써야 한다.

　① 서양 ② 장식 ③ 차석 ④ 장석 ⑤ 차양

104. 수배자의 隱匿을(를) 도와준 사람은 처벌 대상이다.

　① 엄폐 ② 은폐 ③ 은닉 ④ 도망 ⑤ 도주

105. 이 소설은 사회 구조의 모순을 尖銳하게 보여 주고 있다.

　① 첨예 ② 첨리 ③ 첨원 ④ 예리 ⑤ 예민

106. 새로운 경쟁 체제가 構築되었다.

　① 가공 ② 구비 ③ 구축 ④ 착공 ⑤ 준공

107. 강장제가 치료제로 誤用되는 사례가 늘고 있다.

　① 오용 ② 악용 ③ 남용 ④ 만용 ⑤ 소용

108. 우리 가족은 싸움도 시샘도 없이 團欒하게 지낸다.

　① 원만 ② 원활 ③ 단정 ④ 단란 ⑤ 화목

109. 민중 봉기가 전쟁의 樣相(으)로 변화하였다.

　① 형상 ② 형태 ③ 양상 ④ 양태 ⑤ 잔상

110. 지난달에는 생필품의 균형 있는 需給이 이루어졌다.

　① 지급 ② 보급 ③ 수급 ④ 수합 ⑤ 공급

[111~115] 다음 문장에서 밑줄 친 한자어(漢字語)의 뜻풀이로 적절한 것은 어느 것입니까?

111. 이 문제는 논쟁의 <u>素地</u>가 있다.
　① 위험성　　② 본래의 바탕
　③ 기대한 바　④ 당연한 결과
　⑤ 적당한 수준

112. 을사년은 <u>千秋</u>에 씻지 못할 한을 남긴 해이다.
　① 현재　　② 과거
　③ 찰나　　④ 항상
　⑤ 긴 세월

113. 어머니에게 잘못을 <u>實吐</u>하고 용서를 구했다.
　① 과장해서 말함　② 진실을 감춤
　③ 건성으로 말함　④ 거짓을 말함
　⑤ 사실대로 말함

114. 장관의 <u>委囑</u>으로 심사 위원에 선정되었다.
　① 질책함　　② 도와줌
　③ 견제함　　④ 일을 맡김
　⑤ 책임을 물음

115. 전동차가 <u>延着</u>되어 출근길 시민들이 큰 불편을 겪었다.
　① 빨리 출발함　② 늦게 출발함
　③ 빨리 도착함　④ 늦게 도착함
　⑤ 멈춰 있음

[116~120] 다음 문장에서 빈칸에 들어갈 가장 적절한 한자어(漢字語)는 어느 것입니까?

116. □□으로 전염되는 질병이 다수 있다.
　① 唾腋　　② 唾液
　③ 數額　　④ 數挍
　⑤ 殘額

117. 순간의 실책으로 상대 팀에게 □□하고 말았다.
　① 完封　　② 完勝
　③ 壓勝　　④ 惜敗
　⑤ 惜別

118. 그들의 주장은 체제 □□을(를) 지향했다.
　① 顚覆　　② 轉補
　③ 顚補　　④ 賑恤
　⑤ 轉覆

119. 작은 오해 때문에 오래된 친구와 □□히 지낸다.
　① 親熟　　② 疏遠
　③ 親密　　④ 緊密
　⑤ 綿密

120. 인생에서 우리가 □□적으로 추구해야 할 가치는 무엇인가?
　① 含蓄　　② 壓縮
　③ 消極　　④ 窮極
　⑤ 悲劇

[121~125] 다음 문장에서 밑줄 친 한자어(漢字語)의 한자표기(漢字表記)가 바르지 않은 것은 어느 것입니까?

121. 언어의 ①拾得은 ②人種이나 ③知能과 ④關係없이 누구에게나 비슷한 ⑤水準으로 이루어진다.

122. 교통①混雜과 ②遞增 현상은 개인 ③輸送 수단의 ④普遍化에 따르는 ⑤當然한 결과이다.

123. ①測定 ②誤差를 줄이기 위해 과학자들은 주의 깊게 ③實驗을 ④設戒하고 더 나은 기술을 사용함으로써 이러한 ⑤攪亂을 줄여 나갔다.

124. 각국의 ①所得 수준이 ②危道나 ③氣候 등의 지리적 ④條件과 밀접한 상관관계를 가진다는 ⑤證據들이 제시되었다.

125. 이전의 ①室內 ②裝飾을 그대로 ③踏襲 하지 말고 ④創意的인 개선 계획을 ⑤堅粒 하기 바랍니다.

[126~135] 다음 문장에서 밑줄 친 단어(單語)를 한자(漢字)로 바르게 쓴 것은 어느 것입니까?

126. 업체들이 염가제품을 내세워 총력전에 나섰다.
　① 減價 ② 株價 ③ 原價 ④ 評價 ⑤ 廉價

127. 동경하던 유학길에 오르게 되었다.
　① 懇切 ② 渴求 ③ 渴望 ④ 憧憬 ⑤ 所望

128. 빗줄기가 분무처럼 창 안으로 들이친다.
　① 光線 ② 噴霧 ③ 煙氣 ④ 銃彈 ⑤ 煙霧

129. 배는 창파를 가르며 기운차게 나간다.
　① 宗派 ② 滄波 ③ 難破 ④ 猖披 ⑤ 淸泡

130. 그는 불만을 우회적으로 표현하였다.
　① 友會 ② 迂廻 ③ 旋回 ④ 徘徊 ⑤ 優厚

131. 우리 학교는 전국 대회 패권을 노렸다.
　① 敗戰 ② 債權 ③ 悖德 ④ 執權 ⑤ 霸權

132. 가을 산은 믿음직스럽고 풍요하게 느껴진다.
　① 風謠 ② 豊盛 ③ 楓菊 ④ 豊饒 ⑤ 富饒

133. 그는 한문을 배워 비유에 능하였다.
　① 譬喩 ② 鄙儒 ③ 卑幼 ④ 肥腴 ⑤ 非有

134. 이제부터 우리가 살길을 모색해 보자.
　① 暮色 ② 模倣 ③ 摸索 ④ 搜索 ⑤ 暗索

135. 애정 어린 지도와 편달을 부탁드립니다.
　① 編成 ② 楚撻 ③ 扁桃 ④ 遍踏 ⑤ 鞭撻

[136~140] 다음 문장에서 밑줄 친 단어(單語)나 어구(語句)의 뜻을 가장 잘 나타낸 한자(漢字) 또는 한자어(漢字語)는 어느 것입니까?

136. 한번에 끝낼 수 있는 일을 <u>거듭하여</u> 하고 있다.

① 重服 ② 重複 ③ 複雜 ④ 複數 ⑤ 遮斷

137. 그들을 <u>달래기</u> 위해 많은 노력을 기울였다.

① 懷柔 ② 懷抱 ③ 和解 ④ 爭奪 ⑤ 欺瞞

138. 나는 어려서 친구의 숙제를 그대로 <u>베껴</u> 낸 적이 있다.

① 描寫 ② 筆寫 ③ 創造 ④ 敍述 ⑤ 略述

139. 물리학자들은 원자핵을 새로운 물질과 <u>합하려고</u> 노력하고 있다.

① 分離 ② 調和 ③ 融合 ④ 符合 ⑤ 移植

140. 그녀의 충고가 <u>참된</u> 마음에서 나온 것임을 깨달았다.

① 眞情 ② 鎭靜 ③ 陳情 ④ 實情 ⑤ 旅情

[141~145] 다음 글을 읽고 물음에 답하시오.

ㄱ정이 생기는 ㄴ과정을 ㄷ조건화 과정에 따라 ㄹ분석하면 다음과 같다. 사람은 누구나 자기 자신에 대하여 ㅁ각별한 정서 ㅂ반응을 보이게 된다. 따라서 자기 자신이라는 ㅅ자극과 이에 대한 각별한 정서 반응은 필연적이고 자연스러운 관계를 가지고 있다 하겠다. 물론 사람은 ㅇ본능적으로 남을 향해서는 이와 같은 각별한 정서 반응을 보이지 않는다. 그러나 ㅈ반복적인 ㅊ접촉과 공동 경험을 통해 상대방과 존재라는 자극과 자신의 삶이라는 자극은 하나로 ㅋ합치되며, 결국 자신에 대해 보여 주었던 정서 반응을 상대방의 존재에 대하여도 보이는 것이다. 즉 '정이 생긴다.'라는 것은 ㅌ자신과 상대방을 합치시켜 자신에게만 보여주던 정서 반응을 상대방에게도 보여 주는 ㅍ현상을 일컫는다.

141. ㄱ을 뜻하는 한자표기로 바른 것은?

① 精 ② 情
③ 整 ④ 偵
⑤ 睛

142. ㄴ~ㅂ의 한자표기가 바르지 못한 것은?

① ㄴ 科程 ② ㄷ 條件
③ ㄹ 分析 ④ ㅁ 各別
⑤ ㅂ 反應

143. ㅅ~ㅋ의 독음이 바르지 못한 것은?

① ㅅ 자긍 ② ㅇ 본능
③ ㅈ 반복 ④ ㅊ 접촉
⑤ ㅋ 합치

144. ⓔ과 가장 관계 깊은 성어(成語)는?
　① 頂門一鍼　② 口蜜腹劍
　③ 以心傳心　④ 浩然之氣
　⑤ 面從腹背

145. ⓟ의 한자표기가 바른 것은?
　① 懸賞　② 玄裳
　③ 現像　④ 現象
　⑤ 顯賞

[146~150] 다음 글을 읽고 물음에 답하시오.

제5조 임차인이 다음과 같은 경우에 해당할 때 임대인은 ㉠최고를 하지 않고 곧바로 본 계약을 해제할 수 있다.
1. ㉡임차인의 ㉢차임 ㉣연체액이 2기의 차임액에 달하는 때
2. 임차인이 전조의 규정에 위반한 때
3. 기타 본 계약에 위반되는 행위를 한 때
　제6조 ㉤연대 ㉥보증인은 임료의 지불 등 본 계약에 기한 임차인의 일체의 채무에 대하여 보증하고 임차인과 연대하여 이행의 책임을 (ⓢ)한다.
　제7조 건물의 통상범위의 수선은 임차인의 비용으로 임차인이 행한다.
　제8조 임차인은 건물에 관하여 그 가족 또는 사용인 등의 책임 있는 사유로 건물을 파손, 또는 ㉧滅失시킨 때에는 임대인에게 그 손해를 배상한다.
　제9조 임대인은 임대차계약이 종료되어 임차인으로부터 건물의 명도를 받은 때에는 그 명도와 동시에 임대차보증금을 임차인에게 반환하지만, 연체임대료 또는 손해액 등을 ㉩공제하고 잔액을 반환하기로 한다.

146. 문맥상 ㉠ '최고' 의 한자 표기로 바른 것은?
　① 最高　② 最初
　③ 最善　④ 最古
　⑤ 催告

147. ㉡~㉥에서 한자 표기가 바르지 않은 것은?
　① ㉡ 賃貸人　② ㉢ 借賃
　③ ㉣ 延滯額　④ ㉤ 連帶
　⑤ ㉥ 保證人

148. 문맥상 ⓢ에 가장 알맞은 것은?
　① 回避　② 赴任
　③ 負擔　④ 轉嫁
　⑤ 傳受

149. ㉧ '滅失' 의 독음이 바른 것은?
　① 파손　② 절실
　③ 손실　④ 멸실
　⑤ 훼손

150. ㉩ '공제' 의 '공' 과 같은 한자가 사용된 것은?
　① 控所　② 氣孔
　③ 空間　④ 貢人
　⑤ 攻掠

✱ ✱ ✱ ✱ ✱ ✱ ✱ ✱ ✱ ✱ ✱ ✱ ✱ ✱ ✱ ✱ ✱

世俗五戒
세   속   오   계

　　圓光法師(원광법사)가 수나라에서 공부하고 돌아와 가실사라는 절에 있을 때, 귀산과 추항이라는 花郞(화랑)이 찾아가 평생 마음을 바르게 할 가르침을 청하자 佛家(불가)가 아닌 世俗(세속)에서 지켜야 할 계율이라며 五戒(오계)를 주었다고 하는군요. 이는 후에 화랑도의 信條(신조)가 되어 신라가 삼국 통일의 기초를 이룩하는 데 크게 공헌하였다고 합니다.

- 事君以忠(사군이충) : 충성으로 임금님을 섬기고,
- 事親以孝(사친이효) : 효도로써 부모님을 섬기고,
- 交友以信(교우이신) : 믿음으로써 친구를 사귀며,
- 臨戰無退(임전무퇴) : 싸움터에 나가서는 물러서지 말고,
- 殺生有擇(살생유택) : 생명이 있는 것을 죽일 때는 가려서 하라.

한눈에 보는 정답표

2급 기출 및 모의고사 제1회

〈제1영역〉

── 漢字(한자) ──

1. ①	2. ③	3. ④	4. ④	5. ②	6. ②	7. ⑤	8. ③	9. ①	10. ③
11. ①	12. ③	13. ②	14. ③	15. ⑤	16. ④	17. ①	18. ①	19. ②	20. ⑤
21. ④	22. ②	23. ①	24. ②	25. ④	26. ④	27. ②	28. ③	29. ⑤	30. ③
31. ①	32. ③	33. ①	34. ①	35. ②	36. ①	37. ①	38. ④	39. ②	40. ④
41. ②	42. ①	43. ④	44. ④	45. ①	46. ①	47. ③	48. ⑤	49. ②	50. ④

〈제2영역〉

── 語彙(어휘) ──

51. ②	52. ④	53. ②	54. ②	55. ③	56. ④	57. ①	58. ③	59. ⑤	60. ④
61. ⑤	62. ②	63. ③	64. ③	65. ④	66. ①	67. ⑤	68. ①	69. ④	70. ②
71. ②	72. ⑤	73. ①	74. ⑤	75. ②	76. ①	77. ⑤	78. ④	79. ①	80. ④
81. ④	82. ②	83. ②	84. ⑤	85. ②	86. ⑤	87. ①	88. ④	89. ②	90. ②

〈제3영역〉

── 讀解(독해) ──

91. ⑤	92. ②	93. ③	94. ②	95. ③	96. ②	97. ①	98. ⑤	99. ④	100. ④
101. ④	102. ③	103. ②	104. ①	105. ③	106. ④	107. ⑤	108. ⑤	109. ②	110. ④
111. ④	112. ②	113. ①	114. ①	115. ②	116. ②	117. ①	118. ④	119. ①	120. ②
121. ③	122. ⑤	123. ④	124. ①	125. ⑤	126. ③	127. ③	128. ②	129. ③	130. ④

2급 기출 및 모의고사 제2회

한눈에 보는 정답표

〈제1영역〉 ── 漢字(한자) ──

1.③	2.③	3.②	4.③	5.①	6.④	7.②	8.③	9.②	10.⑤
11.④	12.②	13.⑤	14.⑤	15.②	16.①	17.③	18.⑤	19.③	20.②
21.⑤	22.④	23.①	24.④	25.④	26.①	27.⑤	28.⑤	29.②	30.③
31.④	32.②	33.⑤	34.③	35.④	36.②	37.①	38.②	39.③	40.②
41.①	42.⑤	43.②	44.③	45.③	46.②	47.①	48.⑤	49.④	50.④

〈제2영역〉 ── 語彙(어휘) ──

51.③	52.③	53.③	54.①	55.①	56.②	57.①	58.⑤	59.①	60.②
61.⑤	62.③	63.③	64.①	65.②	66.④	67.③	68.③	69.①	70.④
71.③	72.①	73.⑤	74.②	75.③	76.③	77.④	78.②	79.①	80.①
81.④	82.②	83.⑤	84.③	85.④	86.①	87.④	88.⑤	89.③	90.②

〈제3영역〉 ── 讀解(독해) ──

91.⑤	92.③	93.②	94.②	95.①	96.④	97.①	98.①	99.①	100.③
101.①	102.④	103.②	104.②	105.④	106.①	107.⑤	108.④	109.③	110.②
111.⑤	112.②	113.④	114.①	115.⑤	116.④	117.⑤	118.①	119.④	120.①
121.②	122.④	123.④	124.①	125.⑤	126.②	127.④	128.④	129.②	130.⑤

한눈에 보는 정답표

1급 기출 및 모의고사

⟨제1영역⟩

漢字(한자)

1.②	2.②	3.⑤	4.③	5.④	6.②	7.⑤	8.①	9.④	10.③
11.④	12.③	13.④	14.⑤	15.①	16.②	17.②	18.④	19.③	20.①
21.③	22.④	23.①	24.①	25.③	26.②	27.①	28.④	29.③	30.②
31.③	32.①	33.④	34.③	35.②	36.④	37.③	38.⑤	39.③	40.①
41.④	42.②	43.⑤	44.②	45.④	46.④	47.⑤	48.②	49.③	50.①

⟨제2영역⟩

語彙(어휘)

51.⑤	52.①	53.⑤	54.③	55.②	56.③	57.①	58.③	59.⑤	60.⑤
61.③	62.⑤	63.④	64.②	65.①	66.②	67.④	68.③	69.②	70.②
71.④	72.④	73.①	74.④	75.②	76.④	77.①	78.②	79.⑤	80.①
81.②	82.④	83.④	84.②	85.④	86.③	87.②	88.②	89.④	90.③
91.④	92.⑤	93.④	94.③	95.④	96.②	97.①	98.①	99.④	100.④

⟨제3영역⟩

讀解(독해)

101.②	102.③	103.⑤	104.③	105.①	106.③	107.①	108.④	109.③	110.③
111.②	112.⑤	113.⑤	114.④	115.④	116.②	117.④	118.①	119.②	120.④
121.①	122.②	123.④	124.②	125.⑤	126.⑤	127.④	128.④	129.②	130.②
131.⑤	132.④	133.①	134.③	135.⑤	136.②	137.①	138.②	139.③	140.①
141.②	142.①	143.①	144.③	145.④	146.⑤	147.①	148.③	149.④	150.①

太極旗

태　　　극　　　기

우리나라 國旗(국기)인 '太極旗(태극기)'는 흰색 바탕에 가운데 태극 문양과 네 모서리의 乾坤坎離(건곤감리) 四卦(4괘)로 구성되어 있습니다. 태극기의 흰색 바탕은 밝음과 순수, 그리고 전통적으로 평화를 사랑하는 우리의 민족성을 나타내며, 가운데의 태극 문양은 陰(음 : 파랑)과 陽(양 : 빨강)의 조화를 상징하는 것으로 우주 만물이 음양의 상호 작용에 의해 생성하고 발전한다는 대자연의 진리를 형상화한 것입니다. 네 모서리의 4괘는 음과 양이 서로 변화하고 발전하는 모습을 구체적으로 나타낸 것인데, 그 가운데 乾卦(건괘)는 우주 만물 중에서 하늘을, 坤卦(곤괘)는 땅을, 坎卦(감괘)는 물을, 離卦(이괘)는 불을 각각 상징합니다. 이들 4괘는 태극을 중심으로 통일의 조화를 이루고 있습니다.

- 乾(하늘 건) : 하늘
- 坤(땅 곤) : 땅
- 坎(괘이름 감) : 물
- 離(괘이름 리) : 불
- 靑(푸를 청) : 陰(음)
- 紅(붉을 홍) : 陽(양)
- 白(흰 백) : 순수

상공회의소 한자 답안지 1
(01문항~60문항)

상공회의소 한자 답안지 2
(61문항~120문항)

답 안 표 기 란

문번	1	2	3	4	5	문번	1	2	3	4	5	문번	1	2	3	4	5
61	①	②	③	④	⑤	81	①	②	③	④	⑤	101	①	②	③	④	⑤
62	①	②	③	④	⑤	82	①	②	③	④	⑤	102	①	②	③	④	⑤
63	①	②	③	④	⑤	83	①	②	③	④	⑤	103	①	②	③	④	⑤
64	①	②	③	④	⑤	84	①	②	③	④	⑤	104	①	②	③	④	⑤
65	①	②	③	④	⑤	85	①	②	③	④	⑤	105	①	②	③	④	⑤
66	①	②	③	④	⑤	86	①	②	③	④	⑤	106	①	②	③	④	⑤
67	①	②	③	④	⑤	87	①	②	③	④	⑤	107	①	②	③	④	⑤
68	①	②	③	④	⑤	88	①	②	③	④	⑤	108	①	②	③	④	⑤
69	①	②	③	④	⑤	89	①	②	③	④	⑤	109	①	②	③	④	⑤
70	①	②	③	④	⑤	90	①	②	③	④	⑤	110	①	②	③	④	⑤
71	①	②	③	④	⑤	91	①	②	③	④	⑤	111	①	②	③	④	⑤
72	①	②	③	④	⑤	92	①	②	③	④	⑤	112	①	②	③	④	⑤
73	①	②	③	④	⑤	93	①	②	③	④	⑤	113	①	②	③	④	⑤
74	①	②	③	④	⑤	94	①	②	③	④	⑤	114	①	②	③	④	⑤
75	①	②	③	④	⑤	95	①	②	③	④	⑤	115	①	②	③	④	⑤
76	①	②	③	④	⑤	96	①	②	③	④	⑤	116	①	②	③	④	⑤
77	①	②	③	④	⑤	97	①	②	③	④	⑤	117	①	②	③	④	⑤
78	①	②	③	④	⑤	98	①	②	③	④	⑤	118	①	②	③	④	⑤
79	①	②	③	④	⑤	99	①	②	③	④	⑤	119	①	②	③	④	⑤
80	①	②	③	④	⑤	100	①	②	③	④	⑤	120	①	②	③	④	⑤

※ 감독위원

※ 감독위원 서명이 없으면 무효 처리됩니다.

성명	
주민등록번호	
종목등급	서명

수험번호

0	0	0	0	0	0	0	0
1	①	①	①	①	①	①	①
2	②	②	②	②	②	②	②
3	③	③	③	③	③	③	③
4	④	④	④	④	④	④	④
5	⑤	⑤	⑤	⑤	⑤	⑤	⑤
6	⑥	⑥	⑥	⑥	⑥	⑥	⑥
7	⑦	⑦	⑦	⑦	⑦	⑦	⑦
8	⑧	⑧	⑧	⑧	⑧	⑧	⑧
9	⑨	⑨	⑨	⑨	⑨	⑨	⑨

※ 결시자 표기
※ 수험자는 표기하지 마십시오.

결시자	○

문제지 유형	A형 ⓐ
	B형 ⓑ

- 인적사항(성명, 주민등록번호, 종목등급, 수험번호)이 잘못 인쇄 되었을 경우에는 답안지에 정정하지 마시고 감독관과 보고서에 인적상이자 출원에 정정내용을 기록하시기 바랍니다.
- 답안작성은 컴퓨터용 싸인펜을 사용하지 않으면 실격처리 됩니다.
- 뒷면의 "답안작성 유의사항"을 꼭 읽어보고 답안을 작성하시오.

[주의] 본 답안지는 실전 연습용이므로 실제와는 다소 차이가 있을 수 있습니다.

✂ 절취선

상공회의소 한자 답안지 3
(121문항 ~ 150문항)

문번	답안 표기란					문번	답안 표기란				
	1	2	3	4	5		1	2	3	4	5
121	①	②	③	④	⑤	141	①	②	③	④	⑤
122	①	②	③	④	⑤	142	①	②	③	④	⑤
123	①	②	③	④	⑤	143	①	②	③	④	⑤
124	①	②	③	④	⑤	144	①	②	③	④	⑤
125	①	②	③	④	⑤	145	①	②	③	④	⑤
126	①	②	③	④	⑤	146	①	②	③	④	⑤
127	①	②	③	④	⑤	147	①	②	③	④	⑤
128	①	②	③	④	⑤	148	①	②	③	④	⑤
129	①	②	③	④	⑤	149	①	②	③	④	⑤
130	①	②	③	④	⑤	150	①	②	③	④	⑤
131	①	②	③	④	⑤						
132	①	②	③	④	⑤						
133	①	②	③	④	⑤						
134	①	②	③	④	⑤						
135	①	②	③	④	⑤						
136	①	②	③	④	⑤						
137	①	②	③	④	⑤						
138	①	②	③	④	⑤						
139	①	②	③	④	⑤						
140	①	②	③	④	⑤						

※ 감독위원 서명
※ 감독위원 서명이 없으면 무효 처리됩니다.

성 명	
주민등록번호	
종목등급	

서명	

※ 결시자 표기

○
※ 수험자는 표기하지 마십시오.

문제지 형별	Ⓐ 형
	Ⓑ 형

- 인적사항(성명, 주민등록번호, 종목등급, 수험번호)이 잘못 인쇄 되었을 경우에는 답안지에 정정하지 마시고 감독결과 보고서의 인적사항이 현황에 정정내용을 기록하시기 바랍니다.
- 답안작성은 컴퓨터용 싸인펜을 사용하지 않으면 실격처리 됩니다.
- 뒷면의 "답안작성 유의사항"을 꼭 읽어보고 답안을 작성하시오.

수험번호

⓪	⓪	⓪	⓪	⓪	⓪	⓪	⓪
①	①	①	①	①	①	①	①
②	②	②	②	②	②	②	②
③	③	③	③	③	③	③	③
④	④	④	④	④	④	④	④
⑤	⑤	⑤	⑤	⑤	⑤	⑤	⑤
⑥	⑥	⑥	⑥	⑥	⑥	⑥	⑥
⑦	⑦	⑦	⑦	⑦	⑦	⑦	⑦
⑧	⑧	⑧	⑧	⑧	⑧	⑧	⑧
⑨	⑨	⑨	⑨	⑨	⑨	⑨	⑨

[주의] 본 답안지는 실전 연습용이므로 실제와는 다소 차이가 있을 수 있습니다.

절취선